Kunz/Butz/Wiedemann

Heimgesetz

Kunz/Butz/Wiedemann

Heimgesetz

Kommentar

von

DR. EDUARD KUNZ

Leitender Ministerialrat im Bayer. Staatsministerium
für Arbeit und Sozialordnung, Familie und Frauen

und

MANFRED BUTZ

Ministerialrat im Bayer. Staatsministerium
für Arbeit und Sozialordnung, Familie und Frauen

10., neubearbeitete Auflage

Verlag C. H. Beck München 2004

Verlag C. H. Beck im Internet:
beck.de

ISBN 3 406 51694 7

© 2004 Verlag C. H. Beck oHG
Wilhelmstraße 9, 80801 München
Druck: Clausen & Bosse
Birkstraße 10, 25917 Leck

Satz: jürgen ullrich typosatz, Nördlingen

Gedruckt auf säurefreiem, alterungsbeständigem Papier
(hergestellt aus chlorfrei gebleichtem Zellstoff)

Vorwort zur zehnten Auflage

Bereits ein Jahr nach Erscheinen der 9. Auflage, war die Herausgabe einer neuen Auflage erforderlich. Die 10. Auflage beinhaltet die **Kommentierung der neuen Heimmitwirkungsverordnung.** Darüber hinaus wurde die Kommentierung der einzelnen Bestimmungen des Heimgesetzes und seiner Verordnungen – wo notwendig – vertieft und ergänzt.

Wir hoffen, daß auch die 10. Auflage den Anforderungen der Praxis entspricht und für alle, die mit dem Vollzug des Heimgesetzes befaßt sind, eine Hilfe für die tägliche Arbeit darstellt. Wie bisher sind wir für Anregungen und Hinweise, die der Vervollständigung des Werkes dienen, dankbar.

München, im Frühjahr 2004   Die Verfasser

Vorwort zur ersten Auflage

Die vorliegende Handausgabe zum Heimgesetz will den Bedürfnissen der Praxis dienen. Der Verwaltungsbeamte, der Sozialarbeiter und der Heimbewohner sollen mit ihr einen Ratgeber in die Hand bekommen. Diesem Zweck dienen auch die in dem Anhang aufgenommenen Muster für Altenheim-, Altenwohnheim- und Pflegeheimverträge.

Für Anregungen und Hinweise, die der Vervollständigung dieses Werkes dienen, sind die Verfasser dankbar.

München, im Herbst 1975   Die Verfasser

Bearbeiterverzeichnis

Kunz: Einf., §§ 1, 2, 3, 4, 13, 14, 15, 16, 17, 18, 20, 22, 25a, 26, HeimMindBauV, HeimsicherungsV, HeimPersV, Anhang B 1

Butz: §§ 5, 6, 7, 8, 9, 10, 11, 12, 19, 21, 23, 24, 25, HeimMitwirkungsV, Anhang B 2, B 3

Inhaltsverzeichnis

Abkürzungsverzeichnis IX

Einführung XIII

Text

Heimgesetz (HeimG) 1
Synopse „Heimgesetz alt – Heimgesetz neu". 29

Kommentar zum Heimgesetz

§ 1	Anwendungsbereich	75
§ 2	Zweck des Gesetzes	90
§ 3	Leistungen des Heims, Rechtsverordnungen	96
§ 4	Beratung	100
§ 5	Heimvertrag	104
§ 6	Anpassungspflicht	134
§ 7	Erhöhung des Entgelts	140
§ 8	Vertragsdauer	150
§ 9	Abweichende Vereinbarungen	169
§ 10	Mitwirkung der Bewohnerinnen und Bewohner	169
§ 11	Anforderungen an den Betrieb eines Heims	178
§ 12	Anzeige	193
§ 13	Aufzeichnungs- und Aufbewahrungspflicht	200
§ 14	Leistungen an Träger und Beschäftigte	208
§ 15	Überwachung	225
§ 16	Beratung bei Mängeln	242
§ 17	Anordnungen	245
§ 18	Beschäftigungsverbot, kommissarische Heimleitung . .	250
§ 19	Untersagung	256
§ 20	Zusammenarbeit, Arbeitsgemeinschaften	260
§ 21	Ordnungswidrigkeiten	266
§ 22	Berichte	270
§ 23	Zuständigkeit und Durchführung des Gesetzes	271
§ 24	Anwendbarkeit der Gewerbeordnung	277
§ 25	Fortgeltung von Rechtsverordnungen	285
§ 25a	Erprobungsregelungen	287
§ 26	Übergangsvorschriften	287

Inhalt

Anhänge		289

A. Verordnungen

A 1	HeimMindBauV	291
	Text	291
	Kommentar	303
A 2	HeimMitwirkungsV	341
	Text	341
	Synopse	357
	Kommentar	380
A 3	HeimsicherungsV	443
	Text	443
	Kommentar	453
A 4	HeimPersV	494
	Text	494
	Kommentar	500

B. Sonstige Texte

B 1	Richtlinien zur Organisation der Buchführung	520
B 2	Auszug aus dem Pflege-Versicherungsgesetz (SGB XI Siebtes und Achtes Kapitel)	525
B 3	Altenpflegegesetz	551
Sachregister		567

Abkürzungsverzeichnis

a. A.	anderer Ansicht
aaO	am angeführten Ort
Abs.	Absatz
AG	Amtsgericht (oder: Aktiengesellschaft)
AGB-Gesetz	Gesetz zur Regelung des Rechts der Allg. Geschäftsbedingungen
AktG	Aktiengesetz
Ambl.	Amtsblatt
Anm.	Anmerkung
AO	Abgabenordnung
ArbG	Arbeitsgericht
ArbGG	Arbeitsgerichtsgesetz
Arg.	Argument
Art.	Artikel
BAnz.	Bundesanzeiger
Baumbach/Lauterbach	Baumbach/Lauterbach/Albers/Hartmann, Kommentar zur ZPO
BayVBl.	Bayerische Verwaltungsblätter (Zeitschrift)
BayWD	Bayerischer Wohlfahrtsdienst (Zeitschrift)
BB	Der Betriebs-Berater (Zeitschrift)
BDSG	Bundesdatenschutzgesetz
BFH	Bundesfinanzhof
BGB	Bürgerliches Gesetzbuch
BGBl.	Bundesgesetzblatt
BGH	Bundesgerichtshof
BGHZ	Entscheidungen des BGH in Zivilsachen
br	Behindertenrecht (Zeitschrift)
BR-DrS.	Bundesratsdrucksache
BRatE	Bundesratsentwurf
BSHG	Bundessozialhilfegesetz
BStBl.	Bundessteuerblatt
II. BV	Zweite Berechnungsverordnung
BVerfG	Bundesverfassungsgericht
BVerfGE	Entscheidungen des Bundesverfassungsgerichts
BVerwG	Bundesverwaltungsgericht
BVerwGE	Entscheidungen des Bundesverwaltungsgerichts

Abkürzungen

Dahlem	Dahlem/Giese/Igl/Klie „Das Heimgesetz"
DÖV	Die öffentliche Verwaltung (Zeitschrift)
DR	Deutsches Recht (Zeitschrift)
DRiZ	Deutsche Richterzeitung
DV	Deutscher Verein für öffentliche und private Fürsorge
DVBl.	Deutsches Verwaltungsblatt (Zeitschrift)
DVO	Durchführungsverordnung
FEVS	Fürsorgerechtliche Entscheidungen der Verwaltungs- und Sozialgerichte
GBl.	Gesetzblatt
GewArch.	Gewerbearchiv
GewO	Gewerbeordnung
GG	Grundgesetz für die Bundesrepublik Deutschland
Gitter	Gitter/Schmitt, Heimgesetz (Kommentar)
Goberg	Taschenkommentar zum Heimgesetz
Gössling	Handkommentar zum Heimgesetz
Grundord.	Grundordnung
GVBl.	Gesetz- und Verordnungsblatt
HeimG	Heimgesetz
HeimMindBauV	Verordnung über bauliche Mindestanforderungen für Altenheime, Altenwohnheime und Pflegeheime für Volljährige
HeimO	Heimordnung
HeimVO	Heimverordnung
HessVGH	Hessischer Verwaltungsgerichtshof
HGB	Handelsgesetzbuch
JWG	Jugendwohlfahrtsgesetz
JuS	Jur. Schulung (Zeitschrift)
JZ	Juristenzeitung (Zeitschrift)
KHG	Krankenhausfinanzierungsgesetz
Klie	Heimaufsicht
Klie u. a.	Heimrecht
Landmann/Rohmer	Kommentar zur GewO
LG	Landgericht

Abkürzungen

LM	Lindenmaier/Möhring, Nachschlagewerk des BGH in Zivilsachen
MDR	Monatsschrift für Deutsches Recht (Zeitschrift)
Meyer/Borgs	Kommentar zum Verwaltungsverfahrensgesetz
MHRG	Gesetz zur Regelung der Miethöhe
MinBlfWi	Ministerialblatt für Wirtschaft
NJW	Neue Juristische Wochenschrift (Zeitschrift)
NDV	Nachrichtendienst des Dt. Vereins für öffentliche und private Fürsorge
NVwZ	Neue Zeitschrift für Verwaltungsrecht
OLG	Oberlandesgericht
OVG	Oberverwaltungsgericht
OWiG	Ordnungswidrigkeitengesetz
ÖR	Öffentliches Recht
Palandt	Bürgerliches Gesetzbuch, Kommentar, 63. A.
Peters	Lehrbuch des Verwaltungsrechts
PrOVG	Preußisches Oberverwaltungsgericht
RdNr.	Randnummer
RGBl.	Reichsgesetzblatt
RGSt.	Entscheidungen des Reichsgerichts in Strafsachen
RGZ	Entscheidungen des Reichsgerichts in Zivilsachen
RMBl.	Reichsministerialblatt
RsDE	Beiträge zum Recht der sozialen Dienste und Einrichtungen
RWM	Reichswirtschaftsminister
S.	Seite
Salewski	Salewski, HeimG, in Landmann/Rohmer, Komm. zur GewO
SGB	Sozialgesetzbuch
SozArbR	Sozial- und Arbeitsrecht (Zeitschrift)
StAnpG	Steueranpassungsgesetz
StGB	Strafgesetzbuch

Abkürzungen

ThuPr.	Theorie und Praxis der soz. Arbeit (Zeitschrift)
VersR	Versicherungsrecht (Zeitschrift)
VerwRspr.	Verwaltungsrechtsprechung in Deutschland (Zeitschrift)
VG	Verwaltungsgericht
vgl.	vergleiche
VO	Verordnung
VwGO	Verwaltungsgerichtsordnung
VwVfG	Verwaltungsverfahrensgesetz
WEG	Wohnungseigentumsgesetz
WKSchG	Wohnraumkündigungsschutzgesetz
Wolff/Weakland	Wolff/Weakland/Herr, Beratung alter Menschen und ihrer Familien
WPM	Wertpapiermitteilungen (Zeitschrift)
WRV	Weimarer Reichsverfassung
z.B.	zum Beispiel
ZEV	Zeitschrift für Erbrecht und Vermögensnachfolge
ZfF	Zeitschrift für das Fürsorgewesen
ZfSH/SGB	Zeitschrift für Sozialhilfe
ZMR	Zeitschrift für Miet- und Raumrecht
ZPO	Zivilprozeßordnung
ZustVHeimG	Verordnung über die Zuständigkeiten nach dem Heimgesetz (Bayern)

Einführung

Das Heimwesen unterlag bisher keiner umfassenden gesetzlichen Regelung. Außer einer gesundheitspolizeilichen Aufsicht über bestimmte Pflegeheime nach § 47 der Dritten DVO zum Gesetz über die Vereinheitlichung des Gesundheitswesens vom 30. 3. 1935 (BGBl. III 2120–1–3; RMBl. S. 327, 435) bestand nur für Heime der Jugendhilfe, die der Unterbringung Minderjähriger dienten, nach §§ 78 und 79 des Gesetzes für Jugendwohlfahrt in der Fassung vom 6. 8. 1970 (BGBl. I S. 1197), geändert durch das Gesetz zur Erleichterung der Verwaltungsreform in den Ländern (Zuständigkeitslockerungsgesetz) vom 10. 3. 1975 (BGBl. I S. 685), eine staatliche Aufsicht und Kontrolle. Die Überwachung der gewerblichen Altenheime, Altenwohnheime und Pflegeheime beruhte auf dem Gesetz zur Änderung der Gewerbeordnung vom 24. 8. 1967 (BGBl. I S. 933). Auf Grund des damals geänderten § 38 GewO waren die Landesregierungen ermächtigt, Rechtsverordnungen für den Betrieb dieser Heime zu erlassen und zu regeln, in welcher Weise die Gewerbetreibenden ihre Bücher zu führen, welche Auskünfte sie den für die Überwachung zuständigen Behörden zu erteilen und welcher behördlichen Nachschau sie sich zu unterwerfen haben. Die Landesregierungen machten von dieser Ermächtigung Gebrauch und erließen entsprechende Verordnungen und Vollzugsvorschriften. Diese auf Grund des § 38 Satz 1 Nr. 10 GewO erlassenen Heimverordnungen der Länder enthielten Mindestanforderungen an die Räume und die im Betrieb Beschäftigten sowie Überwachungspflichten. Ergaben sich Mißstände, konnte der Heimbetrieb nach § 35 GewO untersagt werden.

Bereits bei der Vorbereitung der damaligen Gesetzesänderung schlugen im Jahre 1967 einige Länder die Einführung einer personen- und sachbezogenen Erlaubnispflicht zum Schutz der Heimbewohner vor, damit bereits vor Inbetriebnahme der Heime die Zuverlässigkeit des Betreibers und die Geeignetheit der Räume geprüft werden konnten. Maßgebend dafür war der Gesichtspunkt, daß eine nachträgliche Gewerbeuntersagung für die Heimbewohner, die unter Umständen ihr letztes Geld verlieren, wegen des Mangels an Heimplätzen eine große Härte bedeuten kann und vor dem Eingreifen der Behörde Mißstände bereits eingetreten sein müssen, die sich bei vorheriger Prüfung in einem Erlaubnisverfahren hätten unterbinden lassen. Die entsprechenden Anträge

Einführung

wurden in den Ausschüssen des Bundesrates abgelehnt. In einem Bericht an den Bundestag über die Erfahrungen in der Ausführung des § 38 Satz 1 Nr. 10 und Satz 2 der GewO vom 21. 4. 1969 (Drucksache V/4122) stellte die Bundesregierung fest, daß die durch die Vorschriften der Heimverordnungen der Länder geschaffenen Möglichkeiten allgemein als wirksames Instrument angesehen werden, um eine Verbesserung der Zustände in gewerblichen Heimen zu erreichen und unzuverlässige Gewerbetreibende vom weiteren Betrieb der Altenheime auszuschließen. Die in die Ergänzung der GewO gesetzten Erwartungen seien in weitem Umfang erfüllt worden. Weitere gesetzliche Maßnahmen für den Betrieb von gewerblichen Heimen erschienen nach Lage der Dinge zur damaligen Zeit nicht erforderlich.

3 Auf Grund mehrerer von der Presse stark herausgestellter Fälle über Mißstände in Altenheimen wurden im Jahre 1971 in den Ländern und beim Bundesminister für Jugend, Familie und Gesundheit Überlegungen darüber angestellt, ob die gesetzlichen Vorschriften zum Schutz alter Menschen in Heimen weiter auszubauen sind. Das Land Hessen leitete am 21. 9. 1971 dem Bundesrat den Entwurf eines Gesetzes zur Änderung der GewO zu (Drucksache 522/71), in dem eine Erlaubnispflicht für gewerblich betriebene Altenheime und Altenpflegeheime vorgesehen war. Ein Ausschuß von Vertretern der Bundesländer und des Bundesministeriums für Jugend, Familie und Gesundheit arbeitete einen weiteren Gesetzesentwurf aus, den das Land Berlin mit geringen Änderungen am 16. 3. 1972 (Drucksache 173/72) als Entwurf eines Gesetzes über Altenheime, Altenwohnheime und Pflegeheime für Volljährige (Heimgesetz) dem Bundesrat zuleitete. Nach Beratung in den Ausschüssen und Änderungen wurde dieser Entwurf durch Beschluß des Bundesrats vom 7. 7. 1972 beim Bundestag eingebracht. Infolge Auflösung des Bundestags beschloß der Bundesrat erneut am 1. 12. 1972, den Gesetzentwurf beim Bundestag einzubringen. Gemäß Art. 76 Abs. 3 GG wurde der Entwurf von der Bundesregierung am 14. 2. 1973 (Drucksache 7/180) dem Bundestag vorgelegt und dort am 23. 2. 1973 in erster Lesung beraten.

4 Bereits bei den ersten Überlegungen zum Gesetz ergab sich die Frage, ob eine Regelung auf der Grundlage des Gewerberechts ausreicht oder ob eine größere Lösung notwendig ist, die zu einem eigenen Gesetz führt und die Einrichtungen der öffentlichen und freien Wohlfahrtspflege mit einbezieht. Nachdem auch eine Regelung im Rahmen des Bundessozialhilfegesetzes nicht möglich erschien, setzte sich bald die Meinung durch, daß rechtliche, praktische und sozialpolitische Gründe für eine einheitliche gesetz-

Einführung

liche Regelung sprechen, bei der der Schutz der Heimbewohner im Vordergrund steht, an die Heime einheitliche Anforderungen gestellt werden und nach der Art der Heimträger nicht unterschieden wird. Allerdings sollten Ausnahmen in wichtigen Bereichen wie z.B. bei der Erlaubnispflicht und bei der Heimaufsicht vorgesehen werden. An der in den Anhörungsverfahren geäußerten Meinung der Mehrzahl der Spitzenverbände der freien Wohlfahrtspflege scheiterte aber, daß die Überwachung der Heime auf sie übertragen werden konnte. Unberücksichtigt bleiben konnte auch nicht, daß ohne einheitliche Regelung bei einer Unterscheidung der Heimträger Abgrenzungsschwierigkeiten entstehen. Nach Beobachtungen in einigen Ländern war zwischen die Gruppe der gewerblichen und der freigemeinnützigen Heimträger, die einem Verband der freien Wohlfahrtspflege angehören, eine Gruppe von Heimträgern getreten, denen steuerlich die Gemeinnützigkeit anerkannt ist, die aber im übrigen mit Einrichtungen der freien Wohlfahrtspflege nicht vergleichbar sind. Die gegebene Rechtslage, die ein rechtzeitiges Eingreifen der Behörden meist nicht zuließ, wurde allgemein als unbefriedigend empfunden. Dem sollten eine behördliche Überwachung der Heime sowie eine Erlaubnispflicht für gewerbliche und nicht freigemeinnützige Heimträger abhelfen.

Die Erlaubnispflicht kam dem Wunsch nach einer präventiven 5 Kontrolle entgegen. Zwar konnte gegen unlautere gewerbliche Heimträger mit einer Gewerbeuntersagung vorgegangen werden, aber es wurden von der Schließung am meisten die Heimbewohner betroffen. Nachträgliche behördliche Maßnahmen erwiesen sich mitunter auch als unwirksam. Deshalb sollte die vorherige behördliche Überprüfung eine Tätigkeit in dem Heimbereich überhaupt ausschließen und persönlich unzuverlässigen und fachlich ungeeigneten Personen bereits den Zugang als Heimträger oder Heimleiter verwehren. Wenn sich bei einem Erlaubnispflichtigen nachträglich ein Versagungsgrund herausstellt, sollte die Erlaubnis zurückgenommen oder widerrufen werden können. Das mußte auch für die gelten, bei denen die Erlaubnis als erteilt gilt, weil sie bei Inkrafttreten des Gesetzes das Heim befugt betreiben und den Betrieb innerhalb der gesetzten Frist angezeigt haben.

Während der Beratungen des Gesetzes gewannen die mit dem 6 Heimaufenthalt verbundenen finanziellen Aspekte immer mehr an Bedeutung. Anlaß dafür waren bekannt gewordene Fälle, bei denen Heimbewohner oder Heimbewerber ihre Einzahlungen verloren hatten. Von Anfang an bestand Einvernehmen darüber, daß es Zweck des Gesetzes ist zu verhindern, daß zwischen dem Entgelt

Einführung

des Bewohners und der Leistung der Einrichtung ein Mißverhältnis besteht. Dem Heimträger, dem Leiter und den Beschäftigten dürfen über den vereinbarten Heimkostensatz hinaus oder für zu erbringende Leistungen Vermögensvorteile nicht versprochen oder gewährt werden. Darlehen und Geldleistungen für die Unterbringung sind zurückzuzahlen. Solche Kautionen und Darlehen wurden nicht nur von gewerbsmäßig, sondern auch von gemeinnützig betriebenen Heimen verlangt. Sie wurden von den Heimträgern in der Regel wie Eigenkapital für den Bau ohne Rechnungslegung verwendet, nicht verzinst und erreichten eine Höhe, die eine wesentliche Grundlage für den Heimbetrieb war. Deshalb mußte sich der Gesetzeszweck auch darauf erstrecken, daß solche Leistungen abgesichert werden. Näheres über die Absicherung sollte in einer Rechtsverordnung geregelt werden. Eine ähnliche Regelung war damals für Immobilienmakler, Darlehensvermittler, Vermögensanlagevermittler, Bauträger und Baubetreuer durch das Gesetz zur Änderung der Gewerbeordnungen vom 16. 8. 1972 (BGBl. I S.1465) in der neuen Vorschrift des § 34c Abs.3 Nr.1 GewO geschaffen worden.

7 Dem Schutz der Heimbewohner entsprachen bestimmte Pflichten, die den Heimträgern auferlegt wurden, wie z.B. die Anzeige- und die Buchführungs- und Meldepflichten. Außerdem wurde die Möglichkeit von Beschäftigungsverboten vorgesehen. Die geschaffenen Tatbestände für Ordnungswidrigkeiten ergaben schließlich einen umfangreichen Katalog. Die Heimbewohner sollten aber nicht nur geschützt, sondern ihre Position von vornherein gestärkt werden. Dazu diente, daß sie als Bewerber für einen Heimplatz von den Behörden bereits über ihre Rechte und Pflichten beraten werden müssen und daß sie bereits vor Abschluß eines Heimvertrages durch den Heimträger über die zur Beurteilung des Vertrages erforderlichen Angaben, wie die Leistungen und Ausstattung des Heimes und die Rechte und Pflichten der Bewohner, schriftlich zu informieren sind. Die nunmehr geschaffene Pflicht, einen schriftlichen Heimvertrag abzuschließen, erlaubt eine individuelle Gestaltung des Rechtsverhältnisses und macht Heimordnungen, die häufig eine Aufzählung von Verboten enthielten, weitgehend entbehrlich. Die Stellung der Heimbewohner wurde aber besonders dadurch gehoben, daß ihnen ein Mitwirkungsrecht über einen Heimbeirat in Angelegenheiten des inneren Heimbetriebes wie Unterbringung, Aufenthaltsbedingungen, Heimordnung, Verpflegung und Freizeitgestaltung eingeräumt wurde. Dieser Mitwirkung, die in ihrem Wesen keine Mitbestimmung ist, wurde eine besondere praktische Bedeutung beigemessen, weil sie zu Aktivitä-

Einführung

ten und Initiativen des einzelnen anregt und die Teilnahme am kulturellen und gesellschaftlichen Leben fördert.

Federführend war der Ausschuß für Jugend, Familie und Gesundheit, der mit Bericht vom 9. 5. 1974 (Drucksache 7/2068) die Annahme in der nochmals geänderten Fassung empfahl. Nachdem die Anträge der CDU/CSU abgelehnt worden waren, verabschiedete der Bundesrat am 11. 6. 1974 einstimmig das Gesetz. Der Bundesrat stimmte am 12. 7. 1974 zu und faßte zu der nach § 3 Nr. 1 des Heimgesetzes zu erlassenden Rechtsverordnung eine Entschließung. Er forderte darin die Bundesregierung auf, sich an den Kosten des Heimbaues stärker zu beteiligen und in der Rechtsverordnung vorzusehen, daß

1. die Mindestanforderungen für den Bau neuer Heime nicht noch über die bewährten und fortschrittlichen Anforderungen der entsprechenden Neubaurichtlinien der Mehrzahl der Länder hinausgehen,
2. für bestehende Heime, die die Mindestanforderungen des Bundes nicht erfüllen, aber eine gute Versorgung und Betreuung der Heimbewohner gewährleisten, Ausnahmeregelungen auf Dauer vorgesehen werden,
3. für die bestehenden Heime, für die eine Anpassung an die Mindestanforderungen des Bundes unerläßlich ist, ein angemessener Übergangszeitraum vorgesehen wird.

Das Heimgesetz wurde am 7. 8. 1974 ausgefertigt und im Bundesgesetzblatt, Teil I, Seite 1873 vom 14. 8. 1974 veröffentlicht.

Am 1. 8. 1976 trat die HeimmitwirkungsVO vom 19. 7. 1976 (BGBl. I S. 1819) in Kraft. Sie regelt die Mitwirkung der Bewohner von Altenheimen, Altenwohnheimen und Pflegeheimen für Volljährige in Angelegenheiten des Heimbetriebs. Die HeimmindestbauVO vom 27. 1. 1978 (BGBl. I S. 189) trat am 1. 8. 1978 in Kraft. Sie regelt die baulichen Mindestanforderungen für Altenheime, Altenwohnheime und Pflegeheime für Volljährige und wurde durch die 1. VO zur Änderung der HeimMindBauV vom 3. 5. 1983 (BGBl. I S. 547) erheblich geändert und neu bekanntgemacht. Ebenfalls am 1. 8. 1978 trat die HeimsicherungsVO vom 24. 4. 1978 (BGBl. I S. 553) in Kraft. Sie regelt die Pflichten der Träger von Altenheimen, Altenwohnheimen und Pflegeheimen für Volljährige im Falle der Entgegennahme von Leistungen zum Zwecke der Unterbringung eines Bewohners oder Bewerbers. Eine VO über die Buchführungs- und Meldepflichten nach § 8 Abs. 2 und eine VO über die personellen Mindestanforderungen nach § 3 Nr. 2 wurden obwohl im Entwurf bereits vorliegend,

Einführung

noch nicht erlassen (vgl. Klie Altenheim 1991, Heft 6; DV in NDV 1991, 249).

10 Das Heimgesetz galt über 15 Jahre unverändert. Es wurde durch das Erste Gesetz zur Änderung des Heimgesetzes vom 22. 4. 1990 (BGBl. I S. 758) novelliert.

Bei der Durchführung des Gesetzes, das rechtliches Neuland betreten hat, wurden Erfahrungen und Erkenntnisse über seine Wirksamkeit und Praktikabilität gewonnen sowie neue Wege zur besseren Verwirklichung des Gesetzesziels von der Praxis aufgezeigt. Dem trägt die Novelle Rechnung. Sie beschränkt sich darauf, wesentliche Mängel zu beseitigen, Lücken auszufüllen und die Anwendung des Gesetzes zu erleichtern. Daneben sollen einzelne Bestimmungen praxisnäher gestaltet und vereinfacht sowie dringend gebotene Klarstellungen vorgenommen werden. Vor allem soll die bestehende Rechtsunsicherheit bei der Ausgestaltung der Heimverträge ausgeräumt und verhindert werden, daß Unklarheiten und Streitpunkte bei der Anwendung des Gesetzes zum Nachteil der Schwächeren und vielfach hilfebedürftigen Heimbewohner gelöst werden. Die Novelle soll schließlich die Rechtsmaterie vereinfachen und besser überschaubar machen (BR-DrS. 203/89, S. 14).

Mit der Novellierung entsprach die Bundesregierung einer Entschließung des Deutschen Bundestages vom 16. 10. 1985 – BT-Drucksache 10/4020 –, das Heimgesetz der gesellschaftlichen Entwicklung anzupassen.

In der Diskussion um die Novellierung des Heimgesetzes ist verschiedentlich darauf hingewiesen worden, daß sie keine Regelungen über Ansprüche des einzelnen Heimbewohners auf Hilfe bei der Erfüllung seiner Rechtspflichten aus dem Heimverhältnis enthalte. Das Heimgesetz ist jedoch kein Leistungsgesetz, sondern schützt mit vor allem ordnungsrechtlichen Mittel die Interessen älterer Menschen und Behinderter im Zusammenhang mit ihrer Unterbringung in einem Heim. Das Heimgesetz gewährt daher weder an Heimbewohner noch an den Heimträger finanzielle Hilfen. Vielmehr schafft es einen Rahmen für die Ausgestaltung des Heimaufenthalts, der auch dem Bürger in einem Heim eine angemessene Lebensführung ermöglicht. Hierbei ist ein gerechter Ausgleich der unterschiedlichen Verhandlungspositionen, Rechtsstellungen und Interessenlagen bei Heimträger und Heimbewohner bestimmend für die Neuregelung (BR-DrS. 203/89, S. 15).

11 Die Novelle hat folgende Schwerpunkte:

Einführung

1. Neufassung des § 1 Heimgesetz über den Anwendungsbereich des Gesetzes unter Aufhebung der Ermächtigung zum Erlaß einer entsprechenden Verordnung.
2. Regelung über Form und Kernbestandteile des zwischen Heimträger und Heimbewohnern nach § 4 abzuschließenden Heimvertrags.
3. Bestellung eines Heimfürsprechers in den Fällen, in denen die Bildung eines Heimbeirats nicht möglich ist.
4. Neufassung der Aufzeichnungs- und Aufbewahrungspflicht.
5. Neufassung des § 14 über die Gewährung von Geld und geldwerten Leistungen des Bewohners an Träger und Beschäftigte eines Heims.

Die Novellierung ist am 1. 8. 1990 in Kraft getreten. Sie war bereits im Vorfeld unter Fachleuten umstritten. Überwiegend wird die Meinung vertreten, daß sie den Auftrag des Parlaments, „im Rahmen einer zukunftsorientierten Gesellschaftspolitik" das Heimgesetz „der gesellschaftlichen Entwicklung gemäß" anzupassen, nicht gerecht wird (vgl. Wiedemann NJW 1990, 2237, Friedrich ZfF 1990, 170, Jgl RsDE Heft 7; derselbe Altenheim 1991, Heft 6, S.282).

Gemäß Anlage I Kapitel X Sachgebiet H Abschnitt III Nr.12 des Einigungsvertrages vom 31. 8. 1990 (BGBl. II S 889) gilt für das Gebiet der **neuen Bundesländer** folgendes: Heimverhältnisse, die beim Wirksamwerden des Beitritts (3. 10. 1990) bestehen, richten sich von diesem Zeitpunkt an nach dem neuen Recht – also nach dem HeimG und seiner VO.

Auf Grund des § 3 HeimG hat das Bundesministerium für Familie und Senioren endlich am 19. 7. 1993 die **Verordnung über personelle Anforderungen für Heime** (HeimPersV, BGBl. I S.1205) erlassen. Leider geht nicht – wie bei Vorentwürfen – bereits aus der Bezeichnung hervor, daß es sich bei dieser VO um Mindestanforderungen handelt, die bei der Qualifikation des Heimpersonals nicht unterschritten werden dürfen. Konsequenterweise hätte die Verordnung als „Heimmindestverordnung" bezeichnet werden müssen, wie dies auch bei der auf der Grundlage des § 3 Nr.1 HeimG erlassenen Heimmindestbauverordnung der Fall war. Dieser Umstand ist deshalb erwähnenswert, weil bereits kurz vor dem Erlaß der HeimPersV bis heute andauernde Kritik vor allem von Trägerverbänden angemeldet wurde, wonach die Anforderungen der Verordnung bei weitem nicht ausreichen würden, um eine fach- und sachgerechte Betreuung der meist schwer- und schwerstpflegebedürftigen Bewohner vor allem im Bereich der Alten- und Altenpflegeheime sicherzustellen. Nach wie vor wird von den

Einführung

Trägern nicht ganz zu unrecht zudem darauf hingewiesen, daß bei ihren Verhandlungen über die Pflegesatzgestaltung nach § 93 BSHG mit den sich in immer schwierigerer Situation befindlichen Kostenträgern die HeimPersV als der Regelstandard und nicht als unterster Level der personellen Mindestausstattung angesehen wird. Somit obliegt es wiederum den für den Vollzug des Heimgesetzes und der hierauf ergangenen Verordnungen zuständigen Aufsichtsbehörden der Länder, hier zur Klarstellung aller Irritationen einer zugegebenermaßen unjuristischen Argumentation beizutragen, auch wenn in § 1 HeimPersV ausdrücklich nochmals der Ermächtigungsrahmen abgesteckt wurde (vgl. Wiedemann NJW 1993, 2981).

14 Weitere Ergänzungen bzw. Änderungen brachte das Pflegeversicherungsgesetz vom 26. Mai 1994 (BGBl. I S.1014). Durch entsprechende Ergänzungen wurde sichergestellt, daß nunmehr auch mit dem Bundesministerium für Arbeit und Sozialordnung, als dem für die Pflegeversicherung zuständigen Ressort, Einvernehmen (z.B. bei der HeimMindBauV u. HeimPersV) herzustellen ist. Außerdem wurde in einem neuen § 4e HeimG der Inhalt der Heimverträge mit Versicherten der sozialen Pflegeversicherung geregelt. Außerdem wurde als weitere wichtige Regelung § 14 HeimG um einen Abs. 8 ergänzt. Danach können Versicherte der Pflegeversicherung nicht zur Bereitstellung von Sicherheiten nach § 14 Abs. 2 Nr. 4 HeimG verpflichtet werden.

15 Das **Zweite Gesetz zur Änderung des Heimgesetzes** vom 3.2. 1997 (BGBl. I S.158 f.) verfolgte zwei zentrale Anliegen. Zum einen wurde die **Kurzzeitpflege** in den Anwendungsbereich des Heimgesetzes einbezogen; zum anderen wurde auf die bisher zum Betrieb eines Heimes erforderliche **Erlaubnis** verzichtet (kritische Bemerkungen Füßer Altenheim 1997, Nr. 6, S.30 und NJW 1997, 1957 ff.)

Der Kurzzeitpflege in einer stationären Einrichtung kommt in der heutigen Alten- und Behindertenpolitik ständig wachsende Bedeutung zu. Sie ist vielfach nach einem Krankenhausaufenthalt geboten, um dem Pflegebedürftigen anschließend die Rückkehr in die bisherige Wohnung zu ermöglichen. Oftmals bildet sie aber auch das stationäre Bindeglied zwischen Krankenhaus und Pflegeheim. Zudem dient sie der Sicherung einer kontinuierlichen Betreuung Pflegebedürftiger, wenn die pflegende Person zeitweilig ausfällt.

Die Heimaufsicht der Länder ging bisher an Kurzzeitpflegeeinrichtungen vorbei, obwohl der Bedarf an Kurzzeitpflegeeinrichtungen u.a. aufgrund der demographischen Entwicklungen stieg. An-

Einführung

gewandt wurden die allgemeinen aufsichtsrechtlichen Regelungen des Gewerbe- und Ordnungsrechts. Dies erwies sich als unzulänglich. Die Berichte über erschreckende Mißstände in Einrichtungen der Kurzzeitpflege machten unübersehbar deutlich, daß hier Vorgaben zu Mindeststandards unverzichtbar waren. Erforderlich war zugleich ein Instrumentarium, mit dem nicht zuletzt auch dem heutigen Verständnis von Betreuung und Rehabilitation sowie den Bedürfnissen älterer Menschen Rechnung getragen wurde.

Mit dem Wegfall der Erlaubnis fand ein Übergang vom formellen Verwaltungsverfahren zum sog. informellen Verfahren statt, das in heutiger Zeit insbesondere bei komplexen Sachverhalten als verfassungsrechtlich zulässiges Steuerungsmittel zunehmend an Bedeutung gewinnt: Das Risiko von Fehlinvestitionen und späteren Rechtsstreitigkeiten wird vermindert, Rechtsunsicherheit wird abgebaut, die Verwaltungseffizienz erhöht sich (BT Dr. S. 13/2347 ff.) 16

Das ordnungsrechtliche Instrumentarium stand damit nicht mehr am Anfang des Verfahrens, blieb aber als ultima ratio erhalten. Eine so verstandene Heimaufsicht respektierte sowohl die Selbständigkeit der Heimträger als auch die Selbstverwaltungskompetenzen der Kostenträger (vgl. zu den Änderungen BT-DrS. 13/2347 ff.)

Diese Änderungen reichten aber nicht aus, um das Heimgesetz an die grundlegend veränderten gesellschaftlichen und rechtlichen Rahmenbedingungen anzupassen und den im Bereich der Altenhilfe bestehenden Reformstau abzubauen. Zu den veränderten gesellschaftlichen Rahmenbedingungen gehörte die deutliche Erhöhung des Durchschnittsalters beim Wechsel von der Wohnung in ein Heim und die Zunahme der Zahl der pflegebedürftigen Heimbewohner und des Grades der Pflegebedürftigkeit. Um diesen geänderten Rahmenbedingungen gerecht zu werden, bedurfte es einer umfassenden Novellierung des Heimgesetzes, die auch die Änderungen umfasste, die eine weitere Anpassung von Heimgesetz und SGB XI zum Inhalt hatten. Auch Berichte in den Medien über Pflegeskandale und Missstände in Heimen zeigten Handlungsbedarf an. Für ältere Menschen, insbesondere für Pflegebedürftige, und für behinderte Menschen ist es von entscheidender Bedeutung, bei Bedarf in einem Heim angemessen betreut, versorgt und gepflegt zu werden. Es ist Aufgabe des Staates, die notwendige Pflegequalität zu sichern. Die Stärkung der Rechtsstellung und die Verbesserung des Schutzes der Bewohner war dann auch Ziel des **Dritten Gesetzes zur Änderung des Heimgesetzes** vom 5.11. 2001 (BGBl. I S. 2960). Inhaltliche Schwerpunkte der Novelle sind: 17
– Abgrenzung zwischen Heim und Formen des sog. betreuten Wohnens;

Einführung

- Verbesserung der Transparenz von Heimverträgen;
- Weiterentwicklung der Heimmitwirkung;
- Stärkung der Heimaufsicht und Verbesserung ihres Eingriffsinstrumentariums und die
- Verbesserung der Zusammenarbeit von Heimaufsicht und der Pflegekassen, dem Medizinischen Dienst der Krankenversicherung (MDK) und den Sozialhilfeträgern.

Die genannten Schwerpunkte werden flankiert durch eine Berichtspflicht der Bundesregierung sowie einen Tätigkeitsbericht der Heimaufsicht (§ 22) und die Erstellung einer Statistik (§ 23). (Vgl. dazu auch die Begründung zum Referentenentwurf Stand 27. 4. 2000.)

18 Das HeimG wurde erneut geändert durch Art. 31 des **OLG-Vertretungsänderungsgesetzes** vom 23. 7. 2002 (BGBl. I S. 2850 ff.). In § 5 wurde ein neuer Absatz 12 angefügt und in § 8 ein Abs. 10. Beide neuen Bestimmungen bringen Sonderregelungen für Bewohnerinnen und Bewohner, die zum Zeitpunkt der Aufnahme geschäftsunfähig waren. Weitere Änderungen des HeimG: 8. Zust. AnpassungsV vom 25. 11. 2003 (BGBl. I S. 2304) und – m. w. ab 1. 1. 2005 – Gesetz zur Einordnung des Sozialhilferechts in das SGB vom 27. 12. 2003 (BGBl. I S. 3022). Die **HeimmitwirkungsV** wurde durch die 2. ÄndV vom 25. 7. 2002 (BGBl. I S. 2890) in wesentlichen Teilen geändert und neu gefaßt (BGBl. I S. 2896) sowie an den neuen § 10 HeimG angepaßt.

Text

Heimgesetz (HeimG)

i.d.F. der Bekanntmachung der Neufassung des Heimgesetzes vom 5.11.2001 (BGBl. I S.2970), geändert durch OLGVertrÄndG vom 23.7.2002 (BGBl. I S.2850), 8. ZuständigkeitsanpassungsV vom 25.11.2003 (BGBl. I S.2304) und Gesetz zur Einordung des Sozialhilferechts in das Sozialgesetzbuch vom 27.12.2003 (BGBl. I S.3022)[1]

BGBl. III/FNA 2170-5

Auf Grund des Artikels 3 des Dritten Gesetzes zur Änderung des Heimgesetzes vom 5. November 2001 (BGBl. I S.2960) wird nachstehend der Wortlaut des Heimgesetzes in der ab 1. Januar 2002 geltenden Fassung bekannt gemacht. Die Neufassung berücksichtigt:

1. die Fassung der Bekanntmachung vom 23. April 1990 (BGBl. I S.763, 1069),
2. den am 13. März 1993 in Kraft getretenen Artikel 32 der Verordnung vom 26. Februar 1993 (BGBl. I S.278),
3. den am 1. Juli 1993 in Kraft getretenen Artikel 5 des Gesetzes vom 21. Juli 1993 (BGBl. I S.1257),
4. den teils am 1. Januar 1995, teils am 1. Juli 1996 in Kraft getretenen Artikel 19 des Gesetzes vom 26. Mai 1994 (BGBl. I S.1014),
5. den am 1. August 1996 in Kraft getretenen Artikel 7 des Gesetzes vom 23. Juli 1996 (BGBl. I S.1088),
6. den am 13. Februar 1997 in Kraft getretenen Artikel 1 des Gesetzes vom 3. Februar 1997 (BGBl. I S.158),
7. den am 14. Oktober 1997 in Kraft getretenen Artikel 16 der Verordnung vom 21. September 1997 (BGBl. I S.2390),
8. den am 7. November 2001 in Kraft tretenden Artikel 64 der Verordnung vom 29. Oktober 2001 (BGBl. I S.2785),
9. die am 1. Januar 2002 in Kraft tretenden Artikel 1 und 2 des eingangs genannten Gesetzes.

---

[1] Diese letzte Änderung tritt mit Wirkung ab 1.1.2005 in Kraft (BGBl. I 2003 S.3022, 3061, 3071). Sie ist in den Paragraphen 5, 7, 12, 13, 14, 16, 17 und 20 (neu: Verweise auf Sozialgesetzbuch statt bisher Bundessozialhilfegesetz) bereits eingearbeitet.

HeimG

Inhaltsübersicht

- § 1 Anwendungsbereich
- § 2 Zweck des Gesetzes
- § 3 Leistungen des Heims, Rechtsverordnungen
- § 4 Beratung
- § 5 Heimvertrag
- § 6 Anpassungspflicht
- § 7 Erhöhung des Entgelts
- § 8 Vertragsdauer
- § 9 Abweichende Vereinbarungen
- § 10 Mitwirkung der Bewohnerinnen und Bewohner
- § 11 Anforderungen an den Betrieb eines Heims
- § 12 Anzeige
- § 13 Aufzeichnungs- und Aufbewahrungspflicht
- § 14 Leistungen an Träger und Beschäftigte
- § 15 Überwachung
- § 16 Beratung bei Mängeln
- § 17 Anordnungen
- § 18 Beschäftigungsverbot, kommissarische Heimleitung
- § 19 Untersagung
- § 20 Zusammenarbeit, Arbeitsgemeinschaften
- § 21 Ordnungswidrigkeiten
- § 22 Berichte
- § 23 Zuständigkeit und Durchführung des Gesetzes
- § 24 Anwendbarkeit der Gewerbeordnung
- § 25 Fortgeltung von Rechtsverordnungen
- § 25a Erprobungsregelungen
- § 26 Übergangsvorschriften

§ 1 Anwendungsbereich

(1) [1]Dieses Gesetz gilt für Heime. [2]Heime im Sinne dieses Gesetzes sind Einrichtungen, die dem Zweck dienen, ältere Menschen oder pflegebedürftige oder behinderte Volljährige aufzunehmen, ihnen Wohnraum zu überlassen sowie Betreuung und Verpflegung zur Verfügung zu stellen oder vorzuhalten, und die in ihrem Bestand von Wechsel und Zahl der Bewohnerinnen und Bewohner unabhängig sind und entgeltlich betrieben werden.

(2) [1]Die Tatsache, dass ein Vermieter von Wohnraum durch Verträge mit Dritten oder auf andere Weise sicherstellt, dass den Mietern Betreuung und Verpflegung angeboten werden, begründet allein nicht die Anwendung dieses Gesetzes. [2]Dies gilt auch dann, wenn die Mieter vertraglich verpflichtet sind, allgemeine Betreuungsleistungen wie Notrufdienste oder Vermittlung von Dienst- und Pflegeleistungen von bestimmten Anbietern anzunehmen und das Entgelt hierfür im Verhältnis zur Miete von untergeordneter Bedeutung ist. [3]Dieses Gesetz ist anzuwenden, wenn die Mieter vertraglich verpflichtet sind, Verpflegung und weitergehende Betreuungsleistungen von bestimmten Anbietern anzunehmen.

(3) [1]Auf Heime oder Teile von Heimen im Sinne des Absatzes 1, die der vorübergehenden Aufnahme Volljähriger dienen (Kurz-

zeitheime), sowie auf stationäre Hospize finden die §§ 6, 7, 10 und 14 Abs. 2 Nr. 3 und 4, Abs. 3, 4 und 7 keine Anwendung. ²Nehmen die Heime nach Satz 1 in der Regel mindestens sechs Personen auf, findet § 10 mit der Maßgabe Anwendung, dass ein Heimfürsprecher zu bestellen ist.

(4) Als vorübergehend im Sinne dieses Gesetzes ist ein Zeitraum von bis zu drei Monaten anzusehen.

(5) Dieses Gesetz gilt auch für Einrichtungen der Tages- und der Nachtpflege mit Ausnahme der §§ 10 und 14 Abs. 2 Nr. 3 und 4, Abs. 3, 4 und 7. Nimmt die Einrichtung in der Regel mindestens sechs Personen auf, findet § 10 mit der Maßgabe Anwendung, dass ein Heimfürsprecher zu bestellen ist.

(6) ¹Dieses Gesetz gilt nicht für Krankenhäuser im Sinne des § 2 Nr. 1 des Krankenhausfinanzierungsgesetzes. ²In Einrichtungen zur Rehabilitation gilt dieses Gesetz für die Teile, die die Voraussetzungen des Absatzes 1 erfüllen. ³Dieses Gesetz gilt nicht für Internate der Berufsbildungs- und Berufsförderungswerke.

§ 2 Zweck des Gesetzes

(1) Zweck des Gesetzes ist es,

1. die Würde sowie die Interessen und Bedürfnisse der Bewohnerinnen und Bewohner von Heimen vor Beeinträchtigungen zu schützen,
2. die Selbständigkeit, die Selbstbestimmung und die Selbstverantwortung der Bewohnerinnen und Bewohner zu wahren und zu fördern,
3. die Einhaltung der dem Träger des Heims (Träger) gegenüber den Bewohnerinnen und Bewohnern obliegenden Pflichten zu sichern,
4. die Mitwirkung der Bewohnerinnen und Bewohner zu sichern,
5. eine dem allgemein anerkannten Stand der fachlichen Erkenntnisse entsprechende Qualität des Wohnens und der Betreuung zu sichern,
6. die Beratung in Heimangelegenheiten zu fördern sowie
7. die Zusammenarbeit der für die Durchführung dieses Gesetzes zuständigen Behörden mit den Trägern und deren Verbänden, den Pflegekassen, dem Medizinischen Dienst der Krankenversicherung sowie den Trägern der Sozialhilfe zu fördern.

(2) Die Selbständigkeit der Träger in Zielsetzung und Durchführung ihrer Aufgaben bleibt unberührt.

§ 3 Leistungen des Heims, Rechtsverordnungen

(1) Die Heime sind verpflichtet, ihre Leistungen nach dem jeweils anerkannten Stand fachlicher Erkenntnisse zu erbringen.

(2) Zur Durchführung des § 2 kann das Bundesministerium für Familie, Senioren, Frauen und Jugend im Einvernehmen mit dem Bundesministerium für Wirtschaft und Arbeit, dem Bundesministerium für Verkehr, Bau- und Wohnungswesen und dem Bundesministerium für Gesundheit und Soziale Sicherung durch Rechtsverordnung mit Zustimmung des Bundesrates dem allgemein anerkannten Stand der fachlichen Erkenntnisse entsprechende Regelungen (Mindestanforderungen) erlassen

1. für die Räume, insbesondere die Wohn-, Aufenthalts-, Therapie- und Wirtschaftsräume sowie die Verkehrsflächen, sanitären Anlagen und die technischen Einrichtungen,
2. für die Eignung der Leitung des Heims (Leitung) und der Beschäftigten.

§ 4 Beratung

Die zuständigen Behörden informieren und beraten

1. die Bewohnerinnen und Bewohner sowie die Heimbeiräte und Heimfürsprecher über ihre Rechte und Pflichten,
2. Personen, die ein berechtigtes Interesse haben, über Heime im Sinne des § 1 und über die Rechte und Pflichten der Träger und der Bewohnerinnen und Bewohner solcher Heime und
3. auf Antrag Personen und Träger, die die Schaffung von Heimen im Sinne des § 1 anstreben oder derartige Heime betreiben, bei der Planung und dem Betrieb der Heime.

§ 5 Heimvertrag

(1) [1]Zwischen dem Träger und der künftigen Bewohnerin oder dem künftigen Bewohner ist ein Heimvertrag abzuschließen. [2]Der Inhalt des Heimvertrags ist der Bewohnerin oder dem Bewohner

unter Beifügung einer Ausfertigung des Vertrags schriftlich zu bestätigen.

(2) Der Träger hat die künftigen Bewohnerinnen und Bewohner vor Abschluss des Heimvertrags schriftlich über den Vertragsinhalt zu informieren und sie auf die Möglichkeiten späterer Leistungs- und Entgeltveränderungen hinzuweisen.

(3) ¹Im Heimvertrag sind die Rechte und Pflichten des Trägers und der Bewohnerin oder des Bewohners, insbesondere die Leistungen des Trägers und das von der Bewohnerin oder dem Bewohner insgesamt zu entrichtende Heimentgelt, zu regeln. ²Der Heimvertrag muss eine allgemeine Leistungsbeschreibung des Heims, insbesondere der Ausstattung, enthalten. ³Im Heimvertrag müssen die Leistungen des Trägers, insbesondere Art, Inhalt und Umfang der Unterkunft, Verpflegung und Betreuung einschließlich der auf die Unterkunft, Verpflegung und Betreuung entfallenden Entgelte angegeben werden. ⁴Außerdem müssen die weiteren Leistungen im Einzelnen gesondert beschrieben und die jeweiligen Entgeltbestandteile hierfür gesondert angegeben werden.

(4) Wird die Bewohnerin oder der Bewohner nur vorübergehend aufgenommen, so umfasst die Leistungspflicht des Trägers alle Betreuungsmaßnahmen, die während des Aufenthalts erforderlich sind.

(5) ¹In Verträgen mit Personen, die Leistungen nach den §§ 41, 42 und 43 des Elften Buches Sozialgesetzbuch in Anspruch nehmen (Leistungsempfänger der Pflegeversicherung), müssen Art, Inhalt und Umfang der in Absatz 3 genannten Leistungen sowie die jeweiligen Entgelte den im Siebten und Achten Kapitel oder den aufgrund des Siebten und Achten Kapitels des Elften Buches Sozialgesetzbuch getroffenen Regelungen (regelung der Pflegeversicherung) entsprechen sowie die gesondert berechenbaren Investitionskosten (§ 82 Abs. 3 und 4 des Elften Buches Sozialgesetzbuch) gesondert ausgewiesen werden. ²Entsprechen Art, Inhalt oder Umfang der Leistungen oder Entgelte nicht den Regelungen der Pflegeversicherung, haben sowohl der Leistungsempfänger der Pflegeversicherung als auch der Träger einen Anspruch auf entsprechende Anpassung des Vertrags.

(6) ¹In Verträgen mit Personen, denen Hilfe in Einrichtungen nach dem Zwölften Buch Sozialgesetzbuch gewährt wird, müssen Art, Inhalt und Umfang der in Absatz 3 genannten Leistungen sowie die jeweiligen Entgelte den aufgrund des Zehnten Kapitels des

Zwölften Buches Sozialgesetzbuch getroffenen Vereinbarungen entsprechen. ²Absatz 5 Satz 2 findet entsprechende Anwendung.

(7) ¹Das Entgelt sowie die Entgeltbestandteile müssen im Verhältnis zu den Leistungen angemessen sein. ²Sie sind für alle Bewohnerinnen und Bewohner eines Heims nach einheitlichen Grundsätzen zu bemessen. ³Eine Differenzierung ist zulässig, soweit eine öffentliche Förderung von betriebsnotwendigen Investitionsaufwendungen nur für einen Teil eines Heims erfolgt ist. ⁴Eine Differenzierung nach Kostenträgern ist unzulässig. ⁵Abweichend von Satz 4 ist eine Differenzierung der Entgelte insofern zulässig, als Vergütungsvereinbarungen nach dem Zehnten Kapitel des Zwölften Buches Sozialgesetzbuch über Investitionsbeträge oder gesondert berechnete Investitionskosten getroffen worden sind.

(8) ¹Im Heimvertrag ist für Zeiten der Abwesenheit der Bewohnerin oder des Bewohners eine Regelung vorzusehen, ob und in welchem Umfang eine Erstattung ersparter Aufwendungen erfolgt. ²Die Absätze 5 und 6 finden Anwendung.

(9) Werden Leistungen unmittelbar zu Lasten eines gesetzlichen Leistungsträgers erbracht, ist die Bewohnerin oder der Bewohner unverzüglich schriftlich unter Mitteilung des Kostenanteils hierauf hinzuweisen.

(10) ¹Der Träger hat die künftige Bewohnerin oder den künftigen Bewohner bei Abschluss des Heimvertrags schriftlich auf sein Recht hinzuweisen, sich beim Träger, bei der zuständigen Behörde oder der Arbeitsgemeinschaft nach § 20 Abs. 5 beraten zu lassen sowie sich über Mängel bei der Erbringung der im Heimvertrag vorgesehenen Leistungen zu beschweren. ²Zugleich hat er die entsprechenden Anschriften mitzuteilen.

(11) ¹Erbringt der Träger die vertraglichen Leistungen ganz oder teilweise nicht oder weisen sie nicht unerhebliche Mängel auf, kann die Bewohnerin oder der Bewohner unbeschadet weitergehender zivilrechtlicher Ansprüche bis zu sechs Monate rückwirkend eine angemessene Kürzung des vereinbarten Heimentgelts verlangen. ²Dies gilt nicht, soweit nach § 115 Abs. 3 des Elften Buches Sozialgesetzbuch wegen desselben Sachverhaltes ein Kürzungsbetrag vereinbart oder festgesetzt worden ist. ³Bei Personen, denen Hilfe in Einrichtungen nach dem Zwölften Buch Sozialgesetzbuch gewährt wird, steht der Kürzungsbetrag bis zur Höhe der erbrachten Leistungen vorrangig dem Träger der Sozialhilfe zu. ⁴Versicherten der Pflegeversicherung steht der Kürzungsbetrag bis zur

Höhe ihres Eigenentgelts am Heimentgelt zu; ein überschießender Betrag ist an die Pflegekasse auszuzahlen.

(12) War die Bewohnerin oder der Bewohner zu dem Zeitpunkt der Aufnahme in ein Heim geschäftsunfähig, so gilt der von ihr oder ihm geschlossene Heimvertrag in Ansehung einer bereits bewirkten Leistung und deren Gegenleistung, soweit diese in einem angemessenen Verhältnis zueinander stehen, als wirksam.

§ 6 Anpassungspflicht

(1) ¹Der Träger hat seine Leistungen, soweit ihm dies möglich ist, einem erhöhten oder verringerten Betreuungsbedarf der Bewohnerin oder des Bewohners anzupassen und die hierzu erforderlichen Änderungen des Heimvertrags anzubieten. ²Sowohl der Träger als auch die Bewohnerin oder der Bewohner können die erforderlichen Änderungen des Heimvertrags verlangen. ³Im Heimvertrag kann vereinbart werden, dass der Träger das Entgelt durch einseitige Erklärung in angemessenem Umfang entsprechend den angepassten Leistungen zu senken verpflichtet ist und erhöhen darf.

(2) Der Träger hat die Änderungen der Art, des Inhalts und des Umfangs der Leistungen sowie gegebenenfalls die Vergütung darzustellen. § 5 Abs. 3 Satz 3 und 4 findet entsprechende Anwendung.

(3) Auf die Absätze 1 und 2 finden § 5 Abs. 5 bis 7 und § 7 Abs. 4 Satz 1 und Abs. 5 Satz 1 entsprechende Anwendung.

§ 7 Erhöhung des Entgelts

(1) ¹Der Träger kann eine Erhöhung des Entgelts verlangen, wenn sich die bisherige Berechnungsgrundlage verändert und sowohl die Erhöhung als auch das erhöhte Entgelt angemessen sind. ²Entgelterhöhungen aufgrund von Investitionsaufwendungen des Heims sind nur zulässig, soweit sie nach der Art des Heims betriebsnotwendig sind und nicht durch öffentliche Förderung gedeckt werden.

(2) ¹Die Erhöhung des Entgelts bedarf außerdem der Zustimmung der Bewohnerin oder des Bewohners. ²In dem Heimvertrag kann vereinbart werden, dass der Träger berechtigt ist, bei Vorliegen der Voraussetzungen des Absatzes 1 das Entgelt durch einseitige Erklärung zu erhöhen.

(3) ¹Die Erhöhung des Entgelts wird nur wirksam, wenn sie vom Träger der Bewohnerin oder dem Bewohner gegenüber spätestens vier Wochen vor dem Zeitpunkt, an dem sie wirksam werden soll, schriftlich geltend gemacht wurde und die Begründung anhand der Leistungsbeschreibung und der Entgeltbestandteile des Heimvertrags unter Angabe des Umlagemaßstabs die Positionen beschreibt, für die sich nach Abschluss des Heimvertrags Kostensteigerungen ergeben. ²Die Begründung muss die vorgesehenen Änderungen darstellen und sowohl die bisherigen Entgeltbestandteile als auch die vorgesehenen neuen Entgeltbestandteile enthalten. § 5 Abs. 3 und 5 bis 9 gilt entsprechend. ³Die Bewohnerin oder der Bewohner sowie der Heimbeirat müssen Gelegenheit erhalten, die Angaben des Trägers durch Einsichtnahme in die Kalkulationsunterlagen zu überprüfen.

(4) ¹Bei Leistungsempfängern der Pflegeversicherung wird eine Erhöhung des Entgelts außerdem nur wirksam, soweit das erhöhte Entgelt den Regelungen der Pflegeversicherung entspricht. ²Absatz 2 Satz 1 findet keine Anwendung. ³Der Träger ist verpflichtet, Vertreterinnen und Vertreter des Heimbeirats oder den Heimfürsprecher rechtzeitig vor der Aufnahme von Verhandlungen über Leistungs- und Qualitätsvereinbarungen sowie über Vergütungsvereinbarungen mit den Pflegekassen anzuhören und ihnen unter Vorlage nachvollziehbarer Unterlagen die wirtschaftliche Notwendigkeit und Angemessenheit der geplanten Erhöhung zu erläutern. ⁴Außerdem ist der Träger verpflichtet, Vertreterinnen und Vertretern des Heimbeirats oder dem Heimfürsprecher Gelegenheit zu einer schriftlichen Stellungnahme zu geben. ⁵Diese Stellungnahme gehört zu den Unterlagen, die der Träger rechtzeitig vor Beginn der Verhandlungen den als Kostenträgern betroffenen Vertragsparteien vorzulegen hat. ⁶Vertreterinnen und Vertreter des Heimbeirats oder der Heimfürsprecher sollen auf Verlangen vom Träger zu den Verhandlungen über Leistungs- und Qualitätsvereinbarungen sowie über Vergütungsvereinbarungen hinzugezogen werden. ⁷Sie sind über den Inhalt der Verhandlungen, soweit ihnen im Rahmen der Verhandlungen Betriebsgeheimnisse bekannt geworden sind, zur Verschwiegenheit verpflichtet. ⁸Absatz 3 findet Anwendung.

(5) ¹Bei Personen, denen Hilfe in Einrichtungen nach dem Zwölften Buch Sozialgesetzbuch gewährt wird, wird eine Erhöhung des Entgelts nur wirksam, soweit das erhöhte Entgelt den Vereinbarungen nach dem Zehnten Kapitel des Zwölften Buches Sozialgesetzbuch entspricht. ²Vertreterinnen und Vertreter des Heimbeirats oder der Heimfürsprecher sollen auf Verlangen vom

Träger an den Verhandlungen über Leistungs-, Vergütungs- und Prüfungsvereinbarungen hinzugezogen werden. Im Übrigen findet Absatz 4 entsprechende Anwendung.

(6) Eine Kündigung des Heimvertrags zum Zwecke der Erhöhung des Entgelts ist ausgeschlossen.

§ 8 Vertragsdauer

(1) Der Heimvertrag wird auf unbestimmte Zeit geschlossen, soweit nicht im Einzelfall eine befristete Aufnahme der Bewohnerin oder des Bewohners beabsichtigt ist oder eine vorübergehende Aufnahme nach § 1 Abs. 3 vereinbart wird.

(2) [1]Die Bewohnerin oder der Bewohner kann den Heimvertrag spätestens am dritten Werktag eines Kalendermonats für den Ablauf desselben Monats schriftlich kündigen. [2]Bei einer Erhöhung des Entgelts ist eine Kündigung abweichend von Satz 1 jederzeit für den Zeitpunkt möglich, an dem die Erhöhung wirksam werden soll. [3]Der Heimvertrag kann aus wichtigem Grund ohne Einhaltung einer Kündigungsfrist gekündigt werden, wenn der Bewohnerin oder dem Bewohner die Fortsetzung des Heimvertrags bis zum Ablauf der Kündigungsfrist nicht zuzumuten ist. [4]Hat in den Fällen des Satzes 3 der Träger den Kündigungsgrund zu vertreten, hat er der Bewohnerin oder dem Bewohner eine angemessene anderweitige Unterkunft und Betreuung zu zumutbaren Bedingungen nachzuweisen und ist zum Ersatz der Umzugskosten in angemessenem Umfang verpflichtet. [5]Im Falle des Satzes 3 kann die Bewohnerin oder der Bewohner den Nachweis einer angemessenen anderweitigen Unterkunft und Betreuung auch dann verlangen, wenn er noch nicht gekündigt hat. [6]§ 115 Abs. 4 des Elften Buches Sozialgesetzbuch bleibt unberührt.

(3) Der Träger kann den Heimvertrag nur aus wichtigem Grund kündigen. Ein wichtiger Grund liegt insbesondere vor, wenn

1. der Betrieb des Heims eingestellt, wesentlich eingeschränkt oder in seiner Art verändert wird und die Fortsetzung des Heimvertrags für den Träger eine unzumutbare Härte bedeuten würde,

2. der Gesundheitszustand der Bewohnerin oder des Bewohners sich so verändert hat, dass ihre oder seine fachgerechte Betreuung in dem Heim nicht mehr möglich ist,

3. die Bewohnerin ihre oder der Bewohner seine vertraglichen Pflichten schuldhaft so gröblich verletzt, dass dem Träger die Fortsetzung des Vertrags nicht mehr zugemutet werden kann, oder

4. die Bewohnerin oder der Bewohner
   a) für zwei aufeinander folgende Termine mit der Entrichtung des Entgelts oder eines Teils des Entgelts, der das Entgelt für einen Monat übersteigt, im Verzug ist oder
   b) in einem Zeitraum, der sich über mehr als zwei Termine erstreckt, mit der Entrichtung des Entgelts in Höhe eines Betrags in Verzug gekommen ist, der das Entgelt für zwei Monate erreicht.

(4) ¹In den Fällen des Absatzes 3 Nr. 4 ist die Kündigung ausgeschlossen, wenn der Träger vorher befriedigt wird. ²Sie wird unwirksam, wenn bis zum Ablauf von zwei Monaten nach Eintritt der Rechtshängigkeit des Räumungsanspruchs hinsichtlich des fälligen Entgelts der Träger befriedigt wird oder eine öffentliche Stelle sich zur Befriedigung verpflichtet.

(5) Die Kündigung durch den Träger bedarf der schriftlichen Form; sie ist zu begründen.

(6) ¹In den Fällen des Absatzes 3 Nr. 2 bis 4 kann der Träger den Vertrag ohne Einhaltung einer Frist kündigen. ²In den übrigen Fällen des Absatzes 3 ist die Kündigung spätestens am dritten Werktag eines Kalendermonats für den Ablauf des nächsten Monats zulässig.

(7) ¹Hat der Träger nach Absatz 3 Nr. 1 und 2 gekündigt, so hat er der Bewohnerin oder dem Bewohner eine angemessene anderweitige Unterkunft und Betreuung zu zumutbaren Bedingungen nachzuweisen. ²In den Fällen des Absatzes 3 Nr. 1 hat der Träger die Kosten des Umzugs in angemessenem Umfang zu tragen.

(8) ¹Mit dem Tod der Bewohnerin oder des Bewohners endet das Vertragsverhältnis. Vereinbarungen über eine Fortgeltung des Vertrags hinsichtlich der Entgeltbestandteile für Wohnraum und Investitionskosten sind zulässig, soweit ein Zeitraum von zwei Wochen nach dem Sterbetag nicht überschritten wird. ²In diesen Fällen ermäßigt sich das Entgelt um den Wert der von dem Träger ersparten Aufwendungen. ³Bestimmungen des Heimvertrags über die Behandlung des im Heim befindlichen Nachlasses sowie dessen Verwarung durch den Träger bleiben wirksam.

(9) ¹Wenn die Bewohnerin oder der Bewohner nur vorübergehend aufgenommen wird, kann der Heimvertrag von beiden Vertragsparteien nur aus wichtigem Grund gekündigt werden. ²Die Absätze 2 bis 8 sind mit Ausnahme des Absatzes 3 Satz 2 Nr. 2 und 3 und des Absatzes 8 Satz 1 nicht anzuwenden. ³Die Kündigung ist ohne Einhaltung einer Frist zulässig. ⁴Sie bedarf der schriftlichen Form und ist zu begründen.

(10) ¹War die Bewohnerin oder der Bewohner bei Abschluss des Heimvertrages geschäftsunfähig, so kann der Träger eines Heimes das Heimverhältnis nur aus wichtigem Grund für gelöst erklären. ²Absatz 3 Satz 2, Absätze 4, 5, 6, 7, 8 Satz 1 und Absatz 9 Satz 1 bis 3 finden insoweit entsprechende Anwendung.

§ 9 Abweichende Vereinbarungen

Vereinbarungen, die zum Nachteil der Bewohnerin oder des Bewohners von den §§ 5 bis 8 abweichen, sind unwirksam.

§ 10 Mitwirkung der Bewohnerinnen und Bewohner

(1) ¹Die Bewohnerinnen und Bewohner wirken durch einen Heimbeirat in Angelegenheiten des Heimbetriebs wie Unterkunft, Betreuung, Aufenthaltsbedingungen, Heimordnung, Verpflegung und Freizeitgestaltung mit. ²Die Mitwirkung bezieht sich auch auf die Sicherung einer angemessenen Qualität der Betreuung im Heim und auf die Leistungs-, Vergütungs-, Qualitäts- und Prüfungsvereinbarungen nach § 7 Abs. 4 und 5. Sie ist auf die Verwaltung sowie die Geschäfts- und Wirtschaftsführung des Heims zu erstrecken, wenn Leistungen im Sinne des § 14 Abs. 2 Nr. 3 erbracht worden sind. ³Der Heimbeirat kann bei der Wahrnehmung seiner Aufgaben und Rechte fach- und sachkundige Personen seines Vertrauens hinzuziehen. ⁴Diese sind zur Verschwiegenheit verpflichtet.

(2) Die für die Durchführung dieses Gesetzes zuständigen Behörden fördern die Unterrichtung der Bewohnerinnen und Bewohner und der Mitglieder von Heimbeiräten über die Wahl und die Befugnisse sowie die Möglichkeiten des Heimbeirats, die Interessen der Bewohnerinnen und Bewohner in Angelegenheiten des Heimbetriebs zur Geltung zu bringen.

(3) ¹Der Heimbeirat soll mindestens einmal im Jahr die Bewohnerinnen und Bewohner zu einer Versammlung einladen, zu der jede Bewohnerin oder jeder Bewohner eine Vertrauensperson beiziehen kann. ²Näheres kann in der Rechtsverordnung nach Absatz 5 geregelt werden.

(4) ¹Für die Zeit, in der ein Heimbeirat nicht gebildet werden kann, werden seine Aufgaben durch einen Heimfürsprecher wahrgenommen. ²Seine Tätigkeit ist unentgeltlich und ehrenamtlich. ³Der Heimfürsprecher wird im Benehmen mit der Heimleitung von der zuständigen Behörde bestellt. ⁴Die Bewohnerinnen und Bewohner

des Heims oder deren gesetzliche Vertreter können der zuständigen Behörde Vorschläge zur Auswahl des Heimfürsprechers unterbreiten. ⁵Die zuständige Behörde kann von der Bestellung eines Heimfürsprechers absehen, wenn die Mitwirkung der Bewohnerinnen und Bewohner auf andere Weise gewährleistet ist.

(5) ¹Das Bundesministerium für Familie, Senioren, Frauen und Jugend erlässt im Einvernehmen mit dem Bundesministerium für Gesundheit und Soziale Sicherung durch Rechtsverordnung mit Zustimmung des Bundesrates Regelungen über die Wahl des Heimbeirats und die Bestellung des Heimfürsprechers sowie über Art, Umfang und Form ihrer Mitwirkung. ²In der Rechtsverordnung ist vorzusehen, dass auch Angehörige und sonstige Vertrauenspersonen der Bewohnerinnen und Bewohner, von der zuständigen Behörde vorgeschlagene Personen sowie Mitglieder der örtlichen Seniorenvertretungen und Mitglieder von örtlichen Behindertenorganisationen in angemessenem Umfang in den Heimbeirat gewählt werden können.

§ 11 Anforderungen an den Betrieb eines Heims

(1) Ein Heim darf nur betrieben werden, wenn der Träger und die Leitung

1. die Würde sowie die Interessen und Bedürfnisse der Bewohnerinnen und Bewohner vor Beeinträchtigungen schützen,
2. die Selbständigkeit, die Selbstbestimmung und die Selbstverantwortung der Bewohnerinnen und Bewohner wahren und fördern, insbesondere bei behinderten Menschen die sozialpädagogische Betreuung und heilpädagogische Förderung sowie bei Pflegebedürftigen eine humane und aktivierende Pflege unter Achtung der Menschenwürde gewährleisten,
3. eine angemessene Qualität der Betreuung der Bewohnerinnen und Bewohner, auch soweit sie pflegebedürftig sind, in dem Heim selbst oder in angemessener anderer Weise einschließlich der Pflege nach dem allgemein anerkannten Stand medizinisch-pflegerischer Erkenntnisse sowie die ärztliche und gesundheitliche Betreuung sichern,
4. die Eingliederung behinderter Menschen fördern,
5. den Bewohnerinnen und Bewohnern eine nach Art und Umfang ihrer Betreuungsbedürftigkeit angemessene Lebensgestaltung ermöglichen und die erforderlichen Hilfen gewähren,

6. die hauswirtschaftliche Versorgung sowie eine angemessene Qualität des Wohnens erbringen,
7. sicherstellen, dass für pflegebedürftige Bewohnerinnen und Bewohner Pflegeplanungen aufgestellt und deren Umsetzung aufgezeichnet werden,
8. gewährleisten, dass in Einrichtungen der Behindertenhilfe für die Bewohnerinnen und Bewohner Förder- und Hilfepläne aufgestellt und deren Umsetzung aufgezeichnet werden,
9. einen ausreichenden Schutz der Bewohnerinnen und Bewohner vor Infektionen gewährleisten und sicherstellen, dass von den Beschäftigten die für ihren Aufgabenbereich einschlägigen Anforderungen der Hygiene eingehalten werden, und
10. sicherstellen, dass die Arzneimittel bewohnerbezogen und ordnungsgemäß aufbewahrt und die in der Pflege tätigen Mitarbeiterinnen und Mitarbeiter mindestens einmal im Jahr über den sachgerechten Umgang mit Arzneimitteln beraten werden.

(2) Ein Heim darf nur betrieben werden, wenn der Träger
1. die notwendige Zuverlässigkeit, insbesondere die wirtschaftliche Leistungsfähigkeit zum Betrieb des Heims, besitzt,
2. sicherstellt, dass die Zahl der Beschäftigten und ihre persönliche und fachliche Eignung für die von ihnen zu leistende Tätigkeit ausreicht,
3. angemessene Entgelte verlangt und
4. ein Qualitätsmanagement betreibt.

(3) Ein Heim darf nur betrieben werden, wenn
1. die Einhaltung der in den Rechtsverordnungen nach § 3 enthaltenen Regelungen gewährleistet ist,
2. die vertraglichen Leistungen erbracht werden und
3. die Einhaltung der nach § 14 Abs. 7 erlassenen Vorschriften gewährleistet ist.

(4) Bestehen Zweifel daran, dass die Anforderungen an den Betrieb eines Heims erfüllt sind, ist die zuständige Behörde berechtigt und verpflichtet, die notwendigen Maßnahmen zur Aufklärung zu ergreifen.

§ 12 Anzeige

(1) ¹Wer den Betrieb eines Heims aufnehmen will, hat darzulegen, dass er die Anforderungen nach § 11 Abs. 1 bis 3 erfüllt. ²Zu diesem Zweck hat er seine Absicht spätestens drei Monate vor der

HeimG

vorgesehenen Inbetriebnahme der zuständigen Behörde anzuzeigen. ³Die Anzeige muss insbesondere folgende weitere Angaben enthalten:

1. den vorgesehenen Zeitpunkt der Betriebsaufnahme,
2. die Namen und die Anschriften des Trägers und des Heims,
3. die Nutzungsart des Heims und der Räume sowie deren Lage, Zahl und Größe und die vorgesehene Belegung der Wohnräume,
4. die vorgesehene Zahl der Mitarbeiterstellen,
5. den Namen, die berufliche Ausbildung und den Werdegang der Heimleitung und bei Pflegeheimen auch der Pflegedienstleitung sowie die Namen und die berufliche Ausbildung der Betreuungskräfte,
6. die allgemeine Leistungsbeschreibung sowie die Konzeption des Heims,
7. einen Versorgungsvertrag nach § 72 sowie eine Leistungs- und Qualitätsvereinbarung nach § 80a des Elften Buches Sozialgesetzbuch oder die Erklärung, ob ein solcher Versorgungsbetrag oder eine solche Leistungs- und Qualitätsvereinbarung angestrebt werden,
8. die Vereinbarungen nach § 75 Abs. 3 des Zwölften Buches Sozialgesetzbuch oder die Erklärung, ob solche Vereinbarungen angestrebt werden,
9. die Einzelvereinbarungen aufgrund § 39a des Fünften Buches Sozialgesetzbuch oder die Erklärung, ob solche Vereinbarungen angestrebt werden,
10. die Unterlagen zur Finanzierung der Investitionskosten,
11. ein Muster der Heimverträge sowie sonstiger verwendeter Verträge,
12. die Satzung oder einen Gesellschaftsvertrag des Trägers sowie
13. die Heimordnung, soweit eine solche vorhanden ist.

(2) Die zuständige Behörde kann weitere Angaben verlangen, soweit sie zur zweckgerichteten Aufgabenerfüllung erforderlich sind. Stehen die Leitung, die Pflegedienstleitung oder die Betreuungskräfte zum Zeitpunkt der Anzeige noch nicht fest, ist die Mitteilung zum frühestmöglichen Zeitpunkt, spätestens vor Aufnahme des Heimbetriebs, nachzuholen.

(3) Der zuständigen Behörde sind unverzüglich Änderungen anzuzeigen, die Angaben gemäß Absatz 1 betreffen.

(4) ¹Wer den Betrieb eines Heims ganz oder teilweise einzustellen oder wer die Vertragsbedingungen wesentlich zu ändern beabsichtigt, hat dies unverzüglich der zuständigen Behörde gemäß Satz 2 anzuzeigen. ²Mit der Anzeige sind Angaben über die nachgewiesene Unterkunft und Betreuung der Bewohnerinnen und Bewohner und die geplante ordnungsgemäße Abwicklung der Vertragsverhältnisse mit den Bewohnerinnen und Bewohnern zu verbinden.

§ 13 Aufzeichnungs- und Aufbewahrungspflicht

(1) ¹Der Träger hat nach den Grundsätzen einer ordnungsgemäßen Buch- und Aktenführung Aufzeichnungen über den Betrieb zu machen und die Qualitätssicherungsmaßnahmen und deren Ergebnisse so zu dokumentieren, dass sich aus ihnen der ordnungsgemäße Betrieb des Heims ergibt. ²Insbesondere muss ersichtlich werden:
1. die wirtschaftliche und finanzielle Lage des Heims,
2. die Nutzungsart, die Lage, die Zahl und die Größe der Räume sowie die Belegung der Wohnräume,
3. der Name, der Vorname, das Geburtsdatum, die Anschrift und die Ausbildung der Beschäftigten, deren regelmäßige Arbeitszeit, die von ihnen in dem Heim ausgeübte Tätigkeit und die Dauer des Beschäftigungsverhältnisses sowie die Dienstpläne,
4. der Name, der Vorname, das Geburtsdatum, das Geschlecht, der Betreuungsbedarf der Bewohnerinnen und Bewohner sowie bei pflegebedürftigen Bewohnerinnen und Bewohnern die Pflegestufe,
5. der Erhalt, die Aufbewahrung und die Verabreichung von Arzneimitteln einschließlich der pharmazeutischen Überprüfung der Arzneimittelvorräte und der Unterweisung der Mitarbeiterinnen und der Mitarbeiter über den sachgerechten Umgang mit Arzneimitteln,
6. die Pflegeplanungen und die Pflegeverläufe für pflegebedürftige Bewohnerinnen und Bewohner,
7. für Bewohnerinnen und Bewohner von Einrichtungen der Behindertenhilfe Förder- und Hilfepläne einschließlich deren Umsetzung,
8. die Maßnahmen zur Qualitätsentwicklung sowie zur Qualitätssicherung,

HeimG

9. die freiheitsbeschränkenden und die freiheitsentziehenden Maßnahmen bei Bewohnerinnen und Bewohnern sowie der Angabe des für die Anordnung der Maßnahme Verantwortlichen

10. die für die Bewohnerinnen und Bewohner verwalteten Gelder oder Wertsachen.

³Betreibt der Träger mehr als ein Heim, sind für jedes Heim gesonderte Aufzeichnungen zu machen. ⁴Dem Träger bleibt es vorbehalten, seine wirtschaftliche und finanzielle Situation durch Vorlage der im Rahmen der Pflegebuchführungsverordnung geforderten Bilanz sowie der Gewinn- und Verlustrechnung nachzuweisen. ⁵Aufzeichnungen, die für anderen Stellen als die zuständige Behörde angelegt worden sind, können zur Erfüllung der Anforderungen des Satzes 1 verwendet werden.

(2) ¹Der Träger hat die Aufzeichnungen nach Absatz 1 sowie die sonstigen Unterlagen und Belege über den Betrieb eines Heims fünf Jahre aufzubewahren. Danach sind sie zu löschen. ²Die Aufzeichnungen nach Absatz 1 sind, soweit sie personenbezogene Daten enthalten, so aufzubewahren, dass nur Berechtigte Zugang haben.

(3) Das Bundesministerium für Familie, Senioren, Frauen und Jugend legt im Einvernehmen mit dem Bundesministerium für Gesundheit und Soziale Sicherung durch Rechtsverordnung mit Zustimmung des Bundesrates Art und Umfang der in den Absätzen 1 und 2 genannten Pflichten und das einzuhaltende Verfahren näher fest.

(4) Weitergehende Pflichten des Trägers eines Heims nach anderen Vorschriften oder aufgrund von Pflegesatzvereinbarungen oder Vereinbarungen nach § 75 Abs.3 des Zwölften Buches Sozialgesetzbuch bleiben unberührt.

§ 14 Leistungen an Träger und Beschäftigte

(1) Dem Träger ist es untersagt, sich von oder zugunsten von Bewohnerinnen und Bewohnern oder den Bewerberinnen und Bewerbern um einen Heimplatz Geld- oder geldwerte Leistungen über das nach § 5 vereinbarte Entgelt hinaus versprechen oder gewähren zu lassen.

(2) Dies gilt nicht, wenn

1. andere als die in § 5 aufgeführten Leistungen des Trägers abgegolten werden,

2. geringwertige Aufmerksamkeiten versprochen oder gewährt werden,

3. Leistungen im Hinblick auf die Überlassung eines Heimplatzes zum Bau, zum Erwerb, zur Instandsetzung, zur Aussetzung oder zum Betrieb des Heims versprochen oder gewährt werden,

4. Sicherheiten für die Erfüllung der Verpflichtungen aus dem Heimvertrag geleistet werden und diese Leistungen das Doppelte des auf einen Monat entfallenden Entgelts nicht übersteigen. Auf Verlangen der Bewohnerin oder des Bewohners können diese Sicherheiten auch durch Stellung einer selbstschuldnerischen Bürgschaft eines Kreditinstituts oder einer öffentlich-rechtlichen Körperschaft geleistet werden.

(3) [1]Leistungen im Sinne des Absatzes 2 Nr. 3 sind zurückzugewähren, soweit sie nicht mit dem Entgelt verrechnet worden sind. [2]Sie sind vom Zeitpunkt ihrer Gewährung an mit mindestens 4 vom Hundert für das Jahr zu verzinsen, soweit der Vorteil der Kapitalnutzung bei der Bemessung des Entgelts nicht berücksichtigt worden ist. [3]Die Verzinsung oder der Vorteil der Kapitalnutzung bei der Bemessung des Entgelts sind der Bewohnerin oder dem Bewohner gegenüber durch jährliche Abrechnungen nachzuweisen. [4]Die Sätze 1 bis 3 gelten auch für Leistungen, die von oder zugunsten von Bewerberinnen und Bewerbern erbracht worden sind.

(4) [1]Ist nach Absatz 2 Nr. 4 als Sicherheit eine Geldsumme bereitzustellen, so ist die Bewohnerin oder der Bewohner zu drei gleichen monatlichen Teilleistungen berechtigt. [2]Die erste Teilleistung ist zu Beginn des Vertragsverhältnisses fällig. [3]Der Träger hat die Geldsumme von seinem Vermögen getrennt für jede Bewohnerin und jeden Bewohner einzeln bei einer öffentlichen Sparkasse oder einer Bank zu dem für Spareinlagen mit dreimonatiger Kündigungsfrist marktüblichen Zinssatz anzulegen. [4]Die Zinsen stehen, auch soweit ein höherer Zinssatz erzielt wird, der Bewohnerin oder dem Bewohner zu und erhöhen die Sicherheit. [5]Abweichende Vereinbarungen zum Nachteil der Bewohnerin oder des Bewohners sind unzulässig.

(5) [1]Der Leitung, den Beschäftigten oder sonstigen Mitarbeiterinnen oder Mitarbeitern des Heims ist es untersagt, sich von oder zugunsten von Bewohnerinnen und Bewohnern neben der vom Träger erbrachten Vergütung Geld- oder geldwerte Leistungen für die Erfüllung der Pflichten aus dem Heimvertrag versprechen oder gewähren zu lassen. [2]Dies gilt nicht, soweit es sich um geringwertige Aufmerksamkeiten handelt.

(6) Die zuständige Behörde kann in Einzelfällen Ausnahmen von den Verboten der Absätze 1 und 5 zulassen, soweit der Schutz der Bewohnerinnen und Bewohner die Aufrechterhaltung der Verbote nicht erfordert und die Leistungen noch nicht versprochen oder gewährt worden sind.

(7) [1]Das Bundesministerium für Familie, Senioren, Frauen und Jugend kann im Einvernehmen mit dem Bundesministerium für Wirtschaft und Arbeit und dem Bundesministerium für Gesundheit und Soziale Sicherung und mit Zustimmung des Bundesrates durch Rechtsverordnung Vorschriften über die Pflichten des Trägers im Falle der Entgegennahme von Leistungen im Sinne des Absatzes 2 Nr. 3 erlassen, insbesondere über die Pflichten

1. ausreichende Sicherheiten für die Erfüllung der Rückzahlungsansprüche zu erbringen,
2. die erhaltenen Vermögenswerte getrennt zu verwalten,
3. dem Leistenden vor Abschluss des Vertrags die für die Beurteilung des Vertrags erforderlichen Angaben, insbesondere über die Sicherung der Rückzahlungsansprüche in schriftlicher Form auszuhändigen.

[2]In der Rechtsverordnung kann ferner die Befugnis des Trägers zur Entgegennahme und Verwendung der Leistungen im Sinne des Absatzes 2 Nr. 3 beschränkt werden sowie Art, Umfang und Zeitpunkt der Rückzahlungspflicht näher geregelt werden. [3]Außerdem kann in der Rechtsverordnung der Träger verpflichtet werden, die Einhaltung seiner Pflichten nach Absatz 3 und der nach den Sätzen 1 und 2 erlassenen Vorschriften auf seine Kosten regelmäßig sowie aus besonderem Anlass prüfen zu lassen und den Prüfungsbericht der zuständigen Behörde vorzulegen, soweit es zu einer wirksamen Überwachung erforderlich ist; hierbei können die Einzelheiten der Prüfung, insbesondere deren Anlass, Zeitpunkt und Häufigkeit, die Auswahl, Bestellung und Abberufung der Prüfer, deren Rechte, Pflichten und Verantwortlichkeit, der Inhalt des Prüfungsberichts, die Verpflichtungen des Trägers gegenüber dem Prüfer sowie das Verfahren bei Meinungsverschiedenheiten zwischen dem Prüfer und dem Träger geregelt werden.

(8) Absatz 2 Nr. 4 gilt nicht für Versicherte der Pflegeversicherung und für Personen, denen Hilfe in Einrichtungen nach dem Zwölften Buch Sozialgesetzbuch gewährt wird.

§ 15 Überwachung

(1) ¹Die Heime werden von den zuständigen Behörden durch wiederkehrende oder anlassbezogene Prüfungen überwacht. ²Die Prüfungen können jederzeit angemeldet oder unangemeldet erfolgen. ³Prüfungen zur Nachtzeit sind nur zulässig, wenn und soweit das Überwachungsziel zu anderen Zeiten nicht erreicht werden kann. ⁴Die Heime werden daraufhin überprüft, ob sie die Anforderungen an den Betrieb eines Heims nach diesem Gesetz erfüllen. ⁵Der Träger, die Leitung und die Pflegedienstleitung haben den zuständigen Behörden die für die Durchführung dieses Gesetzes und der aufgrund dieses Gesetzes erlassenen Rechtsverordnungen erforderlichen mündlichen und schriftlichen Auskünfte auf Verlangen und unentgeltlich zu erteilen. ⁶Die Aufzeichnungen nach § 13 Abs. 1 hat der Träger am Ort des Heims zur Prüfung vorzuhalten. ⁷Für die Unterlagen nach § 13 Abs. 1 Nr. 1 gilt dies nur für angemeldete Prüfungen.

(2) ¹Die von der zuständigen Behörde mit der Überwachung des Heims beauftragten Personen sind befugt,

1. die für das Heim genutzten Grundstücke und Räume zu betreten; soweit diese einem Hausrecht der Bewohnerinnen und Bewohner unterliegen, nur mit deren Zustimmung,
2. Prüfungen und Besichtigungen vorzunehmen,
3. Einsicht in die Aufzeichnungen nach § 13 des Auskunftspflichtigen im jeweiligen Heim zu nehmen,
4. sich mit den Bewohnerinnen und Bewohnern sowie dem Heimbeirat oder dem Heimfürsprecher in Verbindung zu setzen,
5. bei pflegebedürftigen Bewohnerinnen und Bewohnern mit deren Zustimmung den Pflegezustand in Augenschein zu nehmen,
6. die Beschäftigten zu befragen.

²Der Träger hat diese Maßnahmen zu dulden. Es steht der zuständigen Behörde frei, zu ihren Prüfungen weitere fach- und sachkundige Personen hinzuzuziehen. ³Diese sind zur Verschwiegenheit verpflichtet. ⁴Sie dürfen personenbezogene Daten über Bewohnerinnen und Bewohner nicht speichern oder an Dritte übermitteln.

(3) ¹Zur Verhütung dringender Gefahren für die öffentliche Sicherheit und Ordnung können Grundstücke und Räume, die einem Hausrecht der Bewohnerinnen und Bewohner unterliegen oder Wohnzwecken des Auskunftspflichtigen dienen, jederzeit be-

treten werden. ²Der Auskunftspflichtige und die Bewohnerinnen und Bewohner haben die Maßnahmen nach Satz 1 zu dulden. ³Das Grundrecht der Unverletzlichkeit der Wohnung (Artikel 13 Abs. 1 des Grundgesetzes) wird insoweit eingeschränkt.

(4) ¹Die zuständige Behörde nimmt für jedes Heim im Jahr grundsätzlich mindestens eine Prüfung vor. ²Sie kann Prüfungen in größeren Abständen als nach Satz 1 vornehmen, soweit ein Heim durch den Medizinischen Dienst der Krankenversicherung geprüft worden ist oder ihr durch geeignete Nachweise unabhängiger Sachverständiger Erkenntnisse darüber vorliegen, dass die Anforderungen an den Betrieb eines Heims erfüllt sind. ³Das Nähere wird durch Landesrecht bestimmt.

(5) Widerspruch und Anfechtungsklage gegen Maßnahmen nach den Absätzen 1 bis 4 haben keine aufschiebende Wirkung.

(6) Die Überwachung beginnt mit der Anzeige nach § 12 Abs. 1, spätestens jedoch drei Monate vor der vorgesehenen Inbetriebnahme des Heims.

(7) Maßnahmen nach den Absätzen 1, 2, 4 und 6 sind auch zur Feststellung zulässig, ob eine Einrichtung ein Heim im Sinne von § 1 ist.

(8) ¹Die Träger können die Landesverbände der Freien Wohlfahrtspflege, die kommunalen Spitzenverbände und andere Vereinigungen von Trägern, denen sie angehören, unbeschadet der Zulässigkeit unangemeldeter Prüfungen, in angemessener Weise bei Prüfungen hinzuziehen. ²Die zuständige Behörde soll diese Verbände über den Zeitpunkt von angemeldeten Prüfungen unterrichten.

(9) Der Auskunftspflichtige kann die Auskunft auf solche Fragen verweigern, deren Beantwortung ihn selbst oder einen der in § 383 Abs. 1 Nr. 3 der Zivilprozessordnung bezeichneten Angehörigen der Gefahr strafgerichtlicher Verfolgung oder eines Verfahrens nach dem Gesetz über Ordnungswidrigkeiten aussetzen würde.

§ 16 Beratung bei Mängeln

(1) ¹Sind in einem Heim Mängel festgestellt worden, so soll die zuständige Behörde zunächst den Träger über die Möglichkeiten zur Abstellung der Mängel beraten. ²Das Gleiche gilt, wenn nach einer Anzeige gemäß § 12 vor der Aufnahme des Heimbetriebs Mängel festgestellt werden.

(2) ¹An einer Beratung nach Absatz 1 soll der Träger der Sozialhilfe, mit dem Vereinbarungen nach § 75 Abs. 3 des Zwölften Bu-

ches Sozialgesetzbuch bestehen, beteiligt werden. ²Er ist zu beteiligen, wenn die Abstellung der Mängel Auswirkungen auf Entgelte oder Vergütungen haben kann. ³Die Sätze 1 und 2 gelten entsprechend für Pflegekassen oder sonstige Sozialversicherungsträger, sofern mit ihnen oder ihren Landesverbänden Vereinbarungen nach den §§ 72, 75 oder 85 des Elften Buches Sozialgesetzbuch oder § 39a des Fünften Buches Sozialgesetzbuch bestehen.

(3) Ist den Bewohnerinnen und Bewohnern aufgrund der festgestellten Mängel eine Fortsetzung des Heimvertrags nicht zuzumuten, soll die zuständige Behörde sie dabei unterstützen, eine angemessene anderweitige Unterkunft und Betreuung zu zumutbaren Bedingungen zu finden.

§ 17 Anordnungen

(1) ¹Werden festgestellte Mängel nicht abgestellt, so können gegenüber den Trägern von Heimen Anordnungen erlassen werden, die zur Beseitigung einer eingetretenen oder Abwendung einer drohenden Beeinträchtigung oder Gefährdung des Wohls der Bewohnerinnen und Bewohner, zur Sicherung der Einhaltung der dem Träger gegenüber den Bewohnerinnen und Bewohnern obliegenden Pflichten oder zur Vermeidung einer Unangemessenheit zwischen dem Entgelt und der Leistung des Heims erforderlich sind. ²Das Gleiche gilt, wenn Mängel nach einer Anzeige gemäß § 12 vor Aufnahme des Heimbetriebs festgestellt werden.

(2) ¹Anordnungen sind so weit wie möglich in Übereinstimmung mit Vereinbarungen nach § 75 Abs. 3 des Zwölften Buches Sozialgesetzbuch auszugestalten. ²Wenn Anordnungen eine Erhöhung der Vergütung nach § 75 Abs. 3 des Zwölften Buches Sozialgesetzbuch zur Folge haben können, ist über sie Einvernehmen mit dem Träger der Sozialhilfe, mit dem Vereinbarungen nach diesen Vorschriften bestehen, anzustreben. ³Gegen Anordnungen nach Satz 2 kann neben dem Heimträger auch der Träger der Sozialhilfe Widerspruch einlegen und Anfechtungsklage erheben. ⁴§ 15 Abs. 5 gilt entsprechend.

(3) ¹Wenn Anordnungen gegenüber zugelassenen Pflegeheimen eine Erhöhung der nach dem Elften Buch Sozialgesetzbuch vereinbarten oder festgesetzten Entgelte zur Folge haben können, ist Einvernehmen mit den betroffenen Pflegesatzparteien anzustreben. ²Für Anordnungen nach Satz 1 gilt für die Pflegesatzparteien Absatz 2 Satz 3 und 4 entsprechend.

HeimG

§ 18 Beschäftigungsverbot, kommissarische Heimleitung

(1) Dem Träger kann die weitere Beschäftigung der Leitung, eines Beschäftigten oder einer sonstigen Mitarbeiterin oder eines sonstigen Mitarbeiters ganz oder für bestimmte Funktionen oder Tätigkeiten untersagt werden, wenn Tatsachen die Annahme rechtfertigen, dass sie die für ihre Tätigkeit erforderliche Eignung nicht besitzen.

(2) [1]Hat die zuständige Behörde ein Beschäftigungsverbot nach Absatz 1 ausgesprochen und der Träger keine neue geeignete Leitung eingesetzt, so kann die zuständige Behörde, um den Heimbetrieb aufrechtzuerhalten, auf Kosten des Trägers eine kommissarische Leitung für eine begrenzte Zeit einsetzen, wenn ihre Befugnisse nach den §§ 15 bis 17 nicht ausreichen und die Voraussetzungen für die Untersagung des Heimbetriebs vorliegen. [2]Ihre Tätigkeit endet, wenn der Träger mit Zustimmung der zuständigen Behörde eine geeignete Heimleitung bestimmt; spätestens jedoch nach einem Jahr. [3]Die kommissarische Leitung übernimmt die Rechte und Pflichten der bisherigen Leitung.

§ 19 Untersagung

(1) Der Betrieb eines Heims ist zu untersagen, wenn die Anforderungen des § 11 nicht erfüllt sind und Anordnungen nicht ausreichen.

(2) Der Betrieb kann untersagt werden, wenn der Träger

1. die Anzeige nach § 12 unterlassen oder unvollständige Angaben gemacht hat,
2. Anordnungen nach § 17 Abs. 1 nicht innerhalb der gesetzten Frist befolgt,
3. Personen entgegen einem nach § 18 ergangenen Verbot beschäftigt,
4. gegen § 14 Abs. 1, 3 oder Abs. 4 oder eine nach § 14 Abs. 7 erlassene Rechtsverordnung verstößt.

(3) [1]Vor Aufnahme des Heimbetriebs ist eine Untersagung nur zulässig, wenn neben einem Untersagungsgrund nach Absatz 1 oder Absatz 2 die Anzeigepflicht nach § 12 Abs. 1 Satz 1 besteht. [2]Kann der Untersagungsgrund beseitigt werden, ist nur eine vorläufige Untersagung der Betriebsaufnahme zulässig. [3]Widerspruch und Anfechtungsklage gegen eine vorläufige Untersagung haben

keine aufschiebende Wirkung. [4]Die vorläufige Untersagung wird mit der schriftlichen Erklärung der zuständigen Behörde unwirksam, dass die Voraussetzungen für Untersagung entfallen sind.

§ 20 Zusammenarbeit, Arbeitsgemeinschaften

(1) [1]Bei der Wahrnehmung ihrer Aufgaben zum Schutz der Interessen und Bedürfnisse der Bewohnerinnen und Bewohner und zur Sicherung einer angemessenen Qualität des Wohnens und der Betreuung in den Heimen sowie zur Sicherung einer angemessenen Qualität der Überwachung sind die für die Ausführung nach diesem Gesetz zuständigen Behörden und die Pflegekassen, deren Landesverbände, der Medizinische Dienst der Krankenversicherung und die zuständigen Träger der Sozialhilfe verpflichtet, eng zusammenzuarbeiten. [2]Im Rahmen der engen Zusammenarbeit sollen die in Satz 1 genannten Beteiligten sich gegenseitig informieren, ihre Prüftätigkeit koordinieren sowie Einvernehmen über Maßnahmen zur Qualitätssicherung und zur Abstellung von Mängeln anstreben.

(2) [1]Sie sind berechtigt und verpflichtet, die für ihre Zusammenarbeit erforderlichen Angaben einschließlich der bei der Überwachung gewonnenen Erkenntnisse untereinander auszutauschen. [2]Personenbezogene Daten sind vor der Übermittlung zu anonymisieren.

(3) [1]Abweichend von Absatz 2 Satz 2 dürfen personenbezogene Daten in nicht anonymisierter Form an die Pflegekassen und den Medizinischen Dienst der Krankenversicherung übermittelt werden, soweit dies für Zwecke nach dem Elften Buch Sozialgesetzbuch erforderlich ist. [2]Die übermittelten Daten dürfen von den Empfängern nicht zu anderen Zwecken verarbeitet oder genutzt werden. [3]Sie sind spätestens nach Ablauf von zwei Jahren zu löschen. [4]Die Frist beginnt mit dem Ablauf des Kalenderjahres, in dem die Daten gespeichert worden sind. [5]Die Heimbewohnerin oder der Heimbewohner kann verlangen, über die nach Satz 1 übermittelten Daten unterrichtet zu werden.

(4) Ist die nach dem Heimgesetz zuständige Behörde der Auffassung, dass ein Vertrag oder eine Vereinbarung mit unmittelbarer Wirkung für ein zugelassenes Pflegeheim geltenden Recht widerspricht, teilt sie dies der nach Bundes- oder Landesrecht zuständigen Aufsichtsbehörde mit.

(5) [1]Zur Durchführung des Absatzes 1 werden Arbeitsgemeinschaften gebildet. [2]Den Vorsitz und die Geschäfte der Arbeitsge-

meinschaft führt die nach diesem Gesetz zuständige Behörde; falls nichts Abweichendes durch Landesrecht bestimmt ist. ³Die in Absatz 1 Satz 1 genannten Beteiligten tragen die ihnen durch die Zusammenarbeit entstehenden Kosten selbst. ⁴Das Nähere ist durch Landesrecht zu regeln.

(6) Die Arbeitsgemeinschaften nach Absatz 5 arbeiten mit den Verbänden der Freien Wohlfahrtspflege, den kommunalen Trägern und den sonstigen Trägern sowie deren Vereinigungen, den Verbänden der Bewohnerinnen und Bewohner und den Verbänden der Pflegeberufe sowie den Betreuungsbehörden vertrauensvoll zusammen.

(7) Besteht im Bereich der zuständigen Behörde eine Arbeitsgemeinschaft im Sinne von § 4 Abs. 2 des Zwölften Buches Sozialgesetzbuch, so sind im Rahmen dieser Arbeitsgemeinschaft auch Fragen der bedarfsgerechten Planung zur Erhaltung und Schaffung der in § 1 genannten Heime in partnerschaftlicher Zusammenarbeit zu beraten.

§ 21 Ordnungswidrigkeiten

(1) Ordnungswidrig handelt, wer vorsätzlich oder fahrlässig

1. entgegen § 12 Abs. 1 Satz 2 eine Anzeige nicht, nicht richtig oder nicht rechtzeitig erstattet,
2. ein Heim betreibt, obwohl ihm dies durch vollziehbare Verfügung nach § 19 Abs. 1 oder 2 untersagt worden ist,
3. entgegen § 14 Abs. 1 sich Geld- oder geldwerte Leistungen versprechen oder gewähren lässt oder einer nach § 14 Abs. 7 erlassenen Rechtsverordnung zuwiderhandelt, soweit diese für einen bestimmten Tatbestand auf diese Bußgeldvorschrift verweist.

(2) Ordnungswidrig handelt auch, wer vorsätzlich oder fahrlässig

1. einer Rechtsverordnung nach § 3 oder § 10 Abs. 5 zuwiderhandelt, soweit sie für einen bestimmten Tatbestand auf diese Bußgeldvorschrift verweist,
2. entgegen § 12 Abs. 4 Satz 1 eine Anzeige nicht, nicht richtig oder nicht rechtzeitig erstattet,
3. entgegen § 14 Abs. 5 Satz 1 sich Geld- oder geldwerte Leistungen versprechen oder gewähren lässt,
4. entgegen § 15 Abs. 1 Satz 5 eine Auskunft nicht, nicht richtig, nicht vollständig oder nicht rechtzeitig erteilt oder entgegen

§ 15 Abs. 2 Satz 2 oder Abs. 3 Satz 2 eine Maßnahme nicht duldet oder

5. einer vollziehbaren Anordnung nach § 17 Abs. 1 oder § 18 zuwiderhandelt.

(3) Die Ordnungswidrigkeit kann in den Fällen des Absatzes 1 mit einer Geldbuße bis zu fünfundzwanzigtausend Euro, in den Fällen des Absatzes 2 mit einer Geldbuße bis zu zehntausend Euro geahndet werden.

§ 22 Berichte

(1) Das Bundesministerium für Familie, Senioren, Frauen und Jugend berichtet den gesetzgebenden Körperschaften des Bundes alle vier Jahre, erstmals im Jahre 2004, über die Situation der Heime und die Betreuung der Bewohnerinnen und Bewohner.

(2) ^{1}Die zuständigen Behörden sind verpflichtet, dem Bundesministerium für Familie, Senioren, Frauen und Jugend auf Ersuchen Auskunft über die Tatsachen zu erteilen, deren Kenntnis für die Erfüllung seiner Aufgaben nach diesem Gesetz erforderlich ist. ^{2}Daten der Bewohnerinnen und Bewohner dürfen nur in anonymisierter Form übermittelt werden.

(3) ^{1}Die zuständigen Behörden sind verpflichtet, alle zwei Jahre einen Tätigkeitsbericht zu erstellen. ^{2}Dieser Bericht ist zu veröffentlichen.

§ 23 Zuständigkeit und Durchführung des Gesetzes

(1) Die Landesregierungen bestimmen die für die Durchführung dieses Gesetzes zuständigen Behörden.

(2) Mit der Durchführung dieses Gesetzes sollen Personen betraut werden, die sich hierfür nach ihrer Persönlichkeit eignen und in der Regel entweder eine ihren Aufgaben entsprechende Ausbildung erhalten haben oder besondere berufliche Erfahrung besitzen.

(3) Die Landesregierungen haben sicherzustellen, dass die Aufgabenwahrnehmung durch die zuständigen Behörden nicht durch Interessenkollisionen gefährdet oder beeinträchtigt wird.

§ 24 Anwendbarkeit der Gewerbeordnung

Auf die den Vorschriften dieses Gesetzes unterliegenden Heime, die gewerblich betrieben werden, finden die Vorschriften der Gewerbeordnung Anwendung, soweit nicht dieses Gesetz besondere Bestimmungen enthält.

§ 25 Fortgeltung von Rechtsverordnungen

Rechtsverordnungen, die vor Inkrafttreten dieses Gesetzes auf Grund des § 38 Satz 1 Nr. 10 und Sätze 2 bis 4 der Gewerbeordnung erlassen worden sind, gelten bis zu ihrer Aufhebung durch die Rechtsverordnungen nach den §§ 3 und 13 fort, soweit sie nicht den Vorschriften dieses Gesetzes widersprechen.

§ 25a Erprobungsregelungen

(1) Die zuständige Behörde kann ausnahmsweise auf Antrag den Träger von den Anforderungen des § 10, wenn die Mitwirkung in anderer Weise gesichert ist oder die Konzeption sie nicht erforderlich macht, oder von den Anforderungen der nach § 3 Abs. 2 erlassenen Rechtsverordnungen teilweise befreien, wenn dies im Sinne der Erprobung neuer Betreuungs- oder Wohnformen dringend geboten erscheint und hierdurch der Zweck des Gestzes nach § 2 Abs. 1 nicht gefährdet wird.

(2) [1]Die Entscheidung der zuständigen Behörde ergeht durch förmlichen Bescheid und ist auf höchstens vier Jahre zu befristen. [2]Die Rechte zur Überwachung nach den §§ 15, 17, 18 und 19 bleiben durch die Ausnahmeregelung unberührt.

§ 26 Übergangsvorschriften

(1) Rechte und Pflichten aufgrund von Heimverträgen, die vor dem Inkrafttreten* dieses Gesetzes geschlossen worden sind, richten sich vom Zeitpunkt des Inkrafttretens des Gesetzes an nach dem neuen Recht.

---

* Gemäß Art. 4 des Dritten Gesetzes zur Änderung des Heimgesetzes vom 9. 9. 2001 (BGBl. I S. 2960) ist das Gesetz **am 1. Januar 2002** in Kraft getreten.

(2) Eine schriftliche Anpassung der vor Inkrafttreten dieses Gesetzes geschlossenen Heimverträge an die Vorschriften dieses Gesetzes muss erst erfolgen, sobald sich Leistungen oder Entgelt aufgrund des § 6 oder § 7 verändern, spätestens ein Jahr nach Inkrafttreten dieses Gesetzes.

(3) Ansprüche der Bewohnerinnen und Bewohner sowie deren Rechtsnachfolger aus Heimverträgen wegen fehlender Wirksamkeit von Entgelterhöhungen nach § 4c des Heimgesetzes in der vor dem Inkrafttreten dieses Gesetzes geltenden Fassung können gegen den Träger nur innerhalb von drei Jahren nach Inkrafttreten dieses Gesetzes geltend gemacht werden.

Synopse Heimgesetz alt – Heimgesetz neu

Heimgesetz
(bis 31.12.2001)

Neufassung ab 1.1.2002
(Änderungen gegenüber der alten Fassung sind fettgedruckt)

§ 1 Anwendungsbereich
(1) Dieses Gesetz gilt für Heime, die alte Menschen sowie pflegebedürftige oder behinderte Volljährige nicht nur vorübergehend aufnehmen. Heime im Sinne des Satzes 1 sind Einrichtungen, die zum Zwecke der Unterbringung der in Satz 1 genannten Personen entgeltlich betrieben werden und in ihrem Bestand von Wechsel und Zahl ihrer Bewohner unabhängig sind. Die Unterbringung im Sinne des Satzes 1 umfaßt neben der Überlassung der Unterkunft die Gewährung oder Vorhaltung von Verpflegung und Betreuung.
(1a) Auf Heime oder Teile von Heimen, die der vorübergehenden Pflege Volljähriger dienen (Kurzzeitpflegeheime), finden die §§ 4a, 4c, 5 und 14 Abs. 2 Nr. 3 und 4, Abs. 3, 4 und 7 keine Anwendung. Als vorübergehend im Sinne dieses Gesetzes ist ein Zeitraum von bis zu vier Wochen anzusehen.

§ 1 Anwendungsbereich
(1) Dieses Gesetz gilt für Heime. Heime im Sinne dieses Gesetzes sind Einrichtungen, die dem Zweck dienen, ältere Menschen oder pflegebedürftige oder behinderte Volljährige aufzunehmen, ihnen Wohnraum zu überlassen sowie Betreuung und Verpflegung zur Verfügung zu stellen oder vorzuhalten und die in ihrem Bestand von Wechsel und Zahl der Bewohnerinnen und Bewohner unabhängig sind und entgeltlich betrieben werden.

(2) Die Tatsache, dass ein Vermieter von Wohnraum durch Verträge mit Dritten oder auf andere Weise sicherstellt, dass den Mietern Betreuung und Verpflegung angeboten werden, begründet allein nicht die Anwendung dieses Gesetzes. Dies gilt auch dann, wenn die Mieter vertraglich verpflichtet sind, allgemeine Betreuungsleistungen wie Notrufdienste oder Vermittlung von Dienst- und Pflegeleistungen von bestimmten Anbietern anzunehmen und das Entgelt hierfür im Verhältnis zur Miete von untergeordneter Bedeutung ist. Dieses Gesetz ist anzuwenden,

Heimgesetz

(2) Dieses Gesetz gilt nicht für Tageseinrichtungen und Krankenhäuser im Sinne des § 2 Nr. 1 des Krankenhausfinanzierungsgesetzes. In Einrichtungen zur Rehabilitation gilt dieses Gesetz für die Teile, die die Voraussetzungen des Absatzes 1 erfüllen.

§ 2 Zweck des Gesetzes.
(1) Zweck des Gesetzes ist es,

wenn die Mieter vertraglich verpflichtet sind, Verpflegung und weitergehende Betreuungsleistungen von bestimmten Anbietern anzunehmen.

(3) **Auf Heime oder Teile von Heimen im Sinne des Absatzes 1, die der vorübergehenden Aufnahme Volljähriger dienen (Kurzzeitheime) sowie auf stationäre Hospize finden die §§ 6, 7, 10 und 14 Abs. 2 Nr. 3 und 4, Abs. 3, 4 und 7 keine Anwendung. Nehmen die Heime nach Satz 1 in der Regel mindestens 6 Personen auf, findet § 10 mit der Maßgabe Anwendung, dass ein Heimfürsprecher zu bestellen ist.**

(4) Als vorübergehend im Sinne dieses Gesetzes ist ein Zeitraum von bis zu drei Monaten anzusehen.

(5) Dieses Gesetz gilt auch für Einrichtungen der Tages- und der Nachtpflege mit Ausnahme der §§ 10 und 14 Abs. 2 Nr. 3 und 4, Abs. 3, 4 und 7. **Nimmt die Einrichtung in der Regel mindestens 6 Personen auf, findet § 10 mit der Maßgabe Anwendung, dass ein Heimfürsprecher zu bestellen ist.**

(6) Dieses Gesetz gilt nicht für Krankenhäuser im Sinne des § 2 Nr. 1 des Krankenhausfinanzierungsgesetzes. In Einrichtungen zur Rehabilitation gilt dieses Gesetz für die Teile, die die Voraussetzungen des Absatzes 1 erfüllen. **Dieses Gesetz gilt nicht für Internate der Berufsbildungs- und Berufsförderungswerke.**

§ 2 Zweck des Gesetzes.
(1) Zweck des Gesetzes ist es,

Text-Synopse	**Heimgesetz**
1. die Interessen und Bedürfnisse der Heimbewohner und der Bewerber für die Aufnahme in ein Heim vor Beeinträchtigungen zu schützen, insbesondere die Selbständigkeit und Selbstverantwortung der Bewohner im Heim zu wahren,	1. **die Würde** sowie die Interessen und Bedürfnisse der **Bewohnerinnen und Bewohner von Heimen** vor Beeinträchtigungen zu schützen,
2. die Beratung in Heimangelegenheiten zu fördern.	2. die Selbständigkeit, die **Selbstbestimmung** und die Selbstverantwortung **der Bewohnerinnen und Bewohner** zu wahren und zu fördern,
	3. **die Einhaltung der dem Träger des Heims (Träger) gegenüber den Bewohnerinnen und Bewohnern obliegenden Pflichten zu sichern,**
	4. **die Mitwirkung der Bewohnerinnen und Bewohner zu sichern,**
	5. **eine dem allgemein anerkannten Stand der fachlichen Erkenntnisse entsprechende Qualität des Wohnens und der Betreuung zu sichern,**
	6. die Beratung in Heimangelegenheiten zu fördern sowie
	7. **die Zusammenarbeit der für die Durchführung dieses Gesetzes zuständigen Behörden mit den Trägern und deren Verbänden, den Pflegekassen, dem Medizinischen Dienst der Krankenversicherung sowie den Trägern der Sozialhilfe zu fördern.**
(2) Die Selbständigkeit der Träger der Heime in Zielsetzung und Durchführung ihrer Aufgaben bleibt unberührt.	(2) Die Selbständigkeit der Träger in Zielsetzung und Durchführung ihrer Aufgaben bleibt unberührt.

Heimgesetz

Text-Synopse

§ 3 Mindestanforderungen

Zur Durchführung des § 2 kann das Bundesministerium für Familie, Senioren, Frauen und Jugend im Einvernehmen mit dem Bundesministerium für Wirtschaft dem Bundesministerium für Raumordnung, Bauwesen und Städtebau, dem Bundesministerium für Gesundheit und dem Bundesministerium für Arbeit und Sozialordnung durch Rechtsverordnung mit Zustimmung des Bundesrates Mindestanforderungen festlegen:

1. für die Räume, insbesondere die Wohn-, Aufenthalts-, Therapie- und Wirtschaftsräume sowie die Verkehrsflächen und die sanitären Anlagen,

2. für die Eignung des Leiters des Heims und der Beschäftigten.

Mindestanforderungen für Heime nach 1 Abs. 1a sind in einer gesonderten Rechtsverordnung zu regeln. Die §§ 75, 80 und 83 des Elften Buches Sozialgesetzbuch bleiben unberührt.

§ 11 Beratung

(1) Die zuständigen Behörden sollen auf Antrag
1. Personen, die ein berechtigtes Interesse haben, über Heime

§ 3 Leistungen des Heims, Rechtsverordnungen

(1) **Die Heime sind verpflichtet, ihre Leistungen nach dem jweils allgemein anerkannten Stand fachlicher Erkenntnisse zu erbringen.**

(2) Zur Durchführung des § 2 kann das Bundesministerium für Familie, Senioren, Frauen und Jugend im Einvernehmen mit dem Bundesministerium für Wirtschaft **und Technologie, dem Bundesministerium für Verkehr, Bau- und Wohnungswesen,** dem Bundesminsterium für Gesundheit und dem Bundesministerium für Arbeit und Sozialordnung durch Rechtsverordnung mit Zustimmung des Bundesrates **dem allgemein anerkannten Stand der fachlichen Erkenntnisse entsprechende Regelungen (Mindestanforderungen) erlassen**

1. für die Räume, inseondere die Wohn-, Aufenthalts-, Therapie- und Wirtschaftsräume sowie die Verkehrsflächen, sanitären Anlagen **und die technischen Einrichtungen,**

2. für die Eignung der **Leitung des Heims (Leitung)** und der Beschäftigten.

§ 4 Beratung

Die zuständigen Behörden **informieren und beraten**
1. **die Bewohnerinnen und Bewohner sowie die Heimbei-**

Text-Synopse

im Sinne des § 1 und über die Rechte und Pflichten der Bewohner solcher Heime informieren und

2. Personen und Träger, die die Schaffung von Heimen im Sinne des § 1 anstreben oder derartige Heime betreiben, bei der Planung und dem Betrieb der Heime beraten.
(2) Sind in einem Heim Mängel festgestellt worden, so soll die zuständige Behörde zunächst den Träger unter Beteiligung seines Verbandes über die Möglichkeiten zur Abstellung der Mängel beraten. Das gleiche gilt, wenn nach einer Anzeige gemäß § 7 vor der Aufnahme des Heimbetriebs Mängel festgestellt werden. Wenn die Abstellung der Mängel Auswirkungen auf Entgelte oder Vergütungen nach den §§ 93 bis 94 des Bundessozialhilfegesetzes haben kann, ist der Träger der Sozialhilfe an der Beratung zu beteiligen, mit dem Vereinbarungen nach diesen Vorschriften bestehen.
(3) Besteht im Bereich der zuständigen Behörde eine Arbeitsgemeinschaft im Sinne des § 95 Bundessozialhilfegesetz, so sind im Rahmen dieser Arbeitsgemeinschaft Fragen der bedarfsgerechten Planung zur Erhaltung und Schaffung der in § 1 genannten Heime in partnerschaftlicher Zusammenarbeit zu beraten.

Heimgesetz

räte und Heimfürsprecher über ihre Rechte und Pflichten,

2. Personen, die ein berechtigtes Interesse haben, über Heime im Sinne des § 1 und über die Rechte und Pflichten **der Träger und der Bewohnerinnen und Bewohner** solcher Heime und

3. **auf Antrag** Personen und Träger, die die Schaffung von Heimen im Sinne des § 1 anstreben oder derartige Heime betreiben, bei der Planung und dem Betrieb der Heime.

(jetzt § 20 Abs. 6)

Heimgesetz

§ 4 Heimvertrag
(1) Zwischen dem Träger und dem künftigen Bewohner ist ein Heimvertrag abzuschließen.

(2) Der Inhalt des Heimvertrags ist dem Bewohner unter Beifügung einer Ausfertigung des Vertrags schriftlich zu bestätigen. Insbesondere sind die in § 1 Abs.1 Satz 3 genannten Leistungen des Trägers im einzelnen zu beschreiben und das dafür insgesamt zu entrichtende Entgelt anzugeben.

(3) Das Entgelt darf nicht in einem Mißverhältnis zu den Leistungen des Trägers stehen.

(4) Der Träger hat vor Abschluss des Heimvertrags den Bewerber schriftlich über den Vertragsinhalt, insbesondere über die Leistungen und die Ausstattung des Heims sowie die Rechte und Pflichten der Bewohner, zu informieren.

§ 5 Heimvertrag
(1) Zwischen dem Träger und der künftigen Bewohnerin oder dem künftigen Bewohner ist ein Heimvertrag abzuschließen. Der Inhalt des Heimvertrags ist **der Bewohnerin oder dem Bewohner** unter Beifügung einer Ausfertigung des Vertrags schriftlich zu bestätigen.

(2) Der Träger hat die **künftigen Bewohnerinnen und Bewohner** vor Abschluss des Heimvertrags schriftlich über den Vertragsinhalt zu informieren **und sie auf die Möglichkeiten späterer Leistungs- und Entgeltveränderungen hinzuweisen.**

(3) **Im Heimvertrag sind die Rechte und Pflichten des Trägers und der Bewohnerin oder des Bewohners, insbesondere die Leistungen des Trägers und das von der Bewohnerin oder dem Bewohner insgesamt zu entrichtende Heimentgelt, zu regeln. Der Heimvertrag muss eine allgemeine Leistungsbeschreibung des Heims, insbesondere der Ausstattung, enthalten. Im Heimvertrag müssen die Leistungen des Trägers, insbesondere Art, Inhalt und Umfang der Unterkunft, Verpflegung und Betreuung einschließlich der auf die Unterkunft, Verpflegung und Betreuung entfallenden Entgelte angegeben werden. Außerdem müssen die weiteren Leistungen im Einzelnen gesondert beschrieben und die jeweiligen Entgeltbestandteile hierfür gesondert angegeben werden.**

Text-Synopse

(5) Wird der Bewohner nur vorübergehend aufgenommen, so umfasst die Leistungspflicht des Trägers alle Betreuungsmaßnahmen, die in der Zeit der Unterbringung erforderlich sind.

Heimgesetz

(4) **Wird die Bewohnerin oder der Bewohner nur vorübergehend aufgenommen, so umfasst die Leistungspflicht des Trägers alle Betreuungsmaßnahmen, die während des Aufenthalts erforderlich sind.**
(5) **In Verträgen mit Personen, die Leistungen nach den §§ 41, 42 und 43 des Elften Buches Sozialgesetzbuch in Anspruch nehmen (Leistungsempfänger der Pflegeversicherung), müssen Art, Inhalt und Umfang der in Absatz 3 genannten Leistungen sowie die jeweiligen Entgelte den im Siebten und Achten Kapitel oder den aufgrund des Siebten und Achten Kapitels des Elften Buches Sozialgesetzbuch getroffenen Regelungen (Regelungen der Pflegeversicherung) entsprechen sowie die gesondert berechenbaren Investitionskosten (§ 82 Absätze 3 und 4 des Elften Buches Sozialgesetzbuch) gesondert ausgewiesen werden. Entsprechen Art, Inhalt oder Umfang der Leistungen oder Entgelte nicht den Regelungen der Pflegeversicherung, haben sowohl der Leistungsempfänger der Pflegeversicherung als auch der Träger einen Anspruch auf entsprechende Anpassung des Vertrages.**
(6) **In Verträgen mit Personen, denen Hilfe in Einrichtungen nach dem Bundessozialhilfegesetz gewährt wird, müssen Art, Inhalt und Umfang der in Absatz 3 genannten Leistungen sowie die jeweiligen Entgelte den aufgrund des Abschnitts 7 des Bundessozialhilfegesetzes**

getroffenen Vereinbarungen entsprechen. Absatz 5 Satz 2 findet entsprechende Anwendung.

(7) Das Entgelt sowie die Entgeltbestandteile müssen im Verhältnis zu den Leistungen angemessen sein. Sie sind für alle Bewohnerinnen und Bewohner eines Heims nach einheitlichen Grundsätzen zu bemessen. Eine Differenzierung ist zulässig, soweit eine öffentliche Förderung von betriebsnotwendigen Investitionsaufwendungen nur für einen Teil eines Heims erfolgt ist. Eine Differenzierung nach Kostenträgern ist unzulässig.
Abweichend von Satz 4 ist eine Differenzierung der Entgelte insofern zulässig, als Vergütungsvereinbarungen nach dem Abschnitt 7 des Bundessozialhilfegesetzes über Investitionsbeträge oder gesondert berechnete Investitionskosten getroffen worden sind.

(8) Im Heimvertrag ist für Zeiten der Abwesenheit der Bewohnerin oder des Bewohners eine Regelung vorzusehen, ob und in welchem Umfang eine Erstattung ersparter Aufwendungen erfolgt. Absätze 5 und 6 finden Anwendung.

(9) Werden Leistungen unmittelbar zu Lasten eines gesetzlichen Leistungsträgers erbracht, ist die Bewohnerin oder der Bewohner unverzüglich schriftlich unter Mitteilung des Kostenanteils hierauf hinzuweisen.

(10) Der Träger hat die künftige Bewohnerin oder den künftigen Bewohner bei Abschluss

Heimgesetz

des Heimvertrags schriftlich auf sein Recht hinzuweisen, sich beim Träger, der bei der zuständigen Behörde oder der Arbeitsgemeinschaft nach § 20 Abs. 5 beraten zu lassen sowie sich über Mängel bei der Erbringung der im Heimvertrag vorgesehenen Leistungen zu beschweren. Zugleich hat er die entsprechende Anschriften mitzuteilen.

(11) Erbringt der Träger die vertraglichen Leistungen ganz oder teilweise nicht oder weisen sie nicht unerhebliche Mängel auf, kann die Bewohnerin oder der Bewohner unbeschadet weitergehender zivilrechtlicher Ansprüche bis zu sechs Monate rückwirkend eine angemessene Kürzung des vereinbarten Heimentgelts verlangen. Dies gilt nicht, soweit nach § 115 Abs. 3 des Elften Buches Sozialgesetzbuch wegen desselben Sachverhaltes ein Kürzungsbetrag vereinbart oder festgesetzt worden ist. Bei Personen, denen Hilfe in Einrichtungen nach dem Bundessozialhilfegesetz gewährt wird, steht der Kürzungsbetrag bis zur Höhe der erbrachten Leistungen vorrangig dem Sozialhilfeträger zu. Versicherten der Pflegeversicherung steht der Kürzungsbetrag bis zur Höhe ihres Eigenentgelts am Heimentgelt zu; ein überschießender Betrag ist an die Pflegekasse zurückzuzahlen.

(12)* War die Bewohnerin oder der Bewohner zu dem

---

* Abs. 12 wurde durch Art. 31 des OLG VertrÄndG vom 23.7. 2002 (BGBl. I S. 2850 ff.) neu angefügt.

Heimgesetz

Text-Synopse

Zeitpunkt der Aufnahme in ein Heim geschäftsunfähig, so gilt der von ihr oder ihm geschlossene Heimvertrag in Ansehung einer bereits bewirkten Leistung und deren Gegenleistung, soweit diese in einem angemessenen Verhältnis zueinander stehen, als wirksam.

§ 4a Anpassungspflicht des Trägers

Der Träger hat seine Leistungen, soweit ihm dies möglich ist, einem verbesserten oder verschlechterten Gesundheitszustand des Bewohners anzupassen und die hierzu erforderlichen Änderungen des Heimvertrags anzubieten. Im Heimvertrag kann vereinbart werden, dass der Träger das Entgelt durch einseitige Erklärung in angemessenem Umfang entsprechend den angepaßten Leistungen zu senken verpflichtet ist und erhöhen darf.

§ 6 Anpassungspflicht

(1) Der Träger hat seine Leistungen, soweit ihm dies möglich ist, einem **erhöhten oder verringerten Betreuungsbedarf der Bewohners oder des Bewohners** anzupassen und die hierzu erforderlichen Änderungen des Heimvertrags anzubieten. **Sowohl der Träger als auch die Bewohnerin oder der Bewohner können die erforderlichen Änderungen des Heimvertrags verlangen.** Im Heimvertrag kann vereinbart werden, dass der Träger das Entgelt durch einseitige Erklärung in angemessenem Umfang entsprechend den angepassten Leistungen zu senken verpflichtet ist und erhöhen darf.

(2) Der Träger hat die Änderungen der Art, des Inhalts und des Umfangs der Leistungen sowie gegebenenfalls der Vergütung darzustellen, § 5 Abs. 3 Satz 3 und 4 findet entsprechende Anwendung.

(3) Auf die Absätze 1 und 2 finden § 5 Abs. 5 bis 7 und § 7 Abs. 4 Satz 1 und Abs. 5 Satz 1 entsprechende Anwendung.

§ 4c Erhöhung des Entgelts

(1) Eine Erhöhung des nach § 4 Abs. 2 vereinbarten Entgelts ist nur zulässig, wenn sich seine

§ 7 Erhöhung des Entgelts

(1) **Der Träger des Heims kann eine Erhöhung des Entgelts verlangen,** wenn sich die

Text-Synopse	Heimgesetz
bisherige Berechnungsgrundlage verändert hat und das erhöhte Entgelt angemessen ist.	bisherige Berechnungsgrundlage verändert und sowohl die Erhöhung **als auch das erhöhte Entgelt** angemessen sind. **Entgelterhöhungen aufgrund von Investitionsaufwendungen des Heims sind nur zulässig, soweit sie nach Art des Heims betriebsnotwendig sind und nicht durch öffentliche Förderung gedeckt werden.**
(2) Die Erhöhung des Entgelts bedarf der Zustimmung des Bewohners. In dem Heimvertrag kann vereinbart werden, dass der Träger eines Heims berechtigt ist, das Entgelt durch einseitige Erklärung zu erhöhen.	(2) Die Erhöhung des Entgelts bedarf **außerdem** der Zustimmung der **Bewohnerin oder** des Bewohners. In dem Heimvertrag kann vereinbart werden, dass der Träger berechtigt ist, **bei Vorliegen der Voraussetzungen des Absatzes 1** das Entgelt durch einseitige Erklärung zu erhöhen.
(3) Der Träger eines Heims hat dem Bewohner gegenüber die Erhöhung des Entgelts spätestens vier Wochen vor dem Zeitpunkt, an dem sie wirksam werden soll, schriftlich geltend zu machen und zu begründen. Hierbei kann er auf die Höhe der Kosten Bezug nehmen, die der Träger der Sozialhilfe für vergleichbare Leistungen in dem Heim übernommen hat. In diesem Fall kann sich der Träger eines Heims die Bezifferung des erhöhten Entgelts bis zur Erklärung der Kostenübernahme durch den Sozialhilfeträger vorbehalten.	(3) **Die Erhöhung des Entgelts wird nur wirksam,** wenn sie vom Träger der **Bewohnerin oder dem Bewohner** gegenüber spätestens **vier** Wochen vor dem Zeitpunkt, an dem sie wirksam werden soll, schriftlich geltend gemacht wurde **und die Begründung anhand der Leistungsbeschreibung und der Entgeltbestandteile des Heimvertrags unter Angabe des Umlagemaßstabs die Positionen beschreibt, für die sich nach Abschluss des Heimvertrags Kostensteigerungen ergeben. Die Begründung muß die vorgesehenen Änderungen darstellen und sowohl die bisherigen Entgeltbestandteile als auch die vorgesehenen neuen Entgeltbestandteile enthalten. § 5 Abs. 3 und Abs. 5 bis 9 gilt entsprechend. Die Bewohnerin oder der Bewohner sowie der Heimbeirat müssen Gelegenheit erhalten, die Angaben**

Heimgesetz

des Trägers durch Einsichtnahme in die Kalkulationsunterlagen zu überprüfen.

(4) Bei Leistungsempfängern der Pflegeversicherung wird eine Erhöhung des Entgelts außerdem nur wirksam, soweit das erhöhte Entgelt den Regelungen der Pflegeversicherung entspricht. Absatz 2 Satz 1 findet keine Anwendung. Der Träger ist verpflichtet, Vertreterinnen und Vertreter des Heimbeirats oder den Heimfürsprecher rechtzeitig vor der Aufnahme von Verhandlungen über Leistungs- und Qualitätsvereinbarungen sowie über Vergütungsvereinbarungen mit den Pflegekassen anzuhören und ihnen unter Vorlage nachvollziehbarer Unterlagen die wirtschaftliche Notwendigkeit und Angemessenheit der geplanten Erhöhung zu erläutern. Außerdem ist der Träger verpflichtet, Vertreterinnen und Vertreter des Heimbeirats oder dem Heimfürsprecher Gelegenheit zu einer schriftlichen Stellungnahme zu geben. Diese Stellungnahme gehört zu den Unterlagen, die der Träger rechtzeitig vor Beginn der Verhandlungen den als Kostenträgern betroffenen Vertragsparteien vorzulegen hat. Vertreterinnen und Vertreter des Heimbeirats oder der Heimfürsprecher sollen auf Verlangen vom Träger zu den Verhandlungen über Leistungs- und Qualitätsvereinbarungen sowie über Vergütungsvereinbarungen hinzugezogen werden. Sie sind über den Inhalt der Verhandlungen, soweit ih-

Text-Synopse | **Heimgesetz**

<table>
<tr><td>

</td><td>

nen im Rahmen der Verhandlungen Betriebsgeheimnisse bekannt geworden sind, zur Verschwiegenheit verpflichtet. Absatz 3 findet Anwendung.

(5) Bei Personen, denen Hilfe in Einrichtungen nach dem Bundessozialhilfegesetz gewährt wird, wird eine Erhöhung des Entgelts nur wirksam, soweit das erhöhte Entgelt den Vereinbarungen nach Abschnitt 7 des Bundessozialhilfegesetzes entspricht. Vertreterinnen und Vertreter des Heimbeirats oder der Heimfürsprecher sollen auf Verlangen vom Träger an den Verhandlungen über Leistungs-, Vergütungs- und Prüfungsvereinbarungen hinzugezogen werden. Im Übrigen findet Absatz 4 entsprechende Anwendung.

</td></tr>
<tr><td>

(4) Eine Kündigung des Heimvertrags zum Zwecke der Erhöhung des Entgelts ist ausgeschlossen.

</td><td>

(6) Eine Kündigung des Heimvertrags zum Zwecke der Erhöhung des Entgelts ist ausgeschlossen.

</td></tr>
<tr><td>

§ 4b Vertragsdauer
(1) Der Heimvertrag wird auf unbestimmte Zeit geschlossen, soweit nicht im Einzelfall eine befristete Aufnahme des Bewohners beabsichtigt ist oder eine Kurzzeitpflege nach § 1 Abs. 1a vereinbart wird.

(2) Der Bewohner kann den Heimvertrag spätestens am dritten Werktag eines Kalendermonats für den Ablauf des nächsten Monats schriftlich kündigen. Er kann aus wichtigem Grund ohne Einhaltung einer Kündigungsfrist kündigen, wenn ihm die Fortsetzung des Heimvertrags bis zum

</td><td>

§ 8 Vertragsdauer
(1) Der Heimvertrag wird auf unbestimmte Zeit geschlossen, soweit nicht im Einzelfall eine befristete Aufnahme der **Bewohnerin oder des Bewohners** beabsichtigt ist oder eine **vorübergehende Aufnahme** nach § 1 Abs. 3 vereinbart wird.

(2) Die **Bewohnerin oder der Bewohner** kann den Heimvertrag spätestens am dritten Werktag eines Kalendermonats für den Ablauf **desselben Monats** schriftlich kündigen. **Bei einer Erhöhung des Entgelts ist eine Kündigung abweichend von Satz 1 jederzeit für den Zeitpunkt**

</td></tr>
</table>

Heimgesetz

Ablauf der Kündigungsfrist nicht zuzumuten ist.

möglich, an dem die Erhöhung wirksam werden soll. Der Heimvertrag kann aus wichtigem Grund ohne Einhaltung einer Kündigungsfrist gekündigt werden, wenn der Bewohnerin oder dem Bewohner die Fortsetzung des Heimvertrags bis zum Ablauf der Kündigungsfrist nicht zuzumuten ist. **Hat in den Fällen des Satzes 3 der Träger den Kündigungsgrund zu vertreten, hat er der Bewohnerin oder dem Bewohner eine angemessene anderweitige Unterkunft und Betreuung zu zumutbaren Bedingungen nachzuweisen und ist zum Ersatz der Umzugskosten in angemessenem Umfang verpflichtet. Im Falle des Satzes 3 kann die Bewohnerin oder der Bewohner den Nachweis einer angemessenen anderweitigen Unterkunft und Betreuung auch dann verlangen, wenn sie oder er noch nicht gekündigt hat. § 115 Abs. 4 des Elften Buches Sozialgesetzbuch bleibt unberührt.**

(3) Der Träger eines Heims kann den Heimvertrag nur aus wichtigem Grund kündigen. Ein wichtiger Grund liegt insbesondere vor, wenn

1. der Betrieb des Heims eingestellt, wesentlich eingeschränkt oder in seiner Art verändert wird und die Fortsetzung des Heimvertrags für den Träger eine Härte bedeuten würde,

2. der Gesundheitszustand des Bewohners sich so verändert hat, dass seine sachgerechte Betreuung in dem Heim nicht mehr möglich ist,

(3) Der Träger kann den Heimvertrag nur aus wichtigem Grund kündigen. Ein wichtiger Grund liegt insbesondere vor, wenn

1. der Betrieb des Heims eingestellt, wesentlich eingeschränkt oder in seiner Art verändert wird und die Fortsetzung des Heimvertrags für den Träger eine **unzumutbare** Härte bedeuten würde,

2. der Gesundheitszustand **der Bewohnerin oder des Bewohners** sich so verändert hat, dass ihre oder seine **fachgerechte** Betreuung in dem Heim nicht mehr möglich ist,

Text-Synopse	Heimgesetz

<table>
<tr><td>

3. der Bewohner seine vertraglichen Pflichten schuldhaft so gröblich verletzt, dass dem Träger die Fortsetzung des Vertrags nicht mehr zugemutet werden kann oder

4. der Bewohner

   a) für zwei aufeinanderfolgende Termine mit der Entrichtung des Entgelts oder eines Teils des Entgelts, der das Entgelt für einen Monat übersteigt, im Verzug ist oder

   b) in einem Zeitraum, der sich über mehr als zwei Termine erstreckt, mit der Entrichtung des Entgelts in Höhe eines Betrags in Verzug gekommen ist, der das Entgelt für zwei Monate erreicht.

(4) In den Fällen des Absatzes 3 Nr. 4 ist die Kündigung ausgeschlossen, wenn der Träger vorher befriedigt wird. Sie wird unwirksam, wenn bis zum Ablauf eines Monats nach Eintritt der Rechtshängigkeit des Räumungsanspruchs hinsichtlich des fälligen Entgelts der Träger befriedigt wird oder eine öffentliche Stelle sich zur Befriedigung verpflichtet.

(5) Die Kündigung durch den Träger eines Heims bedarf der schriftlichen Form; sie ist zu begründen.

(6) In den Fällen des Absatzes 3 Nr. 2 bis 4 kann der Träger den Vertrag ohne Einhaltung einer Frist kündigen. In den übrigen Fällen des Absatzes 3 ist die Kündigung spätestens am dritten Werktag eines Kalendermonats

</td><td>

3. **die Bewohnerin oder der Bewohner** seine vertraglichen Pflichten schuldhaft so gröblich verletzt, dass dem Träger die Fortsetzung des Vertrags nicht mehr zugemutet werden kann, oder

4. **die Bewohnerin oder der Bewohner**

   a) für zwei aufeinanderfolgende Termine mit der Entrichtung des Entgelts oder eines Teils des Entgelts, der das Entgelt für einen Monat übersteigt, im Verzug ist oder

   b) in einem Zeitraum, der sich über mehr als zwei Termine erstreckt, mit der Entrichtung des Entgelts in Höhe eines Betrags in Verzug gekommen ist, der das Entgelt für zwei Monate erreicht.

(4) In den Fällen des Absatzes 3 Nr. 4 ist die Kündigung ausgeschlossen, wenn der Träger vorher befriedigt wird. Sie wird unwirksam, wenn bis zum Ablauf **von zwei Monaten** nach Eintritt der Rechtshängigkeit des Räumungsanspruchs hinsichtlich des fälligen Entgelts der Träger befriedigt wird oder eine öffentliche Stelle sich zur Befriedigung verpflichtet.

(5) Die Kündigung durch den Träger eines Heims bedarf der schriftlichen Form; sie ist zu begründen.

(6) In den Fällen des Absatzes 3 Nr. 2 bis 4 kann der Träger den Vertrag ohne Einhaltung einer Frist kündigen. In den übrigen Fällen des Absatzes 3 ist die Kündigung spätestens am dritten Werktag eines Kalendermonats

</td></tr>
</table>

Heimgesetz

Text-Synopse

für den Ablauf des nächsten Monats zulässig.

(7) Hat der Träger nach Absatz 3 Nr. 1 und 2 gekündigt, so hat er dem Bewohner eine angemessene anderweitige Unterbringung zu zumutbaren Bedingungen nachzuweisen. In den Fällen des Absatzes 3 Nr. 1 hat der Träger eines Heims die Kosten des Umzugs in angemessenem Umfang zu tragen.

(8) Stirbt der Bewohner, so endet das Vertragsverhältnis mit dem Eintritt des Todes. Vereinbarungen über eine Fortgeltung des Vertrags sind zulässig, soweit ein Zeitraum bis zum Ende des Monats, der auf den Sterbemonat folgt, nicht überschritten wird. In diesen Fällen ermäßigt sich das nach § 4 Abs. 2 vereinbarte Entgelt um den Wert der von dem Träger ersparten Aufwendungen.

(9) Soweit der Heimbewohner nur vorübergehend aufgenommen wird, kann der Heimvertrag von beiden Vertragsparteien nur aus wichtigem Grund gekündigt werden. Die Absätze 2 bis 8 sind mit Ausnahme des Absatzes 3 Satz 2 Nr. 2 und 3 und des Absatzes 8 Satz 1 nicht anzuwenden. Die Kündigung ist ohne Einhaltung einer Frist zulässig. Sie bedarf der schriftlichen Form und ist zu begründen.

für den Ablauf des nächsten Monats zulässig.

(7) Hat der Träger nach Absatz 3 Nr. 1 und 2 gekündigt, so hat er **der Bewohnerin oder dem Bewohner** eine angemessene anderweitige **Unterkunft und Betreuung** zu zumutbaren Bedingungen nachzuweisen. In den Fällen des Absatzes 3 Nr. 1 hat der Träger eines Heims die Kosten des Umzugs in angemessenem Umfang zu tragen.

(8) **Mit dem Tod der Bewohnerin oder des Bewohners** endet das Vertragsverhältnis. Vereinbarungen über eine Fortgeltung des Vertrags **hinsichtlich der Entgeltbestandteile für Wohnraum und Investitionskosten** sind zulässig, soweit ein Zeitraum von zwei Wochen nach dem Sterbetag nicht überschritten wird. In diesen Fällen ermäßigt sich das Entgelt um den Wert der von dem Träger ersparten Aufwendungen, **Bestimmungen des Heimvertrags über die Behandlung des im Heim befindlichen Nachlasses sowie dessen Verwahrung durch den Träger bleiben wirksam.**

(9) **Wenn die Bewohnerin oder der Bewohner** nur vorübergehend aufgenommen wird, kann der Heimvertrag von beiden Vertragsparteien nur aus wichtigem Grund gekündigt werden. Die Absätze 2 bis 8 sind mit Ausnahme des Absatzes 3 Satz 2 Nr. 2 und 3 und des Absatzes 8 Satz 1 nicht anzuwenden. Die Kündigung ist ohne Einhaltung einer Frist zulässig. Sie bedarf der schriftlichen Form und ist zu begründen.

Text-Synopse **Heimgesetz**

(10)* War die Bewohnerin oder der Bewohner bei Abschluss des Heimvertrages geschäftsunfähig, so kann der Träger eines Heimes das Heimverhältnis nur aus wichtigem Grund für gelöst erklären. Absatz 3 Satz 2, Absätze 4, 5, 6, 7, 8 Satz 1 und Absatz 9 Satz 1 bis 3 finden insoweit entsprechende Anwendung.

§ 4d Abweichende Vereinbarungen
Vereinbarungen, die zum Nachteil des Bewohners von den §§ 4 bis 4c abweichen, sind unwirksam.

§ 4e Heimverträge mit Versicherten der sozialen Pflegeversicherung
(1) In Heimverträgen mit Versicherten der sozialen Pflegeversicherung, die Leistungen der stationären Pflege nach den §§ 42 und 43 des Elften Buches Sozialgesetzbuch in Anspruch nehmen, sind die Leistungen des Heimträgers für allgemeine Pflegeleistungen, für Unterkunft und Verpflegung sowie für Zusatzleistungen im einzelnen gesondert zu beschreiben und die jeweiligen Entgelte hierfür gesondert anzugeben. Art, Inhalt und Umfang der in Satz 1 genannten Leistungen sowie die jeweiligen Entgelte bestimmen sich nach dem Siebten und Achten Kapitel des Elften Buches Sozialgesetzbuch.
(2) § 4a Satz 2 und § 4c gelten

§ 9 Abweichende Vereinbarungen
Vereinbarungen, die zum Nachteil der Bewohnerin oder des Bewohners von den §§ **5** bis **8** abweichen, sind unwirksam.

(entfällt)

---

* Abs. 10 wurde durch Art. 31 des OLG VertrÄndG vom 23. 7. 2002 (BGBl. I S. 2850) neu angefügt.

Heimgesetz

Text-Synopse

nicht für die in Absatz 1 genannten Verträge.

(3) Der Anspruch des Heimträgers auf Zahlung des Entgelts für die allgemeinen Pflegeleistungen, soweit sie von der Pflegekasse zu tragen sind, ist unmittelbar gegen die zuständig Pflegekasse zu richten, soweit in § 91 des Elften Buches Sozialgesetzbuch nichts anderes bestimmt ist.

§ 5 Mitwirkung der Heimbewohner

(1) Die Bewohner der in diesem Gesetz genannten Heime wirken durch einen Heimbeirat in Angelegenheiten des Heimbetriebs wie Unterbringung, Aufenthaltsbedingungen, Heimordnung, Verpflegung und Freizeitgestaltung mit. Die Mitwirkung ist auf die Verwaltung sowie die Geschäfts- und Wirtschaftsführung des Heims zu erstrecken, wenn Leistungen im Sinne des § 14 Abs. 2 Nr. 3 erbracht worden sind.

§ 10 Mitwirkung der Bewohnerinnen und Bewohner

(1) **Die Bewohnerinnen und Bewohner** wirken durch einen Heimbeirat in Angelegenheiten des Heimbetriebs wie Unterkunft, Betreuung, Aufenthaltsbedingungen, Heimordnung, Verpflegung und Freizeitgestaltung mit. **Die Mitwirkung bezieht sich auch auf die Sicherung einer angemessenen Qualität der Betreuung im Heim und auf die Leistungs-, Vergütungs-, Qualitäts- und Prüfungsvereinbarungen nach § 7 Abs. 4 und 5.** Sie ist auf die Verwaltung sowie die Geschäfts- und Wirtschaftsführung des Heims zu erstrecken, wenn Leistungen im Sinne des **§ 14** Abs. 2 Nr. 3 erbracht worden sind. **Der Heimbeirat kann bei der Wahrnehmung seiner Aufgaben und Rechte fach- und sachkundige Personen seines Vertrauens hinzuziehen. Diese sind zur Verschwiegenheit verpflichtet.**

(2) **Die für die Durchführung dieses Gesetzes zuständigen Behörden fördern die Unterrichtung der Bewohnerinnen und Bewohner und der Mitglieder**

Text-Synopse

Heimgesetz

(2) Für die Zeit, in der ein Heimbeirat nicht gebildet werden kann, werden seine Aufgaben durch einen Heimfürsprecher wahrgenommen. Seine Tätigkeit ist unentgeltlich und ehrenamtlich. Der Heimfürsprecher wird im Benehmen mit dem Heimleiter von der zuständigen Behörde bestellt. Die Bewohner des Heims oder deren gesetzliche Vertreter können der zuständigen Behörde Vorschläge zur Auswahl des Heimfürsprechers unterbreiten. Die zuständige Behörde kann von der Bestellung eines Heimfürsprechers absehen, wenn die Mitwirkung der Bewohner auf andere Weise gewährleistet ist.

(3) Das Bundesministerium für Familie, Senioren, Frauen und Jugend legt im Einvernehmen mit dem Bundesministerium für Arbeit und Sozialordnung und dem Bundesminsterium für Gesundheit durch Rechtsverordnung mit Zustimmung des Bundesrates Vorschriften über die

von Heimbeiräten über die Wahl und die Befugnisse sowie die Möglichkeiten des Heimbeirats, die Interessen der Bewohnerinnen und Bewohner in Angelegenheiten des Heimbetriebs zur Geltung zu bringen.

(3) Der Heimbeirat soll mindestens einmal im Jahr die Bewohnerinnen und Bewohner zu einer Versammlung einladen, zu der jede Bewohnerin oder jeder Bewohner eine Vertrauensperson beiziehen kann. Näheres kann in der Rechtsverordnung nach Absatz 5 geregelt werden.

(4) Für die Zeit, in der ein Heimbeirat nicht gebildet werden kann, werden seine Aufgaben durch einen Heimfürsprecher wahrgenommen. Seine Tätigkeit ist unentgeltlich und ehrenamtlich. Der Heimfürsprecher wird im Benehmen mit **der Heimleitung** von der zuständigen Behörde bestellt. Die **Bewohnerinnen und Bewohner** des Heims oder deren gesetzliche Vertreter können der zuständigen Behörde Vorschläge zur Auswahl des Heimfürsprechers unterbreiten. Die zuständige Behörde kann von der Bestellung eines Heimfürsprechers absehen, wenn die Mitwirkung der Bewohnerinnen und Bewohner auf andere Weise gewährleistet ist.

(5) Das Bundesministerium für Familie, Senioren, Frauen und Jugend **erlässt** im Einvernehmen mit dem Bundesministerium für Arbeit und Sozialordnung und dem Bundesminsterium für Gesundheit durch Rechtsverordnung mit Zustimmung des Bundesrates **Regelungen** über die

Heimgesetz

Wahl des Heimbeirats und die Bestellung des Heimfürsprechers sowie über Art, Umfang und Form ihrer Mitwirkung fest.

Wahl des Heimbeirats und die Bestellung des Heimfürsprechers sowie über Art, Umfang und Form ihrer Mitwirkung. **In der Rechtsverordnung ist vorzusehen, dass auch Angehörige und sonstige Vertrauenspersonen der Bewohnerinnen und Bewohner, von der zuständigen Behörde vorgeschlagene Personen sowie Mitglieder der örtlichen Seniorenvertretungen und Mitglieder von örtlichen Behindertenorganisationen in angemessenem Umfang in den Heimbeirat gewählt werden können.**

§ 6 Voraussetzungen

Der Betrieb eines Heims erfordert, dass

1. der Heimträger die notwendige Zuverlässigkeit, insbesondere die wirtschaftliche Leistungsfähigkeit zum Betrieb des Heims, besitzt,
2. die Wahrung der Interessen und Bedürfnisse der Bewohner, insbesondere die ärztliche oder gesundheitliche Betreuung, gesichert ist,

3. die Betreuung der Bewohner, auch soweit sie pflegebedürftig sind, in dem Heim selbst oder in angemessener anderer Weise gewährleistet ist, insbeson-

§ 11 Anforderungen an den Betrieb eines Heims

(1) Ein Heim darf nur betrieben werden, wenn der Träger und die Leitung

1. **die Würde** sowie die Interessen und Bedürfnisse der **Bewohnerinnen und Bewohner** vor Beeinträchtigungen schützen,
2. **die Selbständigkeit, die Selbstbestimmung und die Selbstverantwortung der Bewohnerinnen und Bewohner** wahren und fördern, insbesondere bei behinderten Menschen die sozialpädagogische Betreuung und heilpädagogische Förderung sowie bei Pflegebedürftigen eine humane und aktivierende Pflege unter Achtung der Menschenwürde gewährleisten,
3. eine angemessene Qualität der Betreuung **der Bewohnerinnen und Bewohner**, auch soweit sie pflegebedürftig sind, in dem Heim selbst oder in ange-

Text-Synopse	**Heimgesetz**

<table>
<tr><td>dere die Zahl der Beschäftigten und ihre persönliche und fachliche Eignung für die von ihnen ausgeübte Tätigkeit ausreicht,</td><td>messener anderer Weise einschließlich der **Pflege nach dem allgemein anerkannen Stand medizinisch-pflegerischer Erkenntnisse sowie** die ärztliche und gesundheitliche Betreuung sichern,</td></tr>
<tr><td></td><td>4. **die Eingliederung behinderter Menschen fördern,**</td></tr>
<tr><td></td><td>5. **den Bewohnerinnen und Bewohnern eine nach Art und Umfang ihrer Betreuungsbedürftigkeit angemessene Lebensgestaltung ermöglichen und die erforderlichen Hilfen gewähren,**</td></tr>
<tr><td></td><td>6. **die hauswirtschaftliche Versorgung sowie eine angemesene Qualität des Wohnens erbringen,**</td></tr>
<tr><td></td><td>7. **sicherstellen, dass für pflegebedürftige Bewohnerinnen und Bewohner Pflegeplanungen aufgestellt und deren Umsetzung aufgezeichnet werden,**</td></tr>
<tr><td>4. die Einhaltung der Mindestanforderungen nach den auf Grund des § 3 erlassenen Rechtsverordnungen gewährleistet ist,</td><td>8. **gewährleisten, dass in Einrichtungen der Behindertenhilfe für die Bewohnerinnen und Bewohner Förder- und Hilfepläne aufgestellt und deren Umsetzung aufgezeichnet werden,**</td></tr>
<tr><td>5. zwischen den gebotenen Leistungen und dem geforderten Entgelt kein Missverhältnis besteht und</td><td>9. **einen ausreichenden Schutz der Bewohnerinnen und Bewohner vor Infektionen gewährleisten und sicherstellen, dass von den Beschäftigten die für ihren Aufgabenbereich einschlägigen Anforderungen der Hygiene eingehalten werden, und**</td></tr>
<tr><td>6. die Einhaltung der nach § 14 Abs. 7 erlassenen Vorschriften gewährleistet ist</td><td>10. **sicherstellen, dass die Arzneimittel bewohnerbezogen und ordnungsgemäß aufbewahrt werden und die in der Pflege**</td></tr>
</table>

Heimgesetz

Text-Synopse

tätigen Mitarbeiterinnen und Mitarbeiter mindestens einmal im Jahr über den sachgerechten Umgang mit Arzneimitteln beraten werden.

(2) Ein Heim darf nur betrieben werden, wenn der Träger

1. die notwendige Zuverlässigkeit, insbesondere die wirtschaftliche Leistungsfähigkeit zum Betrieb des Heims, besitzt,
2. **sicherstellt,** dass die Zahl der Beschäftigten und ihre persönliche und fachliche Eignung für die von ihnen **zu leistende** Tätigkeit ausreicht und
3. **angemessene Entgelte verlangt und**
4. **ein Qualitätsmanagement betreibt.**

(3) **Ein Heim darf nur betrieben werden, wenn**

1. die Einhaltung der in den **Rechtsverordnungen** nach § 3 enthaltenen Regelungen gewährleistet ist,
2. **die vertraglichen Leistungen erbracht werden und**
3. die Einhaltung der nach **§ 14** Absatz 7 erlassenen Vorschriften gewährleistet ist.

(4) **Bestehen Zweifel daran, dass die Anforderungen an den Betrieb eines Heims erfüllt sind, ist die zuständige Behörde berechtigt und verpflichtet, die notwendigen Maßnahmen zur Aufklärung zu ergreifen.**

§ 7 Anzeige

(1) Wer den Betrieb eines Heims aufnimmt, hat dies spätestens drei Monate vor der vorgesehenen Inbetriebnahme der zuständigen Stelle anzuzeigen. In der Anzeige sind Name und An-

§ 12 Anzeige

(1) **Wer den Betrieb eines Heimes aufnehmen will, hat darzulegen, dass er die Anforderungen nach § 11 Abs.1 bis 3 erfüllt.** Zu diesem Zweck hat er seine Absicht spätestens drei Mo-

Text-Synopse — **Heimgesetz**

schrift des Trägers sowie Art, Standort und Zahl der Heimplätze anzugeben. Der Anzeige sind ein Versorgungsvertrag nach § 72 des Elften Buches Sozialgesetzbuch oder die Erklärung, ob ein solcher Versorgungsvertrag angestrebt wird, Unterlagen zur Finanzierung der Investitionskosten sowie je ein Exemplar der Musterverträge, der Satzung des Trägers und der Heimordnung beizufügen. In der Anzeige sind weiterhin die Ausbildung und der berufliche Werdegang des Leiters mitzuteilen. Steht der Leiter zum Zeitpunkt der Anzeige noch nicht fest, ist die Mitteilung vor Aufnahme des Heimbetriebs und zum frühestmöglichen Zeitpunkt nachzuholen.

nate vor der vorgesehenen Inbetriebnahme der zuständigen Behörde anzuzeigen. **Die Anzeige muss insbesondere folgende weitere Angaben enthalten:**
1. **den vorgesehenen Zeitpunkt der Betriebsaufnahme,**
2. **die Namen** und **die** Anschriften des Trägers und des Heims,
3. **die** Nutzungsart des Heims und der Räume sowie deren Lage, Zahl und Größe und die **vorgesehene Belegung der Wohnräume,**
4. **die vorgesehene Zahl** der Mitarbeiterstellen,
5. **die** Namen, **die** berufliche Ausbildung und **den** Werdegang **der Heimleitung und bei Pflegeheimen auch der Pflegedienstleitung** sowie die Namen und die berufliche Ausbildung der Betreuungskräfte,
6. **die allgemeine Leistungsbeschreibung sowie die Konzeption des Heims,**
7. ein Versorgungsvertrag nach § 72 sowie eine Leistungs- und Qualitätsvereinbarung nach **§ 80a** des Elften Buches Sozialgesetzbuch oder die Erklärung, ob ein solcher Versorgungsvertrag oder eine solche Leistungs- und Qualitätsvereinbarung angestrebt werden,
8. die Vereinbarungen nach **§ 93 Abs. 2** des Bundessozialhilfegesetzes oder die Erkärung, ob solche Vereinbarungen angestrebt werden,
9. die Einzelvereinbarungen aufgrund § 39a des Fünften Buches Sozialgesetzbuch

Heimgesetz

Text-Synopse

(2) Absatz 1 Satz 1 gilt entsprechend für die Änderung der Art des Heims sowie der Art und der Zahl der Heimplätze, die Verwendung neuer Räume und die Verlegung des Heims. Das Ausscheiden und die Neueinstellung des Leiters sowie der vertretungsberechtigten Personen des Trägers, die Änderung, Beendigung oder der Neuabschluß eines Versorgungsvertrags sowie Änderungen hinsichtlich der Finanzierung der Investitionskosten, die für die Kostenbelastung der Heimbewohner oder die wirtschaftliche Leistungsfähigkeit des Heims von Bedeutung sind, müssen unverzüglich angezeigt werden.

oder die Erklärung, ob solche Vereinbarungen angestrebt werden,
10. die Unterlagen zur Finanzierung der Investitionskosten,
11. ein Muster der Heimverträge **sowie sonstiger verwendeter Verträge,**
12. die Satzung oder einen Gesellschaftsvertrag des Trägers sowie
13. die Heimordnung, **soweit eine solche vorhanden ist.**

(2) **Die zuständige Behörde kann weitere Angaben verlangen, soweit sie zur zweckgerichteten Aufgabenerfüllung erforderlich sind. Stehen die Leitung, die Pflegedienstleistung oder die Betreuungskräfte** zum Zeitpunkt der Anzeige noch nicht fest, ist die Mitteilung **zum frühestmöglichen Zeitpunkt, spätestens vor Aufnahme des Heimbetriebs, nachzuholen.**

(3) **Der zuständigen Behörde sind unverzüglich Änderungen anzuzeigen, die Angaben gemäß Absatz 1 betreffen.**

Text-Synopse | **Heimgesetz**

(3) Wer den Betrieb eines Heims ganz oder teilweise einzustellen oder wer die Vertragsbedingungen wesentlich zu ändern beabsichtigt, hat dies unverzüglich der zuständigen Behörde anzuzeigen. Mit der Anzeige sind Angaben über die geplante Unterbringung der Bewohner und die geplante ordnungsmäßige Abwicklung der Vertragsverhältnisse mit den Bewohnern zu verbinden.

§ 8 Aufzeichnungs- und Aufbewahrungspflicht
(1) Der Träger eines Heims hat nach den Grundsätzen einer ordnungsmäßigen Buchführung Aufzeichnungen über den Betrieb des Heims zu machen, aus denen insbesondere ersichtlich sind

1. die Geschäftsvorfälle und die Vermögenslage des Heims,
2. die Zahl und die Art der vorhandenen und der belegten Heimplätze,

3. Name, Vorname, Geburtstag, Anschrift und Ausbildung der Beschäftigten, deren regelmäßige Arbeitszeit, die von ihnen in dem Heim ausgeübte Tätigkeit und die Dauer des Beschäftigungsverhältnisses.

(4) Wer den Betrieb eines Heims ganz oder teilweise einzustellen oder wer die Vertragsbedingungen wesentlich zu ändern beabsichtigt, hat dies unverzüglich der zuständigen Behörde **gemäß Satz 2** anzuzeigen. Mit der Anzeige sind Angaben über die **nachgewiesene Unterkunft und Betreuung der Bewohnerinnen und Bewohner** und die geplante ordnungsgemäße Abwicklung der Vertragsverhältnisse mit **den Bewohnerinnen und Bewohnern** zu verbinden.

§ 13 Aufzeichnungs- und Aufbewahrungspflicht
(1) Der Träger hat nach den Grundsätzen einer ordnungsgemäßen Buch- **und Akten**führung Aufzeichnungen über den Betrieb zu machen **und die Qualitätssicherungsmaßnahmen und deren Ergebnisse so zu dokumentieren, dass sich aus ihnen der ordnungsgemäße Betrieb des Heims ergibt. Insbesondere muss ersichtlich werden:**
1. **die wirtschaftliche und finanzielle Lage des Heims,**
2. **die Nutzungsart, die Lage, die Zahl und die Größe der Räume sowie die Belegung der Wohnräume,**
3. **der** Name, **der** Vorname, **das** Geburtsdatum, **die** Anschrift und **die** Ausbildung der Beschäftigten, deren regelmäßige Arbeitszeit, die von ihnen in dem Heim ausgeübte Tätigkeit und die Dauer des Beschäftigungsverhältnisses **sowie die Dienstpläne,**
4. **der** Name, **der** Vorname, **das** Geburtsdatum, **das Geschlecht,**

Heimgesetz Text-Synopse

der Betreuungsbedarf der **Bewohnerinnen und Bewohner** sowie bei pflegebedürftigen **Bewohnerinnen und Bewohnern** die Pflegestufe,
5. **der Erhalt, die Aufbewahrung und die Verabreichung von Arzneimitteln einschließlich der pharmazeutischen Überprüfung der Arzneimittelvorräte und der Unterweisung der Mitarbeiterinnen und Mitarbeiter über den sachgerechten Umgang mit Arzneimitteln,**
6. **die** Pflegeplanungen und **die** Pflegeverläufe für pflegebedürftige **Bewohnerinnen und Bewohner,**
7. für Bewohnerinnen und Bewohnern von Einrichtungen der Behindertenhilfe Förder- und Hilfepläne einschließlich deren Umsetzung,
8. die Maßnahmen zur Qualitätsentwicklung sowie zur Qualitätssicherung,
9. **die** freiheitsbeschränkenden und die freiheitsentziehenden Maßnahmen bei Bewohnerinnen und Bewohnern sowie der Angabe des für die Anordnung der Maßnahme Verantwortlichen,
10. die für die Bewohnerinnen und Bewohner verwalteten Gelder oder Wertsachen.

Betreibt der Träger mehr als ein Heim, sind für jedes Heim gesonderte Aufzeichnungen zu machen. Dem Träger bleibt es vorbehalten, seine wirtschaftliche und finanzielle Situation durch Vorlage der im Rahmen der Pflegebuchführungsverordnung geforderten Bilanz sowie

Text-Synopse **Heimgesetz**

| | der Gewinn- und Verlustrechnung nachzuweisen. **Aufzeichnungen, die für andere Stellen als die zuständige Behörde angelegt worden sind, können zur Erfüllung der Anforderungen des Satzes 1 verwendet werden.** |

(2) Der Träger eines Heims hat Aufzeichnungen nach Absatz 1 sowie sonstige Unterlagen und Belege über den Betrieb eines Heims zur Einsichtnahme durch die zuständige Behörde fünf Jahre aufzubewahren.

(2) Der Träger hat **die** Aufzeichnungen nach Absatz 1 sowie **die sonstigen** Unterlagen und Belege über den Betrieb eines Heims fünf Jahre aufzubewahren. **Danach sind sie zu löschen. Die Aufzeichnungen nach Absatz 1 sind, soweit sie personenbezogene Daten enthalten, so aufzubewahren, daß nur Berechtigte Zutritt haben.**

(3) Das Bundesministerium für Familie, Senioren, Frauen und Jugend legt im Einvernehmen mit dem Bundesministerium für Arbeit und Sozialordnung und dem Bundesministerium für Gesundheit durch Rechtsverordnung mit Zustimmung des Bundesrates Art und Umfang der in den Absätzen 1 und 2 genannten Pflichten und das einzuhaltende Verfahren näher fest.

(4) Weitergehende Pflichten des Trägers eines Heims nach anderen Vorschriften oder auf Grund von Pflegesatzvereinbarungen oder Vereinbarungen nach den §§ 93 bis 94 des Bundessozialhilfegesetzes bleiben unberührt.

(3) Das Bundesministerium für Familie, Senioren, Frauen und Jugend legt im Einvernehmen mit dem Bundesministerium für Arbeit und Sozialordnung und dem Bundesministerium für Gesundheit durch Rechtsverordnung mit Zustimmung des Bundesrates Art und Umfang der in den Absätzen 1 und 2 genannten Pflichten und das einzuhaltende Verfahren näher fest.

(4) Weitergehende Pflichten des Trägers eines Heims nach anderen Vorschriften oder auf Grund von Pflegesatzvereinbarungen oder Vereinbarungen nach **§ 93 Abs. 2** des Bundessozialhilfegesetzes bleiben unberührt.

§ 14 Leistungen an Träger und Beschäftigte
(1) Dem Träger eines Heims ist es untersagt, sich von oder zugunsten von Bewohnern Geld- oder geldwerte Leistungen über das nach § 4 vereinbarte Entgelt

§ 14 Leistungen an Träger und Beschäftigte
(1) Dem Träger eines Heims ist es untersagt, sich von oder zugunsten von **Bewohnerinnen und Bewohnern oder den Bewerberinnen und Bewerbern**

Heimgesetz Text-Synopse

hinaus versprechen oder gewähren zu lassen.

(2) Dies gilt nicht, wenn
1. andere als die in § 4 aufgeführten Leistungen des Trägers abgegolten werden,
2. geringwertige Aufmerksamkeiten versprochen oder gewährt werden,
3. Leistungen im Hinblick auf die Überlassung eines Heimplatzes zum Bau, zum Erwerb, zur Instandsetzung, zur Ausstattung oder zum Betrieb des Heims versprochen oder gewährt werden,
4. Sicherheiten für die Erfüllung der Verpflichtungen aus dem Heimvertrag geleistet werden und diese Leistungen das Doppelte des auf einen Monat entfallenden Entgelts nicht übersteigen.

(3) Leistungen im Sinne des Absatzes 2 Nr. 3 sind zurückzugewähren, soweit sie nicht mit dem Entgelt verrechnet worden sind. Sie sind vom Zeitpunkt ihrer Gewährung an mit mindestens vier vom Hundert für das Jahr zu verzinsen, soweit der Vorteil der Kapitalnutzung bei der Bemessung des Entgelts nicht berücksichtigt worden ist. Die Sätze 1 und 2 gelten auch für Leistungen, die von

um einen Heimplatz Geld- oder geldwerte Leistungen über das nach § 5 vereinbarte Entgelt hinaus versprechen oder gewähren zu lassen.

(2) Dies gilt nicht, wenn
1. andere als die in **§ 5** aufgeführten Leistungen des Trägers abgegolten werden,
2. geringwertige Aufmerksamkeiten versprochen oder gewährt werden,
3. Leistungen im Hinblick auf die Überlassung eines Heimplatzes zum Bau, zum Erwerb, zur Instandsetzung, zur Ausstattung oder zum Betrieb des Heims versprochen oder gewährt werden,
4. Sicherheiten für die Erfüllung der Verpflichtungen aus dem Heimvertrag geleistet werden und diese Leistungen das Doppelte des auf einen Monat entfallenden Entgelts nicht übersteigen. **Auf Verlangen der Bewohnerin oder des Bewohners können diese Sicherheiten auch durch Stellung einer selbstschuldnerischen Bürgschaft eines Kreditinstituts oder einer öffentlich-rechtlichen Körperschaft geleistet werden.**

(3) Leistungen im Sinne des Absatzes 2 Nr. 3 sind zurückzugewähren, soweit sie nicht mit dem Entgelt verrechnet worden sind. Sie sind vom Zeitpunkt ihrer Gewährung an mit mindestens 4 vom Hundert für das Jahr zu verzinsen, soweit der Vorteil der Kapitalnutzung bei der Bemessung des Entgelts nicht berücksichtigt worden ist. Die **Verzinsung oder der Vorteil der Kapitalnutzung**

Text-Synopse | **Heimgesetz**

oder zugunsten von Bewerbern erbracht worden sind.	bei der Bemessung des Entgelts sind der Bewohnerin oder dem Bewohner gegenüber durch jährliche Abrechnungen nachzuweisen. Die Sätze **1 bis 3** gelten auch für Leistungen, die von oder zugunsten von Bewerbern erbracht worden sind.
(4) Ist nach Absatz 2 Nr. 4 als Sicherheit eine Geldsumme bereitzustellen, so ist der Bewohner zu drei gleichen monatlichen Teilleistungen berechtigt; die erste Teilleistung ist zu Beginn des Vertragsverhältnisses fällig. Der Träger hat die Geldsumme von seinem Vermögen getrennt bei einem Kreditinstitut zu dem für Spareinlagen mit dreimonatiger Kündigungsfrist üblichen Zinssatz anzulegen. Die Zinsen stehen dem Bewohner zu. Sie erhöhen die Sicherheit.	(4) Ist nach Absatz 2 Nr. 4 als Sicherheit eine Geldsumme bereitzustellen, so ist die Bewohnerin oder der Bewohner zu drei gleichen monatlichen Teilleistungen berechtigt. Die erste Teilleistung ist zu Beginn des Vertragsverhältnisses fällig. Der Träger hat die Geldsumme von seinem Vermögen getrennt **für jede Bewohnerin und jeden Bewohner einzeln bei einer öffentlichen Sparkasse oder einer Bank** zu dem für Spareinlagen mit dreimonatiger Kündigungsfrist marktüblichen Zinssatz anzulegen. Die Zinsen stehen, auch soweit ein höherer Zinssatz erzielt wird, **der Bewohnerin oder dem Bewohner** zu und erhöhen die Sicherheit. Abweichende Vereinbarungen zum Nachteil der **Bewohnerin oder des Bewohners** sind unzulässig.
(5) Dem Leiter, den Beschäftigten oder sonstigen Mitarbeitern des Heims ist es untersagt, sich von oder zugunsten von Bewohnern neben der vom Träger erbrachten Vergütung Geld- oder geldwerte Leistungen für die Erfüllung der Pflichten aus dem Heimvertrag versprechen oder gewähren zu lassen. Dies gilt nicht, soweit es sich um geringwertige Aufmerksamkeiten handelt.	(5) **Der Leitung**, den Beschäftigten **oder sonstigen Mitarbeiterinnen oder Mitarbeitern** des Heims ist es untersagt, sich von oder zugunsten **von Bewohnerinnen und Bewohnern** neben der vom Träger erbrachten Vergütung Geld- oder geldwerte Leistungen für die Erfüllung der Pflichten aus dem Heimvertrag versprechen oder gewähren zu lassen. Dies gilt nicht, soweit es sich um geringwertige Aufmerksamkeiten handelt.

Heimgesetz

Text-Synopse

(6) Die zuständige Behörde kann in Einzelfällen Ausnahmen von Verboten der Absätze 1 und 5 zulassen, soweit der Schutz der Bewohner die Aufrechterhaltung der Verbote nicht erfordert und die Leistungen noch nicht versprochen oder gewährt worden sind.

(7) Das Bundesminsterium für Familie, Senioren, Frauen und Jugend kann im Einvernehmen mit dem Bundesministerium für Wirtschaft, dem Bundesministerium für Gesundheit und dem Bundesministerium für Arbeit und Sozialordnung und mit Zustimmung des Bundesrates durch Rechtsverordnung Vorschriften über die Pflichten des Trägers im Falle der Entgegennahme von Leistungen im Sinne des Absatzes 2 Nr. 3 erlassen, insbesondere über die Pflichten.

1. ausreichende Sicherheiten für die Erfüllung der Rückzahlungsansprüche zu erbringen,
2. die erhaltenen Vermögenswerte getrennt zu verwalten,
3. dem Leistenden vor Abschluß des Vertrags die für die Beurteilung des Vertrags erforderlichen Angaben, insbesondere über die Sicherung der Rückzahlungsansprüche in schriftlicher Form auszuhändigen.

In der Rechtsverordnung kann ferner die Befugnis des Trägers zur Entgegennahme und Verwendung der Leistungen im Sinne des Absatzes 2 Nr. 3 beschränkt werden sowie Art, Umfang und Zeitpunkt der Rückzahlungspflicht näher geregelt wer-

(6) Die zuständige Behörde kann in Einzelfällen Ausnahmen von den Verboten der Absätze 1 und 5 zulassen, soweit der Schutz **der Bewohnerinnen und Bewohner** die Aufrechterhaltung der Verbote nicht erfordert und die Leistungen noch nicht versprochen oder gewährt worden sind.

(7) Das Bundesministerium für Familie, Senioren, Frauen und Jugend kann im Einvernehmen mit dem Bundesministerium für Wirtschaft **und Technologie**, dem Bundesministerium für Gesundheit und dem Bundesministerium für Arbeit und Sozialordnung und mit Zustimmung des Bundesrates durch Rechtsverordnung Vorschriften über die Pflichten des Trägers im Falle der Entgegennahme von Leistungen im Sinne des Absatzes 2 Nr. 3 erlassen, insbesondere über die Pflichten

1. ausreichende Sicherheiten für die Erfüllung der Rückzahlungsansprüche zu erbringen,
2. die erhaltenen Vermögenswerte getrennt zu verwalten,
3. dem Leistenden vor Abschluss des Vertrags die für die Beurteilung des Vertrags erforderlichen Angaben, insbesondere über die Sicherung der Rückzahlungsansprüche in schriftlicher Form auszuhändigen.

In der Rechtsverordnung kann ferner die Befugnis des Trägers zur Entgegennahme und Verwendung der Leistungen im Sinne des Absatzes 2 Nr. 3 beschränkt werden sowie Art, Umfang und Zeitpunkt der Rückzahlungspflicht näher geregelt wer-

Text-Synopse	Heimgesetz
den. Außerdem kann in der Rechtsverordnung der Träger verpflichtet werden, die Einhaltung seiner Pflichten nach Absatz 3 und der nach den Sätzen 1 und 2 erlassenen Vorschriften auf seine Kosten regelmäßig sowie aus besonderem Anlaß prüfen zu lassen und den Prüfungsbericht der zuständigen Behörde vorzulegen, soweit es zu einer wirksamen Überwachung erforderlich ist; hierbei können die Einzelheiten der Prüfung, insbesondere deren Anlaß, Zeitpunkt und Häufigkeit, die Auswahl, Bestellung und Abberufung der Prüfer, deren Rechte, Pflichten und Verantwortlichkeit, der Inhalt des Prüfungsberichts, die Verpflichtungen des Trägers gegenüber dem Prüfer sowie das Verfahren bei Meinungsverschiedenheiten zwischen dem Prüfer und dem Träger geregelt werden. (8) Absatz 2 Nr. 4 gilt nicht für Versicherte der sozialen Pflegeversicherung	den. Außerdem kann in der Rechtsverordnung der Träger verpflichtet werden, die Einhaltung seiner Pflichten nach Absatz 3 und der nach den Sätzen 1 und 2 erlassenen Vorschriften auf seine Kosten regelmäßig sowie aus besonderem Anlass prüfen zu lassen und den Prüfungsbericht der zuständigen Behörde vorzulegen, soweit es zu einer wirksamen Überwachung erforderlich ist; hierbei können die Einzelheiten der Prüfung, insbesondere deren Anlaß, Zeitpunkt und Häufigkeit, die Auswahl, Bestellung und Abberufung der Prüfer, deren Rechte, Pflichten und Verantwortlichkeit, der Inhalt des Prüfungsberichts, die Verpflichtungen des Trägers gegenüber dem Prüfer sowie das Verfahren bei Meinungsverschiedenheiten zwischen dem Prüfer und dem Träger geregelt werden. (8) Absatz 2 Nr. 4 gilt nicht für Versicherte der Pflegeversicherung **und für Personen, denen Hilfe in Einrichtungen nach dem Bundessozialhilfegesetz gewährt wird.**
§ 15 (aufgehoben)	
§ 9 Überwachung (1) Die Heime werden durch wiederkehrende Prüfungen der zuständigen Behörden überwacht. Der Träger und der Leiter des Heims haben den zuständigen Behörden die für die Durchführung dieses Gesetzes und der auf Grund dieses Gesetzes erlassenen Rechtsverordnungen erforderlichen mündlichen und schriftlichen Auskünfte innerhalb	**§ 15 Überwachung** (1) Die Heime werden von den zuständigen Behörden durch wiederkehrende oder **anlassbezogene** Prüfungen überwacht. **Die Prüfungen können jederzeit angemeldet oder unangemeldet erfolgen. Prüfungen zur Nachtzeit sind nur zulässig, wenn und soweit das Überwachungsziel zu anderen Zeiten nicht erreicht werden kann.** Die

Heimgesetz

der gesetzten Frist und unentgeltlich zu erteilen.

(2) Die von der zuständigen Behörde mit der Überwachung des Heims beauftragten Personen sind befugt, die für das Heim benutzten Grundstücke und Räume, soweit diese nicht einem Hausrecht der Bewohner unterliegen, während der üblichen Geschäftszeit zu betreten, dort Prüfungen und Besichtigungen vorzunehmen, in die geschäftlichen Unterlagen des Auskunftspflichtigen Einsicht zu nehmen, sich mit den Bewohnern in Verbindung zu setzen und die Beschäftigten zu befragen. Zur Verhütung dringender Gefahren für die öffentliche Sicherheit und Ordnung können die Grundstücke und Räume auch außerhalb der in Satz 1 genannten Zeit und auch, wenn sie zugleich Wohnzwecken des Auskunftspflichtigen dienen, betreten werden. Der Auskunftspflichtige hat die Maßnahmen nach den Sätzen 1 und 2 zu dulden.

Text-Synopse

Heime werden daraufhin überprüft, ob sie die Anforderungen an den Betrieb eines Heims nach diesem Gesetz erfüllen. Der Träger, die **Leitung und die Pflegedienstleitung** haben den zuständigen Behörden die für die Durchführung dieses Gesetzes und der aufgrund dieses Gesetzes erlassenen Rechtsverordnungen erforderlichen mündlichen und schriftlichen Auskünfte **auf Verlangen** und unentgeltlich zu erteilen. **Die Aufzeichnungen nach § 13 Absatz 1 hat der Träger am Ort des Heims zur Prüfung vorzuhalten. Für die Unterlagen nach § 13 Abs.1 Nr.1 gilt dies nur für angemeldete Prüfungen.**

(2) Die von der zuständigen Behörde mit der Überwachung des Heims beauftragten Personen sind befugt,
1. die für das Heim genutzten Grundstücke und Räume zu betreten; soweit diese einem Hausrecht **der Bewohnerinnen und Bewohner** unterliegen, nur mit deren Zustimmung.
2. Prüfungen und Besichtigungen vorzunehmen,
3. Einsicht in die **Aufzeichnungen nach § 13** des Auskunftspflichtigen **im jeweiligen Heim** zu nehmen,
4. sich mit den **Bewohnerinnen und Bewohnern sowie dem Heimbeirat oder dem Heimfürsprecher** in Verbindung zu setzen.
5. **bei pflegebedürftigen Bewohnerinnen und Bewohnern mit deren Zustimmung den Pflegezustand in Augenschein zu nehmen,**

Text-Synopse	Heimgesetz
Das Grundrecht der Unverletzlichkeit der Wohnung (Artikel 13 des Grundgesetzes) wird soweit eingeschränkt.	6. die Beschäftigten zu befragen. Der Träger hat diese Maßnahmen zu dulden. Es steht der zuständigen Behörde frei, zu ihren Prüfungen weitere fach- und sachkundige Personen hinzuzuziehen. Diese sind zur Verschwiegenheit verpflichtet. Sie dürfen personenbezogene Daten über Bewohnerinnen und Bewohner nicht speichern und an Dritte übermitteln. (3) Zur Verhütung dringender Gefahren für die öffentliche Sicherheit und Ordnung können Grundstücke und Räume, die einem Hausrecht der Bewohnerinnen und Bewohner unterliegen oder Wohnzwecken des Auskunftspflichtigen dienen, jederzeit betreten werden. Der Auskunftspflichtige und die Bewohnerinnen und Bewohner haben die Maßnahmen nach Satz 1 zu dulden. Das Grundrecht der Unverletzlichkeit der Wohnung (Artikel 13 Abs.1 des Grundgesetzes) wird insoweit eingeschränkt. (4) Die zuständige Behörde nimmt für jedes Heim im Jahr grundsätzlich mindestens eine Prüfung vor. Sie kann Prüfungen in größeren Abständen als nach Satz 1 vornehmen, soweit ihr durch geeignete Nachweise unabhängiger Sachverständiger Erkenntnisse darüber vorliegen, dass die Anforderungen an den Betrieb eines Heims erfüllt sind. Das Nähere wird durch Landesrecht bestimmt. (5) Widerspruch und Anfechtungsklage gegen Maßnahmen nach den Absätzen 1 bis 4 ha-

Heimgesetz

Text-Synopse

(3) Der Auskunftspflichtige kann die Auskunft auf solche Fragen verweigern, deren Beantwortung ihn selbst oder einen der in § 383 Abs.1 Nr.1 bis 3 der Zivilprozeßordnung bezeichneten Angehörigen der Gefahr strafgerichtlicher Verfolgung oder eines Verfahrens nach dem Gesetz über Ordnungswidrigkeiten aussetzen würde.

(4) Die für die Heimaufsicht zuständigen Behörden sind verpflichtet, dem Bundesministerium für Arbeit und Sozialordnung, dem Bundesministerium für Gesundheit und dem Bundesministerium für Familie, Senioren, Frauen und Jugend auf Verlangen Auskunft über die Um-

ben keine aufschiebende Wirkung.

(6) Die Überwachung beginnt mit der Anzeige nach § 12 Abs.1, spätestens jedoch drei Monate vor der vorgesehenen Inbetriebnahme des Heims.

(7) Maßnahmen nach den Absätzen 1, 2, 4 und 6 sind auch zur Feststellung zulässig, ob eine Einrichtung ein Heim im Sinne von § 1 ist.

(8) Die Träger können die Landesverbände der Freien Wohlfahrtspflege, die kommunalen Spitzenverbände und andere Vereinigungen von Trägern, denen sie angehören, unbeschadet der Zulässigkeit unangemeldeter Prüfungen, in angemessener Weise bei Prüfungen hinzuziehen. Die zuständige Behörde soll diese Verbände über den Zeitpunkt von angemeldeten Prüfungen unterrichten.

(9) Der Auskunftspflichtige kann die Auskunft auf solche Fragen verweigern, deren Beantwortung ihn selbst oder einen der in § 383 Abs.1 Nr.1 bis 3 der Zivilprozessordnung bezeichneten Angehörigen der Gefahr strafgerichtlicher Verfolgung oder eines Verfahrens nach dem Gestz über Ordnungswidrigkeiten aussetzen würde.

Text-Synopse

stände zu erteilen, die sie für die Erfüllung ihrer Aufgaben nach dem Elften Buch Sozialgesetzbuch benötigen. Daten der Pflegebedürftigen dürfen den Beteiligten nach Satz 1 nur in anonymisierter Form übermittelt werden.

§ 11 Beratung
(2) Sind in einem Heim Mängel festgestellt worden, so soll die zuständige Behörde zunächst den Träger unter Beteiligung seines Verbandes über die Möglichkeiten zur Abstellung der Mängel beraten. Das gleiche gilt, wenn nach einer Anzeige gemäß § 7 vor der Aufnahme des Heimbetriebs Mängel festgestellt werden. Wenn die Abstellung der Mängel Auswirkungen auf Entgelte oder Vergütungen nach den §§ 93 bis 94 des Bundessozialhilfegesetzes haben kann, ist der Träger der Sozialhilfe an der Beratung zu beteiligen, mit dem Vereinbarungen nach diesen Vorschriften bestehen.

Heimgesetz

§ 16 Beratung bei Mängeln
(1) Sind in einem Heim Mängel festgestellt worden, so soll die zuständige Behörde zunächst den Träger über die Möglichkeiten zur Abstellung der Mängel beraten. Das Gleiche gilt, wenn nach einer Anzeige gemäß § 12 vor der Aufnahme des Heimbetriebs Mängel festgestellt werden.
**(2) An einer Beratung nach Absatz 1 soll der Träger der Sozialhilfe, mit dem Vereinbarungen nach § 93 Abs. 2 des Bundessozialhilfegesetzes bestehen, beteiligt werden. Er ist zu beteiligen, wenn die Abstellung der Mängel Auswirkungen auf Entgelte oder Vergütungen haben kann. Die Sätze 1 und 2 gelten entsprechend für Pflegekassen oder sonstige Sozialversicherungsträger, sofern mit ihnen oder ihren Landesverbänden Vereinbarungen nach §§ 72, 75 oder 85 des Elften Buches Sozialgesetzbuch oder § 85 des Elften Buches Sozialegesetzbuch oder § 39a Fünftes Buch Sozialgesetzbuch bestehen.
(3) Ist den Bewohnerinnen und den Bewohnern aufgrund der festgestellten Mängel eine Fortsetzung des Heimvertrags nicht zuzumuten, soll die zuständige Behörde sie dabei unterstützen, eine angemessene**

Heimgesetz

Text-Synopse

§ 12 Anordnungen
(1) Werden festgestellte Mängel nicht abgestellt, so können gegenüber den Trägern von Heimen Anordnungen erlassen werden, die zur Beseitigung einer eingetretenen oder Abwendung einer drohenden Beeinträchtigung oder Gefährdung des Wohls der Bewohner oder zur Vermeidung eines Mißverhältnisses zwischen dem Entgelt und der Leistung des Heims erforderlich sind. Das gleiche gilt, wenn Mängel nach einer Anzeige gemäß § 7 vor Aufnahme des Heimbetriebs festgestellt werden.

(2) Anordnungen sind soweit wie möglich in Übereinstimmung mit den Vereinbarungen nach den §§ 93 bis 94 des Bundessozialhilfegesetzes auszugestalten. Wenn sich die Anordnung auf Entgelte oder Vergütungen nach den §§ 93 bis 94 des Bundessozialhilfegesetzes auswirkt, ist über sie nach Anhörung des Trägers der Sozialhilfe zu entscheiden, mit dem Vereinbarungen nach diesen Vorschriften bestehen.

anderweitige Unterkunft und Betreuung zu zumutbaren Bedingungen zu finden.

§ 17 Anordnungen
(1) Werden festgestellte Mängel nicht abgestellt, so können gegenüber den Trägern Anordnungen erlassen werden, die zur Beseitigung einer eingetretenen oder Abwendung einer drohenden Beeinträchtigung oder Gefährdung des Wohls der **Bewohnerinnen und Bewohner, zur Sicherung der Einhaltung der dem Träger gegenüber den Bewohnerinnen und Bewohnern obliegenden Pflichten oder** zur Vermeidung **einer Unangemessenheit** zwischen dem Entgelt und der Leistung des Heims erforderlich sind. Das Gleiche gilt, wenn Mängel nach einer Anzeige gemäß § 12 vor Aufnahme des Heimbetriebs festgestellt werden.

(2) Anordnungen sind soweit wie möglich in Übereinstimmung mit Vereinbarungen nach den **§ 93 Abs. 2** des Bundessozialhilfegesetzes auszugestalten. Wenn Anordnungen eine Erhöhung der **Vergütung** nach § 93 Abs. 2 des Bundessozialhilfegesetzes **zur Folge haben können**, ist über **sie Einvernehmen mit dem Träger der Sozialhilfe, mit dem Vereinbarungen nach diesen Vorschriften bestehen, anzustreben. Gegen Anordnungen nach Satz 2 kann neben dem Heimträger auch der Träger der Sozialhilfe Widerspruch einlegen und Anfechtungsklage erheben. § 15 Abs. 5 gilt entsprechend.**

| Text-Synopse | Heimgesetz |

(3) Wenn Anordnungen gegenüber zugelassenen Pflegeheimen eine Erhöhung der nach dem Elften Buch Sozialgesetzbuch vereinbarten oder festgesetzten Vergütungen zur Folge haben können, ist Einvernehmen mit dem betroffenen Landesverband der Pflegekassen anzustreben. Beanstandungen der Heimaufsicht sind in den nächstmöglichen Vergütungsverhandlungen zu berücksichtigen.

§ 13 Beschäftigungsverbot

Dem Träger eines Heims kann die weitere Beschäftigung des Leiters, eines Beschäftigten oder sonstigen Mitarbeiters ganz oder für bestimmte Funktionen oder Tätigkeiten untersagt werden, wenn Tatsachen die Annahme rechtfertigen, dass sie die für ihre Tätigkeit erforderliche Eignung nicht besitzen.

(3) Wenn Anordnungen gegenüber zugelassenen Pflegeheimen eine Erhöhung der nach dem Elften Buch Sozialgesetzbuch vereinbarten oder festgesetzten **Entgelte** zur Folge haben können, ist Einvernehmen mit den betroffenen **Pflegesatzparteien** anzustreben. **Für Anordnungen nach Satz 1 gilt für die Pflegesatzparteien Absatz 2 Satz 3 und 4 entsprechend.**

§ 18 Beschäftigungsverbot, kommissarische Heimleitung

(1) Dem Träger kann die weitere Beschäftigung **der Leitung,** eines Beschäftigten oder **einer sonstigen Mitarbeiterin oder eines sonstigen Mitarbeiters** ganz oder für bestimmte Funktionen oder Tätigkeiten untersagt werden, wenn Tatsachen die Annahme rechtfertigen, dass sie die für ihre Tätigkeiten erforderliche Eignung nicht besitzen.

(2) Hat die zuständige Behörde ein Beschäftigungsverbot nach Absatz 1 ausgesprochen und der Träger keine neue geeignete Leitung eingesetzt, so kann die zuständige Behörde, um den Heimbetrieb aufrechtzuerhalten, auf Kosten des Trägers eine kommissarische Leitung für eine begrenzte Zeit einsetzen, wenn ihre Befugnisse nach den §§ 15 bis 17 nicht ausreichen und die Voraussetzungen für die Untersagung des Heimbetriebs vorliegen. Ihre Tätigkeit endet, wenn der Träger mit Zustimmung der zuständigen Behörde eine geeignete Heimleitung bestimmt; spä-

Heimgesetz

Text-Synopse

| | testens jedoch nach einem Jahr. **Die kommissarische Leitung übernimmt die Rechte und Pflichten der bisherigen Leitung.** |

§ 16 Untersagung

(1) Der Betrieb eines Heims ist zu untersagen, wenn die Anforderungen des § 6 nicht erfüllt sind.

(2) Der Betrieb kann untersagt werden, wenn der Träger des Heims
1. die Anzeige nach § 7 unterlassen oder unvollständige Angaben gemacht hat,
2. Anordnungen nach § 12 nicht innerhalb der gesetzten Frist befolgt,
3. Personen entgegen einem nach § 13 ergangenen Verbot beschäftigt,
4. gegen § 14 Abs.1, 3 oder Abs.4 oder eine nach § 14 Abs.7 erlassene Rechtsverordnung verstößt.

(3) Vor Aufnahme des Heimbetriebs ist eine Untersagung nur zulässig, wenn neben einem Untersagungsgrund nach Absatz 1 oder Absatz 2 die Anzeigepflicht nach § 7 Abs.1 Satz 1 besteht. Kann der Untersagungsgrund beseitigt werden, ist nur eine vorläufige Untersagung der Betriebsaufnahme zulässig. Widerspruch und Anfechtungsklage gegen eine vorläufige Untersagung haben keine aufschiebende Wirkung. Die vorläufige Untersagung wird mit der schriftlichen Erklärung der zuständigen Behörde unwirksam, dass die Voraussetzungen für die Untersagung entfallen sind.

§ 19 Untersagung

(1) Der Betrieb eines Heims ist zu untersagen, wenn Anforderungen des **§ 11** nicht erfüllt sind **und Anordnungen nicht ausreichen.**

(2) Der Betrieb kann untersagt werden, wenn der Träger
1. die Anzeige nach **§ 12** unterlassen oder unvollständige Angaben gemacht hat,
2. Anordnungen nach **§ 17 Abs.1** nicht innerhalb der gesetzten Frist befolgt,
3. Personen entgegen einem nach **§ 18** ergangenen Verbot beschäftigt,
4. gegen § 14 Abs.1, 3 oder Abs.4 oder eine nach § 14 Abs.7 erlassene Rechtsverordnung verstößt.

(3) Vor Aufnahme des Heimbetriebs ist eine Untersagung nur zulässig, wenn neben einem Untersagungsgrund nach Absatz 1 oder Absatz 2 die Anzeigepflicht nach **§ 12** Abs.1 Satz 1 besteht. Kann der Untersagungsgrund beseitigt werden, ist nur eine vorläufige Untersagung der Betriebsaufnahme zulässig. Widerspruch und Anfechtungsklage gegen eine vorläufige Untersagung haben keine aufschiebende Wirkung. Die vorläufige Untersagung wird mit der schriftlichen Erklärung der zuständigen Behörde unwirksam, dass die Voraussetzungen für die Untersagung entfallen sind.

Text-Synopse

§ 10 Beteiligung an der Überwachung

Die Landesverbände der Freien Wohlfahrtspflege im Sinne des § 10 Abs. 1 des Bundessozialhilfegesetzes, die Kommunalen Spitzenverbände und sonstige Vereinigungen auf Landesebene sind auf Antrag an der behördlichen Überwachung der ihnen angehörenden Träger angemessen zu beteiligen, wenn der jeweilige Träger zustimmt. Ist eine Beteiligung an einer Überwachungsmaßnahme nicht möglich, so sind sie unverzüglich von dem Ergebnis zu unterrichten.

Heimgesetz

§ 20 Zusammenarbeit, Arbeitsgemeinschaften

(1) Bei der Wahrnehmung ihrer Aufgaben zum Schutz der Interessen und Bedürfnisse der Bewohnerinnen und Bewohner und zur Sicherung einer angemessenen Qualität des Wohnens und der Betreuung in den Heimen sowie zur Sicherung einer angemessenen Qualität der Überwachung sind die für die Ausführung nach diesem Gesetz zuständigen Behörden und die Pflegekassen, deren Landesverbände, der Medizinische Dienst der Krankenversicherung und die zuständigen Träger der Sozialhilfe verpflichtet, eng zusammenzuarbeiten. Im Rahmen der engen Zusammenarbeit sollen die in Satz 1 genannten Beteiligten sich gegenseitig informieren, ihre Prüftätigkeit koordinieren sowie Einvernehmen über Maßnahmen zur Qualitätssicherung und zur Abstellung von Mängeln anstreben.

(2) Sie sind berechtigt und verpflichtet, die für ihre Zusammenarbeit erforderlichen Angaben einschließlich der bei der Überwachung gewonnenen Erkenntnisse untereinander auszutauschen. Personenbezogene Daten sind vor der Übermittlung zu anonymisieren.

(3) Abweichend vom Absatz 2 Satz 2 dürfen personenbezogene Daten in nicht anonymisierter Form an die Pflegekassen und den Medizinischen Dienst der Krankenversicherung übermittelt werden, soweit dies für Zwecke nach dem Elften Buch

Heimgesetz

Sozialgesetzbuch erforderlich ist. Die übermittelten Daten dürfen von den Empfängern nicht zu anderen Zwecken verarbeitet oder genutzt werden. Sie sind spätestens nach Ablauf von zwei Jahren zu löschen. Die Frist beginnt mit dem Ablauf des Kalenderjahres, in dem die Daten gespeichert sind. Die Heimbewohnerin oder der Heimbewohner kann verlangen, über die nach Satz 1 übermittelten Daten unterrichtet zu werden.

(4) Ist die nach dem Heimgesetz zuständige Behörde der Auffassung, dass ein Vertrag oder eine Vereinbarung mit unmittelbarer Wirkung für ein zugelassenes Pflegeheim geltendem Recht widerspricht, teilt sie dies der nach Bundes- oder Landesrecht zuständigen Aufsichtsbehörde mit.

(5) Zur Durchführung des Absatzes 1 werden Arbeitsgemeinschaften gebildet. Den Vorsitz und die Geschäfte der Arbeitsgemeinschaft führt die nach diesem Gesetz zuständige Behörde, falls nichts Abweichendes durch Landesrecht bestimmt ist. Die in Absatz 1 Satz 1 genannten Beteiligten tragen die ihnen durch die Zusammenarbeit entstehenden Kosten selbst. Das Nähere ist durch Landesrecht zu regeln.

(6) Die Arbeitsgemeinschaften nach Absatz 5 arbeiten mit den Verbänden der freien Wohlfahrtspflege, den kommunalen Trägern und den sonstigen Trägern sowie deren Vereinigungen, den Verbänden der Bewoh-

Text-Synopse **Heimgesetz**

Besteht im Bereich der zuständigen Behörde eine Arbeitsgemeinschaft im Sinne des § 95 Bundessozialhilfegesetzes, so sind im Rahmen dieser Arbeitsgemeinschaft Fragen der bedarfsgerechten Planung zur Erhaltung und Schaffung der in § 1 genannten Heime in partnerschaftlicher Zusammenarbeit zu beraten. (§ 4 Abs. 3)	nerinnen und Bewohner und den Verbänden der Pflegeberufe sowie deren Betreuungsbehörden vertrauensvoll zusammen. (7) Besteht im Bereich der zuständigen Behörde eine Arbeitsgemeinschaft im Sinne des § 95 Bundessozialhilfegesetzes, so sind im Rahmen dieser Arbeitsgemeinschaft **auch** Fragen der bedarfsgerechten Planung zur Erhaltung und Schaffung der in § 1 genannten Heime in partnerschaftlicher Zusammenarbeit zu beraten.

§ 17 Ordnungswidrigkeiten / § 21 Ordnungswidrigkeiten

§ 17 Ordnungswidrigkeiten	§ 21 Ordnungswidrigkeiten
(1) Ordnungswidrig handelt, wer vorsätzlich oder fahrlässig	(1) Ordnungswidrig handelt, wer vorsätzlich oder fahrlässig
1. den Anforderungen des § 7 Abs. 1 zuwiderhandelt,	1. **entgegen § 12 Abs. 1 Satz 2 eine Anzeige nicht, nicht richtig oder nicht rechtzeitig erstattet,**
2. ein Heim betreibt, obwohl ihm dies durch vollziehbare Verfügung nach § 16 untersagt worden ist,	2. ein Heim betreibt, obwohl ihm dies durch vollziehbare Verfügung nach **§ 19 Absatz 1 oder 2** untersagt worden ist,
3. entgegen § 14 Abs. 1 sich Geld- oder geldwerte Leistungen versprechen oder gewähren läßt oder einer nach § 14 Abs. 7 erlassenen Rechtsverordnung zuwiderhandelt, soweit diese für einen bestimmten Tatbestand auf diese Bußgeldvorschrift verweist.	3. entgegen § 14 Abs. 1 sich Geld- oder geldwerte Leistungen versprechen oder gewähren läßt oder einer nach § 14 Abs. 7 erlassenen Rechtsverordnung zuwiderhandelt, soweit diese für einen bestimmten Tatbestand auf diese Bußgeldvorschrift verweist.
(2) Ordnungswidrig handelt auch, wer vorsätzlich oder fahrlässig	(2) Ordnungswidrig handelt auch, wer vorsätzlich oder fahrlässig
1. einer Rechtsverordnung nach § 3, § 5 Abs. 3 oder § 8 Abs. 3 zuwiderhandelt, soweit sie für einen bestimmten Tatbestand auf diese Bußgeldvorschrift verweist,	1. einer Rechtsverordnung nach § 3 **oder § 10 Abs. 5** zuwiderhandelt, soweit sie für einen bestimmten Tatbestand auf diese Bußgeldvorschrift verweist,

Heimgesetz

Text-Synopse

2. den Anforderungen des § 7 Abs. 2 und 3 zuwiderhandelt,

3. entgegen § 9 Abs. 1 Satz 2 eine Auskunft nicht, nicht richtig, nicht vollständig oder nicht rechtzeitig erteilt oder entgegen § 9 Abs. 2 Satz 3 eine Maßnahme zur Überwachung (§ 9 Abs. 2 Satz 1 oder 2) nicht duldet,

4. einer vollziehbaren Anordnung nach § 12 nicht, nicht richtig, nicht vollständig oder nicht rechtzeitig nachkommt,

5. Personen entgegen einem vollziehbaren Verbot nach § 13 beschäftigt,

6. entgegen § 14 Abs. 5 Satz 1 sich Geld- oder geldwerte Leistungen versprechen oder gewähren läßt.

(3) Die Ordnungswidrigkeit kann in den Fällen des Absatzes 1 mit einer Geldbuße bis zu zehntausend Deutsche Mark, in den Fällen des Absatzes 2 mit einer Geldbuße bis zu fünftausend Deutsche Mark geahndet werden.

2. **entgegen § 12 Abs. 4 Satz 1 eine Anzeige nicht, nicht richtig oder nicht rechtzeitig erstattet,**

3. entgegen § 14 Abs. 5 Satz 1 sich Geld- oder geldwerte Leistungen versprechen oder gewähren lässt,

4. entgegen **§ 15** Abs. 1 Satz **5** eine Auskunft nicht, nicht richtig, nicht vollständig oder nicht rechtzeitig erteilt oder entgegen **§ 15** Abs. 2 **Satz 2 oder Abs. 3 Satz 2** eine Maßnahme nicht duldet **oder**

5. einer vollziehbaren Anordnung nach **§ 17 Abs. 1 oder § 18** zuwiderhandelt.

(3) Die Ordnungswidrigkeit kann in den Fällen des Absatzes 1 mit einer Geldbuße bis zu **fünfundzwanzigtausend Euro,** in den Fällen des Absatzes 2 mit einer Geldbuße bis zu **zehntausend Euro** geahndet werden.

§ 22 Berichte
(1) Das Bundesministerium für Familie, Senioren, Frauen und Jugend berichtet den gesetzgebenden Körperschaften des Bundes alle vier Jahre, erstmals im Jahre 2004, über die

Text-Synopse **Heimgesetz**

Situation der Heime und die Betreuung der Bewohnerinnen und Bewohner.

(2) Die zuständigen Behörden sind verpflichtet, dem Bundesministerium für Familie, Senioren, Frauen und Jugend auf Ersuchen Auskunft über die Tatsachen zu erteilen, deren Kenntnis für die Erfüllung seiner Aufgaben nach diesem Gesetz erforderlich ist. Daten der Bewohnerinnen und Bewohner dürfen nur in anonymisierter Form übermittelt werden.

(3) Die zuständigen Behörden sind verpflichtet, alle zwei Jahre einen Tätigkeitsbereich zu erstellen. Dieser Bericht ist zu veröffentlichen.

§ 18 Zuständigkeit und Durchführung des Gesetzes

(1) Die Landesregierungen bestimmen die für die Durchführung dieses Gesetzes zuständigen Behörden.

(2) Mit der Durchführung dieses Gesetzes sollen Personen betraut werden, die sich hierfür nach ihrer Persönlichkeit eignen und in der Regel entweder eine ihren Aufgaben entsprechende Ausbildung erhalten haben oder besondere berufliche Erfahrung besitzen.

§ 23 Zuständigkeit und Durchführung des Gesetzes

(1) Die Landesregierungen bestimmen die für die Durchführung dieses Gesetzes zuständigen Behörden.

(2) Mit der Durchführung dieses Gesetzes sollen Personen betraut werden, die sich hierfür nach ihrer Persönlichkeit eignen und in der Regel entweder eine ihren Aufgaben entsprechende Ausbildung erhalten haben oder besondere berufliche Erfahrung besitzen.

(3) Die Landesregierungen haben sicherzustellen, dass die Aufgabenwahrnehmung durch die zuständigen Behörden nicht durch Interessenkollisionen gefährdet oder beeinträchtigt wird.

§ 19 Anwendbarkeit der Gewerbeordnung

§ 24 Anwendbarkeit der Gewerbeordnung

Heimgesetz

Text-Synopse

Auf die den Vorschriften dieses Gesetzes unterliegenden Heime, die gewerblich betrieben werden, finden die Vorschriften der Gewerbeordnung Anwendung, soweit nicht dieses Gesetz besondere Bestimmungen enthält.

Auf die den Vorschriften dieses Gesetzes unterliegenden Heime, die gewerblich betrieben werden, finden die Vorschriften der Gewerbeordnung Anwendung, soweit nicht dieses Gesetz besondere Bestimmungen enthält.

§ 20 (aufgehoben)

§ 21 Aufhebung von Vorschriften

entfällt

§ 22 Fortgeltung von Rechtsverordnungen

Rechtsverordnungen, die vor Inkrafttreten dieses Gesetzes auf Grund des § 38 Satz 1 Nr. 10 und Sätze 2 bis 4 der Gewerbeordnung erlassen worden sind, gelten bis zu ihrer Aufhebung durch die Rechtsverordnungen nach den §§ 3 und 8 fort, soweit sie nicht den Vorschriften dieses Gesetzes widersprechen.

§ 25 Fortgeltung von Rechtsverordnungen

Rechtsverordnungen, die vor Inkrafttreten dieses Gesetzes auf Grund des § 38 Satz 1 Nr. 10 und Sätze 2 bis 4 der Gewerbeordnung erlassen worden sind, gelten bis zu ihrer Aufhebung durch die Rechtsverordnungen nach den §§ 3 und **13** fort, soweit sie nicht den Vorschriften dieses Gesetzes entsprechen.

§ 25a Erprobungsregelungen
(1) Die zuständige Behörde kann ausnahmsweise auf Antrag den Träger von den Anforderungen des § 10, wenn die Mitwirkung in anderer Weise gesichert ist oder die Konzeption sie nicht erforderlich macht, oder von den Anforderungen der nach § 3 Abs. 2 erlassenen Rechtsverordnungen teilweise befreien, wenn dies im Sinne der Erprobung neuer Betreuungs- oder Wohnformen dringend geboten erscheint und hierdurch der Zweck des Gesetzes nach § 2 Abs. 1 nicht gefährdet wird.
(2) Die Entscheidung der zuständigen Behörde ergeht durch

förmlichen Bescheid und ist auf höchstens vier Jahre zu befristen. Die Rechte zur Überwachung nach den §§ 15, 17, 18 und 19 bleiben durch die Ausnahmegenehmigung unberührt.

§ 26 Übergangsvorschriften
(1) Rechte und Pflichten aufgrund von Heimverträgen, die vor dem Inkrafttreten dieses Gesetzes geschlossen worden sind, richten sich vom Zeitpunkt des Inkrafttretens des Gesetzes an nach dem neuen Recht.

Artikel 2
Änderung des Heimgesetzes zur Umstellung auf Euro
In § 21 Abs. 3 des Heimgesetzes, das zuletzt durch Artikel 1 dieses Gesetzes geändert worden ist, werden die Angabe „fünfzigtausend Deutsche Mark" durch die Angabe „fünfundzwanzigtausend Euro" und die Angabe „zwanzigtausend Deutsche Mark" durch die Angabe „zehntausend Euro" ersetzt.

Artikel 2a
§ 36 des Infektionsschutzgesetzes vom 20. Juli 2000 (BGBl. I S. 1045) wird wie folgt geändert:
1. Zu Absatz 1 Satz 1 wird die Angabe „§ 1 Abs. 1, 1a" durch die Angabe „§ 1 Abs. 1 bis 5" ersetzt.
2. In Absatz 4 Satz 1 wird die Angabe „§ 1 Abs. 1 oder 1a" durch die Angabe „§ 1 Abs. 1 bis 5" ersetzt.

Artikel 3
Neufassung des Gesetzes

Das Bundesministerium für Familie, Senioren, Frauen und Jugend kann den Wortlaut des Heimgesetzes in der vom **1. Januar 2002 an** geltenden Fassung im Bundesgesetzblatt bekannt machen.

Artikel 4
Inkrafttreten
Dieses Gesetz tritt am 1. Januar 2002 in Kraft.

Kommentar zum Heimgesetz[1]

§ 1 Anwendungsbereich

(1) ¹Dieses Gesetz gilt für Heime. ²Heime im Sinne dieses Gesetzes sind Einrichtungen, die dem Zweck dienen, ältere Menschen oder pflegebedürftige oder behinderte Volljährige aufzunehmen, ihnen Wohnraum zu überlassen sowie Betreuung und Verpflegung zur Verfügung zu stellen oder vorzuhalten, und die in ihrem Bestand von Wechsel und Zahl der Bewohnerinnen und Bewohner unabhängig sind und entgeltlich betrieben werden.

(2) ¹Die Tatsache, dass ein Vermieter von Wohnraum durch Verträge mit Dritten oder auf andere Weise sicherstellt, dass den Mietern Betreuung und Verpflegung angeboten werden, begründet allein nicht die Anwendung dieses Gesetzes. ²Dies gilt auch dann, wenn die Mieter vertraglich verpflichtet sind, allgemeine Betreuungsleistungen wie Notrufdienste oder Vermittlung von Dienst- und Pflegeleistungen von bestimmten Anbietern anzunehmen und das Entgelt hierfür im Verhältnis zur Miete von untergeordneter Bedeutung ist. ³Dieses Gesetz ist anzuwenden, wenn die Mieter vertraglich verpflichtet sind, Verpflegung und weitergehende Betreuungsleistungen von bestimmten Anbietern anzunehmen.

(3) ¹Auf Heime oder Teile von Heimen im Sinne des Absatzes 1, die der vorübergehenden Aufnahme Volljähriger dienen (Kurzzeitheime), sowie auf stationäre Hospize finden die §§ 6, 7, 10 und 14 Abs. 2 Nr. 3 und 4, Abs. 3, 4 und 7 keine Anwendung. ²Nehmen die Heime nach Satz 1 in der Regel mindestens sechs Personen auf, findet § 10 mit der Maßgabe Anwendung, dass ein Heimfürsprecher zu bestellen ist.

(4) Als vorübergehend im Sinne dieses Gesetzes ist ein Zeitraum von bis zu drei Monaten anzusehen.

(5) ¹Dieses Gesetz gilt auch für Einrichtungen der Tages- und der Nachtpflege mit Ausnahme der §§ 10 und 14 Abs. 2 Nr. 3 und

---

[1] Die letzte Änderung vom 27.12.2003 tritt mit Wirkung ab 1.1.2005 in Kraft (BGBl. I 2003 S. 3022, 3061, 3071). Sie ist in den Paragraphen 5, 7, 12, 13, 14, 16, 17 und 20 (neu: Verweise auf Sozialgesetzbuch statt bisher Bundessozialhilfegesetz) bereits eingearbeitet.

§ 1   Kommentar zum HeimG

4, Abs. 3, 4 und 7. ²Nimmt die Einrichtung in der Regel mindestens sechs Personen auf, findet § 10 mit der Maßgabe Anwendung, dass ein Heimfürsprecher zu bestellen ist.

(6) ¹Dieses Gesetz gilt nicht für Krankenhäuser im Sinne des § 2 Nr. 1 des Krankenhausfinanzierungsgesetzes. ²In Einrichtungen zur Rehabilitation gilt dieses Gesetz für die Teile, die die Voraussetzungen des Absatzes 1 erfüllen. ³Dieses Gesetz gilt nicht für Internate der Berufsbildungs- und Berufsförderungswerke.

Allgemeines

1   § 1 regelt den Anwendungsbereich des Heimgesetzes. Sein Ziel ist es, eine Abgrenzung der Heime von Einrichtungen zu ermöglichen, die keine heimmäßige Betreuung und Verpflegung anbieten. Die Vorschrift ist weitgehend neu gefasst worden. Der Anwendungsbereich des Heimgesetzes hat sich dadurch nicht entscheidend geändert. Die neue Fassung enthält in erster Linie Klarstellungen und Verbesserungen des Gesetzeswortlauts, die die Fähigkeiten und die Rechtsstellung der Bewohnerinnen und Bewohner von Heimen betonen sowie der Entwicklung im Bereich der Heime und des Wohnens Rechnung tragen und eine Abgrenzung der Heime von Einrichtungen des Betreuten Wohnens vornehmen. Zum neuen Heimrecht vgl. auch Füßer Altenheim 2002, Heft 4, S. 35.

Zu Abs. 1

Absatz 1 wurde gestrafft. Zugleich wurden in die Legaldefinition der Heime, die dem Heimgesetz unterfallen, die Kurzzeitheime einbezogen.

Die für ein Heim konstitutiven Merkmale des bisherigen Rechts sind im wesentlichen übernommen worden. Anders als im § 1 a.F. wird jedoch auf den Zweck der Einrichtungen abgestellt, ältere Menschen sowie pflegebedürftige und behinderte Volljährige aufzunehmen, ihnen Wohnraum zu überlassen und eine heimmäßige Versorgung zu gewähren bzw. vorzuhalten. Es bleibt dabei, dass wie im bisherigen Recht eine „heimmäßige" Betreuung Voraussetzung ist. Dies bedeutet, dass der Träger des Heims neben der Unterkunft Betreuung und Verpflegung anbietet und damit eine Versorgungsgarantie – auch für den Fall der Verschlechterung des Gesundheitszustandes – übernimmt. Der Bewohner eines Heims muss darauf vertrauen können, dass er Hilfe in allen Bereichen der Daseinsvorsorge erhält, selbst wenn sich seine Bedürfnisse stark ändern. Dies unterscheidet Heime u. a. von Einrichtungen des Betreuten Wohnens (aus der amtl. Begründung BR DrS 731/00).

Anwendungsbereich **§ 1**

Voraussetzungen für ein **Heim i. S. d. HeimG** sind: 2
Nach der Legaldefinition des § 1 Abs.1 sind Heime Einrichtungen, die dem Zweck dienen, ältere Menschen oder Pflegebedürftige oder behinderte Volljährige aufzunehmen, ihnen Wohnraum zu überlassen sowie Betreuung und Verpflegung zur Verfügung zu stellen oder vorzuhalten. In ihrem Bestand sind Heime von Wechsel und Zahl der Bewohnerinnen und Bewohner unabhängig und werden entgeltlich betrieben (vgl. auch Sunder-Konrad NDV 2002, 52 ff., Brünner RsDE 2001 Heft 49, S. 66 ff.).

1. Der Begriff des Heims setzt **nicht nur ein Gebäude voraus.** Dieses muß vielmehr zur Durchführung einer Aufgabe in der Alten- und Behindertenhilfe bestimmt sein. Dazu gehört wesentlich eine personelle und sächliche Ausstattung, die auf den jeweiligen Zweck und die konkreten Bedürfnisse des in dem jeweiligen Heim lebenden Personenkreises ausgerichtet sind. Träger kann eine natürliche oder juristische Person sein, die das Heim unterhält und betreibt oder in dessen Namen das Heim unterhalten und betrieben wird.

2. Der Zweck des Heims ist auf einen **bestimmten Personenkreis** ausgerichtet. In Frage kommen ältere Menschen sowie pflegebedürftige oder behinderte Volljährige. Diesen wird Unterkunft und nach dem Grad ihrer Hilfsbedürftigkeit oder der Schwere ihrer Behinderung Versorgung, Betreuung gewährt. **Betreuung** als Oberbegriff schließt **Pflege** ein und geht deutlich darüber hinaus. Auch ein reines Pflegeheim bietet nicht nur Pflege an, sondern stellt weitere Betreuungsangebote zur Verfügung oder hält sie vor (z. B. soziale Betreuung im Sinne von § 43 Abs. 2 SGB XI). Dies hat zur Folge, dass ein Haushalt i. S. von § 37 SGB V nicht vorliegt mit der Folge, dass die Krankenkasse zur Übernahme von Kosten der häuslichen Krankenpflege **nicht** verpflichtet ist. Diese Kosten entstehen nicht, da sie Bestandteil des Heimentgelts sind (vgl. SG Münster RdLH 2003 Heft 2, S. 68). Andererseits muss die angebotene „Betreuung" von einer gewissen Intensität sein. Nicht ausreichend für den Begriff der Betreuung i. S. des Heimgesetzes sind Leistungen des sog. Grundservice, die sich nur auf Beratung, Hausnotruf, Hilfe bei der Beantragung von Sozialleistungen oder Vermittlung von hauswirtschaftlichen Hilfen oder von Pflegeleistungen beziehen (vgl auch BR DrS 731/00). Das ist aber in der Regel nicht der Fall in **Studentenheimen,** die vereinzelt auch behinderte Studenten aufnehmen.

3. Es muß sich um eine **heimmäßige** und **entgeltliche Versorgung** und Betreuung handeln, bei der bestimmte Leistungen

des Heimträgers notwendig sind. Eine **Vermietung** von Räumen oder das Angebot von Reinigungsdiensten allein genügen nicht. Wenn der Heimträger zuwenig der erforderlichen Dienste leistet, fällt das Heim nicht aus dem Anwendungsbereich des Gesetzes. Vielmehr kommt es auf die Art des Heims und den Personenkreis an, dem Unterkunft gewährt wird. Der Heimträger braucht die Leistungen nicht selbst oder mit eigenem Personal zu erbringen. Es genügt u. U. auch, wenn vertraglich festgelegt ist, daß die Leistungen von Dritten erbracht werden. Dies kann z. B. in Wohnheimen für die Verpflegung gelten, nicht aber in Pflegeheimen für die Pflege.

Das HeimG ist **nicht anwendbar** auf Anlagen, die nicht heimmäßig betrieben werden, d. h., wo eine Betreuung und Versorgung nicht erforderlich ist und auch nicht bereitgehalten wird. Unzulässig ist es, von dem Vorhandensein oder Nichtvorhandensein von Gemeinschafts- oder Therapieräumen und dergleichen auf die Art des Heims zu schließen. Denn Sinn und Zweck ist es gerade, daß in Heimen, die dem HeimG unterliegen, diese Räume geschaffen werden müssen. Bei der grundsätzlich zulässigen Überprüfung der Heimaufsichtsbehörde, ob es sich um ein Heim i. S. d. HeimG handelt, steht nach einer Entscheidung des VG Stuttgart (Urt. v. 23. 8. 93, Az. 4 K 3613/92 = Altenheim 94 S. 82) der Heimaufsichtsbehörde grundsätzlich kein Recht zu, die Zimmer ohne Zustimmung der Bewohner zu betreten. Das Gericht hat auch ausgeführt, daß in Pflegeheimen den Bewohnern das Hausrecht an den von ihnen bewohnten Räumen zusteht, da ihnen auch nicht aufgrund der zu gewährenden Pflegeleistungen, auf die sie angewiesen sind, ein Hausrecht an den von ihnen bewohnten Räumen abgesprochen werden kann.

4. Ebensowenig kommt es auf die **Bezeichnung** des Heims an (so auch VG Karlsruhe B. v. 8.2. 1995 – Az. 5 K 3893/94 zit bei Klie Heimrecht 1996). Daher werden auch Wohnstifte, Feierabendhäuser, Altersruhesitze, Seniorenwohnanlagen und Altenpensionen vom Gesetz erfaßt, sofern die sonstigen Voraussetzungen des § 1 vorliegen. Altenwohnungen fallen nicht unter das Gesetz. Sind aber mehrere Altenwohnungen in einem Objekt vorhanden und werden den Bewohnern (gleichgültig ob vom Vermieter selbst oder durch Dritte) Möglichkeiten zur Betreuung und Versorgung angeboten, spricht der erste Anschein für ein Heim, das unter das Heimgesetz fällt.

5. Das Gesetz begrenzt die **Zahl** der Bewohner eines Heims **nicht** nach oben und unten. Zu den Voraussetzungen eines Heims gehört, daß es in seinem **Bestand von Wechsel und Zahl der Bewoh-**

Anwendungsbereich **§ 1**

ner unabhängig ist, nicht nur für einen einzelnen Menschen, sondern für eine Gruppe geschaffen sein muß und sich so z.B. von der Familie unterscheidet. Die Versorgung und Betreuung von einem und/-oder mehreren alten oder pflegebedürftigen Familienangehörigen fällt deshalb nicht unter das HeimG. § 1 Heim Mind-BauV, der nur Heime erfaßt, die in der Regel mindestens 6 Personen aufnehmen können, kann **nicht zur Auslegung herangezogen** werden, da der Gesetzgeber keinesfalls den Heimbegriff des § 1 Abs. 1 ergänzen wollte. Aus dem Wortlaut des § 1 Heim-Mind-BauV folgt im Gegenteil, daß die kleineren Heime, bei denen ein geordneter Heimbetrieb nicht von den in der VO angeführten bestimmten räumlichen und baulichen Voraussetzungen abhängt, nur von den strengen Anforderungen der VO ausnehmen wollte (BayObLG, Az. 3 Ob OWi 86/83 in ZfSH 1983 S. 420; hierzu auch OVG Lüneburg GewArch 1983, 171, ZfSH 1983, S. 135; FEVS 32, S. 289, OLG Köln Beschluß v. 28.8.1981, Az. 3 Ss 614–615/81 und Gutachten des Deutschen Vereins für öffentliche und private Fürsorge in ND Mai 1984 S. 200). So kann auch die Heim-MitwirkungsV nicht zur Auslegung des Heimbegriffs herangezogen werden (vgl aber Abs. 3 Satz 2). Der Begriff Heim wurde vom Gesetzgeber nur allgemein definiert, um die Flexibilität des Gesetzes zur Anpassung an die jeweiligen Verhältnisse zu gewährleisten und seine Anwendbarkeit nicht von dem Vorliegen einzelner Merkmale abhängig zu machen, die in der Praxis künftig an Bedeutung verlieren könnten, er ist durch den allgemeinen Sprachgebrauch hinreichend bestimmt. Wenn auch in der Regel ein Heim nach den entsprechenden Merkmalen erst über einer bestimmten Zahl der Bewohner vorliegen wird, kann von der Zahl der Bewohner folglich nicht auf die Merkmale des Heims geschlossen werden. Eine Ferienpension mit 12 Plätzen wird deshalb nicht zu einem dem HeimG unterliegenden Heim, wenn sich hier zwei Personen als Dauergäste mit voller Betreuung und Versorgung eingemietet haben.

6. Im **Gegensatz** zum bisher geltenden Recht ist es **nicht mehr wesentlich,** dass die Bewohner „nicht nur vorübergehend" aufgenommen werden. Auf diese Einschränkung ist verzichtet worden. Dies bedeutet, dass auch Kurzzeitpflegeeinrichtungen, die bisher über § 1 Abs. 1a a.F. in den Schutzbereich des Heimrechts integriert waren, nunmehr über die Definition des Abs. 1 als Heime anzusehen sind. Aber nicht nur Kurzzeit*pflege*heime sind damit Heime im Sinne des Heimgesetzes, sondern in Zukunft auch Heime, in denen zwar nicht gepflegt, aber für vorübergehende Zeit eine heimmäßige Betreuung sowie Verpflegung zur

§ 1 Kommentar zum HeimG

Verfügung gestellt oder vorgehalten wird (Kurzzeitheime). Insoweit wird der bisherige Heimbegriff ausgeweitet (vgl BR DrS. 731/00). Für sie gelten die Sonderbestimmungen des Abs. 3.

3 Insbesondere fallen unter das Gesetz Altenheime, Altenwohnheime, Pflegeheime und Behindertenheime, da sie ältere Menschen sowie pflegebedürftige oder behinderte Volljährige aufnehmen und betreuen.

Entscheidend ist, ob und inwieweit die tatbestandlichen Voraussetzungen objektiv erfüllt sind unter denen nach § 1 Abs. 1 die besonderen Vorschriften des HeimG Anwendung finden. Dafür kommt es nicht darauf an, ob im Einzelfall gewisse Einrichtungen tatsächlich vorhanden oder nicht vorhanden sind und gewisse Dienstleistungen erbracht oder nicht erbracht werden, sondern ob pflegebedürftige oder behinderte Volljährige aufgenommen und betreut werden. Werden erheblich pflegebedürftige oder behinderte Volljährige aufgenommen und betreut, so erweist sich die Bildung von Wohngemeinschaften lediglich als ein nicht zu billigender Versuch, das HeimG zu umgehen (Bayer. VGH, Az. 9 B 83 a 2449 – VG Augsburg, Az. 3K 82 A 934). Wenn auch nach der Neufassung des § 1 HeimG einzelne Heimarten nicht mehr aufgezählt werden und es bei der Anwendung des HeimG nur noch auf die Heimmäßigkeit der Einrichtung ankommt ist grundsätzlich von folgenden Hauptgruppen von Heimen auszugehen, wobei der Charakter dieser Heime nicht dadurch geändert wird, wenn einige wenige Bewohner schon bei der Aufnahme pflegebedürftig sind oder nach der Aufnahme pflegebedürftig werden. Soweit es sich um Mischeinrichtungen oder mehrstufige Heime für ältere und oder behinderte Volljährige handelt, spielt dies bei der Anwendung des Gesetzes keine Rolle.

4 Das **Altenheim** ist eine Einrichtung, in der alte Menschen, die nicht pflegebedürftig, aber zur Führung eines eigenen Haushalts außerstande sind, volle Unterkunft, Verpflegung und Betreuung erhalten. Der Funktion nach ist das Altenheim auf eine **volle Versorgung** der Bewohner ausgerichtet. Es kommt nicht darauf an, ob der einzelne Bewohner zum Zeitpunkt der Aufnahme in das Heim imstande ist, einen eigenen Haushalt zu führen. Für das Altenheim kommen auch die Personen in Frage, die einen eigenen Haushalt nicht mehr führen wollen. Die Eigenverantwortlichkeit für die Lebensführung und die Selbständigkeit der Bewohner ist eingeschränkt. Sie können durch einen auf die vielseitigen Bedürfnisse der Bewohner abgestellten Heimbetrieb ausgeglichen werden. In der Regel ist für dauernd oder vorübergehend pflegebe-

Anwendungsbereich **§ 1**

dürftige Bewohner eine Pflegeabteilung eingerichtet, die als solche unter die Begriffsbestimmung des Pflegeheimes fällt.

Der **bauliche Raumbedarf** wird durch die wohnliche Unterbringung, die ständige wirtschaftliche Versorgung und soziale Betreuung sowie eine individuelle Pflege bestimmt. In der modernen Form besteht der Wohnplatz für eine Person aus Vorraum, Wohn-Schlafraum, Sanitärraum und Loggia, auch in der Pflegeabteilung. Um eine rationelle Pflege sicherzustellen, hat es sich baulich als zweckmäßig erwiesen, Ein- oder Zweibetträume mit einem gemeinsamen Sanitärraum, der mit einer freistehenden Bade- und Duschwanne und getrennten WC's ausgestattet ist, zusammenzufassen.

Schwesternaltenheime unterliegen dem Gesetz, nicht jedoch Einrichtungen, die Niederlassungen von Orden oder religiösen Genossenschaften darstellen, auch wenn darin alte, pflegebedürftige oder behinderte Angehörige der betreffenden religiösen Gemeinschaft aufgenommen oder betreut werden (vgl. Caritas-Korrespondenz C/6/1975). Die in Art. 140 GG garantierte Nichtintervention des Staates in den religiösen Bereich schließt die Selbstbestimmung und Selbstverwaltung der Religionsgemeinschaften und die Rechtsstellung von Geistlichen und Ordensleuten ein, soweit Konkordate (z. B. Reichskonkordat vom 10.7.1933, Bek. vom 12.9.1933, RGBl. II 679) des Reiches oder der Länder mit der röm.-kath. Kirche oder Kirchenverträge der Länder mit den ev.-luth. Kirchen vorliegen.

Das **Altenwohnheim** ist ein Heim, in der alten Menschen, die **5** zur Führung eines Haushalts noch imstande sind, volle Unterkunft in abgeschlossenen, nach Anlage, Ausstattung und Einrichtung auf die besonderen Bedürfnisse alter Menschen ausgerichteten Wohnungen gewährt wird und die Möglichkeit vorgesehen ist, im Bedarfsfalle zusätzliche Verpflegung, Betreuung und vorübergehende Pflege durch den Träger zu gewähren.

Das Altenwohnheim ist baulich eine Zusammenfassung in sich abgeschlossener Ein- und Zweipersonenwohnungen. Die Versorgung und Betreuung wird durch Wirtschafts- und Gemeinschaftseinrichtungen gesichert. Damit bei länger andauernder Pflegebedürftigkeit der Heimbewohner nicht verlegt werden muß, gibt es auch Altenwohnheime mit Pflegeabteilungen. Ansonsten ist nur eine vorübergehende Pflege in der Wohnung möglich.

Normalerweise versorgt sich die Mehrzahl der Bewohner selbst. Die Versorgung und Betreuung ist nur für den Bedarfsfall vorgesehen. Für die personelle und wirtschaftliche Disposition der Heimträger ist es aber schwierig, Versorgungsmöglichkeiten vorzuhalten, die nicht regelmäßig in Anspruch genommen werden. Deshalb verlangen Heimträger häufig, daß die Bewohner wenigstens eine Mahlzeit im Heim einnehmen müssen. Die Gemeinschaftseinrichtungen werden in enger Beziehung zu den Wohnungen angeordnet. Die Wohnungen enthalten Küchen oder Kleinküchen. Das Altenwohnheim ist als Heim gedacht, in dem alte Menschen ein selbständiges Leben führen können. Der Betrieb eines Altenwohnheims verlangt zwar den geringsten Aufwand an Personal. Wegen der verhältnismäßig hohen Baukosten bevorzugen Heimträger bei Neubauten oft das Altenheim, das – in der modernen Form mit Appartements ausgestattet – meist den Wohnbedürfnissen genügt.

6 Das **Pflegeheim** ist ein Heim, in der volljährige Personen, die wegen Krankheit, Gebrechlichkeit oder Behinderung pflegebedürftig sind, volle Unterkunft, Verpflegung und Betreuung sowie Pflege erhalten. Es dient der umfassenden Betreuung kranker und pflegebedürftiger Menschen (OVG Münster Beschluß vom 11.10.1994 Az: 4 B 1235/94 zit. bei Klie Heimrecht S. 82).

Ob ein Heim als Altenheim oder (Alten)Pflegeheim zu bezeichnen ist, bestimmt sich nach der überwiegenden Zahl der Bewohner (vgl. Hess. VGH Urt. vom 10.9.1985, Az. IX OE 45/81). Verschlechtert sich die Gesundheit vieler Bewohner eines Altenheimes und überwiegen die Pflegefälle, so ist das Heim zum Pflegeheim geworden. Da sich die Art des Heimes geändert hat, ist die Anzeigepflicht nach § 12 gegeben. Eine Anzeige löst unter Umständen Maßnahmen der Aufsichtsbehörde z.B. Auflagen aus.

Das **Altenpflegeheim** ist baulich wie das Altenheim oder die Pflegeabteilung im Altenheim gestaltet. Die Zimmer sind als Wohnräume, im Gegensatz zu Zimmern in einem Krankenhaus, ausgestattet. Das **Pflegeheim** jedoch ist baulich auf die pflegebedürftigen oder behinderten Volljährigen ausgerichtet. Ziel ist, in einer wohnlichen Umgebung Sicherheit und Geborgenheit zu vermitteln. Je nach Schwere oder Art der Krankheit oder Behinderung, insbesondere bei körperlichen oder geistigen Gebrechen ist eine Vielfalt von baulichen Gestaltungen möglich. Altenpflegeheime sind aber **keine** Krankenhäuser. Bewährt haben sich bei geistig Behinderten Wohngruppen. Das Pflegeheim soll Therapieeinrichtungen enthalten. Zur stationären Altenpflege vgl. die Empfehlungen des DV in NDV 2002, 1 ff.

Altenkrankenheim; dem Pflegeheim entsprechen die sog. Altenkrankenheime, da sie für Chronischkranke gedacht sind, deren Leiden diagnostiziert sind, deren Behandlung aber nicht mehr den

Anwendungsbereich **§ 1**

intensiven ärztlichen Aufwand eines Krankenhauses erfordert. Sie sind **keine** Krankenhäuser.

Das **Behindertenheim** ist eine Einrichtung, in der Personen mit 7 körperlichen, geistigen oder seelischen Schäden untergebracht, verpflegt und betreut werden (zum Behindertenbegriff s. Rd-Nr.12). Es unterscheidet sich von einem Heim der Altenhilfe im wesentlichen dadurch, daß die Bewohner in aller Regel im Alter zwischen 18 und 65 Jahren sind und hier speziell über die Pflegebedürftigkeit, auf die spezifischen Behinderungen abgestellte Leistungen und Maßnahmen erbracht werden.

Wohngemeinschaften, die einen freiwilligen und selbstverant- 8 wortlichen Zusammenschluß von Bewohnern einer Wohnung etc. voraussetzen, fallen nicht unter das Heimgesetz, weil sie kein Heim im Sinn des § 1 HeimG sind (so auch VG Karlsruhe B. v. 8.2.1995 – Az. 5 K 3893/94 zit bei Klie Heimrecht 1996).

Der Begriff des Heims setzt voraus, daß ein Träger vorhanden ist, der die Angelegenheiten des Heims im eigenen Namen führt. Ein Träger wird normalerweise entweder selbst Eigentümer, Mieter oder Pächter des Gebäudes sein und den wirtschaftlichen Betrieb auf eigene Rechnung führen, während bei der Wohngemeinschaft i.d.R. von der Gesamtzahl der Bewohner die Wohnung gemeinsam angemietet wird. Im Vordergrund steht das gemeinsame Wohnen.

Sind einzelne Angehörige der Wohngemeinschaft pflegebedürftig, so ändert sich hierdurch an der rechtlichen Beurteilung nichts. Sind jedoch mehrere oder die überwiegende Zahl der Teilnehmer der Wohngemeinschaft pflegebedürftig und nicht in der Lage, sich selbst zu versorgen und wird die notwendige Verpflegung und Betreuung vom Vermieter der Wohnung angeboten oder vorgehalten, so spricht der Anschein dafür, daß die Initiative für die Versorgung, Betreuung und Pflege außerhalb der Wohngemeinschaft liegt. In diesem Falle kann eine Einrichtung nach § 1 HeimG vorliegen.

Der Zusammenschluß von Heimbewohnern zu sog. Wohngemeinschaften kann jedoch auch eine Umgehung des Heimgesetzes bedeuten. Dies wird vor allem dann der Fall sein, wenn frühere Heime in sog. Wohngemeinschaften aufgespalten werden, um die Anwendbarkeit des Heimgesetzes und seiner Verordnungen auszuschließen oder die Bewohner eines Altenheimes einen „Wohngemeinschafts-Gründungsvertrag" schließen um die Anwendbarkeit des HeimG abzuwenden (VG Stade Beschluß vom 9.10.1990 Az. 4 B 75/90 zit. Klie Heimrecht S.166). Umgekehrt

§ 1 Kommentar zum HeimG

kann eine unzulässige Umgehung des HeimG dann vorliegen, wenn in einem Haus mehrere Wohnungen an Wohngemeinschaften vermietet werden und der Vermieter die in Abs.1 genannten Leistungen gewährt oder vorhält. Eine Inanspruchnahme von offenen Diensten der Altenhilfe Dritter spricht gegen eine Umgehungsabsicht des HeimG.

Zum Begriff Wohngemeinschaft führt das OVG Lüneburg (NJW 1987 S.3026 ff., Urt. v. 25.2.87, Az.9 OVG A 63, 85) aus: Eine Wohngemeinschaft setzt voraus, daß die durch die Aufnahme in einem Haus (Wohnung) gebildete natürliche Gemeinschaft in allen das Zusammenleben betreffenden Fragen eigenverantwortlich entscheidet und autonom über ihre Betreuung und die damit zusammenhängenden Fragen bestimmt. Diese Definition der Wohngemeinschaft ist auch nach der nach altem Recht ergangenen Entscheidung maßgeblich.

Behindertenwohngemeinschaften, in denen Kranke und Pflegebedürftige umfassend betreut und versorgt werden, sind als Pflegeheime i.S.d. HeimG zu qualifizieren (vgl. VErl München u. v. 28.1.1985, A29B83A2449).

9 Auf die **Bezeichnung** der Einrichtung als Heim kommt es nicht an. Unter Heime sind somit alle Einrichtungen, in denen Volljährige, in ihrer Funktionsfähigkeit infolge Alters, Krankheit oder Behinderung eingeschränkte Personen volle Unterkunft, Verpflegung und Betreuung erhalten oder jeder Zeit erhalten können, zu subsumieren (vgl. hierzu Krause, Empfiehlt es sich soziale Pflege- und Betreuungsverhältnisse gesetzlich zu regeln, München 1978, S.E 22, Dahlem ZfF 1976, S.104, ZfF 1977, S.55 ff. und Zuodar ZfF 1976, S.253 ff.). Bei der **Ermittlung, ob die Voraussetzungen des Abs.1 vorliegen** oder nicht, ist aus dem Sinn und Zweck des § 15 Abs.1 Satz 3 zu folgern, daß Auskunftspflichten nach dieser Vorschrift bestehen. Die Auskunftspflicht nach § 15 Abs.1 S.3 besteht auch dann, wenn gewichtige Anhaltspunkte dafür vorhanden sind, daß das Heim unter den Anwendungsbereich des § 1 fällt und wenn das Auskunftsverlangen als einzige oder zumindest als am wenigsten einschneidende Maßnahme in Betracht kommt, die Erfüllung des § 1 zu klären (so Bayer. VGH Urt. v.16.5. 1991, Az. 12 B 90.842 zum alten § 9).

10 **Aufnehmen** im Sinne des Gesetzes bedeutet zunächst Überlassung von Wohnraum. Entfallen ist der Begriff „Unterbringung". Er geht von einem Bild eines Heimbewohners aus, der Objekt des Handelns anderer ist und nicht mehr selbstbestimmt sein Leben gestaltet. Das Heimgesetz will aber gerade sicherstellen, dass auch

Anwendungsbereich **§ 1**

Bürger, die im Rahmen ihrer Lebensführung auf die Hilfe anderer angewiesen sind, möglichst eigenverantwortlich leben und über ihr Leben bestimmen können. Nunmehr wird der Akzent auf das Wohnen und die Überlassung von Wohnraum gelegt: Heime sind Orte des Wohnens; das gilt auch für Schwerstpflegebedürftige (vgl amtl. Begründung aaO).

Das Tatbestandsmerkmal aufnehmen ist auch in den Fällen gegeben, wo Heime aus einzelnen nach dem Wohnungseigentumsgesetz aufgeteilten Einheiten bestehen und eine oder mehrere Einheiten von dem oder den Eigentümer(n) selbst bewohnt werden. In diesen Fällen wird regelmäßig einem Dritten, dem nach Wohnungseigentumsrecht erforderlichen Verwalter die Verfügung über die einzelne Wohneinheit, meist geregelt in der Teilungserklärung eingeräumt. Der Verwalter nach WEG kann, muß aber nicht der Betreiber der Einrichtung nach § 1 sein. Die Tatbestandsmerkmale „aufnehmen und betreuen" können von zwei verschiedenen Rechtspersonen erbracht werden; dies ist insbes. der Fall bei im Bauherrnmodell oder über Fonds errichteten Einrichtungen bzw. Heimen.

Das Gesetz legt in seinem Wortlaut den betroffenen Personenkreis auf ältere Menschen sowie pflegebedürftige oder behinderte Volljährige fest. Es geht weder von einem chronologischen, kalendarischen noch von einem biologischen, physiologischen **Altersbegriff** aus und legt eine Altersgrenze nicht fest. Der Schutzzweck ist aber darauf abzustellen, daß zwar individuell verschieden bei einem gewissen Lebensalter die Anpassungsfähigkeit an die Umwelt nachläßt. In der Gerontologie, Geriatrie und in der Fachliteratur, aber auch bei Zielgruppenplanungen (z.B. Altenpläne) geht man davon aus, daß der Altersbegriff ab dem 65. Lebensjahr beginnt. **11**

Der Begriff der **Pflegebedürftigkeit** stellt nicht auf die reine Krankenpflege ab. Es muß eine Hilfsbedürftigkeit infolge Krankheit oder Behinderung gegeben sein, so daß der Pflegebedürftige nicht ohne Pflege und Wartung bleiben kann (vgl. § 68 BSHG), Art. 68 Abs. 2 SGB-XI; Auswahl aus der umfangreichen Literatur: Neubig br 95, 33; Zeitler NDV 95, 143 u. 183).

Der Begriff „Behinderter" Mensch ist in § 2 SGB-IX gesetzlich definiert. Danach handelt es sich um Personen, deren körperliche Funktion, geistige Fähigkeit oder seelische Gesundheit mit hoher Wahrscheinlichkeit länger als 6 Monate von dem für das Lebensalter typischen Zustand abweichen und daher deren Teilnahme am Leben in der Gesellschaft beeinträchtigt ist. Damit ist der **Begriff** der **Behinderung** gesetzlich eindeutig definiert. Diese Definition **12** legt die im Rahmen der Weltgesundheitsorganisation (WHO) stattfindende internationale Diskussion um eine Weiterentwicklung der Internationalen Klassifikation (ICIDH-1) zur „Internationalen Klassifikation der Funktionsfähigkeit und Behinderung" (ICIDH-2) zugrunde, die nicht mehr die Orientierung an wirklichen oder vermeintlichen Defiziten, sondern das Ziel der Teilhabe an den verschiedenen Lebensbereichen (Partizipation) in den Vordergrund gerückt hat. Unter dem für „das jeweilige Lebensalter untypische Zustand" ist der Verlust oder die Beeinträchtigung von normalerweise vorhandenen körperlichen Funktionen, geistigen Fähigkeiten oder seelischer Gesundheit zu verstehen (vgl. Oesterreicher-Schelter-Kunz BSHG Komm. § 39 RdNr 3)

Nicht als Behinderte werden angesehen:
Sozial Gefährdete (Nichtseßhafte, Strafentlassene, Obdachlose) sowie Erziehungsschwierige und pflegebedürftige alte Menschen, die hilflos sind, ohne eine spezifische Behinderung aufzuweisen. Chronischkranke dagegen sind Behinderte.

Die angeführten Definitionen sind darauf abzustellen, daß sich das HeimG auf **Volljährige,** also auf Personen, die das 18. Lebensjahr vollendet haben, bezieht. **Minderjährige,** also Kinder und Jugendliche fallen nicht unter das HeimG. Einrichtungen, die **Kinder und Jugendliche** aufnehmen, unterliegen der **Heimaufsicht nach dem SGB VIII.**

13 Die **mehrgliedrigen Heime,** die in der Altenhilfe üblich sind, fallen ebenfalls unter das Gesetz, soweit es sich nicht um Wohnungen handelt. Dies gilt vor allem für die Verbindung von Altenwohnheimen, Altenheim und Altenpflegeheim.

Zu Abs. 2

14 Abs. 2 enthält Auslegungsregeln, die das **Betreute Wohnen** betreffen. Danach soll die Tatsache, dass ein Vermieter von Wohnraum durch Verträge mit Dritten oder auf andere Weise sicherstellt, dass den Mietern Betreuung und Verpflegung angeboten werden, allein **nicht** die Anwendung des Heimgesetzes begründen. Dies soll auch dann gelten, wenn die Mieter vertraglich verpflichtet sind, allgemeine Betreuungsleistungen wie Notrufdienste oder Vermittlung von Dienst- und Pflegeleistungen von bestimmten Anbietern anzunehmen und das Entgelt hierfür im Verhältnis zur Miete von untergeordneter Bedeutung ist (BT-Drs. 14/5 399, S. 18). Eine nicht mehr untergeordnete Bedeutung liegt vor, wenn die **Betreuungspauschale** für diesen **Grundservice** erheblich über **20%** der Miete inklusive Betriebskosten liegt (BT-Drs. 14/5399, S. 19). Gleiches gilt auch dann, wenn lediglich allgemeine Betreu-

Anwendungsbereich **§ 1**

ungsleistungen angeboten werden und dem Bewohner ansonsten völlig freigestellt ist, ob und von wem er über allgemeine Betreuungsleistungen hinausgehende Leistungen in Anspruch nimmt (VG Sigmaringen Altenheim 2003, Heft 3, S. 16).

Miet- und Betreuungsvertrag sind beim Betreuten Wohnen **nicht getrennt** kündbar (LG Kiel Altenheim 2002, Heft 10, S. 18).

Eine Definition des **Betreuten Wohnens** gibt Abs. 2 nicht. Es **15** handelt sich hierbei um eine Wohnform für ältere Menschen bei der neben der alten- bzw. behindertengerechten Wohnung die Sicherheit einer Grundversorgung gegeben ist und im Bedarfsfall weitere Dienstleistungen in Anspruch genommen werden können (vgl dazu Crößmann RsDE 2001, Heft 49, S. 91, Brünner RsDE 2001, Heft 49, S. 66 ff.; Sunder-Konrad NDV 2002, 52; Gerngroß-Haas ThuPr 1997, Nr. 7, S. 14; vgl. auch AG Heidenheim U. v. 17.1.1997 – Az 6 C 375/96). Für das Betreute Wohnen sollen DIN-Normen durch den Arbeitsausschuss des Dt. Instituts für Normung e. V. erarbeitet werden.

Darunter fallen: **Begleitetes Wohnen, Pflegewohnen, Wohnen-Plus, Service-Wohnen** usw. (vgl Crößmann RsDE 2001 Heft 49, S. 91). Auch **Wohnungseigentümer** können im Betreuten Wohnen unter dem Schutz des Heimgesetzes stehen, wenn sie in die Anlage des Betreuten Wohnens (also die Sicherheit einer Grundversorgung in Anspruch nehmen) aufgenommen werden (vgl. VG Sigmaringen Altenheim 2003 Heft 3, S. 16 f.).

Die vom Gesetzgeber durch Abs. 2 angestrebte klare **Abgren- 16 zung** zwischen Heimen und Einrichtungen des Betreuten Wohnens wird jedoch nicht erreicht. Da die in Abs. 2 Satz 1 und 2 genannten Voraussetzungen lediglich allein nicht die Anwendung des Heimgesetzes begründen sollen, ergibt sich daraus, dass bei Vorliegen ergänzender Kriterien das Heimgesetz sehr wohl zur Anwendung gelangen kann. Welche Kriterien dies sein können, benennt das Gesetz selbst jedoch nicht. Insoweit sind hier auch zukünftig weiterhin Abgrenzungsprobleme zu befürchten (Sunder-Konrad NDV 2002, 52 ff.; Brünner RsDE 2001, Heft 49, S. 67; Crößmann RsDE 2001, Heft 49, S. 90, 91 f.; Krahmer-Richter-Schulolzinski Altenheim 2001 Heft 2 S. 14, 15).

In der Praxis bedeutet dies, dass eine Einrichtung des Betreuten Wohnens das Risiko eingeht, als Heim im Sinne des HeimG angesehen zu werden, sobald sie ihren Mietern Leistungen anbietet, die über die im Gesetz ausdrücklich erwähnten Notrufdienste oder Vermittlung von Dienst- und Pflegeleistungen hinausgehen (Brünner RsDE 2001, Heft 49, S. 66 (69)).

§ 1 Kommentar zum HeimG

Ob eine Einrichtung des Betreuten Wohnens unter die Bestimmungen des HeimG fällt, ist auch für die **Krankenversicherung** von erheblicher Bedeutung. Fällt das Betreute Wohnen **nicht** unter das HeimG, so liegt auch ein Haushalt i. S. von § 37 SGB V vor mit der Folge, dass die Krankenkasse die Kosten der häuslichen Krankenpflege übernehmen muss (SG Münster RdLH 2003 Heft 2, S. 68).

Zu Abs. 3

17   **Kurzzeitpflegeheime** wurden durch das 2 ÄndG vom 3.2.1997 (BGBl. I S. 158) neu in den Anwendungsbereich des HeimG einbezogen.

Wie bei sonstigen Heimen richtet sich der Charakter eines Kurzzeitpflegeheims nach der beabsichtigten Nutzung, die sich aus den im Rahmen der Planungsberatung einzureichenden Unterlagen ergibt. Um den Betreibern von Kurzzeitpflegeheimen bei fehlender Auslastung eine wirtschaftlich sinnvolle Nutzung der Einrichtung zu ermöglichen, kann es in diesem Bereich verstärkt notwendig werden, neben der Kurzzeitpflege auch sonstige Betreuung anzubieten. Diese Nebennutzung soll ohne Belang bleiben, so lange die Belegung regelmäßig der Kurzzeitpflege dient und sich die Art der Einrichtung trotz zeit- und teilweise andersartiger Belegung der Heimplätze nicht verändert (BT-DrS. 13/2347 S. 5).

18   Der neue Abs. 3 entspricht im wesentlichen dem alten Abs. 1a.

Bei kurzfristigen Aufenthalten wäre eine uneingeschränkte Geltung aller Vorschriften des HeimG nicht sachgerecht. Daher finden die Vorschriften der §§ 6, 7, 10, 14 Abs. 2 Nr. 3 und 4, Abs. 3, 4 und 7 keine Anwendung.

Als Ausnahme von der **Ausnahme** wird § 10 Abs. 4 für anwendbar erklärt, sofern in der Regel mindestens sechs Personen aufgenommen werden. Die Zahl der Personen entspricht § 1 Abs. 1 der Heimpersonalverordnung. Im Unterschied zum Heim im Sinne des § 1 Abs. 1 ist es in Einrichtungen der Kurzzeitpflege aufgrund der hohen Fluktuation unter den Bewohnern nicht möglich, die dauerhafte Tätigkeit eines Heimbeirats zu gewährleisten. Deshalb können die Mitwirkungsregelungen nicht uneingeschränkt angewandt werden. Unabhängig hiervon soll auch im Rahmen der Kurzzeitpflege eine Interessenvertretung der Betroffenen erfolgen. Diese Aufgabe übernimmt in Zukunft der Heimfürsprecher. Damit wird erstmals für den Bereich der Kurzzeitpflege eine Form zur Vertretung der Interessen der Bewohner festgelegt (vgl. BT-DrS. 14/5399).

Anwendungsbereich **§ 1**

Gemäß Abs. 3 finden auf **Hospize** die gleichen Regelungen Anwendung, die auch für Einrichtungen der Kurzzeitpflege gelten. Ohne diese Einschränkung wäre das Heimgesetz nach der Legaldefinition des § 1 Abs. 1 im Regelfall auf stationäre Hospize uneingeschränkt anwendbar. Dies würde dem speziellen Charakter dieser Einrichtungen nicht gerecht, die sich mit ihrer Arbeit in erster Linie um Sterbende kümmern. Der Hospizbegriff des Heimgesetzes ist identisch mit dem des § 39a SGB V (vgl. BT-DrS. 14/5399). **19**

Zu Abs. 4

Als vorübergehend definiert Abs. 4 einen Zeitraum von bis zu **3 Monaten.** Diese strikte Zeitbestimmung ist notwendig, um ein praktikables Abgrenzungskriterium zu schaffen. Hierbei ist berücksichtigt, daß Kurzzeitpflege in aller Regel in Bedarfslagen in Betracht kommt, die nur in Übergangszeiten abgedeckt werden sollen. Sie trägt dem Umstand Rechnung, dass vorübergehende Aufnahmen sich in der Praxis erfahrungsgemäß in einen Zeitrahmen bis zu 3 Monaten bewegen. **20**

Zu Abs. 5

Gemäß Abs. 5 wurden die teilstationären Einrichtungen der **Tages- und Nachtpflege** neu in das Heimgesetz aufgenommen, da hier ein vergleichbares Schutzbedürfnis für die Bewohner wie in Heimen besteht (vgl. BT-DrS. 14/5399, S. 20). **21**

Bei **Nachtpflegeeinrichtungen** werden routinemäßige Nachschauen der **Heimaufsicht** während der **Nachtzeiten** erforderlich sein, da nur so überprüft werden kann, ob das Wohlergehen und die Bedürfnisse der dort untergebrachten Patienten gewährleistet ist (vgl. auch Crößmann RsDE 2001, Heft 49, S. 96).

Zu Abs. 6

Abs. 6 entspricht im wesentlichen dem alten Abs. 2. Danach werden vom Gesetz **nicht** erfaßt **Krankenhäuser** und **Einrichtungen der Rehabilitation,** die **nicht** die Voraussetzungen des Abs. 1 erfüllen. Gleiches gilt für **Internate** der **Berufsbildungs- und Berufsförderungswerke.** **22**

Krankenhäuser im Sinne des § 2 Nr. 1 KHG sind Einrichtungen, in denen durch ärztliche und pflegerische Hilfeleistung Krankheiten, Leiden oder Körperschäden festgestellt, geheilt oder gelindert werden sollen und in denen die zu versorgenden Personen untergebracht und verpflegt werden. Der Krankenhausaufenthalt ist, unbeschadet seiner konkreten Dauer, auch dadurch gekennzeichnet, daß er seinem Zweck nach vorübergehend und auf die Rückkehr **23**

§ 2 Kommentar zum HeimG

des Erkrankten in das allgemeine soziale Umfeld ausgerichtet ist (BVerwG Beschluß vom 2.7.1991 Az.1 B 64.91)

Im Krankenhaus wird die ärztliche Hilfeleistung nicht ambulant oder von Fall zu Fall erbracht wie im Pflegeheim. Vielmehr steht die regelmäßige, auch zeitlich **umfassende ärztliche Betreuung** im Vordergrund. Die Aufnahme im Pflegeheim geschieht nicht zur ärztlichen Betreuung. Das Altenheim oder Pflegeheim wird auch durch die Ausstattung mit therapeutischen Einrichtungen nicht zum Krankenhaus, auch wenn diese der medizinischen Rehabilitation der Bewohner dienen. Teile von Nervenkrankenhäusern (z.B. Bezirkskrankenhäuser), in denen **Langzeitpatienten** untergebracht sind, fallen jedenfalls unter § 1 (OVG Niedersachsen Beschluß vom 31.7.1996 – 7 M 3591/95 Altenheim 1997, Heft 10, S. 46).

Zu den Krankenhäusern im Sinne des HeimG zählen auch die **Anstalten des** § 30 GewO. Für diese gewinnt die Legaldefinition des KHG ebenfalls an Bedeutung. Für sie gilt die oben ausgeführte Unterscheidung zum Pflegeheim.

24 Der Begriff **Rehabilitation** ist im gegliederten System des Sozialrechts verankert. Allein der Anwendungsbereich des Sozialgesetzbuch – IX (SGB-IX) zeigt, daß es schwierig ist, einen allgemeinen Begriff der Rehabilitation angesichts der oft widersprüchlichen gesetzlichen Ausgangslage aus dem Sozialrecht zu entwickeln (s. hierzu Mrozynski Rehabilitationsrecht, München). Die typischen Aspekte der Rehabilitation sind die medizinische, berufliche und soziale Rehabilitation. Im Anwendungsbereich des HeimG spielen besonders die Einrichtungen zur Rehabilitation Behinderter eine Rolle. Soweit es sich hierbei um Einrichtungen der beruflichen Rehabilitation handelt, wie Einrichtungen für die Berufsvorbereitung, Zentren für die Berufsbildung Behinderter (Berufsförderungswerke) unterliegen auch deren Internate nach Abs.6 S.2 **nicht** dem Heimgesetz.

§ 2 Zweck des Gesetzes

(1) **Zweck des Gesetzes ist es,**

1. **die Würde sowie die Interessen und Bedürfnisse der Bewohnerinnen und Bewohner von Heimen vor Beeinträchtigungen zu schützen,**

2. **die Selbständigkeit, die Selbstbestimmung und die Selbstverantwortung der Bewohnerinnen und Bewohner zu wahren und zu fördern,**

Zweck des Gesetzes § 2

3. die Einhaltung der dem Träger des Heims (Träger) gegenüber den Bewohnerinnen und Bewohnern obliegenden Pflichten zu sichern,
4. die Mitwirkung der Bewohnerinnen und Bewohner zu sichern,
5. eine dem allgemein anerkannten Stand der fachlichen Erkenntnisse entsprechende Qualität des Wohnens und der Betreuung zu sichern,
6. die Beratung in Heimangelegenheiten zu fördern sowie
7. die Zusammenarbeit der für die Durchführung dieses Gesetzes zuständigen Behörden mit den Trägern und deren Verbänden, den Pflegekassen, dem Medizinischen Dienst der Krankenversicherung sowie den Trägern der Sozialhilfe zu fördern.

(2) Die Selbständigkeit der Träger in Zielsetzung und Durchführung ihrer Aufgaben bleibt unberührt.

§ 2 wurde durch das Dritte Gesetz zur Änderung des Heimgesetzes in wesentlichen Teilen neu gefaßt. Von dem unsprünglichen § 2 ist lediglich Abs. 2 unverändert geblieben. **1**

Die Neufassung des § 2 dient der Vereinfachung und Klarstellung. Sie läßt den bisherigen sachlichen Inhalt als Leitnorm des Heimgesetzes unberührt. Die Bestimmung ist transparenter ausgestaltet worden. Zur Klarstellung wird der Schutz der Würde der Bewohner ausdrücklich als Zweck des Gesetzes benannt. Darüber hinaus wird die Förderung der Zusammenarbeit der Heimaufsicht mit den Trägern der Heime, den Pflegekassen, dem Medizinischen Dienst der Krankenversicherung und den Trägern der Sozialhilfe ausdrücklich in § 2 aufgenommen. Daneben sind weitere Klarstellungen erfolgt (BT-DrS. 14/5399).

Die Vorschrift hat den Schutz der Bewohner in den Heimen in § 1 genannten Art vor Übervorteilung zum Gegenstand. Das HeimG will in erster Linie die Interessen und Bedürfnisse der Heimbewohner schützen. Die durch das Dritte Änderungsgesetz neu in § 2 aufgenommenen Änderungen sollen die besonderen Interessen und Bedürfnisse der Bewohner klarer herausstellen und darauf hinwirken, dass diese besser berücksichtigt werden wie bisher. Die Schutzbestimmung gilt für **alle** Bewohner und Bewerber unabhängig davon, ob sie Selbstzahler sind oder nicht (vgl. Goberg § 2 RdNr. 3). Der Gesetzgeber unterwirft daher die in § 1 genannten Heime einer in den §§ 3 bis 22 näher konkretisierten Aufsicht, **2** deren Ausübung er den nach § 23 zuständigen Behörden als **hoheitliche Aufgabe** zuweist.

Die Verletzung des Abs.1 kann Anordnungen nach § 17 nach sich ziehen, deren Nichtbefolgung nach § 21 Abs.2 Nr.5 als Ordnungswidrigkeit geahndet werden kann. Abs.1 kann darüberhinaus eine **einfache** Beteiligung nach § 13 Abs.2 S.1 VwVfG der Heimbewohner sowie nach §§ 25 ff. HeimMitwVO des Heimbeirats im Verwaltungsverfahren zwischen Heimträger und Heimaufsicht auslösen (Klie ZfF 1988, 49 und § 9 RdNr.21), da rechtliche Interessen der Heimbewohner berührt werden.

Die Heimaufsichtsbehörde braucht aber nicht abzuwarten, bis die Verletzung eingetreten ist, sie kann insbesondere dann präventiv tätig werden, wenn Grund zur Annahme besteht, daß z.B. das Pflegepersonal zahlen- und qualifikationsmäßig unzureichend ist, daß die hygienischen Verhältnisse zweifelhaft, und daß die Medikamente nicht hinreichend gegen Mißbrauch und Verwechslung gesichert sind (VGH Mannheim Beschluß vom 29.3.1993 AZ 10 S 173/93 zit bei Klie Heimrecht S.72).

Zu Abs.1 Nr.1:

3 In Absatz 1 Nr.1 entspricht teilweise Nr.1 1.HS a.F. Jedoch ist die Würde der Bewohnerinnen und Bewohner nun ausdrücklich als Schutzgut aufgeführt. Verschiedentlich sehen Heime ihre Funktion noch immer vorwiegend in der Bewahrung alter oder behinderter Menschen. Diese vom reinen Versorgungsdenken geprägte Aufgabenstellung eines Heims ist jedoch zu eng und wird den heutigen Vorstellungen über eine sachgerechte Unterbringung des Mitbürgers in einem Heim nicht mehr gerecht (zum Wohnen im Heim vgl. auch Rückert Kesseler Winter Bl. d. Wohlfahrtspflege 1991, 164; Igl Altenheim 1991, Heft 6). Gerade die Entfaltung seiner Persönlichkeit im Rahmen seiner körperlichen und geistigen Fähigkeiten und die Aktivierung noch vorhandener Kräfte bedingen wesentlich das Wohl und die Zufriedenheit eines Heimbewohners (BR-DrS 203, 89, S.20).

4 Bei der Prüfung, ob den Interessen und Bedürfnissen (vgl. dazu Goberg Altenheim 1990, Heft 5, S.268) der Bewohner Rechnung getragen wird, ist Zweck, Art und Konzeption der Einrichtung, insbesondere auch die weltanschauliche Ausrichtung des Trägers zu berücksichtigen. Dabei ist nicht auf das Interesse und die Bedürfnisse eines **einzelnen** Bewohners abzustellen, sondern darauf, ob die Einrichtung den Interessen und Bedürfnissen der **Mehrheit** der Bewohner entspricht. Zweck der Bestimmung ist es somit, die

Zweck des Gesetzes **§ 2**

Interessen und Bedürfnisse der Bewohner **insgesamt** vor Beeinträchtigungen zu schützen (BVerwG, Urt. v. 18.12. 1987 – C 57.85; Klie ZfF 1988, 49; Goberg § 2 RdNr. 3; a A OVG Koblenz NVwZ 1987, 425 welches davon ausgeht, daß § 2 Abs. 1 Nr. 1 a. F. allein dem öffentlichen Interesse dient. Diese Auffassung war schon im Hinblick auf das U. des BVerwG nicht haltbar). Oberster Grundsatz ist die Gewährleistung der freien Entfaltung der Persönlichkeit im Sinn des Art. 2 GG. Dies gilt insbesondere für Bereiche außerhalb der in § 5 geregelten Angelegenheiten des Heimbeirats. Bei der Frage, ob der Würde und den Interessen und Bedürfnissen der Bewohner Rechnung getragen wird, handelt es sich um die Ausfüllung sog. **unbestimmter Rechtsbegriffe,** deren Auslegung richterlich voll nachprüfbar ist. Als **Interessen** kommen je nach Art der Einrichtung nicht nur **immaterielle** Interessen, wie das Angebot einer ausreichenden Freizeitbetätigung, sondern auch **materielle** Interessen, wie die ordnungsgemäße Erfüllung des Heimvertrages durch den Träger der Einrichtung in Betracht. Gleiches gilt für die Auslegung des Begriffes der Bedürfnisse und des Begriffs der Würde. Bei Altenheimen ist hier insbesondere auf den Rhythmus des physiologischen, kontinuierlichen Rückbildungsprozesses Rücksicht zu nehmen. In der Gerontologie wurde hierfür der Begriff **„psychophysisches Wohlbefinden"** entwickelt. Auch er geht von Interessen und Bedürfnissen aus. Der von der **Interventionsgerontologie** entwickelte Maßnahmenkatalog bietet bei der Ausfüllung der Begriffe „Interessen und Bedürfnisse" wertvolle Hilfe (vgl. Lehr Interventionsgerontologie, Darmstadt 1979; Rathemann Altenheim 1992, 234; Erlemeier Altenheim 1990, 494; Schießl Altenheim 1991, 112). Besonderer Augenmerk ist auf eine ausreichende **ärztliche** Versorgung zu legen (Niemeier/Zimmerebner Altenpflege 1986, Heft 6; Müller Altenheim 1986, Heft 7; Mathes ThuPr 1986 Nr. 7–8; BAGFW NDV 1986, 369; Fichtner Bayer. Wohlfahrtsdienst 1985, 11 ff; Pieck Pharmazeutische Zeitung 1983, 1576; Klie Altenheim 1982, 225 f; Tews Altenheim 1982, 235; Sirg Altenheim 1982, 237). Hilfreich ist das Positionspapier von AWO und Hartmannsbund zur Zusammenarbeit zwischen niedergelassenen Ärzten und Altenpflegeeinrichtungen (ThuPr. 1997 Nr. 1 S. 8 ff.). Gleiches gilt für die Einhaltung der **Sorgfaltspflichten** des Pflegepersonals. Dieses hat die Heimbewohner auf mögliche Gefahren und Risiken bei der Benutzung von Heimeinrichtungen aufmerksam zu machen (BGH Altenheim 1992, Heft 2, S. 72).

Anders als in Nr. 1 a. F. werden die Bewerber für einen Heim- **5** platz nicht mehr ausdrücklich genannt. Dies bedeutet nicht etwa, dass ihr Schutz entfallen soll. Da die Interessen eines Bewerbers für die Aufnahme in ein Heim denen eines Bewohners in weiten Bereichen gleichgestellt werden können, werden sie insoweit ebenfalls vom Schutzzweck der Vorschrift erfasst (BT-DrS.14/5399).

Zu Abs.1 Nr.2:

6   Nr.2 entspricht weitgehend Nr.1 2.Halbsatz a.F. Im Einklang mit der Ergänzung in Nr.1 ist nun auch die Selbstbestimmung der Bewohner als Schutzobjekt ausdrücklich aufgeführt. Darüber hinaus ist nicht nur die Wahrung, sondern auch die Förderung von Selbständigkeit, Selbstbestimmung und Selbstverantwortung der Bewohner als Gesetzeszweck bestimmt.

Zu Abs.1 Nr.3:

7   In Nr.3 wird der bereits nach bisherigem Recht geltende Grundsatz, dass die Einhaltung der dem Heimträger gegenüber dem Bewohner obliegenden Pflichten zu sichern ist, ausdrücklich festgeschrieben. Um welche Pflichten es sich hierbei handelt ergibt sich aus den nachfolgenden Bestimmungen des Heimgesetzes.

Zu Abs.1 Nr.4:

8   Die Mitwirkung der Bewohnerinnen und Bewohner wurde nunmehr nochmals in § 2 aufgenommen. Sie ist konkretisiert in § 10 und der HeimmitwirkungsV. Auf die dortigen Anmerkungen wird verwiesen.

Zu Abs.1 Nr.5:

9   Nr.5 hat eine klarstellende Funktion. Das Ziel des Heimgesetzes, mit seinen Regelungen eine dem allgemeinen Stand entsprechende Qualität des Wohnens und der Betreuung in Heimen zu sichern, beinhaltet keine neue Aufgabe des Heimgesetzes. Bereits nach bisherigem Recht soll den Bewohnern durch die im Gesetz vorgesehenen Möglichkeiten zur freien Entfaltung der Persönlichkeit und durch die Gewährleistung medizinisch-pflegerischer sowie sozialpflegerischer Standards ein entsprechender Qualitätsmaßstab zugute kommen. Für die Zukunft soll jedoch hervorgehoben werden, dass der Qualitätssicherung eine besondere Bedeutung beigemessen wird. (BT-DrS.14/5399). Dies wird nochmals in § 20 hervorgehoben. Auf die dortigen Anmerkungen wird verwiesen.

Zu Abs.1 Nr.6:

10   Nr.6 entspricht Nr.2 a.F. und spricht die Beratung der Bewohner und Träger durch die nach § 23 zuständigen Behörden an. Die-

se ist besonders wichtig. Hier kann die Heimaufsicht Kenntnisse und Erfahrungen aus vielen Heimeinrichtungen einfließen lassen und so als wichtiger Multiplikator dienen (Crößmann in Arbeitsmappe zum Heimgesetz DV für öffentliche und private Fürsorge 1990, 21). Die Beratung selbst ist in §§ 4, 16 näher konkretisiert. Auf die dortigen Anmerkungen wird verwiesen.

Zu Abs. 1 Nr. 7:

Durch Nr. 7 soll vermieden werden dass die zur Durchführung 11 des Gesetzes zuständigen Behörden und die Heimträger sowie deren Verbände, die Pflegekassen, der Medizinische Dienst der Krankenversicherung und die Träger der Sozialhilfe nicht mehr wie bislang unkoordiniert nebeneinander arbeiten. Bezweckt ist vielmehr eine intensive partnerschaftliche Zusammenarbeit der beteiligten Stellen. Durch diese umfassende Vernetzung der Beteiligten wird ein Synergieeffekt erzielt, der im Ergebnis den Bewohnern zugute kommt. Die enge kooperative Zusammenarbeit bewirkt außerdem einen erhöhten Informationsstand, der die Qualität der Pflege und Betreuung verbessern wird. Zugleich wirkt die Zusammenarbeit kostensenkend, indem Doppelprüfungen vermieden werden (BT-DrS. 14/5399). Näher konkretisiert wird die Zusammenarbeit in § 20. Auf die dortigen Anmerkungen wird verwiesen.

Zu Abs. 2:

Abs. 2 soll der sich aus der Verwendung unbestimmter Rechts- 12 begriffe in Abs. 1 möglicherweise ergebenden Gefahr einer mißbräuchlichen Ausdehnung des öffentlichen Aufsichtsrechts vorbeugen und ein „Hineinregieren" der zuständigen Behörde in den inneren Betrieb der Einrichtung unterbinden. Er ist Ausdruck der **Neutralität** des Staates gegenüber den unterschiedlichen Betreuungsformen und hebt das „Persönlichkeitsrecht" der Träger, auch soweit es sich um juristische Personen handelt, hervor (Goberg § 2 RdNr. 11.1). Die Selbständigkeit ist jedoch nur hinsichtlich Zielsetzung und Durchführung ihrer Aufgaben gegeben, also z.B. hinsichtlich des Heim- und Betreuungskonzepts, **nicht** aber hinsichtlich der **Pflegesatzvereinbarungen** mit Kostenträgern, da diese ihre Rechtsgrundlage außerhalb des HeimG finden (vgl. auch Goberg § 2 RdNr. 11.2; kritisch: Staiber/Kuhn RsDE 17,65 ff).

Die nach § 23 zuständige Behörde muß die **Selbständigkeit** der Träger und die von diesen an die Heimleitung ausgehenden Impulse achten, sofern hierdurch die Interessen und Bedürfnisse der Bewohner nicht gefährdet oder gar beeinträchtigt werden. Ist dies der Fall, so hat die zuständige Behörde den Träger nach §§ 4, 16 zu beraten und, wenn dies keinen Erfolg hat, die Abstellung der Mängel mittels Anordnungen nach § 17 zu fordern.

Abs. 2 soll vor allem der Stellung Rechnung tragen, die den Verbänden der freien Wohlfahrtspflege und deren Mitglieder im sozialen und sozialpflegerischen Bereich zukommt (so Begründung des BRatE). Darüberhinaus ist Abs. 2 bei der Abwägung der Rechte und Pflichten der Träger und Bewohner heranzuziehen.

§ 3 Leistungen des Heims, Rechtsverordnungen

(1) Die Heime sind verpflichtet, ihre Leistungen nach dem jeweils allgemein anerkannten Stand fachlicher Erkenntnisse zu erbringen.

(2) Zur Durchführung des § 2 kann das Bundesministerium für Familie, Senioren, Frauen und Jugend im Einvernehmen mit dem Bundesministerium für Wirtschaft und Arbeit, dem Bundesministerium für Verkehr, Bau- und Wohnungswesen und dem Bundesministerium für Gesundheit und Soziale Sicherung durch Rechtsverordnung mit Zustimmung des Bundesrates dem allgemein anerkannten Stand der fachlichen Erkenntnisse entsprechende Regelungen (Mindestanforderungen) erlassen

1. für die Räume, insbesondere die Wohn-, Aufenthalts-, Therapie- und Wirtschaftsräume sowie die Verkehrsflächen, sanitären Anlagen und die technischen Einrichtungen,

2. für die Eignung der Leitung des Heims (Leitung) und der Beschäftigten.

1 Das 3. Gesetz zur Änderung des Heimgesetzes hat § 3 um die **Legaldefinition** der Mindestanforderung erweitert. In Abs. 1 wird festgestellt, dass die Heime (gemeint sind wohl die Heimträger) verpflichtet sind, ihre Leistungen nach dem jeweils anerkannten Stand fachlicher Erkenntnisse zu erbringen. Diese **Generalverpflichtung** (Füßer Altenheim 2002, Heft 4, S. 35 ff.) gilt für **alle** von dem Heim zu erbringenden Leistungen, sowohl für die Verpflegung, Betreuung, Pflege als auch für die Unterkunft und die sonstigen im Heim angebotenen Leistungen. In Zusammenhang mit Abs. 2 ergibt sich danach die Legaldefinition der Mindestanforderungen. In Abs. 2 Nr. 1 ist insoweit eine Erweiterung erfolgt, als jetzt auch **technische Einrichtungen** von der Regelungsbefugnis erfaßt werden. Die in § 3 Satz 2 und 3 a. F. enthaltene Ermächtigung für eine gesonderte Rechtsverordnung für **Kurzzeitpflege-**

Leistungen des Heims, Rechtsverordnungen § 3

heime ist entfallen, da diese Einrichtungen nunmehr in § 1 Abs. 2 erfaßt sind und somit die nach § 3 Abs. 2 Nr. 1 und 2 erlassenen Rechtsverordnungen auch für diese Einrichtungen gelten, soweit in den RVO's nicht Ausnahmebestimmungen enthalten sind.

Die Ermächtigung zum Erlaß der Verordnungen in Abs. 2 entspricht Art. 80 Abs. 1 GG. Inhalt, Zweck und Ausmaß der Ermächtigung sind hinreichend bestimmt (Hess. VGH, Urt. v. 10.9. 1985 FEVS 35, 461 = ZfSH/SGB 1986, 439). Auch gegen die HeimMindBauVO bestehen keine verfassungsrechtlichen Bedenken (BVerwG U. v. 17.3. 1989 – 4 c 41.85 (RsDE 7,88) und Beschluß vom 22.7. 1985 – 4 B 73.85; Hess VGH FEVS 35, 461 = ZfSH/SGB 1986, 439; vgl. auch HeimMindBauVO Anh. A 1, § 1 RdNr. 1). Insoweit hat sich gegenüber der alten Rechtslage nichts geändert. Durch die Neufassung des § 3 durch das Erste und Dritte Gesetz zur Änderung des Heimgesetzes wurde lediglich die Verpflichtung des VO-Gebers in eine Ermessensbestimmung umgewandelt, nicht aber die aufgrund der früheren Ermächtigung erlassene HeimMindBauVO berührt. **2**

Die Bezugnahme auf § 2 bedeutet, daß der Gesetzeszweck auch durch einen **Mindeststandard** (Legaldefinition in Abs. 1) in räumlicher und personeller Hinsicht erreicht werden soll.

Ermächtigt ist das Bundesministerium für Familie, Senioren, Frauen und Jugend, das das Einvernehmen mit dem Bundesministerium für Wirtschaft und Arbeit, dem Bundesministerium für Verkehr, Bau- und Wohnungswesen und dem Bundesministerium für Gesundheit und Soziale Sicherung herzustellen hat. Die Zustimmung des Bundesrates ist erforderlich. **3**

Der Verordnungsgeber ist zur Festlegung von Mindestanforderungen ermächtigt. Diese dürfen nicht an sozialpolitischen Zielen und Wünschen ausgerichtet sein, wie sie in zahlreichen Richtlinien der Länder für die finanzielle Förderung von Neubauten oder in den Planungsempfehlungen des Bundesministeriums für Raumordnung, Bauwesen und Städtebau für Altenwohnungen, Wohnungen in Altenwohnheimen und Wohnplätze in Altenheimen (vom 30.12. 1971 in der Fassung vom 26.2. 1973, BAnz. Nr. 49) enthalten waren. Sie haben vielmehr eine Grenze festzulegen, bei deren Unterschreitung die Interessen und Bedürfnisse der Bewohner in den Einrichtungen vor Beeinträchtigungen nicht mehr geschützt wären (§ 2 Abs. 1 Nr. 1). In den Mindestanforderungen ist aber auch zu berücksichtigen, daß unser modernes Heimwesen weit entfernt ist von der früheren Armenhilfe und den mittelalterlichen Spitälern. **4**

§ 3 Kommentar zum HeimG

Die Mindestanforderungen orientieren sich an einer unteren Grenze, die unter Abwägung aller Interessen noch vertretbar ist (Begründung des BMJFG zum Entwurf 1974 unter II – Bundesratsdrucksache 760/74). Sie sind keine feste und oft auch keine meßbare Größe. Sie sind auch abhängig von den Gesamtumständen der Gemeinschaft, in der sie verwirklicht werden, und sie unterliegen somit auch Veränderungen (Dahlem ZfF 1983, 248 ff.). Allerdings müssen sie dem jeweils **allgemein** anerkannten Stand **fachlicher** Erkenntnisse entsprechen. Was nicht notwendig sondern nur wünschenswert ist, soll in Mindestvorschriften nicht geregelt werden und dem **freien Markt** überlassen bleiben (Ruf-Hütten Altenheim 1983, 134 [135]; a.A. Hilfer, Das System sozialer Alterssicherung in der BRD, S.307, der die Auffassung vertritt, daß die Mindestanforderungen darauf ausgerichtet sein sollen, den sozialpolitischen Zielen und Wünschen für die Zukunft Geltung zu verschaffen).

5   Die **Mindestanforderungen** der VO nach **Abs. 2 Nr. 1** beziehen sich auf die Räume. Diese sind im Gesetz nicht vollständig aufgezählt („insbesondere"). Genannt sind Wohnräume, bei denen es besonders auf Lage, Bemessung und Ausstattung ankommt. Zu den Aufenthaltsräumen zählen die Gemeinschaftsräume und Speiseräume, die für die Kommunikation der Bewohner und ihre Teilnahme am kulturellen und gesellschaftlichen Leben notwendig sind. Das Gesetz geht davon aus, daß jede Einrichtung einen Therapieraum enthält. Die Art der Therapie (Ergo- oder Hydrotherapie) ist nicht festgelegt. Die Wirtschaftsräume sollen die Versorgung der Bewohner sicherstellen. In Frage kommen Küchen, Vorratsräume, Waschanlagen, Trocken-, Abstell- und Putzräume. Zu den Verkehrsflächen zählen Treppen, Flure und Aufzüge. Die sanitären Anlagen (vgl. dazu Moessner-Höppner Altenheim 2002 Heft 8, S.29) betreffen Waschbecken, Bäder, Duschen und Spülklosetts. Die Mindestanforderungen beziehen sich aber **nicht** auf die Ausstattung mit Hilfsmitteln (z.B. Krücken, Gehböcke usw.) oder andere medizinisch erforderliche, normalerweise ärztlich zu verordnende Hilfen (SG Bremen in Heim und Anstalt 1978 Nr.3). So sind Heimträger z.B. nicht verpflichtet, Wechseldruckmatratzen vorzuhalten (BSG Altenheim 2003 Heft 2, S.14). Erfaßt werden jetzt auch die **technischen Einrichtungen.** Darunter sind Einrichtungen zu verstehen, die im Interesse der Gesundheit und Sicherheit der Bewohner zu installieren sind (z.B. Notrufanlagen, Rolltreppen etc.).

6   Die gesetzlichen Bestimmungen des **Baurechts, des Feuer- und Katastrophenschutzes, des Gesundheitswesens** gelten ohne

Leistungen des Heims, Rechtsverordnungen **§ 3**

Rücksicht auf die Mindestanforderungen der Verordnung. Das Bauordnungsrecht ist in den Ländern durch die Bauordnungen geregelt. Baurechtliche Regelungen dieser Art dürfen in die Rechtsverordnung zu § 3 **nicht** aufgenommen werden. Gegenstand der Verordnung können nur heimspezifische Mindestanforderungen sein, nicht aber z.B. Fragen, die die innere Organisation der Heime betreffen.

Auf Grund der Ermächtigung nach altem Recht ist die Verordnung über bauliche Mindestanforderungen für Altenheime, Altenwohnheime und Pflegeheime für Volljährige (HeimMindBauV) vom 27.1.1978 (BGBl. I S.189) erlassen worden und am 1.8.1978 in Kraft getreten (vgl. Anh.A 1 und Friedrich ZfF 1978, 73, Kunz ZfSH 1978, 289ff.). Die HeimMindBauV wurde durch VO vom 3.5.1983 (BGBl. I S.547) geändert. Die Neufassung ist am 11.5.1983, in Kraft getreten (zu den Änderungen: vgl. Anh.A 1, Dahlem ZfF 1983, 248ff., Ruf/Hütten Altenheim 1983, 134ff.) und besteht auch nach der Neufassung des HeimG in vollem Umfang weiter. Die Neufassung brachte eine Reihe von Verschlechterungen für die Heimbewohner. In ihrer ursprünglichen Form war die Verordnung sicher nicht das Optimum des für den Heimbereich Möglichen. Sie war aber ein Kompromiß, der die gegenläufigen Interessen abwog und für alle Beteiligten tragbar schien. Wer geglaubt haben mag, daß durch Mindestbauvorschriften alle Heime auf ein modernes Niveau angehoben werden könnten, mußte bald einsehen, daß hunderttausende von Heimplätzen in der Bundesrepublik diesen Ansprüchen nicht entsprachen und nur mit Milliardeninvestitionen hätten angepaßt werden können. Deshalb wurde immer wieder und im Ergebnis auch noch rechtzeitig darauf hingewiesen, daß solche Vorschriften nicht ohne einen Blick auf die Kosten gemacht werden können (Ruf/Hütten Altenheim 1983, 134). Andererseits darf nicht übersehen werden, daß die HeimMindBauV nur Mindestanforderungen festlegt. Keinem Heimträger ist verboten, die Anforderungen der Verordnung zu überschreiten. Im Gegenteil zeigt die Praxis, daß nur solche Einrichtungen auf Dauer Bestand haben und auch wirtschaftlich betrieben werden können, die neuzeitlichen Anforderungen entsprechen und über das Niveau der Heimmindestbauverordnung hinausgehen (Ruf/Hütten Altenheim 1983, 134, Klie Altenheim 1985, Heft 5). Es bleibt abzuwarten, ob die anstehende Neufassung der VO Verbesserungen bringt. Die VO wurde erneut in § 14 Abs.2 durch die WohnflächenVO vom 25.11.2003 (BGBl. I S.2346) geändert. **7**

§ 4   Kommentar zum HeimG

8   **Abs. 2 Nr. 2** gibt die Ermächtigung zum Erlaß einer VO, in der die Mindestanforderungen für die Eignung als Heimleiter und die Beschäftigten festgelegt sind. Von der Ermächtigung hat der VO-Geber Gebrauch gemacht (Wiedemann NJW 1993, 2981; vgl. auch die Einf) und am 19.7.1993 die Verordnung über personelle Anforderungen für Heime – HeimPersV – (BGBl. I S. 1205) erlassen (vgl. Anhang A 4). Die VO wurde durch die Erste Änderungs-VO vom 22.6.1998 (BGBl. I S. 1506) in § 10 insoweit geändert als die Anpassungsfrist bis 30. September 2000 verlängert wurde. Die Verordnung besteht auch nach der Neufassung des HeimG in vollem Umfang weiter.

Kernbereich der HeimPersV sind die §§ 2–9, in denen die Eignung des Leiters (§ 2), die persönlichen Ausschlußgründe (§ 3), die Eignung des Beschäftigten (§ 4), die Voraussetzungen an Beschäftigte für betreuende Tätigkeiten (§ 5); die Definition der Fachkräfte (§ 6), die Berücksichtigung der Bedürfnisse behinderter Volljähriger in Heimen (§ 7), Regelungen über die Fort- und Weiterbildung des Personals (§ 8) und die Strafbewehrung bei Verstößen (§ 9) geregelt werden (Zu den Qualifizierungsmerkmalen im Sinne der HeimPersVO vgl. Däbritz NDV 1995, 204).

Die Verordnung begründet entsprechend der gesetzlichen Ermächtigung nur Pflichten gegenüber dem Heimträger, dem die Erfüllung der durch den Betrieb eines Heims begründeten Anforderungen obliegt. Das Personal wird insoweit nur mittelbar betroffen, als dem Heimträger die Beschäftigung nicht geeigneter Personen untersagt ist.

Durch die Festlegung von personellen Mindestanforderungen wird kein besonderes, durch die Heimtätigkeit bestimmtes Berufsbild der einzelnen Beschäftigten geschaffen. Die Feststellung fehlender Qualifikation eines Leiters oder eines anderen Beschäftigten bedeutet daher lediglich die Untersagung bestimmter Funktionen innerhalb des Betriebs eines Heim (vgl. BR-Drs. 204/93).

9   Wegen der Weitergeltung der HeimVO der Länder siehe § 22.

§ 4 Beratung

Die zuständigen Behörden informieren und beraten
1. die Bewohnerinnen und Bewohner sowie die Heimbeiräte und Heimfürsprecher über ihre Rechte und Pflichten,
2. Personen, die ein berechtigtes Interesse haben, über Heime im Sinne des § 1 und über die Rechte und Pflichten der Träger und der Bewohnerinnen und Bewohner solcher Heime und

Beratung **§ 4**

3. auf Antrag Personen und Träger, die die Schaffung von Heimen im Sinne des § 1 anstreben oder derartige Heime betreiben, bei der Planung und dem Betrieb der Heime.

Der neue § 4 entspricht im wesentlichem Abs.1 des bisherigen 1
§ 11. Er betont den Beratungsauftrag der Heimaufsicht. Die Heimaufsichtsbehörde ist nicht nur Kontroll- und Überwachungsbehörde, sondern vorrangig Partner und Ratgeber. Es gilt der Grundsatz „Beratung vor Überwachung". Dies machte auch die Aufteilung des alten § 11 in 2 neue Vorschriften nötig. Während § 4 (= alt § 11 Abs. 1) sich an die Bewohnerinnen und Bewohner, Heimbeiräte und Heimfürsprecher sowie an Personen, die eine Aufklärung über Rechte und Pflichten wünschen oder Träger, die eine Einrichtung betreiben wollen richtet, regelt der neue § 16 die Beratung des Trägers bei **Vorliegen** von festgestellten Mängeln. § 4 spricht den **präventiven** Bereich an, während § 16 erst dann Anwendung findet, wenn auf Grund einer Überwachungsmaßnahme nach § 15 Mängel festgestellt worden sind.

Das HeimG ist nicht statisch; es unterliegt einer ständigen Wandlung und Weiterentwicklung. Eine qualifizierte Beratung setzt demnach Fachkenntnisse und Einfühlungsvermögen in Wünsche und Bedürfnisse der zu bewertenden Personen voraus (Crößmann Altenheim 1991, Heft 4, S.198). Die Heimaufsichtsbehörden sind verpflichtet, entsprechend geschultes Personal zur Verfügung zu stellen. Anderseits darf sie aber nicht zu einer Entmündigung durch Experten führen (Mühlbauer Altenheim 1990, Heft 12, S.611).

Information und Beratung finden mit Ausnahme von Nr. 3 nunmehr **ohne** Antrag statt. Es besteht ein **Beratungsanspruch**. Die Heimaufsichtsbehörden sind verpflichtet, aktiv zu informieren und zu beraten sowie ein dauerhaftes Informationsangebot zur Verfügung zu stellen (vgl. BT-DrS.14/5399). Zur Beratung allg. Crößmann in Arbeitsmappe zum Heimgesetz des DV 1990, 19 ff.

Beratungen sind **keine** Verwaltungsakte, sondern schlichte Hoheitsakte. Das gilt auch dann, wenn die Beratung später in einen Verwaltungsakt einmünden kann (Dahlem ZfF 1975, S.158). Stellungnahmen und Gutachten, die die zuständige Behörde im Rahmen ihrer Tätigkeit nach Nr.1 bis 3 abgibt, können daher nicht mittels Widerspruch und verwaltungsgerichtlicher Klage angefochten werden. Allerdings können sie bei Vorliegen der Unrichtigkeit einen Amtshaftungsanspruch auslösen.

Die Information und Beratung kann schriftlich oder mündlich erfolgen. Sie ist in der Regel nach den Kostengesetzen der Länder

kostenpflichtig, sofern es sich nicht um Auskünfte einfacher Art handelt.

Zu Nr. 1:

2   Nr. 1 normiert den Rechtsanspruch der Bewohnerinnen und Bewohner sowie Heimbeiräte auf Beratung über ihre Rechte und Pflichten. Nr. 1 ist sehr eng mit Nr. 2 verbunden. Beide beinhalten die gleichen Regelungsinhalte und hätten daher besser zu einer Nr. verbunden werden sollen.

Zu Nr. 2:

3   Nach Nr. 2 hat die zuständige Behörde Personen, die ein berechtigtes Interesse haben, zu informieren und beraten. Die Information erstreckt sich nur auf die Mitteilung von Tatsachen und beinhaltet keine Wertung. Auch eine Empfehlung ist von der Information nicht mitumfaßt. Es besteht auch **keine Verpflichtung** zu einer **erschöpfenden Information und Beratung.** Die zuständige Behörde kann nur dies mitteilen, was ihr selbst bekannt ist. Keinesfalls beinhaltet Nr. 2 die Verpflichtung der zuständigen Behörde, sich selbst über die ihrer Aufsicht unterliegenden Einrichtungen alle nur denkbaren Informationen zu besorgen.

Die Information und Beratung kann nur solchen Personen erteilt werden, die ein **berechtigtes Interesse** an ihr haben (vgl. dazu Schmitz-Elsen Caritas 1975, 119 ff.; Giese ZfF 1979, 241; Weakland/Herr, Beratung alter Menschen und ihrer Familien). Der Begriff des „berechtigten Interesses" ist umfassender als der des „rechtlichen Interesses". Es genügt, daß der Antragsteller ein verständiges, durch die Sachlage gerechtfertigtes Interesse verfolgt. Ein berechtigtes Interesse hat zunächst jeder, der selbst Bewohner eines Heims nach § 1 werden will oder eine andere Person in einem Heim nach § 1 unterbringen will. Letztendlich bestimmt sich das berechtigte Interesse aus dem Schutzzweck des HeimG (Goberg zu alt § 11 RdNr. 5). Wird der Behörde dabei bekannt, daß es sich bei dem Auskunftssuchenden um einen Sozialfall handeln könnte, so hat sie hiervon dem zuständigen Sozialhilfeträger Kenntnis zu geben (BGH VerwRspr. Bd. 10, Nr. 18; Bd. 21, Nr. 233).

Ein berechtigtes Interesse liegt insbesondere **nicht** vor, wenn die Information oder Beratung lediglich aus **Neugier oder zu unbefugten Zwecken** verlangt wird. Auch kaufmännischen Auskunfteien wird das Recht auf Information nach Nr. 2 zu verweigern sein. Die zuständige Behörde ist kein Auskunftsbüro.

Beratung **§ 4**

Zu Nr. 3:

Nach Nr. 2 sollen Personen und Träger, die die Errichtung von Heimen nach § 1 anstreben oder derartige Heime betreiben, bei der Planung und dem Betrieb informiert und beraten werden. Dies ermöglicht die rechtsstaatlich garantierte Freiheit des Einzelnen mit der Fürsorgepflicht des Sozialstaats zu verknüpfen und im Hinblick auf die Integration in wirkungsvoller Weise zu vereinen (Giese/Melzer, Beratung in der Soz. Arbeit DV Kl. Schr. Nr. 52 S. 27).

Die Beratung erfolgt in erster Linie in Form der **Erfahrungsmitteilung.** Die in Nr. 3 genannten Personen sollen außerhalb der Überwachung nach § 15 und der damit verbundenen nachfolgenden Beratung nach § 16 von sich aus die Möglichkeit haben, in bestimmten, den Betrieb des Heims angehenden Fragen sich der Erfahrenheit der zuständigen Behörde bedienen zu können (vgl. dazu Lenz Planungshilfen zur Nutzungsänderung von Alten- und Pflegeheimen, 1989 KDA, Bd. 158 des BMJFFG). Die Beratung ist vor allem für Träger von besonderer Bedeutung. Hier soll durch die Beratung verhindert werden, daß nach Errichtung eines Heims die zuständige Behörde Mängel beanstanden muß, die dann nicht entstanden wären, wenn sich der Träger vor Errichtung hätte beraten lassen. Allerdings erfolgt die Beratung nach Nr. 3 nur auf Antrag. Die zuständige Behörde kann nicht von sich aus beratend tätig werden. Die Beratung kann **niemandem aufgezwungen** werden.

Die Information und Beratung bei der **Planung** umfaßt nicht nur die Einhaltung der Vorschriften des HeimG, sondern auch die Einhaltung von Vorschriften außerhalb (also solcher nach anderen Gesetzen, die beim Bau eines Heims zu berücksichtigen sind) des HeimG. **Nicht** jedoch wird durch Nr. 3 das **unternehmerische Risiko,** das mit der Errichtung und dem Betrieb eines Heims verbunden ist, in den Verantwortungsbereich der zuständigen Behörde verlagert.

Die Information wird wohl als kostenfrei angesehen werden müssen, da es sich hier nur um die Mitteilung einfacher Tatsachen handelt. Anders jedoch die Beratung. Diese ist nach den Ländergesetzen kostenpflichtig, sofern sie nicht geringfügig ist. Eine Kostenpflicht wird vor allem dann vorliegen, wenn die Beratung in eine Begutachtung von Planungen ausartet (zur Beratung allg.: Giese in Giese/Melzer, Die Beratung in der sozialen Arbeit, 1974, S. 27).

§ 5 Heimvertrag

(1) ¹Zwischen dem Träger und der künftigen Bewohnerin oder dem künftigen Bewohner ist ein Heimvertrag abzuschließen. ²Der Inhalt des Heimvertrags ist der Bewohnerin oder dem Bewohner unter Beifügung einer Ausfertigung des Vertrags schriftlich zu bestätigen.

(2) Der Träger hat die künftigen Bewohnerinnen und Bewohner vor Abschluss des Heimvertrags schriftlich über den Vertragsinhalt zu informieren und sie auf die Möglichkeiten späterer Leistungs- und Entgeltveränderungen hinzuweisen.

(3) ¹Im Heimvertrag sind die Rechte und Pflichten des Trägers und der Bewohnerin oder des Bewohners, insbesondere die Leistungen des Trägers und das von der Bewohnerin oder dem Bewohner insgesamt zu entrichtende Heimentgelt, zu regeln. ²Der Heimvertrag muss eine allgemeine Leistungsbeschreibung des Heims, insbesondere der Ausstattung, enthalten. ³Im Heimvertrag müssen die Leistungen des Trägers, insbesondere Art, Inhalt und Umfang der Unterkunft, Verpflegung und Betreuung einschließlich der auf die Unterkunft, Verpflegung und Betreuung entfallenden Entgelte angegeben werden. ⁴Außerdem müssen die weiteren Leistungen im Einzelnen gesondert beschrieben und die jeweiligen Entgeltbestandteile hierfür gesondert angegeben werden.

(4) Wird die Bewohnerin oder der Bewohner nur vorübergehend aufgenommen, so umfasst die Leistungspflicht des Trägers alle Betreuungsmaßnahmen, die während des Aufenthalts erforderlich sind.

(5) ¹In Verträgen mit Personen, die Leistungen nach den §§ 41, 42 und 43 des Elften Buches Sozialgesetzbuch in Anspruch nehmen (Leistungsempfänger der Pflegeversicherung), müssen Art, Inhalt und Umfang der in Absatz 3 genannten Leistungen sowie die jeweiligen Entgelte den im Siebten und Achten Kapitel oder den aufgrund des Siebten und Achten Kapitels des Elften Buches Sozialgesetzbuch getroffenen Regelungen (Regelungen der Pflegeversicherung) entsprechen sowie die gesondert berechenbaren Investitionskosten (§ 82 Abs. 3 und 4 des Elften Buches Sozialgesetzbuch) gesondert ausgewiesen werden. ²Entsprechen Art, Inhalt oder Umfang der Leistungen oder Entgelte nicht den Regelungen der Pflegeversicherung, haben sowohl der Leistungs-

Heimvertrag § 5

empfänger der Pflegeversicherung als auch der Träger einen Anspruch auf entsprechende Anpassung des Vertrags.

(6) ¹In Verträgen mit Personen, denen Hilfe in Einrichtungen nach dem Zwölften Buch Sozialgesetzbuch gewährt wird, müssen Art, Inhalt und Umfang der in Absatz 3 genannten Leistungen sowie die jeweiligen Entgelte den aufgrund des Zehnten Kapitels des Zwölften Buches Sozialgesetzbuch getroffenen Vereinbarungen entsprechen. ²Absatz 5 Satz 2 findet entsprechende Anwendung.

(7) ¹Das Entgelt sowie die Entgeltbestandteile müssen im Verhältnis zu den Leistungen angemessen sein. ²Sie sind für alle Bewohnerinnen und Bewohner eines Heims nach einheitlichen Grundsätzen zu bemessen. ³Eine Differenzierung ist zulässig, soweit eine öffentliche Förderung von betriebsnotwendigen Investitionsaufwendungen nur für einen Teil eines Heims erfolgt ist. ⁴Eine Differenzierung nach Kostenträgern ist unzulässig. ⁵Abweichend von Satz 4 ist eine Differenzierung der Entgelte insofern zulässig, als Vergütungsvereinbarungen nach dem Zehnten Kapitel des Zwölften Buches Sozialgesetzbuch über Investitionsbeträge oder gesondert berechnete Investitionskosten getroffen worden sind.

(8) ¹Im Heimvertrag ist für Zeiten der Abwesenheit der Bewohnerin oder des Bewohners eine Regelung vorzusehen, ob und in welchem Umfang eine Erstattung ersparter Aufwendungen erfolgt. ²Die Absätze 5 und 6 finden Anwendung.

(9) Werden Leistungen unmittelbar zu Lasten eines gesetzlichen Leistungsträgers erbracht, ist die Bewohnerin oder der Bewohner unverzüglich schriftlich unter Mitteilung des Kostenanteils hierauf hinzuweisen.

(10) ¹Der Träger hat die künftige Bewohnerin oder den künftigen Bewohner bei Abschluss des Heimvertrags schriftlich auf sein Recht hinzuweisen, sich beim Träger, bei der zuständigen Behörde oder der Arbeitsgemeinschaft nach § 20 Abs. 5 beraten zu lassen sowie sich über Mängel bei der Erbringung der im Heimvertrag vorgesehenen Leistungen zu beschweren. ²Zugleich hat er die entsprechenden Anschriften mitzuteilen.

(11) ¹Erbringt der Träger die vertraglichen Leistungen ganz oder teilweise nicht oder weisen sie nicht unerhebliche Mängel auf, kann die Bewohnerin oder der Bewohner unbeschadet weitergehender zivilrechtlicher Ansprüche bis zu sechs Monate rückwirkend eine angemessene Kürzung des vereinbarten Heim-

§ 5
Kommentar zum HeimG

entgelts verlangen. ²Dies gilt nicht, soweit nach § 115 Abs. 3 des Elften Buches Sozialgesetzbuch wegen desselben Sachverhaltes ein Kürzungsbetrag vereinbart oder festgesetzt worden ist. ³Bei Personen, denen Hilfe in Einrichtungen nach dem Zwölften Buch Sozialgesetzbuch gewährt wird, steht der Kürzungsbetrag bis zur Höhe der erbrachten Leistungen vorrangig dem Träger der Sozialhilfe zu. ⁴Versicherten der Pflegeversicherung steht der Kürzungsbetrag bis zur Höhe ihres Eigenentgelts am Heimentgelt zu; ein überschießender Betrag ist an die Pflegekasse auszuzahlen.

(12) War die Bewohnerin oder der Bewohner zu dem Zeitpunkt der Aufnahme in ein Heim geschäftsunfähig, so gilt der von ihr oder ihm geschlossene Heimvertrag in Ansehung einer bereits bewirkten Leistung und deren Gegenleistung, soweit diese in einem angemessenen Verhältnis zueinander stehen, als wirksam.

1 Ein Ziel des Dritten Gesetzes zur Änderung des Heimgesetzes war es, einen sachgerechten Ausgleich der Interessen von Heimträger und Heimbewohner sicherzustellen, die Rechte der Verbraucher zu stärken und die **Transparenz** der Heimverträge zu verbessern. Die organisatorische und fachliche Position des Trägers darf nicht so dominant werden, daß die berechtigten Interessen der Heimbewohner nicht mehr angemessen zur Geltung kommen. Der Heimbewohner muß die Entgelte den Leistungen zuordnen und mit den Positionen anderer Heime vergleichen können.

Ein weiteres Ziel der Gesetzesnovelle ist es, die **Verzahnung** des Heimgesetzes mit den Vorschriften des Pflege-Versicherungsgesetzes (SGB XI) und des Bundessozialhilfegesetzes (BSHG) zu verbessern.

Die Umsetzung dieser Ziele führt zu einer Neugestaltung der Bestimmungen über den Heimvertrag. Die Verträge, die vor der Änderung des Heimgesetzes abgeschlossen wurden, sind im Wege der ergänzenden Vertragsauslegung an die nunmehrige Rechtslage anzupassen (so OLG München, Urt. v. 25.4.2001, VuR 2001, 384).

Abs. 12 wurde durch das Gesetz zur Änderung des Rechts der Vertretung durch Rechtsanwälte vor den Oberlandesgerichten vom 23. Juli 2002 angefügt (BGBl. I S. 2850, 2861).

Im Einzelnen:

Zu Abs. 1:

2 Absatz 1 **verpflichtet jeden Träger,** den gewerblichen, freigemeinnützigen und öffentlichen Träger eines Heimes im Sinne von § 1, und den künftigen Bewohner zum Abschluß eines **Heimver-**

Heimvertrag **§ 5**

trags. Der Heimvertrag ist ein privatrechtlicher Vertrag zwischen den Parteien. Durch das 1. Änderungsgesetz wurde klargestellt, daß auch ein öffentlich-rechtlicher Träger einen privatrechtlichen Vertrag abzuschließen hat. Der Gesetzgeber begründete dies seinerzeit mit der Streichung des bisherigen Satzes 2, der für öffentlich-rechtliche Anstalten eine Vertragsverweisung auf erlassene Benutzungsordnungen vorsah; argumentativ überzeugender dürften jedoch die Einfügungen der §§ 4 b und 4 c a. F. sein, die inhaltlich den Regelungen des Mietrechts nachgebildet wurden. Auf die Streitfrage, ob ein öffentlich-rechtlicher Träger sich beim Heimvertrag auch der Form des öffentlich-rechtlichen Vertrages bedienen kann oder ob bei der früheren Regelung „viel für die privatrechtliche Lösung gesprochen hat" (vgl. Igl in ND 1979 S. 218 ff.), kommt es nicht mehr an.

Auch das 1. Gesetz zur Änderung des Heimgesetzes enthielt **keine Formvorschrift** über den Abschluß des Vertrages. Während man bei der vorigen Fassung des § 4 Satz 1 a. F. davon ausgehen mußte, daß Schriftform gewollt war (Schutzzweck des Gesetzes und dem hieraus resultierenden Erfordernis von Klarheit, Klarstellung und Beweissicherung der getroffenen Vereinbarungen, wie auch die Beifügung der Musterverträge gem. § 12 Abs. 1 Satz 3 Nr. 11), hat der Gesetzgeber bei der Änderung des HeimG bewußt darauf **verzichtet,** die **Schriftform** gem. § 125 BGB vorzusehen. Er ging zwar davon aus, daß der „Abschluß eines schriftlichen Vertrages anzustreben ist", um „Unklarheiten und mögliche Streitigkeiten über den Abschluß des Heimvertrages und seines Inhalts auszuschließen, den Bewohner vor übereilten Änderungen zu schützen und der zuständigen Behörde eine wirksamere Überwachung des Heims zu ermöglichen". (Begründung zu Nr. 5 des Entwurfs der BReg. II 2 DrS. 203/89), hatte aber letztlich nicht den Mut, die ganz überwiegend in der Praxis aus guten Gründen bewährte Schriftlichkeit wegen der Rechtsfolge des § 125 BGB festzuschreiben, da er glaubte, „ein vertragsloser Zustand würde dem Schutzbedürfnis des Heimbewohners nicht gerecht" (Begründung a. a. O.). Ob mit einer solchen Überlegung dem Interesse an Klarheit über die konkreten Vertragsinhalte zwischen den Vertragsparteien Rechnung getragen wird, muß erheblich bezweifelt werden, insbesondere wenn bei mündlich geschlossenen Verträgen der Heimträger entsprechend seiner Verpflichtung nach Satz 2 den Inhalt des Vertrages schriftlich bestätigen muß und Differenzen zwischen der Bestätigung und der mündlichen Vereinbarung bestehen. 3

Die Formulierung **künftige Bewohnerin oder künftiger Bewohner** stellt klar, daß der Heimvertrag **vor Einzug** ins Heim ab- 4

§ 5 Kommentar zum HeimG

zuschließen ist, da mit dem Einzug ins Heim die tatsächliche Bewohnereigenschaft gegeben ist. Mit dieser Formulierung wird auch klargestellt, daß ein Vertrag nicht mit Interessenten, die sich in der Regel bei mehreren Heimen bewerben oder beworben haben, abzuschließen ist, sondern erst dann, wenn der Entschluß, in das konkrete Heim einzuziehen, getroffen ist.

5 Der Heimvertrag kann **mündlich und schriftlich** abgeschlossen werden, wobei in aller Regel die Schriftform vorgesehen sein wird. Allerdings hat die mangelnde Schriftform nicht die Nichtigkeit des Vertrages gem. § 125 Satz 1 BGB zur Folge. Das Motiv des Gesetzgebers, wonach ein vertragsloser Zustand dem Schutzbedürfnis des Heimbewohners nicht gerecht würde, geht jedoch ins Leere bei Heimbewohnern, die geschäftsunfähig sind, da deren Willenserklärungen gem. § 105 Abs. 1 BGB nichtig sind (vgl. aber die neue Bestimmung in Abs. 12). Platz greifen kann die Überlegung des Gesetzgebers also nur bei beschränkt geschäftsfähigen Bewohnern, da bei diesen der Heimvertrag durch den bewußten Verzicht der Schriftform gem. § 108 Abs. 1 BGB genehmigt werden kann. In jedem Falle setzt der wirksame Vertragsabschluß, ob mündlich oder schriftlich, die unbeschränkte Geschäftsfähigkeit voraus.

Soweit die Unterbringung in einem Heim mit einer Freiheitsentziehung (etwa Unterbringung in einer geschlossenen Abteilung) verbunden sein sollte, bedarf sie nach § 1800 i.V.m. §§ 1631–1633 BGB der Genehmigung des Vormundschaftsgerichts. Die einstweilige Unterbringungsanordnung nach den §§ 70h Abs. 3 FGG, 1846 BGB setzt nach dem **Betreuungsrecht** stets voraus, daß das Vormundschaftsgericht zumindest gleichzeitig und sofort wirksam einen vorläufigen Betreuer mit dem Aufgabenkreis Aufenthaltsbestimmung bestellt (Beschl. des OLG Frankfurt v. 3.11.92, Az. 20 W 429/92 = Altenheim 5/93 m.w.N.; a.A. OLG Schleswig-Holstein Beschl. v. 30.9.92). Zum Abschluß von Heimverträgen durch den Betreuer vgl. auch Krüger, BtPrax 1995, 165).

Bei **Formularverträgen** fand bisher das AGB-Gesetz Anwendung (s. RdNr. 45). Seit der Neufassung des BGB vom 2. Januar 2002 gelten die §§ 305 ff.

6 Wenn auch das Gesetz von **einem Heimvertrag** spricht, so regelt es nicht, ob dieser Heimvertrag aus mehreren einzelnen und gesonderten Verträgen, etwa einem **Mietvertrag** und einem **Dienstvertrag** bestehen kann. Auch hier ergibt sich aus dem Schutzzweck des Gesetzes und der Tatsache, daß der Heimvertrag entsprechend den dem Mietrecht nachgebildeten Regelungen der §§ 7 und 8 ausgestaltet werden muß, daß der Heimvertrag in **ei-**

Heimvertrag **§ 5**

nem Vertrag zu bestehen hat, in welchem die einschlägigen Fragen geregelt werden.

Soweit **Kautionen** verlangt werden, sind diese gem. § 14 Abs. 4 **7** zu verzinsen und vom Träger eines Heims von seinem Vermögen getrennt für jede Bewohnerin und jeden Bewohner einzeln bei einer öffentlichen Sparkasse oder einer Bank zu dem für Spareinlagen mit dreimonatiger Kündigungsfrist marktüblichen Zinssatz anzulegen. Gem. § 14 Abs. 2 Nr. 4 dürfen sie das Doppelte des auf einen Monat entfallenden Entgelts nicht übersteigen. Die Zinsen stehen dem Bewohner zu und erhöhen die Sicherheit. Diese Sicherheiten können jetzt auch durch Stellung einer selbstschuldnerischen Bürgschaft geleistet werden.

Verlangt der Träger **Leistungen, die mit der Unterbringung** zusammenhängen, also Einkaufsdarlehen, so sind diese vom Zeitpunkt ihrer Gewährung an mindestens vier vom Hundert für das Jahr zu verzinsen, soweit der Vorteil der Kapitalnutzung bei der Bemessung des Entgelts nicht berücksichtigt worden ist. Sie sind zurückzuzahlen, soweit sie nicht mit dem Entgelt verrechnet worden sind (vgl. § 14 Abs. 2 Nr. 3, § 14 Abs. 3). Wird im Heimvertrag (was die Regel sein sollte) auch die Darlehensgewährung aufgenommen, so ist darauf zu achten, daß – sofern Zinsen mit dem geforderten Entgelt verrechnet werden sollen – der sich ergebende Zinsbetrag von dem monatlichen Entgelt betragsmäßig abgesetzt wird.

Soweit es sich um Sicherheitsleistungen bzw. Kautionen handelt, die **nicht** der Regelung des § 14 unterliegen, kann die Aufsichtsbehörde keine Anordnungen nach § 17 erlassen, da es sich dann um eine Auflage handelt, die deswegen rechtswidrig ist, weil privatrechtliche (Rückzahlungs-)Ansprüche auf öffentliches Recht gestützt werden (Hess. VGH, Urt. v. 21. 4. 83, Az. 8 HU 19/83).

Auch **wenn das Entgelt** für die Leistungen des Trägers **nicht vom** **8** **Bewohner selbst erbracht** wird, wie dies der Fall ist, wenn der Sozialhilfeträger das Entgelt teilweise oder ganz übernimmt und an den Träger eines Heims im Sinne von § 1 unmittelbar ausbezahlt, ist **ein Heimvertrag mit dem Bewohner** abzuschließen (so auch OVG Lüneburg, Urt. v. 4. 2. 1984, Az. 4 OVG 229/83). Dies ergibt sich zwingend aus § 5 Abs. 1 Satz 1. Dabei soll in dem Heimvertrag aufgenommen werden, in welcher Höhe der Sozialhilfeträger das Entgelt übernommen hat, damit der nach dem Bundessozialhilfegesetz anspruchsberechtigte Bewohner von vorneherein nicht für das volle Entgelt in Anspruch genommen werden kann und sofort Klarheit hat, in welchem Umfang er dem Träger verpflichtet ist.

§ 5 Kommentar zum HeimG

Zu den einzelnen Rechtsbeziehungen zwischen Heimbewohner, privatem Heimträger und Sozialhilfeträger und ihr Zusammenwirken siehe Dahlinger in ND 1979, 214 ff., auch Giese in ZfF 1979, 241 ff. (245); Igl a.a.O. S.224, Lenz ZfSH/SGB 1986, S.162 ff.

9 Nach **Satz 2** (bisher Abs.2 Satz 1) ist dem Bewohner der Inhalt des Heimvertrages unter Beifügung einer Ausfertigung des Vertrags **schriftlich zu bestätigen.** Diese Regelung ist erforderlich geworden, weil der Gesetzgeber die Schriftform des Heimvertrages aus den unter RdNr.3 erwähnten Überlegungen nicht vorgesehen hat. Deshalb wird in den Fällen, in denen ein schriftlicher Heimvertrag abgeschlossen ist und eine Ausfertigung des Vertrages übergeben wurde, eine Bestätigung überflüssig sein; alles andere wäre unnötiger Formalismus und kann auch nicht dadurch gerechtfertigt werden, daß der schriftliche Heimvertrag mit der künftigen Bewohnerin oder dem künftigen Bewohner abgeschlossen wurde, die Bestätigung jedoch erst der Bewohnerin oder dem Bewohner erteilt werden muß. Folglich ist der Satz 2 nur auf die Fälle anwendbar, in denen ausnahmsweise ein **mündlicher** Heimvertrag abgeschlossen wurde. Die Regelung des Abs.3 Satz 1, wonach insbesondere die Leistungen des Trägers und das dafür insgesamt zu entrichtende Entgelt anzugeben ist, kann nur aus Gründen der Klarstellung erfolgen: Ist nämlich der Inhalt des Heimvertrages zu bestätigen, so muß die Bestätigung alle vertragserheblichen Regelungen enthalten, die einerseits nach den einschlägigen Bestimmungen des HeimG für den Heimvertrag erforderlich sind und demgemäß andererseits den notwendigen Vertragsinhalt des mündlich geschlossenen Heimvertrages wiedergeben. Es ist nämlich einer Bestätigung immanent, daß hier nur das schriftlich niedergelegt werden kann, was vorher mündlich vereinbart wurde. Um hier diesen möglichen Schwierigkeiten zu entgehen, ist der Bestätigung eine Ausfertigung des Vertrages beizufügen. Die schriftliche Bestätigung wird inhaltlich deshalb in der Regel auf die beigefügte Vertragsausfertigung verweisen.

Fraglich kann sein, ob die Vertragsausfertigung von beiden Parteien **unterzeichnet** sein muß. Da der Gesetzgeber in Abs.1 Satz 1 bewußt von der Schriftform des Vertrages abgesehen hat, ist dies nicht erforderlich, da ansonsten die Schriftform des Vertrages über Satz 2 eingeführt werden würde. Glaubt der Bewohner, die der Bestätigung beigefügte Vertragsausfertigung entspreche nicht dem mündlich ausgehandelten Vertrag, so muß er innerhalb angemessener Frist **widersprechen.** In diesen Fällen kann es dann zu Beweisschwierigkeiten kommen, die dem schutzwürdigen Interesse

Heimvertrag § 5

des Bewohners konträr sind und zu vermeiden gewesen wären, wenn der Gesetzgeber im Interesse der Klarheit des Vertrages seine Schriftform vorgesehen hätte. Die schriftliche Bestätigung heilt dann nicht Verstöße gegen den Inhalt des mündlich abgeschlossenen Heimvertrages; wird jedoch der Bestätigung nicht in angemessener Frist widersprochen, so ist davon auszugehen, daß der der Bestätigung beigefügte Heimvertrag abgeschlossen wurde.

Rechtsnatur des Heimvertrags 10

Der Heimvertrag ist seinem **Wesen** nach ein **gemischter Vertrag**, da bei ihm Bestandteile verschiedener Vertragstypen derart verbunden sind, daß sie nur in ihrer Gesamtheit ein sinnvolles Ganzes ergeben (Palandt, Überbl. v. § 311 RdNr. 19 ff). Seine **beiden wesentlichen Vertragselemente** bestehen aus **Mietvertrag und Dienstvertrag.** Die Lehre hat vier Gruppen von gemischten Verträgen entwickelt. Der Heimvertrag fällt in die Gruppe der **Typenverschmelzungsverträge**, da die verschiedenen Vertragstypen untrennbar miteinander verbunden sind (vgl. LG Göttingen ZfSH 1978 S. 80; Schmidt/Elsen ND 1979, 85 und BayWD 1979, 25 Stober ZfSH 1977, 325; ders. in NJW 1979, 97; Staehle ZfSH 1978, 257; ders. in NJW 1978, 1359, Dahlem/Giese Anm. 10 zu § 4; Gössling/Knopp § 4 RdNr. 17, Stephan ZfSH 1976, 193, BGH, Urt. v. 29.10. 1980, ZfSH, S. 146 ff.).

Für die rechtliche Behandlung der gemischten Verträge sind drei Theorien entwickelt worden, die Absorptionstheorie, die Kombinationstheorie und die Theorie der allgemeinen Rechtsanwendung (s. hierzu im einzelnen Palandt, Überbl. v. § 311 RdNr. 24).

Die **h. M.** stellt bei der rechtlichen Behandlung von gemischten Verträgen **auf den Vertragstyp** ab, der **den rechtlichen oder wirtschaftlichen Schwerpunkt** bildet (vgl. Larenz Lehrbuch des Schuldrechts Bd. II § 62 I, Palandt, Überbl. v. § 311 RdNr. 25a, RGZ 161, 324; BGHZ 2, 333). Welcher Vertragstyp überwiegt, richtet sich danach, in welchem Heim die Aufnahme stattfindet, denn in den verschiedenen Heimarten werden unterschiedliche Leistungen geboten. Folglich ist zu berücksichtigen, daß die Grenzen (und damit die jeweils angebotenen Leistungen) zwischen Altenwohnheim und Altenheim einerseits, Altenheim und Altenpflegeheim andererseits fließend sein können. Bei der Beurteilung, welcher Vertragstyp überwiegt, ist stets auf **den Einzelfall** abzustellen; es sind die im jeweiligen Heim gebotenen Leistungen nach ihrem wirtschaftlichen Schwerpunkt zu prüfen. Diese Prüfung ist durch die Einfügung der §§ 7 (Erhöhung des Entgelts) und 8 (Ver-

§ 5 Kommentar zum HeimG

tragsdauer) weitestgehend hinfällig geworden, da es infolge dieser Regelungen nicht mehr darauf ankommt, ob eine Kündigung oder Erhöhung des Entgelts nach mietrechtlichen oder dienstvertragsrechtlichen Vorschriften erfolgt.

11 Folgende typischen **Heimarten** haben sich herausgebildet:

Das Wohnheim: Hier werden dienstvertragliche Leistungen regelmäßig gering sein, da der Bewohnerkreis in Wohnheimen sich grundsätzlich selbst verpflegt und versorgt und nur in Ausnahmefällen, wie z.B. Krankheit, Versorgungs- und Verpflegungsleistungen in Anspruch nehmen will.

Das Altenheim: Hier wird in der Regel eine volle Versorgung und Verpflegung geboten, die u.a. folgende Dienstleistungen voraussetzen: Reinigung des Appartements/Zimmers, der Wäsche, Zubereitung wenigstens einer Hauptmahlzeit, die Pflege bei Krankheit und bei Eintritt der Pflegebedürftigkeit.

Das Pflegeheim oder die Pflegeabteilung: Hier ist die Unterbringung lediglich eine Voraussetzung der vorgesehenen Pflege. Eine eigenverantwortliche Gestaltung des Lebens wird den im Pflegeheim lebenden Personen infolge ihres Gesundheitszustandes überwiegend versagt sein.

12 Die **rechtliche Behandlung** des Heimvertrages spielte früher eine besondere Rolle hinsichtlich der Beendigung des jeweiligen Vertragsverhältnisses und der Erhöhung des Entgelts, da hier nach den Vorschriften des Vertragstyps zu verfahren war, der dem jeweiligen Vertrag das Gepräge gegeben hat. Durch die Einfügung der §§ 6 bis 9, in denen die Kündigung und die Erhöhung des Entgelts geregelt wurden und die gem. § 9 zwingend sind, soweit andere Regelungen der §§ 5 bis 8 nicht für die Bewohnerin oder den Bewohner vorteilhaft sind, haben die Feststellung des Vertragstyps und seine Behandlung, sowie die insofern bisher ergangenen Entscheidungen **ihre Bedeutung verloren.** Die Neufassung des § 5 und die Ergänzungsregelungen der §§ 6 bis 9 wollen nur einzelne, sozialpolitisch dringend gebotene Schutzmaßnahmen für Heimbewohner mit zwingenden Normen des Zivilrechts durchsetzen. Auf eine umfassende und abschließende gesetzliche Regelung des Heimvertrags wurde bewußt verzichtet. Die Kernpunkte der Regelung sind Bestimmungen über den Inhalt, über die Anpassung und über die Kündigung des Vertrags sowie über die Erhöhung des Entgelts. Im übrigen finden zivilrechtliche Vorschriften auch weiterhin Anwendung, soweit nicht das HeimG besondere Bestimmungen enthält. Mit der Aufnahme dieser Bestimmungen werden zugleich

Heimvertrag **§ 5**

Pflichten begründet, deren Einhaltung der Kontrolle der Heimaufsichtsbehörde unterliegt.

Zu Abs. 2:

Nach Abs. 2 muß der Heimträger die künftigen Bewohnerinnen 13
und Bewohner **vor** Abschluß des Heimvertrags **schriftlich** über
den Inhalt des Vertrags **informieren** und sie darauf hinweisen, daß
spätere Leistungs- und Entgeltveränderungen möglich sind.

Die **Informationspflicht** des Heimträgers war vor dem Inkrafttreten des Dritten Gesetzes zur Änderung des Heimgesetzes in § 4 Abs. 4 a. F. geregelt. In dieser Regelung kam zum Ausdruck, daß insbesondere über die Leistungen und die Ausstattung des Heims sowie die Rechte und Pflichten der Bewohner zu informieren war. Diese Aufzählung ist bei der Novellierung des Heimgesetzes entfallen. Eine substantielle Änderung ist damit jedoch nicht verbunden, da die genannten Angaben nach wie vor typische Regelungsgegenstände des Heimvertrags sind.

Somit muß jeder Träger eines Heims den Bewerber **vor Abschluß** des Heimvertrags schriftlich über den Vertragsinhalt, insbes. über die Leistungen und die Ausstattung des Heims sowie die Rechte und Pflichten der Bewohner informieren.

In Betracht kommen alle Angaben, die für den Bewerber bei seiner Überlegung, in diese konkrete Einrichtung zu gehen oder es nicht zu tun, von Erheblichkeit sein können. Daraus ergibt sich, daß diese Angaben wahrheitsgemäß und objektiv zu machen sind.

Neben den genannten Angaben über die Leistungen und die Ausstattung der Einrichtung sowie über die Rechte und Pflichten der Bewohner kommen insbesondere Angaben über die Lage der Einrichtung, die Verkehrsverbindungen, Angaben über die Eigentumsverhältnisse (gegebenenfalls Angaben über die Pachtdauer), die Umgebung der Einrichtung und dergleichen in Betracht.

Weiter gehört hierzu eine Information über die sich aus der HeimmwV ergebenden Rechte der Bewohner, z. B. auch ob ein Heimbeirat oder ein Heimfürsprecher besteht. Die schriftliche Information wird i. d. R. durch Aushändigung des Mustervertrags, eines detaillierten Heimprospekts und der HeimmwV erfolgen.

Zu den vorzulegenden Unterlagen gehört auch die Vorlage eines 14
Schiedsvertrages, wenn ein solcher abgeschlossen werden soll. Der
Schiedsvertrag bedarf nach § 1027 ZPO der Schriftform und darf
keine andere Vereinbarung enthalten als solche, die sich auf das
schiedsgerichtliche Verfahren beziehen. Ein Schiedsvertrag hat

zum Inhalt, daß Streitigkeiten aus dem (Heim-)Vertrag nicht vor den ordentlichen (staatlichen) Richtern ausgetragen werden; die Parteien unterwerfen sich vielmehr der Entscheidung eines – aus einer oder mehreren Personen bestehenden – Schiedsgerichts, das abschließend über die streitige Angelegenheit entscheidet.

Wird die schiedsgerichtliche Vereinbarung nicht in einer gesonderten Urkunde abgeschlossen, sondern im Heimvertrag aufgenommen, so muß sie sich eindeutig von ihm absetzen und besonders unterschrieben sein (vgl. Baumbach/Lauterbach Anm.D zu § 1027).

§ 1025a Satz 1 ZPO erklärt zwar Schiedsverträge über Rechtsstreitigkeiten, die den Bestand eines Mietverhältnisses über Wohnraum betreffen, für unwirksam. Hieraus kann jedoch nicht geschlossen werden, daß bei gemischten Verträgen wie den Altenwohnheim- und Altenheimverträgen § 1025a ZPO, bei denen der Schwerpunkt des Vertrages die Wohnraumüberlassung ist, anwendbar ist, da § 1025a ZPO einen **Mietvertrag** voraussetzt, der ausschließlich die Überlassung von Wohnraum zum Gegenstand hat. Dieses ist bei Heimverträgen nicht gegeben (wie hier wohl auch Stober ZfSH 1980, 353 (356), der nur den Schutzgedanken des § 1025a ZPO auf Heimbewohner erstrecken will und die Einführung eines § 1025a Abs.2 ZPO für Heimverhältnisse nach dem HeimG vorschlägt. A.A. Gössling-Knopp RdNr.39 zu § 5, die die teilweise Unwirksamkeit hinsichtlich der mietrechtlichen Vereinbarungen zulassen). An dieser Auffassung wird auch nach der Novellierung des HeimG festgehalten, obwohl der Heimvertrag in den §§ 7 und 8 im Hinblick auf die Erhöhung des Entgelts und die Kündigung mit wesentlichen Elementen des Mietrechts ausgestattet worden ist; auch hierdurch wird der Heimvertrag nicht zu einem Mietvertrag i.S.d. § 1025a ZPO.

Die Beurteilung, ob ein Schiedsvertrag unwirksam ist, hat folglich ausschließlich nach § 1025 Abs.2 ZPO zu erfolgen. Danach ist der Schiedsvertrag unwirksam, wenn eine Partei ihre wirtschaftliche oder soziale Überlegenheit dazu ausgenützt hat, den anderen Teil zu seinem Abschluß oder zur Annahme von Bestimmungen zu nötigen, die ihr im Verfahren, insbesondere hinsichtlich der Ernennung oder Ablehnung der Schiedsrichter, ein Übergewicht über den anderen Teil einräumen. Ob dies der Fall ist, ist in jedem Einzelfall zu prüfen.

Es ist deshalb davon auszugehen, daß Schiedsverträge grundsätzlich zulässig sind (a.A.Stober ZfSH 1980 aaO, der sie aufgrund des sozialen Aspektes des Heimgesetzes, der Monopolstellung der Heimverträge und dem – bei Heimverträgen noch wesentlich aus-

Heimvertrag **§ 5**

geprägteren – sozialen Schutzgedanken des § 1025 a ZPO generell für unzulässig hält).

Durch das Dritte Gesetz zur Änderung des Heimgesetzes wurde die **Informationspflicht** des Heimträgers **erweitert**: Er ist verpflichtet, auf die **Möglichkeiten späterer Leistungs- und Entgeltveränderungen** hinzuweisen. Durch diesen Hinweis wird der Heimbewohner zum einen darauf aufmerksam gemacht, daß er überhaupt mit Leistungs- und Entgeltveränderungen rechnen muß. Zum anderen wird ihm durch den Hinweis bereits vor dem Einzug ermöglicht abzuschätzen, welche Kosten künftig auf ihn zukommen können. In dieser Regelung kommt das Ziel des Gesetzgebers zum Ausdruck, zwischen den Vertragsparteien einen **sachgerechten Interessenausgleich** herbeizuführen und etwaige Konflikte durch einen vertrauensvollen und offenen Umgang miteinander zu vermeiden. 15

Zu Abs. 3:

In die Regelung des Absatzes 3 sind die Absätze 2 und 4 des § 4 a. F. eingeflossen. Inhaltlicher Schwerpunkt der Neufassung des Absatzes ist die **Verbesserung der Transparenz** von Heimverträgen. Der Bewerber um einen Heimplatz soll in die Lage versetzt werden, die Leistungen und Preise verschiedener Heime miteinander vergleichen zu können. Des weiteren muß klar sein, welche Entgeltbestandteile für welche Leistungen zu bezahlen sind. Außerdem muß es möglich sein, das Entgelt auf seine Angemessenheit hin zu überprüfen. 16

Im Einzelnen:

Nach **Satz 1** sind im Heimvertrag die **Rechte und Pflichten** des Trägers und der Bewohner zu regeln. Erforderlich ist eine umfassende Darstellung der Rechtspositionen der beiden Vertragsparteien. Ausdrücklich vorgeschrieben ist, daß die **Leistungen** des Heimträgers und das vom Bewohner **insgesamt** zu entrichtende **Heimentgelt** anzugeben ist. Der Bewohner muß bei Abschluß des Heimvertrags wissen, welche Leistungen er erhält und welchen Gesamtpreis er dafür zu bezahlen hat. Insoweit wurde die Rechtslage durch das Dritte Gesetz zur Änderung des Heimgesetzes nicht verändert. Als Heimentgelt kann auch eine Zuwendung mittels Verfügung von Todes wegen in Betracht kommen. Nach Auffassung des OLG München, Urt. v. 23.11.1994, ZEV 1996, 148, besteht insoweit kein Unterschied zu § 14 HeimG (vgl. dort RdNr. 7 und 8). 17

Neu ist die Regelung in **Satz 2**. Hiernach muß der Heimvertrag eine **allgemeine Leistungsbeschreibung** des Heims enthalten. Ins- 18

§ 5 Kommentar zum HeimG

besondere die Ausstattung des Heims ist zu beschreiben. Mit dieser Regelung bezweckt der Gesetzgeber zum einen, den Heimbewohner über den Leistungskatalog des Heims in Kenntnis zu setzen. Zum anderen kann der Bewerber um einen Heimplatz anhand dieser Information abschätzen, ob eine richtige Betreuung und Versorgung auch bei einer Verschlechterung seines Gesundheitszustandes gewährleistet ist und er dann in dem jeweiligen Heim bleiben kann.

19 Neu ist ferner die Regelung in **Satz 3**. Neben der bereits thematisierten allgemeinen Leistungsbeschreibung muß der Heimvertrag auch eine **individuelle** Beschreibung enthalten. Der Bewohner muß erkennen können, welche **einzelnen Leistungen** des Trägers Gegenstand seines Heimvertrags sind. Insbesondere sind Art, Inhalt und Umfang der Unterkunft, Verpflegung und Betreuung anzugeben.

Die Leistungen des Trägers sind je nach Art des Heimes (Altenwohnheim, Altenheim, Altenpflegeheim) unterschiedlich. Die vom Heim angebotenen Leistungen müssen jedoch eindeutige Angaben über den Umfang der jeweiligen Leistungen enthalten. So ist bei der Unterkunft das Appartement/Zimmer/Einbett/Doppelzimmer nach Lage und Ausstattung (Kochgelegenheit, Bad, Dusche, Möbilierung) zu beschreiben. Bei der Verpflegung ist erforderlich, wieviele Mahlzeiten u.a. auch Diätkost angeboten werden. Zum Anspruch des Heimträgers auf Entgelt für Verpflegung, wenn der Heimbewohner die angebotene Kostform nicht entgegennimmt, weil er auf **Sondernahrung** angewiesen ist, die von der gesetzlichen Krankenversicherung finanziert wird vgl. BGH-Urteil vom 22.1.2004, III ZR 68/03. Hinsichtlich der Pflege und Betreuung ist darzulegen, welche Betreuungsangebote und Pflegeleistungen grundsätzlich im Entgelt enthalten sind. Sollten darüber hinaus auch Sonderleistungen angeboten werden, so sind auch diese im einzelnen zu beschreiben; ferner ist hier darzulegen, daß diese Leistungen nicht in den Betreuungs- und Pflegeleistungen enthalten sind und zu welchem Preis diese Leistungen erbracht werden.

Außerdem muß der Bewohner erkennen können, **was die Einzelleistungen kosten.** Dabei ist nach den Kostenblöcken Unterkunft, Verpflegung und Betreuung zu differenzieren. Nicht erforderlich ist aber, das Entgelt für jede individuelle Leistung der genannten drei Kostenblöcke anzugeben.

Diese Bestimmung dient in besonderem Maße der Verbesserung der **Transparenz** von Heimverträgen und ist Grundlage für die Prüfung der Angemessenheit des Entgelts (vgl. Abs. 7).

Durch das Dritte Gesetz zur Änderung des Heimgesetzes wurden spezielle Regelungen für Heimverträge mit Leistungsempfängern der **Pflegeversicherung** bzw. der **Sozialhilfe** in den Absätzen 5 und 6 formuliert (s.u.).

Nach **Satz 4** müssen auch die **weiteren Leistungen** im einzelnen 20 gesondert beschrieben werden; die jeweiligen Entgeltbestandteile sind ebenfalls gesondert anzugeben. Ausweislich der Gesetzesbegründung zählen zu den „weiteren Leistungen" neben der Betreuung, Unterkunft und Verpflegung alle Leistungen, zu deren Erbringung der Träger auf der Grundlage des Heimvertrags verpflichtet ist und die Bestandteil des Heimentgelts sind. Dies gilt z.B. für den Wäsche- und Reinigungsdienst. **Nicht** erfaßt werden anlaßbezogene und zusätzliche Leistungen. Beispielsweise werden Ausflüge oder kulturelle Veranstaltungen **gesondert** angeboten, angenommen und abgerechnet.

Abschließend wird nochmals darauf hingewiesen, daß der Ge- 21 setzgeber bei der Neufassung des Absatzes 3 das Ziel verfolgte, die **Transparenz** der Heimverträge zu verbessern. Durch eine differenzierte Darstellung der Leistungen und der jeweiligen Entgeltbestandteile sollen Klarheit über die jeweiligen Rechtspositionen erzeugt, Mißverständnissen vorgebeugt und Rechtsstreitigkeiten möglichst vermieden werden.

Zu Abs. 4:

Absatz 4 entspricht dem bisherigen Absatz 5, der durch das 22 Zweite Gesetz zur Änderung des Heimgesetzes vom 3.2. 1997 eingefügt worden war.

Abs. 4 regelt die Leistungspflicht für Heime oder Teile von Heimen, die der **vorübergehenden Aufnahme** Volljähriger dienen (§ 1 Abs. 3). In diesen Kurzzeitheimen umfaßt die Leistungspflicht des Trägers alle Betreuungsmaßnahmen, die für den Bewohner in der Zeit seines (vorübergehenden) Aufenthalts erforderlich sind. Gem. § 1 Abs. 4 ist als vorübergehend i.S.d. HeimG ein Zeitraum von bis zu **drei Monaten** anzusehen. Einer Anpassung der Leistungen des Heimträgers bedarf es bei einer vorübergehenden Aufnahme nicht (vgl. § 6).

Zu Abs. 5:

Absatz 5 gilt für **Leistungsempfänger der Pflegeversicherung** 23 und dient der **Harmonisierung** mit den Regelungen des Pflege-Versicherungsgesetzes (SGB XI). Inhaltlich entspricht Abs. 5 in wesentlichen Punkten dem früheren § 4e, der durch das Dritte Gesetz zur Änderung des Heimgesetzes gestrichen wurde.

§ 5 Kommentar zum HeimG

Versicherte der sozialen Pflegeversicherung sind gem. § 1 Abs. 2 Satz 1 SGB XI kraft Gesetzes alle, die in der gesetzlichen Krankenversicherung versichert sind, nicht jedoch die, die gem. § 1 Abs. 2 Satz 2 als privat Krankenversicherte eine private Pflegeversicherung abschließen müssen. In den Heimverträgen mit den Versicherten der Pflegeversicherung sind die **Leistungen** des Heimträgers für allgemeine Pflegeleistungen, für Unterkunft und Verpflegung (sog. Hotelkosten) sowie für Zusatzleistungen nach den Kriterien Art, Inhalt und Umfang im einzelnen zu beschreiben (vgl. auch Abs. 3). Ferner sind die jeweiligen **Entgeltbestandteile** anzugeben. Die genannten Leistungen und Entgelte müssen den **Regelungen der Pflegeversicherung entsprechen.**

Durch das Dritte Gesetz zur Änderung des Heimgesetzes wurde darüber hinaus die Pflicht begründet, auch die gesondert berechenbaren **Investitionskosten** nach § 82 Abs. 3 und 4 SGB XI gesondert auszuweisen. Hier wird wieder das Ziel des Gesetzgebers deutlich, das HeimG mit dem SGB XI besser zu verzahnen.

24 Die beschriebenen Regelungen gelten für Personen, die **Leistungen nach § 41** (Tagespflege und Nachtpflege), **§ 42** (Kurzzeitpflege) und **§ 43** (vollstationäre Pflege) des SGB XI in Anspruch nehmen.

Für diesen Personenkreis brachte § 4e a. F. gegenüber der Regelung des § 4 a. F. insofern eine Erweiterung, als hier in den Verträgen die Positionen allgemeine Pflegeleistungen, Unterkunft und Verpflegung sowie Zusatzleistungen im einzelnen gesondert beschrieben und die Entgelte für diese Positionen gesondert anzugeben sind, während bei Bewohnern, die nicht Versicherte der sozialen Pflegeversicherung sind, die Regelungen des § 4 Abs. 2 Satz 2 i. V. m. § 1 Abs. 1 Satz 3 a. F. galten, wonach für die dort genannten, im einzelnen zu beschreibenden Leistungen nur das insgesamt zu entrichtende Entgelt anzugeben war. Diese Divergenz ist durch das Dritte Gesetz zur Änderung des Heimgesetzes beseitigt worden. Insoweit wird auf den neuen Abs. 3 verwiesen.

Da jedoch nach dem Achten Kapitel des SGB XI die Vergütungen für allgemeine Pflegeleistungen und die Investitionszuschläge für alle Heimbewohner nach einheitlichen Grundsätzen zu bemessen sind und nicht von den in den Pflegesatzverhandlungen vereinbarten Pflegesätzen abweichen dürfen, ist es sachgerecht, die erwähnte Aufteilung des Entgelts auch in den Verträgen mit den Privatversicherten vorzunehmen (siehe hierzu auch Wiedemann in ZfSH/SGB S. 293 ff., 298).

Unter welchen Voraussetzungen (teil-)stationäre Pflege nach dem SGB XI gewährt wird, richtet sich nach den §§ 41, 42 und 43 SGB XI:

Heimvertrag **§ 5**

§ 41 Tagespflege und Nachtpflege. (1) Pflegebedürftige haben Anspruch auf teilstationäre Pflege in Einrichtungen der Tages- oder Nachtpflege, wenn häusliche Pflege nicht in ausreichendem Umfang sichergestellt werden kann oder wenn dies zur Ergänzung oder Stärkung der häuslichen Pflege erforderlich ist. Die teilstationäre Pflege umfaßt auch die notwendige Beförderung des Pflegebedürftigen von der Wohnung zur Einrichtung der Tagespflege oder der Nachtpflege und zurück.

(2) Die Pflegekasse übernimmt die pflegebedingten Aufwendungen der teilstationären Pflege, die Aufwendungen der sozialen Betreuung sowie in der Zeit vom 1. Juli 1996 bis zum 31. Dezember 2004 die Aufwendungen für die in der Einrichtung notwendigen Leistungen der medizinischen Behandlungspflege:

1. für Pflegebedürftige der Pflegestufe I im Wert bis zu 384 Euro,
2. für Pflegebedürftige der Pflegestufe II im Wert bis zu 921 Euro,
3. für Pflegebedürftige der Pflegestufe III im Wert bis zu 1432 Euro,
je Kalendermonat.

(3) Wird die Leistung nach Absatz 2 neben der Sachleistung nach § 36 in Anspruch genommen, dürfen die Aufwendungen insgesamt je Kalendermonat den in § 36 Abs. 3 und 4 für die jeweilige Pflegestufe vorgesehenen Höchstbetrag nicht übersteigen. Wird die Leistung nach Absatz 2 neben dem Pflegegeld nach § 37 in Anspruch genommen, gilt § 38 Satz 2 entsprechend.

Erläuterungen zu § 41 SGB XI:

Durch das Dritte Gesetz zur Änderung des Heimgesetzes wurde der Anwendungsbereich des Gesetzes auf die Einrichtungen der Tages- und der Nachtpflege erweitert (vgl. § 1 Abs. 5). Die Bewohner dieser Einrichtungen haben ein den Heimbewohnern vergleichbares Schutzbedürfnis.

§ 41 SGB XI betont den Grundsatz des Vorrangs der häuslichen Pflege. Bei den Aufwendungen, die die Pflegekasse übernimmt, wird nach der Pflegestufe unterschieden. Nach § 15 SGB XI gibt es drei Pflegestufen: Erheblich Pflegebedürftige (Stufe I), Schwerpflegebedürftige (Stufe II) und Schwerstpflegebedürftige (Stufe III). Abs. 3 enthält Regelungen für die Fälle, in denen die Aufwendungen nach Abs. 2 neben Sachleistungen oder dem Pflegegeld in Anspruch genommen werden.

§ 42 Kurzzeitpflege. (1) Kann die häusliche Pflege zeitweise nicht, noch nicht oder nicht im erforderlichen Umfang erbracht werden und reicht auch teilstationäre Pflege nicht aus, besteht Anspruch auf Pflege in einer vollstationären Einrichtung.
Dies gilt:
1. für eine Übergangszeit im Anschluß an eine stationäre Behandlung des Pflegebedürftigen oder

§ 5 Kommentar zum HeimG

2. in sonstigen Krisensituationen, in denen vorübergehend häusliche oder teilstationäre Pflege nicht möglich oder nicht ausreichend ist.

(2) Der Anspruch auf Kurzzeitpflege ist auf vier Wochen pro Kalenderjahr beschränkt. Die Pflegekasse übernimmt die pflegebedingten Aufwendungen, die Aufwendungen der sozialen Betreuung sowie in der Zeit vom 1. Juli 1996 bis zum 31. Dezember 2004 die Aufwendungen für Leistungen der medizinischen Behandlungspflege bis zu dem Gesamtbetrag von 1432 Euro im Kalenderjahr.

Erläuterungen zu § 42 SGB XI:

§ 42 SGB XI trägt dem Grundsatz des Vorrangs der häuslichen Pflege, den § 3 SGB XI ausdrücklich normiert, Rechnung. Der Anspruch entsteht, wenn häusliche Pflege nach § 39 SGB XI oder teilstationäre Pflege gem. § 41 SGB XI (Tagespflege und Nachtpflege) nicht möglich sind. In diesen Fällen wird der Pflegebedürftige in einem Heim aufgenommen, wobei die Dauer gem. § 42 Abs. 2 auf vier Wochen im Kalenderjahr beschränkt ist. In Frage kommt die Kurzzeitpflege für eine Übergangszeit im Anschluß an eine stationäre Behandlung in einem Krankenhaus oder eine Rehabilitationseinrichtung, wenn z. B. die Pflegeperson die Pflege noch nicht übernehmen kann, krank oder sonstig vermindert ist, oder kurzfristiger Verschlimmerung der Pflegebedürftigkeit. Zu beachten ist, daß in all diesen Fällen die häusliche Pflege nach § 39 SGB XI zeitweise nicht, noch nicht oder nicht in vollem Umfang erbracht werden kann und auch Tagespflege und Nachtpflege gem. § 41 für die ordnungsgem. Pflege nicht ausreichen. Die Leistung der Pflegekasse ist auf höchstens 1432 € pro Kalenderjahr beschränkt.

Zu beachten ist ferner, daß die Kurzzeitpflege nach dem SGB XI auf vier Wochen beschränkt ist, während seit der Änderung des Heimgesetzes § 1 Abs. 3 einen Zeitraum von bis zu drei Monaten zugrundelegt.

§ 43 Inhalt der Leistung. (1) Pflegebedürftige haben Anspruch auf Pflege in vollstationären Einrichtungen, wenn häusliche oder teilstationäre Pflege nicht möglich ist oder wegen der Besonderheit des einzelnen Falles nicht in Betracht kommt.

(2) Die Pflegekasse übernimmt die pflegebedingten Aufwendungen, die Aufwendungen der sozialen Betreuung sowie in der Zeit vom 1. Juli 1996 bis zum 31. Dezember 2004 die Aufwendungen für Leistungen der medizinischen Behandlungspflege bis zu dem Gesamtbetrag von 1432 Euro monatlich; dabei dürfen die jährlichen Ausgaben der einzelnen Pflegekasse für die bei ihr versicherten stationär Pflegebedürftigen im Durchschnitt 15 339 Euro je Pflegebedürftigen nicht übersteigen. Die Pflegekasse hat jeweils zum 1. Januar und 1. Juli zu überprüfen, ob dieser Durchschnittsbetrag eingehalten ist.

Heimvertrag **§ 5**

(3) Die Pflegekassen können bei Pflegebedürftigen der Pflegestufe III über die Beträge nach Absatz 2 Satz 1 hinaus in besonderen Ausnahmefällen zur Vermeidung von Härten die pflegebedingten Aufwendungen, die Aufwendungen der sozialen Betreuung sowie in der Zeit vom 1. Juli 1996 bis zum 31. Dezember 2004 die Aufwendungen für Leistungen der medizinischen Behandlungspflege bis zu dem Gesamtbetrag von 1688 Euro monatlich übernehmen, wenn ein außergewöhnlich hoher und intensiver Pflegeaufwand erforderlich ist, der das übliche Maß der Pflegestufe III weit übersteigt, beispielsweise bei Apallikern, schwerer Demenz oder im Endstadium von Krebserkrankungen. Die Ausnahmeregelung des Satzes 1 darf bei der einzelnen Pflegekasse für nicht mehr als fünf vom Hundert der bei ihr versicherten Pflegebedürftigen der Pflegestufe III, die stationäre Pflegeleistungen erhalten, Anwendung finden.

(4) Wählen Pflegebedürftige vollstationäre Pflege, obwohl diese nach Feststellung der Pflegekasse nicht erforderlich ist, erhalten sie zu den pflegebedingten Aufwendungen einen Zuschuß in Höhe des in § 36 Abs. 3 für die jeweilige Pflegestufe vorgesehenen Gesamtwertes.

(5) In der Zeit vom 1. Januar 1998 bis 31. Dezember 2004 übernimmt die Pflegekasse abweichend von Absatz 2 Satz 1 und Absatz 3 Satz 1 die pflegebedingten Aufwendungen, die Aufwendungen der medizinischen Behandlungspflege und der sozialen Betreuung pauschal

1. für Pflegebedürftige der Pflegestufe I in Höhe von 1023 Euro monatlich,
2. für Pflegebedürftige der Pflegestufe II in Höhe von 1279 Euro monatlich,
3. für Pflegebedürftige der Pflegestufe III in Höhe von 1432 Euro monatlich,
4. für Pflegebedürftige, die nach Absatz 3 als Härtefall anerkannt sind, in Höhe von 1688 Euro monatlich;

insgesamt darf der von der Pflegekasse zu übernehmende Betrag 75 vom Hundert des Gesamtbetrages aus Pflegesatz, Entgelt für Unterkunft und Verpflegung und gesondert berechenbaren Investitionskosten nach § 82 Abs. 3 und 4 nicht übersteigen. Die jährlichen Ausgaben der einzelnen Pflegekasse für die bei ihr versicherten Pflegebedürftigen in vollstationärer Pflege dürfen ohne Berücksichtigung der Härtefälle im Durchschnitt 15 339 Euro je Pflegebedürftigen nicht übersteigen. Höhere Aufwendungen einer einzelnen Pflegekasse sind nur zulässig, wenn innerhalb der Kassenart, der die Pflegekasse angehört, ein Verfahren festgelegt ist, das die Einhaltung der Durchschnittsvorgabe von 15 339 Euro je Pflegebedürftigen innerhalb der Kassenart auf Bundesebene sicherstellt.

Erläuterungen zu § 43 SGB XI:

Auch diese Vorschrift betont noch einmal den Vorrang der häuslichen Pflege, weil sie nach Abs. 1 grds. nur dann gewährt wird, wenn häusliche und teilstationäre Pflege nicht möglich ist oder wenn sie wegen der Besonderheit des einzelnen Falles nicht in Betracht kommt. Unbeschadet davon, kann gem. Abs. 4 die vollstationäre Pflege auch gewählt werden, wenn die Voraussetzungen des

Abs. 1 nicht vorliegen. Allerdings ist dann der Zuschuß auf den Gesamtwert der Pflegestufen aus § 36 Abs. 3 beschränkt (pro Kalendermonat in Pflegestufe I bis zu 384 €, in Pflegestufe II bis zu 921 € und in Pflegestufe III bis zu 1432 €).

Pflegebedingte Aufwendungen sind die erforderlichen Leistungen der Grundpflege, der aktivierenden Pflege und die Versorgung mit Pflegehilfsmitteln, soweit diese nicht von den Krankenkassen oder anderen Leistungsverpflichteten zu tragen sind. Die sog. Hotelkosten (Unterkunft und Verpflegung) sowie Zusatzleistungen fallen nicht unter die pflegebedingten Mehraufwendungen.

Art, Inhalt und Umfang der in Satz 1 genannten Leistungen sowie die jeweiligen Entgelte bestimmen sich nach dem Siebten und Achten Kapitel des Elften Buches Sozialgesetzbuch.

25   Satz 2 wurde durch das Dritte Gesetz zur Änderung des Heimgesetzes angefügt. Hiernach haben beide Vertragsparteien einen **Anspruch auf Anpassung** des Heimvertrags, wenn Art, Inhalt oder Umfang der Leistungen oder Entgelte **nicht** den Regelungen der Pflegeversicherung entsprechen. Auch diese Bestimmung dient der **Harmonisierung** des Heimgesetzes mit dem SGB XI.

Zu Abs. 6:

26   Abs. 6 wurde durch das Dritte Gesetz zur Änderung des Heimgesetzes angefügt. Die Spezialregelung für Leistungsempfänger der **Sozialhilfe** entspricht der für Leistungsempfänger der Pflegeversicherung in Abs. 5.

Die heimvertraglichen Regelungen über die Leistungen und Entgelte müssen den **Vereinbarungen nach dem BSHG entsprechen.** Falls dies nicht erfüllt ist, hat sowohl der Heimträger als auch der Bewohner einen **Anspruch auf Anpassung** des Heimvertrags. Diese Bestimmung dient der **Harmonisierung** des Heimgesetzes mit den Bestimmungen des BSHG.

Zu Abs. 7:

27   Abs. 7 wurde ebenfalls durch das Dritte Gesetz zur Änderung des Heimgesetzes aufgenommen.

Satz 1 enthält eine neue Regelung über die **Höhe des zulässigen Entgelts.**

Bisher war in § 4 Abs. 3 a. F. festgelegt, daß das Entgelt in keinem Mißverhältnis zu den Leistungen des Heimträgers stehen darf. **Jetzt** müssen das Entgelt sowie die Entgeltbestandteile im Verhältnis zu den Leistungen **angemessen** sein.

Heimvertrag §5

Durch die Gesetzesänderung ergeben sich **zwei Neuerungen:** Zum einen ist nicht mehr nur das Gesamtentgelt maßgebend; Beurteilungsgegenstand sind nunmehr auch die einzelnen Entgeltbestandteile. Zum anderen darf zwischen Leistung und Entgelt nicht mehr nur kein Mißverhältnis bestehen; das Entgelt muß jetzt im Verhältnis zu den Leistungen angemessen sein. Der Gesetzgeber hat damit den **Prüfungsmaßstab** zugunsten der Heimbewohnerinnen und -bewohner **verschärft.** Gerechtfertigt wird dies damit, daß die Heimbewohner regelmäßig keinen Einfluß auf die Preisgestaltung haben. Den Heimträgern dürfte die Änderung zuzumuten sein, da ihnen noch ein ausreichend großer Spielraum bei der Gestaltung der Entgelte bleibt. Selbstverständlich können privatgewerbliche Heimträger weiterhin Gewinne erwirtschaften.

Die Regelung des Abs. 7 Satz 1 ist ein **gesetzliches Verbot** i.S.d. **28** § 134 BGB. Verträge, bei denen das Entgelt nicht angemessen ist, sind nach § 134 BGB nichtig, soweit sie nicht nach § 140 BGB umgedeutet werden können oder § 139 BGB eingreift. Die Bestimmung dient nicht Kontrollzwecken, sondern ausschließlich dem **Schutz** der Heimbewohner vor Übervorteilung. § 134 BGB gilt auch für Erbverträge, die einen Heimvertrag beinhalten, bei dem das Entgelt in Form der Erbeinsetzung unangemessen ist (vgl. OLG München, Urt. v. 23.11.1994, ZEV 1996, 148).

Ob die Beteiligten den Inhalt des Vertrages und seine Wirkungen billigen oder nicht, ist dabei gleichgültig (RGZ 111, 28). Die Nichtigkeit besteht gegenüber jedermann und kann von jedermann geltend gemacht werden.

Die Unangemessenheit von Entgelt und Leistung muß **objektiv 29** vorliegen. Es ergibt sich aus dem Gesamtcharakter des Rechtsgeschäfts, d.h. aus einer umfassenden Würdigung von Inhalt, Beweggrund und Zweck des Geschäfts (BGH LM (Ca) Nr. 1; NJW 51, 397, Palandt § 138 RdNr. 8). Ausgangspunkt für die Beurteilung ist die Ermittlung und Gegenüberstellung des objektiven Werts der beiderseitigen Leistungen und zwar unter Zugrundelegung der bei Vertragsschluß bestehenden Verhältnisse (Palandt § 138, RdNr. 66, vgl. auch RdNr. 30 zu § 11).

Maßgebend für die Beurteilungsweise der für die Durchführung **30** des Heimgesetzes zuständigen Behörden ist nach dem Schutzzweck des Gesetzes stets die **Interessenlage der Bewohner,** nicht der Interessenlage etwaiger öffentlich-rechtlicher Kostenträger. Dabei sollte nicht übersehen werden, daß die Interessenlagen der Bewohner einerseits und die der Kostenträger andererseits in der Tendenz unterschiedlich ausgerichtet sind. Der Kostenträger hat darauf zu achten, daß seine Mittel sparsam und wirtschaftlich verwendet werden, während demgegenüber der Bewohner auf ein in qualitativer und quantitativer Hinsicht seinen Interessen und Bedürfnissen entsprechendes Leistungsangebot des Trägers Wert legt. Daraus folgt zugleich, daß steuerrechtliche und arbeitsrechtliche Gesichtspunkte, die der Träger in seinem Verhalten zu beachten hat, bei der Prüfung, ob eine Unangemessenheit i. S. d. Abs. 7 Satz 1 vorliegt, unbeachtlich sind. Der vom Heimgesetz erstrebte Schutz der Bewohner vor Übervorteilung darf nicht mit einer behördlichen Gewinnbeschränkung der Träger oder einer behördlichen Begrenzung der von den Trägern aufgewendeten Kosten verwechselt werden. Eine staatliche Festsetzung der Entgelte ist nicht gerechtfertigt, sondern nur eine staatliche Aufsicht darüber, daß der Träger des Heims Einschränkungen eines funktionsfähigen Marktes bzw. Verbesserungen des Wettbewerbs nicht zu Lasten der Heimbewohner ausnutzt (OVG Lüneburg NJW 1988, 1341). Ob eine Unangemessenheit im Einzelfall gegeben ist, kann daher nicht ausschließlich danach beurteilt werden, welche Kosten der Träger aufwendet und über das Entgelt abdecken muß.

Denn es ist durchaus vorstellbar, daß ein Träger sehr hohe Selbstkosten aufzuweisen hat, daß er aber seine Mittel derartig unwirtschaftlich einsetzt, daß eine volle Weitergabe dieser überhöhten Selbstkosten an die Bewohner im Vergleich mit den Entgelten in Einrichtungen, die ein vergleichbares Leistungsangebot aufweisen, aber wirtschaftlicher arbeiten, sie übervorteilen würde.

Durch die Kosten wird der Wert der Leistung nur insofern bestimmt, als der Anbieter langfristig Leistungen nicht erbringen kann, die seine Kosten nicht decken. Oberhalb dieser Grenze wird der Wert einer Leistung i. d. R. durch die Bereitschaft des Nachfragers bestimmt, den geforderten Preis zu bezahlen (Thieme NVwZ 1985, 73 ff.).

31 Bei der Prüfung, ob eine Unangemessenheit vorliegt, sind die Leistungen **ähnlicher** Einrichtungen von **vergleichbaren** Trägern und das von diesen verlangte Entgelt samt der jeweiligen Entgeltbestandteile als Vergleichsmaßstab heranzuziehen (Maas DÖV 1978, 207). Dabei muß der **Vergleichszeitraum** übereinstimmen. Wird an Stelle eines laufenden Entgelts ein **einmaliges Entgelt** vereinbart, so ist zur Beurteilung der Frage, ob eine Unangemessenheit vorliegt, eine Aufteilung nach **versicherungsmathematischen** Grundsätzen auf die Monate der voraussichtlichen Unterbringungsdauer vorzunehmen (vgl. Thieme NVwZ 1985, 73 ff.; Falthauser Altenheim 1984, 268 ff.). Die Feststellung der Unangemes-

Heimvertrag **§ 5**

senheit kann allein aus einer umfassenden Bewertung und Gegenüberstellung des objektiven Wertes der beiderseitigen bisherigen Leistungen gewonnen werden (VG Köln ZfS 1987, S. 51). Bei der **Prüfung der Vergleichbarkeit** der Leistungen sind **alle Kriterien** zu berücksichtigen, die für die Gestaltung des Entgelts maßgeblich sind und in dieses einfließen. Solche sind insbesondere die bauliche und technische Ausstattung des Heims, die Größe des überlassenen Wohnraums, etwaige Kapitaldienste, die mit der Errichtung oder Sanierung des Heims in unmittelbarem Zusammenhang stehen, staatliche Investitionszuschüsse ebenso wie Umfang und Qualität der Gewährung oder Vorhaltung von Verpflegung und Betreuung. Ergibt diese Prüfung eine Vergleichbarkeit der Leistungen, so sind die Entgelte zu vergleichen.

Eine **Unangemessenheit** des Entgelts bzw. der Entgeltbestandteile kann sich auch daraus ergeben, daß bei unverändertem Entgelt Leistungsbestandteile entgegen dem Heimvertrag auf Dauer nicht erbracht werden, so daß der Bewohner durch die Nichterbringung vom Träger zugesagter Leistungsbestandteile übervorteilt wird. **32**

Ergibt sich, daß das Entgelt in der Höhe mit dem Entgelt vergleichbarer Einrichtungen übereinstimmt, und besteht kein begründeter Anlaß zu der Annahme, daß geschuldete Leistungsbestandteile entgegen dem Heimvertrag nicht erbracht werden, ist eine Überprüfung der einzelnen Kostenbestandteile und der Kalkulation nach dem Grundsatz der Verhältnismäßigkeit nicht zulässig. Das **Gesamtentgelt** darf nicht unangemessen sein im Vergleich zu den Leistungen des Trägers. **33**

Innerhalb des insoweit vorgegebenen Rahmens ist es dem Träger grundsätzlich freigestellt, in einzelnen Kostenpunkten die Ausgaben nach seinem Ermessen zu gestalten, wenn dies insgesamt nicht zu einem unangemessenen Gesamtentgelt oder zu unangemessenen Entgeltbestandteilen führt. Es würde der Selbständigkeit des Trägers bei der Durchführung seiner Aufgaben zuwiderlaufen, wenn die zuständige Behörde bei insgesamt angemessenem Entgelt den Mitteleinsatz des Trägers dahingehend überprüft, ob nicht einzelne Kostenpositionen verringert werden können. Wie der Träger seine Kosten in den Einzelheiten kalkuliert, ist seine Angelegenheit, so lange nicht das geforderte Entgelt unangemessen hoch ist. Anderenfalls käme man zu dem Ergebnis, daß die zuständige Behörde aufgrund des Heimgesetzes verpflichtet wäre, alle Betriebsabläufe in der Einrichtung nach ihrem Ermessen daraufhin zu überprüfen, ob sie nicht noch kostengünstiger gestaltet werden

§ 5 Kommentar zum HeimG

könnten. Abs. 7 Satz 1 rechtfertigt nicht eine umfassende Kontrolle oder Revision des gesamten wirtschaftlichen Verhaltens des Trägers. Insbesondere ermächtigt Satz 1 **nicht** zu **preisregelnden Maßnahmen,** sondern nur zu einer Mißbrauchsaufsicht (Thieme NVwZ 1985, 77). Bei **gewerblichen** Trägern ist eine Gewinnerzielung legitim. Nach § 24 findet auf gewerbliche Träger die Gewerbeordnung Anwendung, die das Gewinnstreben voraussetzt (BVerfGE 5, 25 = NJW 1956, 1025, Thieme NVwZ 1985, 77).

Voraussetzung für den Betrieb eines Heimes ist nach § 11 Abs. 2 Nr. 3, daß angemessene Entgelte verlangt werden. Dies kann die Heimaufsichtsbehörde anhand der vorgelegten Muster der Heimverträge überprüfen (vgl. § 12 Abs. 1 Satz 3 Nr. 11).

34 Früher war strittig, ob eine **Kostendifferenzierung** zwischen Selbstzahlern und Sozialhilfeempfängern zulässig ist (vgl. hierzu OVG Lüneburg, Urt. v. 5.10.87 in NJW 1988, S. 1341; VG Köln ZfS 1987, S. 51; OVG Lüneburg FEVS 34 S. 61 = ZfSH/SGB 1985, S. 131; Hirte ZMR 1987 S. 204; Henningsen ZfF 1985, S. 25, Jacobi ZfSH/SGB 1982 S. 136, OLG Schleswig, Urt. v. 28.5.2002, SchlHA 2002, 207). Diese Frage wurde durch das Dritte Gesetz zur Änderung des Heimgesetzes beantwortet. Ein **Differenzierungsverbot** ist in den Sätzen 2 und 4 ausgesprochen: Nach **Satz 2** sind das Entgelt und die Entgeltbestandteile für alle Bewohnerinnen und Bewohner nach einheitlichen Grundsätzen zu bemessen. Nach **Satz 4** ist eine Differenzierung nach Kostenträgern nicht zulässig. Daher darf von einem Heimbewohner, der Leistungen der **Sozialhilfe** oder **Pflegeversicherung** erhält, für die gleiche Leistung kein höherer Kostenanteil verlangt werden, als dies von einem anderen Bewohner des Heims verlangt wird. Unzulässig ist es ferner, wenn von **Selbstzahlern** ein höheres Entgelt verlangt wird. Mit dieser Regelung harmonisierte der Gesetzgeber das Heimgesetz mit § 89 Abs. 1 SGB XI. Diese Änderung ist sachgerecht, weil nicht zuletzt aus sozialpolitischen Gründen und aus Gründen des Heimfriedens für die gleiche Leistung alle Bewohner des Heims das gleiche bezahlen müssen. Das bedeutet jedoch nicht, daß eine Unangemessenheit schon dann gegeben ist, wenn das Entgelt für Leistungen des Heimträgers das Entgelt für vergleichbare Leistungen **anderer** Heimträger erheblich übertrifft.

35 Vom Grundsatz des Differenzierungsverbotes hat der Gesetzgeber **zwei Ausnahmen** gemacht:

Abweichend von Satz 2 ist nach **Satz 3** eine Differenzierung zulässig, soweit eine **öffentliche Förderung von betriebsnotwendigen Investitionsaufwendungen** nur für einen **Teil** des Heims erfolgt. Diese Regelung ist konsequent, weil der Träger den anderen Teil nicht mit Fördermitteln finanzieren kann und somit auf zusätzliche Einnahmen angewiesen ist. Für die Differenzierung besteht ein sachlicher Grund.

Abweichend von Satz 4 ist nach **Satz 5** eine Differenzierung insofern zulässig, als **Vergütungsvereinbarungen nach §§ 93 ff. BSHG** über Investitionsbeträge oder gesondert berechnete Investitionskosten getroffen worden sind. Eine Kostenübernahme durch den Sozialhilfeträger ist daher nicht ausgeschlossen.

Nach der Rspr. des OVG Lüneburg a.a.O. können die mit den Trägern der Sozialhilfe nach § 93 Abs. 2 BSHG vereinbarten Kostensätze nicht mit dem verkehrsüblichen oder marktgerechten Entgelt gleichgesetzt werden. § 93 Abs. 2 BSHG verpflichtet den Träger der Sozialhilfe zur Übernahme der Kosten der Hilfe in Einrichtungen eines anderen Trägers, wie einem Alten- und Pflegeheim, nur dann, wenn mit dem Träger des Heims oder seinem Verband eine Vereinbarung über die Höhe der zu übernehmenden Kosten besteht. Die Vereinbarung muß nach § 93 Abs. 2 Satz 2 BSHG den Grundsätzen der Wirtschaftlichkeit, Sparsamkeit und Leistungsfähigkeit Rechnung tragen. Wenn keine Kostenvereinbarung besteht, soll der Träger der Sozialhilfe die Kosten übernehmen, wenn dies nach der Besonderheit des Einzelfalls geboten ist, um angemessenen Wünschen des Hilfeempfängers zu entsprechen. Die Kostenübernahme muß allerdings ebenso den Grundsätzen der Wirtschaftlichkeit, Sparsamkeit und Leistungsfähigkeit Rechnung tragen wie die Vereinbarung (vgl. OVG Lüneburg, FEVS 34, 64 = ZfSH 1985, 131). Der Träger der Sozialhilfe soll unter Hinweis auf diese Grundsätze nicht nur völlig unangemessenen Forderungen von Heimen entgegentreten können. Vielmehr bezweckt § 93 Abs. 2 Satz 2 BSHG n. F. gerade, daß nur solche Heimkosten übernommen werden, die entstehen würden, wenn das Heim nach den Grundsätzen der Wirtschaftlichkeit, Sparsamkeit und Leistungsfähigkeit organisiert wäre. Dem Heimträger bleibt es dann überlassen, sich diesen Grundsätzen anzupassen oder, falls die Leistungsfähigkeit dadurch nicht beeinträchtigt wird, Einbußen hinzunehmen (OVG Lüneburg, FEVS 34, 64 = ZfSH 1985, 131). Daraus wird deutlich, daß der Träger der Sozialhilfe über die Grundsätze der Wirtschaftlichkeit, Sparsamkeit und Leistungsfähigkeit auch Einfluß auf das Leistungsangebot einer Einrichtung nehmen kann und andererseits die bei einem Dienstleistungsunternehmen bedeutsamen atmosphärischen Vorzüge, die sich bei einem „freien Markt" auch im Marktpreis niederschlagen, keineswegs immer in der Höhe der nach § 93 Abs. 2 BSHG übernommenen Kosten angemessen honoriert werden. Der Träger der Sozialhilfe kann unter Hinweis auf die Grundsätze des § 93 Abs. 2 Satz 2 BSHG aber auch die Übernahme von Kosten ablehnen, die zwar aufgrund hoher Selbstkosten des Heimträgers im Einzelfall kalkulatorisch gerechtfertigt erscheinen, aber im Hinblick auf das von konkurrierenden Einrichtungen geforderte Entgelt überhöht sind. Der Gesetzgeber will den Trägern der Sozialhilfe mit § 93 Abs. 2 BSHG mehr als bislang die Möglichkeit einräumen, auf die Höhe und Ausgestaltung der zu übernehmenden Kosten Einfluß zu nehmen (Begründung des BR zu § 93 Abs. 2, BT-Dr 10/335, S. 103). Da ein Großteil aller Pflegebedürftigen in stationären Einrichtungen auf Sozialhilfe angewiesen sind (v. Trott, – NDV – 1984, 244), und daher die Sozialhilfeträger mit ihrer Nachfragemacht erheblichen wirtschaftlichen Druck ausüben, kann der Heimträger insbesondere bei einer auf Wirtschaftlichkeit und Sparsamkeit ausgerichteten Konkurrenz seinen kalkulierten Preis nicht ohne weiteres gegenüber dem Träger der Sozialhilfe durchsetzen. Annehmlichkeiten, die ihren Preis haben, brauchen sich nicht als pflegewirksam in der Kostenübernahme niederzuschlagen. Unter Umständen muß der Heimträger die Vereinbarung eines Entgelts akzeptieren, das allein nicht kostendeckend ist, sondern erst zusammen mit dem Entgelt der Selbstzahler eine Kostendeckung ergibt.

Der Zweck der Pflegesatzvereinbarungen bzw. der Kostenübernahmen nach § 93 Abs. 2 Satz 1 BSHG, die wirtschaftliche und sparsame Verwendung öffentlicher Mittel zu gewährleisten, verbietet es, die Höhe der mit dem Träger der Sozialhilfe vereinbarten bzw. übernommenen Pflegesätze mit einem verkehrsüblichen Entgelt bzw. einem Marktpreis gleichzusetzen (Dahlem/Giese/Igl, RdNr. 5.4 f.).

37 In seinem Urteil vom 12. 6. 1991 AZ 40 VG A 28/88 = NDV 1991, S. 359) hat das OVG Lüneburg erneut zur Gestaltung **der Pflegesätze von gewerblichen** Heimträgern Stellung genommen. Danach muß die Kostenübernahme, auch wenn die Voraussetzungen des § 93 Abs. 2 Satz 1 Halbs. 2 BSHG (Kostenübernahme bei Fehlen einer Pflegesatzvereinbarung) vorliegen, nach § 93 Abs. 2 BSHG den Grundsätzen der Wirtschaftlichkeit, Sparsamkeit und Leistungsfähigkeit Rechnung tragen. Die Grundsätze des § 93 Abs. 2 Satz 2 BSHG lassen den Ansatz eines kalkulatorischen Gewinns (mit Ausnahme von Zinsen in bestimmter Höhe – 1 v. H. über dem Zinssatz für Spareinlagen mit gesetzlicher Kündigungsfrist – auf das Eigenkapital) nicht zu. Dem Heimträger ist bei der

Heimvertrag § 5

Anwendung der Grundsätze nach § 93 Abs. 2 Satz 2 eine gewisse wirtschaftliche Gestaltungsfreiheit zu lassen; dies gilt, soweit und solange dadurch die eben bezeichneten Ziele nicht gefährdet werden. Der gewerbliche Heimträger ist nach dem BSHG nicht verpflichtet, sich bei der Vereinbarung des Entgelts für das Personal der Einrichtung jeweils an die Vorschriften des Bundesangestelltentarifs zu halten. Die Grundsätze der Sparsamkeit, Wirtschaftlichkeit und Leistungsfähigkeit sind jedenfalls dann gewahrt, wenn die Personalkosten bzw. die Personalkosten bestimmter Bereiche der Entwicklung (für sich betrachtet) nicht höher sind, als sie bei der Anwendung des BAT wären; etwas anderes gilt allerdings dann, wenn die Vergütung für einzelne Mitarbeiter unvertretbar hoch erscheint.

Die Pflegesatzvereinbarungen i.S.d. § 93 Abs. 2 BSHG sind öffentlich-rechtliche Verträge (Urt. d. BGH v. 12.11. 91 Az. KZR 12/90), mit der Folge, daß bei Streitigkeiten die Verwaltungsgerichte zuständig sind, da sich die Abwicklung der öffentlich-rechtlichen Verträge nicht nach den Regeln des Zivilrechts, sondern des öffentl. Rechts bestimmt. Die Pflegesatzvereinbarungen beziehen Dritte nicht als Geschützte i.S. eines Vertrags zugunsten Dritter ein; die Vereinbarung eines Dritten mit dem Heimträger, den Differenzbetrag zwischen dem Tagessatz des Sozialamts und dem Pflegesatz des Heimträgers zu übernehmen, ist zulässig (LG Hannover, Urt. v. 21.11. 91 Az. 19 O 260/91 = Altenheim 94/S. 489).

Zu Abs. 8:

Nach Abs. 8 Satz 1 wird der Heimträger verpflichtet, im Heimvertrag für die Zeiten der Abwesenheit des Bewohners eine Regelung vorzunehmen, ob und in welchem Umfang **ersparte Aufwendungen erstattet** werden. 38

Durch diese Regelung wird ein großer Gestaltungsspielraum eröffnet.

Zum einen kann der Träger von der Erstattung **absehen** („ob"). Werden ersparte Aufwendungen nicht erstattet, muß dies trotzdem im Heimvertrag geregelt werden. Der Bewerber um einen Heimplatz weiß dann, daß ihm der Träger ersparte Aufwendungen nicht erstattet, und wird dies bei seiner Entscheidung für oder gegen das Heim berücksichtigen. In jedem Fall besteht Klarheit über die Rechtslage. Dadurch können enttäuschte Erwartungen des Heimbewohners oder etwaige Rechtsstreitigkeiten vermieden werden.

Zum anderen kann sich der Träger bereit erklären, ersparte Aufwendungen zu **erstatten.** In diesem Fall muß der **Umfang** der Erstattung im Heimvertrag geregelt werden. Der Träger kann z.B.

§ 5 Kommentar zum HeimG

für Abwesenheitszeiten des Bewohners einen angemessenen Betrag festlegen. Bei der Kalkulation wird er die anfallenden Vorhaltekosten berücksichtigen. Aufwendungen wird sich der Träger bei den Sachkosten, selten bei den Personalkosten ersparen.

Nach **Satz 2** gelten für Leistungsempfänger der **Pflegeversicherung** und der **Sozialhilfe** die Vereinbarungen auf der Grundlage des SGB XI und des BSHG. Diese Regelungen müssen in den Heimvertrag aufgenommen werden.

Zu Abs. 9:

39 Abs. 9 regelt eine **Informationspflicht** bei Leistungen, die **unmittelbar zu Lasten** eines gesetzlichen Leistungsträgers erbracht werden. In diesem Fall hat der Heimträger den Bewohner unverzüglich (vgl. § 121 Abs. 1 BGB) und **schriftlich** darauf hinzuweisen und den Kostenanteil anzugeben.

Werden Leistungen unmittelbar zu Lasten eines gesetzlichen Kostenträgers erbracht, richtet sich der **Zahlungsanspruch** des Heimträgers gegen den Kostenträger und nicht gegen den Bewohner. Der Bewohner tritt nicht in Vorleistung, hat aber ein berechtigtes Interesse zu erfahren, wie der Ausgleich des insgesamt zu bezahlenden Heimentgelts erfolgt. Zweck des Abs. 9 ist es, dem Informationsinteresse des Bewohners Genüge zu tun.

Zu Abs. 10:

40 Ein Ziel des Dritten Gesetzes zur Änderung des Heimgesetzes war es, die **Rechtsstellung und den Schutz** der Heimbewohnerinnen und -bewohner zu verbessern. Dieses Ziel verfolgt der Gesetzgeber bei der Formulierung des Abs. 10.

Abs. 10 will es dem Bewohner erleichtern, sich von den richtigen Stellen beraten zu lassen und sich – wenn erforderlich – bei den zuständigen Stellen zu beschweren.

Dem Heimträger obliegt es, die Bewerber um einen Heimplatz **beim Abschluß** des Heimvertrags **schriftlich** darauf hinzuweisen, daß sie sich von ihm selbst, der Heimaufsichtsbehörde oder der Arbeitsgemeinschaft i. S. d. § 20 Abs. 5 **beraten** lassen können. Des weiteren hat er darauf hinzuweisen, daß sich der Bewohner über Mängel bei der Erbringung der heimvertraglichen Leistungen **beschweren** kann.

Mängel und Unregelmäßigkeiten bei der Vertragserfüllung brauchen nicht hingenommen zu werden.

Die Bewohner erhalten die **Adressen** der zuständigen Stellen (Satz 2) und können ihr Beschwerderecht effektiv ausüben.

Das Beschwerderecht korrespondiert mit der Pflicht des Heimträgers, auf die Beratungs- und Beschwerdemöglichkeiten hinzuweisen.

Mit dieser Bestimmung will der Gesetzgeber die Grundlage für eine **hausinterne Kultur der Streitschlichtung und Konfliktbewältigung** schaffen.

Zu Abs. 11:

Durch das Dritte Gesetz zur Änderung des Heimgesetzes wird in Abs. 11 **Satz 1** ein **Minderungsrecht** des Bewohners bei Schlechtleistung begründet.

Voraussetzung dieses Anspruchs ist, daß der Träger die heimvertraglichen Leistungen ganz oder teilweise nicht erbringt **oder** daß sie nicht unerhebliche Mängel aufweisen.

Sind die Voraussetzungen erfüllt, kann der Bewohner eine angemessene **Kürzung des Heimentgelts** verlangen. Dieser Anspruch unterliegt einer **sechsmonatigen Ausschlußfrist** und besteht **unbeschadet** weitergehender zivilrechtlicher Ansprüche.

Nach **Satz 2** steht dem Bewohner **kein** Minderungsrecht mehr zu, soweit bereits ein Kostenträger gem. § 115 Abs. 3 SGB XI wegen desselben Sachverhalts einen Kürzungsbetrag durchgesetzt hat. Allgemein gilt, daß nicht jede Schlechtleistung des Trägers zwingend sowohl das Vertragsverhältnis mit dem Bewohner als auch das mit dem Kostenträger betreffen muß. Im konkreten Einzelfall ist zu prüfen, ob der Bewohner, der Kostenträger oder beide Seiten betroffen sind.

Die **Sätze 3 und 4** enthalten Spezialregelungen für Leistungsempfänger der **Sozialhilfe** und der **Pflegeversicherung**. Im ersten Fall steht der Kürzungsbetrag vorrangig dem Sozialhilfeträger zu. Im zweiten Fall steht dem Versicherten der Kürzungsbetrag nur bis zur Höhe des Eigenanteils am Heimentgelt zu; den Rest erhält die Pflegekasse.

Zu Abs. 12:

Abs. 12 wurde durch das OLG-Vertretungsänderungsgesetz vom 23. 7. 2002 (BGBl. I S. 2850, 2861) angefügt. Das OLG-Vertretungsänderungsgesetz enthält eine Reihe von Bestimmungen über die **Geschäftsfähigkeit von Geschäftsunfähigen** (z. B. § 105 a BGB, § 138 SGB IX). Insoweit wird auf Palandt § 105 a RdNr. 1 ff. verwiesen.

Der neue § 5 Abs. 12 regelt die Wirksamkeit des von einem geschäftsunfähigen Bewohner geschlossenen Heimvertrags. Diese

Ausnahmeregelung setzt voraus, daß die **bewirkte** Leistung und Gegenleistung in einem **angemessenen** Verhältnis zueinander stehen. Hinsichtlich des Begriffs der Angemessenheit wird auf die Erläuterungen zu Abs. 7 verwiesen.

Mit dieser Bestimmung hat der Gesetzgeber ein **Sonderrecht** für geschäftsunfähige Heimbewohnerinnen und -bewohner geschaffen, das über die allgemeinen Regeln des bürgerlichen Rechts über die Wirksamkeit von Verträgen hinausgeht.

Zweck dieser Neuregelung ist es, den beiden Vertragsparteien eine ansonsten notwendige Rückabwicklung der bereits erbrachten Leistungen zu ersparen. Diese Regelung entspricht dem Schutzbedürfnis der meist betagten und betreuungsbedürftigen Bewohnerinnen und Bewohner. Mit dieser Regelung setzte sich Klie in BtPrax 2003, 21, kritisch auseinander: Die Ergänzung des § 5 HeimG stellt faktisch eine Versagung von rechtlichem Schutz für Geschäftsunfähige dar.

Einzelheiten:

45 **Gestaltung durch Allgemeine Geschäftsbedingungen**

Wie bereits unter RdNr. 1 ausgeführt, finden das AGBG und seit der Neufassung des BGB vom 2. Januar 2002 die §§ 305 ff. BGB auf die Heimverträge Anwendung, da es sich bei diesen Verträgen i. d. R. um von einem Heimträger vorformulierte Vertragsbedingungen, die für eine Vielzahl von Verträgen gelten sollen, handelt. Im Rahmen der Heimaufsicht können deshalb die Heimaufsichtsbehörden die Heimverträge, insbesondere Musterverträge einer Inhaltskontrolle nach den §§ 305 ff. BGB (früher AGBG) unterziehen (siehe hierzu LG Hamburg, Urt. v. 23.1. 1987 Az. 74 O 462/ 87; Klie Heimverträge und AGBG in: Altenheim 1988, 532 ff.; Urt. des LG Hamburg Leitsätze in Altenheim aaO). Infolge der Einfügung der §§ 6 ff. dürfte eine Überprüfung nach den §§ 305 ff. BGB bzw. dem AGBG erheblich an Bedeutung verloren haben, da vorher überwiegend Kündigungsklauseln und Entgelterhöhungen beanstandet wurden, wofür nunmehr zwingendes Recht gilt (§ 9). Zur Preistransparenz in den Allgemeinen Geschäftsbedingungen von Heimen vgl. auch Micklitz, VuR 1998, 291.

Gerichtsstandsvereinbarungen

Nach § 28 Abs. 1 ZPO gilt grundsätzlich der besondere Gerichtsstand des Erfüllungsortes. Zuständig ist folglich das Gericht des Ortes, an dem die Leistungen aus dem Heimvertrag zu erfüllen sind, also der Gerichtsort, in dessen Einzugsbereich das Heim liegt. Gem. §§ 28 Abs. 2, 38 ZPO kann jedoch ein abweichender Ge-

Heimvertrag **§ 5**

richtsort vereinbart werden, wenn die Parteien des Vertrages Kaufleute, die nicht zu den in § 4 HGB bezeichneten Gewerbetreibenden gehören, juristische Personen des öffentlichen Rechts oder öffentlich-rechtliche Sondervermögen sind. Da die Vertragsseite Bewohner nicht zu den Ausnahmen der §§ 28 Abs. 2, 38 ZPO gehört, sind Gerichtsstandsvereinbarungen nach § 38 ZPO unzulässig. In Fällen der Kurzzeitpflege stellt die Vereinbarung der Gerichtsstandsklausel „Gerichtsstand ist der Standort des Heims" eine unzulässige Gerichtsstandsvereinbarung dar (LG Karlsruhe, Urt. v. 10.10. 1997 AZ 10 O 197/97 = bpa-Magazin Nr. 5, S. 14, 1997).

Haftung:
Keine Haftung des Trägers für eingebrachte Sachen (Weimar ZMR 1979/136); wohl anders, wenn man BGH in NJW 1979, 1288 folgt. Haftung des Trägers, falls in einem Altenheim oder Pflegeheim der Träger für einen hilflosen Senior nicht Maßnahmen dafür trifft, daß die Vermögensvorsorge durch nahestehende Personen übernommen wird. Sind Kinder, die den Senior besuchen und dabei betreuen, vorhanden, entfällt die Pflicht des Trägers (OLG Frankfurt a. M. Az. 8 U 166/77, Urt. v. 14.3. 1978).

Sonderkündigungen bei Heimaufnahme
Die Beendigung eines Mietverhältnisses wegen Eigenbedarf bei einer 88jährigen Frau, die einen Vertrag mit einem Seniorenheim abgeschlossen hat, aber infolge des Fehlens eines verfügbaren Platzes derzeit nicht aufgenommen werden kann, ist unzulässig, da dies den vorübergehenden Umzug in eine andere Wohnung zur Folge hätte. Ein solcher Doppelumzug ist im Hinblick auf die besonderen Umstände der Mieterin nicht zumutbar. Dem steht auch nicht entgegen, wenn die Mieterin noch in der Lage ist, ihren Alltag alleine zu bewältigen (LG Köln, Urt. v. 18.7. 1996 Az. 65 474/95).
Der Vermieter kann sich nicht auf die Vereinbarung einer 12monatigen Kündigungsfrist berufen, wenn eine Unterbringung des Mieters durch vormundschaftliche Anordnung in einem Pflegeheim erfolgen soll. Das AG Altötting (Urt. v. 14.2. 1997 Az. 2 C 3635/96) nahm hier ein Sonderkündigungsrecht entsprechend der gesetzlichen Bestimmung beim Todesfall an (bpa-Magazin Nr. 5 S. 14, 1997).

Wohngeld:
Bisher bestand Anspruch auf Wohngeld bei Heimbewohnern dann, wenn ein Raum zur selbständigen Nutzung überlassen wur-

de (BVerwGE 41, 115 ff.; 52, 161 ff.). Durch Art. 4 des Zweiten Gesetzes zur Änderung des Heimgesetzes wurde § 3 Abs. 2 Nr. 5 des Wohngeldgesetzes wie folgt gefaßt:
„5. der Bewohner eines Heims i. S. d. HeimG, soweit er nicht nur vorübergehend aufgenommen wird."
Damit ist klargestellt, daß nur auf Dauer aufgenommene Bewohner Anspruch auf Wohngeld haben, nicht jedoch solche, die in Kurzzeitheimen aufgenommen sind. Die Höhe des Mietanteils richtet sich nach der Wohngeldverordnung (WoGV). Berechtigt zum Antrag auf Wohngeld ist nicht, wer in einem Heim i. S. d. HeimG nur aufgrund einer Notaufnahme vorübergehend und deshalb ohne Heimvertrag wohnt (Beschluß des BayVGH v. 28.4.86, Nr. 12 BZ 8600189 = FEVS Bd. 36 S. 265 ff.). Die Wohngeldverordnung regelt in § 8 Einzelheiten zur Wohnraumnutzung in Heimen.

Ein Heim i. S. d. HeimG ist im wohngeldrechtlichen Sinn nicht erst dann gegeben, wenn die Einrichtung (Heim) die Anforderungen des § 11 erfüllt. Auch in Nachsorge- und Übergangseinrichtungen, in denen die Bewohner tatsächlich ihren Lebensmittelpunkt gebildet haben, besteht ggf. Anspruch auf einen Mietzuschuß nach dem WohngeldG (VGH Baden-Württemb., Urt. v. 25.10.90 Az.: 11 F 108/90 in Altenheim 1991, S. 550).

§ 8 WoGV lautet:

Wohnraumnutzung in Heimen

§ 8 Als laufende Hilfe zum Lebensunterhalt anzurechnende Leistungen bei Wohnraumnutzung in Heimen nach § 10 Abs. 2 Nr. 7 des Wohngeldgesetzes. Für die bei der Ermittlung des Jahreseinkommens als laufende Hilfe zum Lebensunterhalt anzurechnende, in der Einrichtung mitgewährte Leistung an Bewohner eines Heimes im Sinne des Heimgesetzes ist ein Betrag von 562 Euro monatlich anzusetzen, höchstens jedoch der tatsächlich gewährte Sozialhilfebetrag.

§ 6 Anpassungspflicht

1 (1) ¹**Der Träger hat seine Leistungen, soweit ihm dies möglich ist, einem erhöhten oder verringerten Betreuungsbedarf der Bewohnerin oder des Bewohners anzupassen und die hierzu erforderlichen Änderungen des Heimvertrags anzubieten.** ²**Sowohl der Träger als auch die Bewohnerin oder der Bewohner können die erforderlichen Änderungen des Heimvertrags verlangen.** ³**Im**

Anpassungspflicht **§ 6**

Heimvertrag kann vereinbart werden, dass der Träger das Entgelt durch einseitige Erklärung in angemessenem Umfang entsprechend den angepassten Leistungen zu senken verpflichtet ist und erhöhen darf.

(2) ¹Der Träger hat die Änderungen der Art, des Inhalts und des Umfangs der Leistungen sowie gegebenenfalls der Vergütung darzustellen. ²§ 5 Abs. 3 Satz 3 und 4 findet entsprechende Anwendung.

(3) Auf die Absätze 1 und 2 finden § 5 Abs. 5 bis 7 und § 7 Abs. 4 Satz 1 und Abs. 5 Satz 1 entsprechende Anwendung.

Durch das Dritte Gesetz zur Änderung des Heimgesetzes wird die Anpassungspflicht des Trägers teilweise neu geregelt: § 6 Abs. 1 entspricht im wesentlichen dem früheren § 4a. Die neuen Absätze 2 und 3 regeln, wie das Änderungsangebot vom Träger zu begründen ist und welche Besonderheiten für Versicherte der Pflegeversicherung und für Sozialhilfeempfänger gelten. Auf die **Übergangsregelung** in § 26 wird hingewiesen.

Zu Abs. 1:

Nach § 6 Abs. 1 hat der Träger seine Leistungen einem **erhöhten** 1 **oder verringerten Betreuungsbedarf** der Bewohnerin oder des Bewohners anzupassen, soweit ihm dies möglich ist. In der alten Fassung des § 4a wurde auf den verbesserten oder verschlechterten Gesundheitszustand des Bewohners abgestellt, der während des Heimaufenthalts Veränderungen unterliegen kann. Nunmehr kommt dem Betreuungsbedarf entscheidende Bedeutung zu, der sich durch Änderung des Gesundheitszustandes der Bewohnerin oder des Bewohners erhöhen oder verringern kann. Der Betreuungsbedarf ist maßgebend für das heimvertragliche Äquivalenzverhältnis der Leistungen von Heimträger und Bewohner.

Der Heimträger hat die **Pflicht,** seine Leistungen an den jeweiligen Betreuungsbedarf des Bewohners bei einer Verschlechterung oder Verbesserung des Gesundheitszustandes anzupassen. Diese Pflicht resultiert aus der mit der Aufnahme in das Heim begründeten **besonderen Obhutspflicht** des Heimträgers, zu der insbesondere gehört, dem Bewohner diejenige Unterbringung zu gewähren, die er in Ansehung seiner jeweiligen körperlichen und geistigen Verfassung benötigt.

Die Pflicht des Heimträgers erfordert demgemäß eine regelmäßige Beobachtung des Gesundheitszustandes des Bewohners und der aufgrund des veränderten Betreuungsbedarfs erforderlichen Maßnahmen. Die erforderlichen Maßnahmen sind nach dem

Willen des Gesetzgebers nicht die Leistungen, wie sie im abgeschlossenen Heimvertrag Vertragsbestandteil sind, sondern im Falle der Erhöhung des Betreuungsbedarfs **zusätzliche,** über den vertraglichen Leistungsinhalt hinausgehende **Leistungen und Maßnahmen,** die zu der dem nunmehrigen Gesundheitszustand angemessenen und sachgerechten Versorgung des Bewohners erforderlich sind. Im Falle der Verringerung des Betreuungsbedarfs würden sich Umfang und Intensität der Leistungen verringern.

In beiden Fällen muß der Betreuungsbedarf die **Ursache** für die Leistungsveränderung darstellen. Dabei wird es darauf ankommen, daß der veränderte Betreuungsbedarf von **gewisser Dauer** ist, also nicht nur vorübergehend und kurzfristig erscheint. So wird z.B. ein tage- oder stundenweise verbesserter Betreuungsbedarf ebenso wenig eine Anpassung der Leistungen mit der Folge einer Änderung des Heimvertrages darstellen, wie die vorübergehende Erkrankung eines ansonsten rüstigen Bewohners. Beide Fälle der Anpassung haben zum Gegenstand, daß nicht nur ein subjektiv verändertes Gesundheitsbefinden des Bewohners vorliegt, sondern eine Veränderung der den Betreuungsbedarf **objektiv** begründenden Umstände beinhaltet, der nicht nur vorübergehend, sondern vermutlich sich über einen längerfristigen Zeitraum erstreckt. Ist sonach im Falle der Verbesserung des Gesundheitszustandes beispielsweise ein Pflegeplatz nicht mehr erforderlich, so ist der Bewohner nicht mehr in der Pflegeabteilung zu belassen, sondern in der Rüstigenabteilung des Heimes zu betreuen. Der Gesetzgeber sieht darin einmal die Beachtung des gerade für die Rehabilitation des älteren Bewohners unverzichtbaren Gebots einer möglichst optimalen Nutzung seiner noch vorhandenen körperlichen und geistigen Fähigkeiten. Zum anderen bringt die Anpassung nach Auffassung des Gesetzgebers eine bessere Nutzung der vielfach noch immer begrenzten Kapazitäten im stationären Pflegebereich. Angesichts der **demographischen** Bevölkerungsentwicklung und der zumindest gegenwärtigen **Tatsache,** daß ganz überwiegend im Bereich der Altenhilfe ein Heimplatz nur dann gesucht wird, wenn der Pflegefall unmittelbar bevorsteht oder bereits eingetreten ist, dürfte der Fall der gesundheitlichen Verbesserung nur die **Ausnahme** darstellen; die Erhöhung des Betreuungsbedarfs wird hingegen der Regelfall zumindest im Bereich der Altenheime darstellen. Da zudem beim Eintritt in ein Heim ein vertraglich genau umschriebenes Zimmer (Appartement) dem Bewohner zur Verfügung gestellt wurde, dürfte eine Leistungsanpassung ohne die **Mitwirkung** des Bewohners auf Schwierigkeiten stoßen. Die Leistungsanpassung hängt neben der objektiven Erhöhung oder Ver-

Anpassungspflicht **§ 6**

ringerung des Betreuungsbedarfs des Bewohners von der Möglichkeit des Trägers, eine solche Verlegung vornehmen zu können, ab. **Zudem ist sie** auch von der Mitwirkung des Bewohners abhängig. Die Leistungsanpassung setzt die Zustimmung des Bewohners voraus, wenn die vertraglich vereinbarten Verpflichtungen des Heimträgers geändert werden.

Dem Träger ist eine Leistungsanpassung objektiv immer dann **möglich,** wenn in dem Heim Personen untergebracht sind, deren Gesundheitszustand Leistungen erfordert, die dem nunmehr veränderten Betreuungsbedarf des konkreten Bewohners entsprechen, also bereits angeboten werden. Werden solche Leistungen im Heim bisher jedoch nicht angeboten oder erbracht, so ist i.d.R. davon auszugehen, daß dem Träger eine Anpassung nicht möglich ist. In Mischeinrichtungen wird eine Anpassung der Leistungen in beiden Alternativen für den Träger möglich sein. Dagegen wird in reinen Pflegeheimen eine Anpassung im Falle der Verringerung des Betreuungsbedarfs nur theoretisch durch Nichterbringung, nicht jedoch in der vom Gesetzgeber gewollten, möglichst optimalen Nutzung seiner verbesserten körperlichen und geistigen Fähigkeiten, möglich sein. Im Sinne des § 6 Abs. 1 Satz 1 ist deshalb davon auszugehen, daß dem Träger eine Anpassung nicht möglich ist. Ebenso verhält es sich, wenn sich der Betreuungsbedarf eines Bewohners eines Altenwohnheims oder eines reinen Altenpflegeheims so erhöht, daß Leistungen erforderlich sind, die in einem Pflegeheim notwendig sind.

Nicht möglich ist die vom Gesetzgeber sofort gewollte Leistungsanpassung auch dann, wenn der Bewohner in den Fällen einer Verlegung einer solchen widerspricht, indem er z.B. der Verlegung in die Pflegeabteilung widerspricht, im Heim aber die Pflege im Rüstigenbereich nicht üblich oder nicht möglich ist. (So auch LG Düsseldorf, Urt. v. 22.8. 1990 Az. 12 O 132/90 und Gitter-Schmitt § 6 III 1 b wonach der Heimträger dann keine Anpassungspflicht hat, wenn der Bewohner – aus welchen Gründen auch immer – mit einer möglichen Leistungsanpassung nicht einverstanden ist.)

Während der Träger seine Leistungen dem veränderten Betreuungsbedarf anzupassen hat, **soweit** ihm dies **möglich** ist, **hat** er die zur Leistungsanpassung erforderlichen **Änderungen des Heimvertrages anzubieten.** Somit ist geregelt, daß der Heimträger seine Leistungen nach dem erhöhten oder verringerten Betreuungsbedarf sofort auszurichten hat, während die hierdurch erforderlichen vertraglichen Änderungen des Heimvertrags erst anzubieten sind.

Der Träger hat also bis zum Abschluß des zu ändernden Heimvertrages vorzuleisten. Zwar wird der Heimvertrag in der geänderten Art erst wirksam, wenn der Bewohner das Angebot angenommen hat; jedoch kann in dem Änderungsangebot zum Inhalt gemacht werden, daß die Gegenleistung bereits seit Beginn der Leistungsanpassung nachträglich zu entrichten ist. Insofern kann das ausgewogene Verhältnis zwischen Leistung und Gegenleistung rechtlich wieder hergestellt werden, ohne daß der Träger gegenüber dem Bewohner das Entgelt für die erhöhten Leistungen über Ansprüche aus ungerechtfertigter Bereicherung durchsetzen müßte. Entsprechendes gilt bei einer Leistungsminderung infolge eines verringerten Betreuungsbedarfs.

4   Durch das Dritte Gesetz zur Änderung des Heimgesetzes wurde ein neuer **Satz 2** eingefügt. Danach können **sowohl der Träger als auch der Bewohner** die erforderlichen Änderungen des Heimvertrags verlangen. Jeder der beiden Vertragspartner hat einen Rechtsanspruch auf eine entsprechende Änderung des Heimvertrags (z.B. Anpassung des Heimentgelts an die Leistungen des Trägers).

5   Um zu vermeiden, daß bis zum Abschluß des Änderungsvertrages ein vertragsloser Zustand **über** die angepaßten Leistungen besteht (bis zum Abschluß des Änderungsvertrages hat der Heimvertrag selbstverständlich Gültigkeit), kann im Heimvertrag gem. § 6 Abs.1 Satz 3 vereinbart werden, daß das Entgelt durch **einseitige Erklärung** des Trägers entsprechend dem angepaßten Leistungsumfang erhöht oder gesenkt werden kann. Dies muß in **angemessenem Umfang** erfolgen. Die Angemessenheit ergibt sich aus den geringeren bzw. höheren Leistungen des Trägers. Zur Senkung ist der Träger stets verpflichtet, für die Erhöhung sieht der Gesetzgeber die Verpflichtung des Trägers nicht vor.

Mit dem Zugang dieser einseitigen Erklärung erhält der Heimvertrag einen neuen, dem Betreuungsbedarf des Bewohners angepaßten Vertragsinhalt. Es empfiehlt sich deshalb, die Gründe für die Leistungsanpassung schriftlich darzulegen und in der Erklärung der Erhöhung oder Senkung des Entgelts den neuen Leistungsumfang zu beschreiben.

Wurde der Heimvertrag ohne die in § 6 Abs.1 Satz 3 vorgesehene Regelung abgeschlossen, weil es dem Träger in dem Heim nicht möglich ist, die Leistungsänderung aufgrund des geänderten Betreuungsbedarfs zu erbringen, so liegt ein **wichtiger Grund** i.S.d. § 8 Abs.3 Satz 2 Nr.2 vor, da dem Träger die vom Gesetz geforderte Betreuung nicht mehr möglich ist. Entsprechendes gilt, wenn dem Träger die Leistungsanpassung zwar möglich ist, der Bewoh-

Anpassungspflicht **§ 6**

ner aber bewußt beim ursprünglichen Vertragsschluß auf die Möglichkeit des Satzes 3 verzichtet hat und mit einer nach Satz 1 angebotenen Änderung des Heimvertrags nicht einverstanden ist. In diesem Fall ist dem Träger die sachgerechte Betreuung zwar objektiv, aber aufgrund des Verhaltens des Bewohners subjektiv unmöglich. (Die BReg. hatte für den Fall der Nichteinigung über den veränderten Leistungsumfang ein eigenes Kündigungsrecht des Trägers aus wichtigem Grund vorgesehen.)

Zu Abs. 2:

Im neuen Absatz 2 ist geregelt, in welcher **Form das Änderungsangebot** vom Heimträger **begründet** werden muss. Konkret hat der Träger die Änderungen der Art, des Inhalts und des Umfangs der Leistungen sowie ggf. der Vergütung darzustellen. Dabei sind die Anforderungen von § 5 Abs. 3 Sätze 3 und 4 zu beachten (vgl. die dortigen Erläuterungen). 6

Die Gegenüberstellung der bisherigen vertraglichen Regelung und der vorgesehenen geänderten Fassung des Heimvertrags dient dazu, die **Transparenz** des Vertragsverhältnisses zu erhöhen. Ein wesentliches Ziel des Dritten Gesetzes zur Änderung des Heimgesetzes war es, die Transparenz von Heimverträgen zu verbessern und dafür Sorge zu tragen, dass die berechtigten Interessen des Bewohners angemessen zur Geltung kommen.

Zu Abs. 3:

Der neue Absatz 3 enthält spezielle Regelungen für Versicherte der Pflegeversicherung und für Empfänger von Leistungen der Sozialhilfe. Absatz 3 regelt, daß für die Absätze 1 und 2 die Bestimmungen von § 5 Abs. 5 bis 7 und § 7 Abs. 4 Satz 1 und Abs. 5 Satz 1 entsprechend gelten. 7

Das bedeutet konkret, daß bei **Versicherten der Pflegeversicherung** eine Entgelterhöhung wegen eines geänderten Betreuungsbedarfs nur zulässig ist, wenn für sie eine höhere Pflegestufe festgestellt worden ist. Für den Träger und den Bewohner sind die Entgelte, die die Pflegesatzparteien vereinbart haben, der Höhe nach verbindlich. Das gleiche gilt für die Vergütungsvereinbarungen mit dem **Sozialhilfeträger.**

Hingewiesen wird auf die Regelung des **§ 87a Abs. 2 SGB XI.** Dort ist festgelegt, ob und ggf. unter welchen Voraussetzungen der Heimträger berechtigt ist, eine Änderung der Pflegestufe des Bewohners zu beantragen bzw. die entsprechend geänderte Vergütung zu verlangen.

Im übrigen wird auf die Erläuterungen zu § 5 Abs. 5 bis 7 und § 7 Abs. 4 Satz 1 und Abs. 5 Satz 1 verwiesen.

§ 7 Erhöhung des Entgelts

(1) ¹Der Träger kann eine Erhöhung des Entgelts verlangen, wenn sich die bisherige Berechnungsgrundlage verändert und sowohl die Erhöhung als auch das erhöhte Entgelt angemessen sind. ²Entgelterhöhungen aufgrund von Investitionsaufwendungen des Heims sind nur zulässig, soweit sie nach der Art des Heims betriebsnotwendig sind und nicht durch öffentliche Förderung gedeckt werden.

(2) ¹Die Erhöhung des Entgelts bedarf außerdem der Zustimmung der Bewohnerin oder des Bewohners. ²In dem Heimvertrag kann vereinbart werden, dass der Träger berechtigt ist, bei Vorliegen der Voraussetzungen des Absatzes 1 das Entgelt durch einseitige Erklärung zu erhöhen.

(3) ¹Die Erhöhung des Entgelts wird nur wirksam, wenn sie vom Träger der Bewohnerin oder dem Bewohner gegenüber spätestens vier Wochen vor dem Zeitpunkt, an dem sie wirksam werden soll, schriftlich geltend gemacht wurde und die Begründung anhand der Leistungsbeschreibung und der Entgeltbestandteile des Heimvertrags unter Angabe des Umlagemaßstabs die Positionen beschreibt, für die sich nach Abschluss des Heimvertrags Kostensteigerungen ergeben. ²Die Begründung muss die vorgesehenen Änderungen darstellen und sowohl die bisherigen Entgeltbestandteile als auch die vorgesehenen neuen Entgeltbestandteile enthalten. ³§ 5 Abs. 3 und 5 bis 9 gilt entsprechend. ⁴Die Bewohnerin oder der Bewohner sowie der Heimbeirat müssen Gelegenheit erhalten, die Angaben des Trägers durch Einsichtnahme in die Kalkulationsunterlagen zu überprüfen.

(4) ¹Bei Leistungsempfängern der Pflegeversicherung wird eine Erhöhung des Entgelts außerdem nur wirksam, soweit das erhöhte Entgelt den Regelungen der Pflegeversicherung entspricht. ²Absatz 2 Satz 1 findet keine Anwendung. ³Der Träger ist verpflichtet, Vertreterinnen und Vertreter des Heimbeirats oder den Heimfürsprecher rechtzeitig vor der Aufnahme von Verhandlungen über Leistungs- und Qualitätsvereinbarungen sowie über Vergütungsvereinbarungen mit den Pflegekassen anzuhören und ihnen unter Vorlage nachvollziehbarer Unterlagen

Erhöhung des Entgelts § 7

die wirtschaftliche Notwendigkeit und Angemessenheit der geplanten Erhöhung zu erläutern. ⁴Außerdem ist der Träger verpflichtet, Vertreterinnen und Vertretern des Heimbeirats oder dem Heimfürsprecher Gelegenheit zu einer schriftlichen Stellungnahme zu geben. ⁵Diese Stellungnahme gehört zu den Unterlagen, die der Träger rechtzeitig vor Beginn der Verhandlungen den als Kostenträgern betroffenen Vertragsparteien vorzulegen hat. ⁶Vertreterinnen und Vertreter des Heimbeirats oder der Heimfürsprecher sollen auf Verlangen vom Träger zu den Verhandlungen über Leistungs- und Qualitätsvereinbarungen sowie über Vergütungsvereinbarungen hinzugezogen werden. ⁷Sie sind über den Inhalt der Verhandlungen, soweit ihnen im Rahmen der Verhandlungen Betriebsgeheimnisse bekannt geworden sind, zur Verschwiegenheit verpflichtet. ⁸Absatz 3 findet Anwendung.

(5) ¹Bei Personen, denen Hilfe in Einrichtungen nach dem Zwölften Buch Sozialgesetzbuch gewährt wird, wird eine Erhöhung des Entgelts nur wirksam, soweit das erhöhte Entgelt den Vereinbarungen nach dem Zehnten Kapitel des Zwölften Buches Sozialgesetzbuch entspricht. ²Vertreterinnen und Vertreter des Heimbeirats oder der Heimfürsprecher sollen auf Verlangen vom Träger an den Verhandlungen über Leistungs-, Vergütungs- und Prüfungsvereinbarungen hinzugezogen werden. ³Im Übrigen findet Absatz 4 entsprechende Anwendung.

(6) Eine Kündigung des Heimvertrags zum Zwecke der Erhöhung des Entgelts ist ausgeschlossen.

Zu Abs. 1:

Abs. 1 S. 1 regelt abschließend die Voraussetzungen, nach denen 1
das im Heimvertrag vereinbarte Entgelt erhöht werden kann. Durch das Dritte Gesetz zur Änderung des Heimgesetzes wurde ein neuer Satz 2 aufgenommen, der besondere Voraussetzungen für Entgelterhöhungen aufgrund von Investitionsaufwendungen enthält. Auf die **Übergangsregelung** in § 26 wird hingewiesen.

Nach den allgemeinen Voraussetzungen des **Satzes 1** kann das 2
vereinbarte Entgelt erhöht werden, wenn eine **Veränderung** der bisherigen Berechnungsgrundlage erfolgt ist, die dem im Heimvertrag ausgewiesenen Entgelt zugrunde lag, und sowohl die **Erhöhung** als auch das **erhöhte Entgelt insgesamt angemessen** sind. Neu ist, daß die Erhöhung selbst angemessen sein muß. Neu ist ferner, daß der Heimträger die Erhöhung des Entgelts **verlangen** kann, wenn die genannten Voraussetzungen erfüllt sind.

§ 7   Kommentar zum HeimG

3   Durch die Regelung des Satzes 1 wurde seinerzeit der frühere § 2 Abs.1 Nr.2 ersetzt, nach welchem es Zweck des HeimG war, zu verhindern, daß zwischen dem Entgelt und der Leistung der Einrichtung ein Mißverhältnis besteht. Insofern wollte der Gesetzgeber die Erhöhungsvoraussetzungen präzisieren. Dabei wurde jedoch übersehen oder in Kauf genommen, daß auch nach der damaligen Novellierung das Entgelt nach wie vor der Prüfung unterliegt, ob ein Mißverhältnis zwischen Leistung und Entgelt vorliegt: So spielt sie nach § 11 Abs.2 Nr.3 bei den Anforderungen an den Heimbetrieb und über § 15 bei der Überwachung der Heime eine Rolle. Die Heimaufsicht kann bei Fragen der Entgelterhöhung nicht durch Auflagen steuern, sondern nur beratend eingreifen (vgl. Schade, GewA 1996, 409).

4   Eine **Veränderung der bisherigen Berechnungsgrundlagen** liegt immer dann vor, wenn sich die einzelnen Positionen, die dem Entgelt zugrunde liegen, der Höhe nach verändert haben. Dies wird immer dann der Fall sein, wenn sich die Sach- und/oder die Personalkosten erhöhen oder ermäßigen. Die Erhöhung muß deshalb auf konkrete und bei substantiiertem Bestreiten nachweisbare Veränderungen der Berechnungsgrundlage begründet werden. Ein allgemeiner Hinweis auf gestiegene Kosten oder auf eine Steigerung des allgemeinen Indexes über Lebenshaltungskosten reicht nicht aus, um eine Erhöhung zu begründen (LG Göttingen ZfSH 1978, 80 (81). Das LG Gießen hat am 22.2.1995 (NJW 1995, 2929) klargestellt, daß eine Entgelterhöhung ungeachtet deren Angemessenheit nur im Rahmen der Veränderung der Berechnungsgrundlagen zulässig ist. Über den Anspruch selbstzahlender Bewohner auf Auskunft über die Berechnungsgrundlagen einer Erhöhung hat am 1.9.1993 das LG Traunstein entschieden (NJW-RR 1994, 245).

§ 7 Abs.1 geht zwar nur von einer Erhöhung aus, nicht auch von einer Senkung des Entgelts, was durchaus der Lebenserfahrung entspricht. Dennoch können durchaus bei den einzelnen der Berechnungsgrundlage zugrunde liegenden Positionen, insbesondere bei den Sachkosten, Kostensenkungen (z.B. Senkung der Ölpreise, Ermäßigung oder Wegfall der Kapitaldienste) auftreten. Solche Senkungen haben sich bei der Gesamtkalkulation des Entgelts auszuwirken.

Bei gewerblichen Trägern ist eine Gewinnerzielung legitim, da die Gewinnerzielungsabsicht zum Begriff des Gewerbes gehört und nach § 24 darüberhinaus die Gewerbeordnung Anwendung findet (BVerfGE 5, 25 3 NJW 1956, 1025, Thieme NVwZ 1985,

Erhöhung des Entgelts **§ 7**

77). Folglich sind der Gewinn und eine vernünftige Steigerung desselben bei den Berechnungsgrundlagen zu berücksichtigen.

Als weitere Merkmale müssen die **Angemessenheit** sowohl der 5 Erhöhung als auch des erhöhten Entgelts hinzukommen. Durch das Dritte Gesetz zur Änderung des Heimgesetzes wurde klargestellt, daß auch die **Erhöhung** für sich genommen angemessen sein muß. Des weiteren unterliegt das erhöhte gesamte Entgelt der Angemessenheitsüberprüfung. I. d. R. wird allerdings ein angemessenes erhöhtes Entgelt dann vorliegen, wenn das vorige Entgelt bereits angemessen war und die Veränderungen der Berechnungsgrundlage nachvollziehbar sind und sich bei der Erhöhung im Umfang der Veränderung dieser Grundlage gehalten hat. Ob das Entgelt angemessen ist, ist **objektiv** zu beurteilen. Der Heimträger hat einen Beurteilungsspielraum, aber keinen Ermessensspielraum (OLG München, Urt. v. 25. 4. 2001, VuR 2001, 384). Angemessen ist das erhöhte Entgelt dann, wenn die Leistungen des Heimes und das hierfür entrichtete Entgelt in einem objektiv vernünftigen Verhältnis stehen und dem entsprechen, was in vergleichbaren Heimen bezahlt wird (zu den Kriterien vgl. auch OLG München v. 25. 4. 2001, VuR 2001, 384). Bei der Vergleichbarkeit der Heime ist auf die Art, die Größe, die Ausstattung, Beschaffenheit, Lage und die durch das Heim erbrachten Leistungen hinsichtlich Unterbringung, Betreuung, Verpflegung und Pflege abzustellen. Die hier üblicherweise tatsächlich gezahlten Entgelte stellen den objektiven Wert (Marktwert) für die Vergleichbarkeit dar. Orientiert sich das erhöhte Entgelt an diesem Wert und hält es sich im Rahmen dieses Vergleichswertes, ist die Angemessenheit gegeben. Das erhöhte Entgelt ist nicht schon deswegen unangemessen, weil es über dem nach § 93 Abs. 2 BSHG vereinbarten Pflegesatz liegt; dies gilt auch, soweit die Erhöhung gegenüber Heimbewohnern ausgesprochen wird, die wegen ihrer Mittellosigkeit auf Sozialhilfe angewiesen sind (OVG Lüneburg, Urt. v. 31. 7. 1996, NdsVBl. 1997, 109). Das OLG Karlsruhe hat am 18. 3. 1994 (NJW 1995, 464) entschieden, daß die Angemessenheit fingiert wird und keiner weiteren Begründung bedarf, wenn der Heimträger nach dem Inhalt des Heimvertrags das Entgelt von Selbstzahlern entsprechend den mit dem Sozialhilfeträger vereinbarten Kosten erhöhen darf.

Für Entgelterhöhungen aufgrund von **Investitionsaufwendun-** 6 **gen** des Heims wurden durch das Dritte Gesetz zur Änderung des Heimgesetzes besondere Voraussetzungen eingefügt. Erhöhungen sind nach **Satz 2** nur zulässig, soweit sie nach der Art des Heims betriebsnotwendig sind und nicht durch öffentliche Förderung gedeckt werden (siehe hierzu § 82 SGB XI – Finanzierung der Pflegeeinrichtungen).

Mit der Einschränkung auf **betriebsnotwendige** Investitionsaufwendungen verfolgt der Gesetzgeber zwei Ziele: Zum einen sollen Mißbrauchsfälle verhindert werden (z.B. Investitionskosten werden auch auf die Bewohner umgelegt, die von der Investition keinen Nutzen haben). Zum anderen sollen die Bewohner vor investitionsbedingten Entgelterhöhungen geschützt werden, die das betriebsnotwendige Maß übersteigen (z.B. Luxussanierungen). Der Bewohner darf darauf vertrauen, daß sich das Heimentgelt aufgrund von Investitionsmaßnahmen nur in einem für ihn überschaubaren Rahmen verändert. Dazu gehören z.B. Baumaßnahmen und Modernisierungen, die dem Erhalt oder der Erhöhung des Gebrauchswerts der Anlagen des Heims dienen. Welche Anforderungen an die Erhöhung des Entgelts von Versicherten der Pflegeversicherung wegen gestiegener betriebsnotwendiger Investitionsaufwendungen gestellt werden, hat das LG Gießen am 20.12.2000 entschieden (FamRZ 2001, 730).

Zu Abs. 2:

7   Nach **Abs. 2 Satz 1** bedarf die Erhöhung des Entgelts außerdem der **Zustimmung** des Bewohners. Die Zustimmung ist eine einseitige empfangsbedürftige Willenserklärung (§§ 182 ff. BGB) und Wirksamkeitsvoraussetzung für die Erhöhung des Entgelts. Wird die Zustimmung vor dem Zeitpunkt der Erhöhung erklärt, so ist die Rechtsbedingung bereits vor dem Fälligkeitszeitpunkt der Erhöhung weggefallen; wird sie nach diesem Zeitpunkt erklärt, so wirkt sie wegen § 184 BGB auf diesen Zeitpunkt zurück.

Abs. 2 Satz 2 eröffnet die Möglichkeit, im Heimvertrag zu vereinbaren, daß der Heimträger berechtigt ist, das Entgelt durch einseitige Erklärung zu erhöhen. Vorliegen müssen aber die Voraussetzungen des Absatzes 1, nämlich Veränderung der Berechnungsgrundlage und Angemessenheit. Diese Klarstellung erfolgte durch das Dritte Gesetz zur Änderung des Heimgesetzes. Die einseitige Erklärung berechtigt nur zur angemessenen Erhöhung und läßt eine Überprüfung der Angemessenheit zu. Auch die einseitige Erhöhung wegen gestiegener Kosten setzt deren schriftliche und überprüfbare Offenlegung voraus (LG Hamburg, Urt. v. 1.3.1994, NJW 1995, 468). Die aufgrund einer unwirksamen Erhöhungserklärung bezahlten Teile des Entgelts kann der Bewohner nach den Bestimmungen über die ungerechtfertigte Bereicherung zurückverlangen (§§ 812 ff. BGB; OLG München, Urt. v. 9.10. 1996, BtPrax 1997, 74).

Zu Abs. 3:

Abs. 3 verpflichtet den Träger, die Erhöhung spätestens vier Wochen vor dem Zeitpunkt, an dem sie wirksam werden soll, **schriftlich** geltend zu machen und zu **begründen.** Damit soll dem Bewohner die Möglichkeit gegeben werden, sich rechtzeitig auf die Erhöhung einzustellen und deren Angemessenheit und Berechtigung zu überprüfen. Durch das Dritte Gesetz zur Änderung des Heimgesetzes wurde die Pflicht zur Begründung weiter präzisiert. Der Heimträger kann das erhöhte Entgelt nur dann geltend machen, wenn er die schriftliche Erklärung rechtzeitig abgegeben und die Erhöhung ordnungsgemäß begründet hat.

An Abs. 3 zeigt sich, daß durch das Erste Gesetz zur Änderung des Heimgesetzes vom 23.4. 1990 (BGBl. I S.758) wesentliche Teile des Mietrechts in das HeimG übernommen wurden (vgl. Wiedemann NJW 1990, 2237). Für die Möglichkeit einer Erhöhung des Entgelts durch einseitige Erklärung nach § 7 Abs. 2 Satz 2 enthalten vergleichbare Regelungen § 3 Abs. 2, § 4 Abs. 2 Satz 2 und § 5 Abs. 2 MHG, § 10 Abs. 1 Satz 2 WoBindG. In diesen Vorschriften wird zwar von „Erläuterung" gesprochen, doch ist dieser Begriff mit der „Begründung" in § 7 Abs. 3 Satz 1 vergleichbar; eine Begründung verlangt eher noch strengere Anforderungen als eine Erläuterung (OLG München, Urt. v. 25.5. 1994, NJW 1995, 465) (siehe hierzu Wiedemann in ZfSH/SGB 1995 S. 293 ff.). Gegen die Übertragung mietrechtlicher Grundsätze auf das Heimrecht spricht sich Fuchs aus (NJW 1995, 2905).

Welche Anforderungen an die Begründung gestellt werden, wurde durch das Dritte Gesetz zur Änderung des Heimgesetzes geregelt. Ziel dieser Änderung ist es, die **Transparenz** zu erhöhen und den Heimbewohner in die Lage zu versetzen, sich möglichst einfach und zuverlässig über die Art und Höhe der Kostensteigerungen zu informieren.

Im Einzelnen: In der Begründung müssen die Positionen, für die sich nach dem Abschluß des Heimvertrags Kostensteigerungen ergeben, im Rahmen einer Gegenüberstellung dargelegt werden. Die relevanten Positionen müssen anhand der Leistungsbeschreibung des Heims und der Entgeltbestandteile des Vertrags dargestellt werden; dabei ist der Umlagemaßstab anzugeben. Notwendiger Inhalt der Begründung sind die vorgesehenen Änderungen so-

§ 7 Kommentar zum HeimG

wie die bisherigen und die neuen Entgeltbestandteile. Auf § 5 Abs. 3 und Abs. 5 bis 7 wird verwiesen.

Darüber hinaus gilt folgendes:

a) Die **Angemessenheit** ist dadurch zu begründen, daß darauf hingewiesen wird, daß die Leistungen des Heims in einem objektiv vernünftigen Verhältnis stehen und dem entsprechen, was in vergleichbaren Heimen bezahlt wird.

b) Die Veränderung der Berechnungsgrundlagen ist zu begründen durch Gegenüberstellung des Ausgangsbetrages und des Betrages der neuen Berechnungsgrundlage, wobei als Ausgangsbetrag der Betrag zum Zeitpunkt der letzten Erhöhung bzw. des Abschlusses des Heimvertrages heranzuziehen ist. Diese Gegenüberstellung hat zunächst durch die Angabe der Gesamtbeträge zu erfolgen. Es ist auch anzugeben, welche Positionen der Berechnungsgrundlage sich erhöht haben, wobei es eine Frage des Einzelfalls ist, inwieweit eine Aufschlüsselung zu erfolgen hat, um dem gerechtfertigten Informationsbedürfnis des Heimbewohners gerecht zu werden.

c) Eine ordnungsgemäße Begründung des Erhöhungsverlangens erfordert auch die Angabe des Umlegungsmaßstabes für den gesamten Erhöhungsbetrag. Hierbei muß insbesondere erkennbar sein, ob bei der Verteilung der erhöhten Kosten nach Pflegebereich und Wohnbereich unterschieden wird.

d) Wird die Erhöhung – Zulässigkeit in materieller Hinsicht unterstellt – auf künftige Kostenerhöhungen gestützt, so muß im Rahmen der Begründung dargelegt werden, daß diese Kostensteigerung mit an Sicherheit grenzender Wahrscheinlichkeit auch eintreten werden, da sich infolge des Fehlens eines Rückzahlungsanspruches der Heimbewohner nicht auf bloße Schätzungen des Heimträgers einlassen muß.

11 In seinem Revisionsurteil v. 22. 6. 95 Az. III ZR 239/94 (NJW 1995 S. 2923) hat der BGH es offengelassen, ob und inwieweit zur Konkretisierung der Begründungspflicht auf die Regelungen des Mietrechts zurückgegriffen werden muß. Er hat jedoch ausgeführt, daß dem Berufungsgericht (OLG München) jedenfalls darin zu folgen ist, daß sich die nach dem damaligen § 4c Abs. 3 S. 1 HeimG vorgeschriebene Begründung einmal auf die in § 4c Abs. 1 HeimG a. F. aufgestellten Voraussetzungen einer Entgelterhöhung zu erstrecken hat, nämlich Veränderung der bisherigen Berechnungsgrundlage und Angemessenheit des erhöhten Entgelts, und zum anderen so konkret sein muß, daß der Heimbewohner in die Lage

Erhöhung des Entgelts **§ 7**

versetzt wird, sowohl die Berechtigung des Erhöhungsverlangens als solche als auch die Angemessenheit des gerade von ihm verlangten erhöhten Entgelts im einzelnen beurteilen zu können. Die Einbeziehung des Heimbeirats in die Entscheidungsfindung zur Erhöhung des Entgelts (§ 30 HeimmwV) ersetzt das Erfordernis der Begründung nicht (OLG München, Urt. v. 24.6.1997 Az. 18 U 3911/96), da dies weder § 4 c Abs. 3 a. F. bestimmt, noch der Heimbeirat gesetzliches Vertretungsorgan der Bewohner ist. Der BGH hat des weiteren entschieden, daß dem Bewohner im Rahmen einer Stufenklage das Rechtsschutzbedürfnis für den Anspruch auf Auskunft über die Einnahmen und Ausgaben des Trägers fehlt, wenn das Erhöhungsverlangen wegen einer unzureichenden Begründung unwirksam ist (NJW 1995, 2923). Die Aussagen dieser Entscheidung sind auch für den neuen § 7 von Bedeutung.

Werden diese Anforderungen an die **Begründungspflicht nicht erfüllt,** so sind die Erhöhungserklärungen **unwirksam** (so auch BGH, Urt. v. 22.6.95). Dies wurde durch das Dritte Gesetz zur Änderung des Heimgesetzes in § 7 Abs. 3 Satz 1 ausdrücklich festgelegt. Bis dahin wurde dieses Ergebnis mit dem zwingenden Charakter der Bestimmung (vgl. § 9) und dem Schutzzweck der Norm begründet. Den Heimträger trifft für die Voraussetzungen der Berechtigung der Erhöhung die Darlegungs- und Beweispflicht (s. OLG Karlsruhe NJW RR 1988, 1402, 1403). Die erforderliche Begründung für die Entgelterhöhung kann innerhalb des Zeitraumes, für den die Erhöhung geplant ist, nachgeschoben werden. Insoweit tritt eine heilende Wirkung für die Zukunft ein (OVG Lüneburg, Urt. v. 31.7.1996, NdSVBl. 1997, 109). **12**

Das HeimG regelte bisher nicht, ob und ggf. in welchem Umfang zur Begründung des Erhöhungsverlangens oder auf Anforderung **Unterlagen** vorzulegen sind. Nach der damaligen amtl. Begründung (BRat Drs. 203/89 S. 34) mußte der Heimträger **erforderlichenfalls** unter Vorlage der Unterlagen dem Bewohner die konkrete Änderung in seiner Berechnungsgrundlage darlegen. Das OLG München sah diese Verpflichtung aus § 242 BGB und begrenzte diese ebenfalls durch Treu und Glauben. **13**

Diese Frage wurde durch das Dritte Gesetz zur Änderung des Heimgesetzes beantwortet. In Absatz 3 Satz 4 ist jetzt niedergelegt, daß sowohl der Bewohner als auch der Heimbeirat Gelegenheit erhalten müssen, die Kalkulationsunterlagen des Trägers einzusehen. Dadurch soll es dem Heimbewohner und Heimbeirat ermöglicht werden, die Angaben des Trägers zu überprüfen. Das Einsichtsrecht ist Folge der Intention des Gesetzgebers, die Transparenz zu verbessern. Der Bewohner braucht nicht länger auf die Richtigkeit der Angaben vertrauen und kann diese als gleichberechtigter Partner selbst kontrollieren.

14 Die beabsichtigte Erhöhung ist zu beziffern. Liegt ein Verstoß gegen die Schriftform vor, so ist die Geltendmachung gem. § 125 BGB nichtig mit der Folge, daß die Geltendmachung der Erhöhung nachgeholt werden muß und, sofern dies nicht mehr rechtzeitig geschehen kann, die Erhöhung erst später verlangt werden kann. Satz 1 gilt auch für den Fall des Abs. 2 Satz 2, d. h. daß der Bewohner auch dann, wenn er im Heimvertrag den Heimträger zur Erhöhung der Kosten berechtigt hat, spätestens vier Wochen vor der Wirksamkeit der Erhöhung zu unterrichten ist. Nach § 126 BGB muß das Erhöhungsverlangen vom Aussteller eigenhändig durch Namensunterschrift oder mittels notariell beglaubigten Handzeichens unterzeichnet werden. Die Verwendung mechanischer Hilfsmittel bei der Unterzeichnung genügt den Erfordernissen des § 126 BGB grundsätzlich nicht; eine Ausnahmevorschrift (etwa entsprechend § 8 MHRG) fehlt im HeimG (Urteil LG Nürnberg-Fürth v. 3. Juli 97 Az. 4 O 2256/97). Eine vorbehaltlose Zahlung des Entgelts über 7 Jahre verwirkt den Rückzahlungsanspruch nach § 812 BGB nicht (LG Nürnberg-Fürth a.a.O.). Zum Anspruch eines selbstzahlenden Bewohners auf Rückzahlung von Teilen des unzulässigerweise erhöhten Heimentgelts vgl. auch OLG München, Urt. v. 9.10. 1996, NJW-RR 1997, 1075.

Zu Abs. 4 und 5:

15 Durch das Dritte Gesetz zur Änderung des Heimgesetzes wurde der Anwendungsbereich des § 7 auf Heimverträge mit Versicherten der **Pflegeversicherung** und Personen, denen Hilfe nach dem **Bundessozialhilfegesetz** (BSHG) gewährt wird, ausgedehnt. Der frühere § 4 e wurde gestrichen. Für die beiden Personenkreise wurden in den **Absätzen 4 und 5** zusätzliche Wirksamkeitsvoraussetzungen für die Erhöhung des Heimentgelts aufgenommen.

In den Schutz der sozialen **Pflegeversicherung** sind kraft Gesetzes alle einbezogen, die in der gesetzlichen Krankenversicherung versichert sind. Wer gegen Krankheit bei einem privaten Krankenversicherungsunternehmen versichert ist, muß eine private Pflegeversicherung abschließen (§ 1 Abs. 2 SGB XI). Hilfe zum Lebensunterhalt nach dem **BSHG** ist dem zu gewähren, der seinen notwendigen Lebensunterhalt nicht oder nicht ausreichend aus eigenen Kräften und Mitteln, vor allem aus seinem Einkommen und Vermögen, beschaffen kann (§ 11 Abs. 1 BSHG).

Erhöhung des Entgelts **§ 7**

Zu den Wirksamkeitsvoraussetzungen für Entgelterhöhungen bei Leistungsempfängern der Pflegeversicherung oder der Sozialhilfe:

Nach Abs. 4 wird eine Entgelterhöhung bei Leistungsempfängern der **Pflegeversicherung** nur wirksam, soweit das erhöhte Entgelt den Regelungen der Pflegeversicherung entspricht. Bei Empfängern von Leistungen der **Sozialhilfe** muß das erhöhte Entgelt den Vereinbarungen nach Abschnitt 7 des BSHG entsprechen (vgl. Abs. 5). Die Dispositionsmöglichkeit des Heimträgers ist damit eingeschränkt. Die Erhöhung muß im übergeordneten Rahmen bleiben.

Für die Erhöhung ist **nicht** die **Zustimmung** der Bewohnerin oder des Bewohners erforderlich (Abs. 4 Satz 2). Das ist konsequent, weil die Aufwendungen nicht vom Bewohner selbst, sondern von der Pflegeversicherung oder der Sozialhilfe getragen werden.

Darüber hinaus wurde durch das Dritte Gesetz zur Änderung des Heimgesetzes geregelt, daß der Heimträger die Vertreterinnen und Vertreter des **Heimbeirats** oder den **Heimfürsprecher** rechtzeitig vor der Aufnahme von Verhandlungen über Leistungs- und Qualitätsvereinbarungen sowie über Vergütungsvereinbarungen mit den **Pflegekassen anhören** und ihnen die wirtschaftliche Notwendigkeit und Angemessenheit der beabsichtigten Erhöhung **erläutern** muß. Dabei hat der Träger nachvollziehbare Unterlagen vorzulegen (Abs. 4 Satz 3). Der Träger ist ferner verpflichtet, den Vertretern der Bewohner Gelegenheit zu einer schriftlichen **Stellungnahme** zu geben.

Die Beteiligung von Vertretern der Heimbeiräte und der Heimfürsprecher an den Vergütungsverhandlungen ist notwendig, weil die Bewohner von den Ergebnissen dieser Verhandlungen unmittelbar betroffen sind. Die Beteiligung in der gesetzlich geregelten Form ist ein **Gebot der Fairness**.

Der Gesetzgeber hat die Rechte der Bewohner und ihrer Vertretungen weiter gestärkt: Vertreter des Heimbeirats oder der Heimfürsprecher sollen, wenn sie es verlangen, vom Heimträger zu den Verhandlungen über Leistungs- und Qualitätsvereinbarungen sowie über Vergütungsvereinbarungen **hinzugezogen** werden (Abs. 4 Satz 6). Für Leistungsempfänger der **Sozialhilfe** gilt eine Parallelbestimmung: Vertreter des Heimbeirats oder der Heimfürsprecher sollen zu den Verhandlungen über Leistungs-, Vergütungs- und Prüfungsvereinbarungen hinzugezogen werden (Abs. 5 Satz 2).

Damit ist der Träger grundsätzlich verpflichtet, die genannten Vertreter der Bewohner zu den mündlichen Verhandlungen hinzuzuziehen. Vorstellbar ist aber, daß einer unmittelbaren Beteiligung der Vertreter an mündlichen Verhandlungen Gründe entgegenstehen, die außerhalb des Verantwortungsbereichs des Trägers liegen.

Zur Wahrung der Vertraulichkeit von Betriebsgeheimnissen sind die Vertreter der Heimbewohner zur **Verschwiegenheit** verpflichtet (Abs. 4 Satz 7).

Zu Abs. 6:

16 Abs. 6 stellt klar, daß eine **Kündigung** zum Zwecke der Erhöhung des Entgelts ausgeschlossen ist.

§ 8 Vertragsdauer

(1) **Der Heimvertrag wird auf unbestimmte Zeit geschlossen, soweit nicht im Einzelfall eine befristete Aufnahme der Bewohnerin oder des Bewohners beabsichtigt ist oder eine vorübergehende Aufnahme nach § 1 Abs. 3 vereinbart wird.**

(2) **¹Die Bewohnerin oder der Bewohner kann den Heimvertrag spätestens am dritten Werktag eines Kalendermonats für den Ablauf desselben Monats schriftlich kündigen. ²Bei einer Erhöhung des Entgelts ist eine Kündigung abweichend von Satz 1 jederzeit für den Zeitpunkt möglich, an dem die Erhöhung wirksam werden soll. ³Der Heimvertrag kann aus wichtigem Grund ohne Einhaltung einer Kündigungsfrist gekündigt werden, wenn der Bewohnerin oder dem Bewohner die Fortsetzung des Heimvertrags bis zum Ablauf der Kündigungsfrist nicht zuzumuten ist. ⁴Hat in den Fällen des Satzes 3 der Träger den Kündigungsgrund zu vertreten, hat er der Bewohnerin oder dem Bewohner eine angemessene anderweitige Unterkunft und Betreuung zu zumutbaren Bedingungen nachzuweisen und ist zum Ersatz der Umzugskosten in angemessenem Umfang verpflichtet. ⁵Im Falle des Satzes 3 kann die Bewohnerin oder der Bewohner den Nachweis einer angemessenen anderweitigen Unterkunft und Betreuung auch dann verlangen, wenn sie oder er noch nicht gekündigt hat. ⁶§ 115 Abs. 4 des Elften Buches Sozialgesetzbuch bleibt unberührt.**

(3) **¹Der Träger kann den Heimvertrag nur aus wichtigem Grund kündigen. ²Ein wichtiger Grund liegt insbesondere vor, wenn**

Vertragsdauer **§ 8**

1. der Betrieb des Heims eingestellt, wesentlich eingeschränkt oder in seiner Art verändert wird und die Fortsetzung des Heimvertrags für den Träger eine unzumutbare Härte bedeuten würde,
2. der Gesundheitszustand der Bewohnerin oder des Bewohners sich so verändert hat, dass ihre oder seine fachgerechte Betreuung in dem Heim nicht mehr möglich ist,
3. die Bewohnerin ihre oder der Bewohner seine vertraglichen Pflichten schuldhaft so gröblich verletzt, dass dem Träger die Fortsetzung des Vertrags nicht mehr zugemutet werden kann, oder
4. die Bewohnerin oder der Bewohner
    a) für zwei aufeinander folgende Termine mit der Entrichtung des Entgelts oder eines Teils des Entgelts, der das Entgelt für einen Monat übersteigt, im Verzug ist oder
    b) in einem Zeitraum, der sich über mehr als zwei Termine erstreckt, mit der Entrichtung des Entgelts in Höhe eines Betrags in Verzug gekommen ist, der das Entgelt für zwei Monate erreicht.

(4) ¹In den Fällen des Absatzes 3 Nr. 4 ist die Kündigung ausgeschlossen, wenn der Träger vorher befriedigt wird. ²Sie wird unwirksam, wenn bis zum Ablauf von zwei Monaten nach Eintritt der Rechtshängigkeit des Räumungsanspruchs hinsichtlich des fälligen Entgelts der Träger befriedigt wird oder eine öffentliche Stelle sich zur Befriedigung verpflichtet.

(5) Die Kündigung durch den Träger bedarf der schriftlichen Form; sie ist zu begründen.

(6) ¹In den Fällen des Absatzes 3 Nr. 2 bis 4 kann der Träger den Vertrag ohne Einhaltung einer Frist kündigen. ²In den übrigen Fällen des Absatzes 3 ist die Kündigung spätestens am dritten Werktag eines Kalendermonats für den Ablauf des nächsten Monats zulässig.

(7) ¹Hat der Träger nach Absatz 3 Nr. 1 und 2 gekündigt, so hat er der Bewohnerin oder dem Bewohner eine angemessene anderweitige Unterkunft und Betreuung zu zumutbaren Bedingungen nachzuweisen. ²In den Fällen des Absatzes 3 Nr. 1 hat der Träger die Kosten des Umzugs in angemessenem Umfang zu tragen.

(8) ¹Mit dem Tod der Bewohnerin oder des Bewohners endet das Vertragsverhältnis. Vereinbarungen über eine Fortgeltung

§ 8 Kommentar zum HeimG

des Vertrags hinsichtlich der Entgeltbestandteile für Wohnraum und Investitionskosten sind zulässig, soweit ein Zeitraum von zwei Wochen nach dem Sterbetag nicht überschritten wird. ²In diesen Fällen ermäßigt sich das Entgelt um den Wert der von dem Träger ersparten Aufwendungen. ³Bestimmungen des Heimvertrags über die Behandlung des im Heim befindlichen Nachlasses sowie dessen Verwahrung durch den Träger bleiben wirksam.

(9) ¹Wenn die Bewohnerin oder der Bewohner nur vorübergehend aufgenommen wird, kann der Heimvertrag von beiden Vertragsparteien nur aus wichtigem Grund gekündigt werden. ²Die Absätze 2 bis 8 sind mit Ausnahme des Absatzes 3 Satz 2 Nr. 2 und 3 und des Absatzes 8 Satz 1 nicht anzuwenden. ³Die Kündigung ist ohne Einhaltung einer Frist zulässig. ⁴Sie bedarf der schriftlichen Form und ist zu begründen.

(10) ¹War die Bewohnerin oder der Bewohner bei Abschluss des Heimvertrags geschäftsunfähig, so kann der Träger eines Heims das Heimverhältnis nur aus wichtigem Grund für gelöst erklären. ²Absatz 3 Satz 2, Absätze 4, 5, 6, 7, 8 Satz 1 und Absatz 9 Satz 1 bis 3 finden insoweit entsprechende Anwendung.

§ 4b a.F. wurde durch das Dritte Gesetz zur Änderung des Heimgesetzes zu § 8. Inhaltliche Änderungen betreffen insbesondere die Absätze 2 und 8. Abs. 10 wurde durch das OLG-Vertretungsänderungsgesetz vom 23. Juli 2002 angefügt (BGBl. I S. 2850, 2861).

Zu Abs. 1:

1   Der Heimvertrag wird auf **unbestimmte Zeit** geschlossen, soweit nicht im Einzelfall eine nur befristete Aufnahme der Bewohnerin oder des Bewohners beabsichtigt ist oder eine vorübergehende Aufnahme nach § 1 Abs. 3 (Kurzzeitheime) vereinbart wird.

Die Intention des Gesetzgebers war es vorzuschreiben, daß der Heimvertrag nur auf unbestimmte Zeit geschlossen wird, wie dies im Abs. 1 Halbsatz 1 auch geregelt ist. Gründe: Die Aufnahme in ein Heim bedeutet für den Bewohner regelmäßig die Aufgabe seines bisherigen und die dauerhafte Begründung eines neuen Lebensmittelpunktes. Verträge auf Zeit würden dem Interesse des Bewohners an einer möglichst umfassenden Sicherung seines künftigen Domizils nicht gerecht. Sie wären für ihn mit erheblichen Unsicherheiten und dem Risiko verbunden, nach Ablauf des Vertrages um einen anderen Heimplatz bemüht sein zu müssen oder aber den bis-

Vertragsdauer **§ 8**

herigen Heimvertrag zu Bedingungen fortzusetzen, die seinen Vorstellungen und besonderen Bedürfnissen nicht entsprechen.

Halbsatz 2 läßt im Einzelfall einen Vertrag auf bestimmte Zeit 2
zu, wenn die Aufnahme nur **befristet** erfolgen soll oder eine vorübergehende Aufnahme nach § 1 Abs. 3 (Kurzzeitheime) vereinbart wird. Durch die Änderung des Abs. 1 sowie der Einfügung des § 1 Abs. 1 a a. F. (jetzt § 1 Abs. 3) im Zweiten Gesetz zur Änderung des Heimgesetzes vom 3. Februar 1997 (BGBl. I S. 158) ist klargestellt, daß Verträge über befristete Aufnahmen bei **Kurzzeitheimen** Heimverträge i. S. d. HeimG sind. Damit ist die bisher offene Frage, ob Verträge, die eine vorübergehende Aufnahme zum Gegenstand hatten, Heimverträge sind, obsolet geworden, da in § 1 Abs. 3 lediglich geregelt ist, welche Vorschriften des Heimgesetzes bei der vorübergehenden Aufnahme Volljähriger nicht anwendbar sind. Da in § 1 Abs. 3 befristete Verträge nicht genannt sind, könnte die Meinung vertreten werden, daß befristete Verträge über die Dauer von drei Monaten hinaus, keine Heimverträge i. S. d. § 1 sind. Hierfür spricht auch die Regelung des § 8 Abs. 9, der wegen der Definition des Tatbestandsmerkmals „vorübergehend" in § 1 Abs. 4 nur auf Verträge über die vorübergehende Aufnahme Volljähriger (Kurzzeitheime) anwendbar ist. Deshalb ist bei von vornehrein beabsichtigten Fristverträgen nach wie vor zu prüfen, ob sie dem HeimG unterliegen (so auch Dahlem-Giese-Igl-Klie a. a. O. Rdnr. 3 zu § 8; a. a. Gitter-Schmitt a. a. O. § 8 III, da nur die Verträge über die vorübergehende Aufnahme Volljähriger dem HeimG unterliegen und die Rechte und Pflichten sich nur aus der konkreten Vertragsgestaltung ergeben. Besonders bei diesen Verträgen aber auch bei Verträgen über die vorübergehende Aufnahme Volljähriger empfiehlt es sich deshalb, alle mit der Unterbringung zusammenhängenden Fragen, wie Vertragsgegenstand, Entgelt, außerordentliche Kündigung, zu erbringende Leistungen möglichst eindeutig zu regeln. Die Möglichkeit, Verträge auf bestimmte Dauer zu schließen, kann zu **Umgehungen** des HeimG führen. Deshalb sind an das Merkmal der vorübergehenden oder befristeten Aufnahme strenge Maßstäbe zu setzen. Es muß in dem Zeitvertrag eindeutig und zweifelsfrei die nur vorübergehende Aufnahme geregelt sein. **Kettenzeitverträge** stellen i. d. R. eine Umgehung des HeimG dar. Dies gilt insbesondere für Verträge über das **Probewohnen**.

Zu Abs. 2:

Durch das Dritte Gesetz zur Änderung des Heimgesetzes wurde 3

§ 8 Kommentar zum HeimG

Abs. 2 an drei Punkten **geändert**. Zum einen wurde die Frist für die Kündigung des Heimbewohners um einen Monat verkürzt. Zum anderen hat der Gesetzgeber ein Sonderkündigungsrecht des Bewohners bei einer Entgelterhöhung begründet. Drittens wurden verschiedene Pflichten festgelegt, wenn der Heimträger den Grund für eine außerordentliche Kündigung des Bewohners zu vertreten hat.

Im Einzelnen:

Nach Abs. 2 Satz 1 kann der **Bewohner** den Heimvertrag spätestens am dritten Werktag eines Kalendermonats für den Ablauf desselben Monats **schriftlich** kündigen. Entgegen der in dem damaligen Entwurf der Bundesregierung enthaltenen Begründung, wonach der Heimvertrag nach Abs. 2 sowohl vom Träger der Einrichtung als auch vom Heimbewohner gekündigt werden kann (DrS. 203/89, B zu Nr. 6 2.), bezieht sich der Gesetzeswortlaut des Abs. 2 ausschließlich auf den Bewohner. Demgemäß regelt Abs. 2 auch **nur das Kündigungsrecht des Bewohners.**

4   Satz 1 regelt das **ordentliche** Kündigungsrecht des Bewohners. Die Kündigungsfrist ist die Frist zwischen der Erklärung der Kündigung und dem Ende des Heimverhältnisses. Der Kündigungstermin ist der Tag, an dem das Heimverhältnis beendet werden soll. Für die Berechnung gelten die §§ 187–193 BGB; maßgebend für die Kündigung ist der Zugang (§§ 130–132 BGB). Ist der dritte Werktag ein Samstag, so kann noch am nächsten Werktag gekündigt werden, weil dieser Tag Fristende i. S. d. § 193 BGB ist. Ist die Kündigungsfrist nicht eingehalten, so ist die Kündigung zu diesem Termin nichtig; sie kann aber gem. § 140 BGB in eine Kündigung zum nächsten zulässigen Termin umgedeutet werden.

Bisher konnte der Bewohner spätestens am dritten Werktag eines Kalendermonats für den Ablauf des nächsten Monats kündigen. Seit der Novellierung des Heimgesetzes ist die Kündigung für den Ablauf **desselben** Monats möglich. Die Kündigungsfrist wurde im Interesse der Heimbewohnerinnen und Heimbewohner verkürzt. Die kürzere Frist ist dem Heimträger zumutbar, weil ihm fast vier Wochen bleiben, um den Heimplatz wieder zu belegen und die ggf. erforderlichen Arbeiten durchzuführen.

Abweichungen von der Kündigungsfrist sind im Heimvertrag möglich, wenn sie nicht zum Nachteil des Bewohners sind (§ 9), da Satz 1 keine gesetzliche Regelung über die Zulässigkeit enthält. Folglich können grundsätzlich im Heimvertrag kürzere und längere Kündigungsfristen vereinbart werden. Es empfiehlt sich jedoch,

Vertragsdauer **§ 8**

bereits im Heimvertrag bei der Vereinbarung von Abweichungen von der Kündigungsfrist die Vorteile, die eine solche Abweichung für den Bewohner hat, anzuführen. Wird eine solche vertragliche Regelung nicht aufgenommen, so ist davon auszugehen, daß eine kürzere als die im Gesetz vorgesehene Kündigungsfrist nicht zum Nachteil des Bewohners ist, da nur dieser die Möglichkeit zur ordentlichen Beendigung des Heimvertrages hat. Eine längere Kündigungsfrist ist i.d.R. zum Nachteil des Bewohners, der sich zur ordentlichen Beendigung des Heimverhältnisses entschlossen hat, da er für diesen über die gesetzliche Regelung hinausgehenden Zeitraum die Pflicht zur Bezahlung des vertraglich vereinbarten Entgelts hat.

In **Satz 2** wurde durch das Dritte Gesetz zur Änderung des 5 Heimgesetzes ein **Sonderkündigungsrecht** der Bewohnerin oder des Bewohners begründet. Voraussetzung dafür ist eine **bevorstehende Erhöhung des Heimentgelts.** Die Erhöhung muß der Heimträger gegenüber dem Heimbewohner geltend gemacht haben (vgl. § 7 Abs. 3 Satz 1). Macht der Bewohner von seinem Sonderkündigungsrecht Gebrauch, kann er abweichend von Satz 1 **jederzeit** für den Zeitpunkt kündigen, an dem die Erhöhung wirksam werden soll.

Satz 3 regelt das **außerordentliche Kündigungsrecht des Be-** 6 **wohners.** Danach kann der Bewohner den Heimvertrag **aus wichtigem Grund** kündigen, wenn ihm die Fortsetzung des Heimvertrags bis zum Ablauf der in Satz 1 genannten Kündigungsfrist nicht zuzumuten ist. Satz 3 stellt nicht auf das Verschulden ab, so daß hier der allgemeine Rechtsgrundsatz, wonach ein Dauerschuldverhältnis entsprechend § 626 und aufgrund § 242 BGB fristlos gekündigt werden kann, greift. Auf **schuldhafte** Vertragsverletzungen des Heimträgers kommt es demnach **nicht** an. Zwar werden i.d.R. schuldhafte Vertragsverletzungen des Heimträgers immer wichtige Gründe sein; es genügt jedoch, wenn unverschuldete Umstände so bedeutsam sind, daß dem Bewohner die Fortsetzung des Heimverhältnisses nicht zuzumuten ist. Der wichtige Grund muß also so bedeutsam sein, daß ein Festhalten am Heimvertrag für den Bewohner nicht zumutbar ist. Dies gilt auch dann, wenn der Bewohner selbst einen wichtigen Grund erfüllt hat.

Der wichtige Grund muß im Zeitpunkt der Abgabe der Kündigungserklärung vorliegen. Die Beweislast für das Vorliegen des wichtigen Grundes hat immer der Bewohner als Kündigender.

Auch wenn § 8 Abs. 2 Satz 3 nicht wie § 626 Abs. 1 BGB auf das Vorliegen von Tatsachen abstellt, aufgrund derer dem Kündigenden unter Berücksichtigung aller Umstände des Einzelfalls und unter Abwägung der Interessen beider Vertragsteile die Fortsetzung des Heimvertrags bis zum Ablauf der Kündigungsfrist nicht zuzumuten ist, sind bei der Feststellung, ob ein wichtiger Grund i. S. d. § 8 Abs. 2 Satz 3 vorhanden ist, die Tatsachen, aufgrund derer dem Bewohner unter Berücksichtigung aller Umstände des Einzelfalls die Fortsetzung des Heimvertrags nicht zuzumuten ist, heranzuziehen. Denn nur konkrete Tatsachen können einen wichtigen Grund ausfüllen. Die Interessen beider Vertragsteile an der Fortsetzung des Heimvertrags bis zur ordentlichen Beendigung spielen hier – wenn überhaupt – nur eine untergeordnete Rolle, da der Gesetzgeber dem Heimträger grundsätzlich kein ordentliches Kündigungsrecht mit Ausnahme in den Fällen des § 8 Abs. 3 Satz 2 Nr. 1 zugestanden hat und aufgrund des § 8 Abs. 1 die Dauer des Heimvertrages zum Schutze des Bewohners auf unbestimmte Zeit festgelegt wird. Die **Zumutbarkeit** bestimmt sich **ausschließlich aus der Sicht des Bewohners.**

Bei der Ermittlung des wichtigen Grundes sind demgemäß alle tatsächlichen Umstände zu **berücksichtigen, die hierfür bedeutsam sein können,** beispielsweise die bisherige Dauer des Heimvertragsverhältnisses, die Leistungen des Heimträgers und die Führung des Heims, die Höhe des Entgelts, Vertragsverletzungen und die Gefahr von Wiederholungen, die Einhaltungen der zum Schutze des Bewohners getroffenen Regelungen des HeimG.

7 Die außerordentliche Kündigung ist ferner nur dann rechtswirksam, wenn dem Bewohner die Fortsetzung des Heimvertragsverhältnisses bis zum Ablauf der ordentlichen Kündigungsfrist nicht zuzumuten ist, dem Bewohner also unzumutbar geworden ist. Diese **Unzumutbarkeit** muß daran gemessen werden, ob dem Bewohner die Fortsetzung des Heimvertrags bis zu dem Zeitpunkt, an dem gem. Satz 1 ordentlich gekündigt werden kann, zugemutet werden kann. Es ist auf die subjektive Lage und Einstellung des Bewohners Rücksicht zu nehmen, insbesondere inwieweit das Vertrauen des Bewohners in eine ordnungsgemäße restliche Vertragserfüllung durch den Heimträger verloren gegangen oder erschüttert worden ist. Von Bedeutung kann auch sein, ob durch andere weniger schwerwiegende Maßnahmen dieses Vertrauensverhältnis für die Zukunft wiederhergestellt werden kann.

8 Die ordentliche und die fristlose Kündigung durch den Bewohner bedürfen – anders als der Abschluß des Heimvertrags – der **Schriftform** (zur Schriftform siehe RdNr. 3 zu § 5).

Vertragsdauer **§ 8**

Andere Möglichkeiten der Auflösung des Heimvertrages als durch Kündigung des Heimvertrages, wie z.B. der **Aufhebungsvertrag**, bleiben selbstverständlich bestehen.

Satz 4 wurde durch das Dritte Gesetz zur Änderung des Heimgesetzes eingefügt. Hat der Heimträger den Grund für die **außerordentliche** Kündigung **zu vertreten**, hat er zweierlei Verpflichtungen zu erfüllen: Zum einen muß er dem Bewohner eine angemessene **anderweitige Unterkunft und Betreuung** zu zumutbaren Bedingungen nachweisen. Zum anderen hat der Träger dem Bewohner die **Umzugskosten** in angemessenem Umfang zu ersetzen (siehe auch Abs. 7). **Zu vertreten** hat der Heimträger Vorsatz und Fahrlässigkeit, sofern nichts anderes bestimmt ist (vgl. §§ 276 ff. BGB). **9**

Aus **Satz 5** geht hervor, daß die Pflicht zum Nachweis anderweitiger Unterkunft und Betreuung nicht eine bereits erklärte Kündigung voraussetzt. Der Bewohner kann den **Nachweis vor der Kündigung** verlangen, wenn die Voraussetzungen des Satzes 3 vorliegen. **10**

Satz 6 stellt durch den Verweis auf **§ 115 Abs. 4 SGB XI** klar, daß die **Pflegekasse** verpflichtet ist, dem Bewohner einen geeigneten **Pflegeplatz** in einem anderen Heim zu vermitteln. Dies setzt zum einen einen entsprechenden Antrag des Bewohners und zum anderen das Vorliegen schwerwiegender, kurzfristig nicht behebbarer Mängel in der jeweiligen Pflegeeinrichtung voraus. Bei Sozialhilfeempfängern ist der zuständige Träger der Sozialhilfe zu beteiligen. Unterstützung erhält der Bewohner bei der Suche eines neuen Heimplatzes zudem von der **Heimaufsichtsbehörde** (§ 16 Abs. 3). **11**

Zu Abs. 3:

Abs. 3 regelt die Kündigungsmöglichkeit **des Trägers.** Dieser kann nach Satz 1 **nur aus wichtigem Grund** kündigen. Unter den Nummern 1 bis 4 sind die für die Praxis wichtigsten und typischen Kündigungsgründe aufgeführt worden, die **keine abschließende** Aufzählung beinhalten („insbesondere"). Der Träger kann demgemäß auch andere wichtige Gründe für die Beendigung des Heimvertrages anführen. Zum Vorliegen des wichtigen Grundes siehe voranstehende RdNr. 6. **12**

Nach **Nr. 1** liegt ein wichtiger Grund dann vor, wenn der Betrieb des Heimes eingestellt, wesentlich eingeschränkt oder in seiner Art verändert wird. **13**

Einstellung des Betriebes siehe RdNr. 11 zu § 12. Sie bedeutet praktisch die Beendigung des Heimbetriebs.

§ 8 Kommentar zum HeimG

Eine **wesentliche Einschränkung** kann sowohl im Betriebsumfang, also in einer Verkleinerung der Zahl der Plätze, wie auch in dem Umfang der Betreuung liegen. Allerdings wird im 2. Fall i.d.R. auch das Tatbestandsmerkmal **der Veränderung des Betriebs** gegeben sein.

Die Einschränkung des Betriebs ist dann **wesentlich,** wenn der bisherige Umfang des Heimbetriebs mehr als nur geringfügig aufgegeben wird. Es muß also eine wichtige räumliche oder leistungsmäßige Reduzierung des bisherigen Heimbetriebs vorliegen. Nicht jede Einschränkung stellt deshalb eine wesentliche dar, sondern es müssen Maßnahmen getroffen worden sein, die durch ihr Vorliegen erhebliche Eingriffe darstellen und durch die der bisherige Heimbetrieb nachhaltig und auf Dauer nicht mehr gewährleistet ist.

Eine **Veränderung** des Betriebs ist immer dann gegeben, wenn die bisherige Heimart gewechselt wird. So liegt sie vor, wenn z.B. die in einem Altenwohnheim lediglich vorzuhaltenden Leistungen regelmäßig angeboten werden oder wenn in einem Altenheim über die regelmäßig hier zu erbringenden Leistungen hinaus die Pflegeleistungen des Altenpflegeheimes obligatorisch angeboten und zum Gegenstand des Heimbetriebes gemacht werden. Entsprechendes gilt für den umgekehrten Fall, wenn also die Reduzierung der Leistungen zu einer anderen Heimart führt.

Nicht entscheidend ist, wer die kündigungsrelevanten Tatbestände verursacht hat. So liegt eine Einstellung des Betriebs auch dann vor, wenn die Heimaufsichtsbehörde das Heim geschlossen hat (in diesem Fall entfällt das weitere subjektive Tatbestandsmerkmal „Härte", weil die Betriebseinstellung hoheitlich erfolgt ist und das Heim nicht weiter betrieben werden darf).

14 Zu dem Vorliegen der genannten drei Tatbestandsmerkmale muß jeweils das subjektive Tatbestandsmerkmal hinzukommen, wonach die Fortsetzung des Heimvertrages **für den Träger** eine unzumutbare Härte bedeuten würde.

Eine **Härte** liegt dann vor, wenn nach Abwägung der Interessen beider Vertragsteile eine weitere Bindung des Heimträgers an den Heimvertrag nicht mehr nachvollziehbar und ungerechtfertigt ist. Bei der Interessenabwägung, die auf beide Vertragsparteien zu erstrecken ist, ist besonders das Schutzbedürfnis des Heimbewohners zu berücksichtigen.

Dieses besondere Schutzbedürfnis geht davon aus, daß der Heimträger weiß, daß der Bewohner mit der Aufnahme in ein Heim die Erwartung verbindet, dort in der Regel seinen Lebens-

Vertragsdauer **§ 8**

abend zu verbringen und zu beschließen, und daß ihm eine Rückkehr in die aufgegebene eigene Wohnung meist nicht mehr möglich ist. Zudem bedeutet jeder nochmalige Umzug in eine andere Umgebung für alte Menschen vielfach eine erhebliche Belastung, die soweit wie möglich vermieden werden sollte (amtl. Begründung DrS. 203/89). Eine allein in der Interessensphäre des Heimträgers liegende Veränderung kann deshalb die Bindungswirkung des mit dem Bewohner bestehenden Heimvertrages nicht aufheben. Auf Seiten des Trägers ist bei der Interessenabwägung insbesondere § 2 Abs. 2 zu berücksichtigen, wonach die Zielsetzung des Trägers und die Durchführung seiner Aufgaben unberührt bleiben. Nach dem AG Münster, Urt. v. 22.10. 1997 AZ 3 C 576/92 (Altenheim 5/95 S. 362) liegt eine zur Kündigung des Heimvertrages berechtigende „Härte" i. S. d. § 8 Abs. 3 Satz 2 Nr. 1 nicht alleine deshalb vor, weil das Heim mit Verlust arbeitet.

Durch das Dritte Gesetz zur Änderung des Heimgesetzes wurde geregelt, daß die Fortsetzung des Vertragsverhältnisses eine **unzumutbare** Härte bedeuten muß. Grund für diese Ergänzung ist das besondere Schutzbedürfnis der Heimbewohnerinnen und Heimbewohner. Sie müssen die Gewähr haben, in der ausgewählten Einrichtung auf Dauer bleiben zu können. Für die Bewohner bedeutet ein erzwungener Umzug gegen ihren Willen einen tiefen Einschnitt in ihre Lebensplanung und ihr Sicherheitsbedürfnis.

Die Kündigung nach Nr. 1 ist gem. Abs. 6 Satz 2 spätestens am dritten Werktag eines Kalendermonats für den Ablauf des nächsten Monats zulässig; sie bedarf der schriftlichen Form und ist zu begründen (Abs. 5). Zur Fristberechnung s. vorstehende RdNr. 4.

Eine Kündigung nach Nr. 1 hat für den Heimträger weitere Verpflichtungen nach Abs. 7 hinsichtlich des Nachweises einer angemessenen anderweitigen Unterkunft und Betreuung sowie der Tragung der Umzugskosten (s. hierzu nachfolgende RdNr. 21).

Ein weiterer wichtiger Grund liegt gem. **Abs. 3 Nr. 2** dann vor, **15** wenn der Gesundheitszustand des Bewohners sich so verschlechtert hat, daß seine fachgerechte Betreuung in dem Heim nicht mehr möglich ist.

Zunächst muß eine **Verschlechterung** des Gesundheitszustandes des Bewohners gegeben sein. Eine solche liegt immer dann vor, wenn die körperlichen und geistigen Kräfte des Bewohners im Vergleich zum Heimeintritt nachhaltig und auf Dauer, also nicht mehr wiederherstellbar, abgenommen haben. Die Reduzierung dieser körperlichen und/oder geistigen Kräfte muß darüber hinaus in einem solchen Umfang erfolgt sein, daß eine fachgerechte Betreuung in dem Heim nicht mehr möglich ist. Dabei ist auf die objektiven Gegebenheiten des Heimes in persönlicher und sachlicher Hinsicht abzustellen. Sind diese in einem Heim beispielsweise nicht für Dauerpflegefälle vorhanden, so ist eine fachgerechte Betreuung des zum Pflegefall gewordenen Bewohners nicht gewährleistet. Hierbei ist jedoch die neugefaßte Vorschrift des § 11 Abs.1 Nr.3 zu berücksichtigen, wonach ein Heim nur betrieben werden darf, wenn eine angemessene Qualität der Betreuung gesichert ist. Dies ist notfalls durch Anordnungen nach § 17 zu gewährleisten.

In diesem Zusammenhang spielt auch § 6 eine Rolle, der den Träger zur Anpassung seiner Leistungen bei der Erhöhung oder Verringerung des Betreuungsbedarfs des Bewohners verpflichtet.

Eine wesentliche Rolle bei der Beurteilung, ob dem Heimträger eine fachgerechte Betreuung des Bewohners bei einer Verschlechterung des Gesundheitszustandes möglich ist, spielt auch der Heimvertrag. Beim Abschluß des Vertrages hat die Aussicht, bei einer Verschlechterung des Gesundheitszustandes in diesem Heim verbleiben zu können, ob eine Pflegeabteilung in diesem Haus vorhanden ist oder ob im Falle der Pflegebedürftigkeit eine sachgerechte Versorgung in dem Heim oder in einer anderen Einrichtung des Trägers sichergestellt ist, eine wesentliche Bedeutung. Ist sonach im konkreten Heimvertrag die Betreuung auch für den Eintritt der Pflegebedürftigkeit in Aussicht gestellt, so spricht alles dafür, daß eine fachgerechte Betreuung in dem Heim möglich ist. Wenn andere Pflegefälle in dem Heim untergebracht sind und fachgerecht betreut werden, deren körperliche und/oder geistige Verfassung dem verschlechterten Gesundheitszustand des Bewohners vergleichbar sind, so ist die Betreuung des Bewohners i.d.R. dem Heimträger möglich; andernfalls muß der Heimträger besondere Gründe, an die **strenge Maßstäbe** zu stellen sind, anführen, aus denen sich ergibt, weshalb die fachgerechte Betreuung des konkreten Bewohners im Heim nicht möglich ist.

Eine fachgerechte Betreuung ist dem Heimträger auch dann nicht möglich, wenn diese nur dann im Heim durchgeführt werden kann, wenn der Bewohner auf einen anderen Heimplatz verlegt wird, sich aber gegen diese Verlegung sperrt (vgl. auch RdNr.5 zu § 6). Die Klausel im Heimvertrag, die dem Träger des Heims einen Anspruch zugesteht, einem Betreuten aus technischen und/oder gesundheitlichen Gründen, die der Verbesserung der Versorgungsmöglichkeiten dienen, innerhalb der Einrichtung einen anderen Heimplatz zuzuweisen **und** darüber hinaus das

Vertragsdauer **§ 8**

Recht einräumt, bei Weigerung den Heimplatz zu kündigen, verstößt gegen § 307 BGB (§ 9 Abs. 1 AGBG a. F.) (OLG Celle, Urt. v. 10. 7. 1996 AZ 13 U 10/96 = Altenheim 3, 1997 S. 74 ff.).

Gem. § 8 Abs. 6 Satz 1 kann der Träger ohne Einhaltung einer Frist kündigen; die Kündigung bedarf gem. § 8 Abs. 5 der schriftlichen Form und ist zu begründen.

Ein weiterer wichtiger Kündigungsgrund ist die gröbliche Verletzung der vertraglichen Verpflichtungen durch den Bewohner nach **Nr. 3**. Diese Vorschrift ist § 543 BGB angelehnt. Die Kündigung kann gem. Abs. 6 fristlos ausgesprochen werden, bedarf gem. Abs. 5 der Schriftform und ist zu begründen. **16**

Voraussetzungen der außerordentlichen Kündigung sind **nicht** Abmahnung oder Fristsetzung zur Abhilfe, **sondern** die **Kündigungserklärung** des Heimträgers (Abs. 5), die **Vertragsverletzung** des **Bewohners** und das **Verschulden.** Die Kündigungserklärung ist an keine Frist gebunden. Dennoch empfiehlt es sich, alsbald nach Vorliegen des Kündigungsgrundes die Kündigung zu erklären, da langes Zuwarten ein Indiz für die Zumutung der Fortsetzung des Vertrages sein kann (BGH WPM 83, 660). Die Vertragsverletzung muß aufgrund anderer Tatbestände als in Nr. 4 gegeben sein, da die außerordentliche Kündigung wegen Zahlungsverzugs dort abschließend geregelt ist.

Als Vertragsverletzungen i. S. v. Nr. 3 kommen in Betracht: der vertragswidrige Gebrauch des durch den Heimvertrag überlassenen Wohnraums, Verstöße gegen die im Heimvertrag und der Heimordnung geregelten Verhaltensweisen, fortwährende Belästigung der anderen Heimbewohner oder des Heimpersonals, öffentliche Verbreitung von Unwahrheiten über den Heimträger oder das Heimpersonal, fortdauernde und unpünktliche Zahlung des Entgelts u. a.

Die Kündigung setzt ferner für ihre Wirksamkeit schuldhaftes Verhalten voraus. Der Begriff des **Verschuldens** ist im BGB nicht definiert. Er ist nach der Systematik des BGB Oberbegriff der Schuldformen Vorsatz und Fahrlässigkeit und erfordert als weiteres Schuldelement die Zurechnungsfähigkeit. Schuldhaft kann nur ein objektiv rechtswidriges (pflichtwidriges) Verhalten sein; es muß subjektiv vorwerfbar sein (vgl. Palandt RdNr. 5 zu § 276).

Die vertraglichen Pflichten müssen darüber hinaus so gröblich verletzt sein, daß dem Heimbetreiber eine Fortsetzung des Vertrages nicht mehr zugemutet werden kann. Es genügt somit nicht jede schuldhafte Vertragsverletzung des Bewohners; vielmehr muß sie von solchem Gewicht sein, daß dem Heimbetreiber die Fortsetzung des Heimvertrages unzumutbar ist. Unzumutbar ist die Fortsetzung des Heimvertrages für den Heimbetreiber insbesondere dann, wenn durch das schuldhafte Verhalten des Bewohners das dem Heimvertrag zugrundeliegende Vertrauensverhältnis nachhaltig gestört ist (vgl. hierzu RdNr. 7).

17 Ein weiterer wichtiger Grund für die außerordentliche Kündigung durch den Heimträger liegt gem. **Nr. 4** bei Zahlungsverzug des Bewohners vor. Nr. 4 hat im wesentlichen die beiden Alternativen des § 543 Abs. 2 Nr. 3 BGB übernommen; dabei wurde der Wortlaut des § 543 Abs. 2 Nr. 3 a BGB in Nr. 4 a dahingehend präzisiert, daß der Verzug mit dem Teil des Entgelts nicht unerheblich ist, sondern ein Monatsentgelt übersteigen muß (vgl. aber § 569 Abs. 3 Nr. 1 BGB). Die Kündigungsgründe nach Nr. 4 a und b sind alternativ und setzen einen **Rückstand des Entgelts** und den **Verzug** voraus. Nach der Alternative a) muß der Umfang des Rückstands zwei aufeinanderfolgende Termine für die Entgeltzahlung betragen oder bei teilweisem Rückstand einen Betrag, der das Entgelt für einen Monat übersteigt.

Nach der Alternative b) muß der Verzug sich über mehr als den Zeitraum von zwei Terminen erstrecken, darf dazwischen nicht weggefallen sein und muß in diesem Zeitraum dauernd mindestens zwei Monatsentgelte betragen. Gleichgültig ist, ob die Zahlungstermine Monatstermine sind, was i. d. R. bei Heimverträgen der Fall ist. Eine Mahnung ist für den **Verzug** (§ 286 BGB) in beiden Alternativen nicht erforderlich, da die Fälligkeit kalendermäßig bestimmt wird (§ 286 Abs. 2 Nr. 1 BGB). Da es gem. § 286 Abs. 4 BGB keinen Verzug ohne Verschulden gibt, liegt ein Verzug dann nicht vor, wenn der Bewohner das Entgelt rechtzeitig angewiesen hat, es aber verspätet beim Heimträger ankommt.

Gemäß **Abs. 6** kann der Heimträger bei Vorliegen der beiden Alternativen ohne Einhaltung einer Frist kündigen; die Kündigung bedarf zu ihrer Wirksamkeit der Schriftform und ist zu begründen (Abs. 5).

Zu Abs. 4:

18 **Abs. 4** entspricht der Regelung des § 543 Abs. 2 Satz 2 und § 569 Abs. 3 Nr. 2 BGB und sieht für die Fälle des Absatzes 3 Satz 2 Nr. 4 die Heilung der Verzugsfolgen hinsichtlich der Kündigung vor.

Vor dem Zugang der Kündigung (§ 130 BGB):

Wird der Heimträger vor dem Zugang der Kündigung **vollständig** für den gesamten Rückstand des Entgelts befriedigt (Teilleistungen genügen nicht, BGH WPM 70, 1141), so ist die Kün-

Vertragsdauer **§ 8**

digung des Heimvertrages nach Abs. 4 Satz 1 **ausgeschlossen.** Anstelle der Zahlung des Rückstandes können auch Erfüllungssurrogate, insbesondere die Aufrechnung stehen, sofern eine solche vertraglich nicht ausgeschlossen ist. Die Beweislast für den Ausschluß der Kündigung hat der Bewohner; er muß nachweisen, daß er vor Zugang der Kündigung gezahlt hat (vgl. Palandt RdNr. 27 zu § 543).

Nach dem Zugang der Kündigung:
Die Kündigung wird **unwirksam** (= nichtig), wenn der Heimträger bis zum Ablauf von zwei Monaten nach Eintritt der Rechtshängigkeit des Räumungsanspruches hinsichtlich des fälligen Entgelts befriedigt wird oder eine öffentliche Stelle sich zur Befriedigung verpflichtet. Die Befriedigung des Heimträgers muß innerhalb des Zeitraumes zwischen dem Zugang der Kündigung und bis zum Ablauf von zwei Monaten nach Rechtshängigkeit erfolgen und zwar in der **vollen Höhe** des Rückstandes. Die Frist wurde durch das Dritte Gesetz zur Änderung des Heimgesetzes von einem Monat auf **zwei Monate verlängert,** um zum einen den Schutz der Bewohnerinnen und Bewohner zu erhöhen und zum anderen eine Vergleichbarkeit mit dem neuen Mietrecht herzustellen (vgl. § 569 Abs. 3 Nr. 2 BGB).

Als öffentliche Stelle kommt insbesondere der Sozialhilfeträger in Betracht; dieser muß sich in demselben Umfang wie der Bewohner **verpflichten,** den Heimträger zu befriedigen, also in Höhe des gesamten Rückstandes. Sind die Voraussetzungen des Satzes 2 erfüllt, so lebt wegen der Unwirksamkeit der Kündigung der alte Heimvertrag wieder auf.

Zu Abs. 5:

Abs. 5 sieht für die **Kündigung des Heimträgers** die **Schrift-** 19 **form** vor. Ein Verstoß hiergegen bewirkt die Nichtigkeit der Kündigung (§ 125 Satz 1 BGB). Die Kündigung ist nach Halbsatz 2 zu begründen. Anders als im § 569 Abs. 4 BGB, wonach die Gründe der Kündigung im Kündigungsschreiben lediglich angegeben werden sollen, führt der fehlende Begründung der Kündigung zur Nichtigkeit gem. § 134 BGB.

Abs. 5 regelt nur die Kündigung des Heimträgers. Zur Kündigung des Heimbewohners siehe RdNr. 8.

Zu Abs. 6:

Gem. **Abs. 6** kann der Heimträger in den Fällen des Abs. 3 Nr. 2, **20** Nr. 3 und Nr. 4 ohne Einhaltung einer Frist kündigen; im Falle des

Abs. 3 Nr. 1 ist nur die Kündigung mit einer Frist zulässig. Zur ordentlichen Kündigung vgl. RdNr. 4.

Zu Abs. 7:

21 Eine Kündigung des Heimträgers nach Abs. 3 Satz 2 Nr. 1 und Nr. 2 bringt für ihn gem. **Abs. 7 Satz 1** die Verpflichtung mit sich, der Bewohnerin oder dem Bewohner eine angemessene anderweitige **Unterkunft und Betreuung** zu zumutbaren Bedingungen **nachzuweisen.** Der Begriff „Unterbringung" wurde durch das Dritte Gesetz zur Änderung des Heimgesetzes durch „Unterkunft und Betreuung" ersetzt. Grund dafür ist, daß Heimbewohner nicht Objekt des Handelns anderer sein dürfen, sondern ihr Leben möglichst eigenverantwortlich und selbstbestimmt führen sollen.

Die **Kosten des Umzugs** in angemessenem Umfang hat der Heimträger nur bei der Kündigung nach Abs. 3 Satz 2 Nr. 1 **zu tragen** (Abs. 7 Satz 2).

Diese Regelung ist ebenfalls Ausfluß des besonderen Schutzinteresses des Heimbewohners. Der Gesetzgeber geht davon aus, daß der Heimträger mit der Aufnahme des Heimbewohners diesem gegenüber eine allgemeine Obhutspflicht übernimmt, die auch bei der Auflösung und Abwicklung des Heimvertrages fortwirkt. Aus diesem Grunde sollen dem bisherigen Bewohner nicht die Folgen einer von ihm nicht zu vertretenden Beendigung des Heimverhältnisses aufgebürdet werden. Nach Satz 1 hat der Heimträger die Pflicht, **nach Kündigung** des Heimvertrags dem Bewohner eine angemessene anderweitige Unterkunft und Betreuung nachzuweisen. Mit dieser Regelung ist gleichzeitig ausgesagt, daß eine erfolgte Kündigung **nicht unwirksam** wird, wenn der Träger seinen Verpflichtungen nach Abs. 7 nicht nachkommt. Allerdings können dann auf den Träger Ansprüche aus dem Rechtsinstitut der positiven Vertragsverletzung (vgl. §§ 280 ff. BGB) zukommen, da die vertragliche allgemeine Obhutspflicht nach dem Willen des Gesetzgebers über die Beendigung des Heimvertrages nachwirkt. Ferner sind Schadensersatzansprüche denkbar, wenn der Träger seine Verpflichtungen aus Abs. 7 nicht erfüllt.

Der Träger hat eine angemessene anderweitige Unterkunft und Betreuung nachzuweisen. **Angemessenheit** ist dann gegeben, wenn die neue Unterbringung im wesentlichen mit der bisherigen nach Größe des Raumes und den zu erbringenden Leistungen vergleichbar ist. **Zumutbar** ist sie dann, wenn die Unterkunft und Betreuung am gleichen Ort oder in nicht allzu weiter Entfernung zum bisherigen Heim liegen und das Entgelt bei vergleichbaren Leistungen dem bisherigen entspricht.

Vertragsdauer **§ 8**

Nicht erforderlich ist, daß über den Nachweis hinaus auch tatsächlich ein Heimvertrag über den nachgewiesenen Heimplatz zustande kommt.

Der Träger soll von seiner Nachweispflicht **entbunden** sein, wenn der Bewohner erklärt, seine anderweitige Unterbringung sei aufgrund eigener Bemühungen gesichert. Diese Auffassung dürfte zumindest angesichts des Wortlauts des Abs. 7 nicht unbestritten bleiben, der jedenfalls eine Entbindung von der Pflicht des Heimträgers für diesen Fall nicht vorsieht, so daß der Träger jedenfalls solange seiner Verpflichtung nachkommen muß, bis der Bewohner eindeutig erklärt hat, seine anderweitige Unterbringung sei aufgrund eigenen Bemühens gesichert.

Jedenfalls dürfte unstreitig sein, daß die Pflicht des Heimträgers nicht abbedungen werden kann, da ansonsten ein Nachteil des Bewohners gem. § 9 vorliegt.

Darüber hinaus hat der Heimträger wegen des Ablaufs der Kündigungsfrist rechtzeitig den Nachweis der anderweitigen Unterkunfts- und Betreuungsmöglichkeit zu führen, da ansonsten wegen der wirksamen Beendigung des Heimverhältnisses der Bewohner, sofern er sich nicht selbst bemüht hat, über keine Unterkunft in einem Heim verfügt.

Die Nachweispflicht des Heimträgers entbindet den Sozialhilfeträger nicht von seiner Pflicht nach §§ 68 und 75 BSHG, bei der Beschaffung eines anderen geeigneten Heimplatzes mitzuwirken.

Nach Abs. 7 **Satz 2** hat der Träger im Falle der Kündigung nach 22 Abs. 3 Satz 2 Nr. 1 als Ausfluß der Obhutspflicht gegenüber dem Bewohner aus Billigkeitsgründen die **Kosten des Umzugs** in angemessenem Umfang zu tragen. Die Angemessenheit der Umzugskosten bestimmt sich nach dem Aufwand des Umzugs des Bewohners und der zumutbaren Entfernung des neuen Heimplatzes vom bisherigen Heim. Die Kosten des Umzugs in ein vom Bewohner gesuchtes Heim, das wesentlich weiter entfernt ist, als die Unterbringung in einem vom Träger nachgewiesenen, sind nicht angemessen, soweit sie die üblicherweise anfallenden geringeren Umzugskosten übersteigen.

Zu Abs. 8:

Das Vertragsverhältnis endet **kraft Gesetzes mit dem Tod des** 23 **Bewohners**. Mit der Neuregelung in Satz 1 erfolgte eine Anpassung an die Regelungen des SGB XI. Hiernach endet die Mitgliedschaft bei einer Pflegekasse mit dem Tod des Mitglieds. Eine Kündigung des Heimvertrags durch den oder die Erben des Bewoh-

§ 8   Kommentar zum HeimG

ners ist nicht erforderlich. Durch die Beendigung des Vertragsverhältnisses sind somit alle gegenseitigen Verpflichtungen erloschen.

24   Über den Entgeltanspruch des Heimträgers bei der Vereinbarung einer Fortgeltungsregelung nach § 4 b Abs. 8 Satz 2 a. F. hat der BGH am 13. 2. 2003 (NJW 2003, 1453) entschieden. Gegenstand war u. a. der Einfluß einer Neubelegung des Heimplatzes nach dem Tod des Bewohners. Im Gegensatz zu § 4 b Abs. 8 Satz 2 a. F. sind Vereinbarungen über eine **Fortgeltung** des Vertrags über den Tod des Bewohners hinaus grundsätzlich **nicht** mehr zulässig. Hiervon **ausgenommen** sind nach **Satz 2** Vereinbarungen über eine Fortgeltung des Heimvertrags hinsichtlich der **Entgeltbestandteile für Wohnraum und Investitionskosten.** Allerdings darf ein Zeitraum von **zwei Wochen** nach dem Sterbetag nicht überschritten werden. Diese Regelung, die durch das Dritte Gesetz zur Änderung des Heimgesetzes aufgenommen wurde, ist **enger** als die frühere, steht aber im **Widerspruch zu § 87 a SGB XI,** der eine Fortgeltungsregelung nicht zuläßt. Es bedarf damit einer Harmonisierung der beiden Vorschriften durch den Gesetzgeber.

Heimrechtlich wird die Fortgeltungsregelung in engen Grenzen aus Gründen der Pietät vor dem Verstorbenen und wegen der praktischen Schwierigkeiten, die mit der Räumung, Renovierung und Wiederbelegung des Zimmers oder Heimplatzes zusammenhängen, als begründet angesehen.

25   Zulässig ist eine Fortgeltung des Heimvertrags hinsichtlich der Mietbestandteile für den Zeitraum von zwei Wochen nach dem Sterbetag.

Wird eine solche Vereinbarung im Heimvertrag aufgenommen, so haben der/die Erbe(n) des Bewohners das Entgelt bis zu diesem Zeitpunkt zu bezahlen; das Entgelt ermäßigt sich um den Wert der vom Träger ersparten Aufwendungen **(Satz 3).** Die ersparten Aufwendungen werden in aller Regel nur hinsichtlich der Sachkosten bestehen, da die Kosten des Heimpersonals weiterhin anfallen, auch wenn der Bewohner verstorben ist. Schließt der Träger jedoch mit einem anderen Bewohner vor Ablauf der vereinbarten Fortsetzung des Vertrages einen Heimvertrag ab, so ermäßigen sich die Kosten in vollem Umfang seit dem Zeitpunkt der Geltung des neuen Vertragsabschlusses.

26   Das LG Düsseldorf (Urt. v. 17. 8. 1990, Az. 22 S. 329/89 = Altenheim 1991 S. 443 = NJW-RR 1991, S. 184) hat eine Heimvertragsklausel beanstandet, die den Ermäßigungsanspruch auf maximal 30 Tage beschränkte und eine unüberprüfbare Pauschalierung der Ermäßigung enthalten hatte. Nach Auffassung des Gerichts be-

Vertragsdauer **§ 8**

nachteiligt eine Heimvertragsklausel, die bei einer Vertragsverlängerung über den Tod hinaus nur eine zeitlich befristete Ermäßigung des Entgelts wegen ersparter Aufwendungen vorsieht, den Vertragspartner entgegen den Geboten von Treu und Glauben unangemessen. Entsprechend §§ 10 Nr. 7 und 11 Nr. 5 AGBG a.F. muß der Vertragspartner gegen eine Pauschalierung der ersparten Aufwendungen den Nachweis führen können, daß diese unangemessen hoch ist.

Demgegenüber hat das LG Hildesheim (Urt. v. 27.2.92 AZ 7 S 25/92 = NJW RR 92 S. 1276) entschieden, daß eine Fortgeltungsklausel in einem Heimvertrag, die bestimmt, daß Pflegekosten bis zu einem Monat nach dem Tode des Heimbewohners fortzuentrichten sind, nicht gegen das Benachteiligungsverbot des § 9 AGBG a.F. verstößt. Der Entscheidung des LG Hildesheim dürfte zu folgen sein, da der Gesetzgeber eine Fortgeltungsklausel im Heimgesetz ausdrücklich für zulässig erklärt hat (so auch LG Hamburg, Urt. v. 21.2.96 AZ 302 S 136/95-bpa Magazin Juni/Juli 1996 S. 21).

Über die **Höhe der ersparten Aufwendungen** liegen gerichtliche Entscheidungen vor: So hat das AG Bad Homburg v. d. H. (Urteil v. 16.4.1996 AZ 4621/95) mangels Darlegung eines Heimträgers die Kosten für die Verpflegung auf DM 30,– pro Tag, die ersparten Betriebskosten der Wohnung auf DM 300,– und darüberhinaus Kosten für eingesparte Pflegemittel auf DM 200,– geschätzt. Das LG Hamburg (Urt. v. 21.2.96 AZ 302 S 136/95) hat dagegen einen vertraglich festgesetzten Ermäßigungssatz von DM 8,35 anerkannt, weil die Behörde für Arbeit, Gesundheit und Soziales die ersparten Aufwendungen mit täglich DM 8,35 berechnete. Das LG Berlin (Urt. v. 4.7.95 Az. 19 C 396/94) sah eine Anrechnung von DM 10,– pro Tag als nicht unangemessen an (hierzu bpa Magazin Nr. 5/1996). 27

Dem Urteil des LG Bad Homburg kann in der Höhe der geschätzten Kosten nicht zugestimmt werden, insbesondere im Hinblick auf die nicht eingesparten und im Todesfall auch nicht einzusparenden Heimpersonalkosten, die sich im Pflegebereich auf ca. 75 % belaufen. Deshalb sind Träger aber auch Bewohner gut beraten, wenn im einzelnen dar- und festgelegt wird, welche tatsächlichen Kosten mit den entsprechenden finanziellen Auswirkungen erspart werden.

Nach **Satz 4** bleiben Bestimmungen des Heimvertrags über die Behandlung des im Heim befindlichen **Nachlasses** sowie dessen Verwahrung durch den Heimträger wirksam. Diese Regelung ist 28 die zweite **Ausnahme** vom grundsätzlichen Verbot der Fortgeltung des Vertrags. Sie wurde durch das Dritte Gesetz zur Änderung des Heimgesetzes eingefügt. Anders als bei Satz 2 ist hier keine zeitliche Begrenzung vorgesehen. Dies ist auch nicht erforderlich, weil es sich üblicherweise um die Verpflichtung des Heimträgers zur vorläufigen Aufbewahrung und anschließenden Übergabe des Nachlasses an den/die Erben handelt.

Zu Abs. 9:

29 Abs. 9 regelt die Kündigung von Verträgen über **die vorübergehende Aufnahme Volljähriger (Kurzzeitheime),** nicht jedoch die von sonstigen befristeten Verträgen. Durch die Einfügung des § 1 Abs. 1 a a. F. und des § 4 b Abs. 2 a. F. durch das Zweite Gesetz zur Änderung des Heimgesetzes gilt die Definition des § 1 Abs. 3 und 4 damit nur für Verträge bis zu drei Monaten. Danach ist die ordentliche Kündigung des Bewohners nach § 8 Abs. 2 ausgeschlossen, die Kündigung des Heimträgers aus wichtigem Grund ist eingeschränkt und kann nur nach Maßgabe des § 8 Abs. 3 S. 2 Nr. 2 und 3 erfolgen, wenn also der Gesundheitszustand des Bewohners sich so verändert hat, daß seine fachgerechte Betreuung im Heim nicht mehr möglich ist (Nr. 2) oder dem Träger die Fortsetzung des Vertrages wegen gröblicher und schuldhafter Vertragsverletzungen des Bewohners nicht mehr zumutbar ist. Ferner endet bei der vorübergehenden Aufnahme der Vertrag nicht mit dem Tod des Bewohners, da § 8 Abs. 8 S. 1 ebenfalls ausgeschlossen ist.

Eine nach Abs. 9 zulässige Kündigung ist ohne Einhaltung einer Frist zulässig; sie bedarf der schriftlichen Form und ist zu begründen.

Zu Abs. 10:

30 Abs. 10 wurde durch das OLG-Vertretungsänderungsgesetz vom 23. Juli 2002 angefügt. Das Gesetzespaket enthält eine Reihe von Bestimmungen über die **Geschäftsfähigkeit von Geschäftsunfähigen** (z. B. § 105 a BGB, § 138 SGB IX).

Nach Abs. 10 kann der Heimträger ein von einem **geschäftsunfähigen** Bewohner begründetes Heimverhältnis nur aus wichtigem Grund für gelöst erklären.

Hinsichtlich des **„wichtigen Grundes"** wird auf die Erläuterungen zu Abs. 3 Bezug genommen.

Die Regelung ist im Zusammenhang mit der in § 5 Abs. 12 zu sehen (siehe dort).

Zweck dieser Bestimmung ist es, die meist betagten und betreuungsbedürftigen Bewohner vor Unsicherheiten über ihren Verbleib im Heim zu bewahren. Auch geschäftsunfähige Bewohnerinnen und Bewohner sollen die Sicherheit haben, trotz des eigentlich nichtigen Heimvertrags weiterhin im selben Heim wohnen zu dürfen.

§ 9 Abweichende Vereinbarungen

Vereinbarungen, die zum Nachteil der Bewohnerin oder des Bewohners von den §§ 5 bis 8 abweichen, sind unwirksam.

Die in den §§ 5 bis 8 getroffenen Regelungen sind für alle Heimverträge verbindlich; sie sind nur dann abdingbar, wenn abweichende Vereinbarungen die Bewohner nicht benachteiligen. Vereinbarungen, die von den Bestimmungen der §§ 5 bis 8 abweichen, sind dann wirksam, wenn sie die Bewohner rechtlich (wie hier Gitter-Schmitt § 9 III) besserstellen. Unberührt bleiben Vereinbarungen zwischen den Heimvertragsparteien, die die inhaltliche Ausgestaltung des Vertrags nach Maßgabe der §§ 5 bis 8 nicht berühren. Dies gilt auch für Aufhebungsverträge zwischen dem Bewohner und dem Heimträger. Unwirksam i.S.d. § 9 bedeutet Nichtigkeit (Gitter-Schmitt § 9 III 4).

§ 10 Mitwirkung der Bewohnerinnen und Bewohner

(1) ¹**Die Bewohnerinnen und Bewohner wirken durch einen Heimbeirat in Angelegenheiten des Heimbetriebs wie Unterkunft, Betreuung, Aufenthaltsbedingungen, Heimordnung, Verpflegung und Freizeitgestaltung mit.** ²**Die Mitwirkung bezieht sich auch auf die Sicherung einer angemessenen Qualität der Betreuung im Heim und auf die Leistungs-, Vergütungs-, Qualitäts- und Prüfungsvereinbarungen nach § 7 Abs. 4 und 5.** ³**Sie ist auf die Verwaltung sowie die Geschäfts- und Wirtschaftsführung des Heims zu erstrecken, wenn Leistungen im Sinne des § 14 Abs. 2 Nr. 3 erbracht worden sind.** ⁴**Der Heimbeirat kann bei der Wahrnehmung seiner Aufgaben und Rechte fach- und sachkundige Personen seines Vertrauens hinzuziehen.** ⁵**Diese sind zur Verschwiegenheit verpflichtet.**

(2) **Die für die Durchführung dieses Gesetzes zuständigen Behörden fördern die Unterrichtung der Bewohnerinnen und Bewohner und der Mitglieder von Heimbeiräten über die Wahl und die Befugnisse sowie die Möglichkeiten des Heimbeirats,**

§ 10 Kommentar zum HeimG

die Interessen der Bewohnerinnen und Bewohner in Angelegenheiten des Heimbetriebs zur Geltung zu bringen.

(3) ¹**Der Heimbeirat soll mindestens einmal im Jahr die Bewohnerinnen und Bewohner zu einer Versammlung einladen, zu der jede Bewohnerin oder jeder Bewohner eine Vertrauensperson beiziehen kann.** ²**Näheres kann in der Rechtsverordnung nach Absatz 5 geregelt werden.**

(4) ¹**Für die Zeit, in der ein Heimbeirat nicht gebildet werden kann, werden seine Aufgaben durch einen Heimfürsprecher wahrgenommen.** ²**Seine Tätigkeit ist unentgeltlich und ehrenamtlich.** ³**Der Heimfürsprecher wird im Benehmen mit der Heimleitung von der zuständigen Behörde bestellt.** ⁴**Die Bewohnerinnen und Bewohner des Heims oder deren gesetzliche Vertreter können der zuständigen Behörde Vorschläge zur Auswahl des Heimfürsprechers unterbreiten.** ⁵**Die zuständige Behörde kann von der Bestellung eines Heimfürsprechers absehen, wenn die Mitwirkung der Bewohnerinnen und Bewohner auf andere Weise gewährleistet ist.**

(5) ¹**Das Bundesministerium für Familie, Senioren, Frauen und Jugend erlässt im Einvernehmen mit dem Bundesministerium für Gesundheit und Soziale Sicherung durch Rechtsverordnung mit Zustimmung des Bundesrates Regelungen über die Wahl des Heimbeirats und die Bestellung des Heimfürsprechers sowie über Art, Umfang und Form ihrer Mitwirkung.** ²**In der Rechtsverordnung ist vorzusehen, dass auch Angehörige und sonstige Vertrauenspersonen der Bewohnerinnen und Bewohner, von der zuständigen Behörde vorgeschlagene Personen sowie Mitglieder der örtlichen Seniorenvertretungen und Mitglieder von örtlichen Behindertenorganisationen in angemessenem Umfang in den Heimbeirat gewählt werden können.**

1 § 10 findet Anwendung auf alle Heime i.S. des HeimG, nicht jedoch auf Heime oder Teile von Heimen, die der vorübergehenden Aufnahme Volljähriger dienen (Kurzzeitheime), sowie auf stationäre Hospize. Nehmen diese Heime i.d.R. mindestens sechs Personen auf, findet § 10 mit der Maßgabe Anwendung, daß ein Heimfürsprecher zu bestellen ist (vgl. § 1 Abs.3).

Von den Anforderungen des § 10 kann ausnahmsweise unter den Voraussetzungen der **Erprobungsregelung** abgewichen werden – siehe § 25a.

Durch das Dritte Gesetz zur Änderung des Heimgesetzes wurde § 5 a.F. neu gefaßt. Ein **Ziel** der Gesetzesnovelle war die **Weiter-**

entwicklung der Heimmitwirkung. Zum Kreis der mitwirkungspflichtigen Angelegenheiten gehören jetzt auch Maßnahmen zur Qualitätssicherung, die Überwachung durch die Heimaufsicht und die Beteiligung an Leistungs-, Vergütungs-, Qualitäts- und Prüfungsvereinbarungen. Neu ist ferner, daß die Effizienz des Heimbeirats durch dessen **Öffnung für Dritte** sichergestellt werden soll (vgl. § 10 Abs. 5). § 10 verbessert daher die Voraussetzungen zur Bildung von Heimbeiräten und erweitert ihre Rechtsstellung. Durch diese Neuregelung soll den Heimbewohnerinnen und Heimbewohnern möglichst umfassend Gelegenheit gegeben werden, an der Gestaltung ihrer individuellen Lebensverhältnisse mitzuwirken.

Durch das Dritte Gesetz zur Änderung des Heimgesetzes wurde neben den inhaltlichen Neuerungen die Reihenfolge der Absätze redaktionell modifiziert.

Zu Abs. 1:

Abs. 1 gibt den Bewohnern ein **Mitwirkungsrecht.** Dieses Recht ist nicht gleichzustellen mit der Mitbestimmung, ist aber andererseits ein rechtliches „Mehr" als ein Anhörungs- oder Informationsrecht und liegt folglich zwischen diesen Grenzbereichen.

Es ist davon auszugehen, daß ein **Mitgestaltungsrecht** in den Angelegenheiten des Abs. 1 Satz 1 gegeben ist. Die Mitwirkung in der Verwaltung, Geschäfts- und Wirtschaftsführung nach Abs. 1 Satz 3 wird näher beim zweiten Abgrenzungsbereich, der Anhörung und Information, anzusiedeln sein. Hierfür spricht insbesondere § 2 Abs. 2, der die Selbständigkeit der Träger in Zielsetzung und Durchführung ihrer Aufgaben unberührt läßt. Generell ist davon auszugehen, daß bei den in § 10 und den §§ 29–31 HeimmwV angesprochenen Angelegenheiten stets zu prüfen ist, wie weit diese Mitwirkung rechtlich im einzelnen ausgeprägt ist. Die Grenzen liegen einerseits an der vom Gesetzgeber gewünschten und gewollten Mitgestaltung in Fragen des Heimbetriebs und der in § 2 Abs. 2 HeimG und § 2 Satz 2 HeimmwV garantierten Selbständigkeit des Trägers bei der Erfüllung der ihm obliegenden Aufgaben. Je näher die in § 29 HeimmwV aufgeführten Aufgaben den Bereich der Selbständigkeit des Trägers des Heims tangieren, um so geringer wird die Mitgestaltung der Bewohner in diesen Bereichen ausgeprägt sein, wie andererseits Angelegenheiten, die vor allem die Bewohner unmittelbar berühren, wie Planung und Durchführung von Veranstaltungen, Heimordnung, Freizeitgestaltung, Betreuung, Pflege und Verpflegung näher am Grenzbereich zur Mitbestimmung liegen.

§ 10   Kommentar zum HeimG

3   Durch das Dritte Gesetz zur Änderung des Heimgesetzes wurden die ersten beiden Sätze des § 5 a. F. inhaltlich nicht verändert; sie entsprechen den jetzigen Sätzen 1 und 3.

Nach **Satz 1** erstreckt sich die Mitwirkung auf die Angelegenheiten des Heimbetriebs wie Unterkunft, Betreuung, Aufenthaltsbedingungen, Heimordnung, Verpflegung und Freizeitgestaltung. Der Begriff „Unterbringung" wurde durch „Unterkunft und Betreuung" ersetzt. Grund hierfür ist das veränderte Bild des Heimbewohners: Heimbewohner sind nicht Objekt des Handelns anderer, sondern Menschen, die zwar auf die Hilfe anderer angewiesen sind, aber trotzdem möglichst eigenverantwortlich leben und über ihre Lebensführung bestimmen möchten.

4   **Satz 2** wurde durch das Dritte Gesetz zur Änderung des Heimgesetzes eingefügt. Die Mitwirkung bezieht sich auch auf die **Sicherung einer angemessenen Qualität der Betreuung** im Heim. Hierfür gibt es zwei Gründe: Zum einen ist die Betreuung für das Wohlbefinden der Heimbewohnerinnen und Heimbewohner von zentraler Bedeutung. Zum anderen erhält der Heimträger die Gelegenheit, die Erfahrungen und Anregungen der Heimbewohner aufzugreifen und dadurch die Qualität der Betreuung in geeigneten Fällen zu verbessern.

Nach Satz 2 erstreckt sich die Mitwirkung ferner auf die **Leistungs-, Vergütungs-, Qualitäts- und Prüfungsvereinbarungen** nach § 7 Abs. 4 und 5. Diese Mitwirkungsmöglichkeiten der Bewohnerinnen und Bewohner resultieren aus der Beteiligungspflicht nach § 7 Abs. 4 und 5: Der Heimbeirat ist vor der Aufnahme von Verhandlungen über Leistungs- und Qualitätsvereinbarungen sowie über Vergütungsvereinbarungen mit den Pflegekassen nach **SGB XI** und auf Verlangen an den Verhandlungen über Leistungs-, Vergütungs- und Prüfungsvereinbarungen nach **BSHG** zu beteiligen.

5   In **Satz 3** ist geregelt, daß die Mitwirkung auf die **Verwaltung sowie auf die Geschäfts- und Wirtschaftsführung** des Heims zu erstrecken ist. Voraussetzung dafür ist es, daß Leistungen i. S. d. § 14 Abs. 2 Nr. 3 erbracht worden sind.

Soweit ein Heim im Sinne von § 1 neben Personen, die keine Leistungen i. S. d. § 14 Abs. 2 Nr. 3 (das sind Leistungen, die im Hinblick auf die Überlassung eines Heimplatzes zum Bau, zum Erwerb, zur Instandsetzung, zur Ausstattung oder zum Betrieb des Heims versprochen oder gewährt werden) erbracht haben, solche aufgenommen hat, von denen oder zugunsten derer Leistungen erbracht wurden, übt **der Heimbeirat alle** im Abs. 1 genannten Rechte der

Mitwirkung der Bewohnerinnen und Bewohner § 10

Bewohner aus. Satz 3 läßt bereits nach seinem Wortlaut („erstrecken") grundsätzlich keine zwei Heimbeiräte zu, die mit unterschiedlichen Befugnissen ausgestattet sind (zu den Ausnahmefällen siehe Anmerkung zu § 1 HeimmwV). Auch aus materiell-rechtlichen Gesichtspunkten ist dies nicht erforderlich, da die zweitgenannte Personengruppe durch die Möglichkeit der Wahl ihrer Zugehörigen für ihre Repräsentation im Heimbeirat Sorge tragen kann. Zum **erweiterten** Mitwirkungsrecht siehe § 31 HeimmwV.

Satz 4 wurde durch das Dritte Gesetz zur Änderung des Heimgesetzes aufgenommen. Der Heimbeirat hat die Möglichkeit, bei der Wahrnehmung seiner Aufgaben und Rechte **externe fach- und sachkundige Personen** hinzuzuziehen. Durch diese Neuregelung wird die Position der Heimbewohner bzw. ihrer Vertretung gestärkt. Der Heimbeirat kann damit die Interessen der Bewohnerinnen und Bewohner wirkungsvoller und überzeugender in den Gesprächen und Verhandlungen mit der Heimleitung und dem Heimträger vertreten. Die externen Personen sind gesetzlich zur Verschwiegenheit verpflichtet und arbeiten ehrenamtlich. Einzelheiten sind in der Heimmitwirkungsverordnung geregelt. 6

Grundsätzlich ist davon auszugehen, daß Entscheidungen in den von Abs.1 genannten Bereichen im Einvernehmen mit dem **Heimbeirat** getroffen werden müssen. Ist jedoch eine Übereinstimmung nicht zu erzielen, so ist die Meinung des Trägers die maßgebende; dies gründet sich auf die Regelung des § 2 Abs.2 und darauf, daß das Gesetz die wichtigsten Schutzbedürfnisse der Bewohner in einzelnen Vorschriften konkretisiert hat (zu den Aufgaben des Heimbeirats im einzelnen s. § 29 HeimmwV, zur Mitwirkung s. §§ 30, 31 HeimmwV). 7

Eine **ohne Beteiligung** des Heimbeirates getroffene Maßnahme ist **nicht unwirksam**. Die zuständige Behörde hat jedoch dafür zu sorgen, daß das Mitwirkungsrecht des Heimbeirates vom Träger zukünftig beachtet wird.

Die Ausübung des Mitwirkungsrechts erfolgt durch den **Heimbeirat** als gewähltem Organ der Bewohner. Da die Mitwirkung vom Gesetz zwingend vorgeschrieben ist und durch den Heimbeirat zu erfolgen hat, ist seine Wahl Pflicht mit der Folge, daß seit Inkrafttreten des HeimG in jeder Einrichtung im Sinne von § 1 ein Heimbeirat gewählt sein muß. 8

Zu Abs.2:

Absatz 2 wurde durch das Dritte Gesetz zur Änderung des Heimgesetzes eingefügt. Die Heimaufsichtsbehörden werden verpflichtet, 9 die Arbeit der Heimbeiräte zu fördern. Konkret soll die **Unterrichtung** der Heimbewohner und der Mitglieder von Heimbeiräten über die Wahl, die Befugnisse und die Möglichkeiten des Heimbeirats, die Interessen der Bewohner in den Angelegenheiten des Heimbetriebs zur Geltung zu bringen, gefördert werden. Diese Regelung wurde in das Heimgesetz aufgenommen, weil in der Praxis ein Informationsdefizit bei den Heimbewohnerinnen und Heimbewohnern festgestellt wurde.

Eine effektive und wirkungsvolle Interessenvertretung setzt aber gerade die Kenntnis der rechtlichen Möglichkeiten voraus. Der Gesetzgeber hat daher die **Heimaufsichtsbehörden verpflichtet,** die Vermittlung dieser Informationen sicherzustellen. Wie die Heimaufsicht diese Verpflichtung erfüllt, ist nicht geregelt. Sie kann deshalb auf den individuellen Beratungsbedarf flexibel reagieren, hat aber dabei die konkrete Situation des Heimbewohners in seinem Heim zu berücksichtigen. Generell gilt, daß die Heimaufsicht nicht mehr nur auf Antrag tätig wird, sondern **aktiv** auf die Bewohner und Heimbeiräte zugehen und diese beraten muß. Diese Regelung korrespondiert mit § 4 Nr. 1.

Zu Abs. 3:

10   Auch Abs. 3 wurde durch das Dritte Gesetz zur Änderung des Heimgesetzes neu aufgenommen. Der Heimbeirat soll mindestens einmal im Jahr die Heimbewohner zu einer **Versammlung** einladen. In dieser Versammlung kann der Heimbeirat über seine bisherige Arbeit berichten. Dies kann z. B. durch die Vorlage eines Tätigkeitsberichts geschehen. Der Teilnehmerkreis ist nicht auf die Bewohner des jeweiligen Heims begrenzt. Jeder Bewohner kann eine **Vertrauensperson** hinzuziehen. Mögliche Vertrauenspersonen sind z. B. Angehörige i. S. d. § 16 Abs. 5 SGB X. Die Einzelheiten sind in § 20 HeimmwV geregelt.

Zu Abs. 4:

11   Nach Abs. 4 werden die Aufgaben des Heimbeirates für die Zeit, in der ein solcher nicht gebildet werden kann, von einem **Heimfürsprecher** wahrgenommen (vgl. auch §§ 25 ff. HeimmwV). Mit dieser Regelung wird dem Umstand Rechnung getragen, daß in einer Vielzahl von Einrichtungen seit Inkrafttreten des HeimG wegen der psychischen, physischen oder geistigen Behinderung der Bewohner ein Heimbeirat nicht gebildet werden konnte. Dies ist auch einer der Gründe, warum der Gesetzgeber jetzt in Abs. 5 Satz 2 die Öffnung der Heimbeiräte für Dritte geregelt hat. Über die Institution des Heimfürsprechers will der Gesetzgeber „allen

Mitwirkung der Bewohnerinnen und Bewohner § 10

Bewohnern in den vom HeimG erfaßten Heimen die Möglichkeit geben, ihre Wünsche, Anliegen und besonderen Interessen in inneren Angelegenheiten des Heimbetriebs als Sprachrohr zu artikulieren und Mitwirkungsrechte wahrzunehmen".

Aus dem Gesetzeswortlaut ergibt sich, daß der Heimfürsprecher grundsätzlich nur **auf Zeit** bestellt werden soll, nämlich für die Zeit, in der kein Heimbeirat gebildet werden kann. Dies schließt jedoch nicht aus, daß in bestimmten Heimen wegen ihrer Heimart und ihrer Zweckbestimmung und damit des Bewohnerkreises auf Dauer ein Heimfürsprecher der Regelfall sein wird. Unbeschadet dessen ist jedoch darauf zu achten, ob sich die Bewohnerschaft nicht so geändert hat, daß die Mitwirkung durch einen Heimbeirat erfolgen kann. Voraussetzung für die Bestellung des Heimfürsprechers ist, daß zweifelsfrei feststeht, daß ein Heimbeirat **nicht gebildet** werden kann. Dies ist immer dann der Fall, wenn sich keine Bewohner oder dritte Personen i.S.d. Abs. 5 Satz 2 bereit finden, das passive Wahlrecht auszuüben; auf die Geschäftsfähigkeit der Bewohner kommt es hierbei nicht an (vgl. Anmerkung zu § 3 HeimmwV). Die **Aufgaben** des Heimfürsprechers sind identisch mit den Aufgaben des Heimbeirates, er nimmt diese als Ersatzorgan wahr (vgl. § 33 HeimmwV). Die Aufgaben des Heimbeirats sind in § 29 HeimmwV geregelt.

Die Tätigkeit des Heimfürsprechers ist nach Abs. 4 Satz 2 **unentgeltlich und ehrenamtlich**. 12

Dies bedeutet, daß der Heimfürsprecher lediglich seine notwendigen Auslagen und Kosten erstattet erhalten kann. Die Einzelheiten sind in § 28 Abs. 3 HeimmwV geregelt.

Der Heimfürsprecher wird nach Abs. 4 Satz 3 von der zuständigen **Behörde bestellt** (siehe hierzu RdNr. 2 ff. zu § 23). 13

Die Bestellung hat **im Benehmen** mit der Heimleitung zu erfolgen. Benehmen ist eine Art der Mitwirkung, bei der der Mitwirkungsberechtigte, also hier die Heimleitung, **gutachtlich** zur Interessenwahrung oder wegen Berührung ihrer Zuständigkeit zu hören ist, **ohne daß die Stellungnahme bindend wäre.** Die Heimaufsichtsbehörde kann demgemäß bei der Bestellung des Heimfürsprechers aus sachlichen Gründen von der Äußerung der Heimleitung abweichen.

Eine Bestellung des Heimfürsprechers **ohne** Benehmen mit der Heimleitung ist nicht nichtig, sondern wegen eines Verfahrensmangels fehlerhaft (vgl. § 44 Abs. 3 Nr. 4 VwVfG). Die erforderliche Mitwirkung kann im Widerspruchsverfahren nachgeholt werden. Die Bewohner des Heims **oder** deren gesetzliche Vertreter können der Heimaufsichtsbehörde Vorschläge zur Auswahl des Heimfürsprechers unterbreiten (Abs. 4 Satz 4). Aus der Regelung ergibt sich, daß nur ein Vorschlagsrecht gegeben ist. Die Bewohner und die gesetzlichen Vertreter können folglich nicht kumulativ Vorschläge unterbreiten. In der Regel wird deshalb ein Vorschlagsrecht der gesetzlichen Vertreter nur gegeben sein, wenn die Bewohner keinen eigenen Vorschlag unterbreiten.

14 Nach Abs. 4 Satz 5 kann die Heimaufsichtsbehörde von **der Bestellung eines Heimfürsprechers** absehen, wenn die Mitwirkung der Bewohner auf andere Weise gewährleistet ist (vgl. § 28 a HeimmwV). Die zuständige Behörde hat ihre Entscheidung nach pflichtgemäßem Ermessen zu treffen; sie hat hier insbesondere zu prüfen, ob Gremien, die aufgrund besonderer Vereinbarungen mit dem Heimträger gebildet wurden oder werden, in der Lage und bereit sind, die Interessen der Bewohner sachgerecht wahrzunehmen. Soweit diese Gremien aus Eltern und/oder Betreuern der Bewohner bestehen, wird in der Regel davon ausgegangen werden können, daß diese Beiräte voll die Interessen der Bewohner vertreten. Bei einer anderen Zusammensetzung, insbesondere aus Personen, die vom Heimträger berufen wurden, sind besondere Maßstäbe an die Wahrnehmung der Bewohnerinteressen zu stellen. Nur wenn hinreichend feststeht, daß diese Interessen auch voll inhaltlich wahrgenommen werden, kann die zuständige Behörde von der Bestellung des Heimfürsprechers absehen (vgl. Anmerkung zu § 25 HeimmwV).

Zu Abs. 5:

15 Abs. 5 Satz 1 entspricht dem Abs. 3 a. F. Durch das Dritte Gesetz zur Änderung des Heimgesetzes wurde der Satz 2 angefügt, der einen Kernbereich der **Weiterentwicklung der Heimmitwirkung** regelt.

Die **Rechtsverordnung zu Abs. 5 Satz 1** wurde am 19. Juni 1976 erlassen, ist am 1. August 1976 in Kraft getreten und wurde durch die Erste Verordnung zur Änderung dieser Verordnung am 16. Juli 1992 erstmals neu gefaßt. Die zweite Neufassung erfolgte im Juli 2002 (BGBl. I S. 2897 ff.). Die Verordnung über die Mitwirkung der Bewohnerinnen und Bewohner in Angelegenheiten des Heimbetriebes (Heimmitwirkungsverordnung – HeimmwV) ist im Anhang 2 in der aktuellen Fassung abgedruckt und kommentiert.

16 **Satz 2** enthält eine zentrale Änderung des **passiven** Wahlrechts: Bisher konnten nur Heimbewohner in den Heimbeirat gewählt werden. Jetzt ist in der Heimmitwirkungsverordnung vorgesehen, daß auch **Externe** in angemessenem Umfang gewählt werden können (vgl. § 3 HeimwV).

Ausgangspunkt für diese Neuerung war, daß wegen steigenden Alters, zunehmender Pflegebedürftigkeit und Multimorbidität der Heimbewohner häufig nicht genügend Bewohnerinnen und Bewohner bereit und in der Lage sind, im Heimbeirat mitzuarbeiten. Gerade deshalb muß die Heimmitwirkung **gesichert** werden, weil sich die Institution des Heimbeirats und die Arbeit der Heimbeiräte bewährt haben. Die Heimmitwirkung soll durch die **Öffnung der Heimbeiräte für Dritte** gesichert werden. Konkret bedeutet das, daß auch Personen, die nicht im Heim wohnen, im Beirat mitwirken können. Generell gilt aber weiterhin, daß die Heimbewohner selbst in besonderer Weise ihre Interessen wahrnehmen sollen. Hinzu kommt, daß der Interessenwahrnehmung der enge Bezug der Bewohner zu ihrem Heim förderlich ist.

Neben den Bewohnern sind **folgende Personen passiv wahlberechtigt:**

– Angehörige der Bewohner (vgl. § 16 Abs. 5 SGB X);
– sonstige Vertrauenspersonen der Bewohner,
– Personen, die von der Heimaufsichtsbehörde vorgeschlagen wurden,
– Mitglieder der örtlichen Seniorenvertretungen und
– Mitglieder von örtlichen Behindertenorganisationen.

Nicht geändert wurde der Grundsatz, daß allein die Heimbewohner die **Wahlvorschläge** unterbreiten. Ein Vorschlagsrecht für externe Personen haben aber auch die Angehörigen der Bewohnerinnen und Bewohner sowie die zuständige Heimaufsichtsbehörde (vgl. § 5 Abs. 2 HeimwV). Die Bewohner haben auszuwählen zwischen

– ihren Mitbewohnern,
– den von den Heimbewohnern vorgeschlagenen externen Personen und
– den von ihren Angehörigen und der Heimaufsicht vorgeschlagenen Externen.

Vorgeschlagene Externe können auch Mitglieder örtlicher Seniorenbeiräte sein. Auf diesem Weg kann die Kompetenz der Seniorenvertretung im Rahmen der Interessenvertretung der Heimbewohner genutzt werden.

Durch die Neuregelung will der Gesetzgeber nicht das Engagement der Heimbewohner schmälern. Externe Personen dürfen des-

§ 11 Kommentar zum HeimG

halb nur in **angemessenem Umfang** in den Heimbeirat gewählt werden. Angemessen ist die Beteiligung Externer nur, wenn ihr Anteil nicht den der Heimbewohner im Heimbeirat übersteigt. Gewährleistet sein muß, daß die Bewohner nicht von Externen überstimmt werden können (vgl. § 4 und § 5 Abs. 3 HeimmwV).

Die Öffnung der Heimbeiräte für Externe bedeutet, daß die genannten Personen gewählt werden können, also ein **passives Wahlrecht** haben. Ein aktives Wahlrecht besitzen nur die Heimbewohner (vgl. § 3 HeimmwV). Nur sie sind legitimiert, über ihre Vertreter im Heimbeirat zu entscheiden.

Einzelheiten z.B. über die Wahl externer Personen oder die Benennung von Angehörigen und anderen Vertrauenspersonen sind in der **Heimmitwirkungsverordnung** geregelt. § 10 Abs. 5 Satz 2 bildet hierfür die Ermächtigungsgrundlage.

§ 11 Anforderungen an den Betrieb eines Heims

(1) **Ein Heim darf nur betrieben werden, wenn der Träger und die Leitung**

1. **die Würde sowie die Interessen und Bedürfnisse der Bewohnerinnen und Bewohner vor Beeinträchtigungen schützen,**
2. **die Selbständigkeit, die Selbstbestimmung und die Selbstverantwortung der Bewohnerinnen und Bewohner wahren und fördern, insbesondere bei behinderten Menschen die sozialpädagogische Betreuung und heilpädagogische Förderung sowie bei Pflegebedürftigen eine humane und aktivierende Pflege unter Achtung der Menschenwürde gewährleisten,**
3. **eine angemessene Qualität der Betreuung der Bewohnerinnen und Bewohner, auch soweit sie pflegebedürftig sind, in dem Heim selbst oder in angemessener anderer Weise einschließlich der Pflege nach dem allgemein anerkannten Stand medizinisch-pflegerischer Erkenntnisse sowie die ärztliche und gesundheitliche Betreuung sichern,**
4. **die Eingliederung behinderter Menschen fördern,**
5. **den Bewohnerinnen und Bewohnern eine nach Art und Umfang ihrer Betreuungsbedürftigkeit angemessene Lebensgestaltung ermöglichen und die erforderlichen Hilfen gewähren,**

Anforderungen an den Betrieb eines Heims § 11

6. die hauswirtschaftliche Versorgung sowie eine angemessene Qualität des Wohnens erbringen,
7. sicherstellen, dass für pflegebedürftige Bewohnerinnen und Bewohner Pflegeplanungen aufgestellt und deren Umsetzung aufgezeichnet werden,
8. gewährleisten, dass in Einrichtungen der Behindertenhilfe für die Bewohnerinnen und Bewohner Förder- und Hilfepläne aufgestellt und deren Umsetzung aufgezeichnet werden,
9. einen ausreichenden Schutz der Bewohnerinnen und Bewohner vor Infektionen gewährleisten und sicherstellen, dass von den Beschäftigten die für ihren Aufgabenbereich einschlägigen Anforderungen der Hygiene eingehalten werden, und
10. sicherstellen, dass die Arzneimittel bewohnerbezogen und ordnungsgemäß aufbewahrt und die in der Pflege tätigen Mitarbeiterinnen und Mitarbeiter mindestens einmal im Jahr über den sachgerechten Umgang mit Arzneimitteln beraten werden.

(2) Ein Heim darf nur betrieben werden, wenn der Träger
1. die notwendige Zuverlässigkeit, insbesondere die wirtschaftliche Leistungsfähigkeit zum Betrieb des Heims, besitzt,
2. sicherstellt, dass die Zahl der Beschäftigten und ihre persönliche und fachliche Eignung für die von ihnen zu leistende Tätigkeit ausreicht,
3. angemessene Entgelte verlangt und
4. ein Qualitätsmanagement betreibt.

(3) Ein Heim darf nur betrieben werden, wenn
1. die Einhaltung der in den Rechtsverordnungen nach § 3 enthaltenen Regelungen gewährleistet ist,
2. die vertraglichen Leistungen erbracht werden und
3. die Einhaltung der nach § 14 Abs. 7 erlassenen Vorschriften gewährleistet ist.

(4) Bestehen Zweifel daran, dass die Anforderungen an den Betrieb eines Heims erfüllt sind, ist die zuständige Behörde berechtigt und verpflichtet, die notwendigen Maßnahmen zur Aufklärung zu ergreifen.

Durch das **Zweite** Gesetz zur Änderung des Heimgesetzes 1 (BGBl. I S. 158) vom 3. Februar 1997 wurde die Erlaubnis zum Betrieb eines Heimes abgeschafft. Gleichzeitig wurde aber in § 12 die Anzeigepflicht der Inbetriebnahme auf spätestens drei Monate vor der Inbetriebnahme festgelegt. Damit hatten die Heimaufsichtsbehörden die Möglichkeit zu prüfen, ob die in § 11 festgelegten Anforderungen, die an den Heimbetrieb nach Abs. 1 bis 3 gestellt werden, vorliegen. Diese Voraussetzungen entsprachen im wesentlichen den in § 6 Abs. 3 Nr. 1–5 b a. F. geregelten Versagungsgründen der Erlaubnis. Durch den Wegfall des Erlaubnisverfahrens kamen auf **den Heimbetreiber bereits im Vorfeld** (z. B. bei der Errichtung des Heims) **erhöhte Pflichten,** wie die Beachtung der in § 11 genannten Anforderungen, der HeimMindBauV, der HeimPersV u. a. zu, da die Erfüllung dieser Voraussetzungen nicht mehr im Erlaubnisverfahren durch die Heimaufsichtsbehörde zu prüfen waren. Insbesondere ist zu beachten, daß nach § 19 Abs. 1 der Betrieb zu untersagen ist, wenn die Voraussetzungen des § 11 nicht vorliegen. Ferner kann nach Maßgabe des § 19 Abs. 2 (s. dort) der Betrieb untersagt werden. Nach § 17 kann die Heimaufsichtsbehörde Anordnungen erlassen.

Der Wegfall der Erlaubnis nach dem HeimG wirkte sich nicht auf andere Genehmigungen z. B. der erforderlichen Baugenehmigung aus.

Mit dem Wegfall der Erlaubnispflicht war auch die unterschiedliche Behandlung der Heimträger beseitigt worden, da nunmehr privatgewerbliche Heimträger ebenfalls keiner Erlaubnis mehr bedürfen.

2 Durch das **Dritte** Gesetz zur Änderung des Heimgesetzes wurden die Anforderungen an den Heimbetrieb erweitert. Die Anforderungen werden in der neu formulierten Bestimmung in **vier Absätzen** dargelegt. Hierbei handelt es sich nicht um grundlegend neue Anforderungen, sondern um solche, die in einem ordnungsgemäß geführten Heim schon nach altem Recht im Grundsatz zu erfüllen waren.

Zu Abs. 1:

3 Abs. 1 listet zentrale, für den Betrieb eines Heims essentielle Anforderungen auf, die sich an den Zielen des Heimgesetzes orientieren. Diese Anforderungen müssen der **Träger und die Leitung** des Heims erfüllen. Dafür sind sie **persönlich verantwortlich.** Die Ausweitung der Verantwortlichkeit entspricht den tatsächlichen Gegebenheiten des Heimbetriebs. Die Übertragung der Verantwortung ist dem Träger und der Heimleitung zumutbar, weil von ihnen der Schutz der genannten Rechtsgüter und Rechte der Bewohnerinnen und Bewohner wesentlich mitbestimmt wird.

Anforderungen an den Betrieb eines Heims **§ 11**

Im Einzelnen:

Zu 1.: Ein Heim darf nach Abs. 1 nur betrieben werden, wenn 4
der Träger **und** die Leitung die Würde sowie die Interessen und
Bedürfnisse der Bewohnerinnen und Bewohner vor Beeinträchtigungen schützen.

Ziffer 1 korrespondiert damit mit § 2 Abs. 1 Nr. 1, wonach es
Zweck des Heimgesetzes ist, die Würde, Interessen und Bedürfnisse der Heimbewohner vor Beeinträchtigungen zu schützen.

Bisher verlangte § 6 Nr. 2 a. F. die Wahrung der **Interessen und Bedürfnisse** der Bewohner, insbesondere deren **ärztliche oder gesundheitliche Betreuung.** Insoweit ergeben sich durch das Dritte Gesetz zur Änderung des Heimgesetzes keine inhaltlichen Änderungen.

Die **ärztliche Betreuung** ist unabhängig von der freien Arztwahl der Bewohner zu gewährleisten und ist Aufgabe des Betreibers eines Heims. So genügt es zum Nachweis ihrer Sicherstellung nicht, wenn nur dargelegt wird, daß jeder einzelne Bewohner in der Behandlung eines von ihm gewählten Arztes ist; vielmehr ist nachzuweisen, daß zwischen ihm und einem Arzt ein Vertrag oder sonstige Vereinbarungen oder Abkommen bestehen, die jederzeit die ärztliche Betreuung sicherstellen. In Fällen, wo am Ort des Heims ein ärztlicher Notdienst oder eine Absprache zwischen den jeweiligen Ärzten besteht, nachts und an Wochenenden die ärztliche Versorgung zu gewährleisten, genügt zum Nachweis eine entsprechende Erklärung dieser Ärzte oder der jeweiligen Ärztekammer. Das LG Traunstein hat am 21.2. 1995 entschieden, daß der Betreiber eines Altenpflegeheims die Ausübung der ärztlichen Tätigkeit in seinem Heim nicht durch ein Hausverbot gegen den Arzt beeinträchtigen darf (MedR 1995, 503).

Die **gesundheitliche Betreuung** geht über die ärztliche Betreuung hinaus und ist je nach Art des Heims unterschiedlich; so ist sie in einem Pflegeheim oder in einem Heim mit einer Pflegeabteilung umfassender als in einem reinen Altenwohnheim. Bei der Beurteilung, ob die gesundheitliche Betreuung gesichert ist, kommt es grundsätzlich nicht auf die Bezeichnung des Heims an, sondern auf den **Gesundheitszustand** der Bewohner.

Die gesundheitliche Betreuung umfaßt somit die ausreichende Versorgung der Bewohner des jeweiligen Heims entsprechend ihrem Gesundheitszustand, ihrem Wohl und ihrem Bedürfnis.

Neu aufgenommen wurde die Verpflichtung zum Schutz der **Würde** der Bewohnerinnen und Bewohner. Die Heimbewohner dürfen **nicht** zum bloßen **Objekt** des Heimbetriebs werden. Die

Heimbewohner müssen als Personen mit ihren Wünschen, Fähigkeiten, aber auch Krankheiten und Gebrechen wahrgenommen werden. Zwar bringen sich die Heimbewohner in den notwendigen Heimbetrieb ein, sind aber weder dem Heimträger noch dem Heimpersonal untergeordnet und nicht Adressat von deren Weisungen.

5 **Zu 2.**: Heimträger und Heimleitung müssen die Selbständigkeit, die Selbstbestimmung und die Selbstverantwortung der Bewohnerinnen und Bewohner wahren und fördern, insbesondere bei behinderten Menschen die sozialpädagogische Betreuung und heilpädagogische Förderung sowie bei Pflegebedürftigen eine humane und aktivierende Pflege unter Achtung der Menschenwürde gewährleisten.

Ziffer 2 korrespondiert mit § 2 Nr. 2.

Normzweck ist es, möglichst zu vermeiden, daß im Heimbetrieb auftretende Abhängigkeitsverhältnisse zu Unselbständigkeit führen. Die Versorgung im Heim soll es den Heimbewohnern gerade erleichtern, trotz ihrer gesundheitlichen Beschwernisse weiter nach ihren **eigenen Vorstellungen** zu leben. Aufgabe des Heims ist es, im Spannungsverhältnis von Eingliederung in den Heimbetrieb einerseits und dem selbstverständlichen Freiheitsrecht der Bewohner andererseits die Möglichkeiten zu ihrer freien Entfaltung zu fördern. Die Bedürfnisse **von Menschen mit Behinderung** sind dabei in besonderem Maße zu berücksichtigen. Hier ist eine sozialpädagogische Betreuung und eine heilpädagogische Förderung sicherzustellen. Bei **Pflegebedürftigen** ist eine humane, würdevolle und aktivierende Pflege zu gewährleisten.

6 **Zu 3.**: Träger und Heimleitung haben ferner eine angemessene Qualität der Betreuung der Bewohnerinnen und Bewohner, auch soweit sie pflegebedürftig sind, in dem Heim selbst oder in angemessener anderer Weise einschließlich der Pflege nach dem allgemein anerkannten Stand medizinisch-pflegerischer Erkenntnisse sowie die ärztliche und gesundheitliche Betreuung zu sichern.

Durch diese neue Bestimmung wird die **zentrale Bedeutung** einer angemessenen Qualität von Betreuung und Pflege unterstrichen. Voraussetzung für eine dem allgemein anerkannten Stand **medizinisch-pflegerischer** Erkenntnisse entsprechenden Pflege sind die **Entwicklung von Qualitätsmaßstäben** und die **Qualitätssicherung.** Damit wird deutlich, daß die **Pflegestandards von Heimgesetz und SGB XI gleich** sind. Die Durchführung von Maßnahmen zur Entwicklung von Qualitätsmaßstäben in Heimen und zur Qualitätssicherung muß in geeigneter Weise **nachgewiesen** werden können.

Anforderungen an den Betrieb eines Heims **§ 11**

Ausdrücklich genannt wird auch die Sicherung der **ärztlichen und gesundheitlichen Betreuung** als wesentlichem Aspekt der Qualitätssicherung. Wegen des engen Sachzusammenhangs mit Ziffer 1 wurden dort die Einzelheiten dargestellt (s. o.).

Aufgegriffen wird zudem die Bestimmung von § 6 Nr. 3 a. F., wonach die Betreuung der Heimbewohnerinnen und Heimbewohner zu **sichern** ist. Die dazu gemachten Ausführungen gelten fort:

Für den Träger besteht die **Pflicht,** für die Pflegebedürftigkeit der Bewohner Vorsorge zu treffen. Die hierfür erforderlichen Voraussetzungen sind auch hier je nach Art des Heims verschieden:

In Pflegeheimen ist die Betreuung pflegebedürftiger Bewohner selbstverständlich, da nur dieser Personenkreis aufgenommen wird. Nr. 3 bezieht sich deshalb nur auf die übrigen Heime im Sinn von § 1. Bei diesen muß die Betreuung pflegebedürftiger Personen entweder in dem Heim selbst oder in anderer angemessener Weise gewährleistet sein.

Die Betreuung in dem Heim selbst ist grundsätzlich dann gewährleistet, wenn in dem Heim eine **Pflegeabteilung** mit entsprechendem Personal und sächlichen Einrichtungen besteht; besteht keine Pflegeabteilung, so sind erhöhte Anforderungen an die Art und Weise der Pflege zu stellen, wenn der Träger erklärt, er erfülle durch entsprechende Pflege auf den Zimmern bzw. Appartements seine ihm obliegende Verpflichtung.

Die Betreuung in anderer angemessener Weise ist dann gegeben, wenn dargelegt und nachgewiesen wird, daß Pflegefälle in einem anderen Heim untergebracht werden können. Angemessen bedeutet nicht nur, daß die für die Unterbringung vorgesehene Einrichtung geeignet sein muß, sondern beinhaltet auch die Beachtung der persönlichen Beziehung des nunmehr pflegebedürftigen Bewohners zu der bisherigen Einrichtung. **Nicht jede Unterbringung** in einem Pflegeheim ist deshalb als angemessen zu bezeichnen; vielmehr ist bei der Beurteilung neben den Gesichtspunkten der Trägerschaft insbesondere auf die Ortsnähe der für die Unterbringung vorgesehenen Pflegeeinrichtungen zur bisherigen Einrichtung abzustellen.

In bestimmten Fällen kann es auch darauf ankommen, ob ein **Kurzzeitheim** i. S. d § 1 Abs. 3 hinsichtlich seiner personellen und sächlichen Ausstattung auch die nicht nur vorübergehende Aufnahme Volljähriger erlaubt (vgl. BayObLG, Urt. v. 11. 7. 1995, BayObLGSt. 1995, 105).

Auf die **Zahl und Eignung** des Heimpersonals wird bei Absatz 2 Nr. 2 näher eingegangen.

§ 11 Kommentar zum HeimG

7 **Zu 4.:** Träger und Leitung sind verpflichtet, die Eingliederung **behinderter** Menschen zu fördern.

Die Vorschrift wurde aufgenommen, da sich der Anwendungsbereich des Heimgesetzes auch auf Heime für behinderte Volljährige erstreckt (vgl. § 1 Abs.1). Diese Heimbewohner haben einen **Anspruch** darauf, daß sie **Anteil am Leben** innerhalb und außerhalb des Heims haben und entsprechend ihren individuellen Bedürfnissen **gefördert** werden. Demzufolge werden Träger und Leitung verpflichtet, Eingliederungsmaßnahmen zu ergreifen. Allerdings wird **kein** neuer Leistungsanspruch neben §§ 39 und 40 BSHG begründet.

8 **Zu 5.:** Des weiteren haben Heimträger und -leitung den Bewohnerinnen und Bewohnern eine nach Art und Umfang ihrer Betreuungsbedürftigkeit angemessene Lebensgestaltung zu ermöglichen und die erforderlichen Hilfen zu gewähren.

Diese neue Regelung will einen **Anspruch** der Heimbewohner auf die für ihre **individuelle Lebensgestaltung** erforderlichen Hilfen konkretisieren. Ausgangspunkt und Maßstab für Betreuungsmaßnahmen ist die persönliche Lebensgestaltung des Einzelnen.

9 **Zu 6.:** Träger und Leitung müssen die hauswirtschaftliche Versorgung sowie eine angemessene Qualität des Wohnens erbringen.

Die **hauswirtschaftliche Versorgung** ist ein wesentlicher Gesichtspunkt der in einem umfassenden Sinn zu verstehenden Betreuung. Dazu gehören neben der Verpflegung alle Maßnahmen, die in einem Haushalt bewältigt werden müssen (Wäsche, hausmeisterliche Dinge, Einkauf etc.).

Außerdem ist eine **angemessene Qualität des Wohnens** zu erbringen. Die Bewohnerinnen und Bewohner müssen die Möglichkeit haben, ihre unmittelbare Umgebung nach ihren persönlichen Wünschen und Bedürfnissen zu **gestalten,** und sollen sich in ihrem neuen Lebensumfeld **wohlfühlen.** Heimbewohner werden nicht „untergebracht". Dies ist gerade für ältere Menschen von großer Bedeutung, die ihren Lebensschwerpunkt in ein Heim verlegen müssen.

10 **Zu 7.:** Ferner ist sicherzustellen, dass für pflegebedürftige Bewohnerinnen und Bewohner Pflegeplanungen aufgestellt und deren Umsetzung aufgezeichnet werden. Die Verpflichtung zur Aufstellung individueller **Pflegeplanungen** und zur **Dokumentation** der Pflege verfolgt **zwei Zielrichtungen:** Zum einen soll die Kontrolle einer ordnungsmäßigen Pflege erleichtert werden. Zum anderen soll die gesundheitliche Betreuung der Heimbewohner gesichert und der erforderliche Nachweis ermöglicht werden.

Anforderungen an den Betrieb eines Heims **§ 11**

Zu 8.: Es ist zu gewährleisten, dass in Einrichtungen der Behindertenhilfe für die Bewohnerinnen und Bewohner Förder- und Hilfepläne aufgestellt und deren Umsetzung aufgezeichnet werden. In dieser Bestimmung konkretisiert sich – wie auch in Ziffer 4 – das Ziel des Dritten Gesetzes zur Änderung des Heimgesetzes, die berechtigten Belange **behinderter** Menschen **stärker** im Heimgesetz zu berücksichtigen. 11

Zu 9.: Heimträger und Heimleitung müssen einen ausreichenden Schutz der Bewohnerinnen und Bewohner vor Infektionen gewährleisten und sicherstellen, dass von den Beschäftigten die für ihren Aufgabenbereich einschlägigen Anforderungen der Hygiene eingehalten werden. 12

Zum **Schutz vor Infektionen** gehört, daß sich die genutzten Fahrzeuge, Gebäude, Ausstattungen und Einrichtungen sowie die Ver- und Entsorgungsbereiche in einem hygienisch einwandfreien Zustand befinden. Wie der erforderliche Schutz gewährleistet wird, ist den Verantwortlichen **freigestellt.** Herangezogen werden können z.B. die Richtlinien des Robert-Koch-Instituts für Krankenhaushygiene und Infektionsprävention.

Des weiteren haben alle **Mitarbeiter** des Heims die arbeits- und arbeitsschutzrechtlichen Vorschriften zur **Verhütung arbeitsbedingter Gesundheitsgefahren** zu beachten.

Träger und Heimleitung müssen **überwachen,** ob die Beschäftigten die für ihren Aufgabenbereich relevanten Hygiene-Anforderungen beachten, und ggf. die Beachtung der Anforderungen sicherstellen. Die hygienischen Anforderungen sind fortwährend dem allgemein anerkannten Stand **anzupassen.** Zu beachten sind selbstverständlich auch die einschlägigen Vorschriften zur **Lebensmittelhygiene** z.B. für die Verarbeitung und Lagerung von Lebensmitteln. Die Einhaltung der Hygiene-Vorschriften setzt naturgemäß deren Kenntnis voraus. Aus diesem Grund müssen die Beschäftigten des Heims regelmäßig **geschult** werden. Ggf. kann auch ein Hygienebeauftragter bestellt werden.

Zu 10.: Ein Heim darf nur betrieben werden, wenn der Träger und die Leitung sicherstellen, dass die Arzneimittel bewohnerbezogen und ordnungsgemäß aufbewahrt und die in der Pflege tätigen Mitarbeiterinnen und Mitarbeiter mindestens einmal im Jahr über den sachgerechten Umgang mit Arzneimitteln beraten werden. 13

Die **Arzneimittelsicherheit** ist in der Praxis des Heimbetriebs von großer Bedeutung. Mit **bewohnerbezogener** Aufbewahrung ist die individuelle, für jeden Bewohner getrennte Aufbewahrung gemeint, um Verwechslungen von Medikamenten auszuschließen und die Kontrolle der Verabreichung zu verbessern. Arzneimittel müssen des weiteren so aufbewahrt werden, daß sie für **Unbefugte unzugänglich** sind und die **Hinweise der Hersteller** beachtet werden (z.B. Haltbarkeit). Die Verantwortung für die richtige Sortierung der Medikamente trägt der Apotheker, wenn der Heimträger mit der Apotheke einen Vertrag über die **Verblisterung** schließt (vgl. § 12 a ApothekenG).

Zur Arzneimittelsicherheit gehört außerdem die regelmäßige **Beratung** des Pflegepersonals über den richtigen Umgang mit Medikamenten.

14 Für den Betrieb eines Heims ist Voraussetzung, daß **alle** Anforderungen der **Ziffern 1 bis 10** erfüllt werden („und").

Zu Abs. 2:

15 Wie oben erwähnt, betreffen die Anforderungen des Abs. 1 den Heimträger und die Heimleitung. Die Anforderungen des Abs. 2 betreffen **allein den Träger;** er muß die persönlichen Verpflichtungen erfüllen.

16 **Zu 1.:** Ein Heim darf nur betrieben werden, wenn der Träger die notwendige Zuverlässigkeit, insbesondere die wirtschaftliche Leistungsfähigkeit zum Betrieb des Heims besitzt.

Diese Bestimmung ist identisch mit § 6 Nr. 1 a.F.

Es ist erforderlich, daß der Heimträger die notwendige Zuverlässigkeit, insbesondere die wirtschaftliche Leistungsfähigkeit zum Betrieb des Heims besitzt. Die Zuverlässigkeit des Heimträgers hat sich auf das **Gesamtbild seiner Persönlichkeit** sowie auf die **Ordnungsmäßigkeit der Betriebsausübung** zu erstrecken, insbesondere auf dessen **wirtschaftliche Leistungsfähigkeit.** Dies bedeutet grundsätzlich keine Änderung der bisherigen Rechtslage, da nach h.M. u. Rspr. bei der Prüfung der Zuverlässigkeit auch auf die wirtschaftliche Zuverlässigkeit abzustellen war. Ein **wesentliches** Kriterium für die Zuverlässigkeit des Trägers ist damit seine wirtschaftliche Leistungsfähigkeit zum Betrieb des Heims.

Wegen seiner erheblichen praktischen Bedeutung wird dieser Gesichtspunkt im Gesetz hervorgehoben und damit ausdrücklich in die Prüfung der zuständigen Behörde einbezogen. Wirtschaftlich leistungsfähig ist ein Heimträger regelmäßig dann, wenn ihm die zum Betrieb erforderlichen Mittel zur Verfügung stehen und seine Vermögensverhältnisse geordnet sind. Dies dürfte in der Regel nicht mehr der Fall sein, wenn die finanzielle Grundlage und die Erträge des Heims zur Erfüllung der Verpflichtungen aus den Heimverträgen nicht mehr ausreichen und die Schulden des Heim-

Anforderungen an den Betrieb eines Heims **§ 11**

trägers so hoch sind, daß er seinen Zahlungsverpflichtungen nicht mehr nachkommen kann. Auf eine mangelnde wirtschaftliche Leistungsfähigkeit des Trägers kann nicht allein aus dem Fehlen einer Vereinbarung nach § 93 BSHG und eines Versorgungsvertrages nach dem SGB XI geschlossen werden (VG Hannover, Urt. v. 25.2.1998, GewA 1998, 249).

Ist der Heimträger eine juristische Person, so ist die Prüfung auf die Person des **Vertretungsberechtigten,** der sich aus der gemäß § 12 Abs. 1 Satz 3 vorzulegenden Satzung ergibt, zu erstrecken.

Bei der Beurteilung des **Gesamtbildes** des Heimträgers sind grundsätzlich die persönlichen Eignungstatbestände hinsichtlich des Leiters eines Heims zugrunde zu legen, da in der Regel davon auszugehen sein wird, daß der Betreiber eines Heims die gleichen persönlichen Voraussetzungen zu erfüllen hat wie seine wegen des Dienstvertrages weisungsgebundenen Angestellten. Ist der Heimträger zugleich Leiter des Heims, so gilt dies ohnehin; erfüllt er die Tatbestände der HeimPersV nicht, so kann sowohl der Tatbestand der Nr. 1 wie auch der von Abs. 3 Nr. 1 vorliegen. **17**

Die **Ordnungsmäßigkeit der Betriebsausübung** wird nicht gegeben sein, wenn der Heimträger und/oder der Leiter des Heims nicht Willens oder nicht in der Lage sind, die einwandfreie Führung ihrer Einrichtungen zu gewährleisten. **18**

Als **Tatsachen,** die die Unzuverlässigkeit dartun, kommen Handlungen oder Unterlassungen oder auch Eigenschaften des Heimträgers und/oder Leiters des Heims in Betracht. **Bloße Vermutungen** reichen für die Annahme der Unzuverlässigkeit nicht aus.

Die Höhe der Anforderungen, die an die Zuverlässigkeit zu stellen sind, richtet sich nach der **Eigenart** des jeweils in Betracht kommenden Heims. Ob von dem Heimträger ein ordnungsgemäßer Betrieb seines Heims zu erwarten ist, hängt vom Gesamteindruck seines Verhaltens, von dem Schutzzweck der verletzten Bestimmungen und von dem Rechtsgut ab, das durch die Rechtsverstöße bedroht wird. Dabei sind insbesondere auch die Art des Heims und die Größe der Unternehmung (Zusammenfassung aller betriebenen Einrichtungen) zu berücksichtigen. So sind beispielsweise an die Zuverlässigkeit des Heimbetreibers, der Leistungen im Sinne des § 14 Abs. 2 fordert und entgegennimmt, strengere Anforderungen zu stellen, die sich im wesentlichen aus § 14 Abs. 7 und der hierzu erlassenen Rechtsverordnung ergeben (siehe RdNr. 30 zu § 14). **19**

Im Hinblick auf die Schwere des Eingriffs, die eine Untersagung nach § 19 Abs. 1 u. 2 mit sich bringt, müssen die zur Last gelegten **20**

§ 11 Kommentar zum HeimG

Verstöße von **erheblichem Gewicht** sein. Kleinere Verstöße rechtfertigen die Annahme der Unzuverlässigkeit und damit der Untersagung nur, wenn sie in einer Vielzahl vorliegen und aus ihnen ein eingewurzelter Hang zur Mißachtung der Berufspflichten ersichtlich ist. Die Verletzung zivilrechtlich begründeter Pflichten (z.B. die ordnungsgemäße Vertragserfüllung) sind dann von Bedeutung, wenn dieses Verhalten zugleich auch im Interesse der Allgemeinheit bestehende Bestimmungen (z.B. des Straf- oder Ordnungswidrigkeitenrechts) verletzt. In jedem Falle sind Verstöße gegen den Heimvertrag (siehe RdNr. 1 ff. zu § 5) und dessen ordnungsgemäße Abwicklung von Bedeutung, da in der Regel in diesen Fällen ein Verstoß gegen die Bestimmungen des HeimG vorliegt. **Verschulden** des Heimträgers ist in der Regel **nicht erforderlich, Unzuverlässigkeit ist so auch dann gegeben, wenn unverschuldete Vermögenslosigkeit oder keine hinreichende Finanzierung des Heims gegeben ist.**

21 An die **persönliche** Zuverlässigkeit ist ein **strenger Maßstab** anzulegen, da unmittelbarer Einfluß auf die Lebensverhältnisse und damit auf Leben und Gesundheit der untergebrachten alten und kranken Menschen ausgeübt wird (VG des Saarlandes v. 31.8. 1982 AZ. 5 F 80/82). So auch OVG Berlin (v. 14.4.1983 AZ OVG 1 S 59.82), wonach im Hinblick auf den Zweck des Heimgesetzes, die Interessen und Bedürfnisse der Heimbewohner vor Beeinträchtigungen zu schützen (§ 2 Abs. 1 Nr. 1), an die Zuverlässigkeit eines Heimbetreibers **hohe Anforderungen** zu stellen sind. Dies gilt vor allem dann, wenn in den Pflegeheimen im wesentlichen Bewohner aufgenommen werden, die wegen psychischer Ausfallserscheinungen und Verhaltensabwegigkeiten in üblichen Altenheimen nicht mehr tragbar, wegen Leiden also nicht in der Lage sind, ihre Interessen gegenüber dem Heimbetreiber selbst wahrzunehmen.

22 Kann ein Heim wegen der bestehenden hohen Belastung bei dem erforderlichen Personalaufwand aller Voraussicht nach nicht rentabel geführt werden oder könnte eine Rentabilität nur auf Kosten einer unzureichenden Ausstattung an Personal und Sachmitteln erreicht werden, steht die **wirtschaftliche Zuverlässigkeit** und Leistungsfähigkeit in Frage, und es fehlt an dem nach § 11 Abs. 1 Nr. 1 erforderlichen Gesichertsein der Bedürfnisse der Heimbewohner (vgl. VG des Saarlandes a.a.O.). **Die im Rahmen der früher geltenden Erlaubnispflicht ergangene Entscheidung des OVG Saarland** dürfte auch für die mit der Anzeigepflicht bezweckte Präventivkontrolle und Untersagung nach § 19 Abs. 1 Aussagekraft be-

sitzen. Danach kann diese nicht soweit gehen, von dem Heimbetreiber die Garantie künftiger wirtschaftlicher Leistungsfähigkeit zu verlangen. Vielmehr kann nicht unberücksichtigt bleiben, daß auch ein Alten- und Pflegeheim letztlich ein Gewerbebetrieb ist, der, wie andere Betriebe auch, durch ein gewisses Wagnis gekennzeichnet ist und dessen Erfolg und Mißerfolg durch eine Vielzahl von Faktoren bestimmt ist, die sich nicht sämtlich bereits im Wege der Prognose sicher beurteilen lassen (OVG Saarl. v. 22.3. 1990, Az. 1 R 112/87). Dies gilt etwa für die Behauptung eines solchen Heims gegenüber seiner Konkurrenz. So kann die Lage eines älteren, weniger gut ausgestatteten Heims im ländlichen Raum, insbesondere in landschaftlich reizvoller Umgebung ein Umstand sein, der Interessenten veranlaßt, es einem modernen Heim in einer Stadt vorzuziehen. Auch kann es dem Betreiber des Heims durch seine Fähigkeiten und durch sein Engagement gelingen, sich einen „Ruf" zu erarbeiten, der das Heim attraktiv macht. Umgekehrt kann ein unter günstigeren wirtschaftlichen Vorzeichen begonnenes Heim scheitern, wenn es schlecht geführt wird. Hinzu kommt, daß der Gesetzgeber in § 6 Abs.3 a.F. die Erlaubniserteilung nicht – positiv – von dem Nachweis der wirtschaftlichen Leistungsfähigkeit abhängig macht (anders etwa für das Pfandleihgewerbe in § 34 Abs.1 Satz 3 GewO), sondern vielmehr – negativ – ihr Fehlen, sei es im Rahmen der Nr.1 oder der Nr.2 dieser Bestimmung, als Versagungstatbestand normiert hat. Danach ist nach dem vorgenannten und sinngemäß anzuwendenden Urteil des OVG des Saarlandes der Heimbetrieb nach § 19 Abs.1 nicht schon zu untersagen, wenn es **dem Heimbetreiber nicht gelingt,** seine wirtschaftliche Leistungsfähigkeit nachzuweisen, **sondern erst dann, wenn Tatsachen die Annahme rechtfertigen, daß sie fehlt.** Erforderlich, aber auch ausreichend ist danach für die Ablehnung der Erlaubnis, daß Umstände vorliegen, aus denen sich mit hinreichender Wahrscheinlichkeit schließen läßt, daß der Heimbewohner künftig nicht über ausreichende, die angemessene Versorgung und Betreuung der Heimbewohner sicherstellende Mittel verfügen wird. Verfügt ein Heimbetreiber über keinerlei eigenes Vermögen oder über sonstige Einnahmequellen, kann zur Beurteilung seiner wirtschaftlichen Leistungsfähigkeit nur auf die voraussichtliche Ertragssituation des geplanten Heims zurückgegriffen werden.

Fehlt ein hinreichend sicherer Nachweis über die persönliche und wirtschaftliche Zuverlässigkeit, insbesondere über die wirtschaftliche Leistungsfähigkeit zum Betrieb des Heims, ist bei einer an sich möglichen sog. hauptsacheoffenen Anordnungsentscheidung bei der Abwägung der Interessenlage dem Interesse der Gesamtheit an einer zunächst vorzunehmenden Aufklärung dieser Voraussetzungen gegenüber dem Interesse auf Erlaubniserteilung der Vorrang einzuräumen (OVG des Saarlandes v. 24.6.1983 AZ 1 W 54/83). Im **einstweiligen Rechtsschutzverfahren** ist eine abschließende Prüfung der Sach- und Rechtslage nicht möglich. Eine einstweilige Anordnung, durch deren Erlaß vollendete oder nur schwer rückgängig zu machende Fakten geschaffen würden, kommt nur dann in Betracht, wenn das Obsiegen des Antragstellers im Hauptsacheverfahren mit hoher Wahrscheinlichkeit zu erwarten ist (ebenso OVG Saarland v. 16.4.1987 Az 1 Q 1/87).

Die die Unzuverlässigkeit begründenden Tatsachen brauchen nicht in jedem Falle Tatbestände darzustellen, die mit Strafe oder Geldbuße bedroht sind. Sie müssen auch nicht im Rahmen des konkret betriebenen Heims eingetreten sein; es muß aber in diesem Falle zwischen diesen Tatsachen und dem Betrieb des Heims ein innerer Zusammenhang dergestalt bestehen, daß sie auf eine nicht nur entfernte Möglichkeit unzuverlässigen Verhaltens schließen lassen (vgl. RdNr. 9 ff., insbesondere RdNr. 10 zu § 18).

23 Ein Heimträger, gegen dessen **eigene Lauterkeit** nichts einzuwenden ist, ist auch dann unzuverlässig, wenn er **Dritten** (insbesondere Ehegatten oder sonstigen Verwandten), welche die für den Betrieb des Heims erforderliche Zuverlässigkeit nicht besitzen, maßgeblichen direkten oder indirekten Einfluß auf die Führung des Heims einräumt, selbst einem solchen Einfluß unterliegt oder auch nur nicht willens oder in der Lage ist, einen solchen Einfluß auszuschalten.

24 **Zu 2.:** Des weiteren muß der Heimträger sicherstellen, dass die Zahl der Beschäftigten und ihre persönliche und fachliche Eignung für die von ihnen zu leistende Tätigkeit ausreicht.

Ziffer 2 entspricht der in § 6 Nr.3 a.F. enthaltenen Regelung über die Zahl und Eignung des Heimpersonals.

Die Anforderungen an das Heimpersonal sind ein wichtiger Indikator für die **Qualität** der Betreuung und wurden daher in einer eigenen Ziffer hervorgehoben. Seit der Änderung des Heimgesetzes ist die von den Beschäftigten **konkret zu leistende, nicht** mehr die ausgeübte Tätigkeit der Maßstab für die persönliche und fachliche Eignung.

Es obliegt damit den Heimaufsichtsbehörden, bei der Überwachung die Zahl und die Qualifikation der Beschäftigten zu überprüfen. Eine ausreichende Zahl der Beschäftigten ist dann gegeben, wenn unter Berücksichtigung der konkreten Heimart, des Gesundheitszustands der Bewohner, dem Grad der Pflegebedürftigkeit

Anforderungen an den Betrieb eines Heims **§ 11**

und damit der Arbeitsintensivität der personellen Leistungen eine angemessene und den Interessen und Bedürfnissen der Bewohner gerecht werdende Betreuung gewährleistet ist. Die notwendige Gewährung der pflegerischen Betreuung ist erfolgsbezogen; es kommt deshalb nicht auf die Gründe des (Personal)fehlbestandes an, insbes. nicht auf den Arbeitsmarkt (BVerwG Beschluß v. 30. 1. 96 Az. 1 B 13/96 = bpa Magazin Juni/Juli 96 S.19).

Ferner müssen die Beschäftigten für **ihre Tätigkeit** persönlich und fachlich geeignet sein (siehe hierzu RdNr. 10 zu § 18) und die HeimPersV (Anhang A4).

Diese Eignung muß auch gegeben sein, wenn Beschäftigte nur ausnahmsweise für bestimmte Tätigkeiten eingesetzt werden.

Zu 3.: Weitere Voraussetzung ist, daß der Heimträger **angemessene Entgelte** verlangt. Diese Bestimmung korrespondiert mit § 5 Abs. 7 Satz 1, wonach das Heimentgelt und die Entgeltbestandteile im **Verhältnis zu den Leistungen** angemessen sein müssen. **25**

Gegenstand der Prüfung ist der Heimvertrag, da dieser als gemischter Vertrag (Miet- und Dienstvertrag) das entgeltliche Vermögensgeschäft darstellt. Zu vergleichen sind die Werte der gegenseitigen Leistungen zur Zeit des Abschlusses des Heimvertrages; ein nachträgliches Mißverhältnis erfordert ein Zusatzgeschäft. Bei der Feststellung einer Unangemessenheit sind alle Umstände des Falles zu berücksichtigen, so die Größe und Lage des Heims, ihre Ausstattung, die Ausstattung der Appartements, die gebotene Versorgung und Betreuung, der Sach- und Personalkostenaufwand wie auch der Kapitaldienst. Ergibt sich aufgrund dieser Kostenfaktoren, daß der Träger einen **übermäßigen** Gewinn (versteckt oder offen) erzielt, so liegt eine fehlende Angemessenheit vor (vgl. RdNr. 27 ff. zu § 5).

Nr. 3 erfordert nicht wie § 138 Abs. 2 BGB ein auffälliges Mißverhältnis. Es ist auch nicht erforderlich, daß die subjektiven Momente des § 138 Abs. 2 BGB (Ausbeutung der Notlage, des Leichtsinns oder der Unerfahrenheit) gegeben sein müssen. Die Versagung ist dann begründet, wenn **objektiv** das Entgelt sowie die Entgeltbestandteile im Verhältnis zu den Leistungen unangemessen sind.

Zu 4.: Darüber hinaus muß ein **Qualitätsmanagement** betrieben werden. Zu unterscheiden ist zwischen Pflegeheimen, für die ein Versorgungsvertrag nach dem SGB XI besteht, und Einrichtungen, für die eine Vereinbarung nach dem BSHG getroffen wurde. Im ersten Fall genügt ein Qualitätsmanagement nach § 80 SGB XI, im zweiten Fall eines nach § 93 a BSHG. **26**

Die Anforderungen des **Absatzes 2** muß der Träger **kumulativ** („und") erfüllen.

Zu Abs. 3:

27 In Abs. 3 werden weitere Anforderungen an den Betrieb eines Heimes gerichtet. Anders als bei Abs. 1 und 2 wird weder der Träger noch die Heimleitung persönlich in die Pflicht genommen.
Zu 1.: Die Regelung in Abs. 3 Nr. 1 entspricht der in § 6 Nr. 4 a. F. Hiernach müssen die gesetzlichen Mindestanforderungen der Rechtsverordnungen, also die HeimMindBau (Anhang A1) und die HeimPersV (Anhang A4) zu § 3 eingehalten sein. In diesem Zusammenhang wird auf zwei Gerichtsentscheidungen hingewiesen: der VGH München zur Verpflichtung eines Altenpflegeheims zur Beschäftigung von mindestens fünf Vollzeitpflegefachkräften oder entsprechend vielen Teilzeitpflegefachkräften (Urt. v. 12. 4. 2000, GewA 2000, 283) **und** das BVerwG zum Vorhandensein eines Aufzugs (vgl. Kommentierung zu § 4 HeimMindBauV).

Bis zum Erlaß der HeimMindBauV und der HeimPersV galten die einzelnen aufgrund § 38 Satz 1 Nr. 10 und Sätze 2 bis 4 GewO erlassenen landesrechtlichen Verordnungen hinsichtlich ihrer Bestimmungen über Mindestanforderungen an Räumen und für die im Betrieb Beschäftigten weiter (vgl. § 22 a. F.). Diese Vorschriften waren im Wege der **Gesetzesanalogie** auch im Rahmen der Anwendung des § 11 in Verbindung mit § 19 auf andere als gewerbliche Heime anzuwenden, da insofern rechtsähnliche Tatbestände gegeben waren, auf die die nach landesrechtlichen Verordnungen geregelten Tatbestände zulässig ausgedehnt werden konnten.

Zu 2.: Durch Ziffer 2 wird die Bedeutung, daß die **vertraglichen Leistungen erbracht** werden, hervorgehoben.
Zu 3.: Ziffer 3 entspricht der Regelung in § 6 Nr. 6 a. F. Nach Nr. 3 ist weitere Voraussetzung für den Betrieb eines Heims die Erfüllung der Vorschriften der HeimsicherungsV (Anhang A3).

Nr. 3 ist dann anwendbar, wenn Leistungen im Sinne des § 14 Abs. 2 Nr. 3 (siehe RdNr. 13 ff. zu § 14) entgegengenommen werden.

Zu Abs. 4:

28 Die Regelung in Abs. 4 wurde durch das Dritte Gesetz zur Änderung des Heimgesetzes eingefügt.

Grundsätzlich darf ein Heim nur betrieben werden, wenn die Anforderungen nach Abs. 1 bis 3 erfüllt werden. Hat die Heimaufsichtsbehörde **begründete Zweifel,** ob diese Anforderungen erfüllt sind, muß sie die erforderlichen **Aufklärungsmaßnahmen** ergreifen. Zweifel sind nicht begründet, wenn sie lediglich auf einem sub-

Anzeige **§ 12**

jektiven Eindruck beruhen. Sie müssen auf **konkrete, sachliche Anhaltspunkte** zurückgeführt werden können.

Liegt eine der in § 11 Abs. 1 bis 3 verlangten Anforderungen **nicht** vor und reichen Anordnungen nach § 17 nicht aus, so ist der Heimbetrieb zwingend nach § 19 Abs. 1 zu **untersagen**. **29**

§ 12 Anzeige

(1) ¹Wer den Betrieb eines Heims aufnehmen will, hat darzulegen, dass er die Anforderungen nach § 11 Abs. 1 bis 3 erfüllt. ²Zu diesem Zweck hat er seine Absicht spätestens drei Monate vor der vorgesehenen Inbetriebnahme der zuständigen Behörde anzuzeigen. ³Die Anzeige muss insbesondere folgende weitere Angaben enthalten:

1. den vorgesehenen Zeitpunkt der Betriebsaufnahme,
2. die Namen und die Anschriften des Trägers und des Heims,
3. die Nutzungsart des Heims und der Räume sowie deren Lage, Zahl und Größe und die vorgesehene Belegung der Wohnräume,
4. die vorgesehene Zahl der Mitarbeiterstellen,
5. den Namen, die berufliche Ausbildung und den Werdegang der Heimleitung und bei Pflegeheimen auch der Pflegedienstleitung sowie die Namen und die berufliche Ausbildung der Betreuungskräfte,
6. die allgemeine Leistungsbeschreibung sowie die Konzeption des Heims,
7. einen Versorgungsvertrag nach § 72 sowie eine Leistungs- und Qualitätsvereinbarung nach § 80a des Elften Buches Sozialgesetzbuch oder die Erklärung, ob ein solcher Versorgungsvertrag oder eine solche Leistungs- und Qualitätsvereinbarung angestrebt werden,
8. die Vereinbarungen nach § 75 Abs. 3 des Zwölften Buches Sozialgesetzbuch oder die Erklärung, ob solche Vereinbarungen angestrebt werden,
9. die Einzelvereinbarungen aufgrund § 39a des Fünften Buches Sozialgesetzbuch oder die Erklärung, ob solche Vereinbarungen angestrebt werden,
10. die Unterlagen zur Finanzierung der Investitionskosten,

§ 12 Kommentar zum HeimG

11. ein Muster der Heimverträge sowie sonstiger verwendeter Verträge,
12. die Satzung oder einen Gesellschaftsvertrag des Trägers sowie
13. die Heimordnung, soweit eine solche vorhanden ist.

(2) ¹Die zuständige Behörde kann weitere Angaben verlangen, soweit sie zur zweckgerichteten Aufgabenerfüllung erforderlich sind. ²Stehen die Leitung, die Pflegedienstleitung oder die Betreuungskräfte zum Zeitpunkt der Anzeige noch nicht fest, ist die Mitteilung zum frühestmöglichen Zeitpunkt, spätestens vor Aufnahme des Heimbetriebs, nachzuholen.

(3) Der zuständigen Behörde sind unverzüglich Änderungen anzuzeigen, die Angaben gemäß Absatz 1 betreffen.

(4) ¹Wer den Betrieb eines Heims ganz oder teilweise einzustellen oder wer die Vertragsbedingungen wesentlich zu ändern beabsichtigt, hat dies unverzüglich der zuständigen Behörde gemäß Satz 2 anzuzeigen. ²Mit der Anzeige sind Angaben über die nachgewiesene Unterkunft und Betreuung der Bewohnerinnen und Bewohner und die geplante ordnungsgemäße Abwicklung der Vertragsverhältnisse mit den Bewohnerinnen und Bewohnern zu verbinden.

1   Nach § 12 obliegt jedem Träger eines Heims im Sinne von § 1 die Pflicht zur Anzeige. Diese Vorschrift bietet zugleich die gesetzliche Grundlage für einen feststellenden Verwaltungsakt des Inhalts, daß der Betrieb einer bestimmten Einrichtung ein anzeigepflichtiges Heim ist (vgl. OVG Frankfurt/Oder, Urt. v. 1.12. 1999, NJW 2000, 1435).

Durch die **Pflicht zur Anzeige** wird gewährleistet, daß die nach § 23 zuständige Behörde (vgl. RdNr. 2 ff. zu § 23) jederzeit in die Lage versetzt wird, die angezeigten Tatsachen an den Vorschriften des HeimG zu überprüfen und gegebenenfalls die im Gesetz vorgesehenen Maßnahmen (Anordnungen nach § 17, Untersagung nach § 19) zu treffen. Die zuständige Behörde ist somit in der Lage, den Vollzug des Heimgesetzes zu gewährleisten, ohne daß sie von den in § 12 genannten Tatsachen im Wege der Auskunft und Nachschau nach § 15 oder durch Anzeige Dritter Kenntnis erlangt. Die Verletzung der Anzeigepflicht kann nach § 19 Abs. 2 Nr. 1 zur Untersagung des Heimbetriebs führen. Eine Untersagung kann jedoch nicht auf das Fehlen anderer, nicht in § 12 genannter Angaben gestützt werden; § 12 ist insoweit abschließend (so VG Hannover, Urt. v. 25.2. 1998, GewA 1998, 249). Wer den

Anzeige **§ 12**

Vorschriften des § 12 Abs. 1 zuwiderhandelt, begeht nach § 21 Abs. 1 Nr. 1 eine Ordnungswidrigkeit; die Verletzung der Vorschrift des Abs. 4 stellt eine Ordnungswidrigkeit gem. § 21 Abs. 2 Nr. 2 dar.

Durch das Dritte Gesetz zur Änderung des Heimgesetzes werden die bisher in § 7 formulierten Anzeigepflichten **konkretisiert**. Nunmehr ist klargestellt, daß der Heimträger die Anforderungen an den Heimbetrieb (vgl. § 11) persönlich erfüllen muß; der Träger ist hierzu **verpflichtet**. Zudem muß der Träger jederzeit in der Lage sein, über die Erfüllung seiner Pflicht einen entsprechenden **Nachweis** zu führen. Der Nachweis ist z. B. bei der beabsichtigten Aufnahme des Heimbetriebs durch die Vorlage eines schlüssigen Heimkonzepts zu erbringen. 2

Zu Abs. 1:

Schon nach bisherigem Recht hatte die Anzeigepflicht den **Zweck**, die Heimaufsichtsbehörden über die Aufnahme, Änderung oder Einstellung des Heimbetriebs zu unterrichten. Die Anzeigepflicht wurde durch das Dritte Gesetz zur Änderung des Heimgesetzes weiter **konkretisiert**. Angaben sind insbesondere auch über die vorgesehene Mitarbeiterzahl, die berufliche Ausbildung der Betreuungskräfte und die Versorgungs- und Betreuungskonzeption des Heims zu machen. Ein Ziel der Gesetzesnovelle ist es, die **Heimaufsicht zu stärken**. Dieses Ziel wurde auch bei der Änderung des § 12 verfolgt. Die Heimaufsicht erhält nunmehr einen vertieften Einblick in die Planungen des Heims und kann ggf. auch beratend auf die Beseitigung von Schwachpunkten Einfluß nehmen. 3

Aus **redaktioneller** Sicht ist anzumerken, daß die anzeigepflichtigen Angaben aus Gründen der Übersichtlichkeit in 13 Einzelziffern gegliedert wurden.

Nach Abs. 1 Satz 1 hat derjenige, der den Betrieb eines Heims aufnehmen will, darzulegen, daß er die gesetzlichen **Anforderungen an den Heimbetrieb** nach § 11 Abs. 1 bis 3 erfüllt. 4

Der Träger hat seine Absicht, den Betrieb eines Heimes aufzunehmen, spätestens **drei Monate vor** der geplanten Inbetriebnahme der zuständigen Heimaufsichtsbehörde anzuzeigen (Satz 2). Entscheidend ist das Datum des Poststempels. Eine Anzeige, die diese Voraussetzungen nicht erfüllt, ist nicht rechtzeitig. Die Anzeige hat **schriftlich** zu erfolgen (Arg. aus Abs. 1 Satz 3 Nr. 6, 7, 10 etc.).

Die Anzeige muß nach Satz 3 **insbesondere** folgende **weitere Angaben** enthalten:

1. den vorgesehenen Zeitpunkt der Betriebsaufnahme,
2. die Namen und die Anschriften des Trägers und des Heims,
3. die Nutzungsart des Heims und der Räume sowie deren Lage, Zahl und Größe und die vorgesehene Belegung der Wohnräume,
4. die vorgesehene Zahl der Mitarbeiterstellen,
5. den Namen, die berufliche Ausbildung und den Werdegang der Heimleitung und bei Pflegeheimen auch der Pflegedienstleitung sowie die Namen und die berufliche Ausbildung der Betreuungskräfte
(Anm.: Zu den Betreuungskräften gehören auch die pädagogischen Fachkräfte – wie Heilpädagogen, Heilerzieher, Heilerziehungspfleger, Sonderpädagogen – in Behinderteneinrichtungen. Die Pflicht, die Namen der Betreuungskräfte zu nennen, wurde durch das Dritte Gesetz zur Änderung des Heimgesetzes eingefügt. Damit soll sichergestellt werden, daß die genannten Personen tatsächlich im Heim tätig sind.),
6. die allgemeine Leistungsbeschreibung sowie die Konzeption des Heims
(Anm.: Erfaßt werden die Versorgungs- und Betreuungskonzeption des Heims. Konzeptionen und Leitbilder geben Orientierungspunkte für das Heimpersonal und bilden deren Arbeitsgrundlage.),
7. einen Versorgungsvertrag nach § 72 sowie eine Leistungs- und Qualitätsvereinbarung nach § 80a des Elften Buches Sozialgesetzbuch oder die Erklärung, ob ein solcher Versorgungsvertrag oder eine solche Leistungs- und Qualitätsvereinbarung angestrebt werden,
8. die Vereinbarungen nach § 93 Abs. 2 des Bundessozialhilfegesetzes oder die Erklärung, ob solche Vereinbarungen angestrebt werden,
9. die Einzelvereinbarungen aufgrund § 39a des Fünften Buches Sozialgesetzbuch oder die Erklärung, ob solche Vereinbarungen angestrebt werden,
10. die Unterlagen zur Finanzierung der Investitionskosten,
11. ein Muster der Heimverträge sowie sonstiger verwendeter Verträge,
12. die Satzung oder einen Gesellschaftsvertrag des Trägers sowie
13. die Heimordnung, soweit eine solche vorhanden ist.

Durch das Dritte Gesetz zur Änderung des Heimgesetzes wurde 5
geregelt, daß auf jeden Fall die genannten Angaben gemacht werden müssen (**„insbesondere"**). Im Einzelfall kann es sachgerecht sein, darüber hinausgehende Angaben zu machen, um die Heimaufsicht umfassend zu informieren. Insofern ist die Aufzählung von Satz 3 **nicht abschließend**.

Zu Abs. 2:

Durch das Dritte Gesetz zur Änderung des Heimgesetzes wurde 6
ein neuer Abs. 2 aufgenommen. Geregelt wurde darin, daß die Heimaufsichtsbehörde im Rahmen der Heimüberwachung **weitere Angaben** verlangen kann. Diese müssen allerdings zur **zweckgerichteten** Aufgabenerfüllung erforderlich sein. Die Anforderung steht damit unter dem Grundsatz der Verhältnismäßigkeit. Ist diese Voraussetzung im Einzelfall nicht erfüllt, braucht der Heimträger dem Auskunftsverlangen nicht nachzukommen.

Weitere Angaben können erforderlich sein, wenn sich z.B. aus den beigefügten Unterlagen **Zweifel** an den Anforderungen des § 11 ergeben. Ist ein Versorgungsvertrag abgeschlossen und sind die Unterlagen über die Finanzierung der Investitionskosten schlüssig, so kann in der Regel davon ausgegangen werden, daß die wirtschaftliche Leistungsfähigkeit nach § 11 Abs. 2 Nr. 1 wie auch kein Mißverhältnis zwischen den angebotenen Leistungen besteht, da diese Voraussetzungen i.d.R. beim Abschluß des Versorgungsvertrags Gegenstand der vertraglichen Vereinbarung sind (vgl. § 73 SGB XI).

In Abs. 2 Satz 2 ist der Fall geregelt, daß die **Leitung, die Pflegedienstleitung oder die Betreuungskräfte** zum Zeitpunkt der Anzeige noch **nicht feststehen**. Hier ist die Mitteilung zum frühestmöglichen Zeitpunkt, spätestens vor der Aufnahme des Heimbetriebs, **nachzuholen**.

Zu Abs. 3:

Dieser Absatz wurde durch das Dritte Gesetz zur Änderung des 7
Heimgesetzes neu gefaßt. Bisher wurden bestimmte Tatbestände aufgezählt, deren Änderungen innerhalb einer bestimmten Frist anzuzeigen waren. Diese Differenzierungen wurden aufgegeben. Nunmehr ist der Träger verpflichtet, der Heimaufsichtsbehörde **alle Änderungen** der von ihm gegenüber der Behörde gemachten Angaben anzuzeigen (z.B. Änderung der Art des Heims, Änderung der Zahl der Heimplätze, Wechsel in der Heimleitung).

Die Anzeige muß **unverzüglich**, d.h. ohne schuldhaftes Zögern (§ 121 BGB) erfolgen.

Ein **Ziel** der Neuregelung ist es, die Heimaufsichtsbehörden durch eine frühzeitige und umfassende Information zu stärken.

Durch die Regelung des Abs. 3 soll sichergestellt werden, daß ohne **erneute Anzeige** die Art des Heims nicht gewechselt werden kann oder Veränderungen in dem Heim selbst, wie Neu- und Umbauten, Zimmerbelegung sowie sonstige Änderungen der für die einzelnen Räume vorgesehenen Nutzung nicht vorgenommen werden können. Auch wenn ein Heim in ein anderes Gebäude umzieht, ist eine erneute Mitteilung erforderlich. Hier hat die zuständige Behörde zu prüfen, ob das neue Gebäude den Vorschriften des HeimG und den nach dem HeimG erlassenen Verordnungen entspricht.

8 Nach einer Entscheidung des VG Koblenz v. 10. 7. 93 Az. 5 K 1671/91 KO = Altenheim 1994 S. 82), die zwar im Rahmen des Erlaubnisverfahrens nach § 6 a. F. ergangen ist, aber entsprechend der damals neu eingeführten Anzeigepflicht analog anzuwenden ist, und bei der es um ein Heim für jüngere erwachsene psychisch behinderte Menschen ging, kann die Heimaufsicht im Einzelfall den Einzelzimmeranteil auf 50 Prozent festlegen, wenn dies aus fachlichen Gesichtspunkten geboten ist. Eine entsprechende Anwendung auf Heime für ältere Menschen dürfte jedoch nicht möglich sein, da hier eine dem § 29 Abs. 1 Satz 2 HeimMindBauV (Ausnahme von den Anforderungen der VO) fehlt. In der gleichen Entscheidung hat das Gericht auch ausgeführt, daß die mit der Erlaubnis nach § 6 HeimG a. F. verbundene Bedingung, ein Mindestalter der Bewohner zu beachten, zulässig ist. Dies ist für **alle** Heime des HeimG von Bedeutung; hierdurch wird **Fehlbelegungen** vorgebeugt, die dadurch entstehen, daß für einen ganz **bestimmten Personenkreis** errichtete und nach § 12 angezeigte Heime mit **anderen** Personen auch nur teilweise belegt werden. Diese Entscheidung hat vor allem eine **hohe schutzrechtliche** Komponente für die jeweiligen Bewohner, da zunehmend festgestellt wird, daß die speziellen Bedürfnisse der jeweiligen Betroffenen nicht gewährleistet sind, wenn z. B. junge Behinderte (etwa ein 30jähriger MS-Kranker) in einem Pflegeheim für ältere Menschen untergebracht werden, bei denen heute ein Durchschnittseintrittsalter von über 80 Jahren vorliegt.

9 Weder der Geschäftsführerwechsel noch der Gesellschafterwechsel noch die Veräußerung des Unternehmens selbst führt zum Erlöschen der juristischen Person (hier: GmbH), wenn der Veräußerungsbeschluß nicht als Auflösungsbeschluß angesehen werden kann; hieran ändert auch nichts, wenn die Änderung der Firmenbezeichnung durch Satzungsänderung erfolgt (VG Berlin vom 20.5. 1985, Az. 14 A 216.84). Wohl aber ist eine neue Anzeige notwendig, wenn der Heimbetreiber seinen Betrieb auf Räume erstreckt, die von der früheren Anzeige nicht erfaßt werden (analoge Anwendung der zum Erlaubnisverfahren a. F. ergangenen Entscheidung des Bay. ObLG NVwZ 1982, 334).

Zu Abs. 4:

Die in Satz 1 genannte Absicht liegt vor, wenn sich der Träger eines Heims entschlossen hat, die in Satz 1 genannten Sachverhalte zu verwirklichen. In diesem Falle hat er dies der zuständigen Behörde **unverzüglich**, d. h. nach der Legaldefinition des § 121 Abs. 1 Satz 1 BGB ohne **schuldhaftes Zögern**, anzuzeigen. 10

Einstellung des Betriebes bedeutet die Auflösung der Vertragsverhältnisse zwischen dem Betreiber und den Bewohnerinnen und Bewohnern (Heimvertrag) und damit die Einstellung der hieraus resultierenden Pflichten des Betreibers aus dem Heimvertrag (siehe § 5). Zur teilweisen Einstellung gehört die Absicht, bestimmte Teile des Heims nicht mehr für den vorgesehenen Zweck zu nützen, und zwar gleichgültig ob dies für einen bestimmten Zeitraum oder auf Dauer erfolgt, ebenso wie die Absicht, nur noch bestimmte Leistungen des Heimvertrages zukünftig zu erbringen. Letzteres ist beispielsweise dann der Fall, wenn der Träger eines Heims sich entschließt, nur noch das Appartement zu belassen, die Versorgung und Verpflegung aber aufzugeben. Die teilweise Einstellung des Betriebes erfüllt, wenn sie eine Verringerung der Bettenzahl darstellt, gleichzeitig den Tatbestand des Abs. 3. 11

Satz 2 verpflichtet den Träger bei Vorliegen des Satzes 1 zu Angaben über die nachgewiesene Unterkunft und Betreuung der Bewohnerinnen und Bewohner sowie über die geplante ordnungsgemäße Abwicklung der Vertragsverhältnisse, **nicht aber** zur Unterbringung der Bewohner selbst. Seit der jüngsten Änderung des Heimgesetzes sind mit der Anzeige nicht nur Angaben über die geplante Unterbringung, sondern die **nachgewiesene Unterkunft und Betreuung** der Bewohner zu verbinden. 12

Die **ordnungsgemäße Abwicklung** der Vertragsverhältnisse ist eine **zivilrechtliche** Pflicht aufgrund des zwischen dem Träger und dem Bewohner geschlossenen Heimvertrages. Angaben in diesem Sinne sind deshalb Erklärungen, aus denen sich ergibt, daß der Träger eines Heims bis zur Beendigung der Heimverträge in der Lage ist, seine hieraus resultierenden Verpflichtungen zu erfüllen. So können z. B. der zwischen ihm und einem Dritten geschlos- 13

§ 13 Kommentar zum HeimG

sene Mietvertrag und die jeweiligen Arbeitsverträge mit dem Personal frühestens zum Zeitpunkt der Beendigung der Heimverträge enden.

14 Wenn auch bei ordnungsgemäßer Kündigung der Heimverträge der Träger eines Heims weder zivilrechtlich noch aufgrund des HeimG verpflichtet ist, die Bewohner anderweitig unterzubringen, so obliegt ihm aber aus der Tatsache, daß er einen bestimmten, nach dem HeimG besonders schutzwürdigen Personenkreis aufgenommen hat, **die Pflicht,** diesem bei der anderweitigen Unterbringung behilflich zu sein. Sein diesbezügliches Tätigwerden und die neue Unterkunft und Betreuung der Bewohnerinnen und Bewohner hat er nach Satz 2 nachzuweisen.

15 Erfolgt die in Satz 2 genannte Beifügung der entsprechenden Angaben nicht, liegt eine Ordnungswidrigkeit nach § 21 Abs. 2 Nr. 2 vor, da dann die Anzeige nicht vollständig abgegeben wurde.

§ 13 Aufzeichnungs- und Aufbewahrungspflicht

(1) ¹**Der Träger hat nach den Grundsätzen einer ordnungsgemäßen Buch- und Aktenführung Aufzeichnungen über den Betrieb zu machen und die Qualitätssicherungsmaßnahmen und deren Ergebnisse so zu dokumentieren, dass sich aus ihnen der ordnungsgemäße Betrieb des Heims ergibt.** ²**Insbesondere muss ersichtlich werden:**

1. **die wirtschaftliche und finanzielle Lage des Heims,**
2. **die Nutzungsart, die Lage, die Zahl und die Größe der Räume sowie die Belegung der Wohnräume,**
3. **der Name, der Vorname, das Geburtsdatum, die Anschrift und die Ausbildung der Beschäftigten, deren regelmäßige Arbeitszeit, die von ihnen in dem Heim ausgeübte Tätigkeit und die Dauer des Beschäftigungsverhältnisses sowie die Dienstpläne,**
4. **der Name, der Vorname, das Geburtsdatum, das Geschlecht, der Betreuungsbedarf der Bewohnerinnen und Bewohner sowie bei pflegebedürftigen Bewohnerinnen und Bewohnern die Pflegestufe,**
5. **der Erhalt, die Aufbewahrung und die Verabreichung von Arzneimitteln einschließlich der pharmazeutischen Überprüfung der Arzneimittelvorräte und der Unterweisung der Mitarbeiterinnen und Mitarbeiter über den sachgerechten Umgang mit Arzneimitteln,**

Aufzeichnungs- und Aufbewahrungspflicht **§ 13**

6. die Pflegeplanungen und die Pflegeverläufe für pflegebedürftige Bewohnerinnen und Bewohner,
7. für Bewohnerinnen und Bewohner von Einrichtungen der Behindertenhilfe Förder- und Hilfepläne einschließlich deren Umsetzung,
8. die Maßnahmen zur Qualitätsentwicklung sowie zur Qualitätssicherung,
9. die freiheitsbeschränkenden und die freiheitsentziehenden Maßnahmen bei Bewohnerinnen und Bewohnern sowie der Angabe des für die Anordnung der Maßnahme Verantwortlichen,
10. die für die Bewohnerinnen und Bewohner verwalteten Gelder oder Wertsachen.

³Betreibt der Träger mehr als ein Heim, sind für jedes Heim gesonderte Aufzeichnungen zu machen. ⁴Dem Träger bleibt es vorbehalten, seine wirtschaftliche und finanzielle Situation durch Vorlage der im Rahmen der Pflegebuchführungsverordnung geforderten Bilanz sowie der Gewinn- und Verlustrechnung nachzuweisen. ⁵Aufzeichnungen, die für andere Stellen als die zuständige Behörde angelegt worden sind, können zur Erfüllung der Anforderungen des Satzes 1 verwendet werden.

(2) ¹Der Träger hat die Aufzeichnungen nach Absatz 1 sowie die sonstigen Unterlagen und Belege über den Betrieb eines Heims fünf Jahre aufzubewahren. ²Danach sind sie zu löschen. ³Die Aufzeichnungen nach Absatz 1 sind, soweit sie personenbezogene Daten enthalten, so aufzubewahren, dass nur Berechtigte Zugang haben.

(3) Das Bundesministerium für Familie, Senioren, Frauen und Jugend legt im Einvernehmen mit dem Bundesministerium für Gesundheit und Soziale Sicherung durch Rechtsverordnung mit Zustimmung des Bundesrates Art und Umfang der in den Absätzen 1 und 2 genannten Pflichten und das einzuhaltende Verfahren näher fest.

(4) Weitergehende Pflichten des Trägers eines Heims nach anderen Vorschriften oder aufgrund von Pflegesatzvereinbarungen oder Vereinbarungen nach § 75 Abs. 3 des Zwölften Buches Sozialgesetzbuch bleiben unberührt.

Die Vorschrift des § 13 (= alt § 8) wurde bereits durch das Erste **1** Gesetz zur Änderung des Heimgesetzes neu gestaltet, da die ursprüngliche Fassung offen ließ, was unter der Verpflichtung,

§ 13 Kommentar zum HeimG

Bücher zu führen, zu verstehen ist. Durch das **Dritte Gesetz zur Änderung des Heimgesetzes** sind die Aufzeichnungs- und Aufbewahrungspflichten deutlich erweitert worden. Der Träger ist nunmehr zu einer ordnungsgemäßen Buch- und **Aktenführung** (neu) verpflichtet. Außerdem hat er die **Qualitätssicherungsmaßnahmen** so zu dokumentieren, daß aus ihnen die ordnungsgemäße Heimführung ersichtlich ist. Aufzeichnungen die von besonderer Bedeutung für die Überwachung nach § 15 sind, sind in Abs. 1 Nr. 1-10 aufgeführt. In einem neuen Abs. 2 wird angeordnet, daß die Unterlagen, die von einem bestimmten Heim zu führen sind, auch dort eingesehen werden können. Abs. 3 und Abs. 4 entsprechen den bisherigen Abs. 3 und 4 wobei Abs. 4 hinsichtlich der Vereinbarungen nach § 93 BSHG redaktionell geändert wurde (vgl. dazu Schmidt-Wilke/Roth, Altenheim 2002, Heft 10, S. 12 f.).

Sinn der Vorschrift ist es vor allem, die Durchsetzung des § 2 und der §§ 5, 6 und 7 zu erleichtern. Ob z. B. ein Mißverhältnis zwischen Entgelt und Leistung vorliegt, läßt sich leichter feststellen, wenn die Ein- und Ausgaben des Heims ordnungsgemäß aufgezeichnet und damit auch überprüfbar sind.

Zu Abs. 1:

2 Abs. 1 begründet eine öffentlich-rechtliche Verpflichtung zur Führung einer ordnungsgemäßen Buch- und Aktenführung. Die Verpflichtung besteht auch ohne Vorliegen einer Verordnung nach Abs. 3. Aus der VO ergeben sich lediglich Art und Umfang der in Abs. 1 genannten Verpflichtung.

3 Die Buchführung muß im Regelfall die **doppelte kaufmännische** oder eine gleichwertige **kameralistische** (bei öffentlich-rechtlichen Körperschaften) sein. Nur unter besonderen Verhältnissen, vor allem bei kleinen Einrichtungen, ist eine einfache Buchführung angängig.

Die Buchführung muß **klar und übersichtlich** sein; sie muß den Stand und die Veränderungen an Vermögen, an Kapital und an Schulden und die Aufwände, Leistungen und Erfolge erfassen (Geschäftsbuchführung, häufig auch Finanzbuchführung genannt, und Betriebsbuchführung). Die Buchführung muß ferner leichte **Nachprüfbarkeit** im Sinne der vier Grundzwecke des Rechnungswesens, nämlich

1. Ermittlung der Bestände (Vermögens- und Schuldteile) und des Erfolges am Ende des Jahres und während der Betriebsperiode
2. Preisbildung, Kostenüberwachung und Preisüberprüfung

Aufzeichnungs- und Aufbewahrungspflicht **§ 13**

3. Überwachung des Betriebsgebarens und
4. Disposition und Planung

zulassen.

Über die **wirtschaftlichen Aufgaben** des kaufmännischen Rechnungswesens siehe Abschnitt I der vom RWM und RfD am 11.11. 1937 (MinBlfWi 239) erlassenen, seit 1945 nicht unmittelbar rechtsverbindlich, aber zur Feststellung der Grundsätze der ordnungsgemäßen Buchführung bedeutsamen Richtlinien (vgl. Anhang B 1).

Entscheidend für die Ordnungsmäßigkeit der Buchführung ist 4 ihr **objektiver** Zustand. Es ist deshalb grundsätzlich unerheblich, ob den Träger für das Fehlen oder die Mängel seiner Buchführung ein Verschulden trifft oder nicht (BFH BStBl. 1974, II, 728).

Die **Nichtführung** von ordnungsgemäßen Büchern stellt einen 5 Mangel dar, dessen Beseitigung mittels Anordnungen nach § 17 erzwungen werden kann (so auch Füßer, Altenheim 2002, Heft 4, S. 35 ff.).

Außerdem stellt die Nichtbefolgung der Anordnungen eine Ordnungswidrigkeit nach § 21 Abs. 2 Nr. 5 dar. Unberührt bleiben bei Verletzung der Buchführungspflicht die Folgen nach anderen Gesetzen. So sind die Bücher Urkunden im Sinn des § 267 StGB. Fälschung vorhandener Eintragungen, nachträgliche Einfügung unrichtiger oder Beseitigung richtiger Eintragungen durch den Träger oder Dritte ist Urkundenfälschung, wenn ein anderer ein gesetzliches oder vertragliches Recht auf unveränderten Fortbestand der Bücher hat. Dies ist stets der Fall, da die zuständige Behörde nach § 15 berechtigt ist, die Bücher einzusehen (a. A. wohl Schmidt-Wilke/Roth, Altenheim 2002, Heft 10, S. 12 f., die eine Vorlagepflicht verneinen. Dies widerspricht jedoch Abs. 1 S. 4, wonach es dem Heimträger vorbehalten ist, seine wirtschaftliche und finanzielle Situation durch Vorlage der Bilanzen sowie der Gewinn- und Verlustrechnung nachzuweisen. Eine Bankbestätigung, wie Schmidt-Wilke/Roth glauben, genügt nicht).

Die **Beweislast** der Bücher ist frei gemäß § 286 ZPO zu beurteilen. Sie können, wenn ordnungsgemäß geführt, erhebliche Wahrscheinlichkeit für die Richtigkeit der einzelnen Einträge und Nichtbestehen auszuweisender, nicht ausgewiesener Vorgänge begründen. Sie liefern aber **nicht** den **Beweis des ersten Anscheins,** so daß zur Erschütterung ihrer Glaubwürdigkeit bestimmte widersprechende Tatsachen bewiesen werden müssen (BGH BB 54, 1044).

Gleiches gilt auch für **Aktenführung** und die **Dokumentati-** 6 **onspflicht** der Qualitätssicherungsmaßnahmen. Durch die Aufnah-

§ 13 Kommentar zum HeimG

me dieser Verpflichtungen wird sichergestellt, dass nicht nur eine ordnungsgemäße Buchführung erforderlich ist, sondern auch weitere Unterlagen vorliegen müssen, um den Aufzeichnungspflichten nach § 13 nachzukommen. In Satz 2 Nr. 1 bis 10 stellt der Gesetzgeber 10 besondere Aufzeichnungspflichten heraus, die für einen ordnungsgemäßen Heimbetrieb und eine sachgerechte Überwachung durch die Heimaufsicht unentbehrlich sind.

7 In **Nr. 1** wird der Träger verpflichtet Aufzeichnungen über die **wirtschaftliche** und **finanzielle** Lage des Heims zu machen. Dazu gehören u. a. Aufzeichnungen über Werbematerial, Heimverträge, Bürgschaften, Verträge und Verhandlungen mit Heimärzten etc., Zusammenarbeit mit Heimbeirat, Schriftverkehr mit Behörden, Lieferanten, Beschwerdeführern etc. Die Aufzeichnungen über die Vermögenslage müssen alles enthalten, was zur Beurteilung der wirtschaftlichen Leistungsfähigkeit des Heimes erforderlich ist (vgl. auch Goberg § 8 RdNr. 6 zum alten Recht).

Nach Satz 4 kann der Träger seine wirtschaftliche und finanzielle Situation durch Vorlage der im Rahmen der **Pflegebuchführungsverordnung** geforderten Bilanz sowie der **Gewinn- und Verlust**rechnung nachweisen.

8 Nach **Nr. 2** ist die Nutzungsart, die Lage, die Zahl und die Größe der Räume sowie die Belegung der Wohnräume anzugeben. Nr. 2 entspricht § 12 Abs. 1 Nr. 3 und in erweiterter Form dem alten § 8 Abs. 1 Nr. 2. Unter Nutzungsart ist der Typ des Heimes gemeint. Also die Frage, ob es sich um einen Altenheim-, Altenwohnheim-Pflegeplatz oder Kurzzeitpflegeplatz handelt.

9 Die **Nr. 3** ist um die Dienstpläne erweitert worden. Die Aufzeichnungen sollen nicht nur Aufschluss geben über den geplanten, sondern über den tatsächlichen Einsatz der Mitarbeiter, d. h. z. B. über die Ist-Besetzung der jeweiligen Schichten. Nur so ist der Heimaufsichtsbehörde eine Kontrolle darüber möglich, ob das zur Betreuung der Heimbewohnerinnen und -bewohner erforderliche Personal vom Träger tatsächlich bereitgehalten und eingesetzt wird. (BT-DrS. 14/5399). Die Heimleitungen müssen das in den Leistungs- und Qualitätsvereinbarungen nach §§ 84 ff. SGB XI vereinbarte Personal den Kostenträgern auf Wunsch nachweisen (vgl. Richter, Altenheim 2002, Heft 5, S. 45).

10 Nach **Nr. 4** sind Name, Vorname, Geburtstag, Geschlecht, Pflegestufe und Betreuungsbedarf der einzelnen Heimbewohner aufzuzeichnen. Dadurch wird eine ordnungsgemäße Wahrnehmung der Aufgaben des Heims abgesichert. Die Angaben erlauben Rückschlüsse hinsichtlich einer geeigneten Pflegeplanung für den einzelnen Heimbewohner ebenso wie Feststellungen zur ordnungsgemäßen Personalausstattung (BT-DrS. 14/5399).

Gemäß **Nr. 5** ist der Erhalt, die Aufbewahrung und die Verabreichung von Arzneimitteln überprüfbar zu belegen. Der Begriff der Arzneimittel ist in § 2 Arzneimittelgesetz definiert. Wichtig ist auch die Dokumentation der sachgemäßen Unterweisung der Mitarbeiter im Umgang mit Arzneimittel. **11**

Nach **Nr. 6** sind auch Pflegeplanungen und Pflegeverläufe für die einzelnen Heimbewohner aufzuzeichnen. Dies entspricht der Erkenntnis, dass eine ordnungsgemäße Pflege eine Pflegedokumentation im Sinne einer Pflegeplanung und zusätzlich die Aufzeichnung der Pflegeverläufe voraussetzt (BT-DrS. 14/5399). **12**

Nach **Nr. 7** umfaßt die Aufzeichnungspflicht auch die Förder- und Hilfspläne einschließlich deren Umsetzung. Für die Bewohner von Einrichtungen der Behindertenhilfe sind die Förder- und Hilfepläne von zentraler Bedeutung. Sie geben Aufschluß darüber, welcher individuelle Förder- und Betreuungsbedarf besteht und ob entsprechend diesem Bedarf eine Förderung und Betreuung erfolgt. Deshalb ist es sachgerecht, die entsprechenden Pläne in die Aufzeichnungs- und Aufbewahrungspflicht der Träger aufzunehmen (BT-DrS. 14/5399). **13**

Gemäß **Nr. 8** sind die Maßnahmen zur Qualitätsentwicklung und Qualitätssicherung zu dokumentieren. Damit wird den Heimaufsichtsbehörden eine Qualitätsüberprüfung der Heime erleichtert. **14**

Besonders wichtig ist die Dokumentationspflicht nach **Nr. 9**. Sie umfaßt alle freiheitsentziehenden Maßnahmen gegen Bewohner. Die Dokumentation dieser für die Bewohner einschneidenden Beschränkungen – wie z.B. das Anbringen eines Bettgitters, das Festbinden im Bett oder das Einschließen in einem Raum – ist erforderlich, um die Rechtsstaatlichkeit dieser Maßnahmen zu gewährleisten und die erforderliche Kontrolle durch die Heimaufsicht zu ermöglichen (BT-DrS. 14/5399). **15**

Nr. 10 umfaßt die Aufzeichnungspflicht der für die Bewohnerinnen und Bewohner verwalteten Gelder oder Wertsachen. Es ist den Bewohnern nicht in allen Fällen möglich, sich in ausreichendem Maße persönlich um die Verwaltung ihres Bargeldes und um die Aufbewahrung persönlicher Wertgegenstände zu kümmern. Immer dann, wenn der Träger für die Bewohner Bargeld oder Wertsachen verwaltet, muß ein lückenloser schriftlicher Nachweis geführt werden können. Nur so ist es möglich, das notwendige Vertrauensverhältnis zwischen Heimträger und Bewohner in die- **16**

§ 13 Kommentar zum HeimG

sem sensiblen Bereich zu schützen und die erforderliche Transparenz herzustellen (BT-DrS. 14/5399).

17 Abs. 1 ist **kein Schutzgesetz** im Sinn des § 823 Abs. 2 BGB. Wer auf die Bücher vertrauend sich auf die Ordnungsmäßigkeit der Einrichtung verläßt, kann bei Verlusten nicht Schadensersatz nach § 823 Abs. 2 BGB wegen Verletzung eines Schutzgesetzes verlangen. Hier kommt nur Schadensersatz nach § 823 Abs. 1 BGB in Frage.

Zu Abs. 2:

18 Um die Verwertung der Aufzeichnungen, insbesondere durch Einsichtnahme der zuständigen Behörde bei der Überwachung, zu gewährleisten, müssen sie **aufbewahrt** werden. Dies gilt in gleicher Weise auch für andere den Heimbetrieb betreffende Unterlagen und Belege des Heimträgers. Hierzu gehören auch Heimverträge, Heimordnungen sowie Unterlagen, die dem Heimträger als Werbematerial für potentielle Heimbewohner dienen (BR-DrS. 203/89, S. 42). Die **Dauer** der Aufbewahrungspflicht beträgt **5 Jahre** soweit nach Abs. 4 nicht eine längere Aufbewahrungsfrist in Frage kommt. Bestimmungen in anderen Gesetzen über die Aufbewahrungsdauer sind insoweit – als sie die 5-Jahresfrist übersteigen – weitergehend. Bei **freigemeinnützigen Trägern** sind insoweit die Vorschriften des kommunalen bzw. staatlichen Haushaltsrechts über die Dauer der Aufbewahrung zu beachten, soweit es sich um kommunale oder staatliche Träger handelt. Bei **kirchlichen** Trägern sind die entsprechenden kirchlichen Verwaltungsvorschriften maßgeblich. Handelt es sich um **gewerbliche** Träger, so kommen die entsprechenden gewerberechtlichen bzw. handelsrechtlichen Bestimmungen zur Anwendung.

Werden in Abs. 1 genannte Unterlagen durch Sonderregelungen nicht erfaßt (z. B. Heimordnung, Werbematerial etc.), so folgt aus dem allgemeinen Rechtsgedanken des § 242 BGB, daß sich die Dauer der Aufbewahrungsfrist dieser Unterlagen nach der Dauer der Aufbewahrungsfrist der Unterlagen richtet, für die eine gesetzliche Bestimmung vorliegt.

Soweit die Aufzeichnungen personenbezogene Daten enthalten, sind sie so aufzubewahren, dass nur Berechtigte Zugang haben. Damit sollen datenschutzrechtliche Bedenken ausgeräumt werden, die ohne eine besondere gesetzliche Grundlage entstehen könnten.

Zu Abs. 3:

19 Abs. 3 entspricht dem alten § 8 Abs. 3. Danach **sind** Art und Umfang der in Abs. 1 und Abs. 2 genannten Pflichten und das einzuhal-

Aufzeichnungs- und Aufbewahrungspflicht **§ 13**

tende Verfahren in einer RechtsVO festzulegen. Es handelt sich hierbei **nicht** um eine **Ermessensentscheidung,** sondern um eine Pflicht des VO-Gebers, der er bereits nach altem Recht nicht nachgekommen ist. Zuständig ist das Bundesministerium für Familie, Senioren, Frauen und Jugend das das Einvernehmen mit dem Bundesministerium für Gesundheit und Soziale Sicherung herzustellen hat. Die Zustimmung des Bundesrats ist erforderlich.

Zu Abs. 4:

Nach Abs. 4 bleiben durch die Regelungen in Abs. 1 bis 3 weitergehende Pflichten des Trägers eines Heimes nach anderen Vorschriften oder auf Grund von Pflegesatzvereinbarungen oder Vereinbarungen nach § 93 Abs. 2 BSHG unberührt. Damit ist klargestellt, daß die landesrechtlichen VO'en, die aufgrund des § 38 Satz 1 Nr. 10 GewO erlassen worden sind, hinsichtlich der Aufzeichnungspflicht insoweit weitergelten, als sie Pflichten beinhalten, die über denen des Abs. 1 und 2 hinausgehen. Es handelt sich um folgende LänderVO'en: **20**

– Baden-Württemberg § 11 HeimVO vom 25. 2. 1970 (GVBl. I S. 98)
– Bayern § 10 HeimVO vom 23. 8. 1968 (GVBl. S. 319)
– Berlin § 11 VO vom 3. 10. 1967 (GVBl. S. 1457)
– Bremen § 10 HeimVO vom 30. 4. 1968 (GVBl. S. 95)
– Hamburg § 10 HeimVO vom 29. 10. 1968 (GVBl. S. 248)
– Hessen § 10 HeimVO vom 7. 10. 1969 (GVBl. I S. 195)
– Niedersachsen § 10 HeimVO vom 3. 10. 1968 (GVBl. S. 129)
– Nordrhein-Westfalen § 10 HeimVO vom 25. 2. 1969 (GVBl. S. 142)
– Rheinland-Pfalz § 10 HeimVO vom 25. 7. 1969 (GVBl. S. 150)
– Saarland § 10 HeimVO vom 1. 4. 1969 (Ambl. S. 197)
– Schleswig-Holstein § 10 HeimVO vom 22. 4. 1969 (GVBl. S. 89)

in den jeweils geltenden Fassungen.

§ 14 Kommentar zum HeimG

21 Nach den weitergeltenden LandesVO'en besteht die Pflicht, folgende weitergehende Aufzeichnungen zu führen. Die Aufzeichnungen sind nicht identisch mit der Buchführung. Sie sind in deutscher Sprache vorzunehmen. Aus den Aufzeichnungen, Unterlagen und Belegen muß ersichtlich sein:

1. Geburtsort und letzte Wohnung der Heimbewohner, der Tag ihres Einzugs, ihres Auszugs oder ihres Todes, sowie Name und Anschrift eines der nächsten Angehörigen,
2. die hinsichtlich des Heimaufenthalts getroffenen Vereinbarungen einschließlich nicht nur gelegentlicher Neben- und Sonderleistungen, sowie das hierfür vereinbarte Entgelt,
3. die Zahlungen auf die in 2. genannten Leistungen nach Art, Betrag und Datum,
4. die auf Grund von Rechtsvorschriften erforderlichen Gesundheitszeugnisse der im Betrieb Beschäftigten.
5. die Heimordnung, soweit eine besteht.

13 Darüberhinaus gibt es Verpflichtungen zur Führung bestimmter kaufmännischer Bücher bereits aufgrund anderer Gesetze. Das sind vor allem steuerrechtliche (§§ 140 ff. Abgabenordnung, § 22 Umsatzsteuergesetz) und handelsrechtliche Bestimmungen (§§ 238 ff. Handelsgesetzbuch, §§ 148 ff. Aktiengesetz, §§ 41 ff. Gesetz betreffend die Handelsgesellschaft mit beschränkter Haftung, §§ 31 ff. Genossenschaftsgesetz).

§ 14 Leistungen an Träger und Beschäftigte

(1) **Dem Träger ist es untersagt, sich von oder zugunsten von Bewohnerinnen und Bewohnern oder den Bewerberinnen und Bewerbern um einen Heimplatz Geld- oder geldwerte Leistungen über das nach § 5 vereinbarte Entgelt hinaus versprechen oder gewähren zu lassen.**

(2) **Dies gilt nicht, wenn**

1. **andere als die in § 5 aufgeführten Leistungen des Trägers abgegolten werden,**
2. **geringwertige Aufmerksamkeiten versprochen oder gewährt werden,**
3. **Leistungen im Hinblick auf die Überlassung eines Heimplatzes zum Bau, zum Erwerb, zur Instandsetzung, zur Ausstattung oder zum Betrieb des Heims versprochen oder gewährt werden,**

Leistungen an Träger und Beschäftigte **§ 14**

4. Sicherheiten für die Erfüllung der Verpflichtungen aus dem Heimvertrag geleistet werden und diese Leistungen das Doppelte des auf einen Monat entfallenden Entgelts nicht übersteigen. Auf Verlangen der Bewohnerin oder des Bewohners können diese Sicherheiten auch durch Stellung einer selbstschuldnerischen Bürgschaft eines Kreditinstituts oder einer öffentlich-rechtlichen Körperschaft geleistet werden.

(3) ¹Leistungen im Sinne des Absatzes 2 Nr. 3 sind zurückzugewähren, soweit sie nicht mit dem Entgelt verrechnet worden sind. ²Sie sind vom Zeitpunkt ihrer Gewährung an mit mindestens 4 vom Hundert für das Jahr zu verzinsen, soweit der Vorteil der Kapitalnutzung bei der Bemessung des Entgelts nicht berücksichtigt worden ist. ³Die Verzinsung oder der Vorteil der Kapitalnutzung bei der Bemessung des Entgelts sind der Bewohnerin oder dem Bewohner gegenüber durch jährliche Abrechnungen nachzuweisen. ⁴Die Sätze 1 bis 3 gelten auch für Leistungen, die von oder zugunsten von Bewerberinnen und Bewerbern erbracht worden sind.

(4) ¹Ist nach Absatz 2 Nr. 4 als Sicherheit eine Geldsumme bereitzustellen, so ist die Bewohnerin oder der Bewohner zu drei gleichen monatlichen Teilleistungen berechtigt; die erste Teilleistung ist zu Beginn des Vertragsverhältnisses fällig. ²Der Träger hat die Geldsumme von seinem Vermögen getrennt für jede Bewohnerin und jeden Bewohner einzeln bei einer öffentlichen Sparkasse oder einer Bank zu dem für Spareinlagen mit dreimonatiger Kündigungsfrist marktüblichen Zinssatz anzulegen. ³Die Zinsen stehen, auch soweit ein höherer Zinssatz erzielt wird, der Bewohnerin oder dem Bewohner zu und erhöhen die Sicherheit. ⁴Abweichende Vereinbarungen zum Nachteil der Bewohnerin oder des Bewohners sind unzulässig.

(5) ¹Der Leitung, den Beschäftigten oder sonstigen Mitarbeiterinnen oder Mitarbeitern des Heims ist es untersagt, sich von oder zugunsten von Bewohnerinnen und Bewohnern neben der vom Träger erbrachten Vergütung Geld- oder geldwerte Leistungen für die Erfüllung der Pflichten aus dem Heimvertrag versprechen oder gewähren zu lassen. ²Dies gilt nicht, soweit es sich um geringwertige Aufmerksamkeiten handelt.

(6) Die zuständige Behörde kann in Einzelfällen Ausnahmen von den Verboten der Absätze 1 und 5 zulassen, soweit der Schutz der Bewohner die Aufrechterhaltung der Verbote nicht erfordert und die Leistungen noch nicht versprochen oder gewährt worden sind.

§ 14 Kommentar zum HeimG

(7) ¹Das Bundesministerium für Familie, Senioren, Frauen und Jugend kann im Einvernehmen mit dem Bundesministerium für Wirtschaft und Arbeit und dem Bundesministerium für Gesundheit und Soziale Sicherung und mit Zustimmung des Bundesrates durch Rechtsverordnung Vorschriften über die Pflichten des Trägers im Falle der Entgegennahme von Leistungen im Sinne des Absatzes 2 Nr. 3 erlassen, insbesondere über die Pflichten

1. ausreichende Sicherheiten für die Erfüllung der Rückzahlungsansprüche zu erbringen,

2. die erhaltenen Vermögenswerte getrennt zu verwalten,

3. dem Leistenden vor Abschluß des Vertrages die für die Beurteilung des Vertrages erforderlichen Angaben, insbesondere über die Sicherung der Rückzahlungsansprüche, in schriftlicher Form auszuhändigen.

²In der Rechtsverordnung kann ferner die Befugnis des Trägers zur Entgegennahme und Verwendung der Leistungen im Sinne des Absatz 2 Nr. 3 beschränkt werden sowie Art, Umfang und Zeitpunkt der Rückzahlungspflicht näher geregelt werden. ³Außerdem kann in der Rechtsverordnung der Träger verpflichtet werden, die Einhaltung seiner Pflichten nach Absatz 3 und der nach den Sätzen 1 und 2 erlassenen Vorschriften auf seine Kosten regelmäßig sowie aus besonderem Anlaß prüfen zu lassen und den Prüfungsbericht der zuständigen Behörde vorzulegen, soweit es zu einer wirksamen Überwachung erforderlich ist; hierbei können die Einzelheiten der Prüfung, insbesondere deren Anlaß, Zeitpunkt und Häufigkeit, die Auswahl, Bestellung und Abberufung der Prüfer, deren Rechte, Pflichten und Verantwortlichkeit, der Inhalt des Prüfungsberichtes, die Verpflichtungen des Trägers gegenüber dem Prüfer sowie das Verfahren bei Meinungsverschiedenheiten zwischen dem Prüfer und dem Träger geregelt werden.

(8) Abs. 2 Nr. 4 gilt nicht für Versicherte der sozialen Pflegeversicherung und für Personen, denen Hilfe in Einrichtungen nach dem Zwölften Buch Sozialgesetzbuch gewährt wird.

1   Die Vorschrift soll nach der Begründung des BRatE verhindern, daß alte und pflegebedürftige Menschen, die in einer Einrichtung im Sinne des § 1 untergebracht sind und die sich der Leitung dieser Einrichtung anvertraut haben, in ihrer Hilfs- und Arglosigkeit ausgenutzt werden. Ziel des § 14 ist es demnach, eine unterschiedliche (privilegierende oder benachteiligende), sachlich nicht gerechtfer-

tigte Behandlung der Bewohner zu verhindern und die Bewohner vor finanzieller Ausnutzung oder Benachteiligung, insbesondere durch die nochmalige Abgeltung einer Leistung des Trägers, zu schützen sowie die Testierfreiheit der Bewohner zu sichern (BR-DrS. 203/89, S. 44). § 14 soll verhindern, daß alte und pflegebedürftige Menschen, die in einem Heim untergebracht sind, in ihrer Hilf- und Arglosigkeit ausgenützt werden. Dieser Schutz ist notwendig wegen der vielfältigen Möglichkeiten, die Heimträger und Heimpersonal haben, um auf die Lebenssituation des Heimbewohners Einfluß zu nehmen. Unterbringung und Versorgung sind ein zentrales Lebensproblem alter und pflegebedürftiger Menschen. Dementsprechend will das Heimgesetz die Interessen und Bedürfnisse der Heimbewohner vor Beeinträchtigungen schützen (BVerwG NJW 1990, 2268; BGH NJW 1990, 1603 = ZfF 1991, 60). Zudem soll, auch unabhängig von möglichen unlauteren Willensbeeinflussungen, verhindert werden, daß der Heimträger mit Rücksicht auf empfangene oder versprochene Zuwendung einzelne Heimbewohner bevorzugt behandelt oder die anderen Bewohner benachteiligt (BVerwG NJW 1990, 2268; BVerwGE 78, 357 = NJW 1988, 984).

Entsprechend dieser Zielsetzung ist durch das Erste Gesetz zur Änderung des Heimgesetzes die bisherige Fassung des § 14 überarbeitet worden. Neben redaktionellen Änderungen sollen Unklarheiten, Streitpunkte und Lücken, die sich bei der Durchführung des Gesetzes ergeben haben, beseitigt werden (vgl. dazu Händel Altenheim 1990, Heft 7, S. 360). Das **3. Gesetz zur Änderung des Heimgesetzes** brachte neben redaktionellen Änderungen in Abs. 1 und 2 Erweiterungen in Abs. 3 und Abs. 4. **Neu** aufgenommen ist in **Abs. 3 Satz 3** die Verpflichtung des Heimbetreibers, dem Bewohner gegenüber die Verzinsung oder den Vorteil der Kapitalnutzung bei der Bemessung des Entgelts durch jährliche Abrechnungen nachzuweisen. Durch diese jährliche Nachweispflicht erhält der Heimbewohner als Ausdruck der angestrebten vertraglichen Transparenz die Möglichkeit zu kontrollieren, ob der Heimträger das ihm zur Verfügung gestellte Kapital entsprechend den Vorgaben des Heimgesetzes verwendet. In **Abs. 4** ist die Verpflichtung des Trägers dahingehend erweitert worden, dass er die Entgeltsumme getrennt für jeden Bewohner einzeln anlegen muss. Außerdem wird klargestellt, dass die Zinsen in voller Höhe dem Bewohner zustehen, unabhängig davon, ob nur ein marktüblicher oder höherer Zinssatz erzielt worden ist. Diese Regelungen sind für beide Seiten verpflichtend und können nicht zum Nachteil des Bewohners abbedungen werden.

§ 14   Kommentar zum HeimG

3   § 14 beinhaltet wie bisher **2 Verbote**:

1. In Abs. 1 wird dem **Träger** eines Heims untersagt, sich von oder zugunsten von Bewohnern und Bewerbern Geld- oder geldwerte Leistungen über das nach § 5 vereinbarte Entgelt hinaus versprechen oder gewähren zu lassen.
2. In Abs. 5 wird der Leitung, den Beschäftigten oder sonstigen Mitarbeitern des Heims mit Ausnahme von geringwertigen Aufmerksamkeiten untersagt, sich von oder zugunsten von Bewohnern neben der vom Träger erbrachten Vergütung Geld- oder geldwerte Leistungen für die Erfüllung der Pflichten aus dem Heimvertrag versprechen oder gewähren zu lassen.

Abs. 1 und 5 verstoßen nicht gegen Art. 2 Abs. 1 GG, da die allgemeine Handlungsfreiheit nur in den Schranken verfassungsmäßiger Ordnung gewährleistet ist zu der auch § 14 gehört, weil er im Rahmen seines Schutzzwecks sozialstaatlich gerechtfertigt ist (VGH München, Urt. v. 24.5. 1985 – Nr. 9 B 81 A 2249). Wegen der **Schutzbedürftigkeit** alter Menschen besteht ein **öffentliches Interesse und Bedürfnis** für die Verbote (vgl. BVerwG NJW 1990, 2268, BVerwGE 78, 357 (362) – NJW 1988, 984; insoweit auch Bischoff DÖV 1978, 201, der jedoch die Verfassungsmäßigkeit hinsichtlich des Ausmaßes der Einschränkungen anzweifelt). Die verfassungsrechtlichen Bezüge verlangen aber eine **enge** Auslegung der Vorschrift und zwar insbesondere dann, wenn sie auf einseitige letztwillige Verfügungen (vgl. RdNr. 24) Anwendung finden soll (BayObLG NJW 1992, 55 (56)).

4   Durch die durch das 3. Gesetz zur Änderung des Heimgesetzes vorgenommene Neuformulierung des § 14 findet dieser nunmehr auch auf Bewerberinnen und Bewerber Anwendung. Damit hat der Gesetzgeber den Schutz des § 14 auch auf diesen Personenkreis ausgedehnt. Die Vorschrift soll verhindern, dass alte oder pflegebedürftige Menschen, die in einem Heim leben oder dort aufgenommen werden wollen und sich damit der Leitung und dem Personal des Heimes anvertrauen oder anvertrauen wollen, in ihrer Hilf- und Arglosigkeit ausgenutzt werden. Bei § 14 handelt es sich somit um ein dem Schutz vor Bewohnern und Bewerbern dienendes **Verbotsgesetz** (BayObLG ZEV 98, 232 f.).

Zu Abs. 1:

5   Das Entgelt umfaßt nach § 5 Abs. 3 nur Unterkunft, Verpflegung und Betreuung sowie weitere Leistungen, soweit sie nach der Natur der jeweiligen Einrichtung grundsätzlich üblich sind. **Sonstige Leistungen,** die z.B. eine Teilnahme am kulturellen und gesell-

schaftlichen Leben ermöglichen, fallen, auch wenn sie im Vertrag mitenthalten sind, **nicht** unter das Verbot des Abs. 1 (vgl. Abs. 2 Nr. 1; auch BGH NJW 1990, 1603). Insbesondere fallen **nicht** darunter Geldleistungen für Theaterfahrten oder -besuche, Ausflugsfahrten, Schwimmbadbenutzung, Reparaturarbeiten durch hausangehörige oder fremde Arbeiter und Handwerker etc. Sind im Entgelt auch Leistungen mitinbegriffen, die nicht dem Schutz von Abs. 1 unterliegen, so sind im Streitfall die hierfür genommenen Beträge aufzuschlüsseln.

Der in der **Überschrift** und in den ehemaligen Absätzen 1 und 2 verwendete Begriff „Vermögensvorteile" hat in der Praxis zu Auslegungsschwierigkeiten geführt. Ohne eine inhaltliche Änderung wurde er zur Verdeutlichung durch den Begriff „Geld- oder geldwerte Leistungen", wie er bereits in dem bisherigen § 14 Abs. 3 enthalten war, ersetzt (BR-Dr. S 203/89 S. 44–46). **6**

Unter dem Begriff **„Geld"** versteht das Gesetz Geld in jeder Erscheinungsform. **Geldwerte Leistungen** umfassen alle Aufwendungen, deren Wert in Geld ausgedrückt werden kann, also auch die Hingabe von **Sachen und Immobilien** (vgl. § 1 HeimsicherungsV Anh. A 3 § RdNr. 4). Auch die **Nichtgeltendmachung** von Ansprüchen kann eine geldwerte Leistung darstellen; sie liegt darin, daß jemand eine vertraglich vereinbarte Leistung **nicht** erbringen muß (OLG Stuttgart NJW 1962, 502). Gleiches gilt auch für die Inempfangnahme von **zinslosen** Darlehen oder weit unter dem in der Wirtschaft üblichen Zinssatz verzinster Darlehen (vgl. BFHE 128,266 = NJW 1980, 256; BFH BStBl. 1979 II S. 740; auch BGH NJW 1979, 1494; Kunz Bay. Wohlfahrtsdienst 1976, 54ff). Auch **Testamente,** in denen Zuwendungen enthalten sind, fallen darunter, sofern der Träger von ihrem Inhalt noch zu Lebzeiten des Erblassers Kenntnis erhalten hat (BVerwG NJW 1990, 2268 = Heim und Anstalt 1990, 272; OVG Berlin U. vom 28.3. 1989 – 4 B 7.89; vgl. dazu insbesondere RdNr. 24 auch Müller ZEV 1998, 219 (221)). Durch § 14 wird jedoch die verfassungsrechtlich gewährleistete Erbrechtsgarantie und das Prinzip der Testierfreiheit nicht verletzt (BVerfG NDV-RD 1998, 91 f.). **7**

Versprechen oder gewähren lassen kann auch im Abschluß eines Vertrages liegen. Versprechen ist als Oberbegriff für jede Art von Vereinbarung auf Hingabe eines Vermögensvorteils zu verstehen. Ob es später zur Hingabe des Vermögensvorteils kommt, ist unerheblich. Auch das Versprechen, bei besonders guter Wartung und Pflege den Träger im Testament zu bedenken, fällt unter das Verbot des Abs. 1 (so auch BVerwG NJW 1990, 2268 = Heim **8**

§ 14 Kommentar zum HeimG

und Anstalt 1990, 272 insbes. dann, wenn das Testament vom Heimbewohner mit dem Einverständnis des Heimträgers zu dessen Gunsten errichtet worden ist; OVG Berlin, Urt. v. 28.3. 1989 – 4 B 7.89). Das Sichversprechenlassen kann auch unter einer Auflage oder einer Bedingung erfolgen (so auch OVG Berlin aaO).

Gewährenlassen heißt annehmen des Vorteils mit dem Willen, ihn im eigenen Interesse auszunutzen. Schon nach dem Wortsinn kann der Begriff „Sich-gewährenlassen" nicht bereits bei einseitiger Willenserklärung oder Willensbetätigung des Gebers als erfüllt angesehen werden, sondern es muß eine ausdrückliche oder stillschweigende Annahmeerklärung des Empfängers hinzutreten (so auch BayObLG NJW 1992, 55 ff.) oder ein entsprechendes Verlangen vorangegangen sein (Kammergericht Berlin, Beschluß vom 29.10. 1979 – AR (B) 103/79 – 2 Ws (B) 121/79), Annehmen bedeutet dabei mehr als das bloße tatsächliche Empfangen des Vorteils; es muß der – dem vom Geber gewollte entsprechende – Wille hinzutreten, den Vorteil zu genießen, zu behalten oder über ihn als eigenen zu verfügen (vgl. RGSt. 58, 263, 266 f.; BGHSt 15, 88, 102 f.).

9 Abs. 1 gilt für **Bewohner und Bewerber.**

Daraus folgt, daß **Aufnahmegebühren** grundsätzlich nicht mehr als zulässig angesehen werden können. Während in Abs. 1 a. F. die Bewerber vom Schutz des Heimgesetzes ausgenommen waren, sind sie jetzt ausdrücklich mit einbezogen. Für Aufnahmegebühren, die nicht zum Entgelt für die Heimunterbringung zählen, ist daher kein Platz mehr.

Zu Abs. 2:

10 Vom Verbot des Abs. 1 sind die in Abs. 2 aufgeführten Leistungen ausgenommen. Die Aufzählung in Nr. 1 bis 4 ist **enumerativ,** d. h. nur die dort genannten Leistungen sind vom Verbot des Abs. 1 ausgenommen. Andere als die unter Nr. 1 bis 4 aufgezählten Leistungen fallen unter das Verbot des Abs. 1. Nach **Abs. 6** kann jedoch in diesen Fällen die nach § 15 zuständige Behörde **Ausnahmen** zulassen.

11 Bei den in Abs. 2 **Nr. 1** genannten **Leistungen** handelt es sich vor allem um Leistungen, die die Teilnahme am kulturellen und gesellschaftlichen Leben ermöglichen (vgl. RdNr. 5), also Ausflüge, Vorträge, Film- und Theateraufführungen, Musikabende etc. Aber auch **Sonderleistungen** der heimeigenen Kioske, Restaurants, Cafeterien, Wäschereien etc. fallen darunter.

12 **Geringwertige Aufmerksamkeiten** nach Abs. 2 **Nr. 2.** Maßgeblich für den Wert ist die allgemeine Verkehrsanschauung, der Ver-

Leistungen an Träger und Beschäftigte **§ 14**

kehrswert. Die Vermögenslage des Nehmers darf sich nicht wesentlich verbessern, die des Gebers nicht wesentlich verschlechtern. Es muß sich nicht unbedingt um Geldleistungen handeln, auch Sachleistungen oder Arbeitsleistungen fallen darunter. Geringwertige Aufmerksamkeiten liegen auch dann nicht vor, wenn sich der Träger innerhalb eines Jahres mehrere geringwertige Aufmerksamkeiten versprechen oder gewähren läßt, die **zusammen betrachtet** nicht mehr als geringwertig anzusehen sind (vgl. zu den Auswirkungen: Jacobi ZfSH/SGB 1994, 633).

Als geringwertige Aufmerksamkeiten können Beträge bis zu **25 Euro** behandelt werden (so auch: Salewski § 14 Anm.1). Allerdings kann die Entgegennahme auch von geringwertigen Aufmerksamkeiten durch beamten- oder tarifrechtliche Bestimmungen (vgl. § 43 BRRG, § 70 BBG, § 10 BAT) verboten sein (vgl. Leipold, MünchKomm, § 1943 RdNr.11a). **Zivildienstleistende** dürfen Geschenke in bezug auf ihre dienstliche Tätigkeit nur mit Zustimmung des Dienstherrn annehmen. Diese Genehmigung umfaßt auch die Annahme einer Erbschaft (VG Karlsruhe Altenheim 5/97).

13 Leistungen, die im Hinblick auf die Überlassung eines Heimplatzes zum Bau, zum Erwerb, zur Instandsetzung, zur Ausstattung oder zum Betrieb des Heims versprochen oder gewährt werden, sind nach Abs.2 **Nr.3** zulässig. In erster Linie werden hierunter **Geldleistungen** verstanden. Geldleistungen sind Darlehen, Vorauszahlungen, Kautionen, Einkaufssummen, Folgebelegungsbeiträge u.ä., die im Hinblick auf die Unterbringung in einer Einrichtung von oder zugunsten von Bewohnern oder Bewerbern (Abs.3 S.3) erbracht werden. **Sachleistungen** (z.B. die Hingabe von Grundstücken) fallen ebenfalls darunter. Leistung ist der **Oberbegriff** für Geld oder geldwerte Leistungen. Die **Sicherung** der Leistungen ergibt sich aus der HeimsicherungsV (s. dazu Anh. A 3).

14 Abs.2 **Nr.4** behandelt **Sicherheitsleistungen.** Darunter fallen vor allem die **Kautionen,** die bereits bisher zulässig waren (HessVGH ESVGH 34, 74; s. auch 4.Aufl. dieses Kommentars § 14 RdNr.1 und § 4 RdNr.9). Allerdings sollen den Bewohnern aus dem Sicherungsbedürfnis des Heimträgers keine überhöhten Anforderungen und wirtschaftlichen Nachteile erwachsen. Sicherheiten für die Erfüllung der Verpflichtungen aus dem Heimvertrag dürfen deshalb das Doppelte des auf einen Monat entfallenden Entgelts nicht übersteigen. Auf Verlangen der Bewohner können diese Sicherheiten auch durch Stellung einer **selbstschuldnerischen** Bürgschaft eines

Zu Abs. 3:

15 Abs. 3 begründet bei Finanzierungsbeiträgen nach Absatz 2 Nr. 3 eine Rückzahlungspflicht des Heimträgers, soweit die Leistungen nicht mit dem Entgelt verrechnet worden sind. Neben der Rückzahlungspflicht ist die Verpflichtung zur Verzinsung derartiger Leistungen aufgenommen worden. Diese Regelung entspricht den berechtigten Interessen des Bewohners und des Bewerbers, für die Kapitalüberlassung an den Träger eine entsprechende Gegenleistung zu erhalten (BT-DrS 203/89, S. 45) sowie der Rspr., die in der Inempfangnahme zinsloser Darlehen einen Vermögensvorteil sieht (vgl. RdNr. 7).

16 Die Pflicht zur Verzinsung **entfällt,** wenn der Träger den Vorteil der Kapitalnutzung bei der Bemessung des Entgelts bereits berücksichtigt und so einen finanziellen Ausgleich geschaffen hat. Ob dies der Fall ist, muß für den Heimbewohner **nachvollziehbar** sein. Daher muß der Heimträger den vom Entgelt als Zinsausgleich abzusetzenden Betrag **getrennt** bei der Jahresabrechnung ausweisen (Abs. 3 Satz 3) und darlegen, wie der vom Entgelt abzusetzende Betrag rechnerisch zustande gekommen ist. Dies wird in der Praxis durch die Angabe des Zinssatzes und der Laufzeit des Darlehens erfolgen (so auch OLG München U. v. 13. 5. 1997 – 18 U 3911/96). Eine weitergehende Verpflichtung des Heimträgers, die vollständige Kalkulation der Preisgestaltung offenzulegen besteht nicht (vgl. dazu auch BGH NJW 1995, 1222). Durch diese jährliche Nachweispflicht erhält der Heimbewohner als Ausdruck der angestrebten vertraglichen Transparenz die Möglichkeit zu kontrollieren, ob der Heimträger das ihm zur Verfügung gestellte Kapital entsprechend den Vorschriften des Heimgesetzes verwendet.

Ebenfalls verstößt eine Regelung, wonach an einem Altenheim erworbene **Geschäftsanteile** nicht verzinst werden, nicht gegen Abs. 3, weil durch den Erwerb von Geschäftsanteilen der Erwerber selbst Träger des Altenheims geworden ist (AG Königstein, Altenheim 2002, Heft 10, S. 21).

17 Der in Abs. 3 festgelegte Zinssatz ist ein **Mindestzinssatz.** Er entspricht mit 4% dem gesetzlichen Zinssatz in § 246 BGB. Er kann **nicht** unterschritten werden („mindestens"), wohl aber kann ein **höherer** Zinssatz vereinbart werden. Eine **Verpflichtung** zur Vereinbarung eines höheren Zinssatzes besteht nicht. Die in Abs. 3 getroffenen Regelungen haben für die Frage der **steuerlichen** Zu-

Leistungen an Träger und Beschäftigte **§ 14**

rechnung von Zinsen **keine** Bedeutung. Entscheidend für die Besteuerung ist vielmehr der Zufluß und die wirtschaftliche Verfügungsmacht (§ 11 EStG). Demzufolge sind die Zinsen auch dann zu versteuern, wenn sie mit dem Entgelt **verrechnet** werden (§ 20 Abs. 2 Nr. 1 i. V. m. § 20 Abs. 1 Nr. 7 EStG).

Nach Abs. 3 Satz 4 finden Satz 1 und Satz 2 auch Anwendung auf Leistungen, die von oder zugunsten von Bewerbern erbracht worden sind. Satz 4 schließt insoweit an den § 1 Abs. 1 Satz 1 HeimsicherungsV an. **18**

Keine Rückzahlungspflicht nach Abs. 3 besteht jedoch für einen Altenheimersteher hinsichtlich von Restdarlehen an gekündigte Bewohner (BGH NJW 1982, 221). Soll die Rückzahlungs- oder Verzinsungspflicht ausgeschlossen werden, so liegt keine Leistung nach Abs. 2 Nr. 3 und Abs. 3 vor, sondern eine Leistung nach Abs. 1, die der Ausnahmegenehmigung der zuständigen Behörde nach Abs. 6 bedarf. **19**

Zu Abs. 4:

Abs. 4 erlaubt, Leistungen nach Abs. 2 Nr. 4 in 3 Raten zu erbringen. Das **Wahlrecht,** ob einmalige oder Teilleistungen erfolgen sollen, liegt beim **Bewohner.** Wählt der Bewohner Ratenzahlung, so ist die 1. Teilleistung zu Beginn des Vertragsverhältnisses zu bezahlen. Die Fälligkeit der weiteren Teilleistungen bleibt der Regelung im Heimvertrag vorbehalten. Der Beginn des Vertragsverhältnisses ergibt sich aus dem Heimvertrag. Ist dieser nicht festgelegt, gilt als Beginn des Vertragsverhältnisses der Tag des Einzugs. **20**

Das **Wahlrecht** des Abs. 4 kann durch vertragliche Vereinbarung (z. B. im Heimvertrag) **nicht** ausgeschlossen werden.

Entsprechend § 550 b Abs. 2 BGB hat der Heimträger ferner die Kautionen getrennt von seinem Vermögen bei einer öffentlichen Sparkasse oder einer Bank zu dem für Spareinlagen mit dreimonatiger Kündigungsfrist üblichen Zinssatz anzulegen und diese Zinsen im Rahmen der Erhöhung der Sicherheitsleistungen gutzubringen. Darüberhinaus sind die Geldsummen für **jeden** Bewohner **einzeln** anzulegen. Abweichende Vereinbarungen zum Nachteil der Bewohner oder Bewerber sind unzulässig. **21**

Zu Abs. 5:

Das Verbot für Bedienstete des Heims, sich Geld- und geldwerte Leistungen versprechen zu lassen oder anzunehmen, wurde mit redaktionellen Änderungen durch das 1. Gesetz zur Änderung des Heimgesetzes aus dem ursprünglichen § 14 Abs. 2 in Absatz 5 über- **22**

§ 14 Kommentar zum HeimG

nommen. Das 3. Änderungsgesetz brachte lediglich redaktionelle Änderungen. Unter diese Bestimmung fallen wie bisher alle Leistungen, die Bedienstete von Heimbewohnern für die Erfüllung der Pflichten aus dem Heimvertrag erhalten. Für die in Verträge zwischen Heimpersonal und Heiminsassen versprochenen oder gewährten Vermögensvorteile wird bis zum Beweis des Gegenteils **vermutet,** daß sie im Zusammenhang mit Heimleistungen stehen (BGH NJW 1990, 1603). Soll der Schutzzweck des § 14 nicht weitgehend leerlaufen, muß für alle diese Verträge bis zum Beweis des Gegenteils vermutet werden, daß sich das Heimpersonal die entsprechenden Vermögensvorteile hat versprechen oder gewähren lassen unter Ausnutzung des durch den Heimaufenthalt begründeten Vertrauensverhältnisses im Zusammenhang mit den im Heim erbrachten oder zu erbringenden Leistungen (BGH NJW 1980, 1603).

Hinsichtlich Abs. 5 gilt das unter RdNr. 7, 8, 12 Aufgeführte.

Hinsichtlich der Leitung, den Beschäftigten und den sonstigen Mitarbeiterinnen und Mitarbeitern wird auf die Ausführungen in § 18 verwiesen.

Werden die Leistungen **Angehörigen** des in Abs. 5 genannten Personenkreises gewährt oder versprochen, so ist zu prüfen, ob dadurch nicht Abs. 5 **umgangen** werden soll. In diesen Fällen ergibt sich die Nichtigkeit aus §§ 117 Abs. 2, 134 BGB. Eine Umgehung wird stets dann angenommen werden müssen, wenn die Leistungen an die Angehörigen den Wert von geringwertigen Aufmerksamkeiten übersteigen.

Vom Verbot des Abs. 5 kann die zuständige Heimaufsichtsbehörde nach Abs. 6 Ausnahmen zulassen.

23 Zur Klarstellung wird ferner darauf hingewiesen, daß sich das Verbot nicht nur auf zu erbringende, also künftige, sondern auch auf bereits erbrachte Leistungen des Personals bezieht (BT-DrS. 203/89, S. 47). Damit hat der Gesetzgeber der bisherigen Auslegung der alten Bestimmung durch die Praxis (vgl. 4. Aufl. § 14 RdNr. 11; Kammergericht Berlin Beschluß vom 29. 10. 1979 – AR (B) 103/79; Ruf/Hütten BayVBl 1978, 37, 41) durch eine entsprechende Korrektur des Gesetzes entsprochen.

24 Eine Zuwendung auf Grund letztwilliger Verfügung (Testament) fällt dann nicht unter das Verbot des Abs. 5, wenn sich der Bedachte nicht bereits zu Lebzeiten des Erblassers eine Zuwendung von Todes wegen für seine guten Dienste hat versprechen lassen (vgl. dazu auch BVerwG NJW 1990, 2268; Stach NJW 1988, 943). Auch in der **Annahme** der Erbschaft liegt kein „Sich-gewährenlassen" im Sinn des Abs. 5.

Insbesondere begründet Abs. 5 keine Pflicht zur Erbschaftsausschlagung. Das HeimG verfolgt das ausdrücklich in § 2 erklärte Ziel, die Interessen und Bedürfnisse der Heimbewohner zu schützen. Geschützt werden soll danach der lebende Heimbewohner.

Dieser wird durch die von ihm **ohne Einvernehmen** mit dem Bedachten verfügte Erbeinsetzung nicht beeinträchtigt. Sie wirkt sich erst nach seinem Tode aus. Bis dahin bleibt seine Dispositionsfreiheit in seinen Vermögensangelegenheiten sowohl rechtlich als auch tatsächlich unberührt. Benachteiligt werden allenfalls diejenigen, denen aufgrund der Erbeinsetzung von Heimpersonal die Erbschaft entgeht. Solchen Personen die Erbschaft zu erhalten, ist nicht Zweck des Gesetzes. Soweit dem Gesetzgeber Interessen von durch letztwillige Verfügung verdrängten Personen schützenswert erscheinen, hat er dem durch die Bestimmungen über das Pflichtteilsrecht Rechnung getragen (Kammergericht Berlin aaO). Die verfassungsrechtlich gewährleistete Erbrechtsgarantie und das Prinzip der Testierfreiheit werden durch § 14 nicht verletzt (BVerfG NDV-RD 1998, 91 ff.). Daraus folgt, daß eine **einseitige letztwillige Verfügung** (z. B. Testament) dann nicht wegen Verstoß gegen Abs. 5 nichtig ist, wenn der Bedachte zu Lebzeit des Testierenden nicht gewußt hat, daß er als Erbe oder Vermächtnisnehmer bedacht worden ist (BayObLG NJW 1992, 55 (57) = BayObLGZ 1991, 251; hierzu kritisch: Jacobi ZfSM/SGB 1994, 633 f.). Ist von einer Erbeinsetzung des Personals zu Lebzeiten des Erblassers nichts bekannt, so können auch andere Heimbewohner nicht befürchten, im Verhältnis zu diesem benachteiligt zu werden (vgl. BayObLG NJW 1992, 55 (57); VGH München, Urt. v. 24. 5. 1985 – Nr. 9 B 81 A. 2249). Für die Kenntnis des Heimträgers genügt das Wissen eines Mitarbeiters, den der Heimträger als Ansprechpartner für die Heimbewohner bestimmt hat und der wegen seiner Stellung im Heim wesentlichen Einfluß auf die konkrete Lebenssituation der Heimbewohner ausüben kann (hier: Heimleiter), auch wenn der Mitarbeiter zur rechtsgeschäftlichen Vertretung des Heimträgers gegenüber den Heimbewohnern nicht berechtigt ist (BayObLG, Urt. v. 24.11. 1992, Az.1 Z BR 73/92). Ist das Testament gültig, so ergibt sich aus § 14 auch **keine** Verpflichtung, die **Erbschaft auszuschlagen** (BayObLG NJW 1992, 55).

Hat sich dagegen der Bedachte die Erbeinsetzung bereits zu Lebzeiten versprechen lassen, liegt ein Verstoß gegen Abs. 5 vor (Dahlem § 14 RdNr. 8; Gössling § 14 RdNr. 27). Denn die Absprache, mag sie auch ebenfalls nicht rechtlich in die Verfügungsfreiheit des Heimbewohners über sein Vermögen eingreifen, erscheint jedenfalls geeignet, diese tatsächlich zu beeinträchtigen. Es ist zu besorgen, daß der Heimbewohner Ausgaben, die er ohne die Übereinkunft über die Erbeinsetzung getätigt hätte, unterläßt, weil er befürchtet, durch die damit verbundene Schmälerung des zu erbenden Vermögens den Heimmitarbeiter zu verstimmen und die Verstimmung in nachlassender Fürsorge zu spüren zu bekommen. Den Heimbewohner davor zu bewahren, in eine solche Lage zu geraten, in der er sich nicht mehr als freier Herr über sein Vermögen fühlt, fügt sich in die Zielsetzung des Gesetzes, die Interessen und Bedürfnisse der Heimbewohner vor Beeinträchtigungen zu schützen (Kammergericht Berlin aaO). In diesem Fall ist das Testament **nichtig** (vgl. BVerfG NDV-RD 1998, 91 f. Denn die Wirksamkeitsvoraussetzungen eines Testaments sind im Erbrecht nicht abschließend geregelt, so daß auch die Bestimmungen des Allgemeinen Teils des BGB anwendbar sind und demzufolge testamentarische Verfügungen auch wegen eines Verstoßes gegen ein gesetzliches Verbot gem. § 134 BGB nichtig sein können (Leipold, in: MünchKomm, 2. Aufl., Vorb. §§ 2064–2086 RdNr. 22; zur Frage der Einschränkung der Testierfreiheit vgl. Münzel NJW 1997, 112 ff.). Somit gilt die Vorschrift des § 14 nicht nur für Verträge (vgl. zu § 14 Abs. 2 HeimG a.F. BGHZ 110, 235 ff. = NJW 1990, 1603; zum Erbvertrag BayObLGSt 1986, 44 [45]; zur Schenkung BVerwGE 78, 357 [363] = NJW 1988, 984), sondern grundsätzlich auch für einseitige Rechtsgeschäfte wie die letztwillige Verfügung durch Testament (vgl. BVerwG, NJW 1990, 2268; *KG*, Beschl. v. 29.10.1979. – AR [B] 103/79 – 2 Ws [B] 121/79; OVG Berlin, v. 28.3.1989 – 4 *B* 7/89; Soergel/Stein, BGB, 11. Aufl., § 1923 RdNr. 9; Gössling/Kopp, § 14 RdNr. 13).

Unter das Verbot des Abs. 5 fällt demnach auch der **Erbvertrag** nach §§ 1941, 2274 ff. BGB, da dieser ein Rechtsgeschäft ist, durch das der Erblasser zugunsten des Vertragspartners von Todes wegen über sein Vermögen verfügt. Die Willenserklärung des Erblassers ist in diesem Fall an den Vertragspartner gerichtet, der die Willenserklärung des Erblassers annimmt. Wenngleich durch den Erbvertrag nur eine Anwartschaft begründet wird (Palandt Vorb. § 2274, RdNr. 4), so besteht hier die gleiche Situation wie wenn der Bedachte die Erbeinsetzung durch Testament sich versprechen hätte lassen.

25 Die Annahme von **Spenden** (z.B. Weihnachtsspenden), die durch **anonyme Geldsammlungen** unter den Heimbewohnern zusammengekommen sind, verstößt **nicht** gegen das Verbot des Abs. 5, da die Form der Spendenerhebung keinerlei Rückschlüsse über die Person des Spenders oder über die Höhe der einzelnen Spenden zuläßt. § 14 soll verhindern, daß alte und pflegebedürfti-

Leistungen an Träger und Beschäftigte § 14

ge Menschen, die sich einer Einrichtung im Sinne des § 1 Heimgesetz anvertrauen, in ihrer Hilf- oder Arglosigkeit ausgenützt werden können. Diese Gefährdung des Heimbewohners ist aber nur dann gegeben, wenn der Empfänger eines gewährten oder versprochenen Vermögensvorteils erkennen muß, daß der Vermögensvorteil im Zusammenhang mit einer konkreten Leistungsverpflichtung gegenüber einem bestimmten Heimbewohner steht.

Wohl kann aber aus **arbeitsrechtlichen** Gründen untersagt sein, auch geringwertige Aufmerksamkeiten in Empfang zu nehmen (vgl. RdNr. 12).

Zu Abs. 6:

Nach Absatz 6 kann die zuständige Behörde im Einzelfall Ausnahmen von den Verboten der Absätze 1 und 5 zulassen. Die Ausnahmeregelung wurde hierbei gegenüber der bisherigen Fassung auch auf Leistungen an die Leitung, die Beschäftigten oder sonstigen Mitarbeiter des Heims ausgedehnt. Allerdings muß die Ausnahme **vor** dem Versprechen oder Gewähren der Leistungen erteilt werden, da nach dem Tod des leistenden Heimbewohners kaum noch festzustellen ist, ob dieser seine Leistung freiwillig und ohne Druck oder mit dem Ziel seiner Besserbehandlung gegenüber anderen Bewohnern erbracht hat (so auch OLG Berlin, Urt. v. 28.3. 1989 – 4 B 7.89). Nur eine vorherige Überprüfung der Absichten des Heimbewohners durch die zuständige Behörde erlaubt die Feststellung, daß die Leistungen und die Verfügungen zugunsten des Trägers oder der Beschäftigten des Heims nach dem Schutzzweck des Gesetzes unbedenklich sind. In Abweichung zu dem bisherigen Absatz 1 Satz 2 wurde darauf verzichtet, Leistungen für gemeinnützige Zwecke und zur Erfüllung einer sittlichen Verpflichtung als besondere Kriterien der Ausnahmeregelung aufzunehmen. Diese Gesichtspunkte haben sich im Hinblick auf die Zielsetzung des § 14 bisher als wenig praktikabel erwiesen (BT-DrS. 203/89, S. 47). 26

Die Erteilung oder Versagung der Genehmigung ist ein Verwaltungsakt, der mit den Rechtsbehelfen der Verwaltungsgerichtsordnung angefochten werden kann. 27

Dem **Gesetzeswortlaut** nach ist die Entscheidung der zuständigen Behörde eine **Ermessensentscheidung.** Dies scheint im Hinblick auf die Entscheidung des BVerfG (JZ 1967, 251, 253, r. Sp. zu Art. 14 GG), daß Einschränkungen von dem geregelten Sachbereich her geboten sein müssen und nicht weitergehen dürfen als der Schutzzweck reicht, dem die Regelung dient, **verfassungs-**

§ 14 Kommentar zum HeimG

rechtlich bedenklich. Ein Verstoß gegen Art. 2 und 14 GG ist nicht ausgeschlossen. Daher muß mit Bischoff (DÖV 1978, 201 [204]) davon ausgegangen werden, daß in **verfassungskonformer** Auslegung aus § 2 Abs. 1 Nr. 1 beim Vorliegen der Genehmigungsvoraussetzungen ein **Anspruch** auf Genehmigung gegeben ist.

An die **Ermittlungspflicht** der Heimaufsichtsbehörde dürfen keine zu hohen Anforderungen gestellt werden. Dies schließt aber eine **sorgfältige** Prüfung nicht aus (vgl. BVerwGE 78, 357 ff.). So ist die Heimaufsichtsbehörde z. B. nicht verpflichtet, nach dem Testierwillen der Heimbewohner zu fragen bzw. zu forschen, um festzustellen, ob durch die Vermögensübertragung eine Benachteiligung potentieller Erben eintritt (zur Nichtigkeit letztwilliger Verfügungen zugunsten Bediensteter staatlicher Altenpflegeeinrichtungen vgl. auch Stach NJW 1988, 943). Nur eine solche restriktive Gesetzesauslegung, die durchaus dem Schutzzweck des § 14 Abs. 1 und 5 nicht entgegensteht, ist mit dem Gebot der Vertragsfreiheit zwischen volljährigen und geschäftsfähigen Personen vereinbar (VG München Urteil vom 28. 9. 1983 Nr. M 496 IX 83). Andernfalls müßte die Heimaufsichtsbehörde im Zeitpunkt ihrer Entscheidung wissen, wer nach dem letzten Willen des Heimbewohners dessen Erbe werden soll. Dies stellt aber eine Bevormundung des Heimbewohners dar, die mit dem Grundrecht über die freie Entfaltung der Persönlichkeit des Art. 2 GG nicht vereinbar ist. Demgegenüber kann der Schutz des zuwendungsbereiten und in keiner Weise in seiner Geschäftsfähigkeit geminderten Heimbewohners vor seiner eigenen Freigiebigkeit nur eine untergeordnete Rolle spielen (VG München aaO, Kunz ZfSH/SGB 1984, 251 [252]). Andererseits darf die Heimaufsichtsbehörde das gesetzliche Verbot der Abs. 1 und 5 nur aufgrund sorgfältiger Prüfung aller Umstände des Einzelfalls und nur dann aufheben, wenn sich bei dieser Prüfung ergibt, daß der Schutz der Heimbewohner ausnahmsweise die Aufrechterhaltung des Verbots nicht erfordert. Insbesondere muß feststehen, daß der Heimbewohner sein Vermögen freiwillig und ohne Druck hergibt. Das kann am ehesten geklärt werden, wenn er von der Behörde über seine Motive befragt wird, bevor er dem Träger des Heims Vermögensvorteile verspricht oder gewährt. Durch eine solche Befragung, für die sich die Form eines persönlichen Gesprächs anbietet, erhält der Heimbewohner sowohl sichere Kenntnis von der bestehenden Rechtslage und damit von dem Schutz, den ihm das Gesetz durch Einschaltung der Behörde gewährt, als auch Gelegenheit, seine Zuwendungsabsicht rechtzeitig vor der Abgabe einer rechtsgeschäftlichen Willenserklärung zu überdenken (BVerwG NJW 1988, 984 ff.).

Leistungen an Träger und Beschäftigte **§ 14**

Wird eine Ausnahme nach Abs. 6 i.V.m. Abs. 1 oder 5 zugelassen, kann eine notwendige Beteiligung nach § 13 Abs. 2 Satz 2 VwVfG der Heimbewohner erforderlich werden, da in die Rechte der Bewohner auf Sicherung ihrer Rückzahlungsansprüche eingegriffen werden kann (Klie ZfF 1988, 49, und § 9 RdNr. 21). **28**

Die Genehmigung hat **vor** dem Versprechen oder Gewähren zu erfolgen. Eine **nachträgliche** Ausnahmegenehmigung ist **unwirksam** (BVerwG NJW 1988, 984). Mit der Zulassung von Ausnahmen will der Gesetzgeber – wie mit jeder Ausnahme von einem gesetzlichen Verbot – die schematisierende Strenge des Gesetzes mildern und Härten und Schwierigkeiten begegnen, die sich ergeben können, wenn aufgrund der besonderen Umstände des jeweiligen Einzelfalls der Anwendungsbereich des Gesetzes und seine materielle Zielrichtung nicht miteinander übereinstimmen (vgl. BVerwGE 41, 1 [6] = NJW 1973, 529; 48, 123 [127ff] = NJW 1975, 2083; Maurer, Allg. VerwR, 5. Aufl. [1986], § 9 RdNr. 55). **29**

Der mit der Anerkennung einer nachträglichen Genehmigungsmöglichkeit verbundene Schwebezustand läuft schließlich auch dem weiteren Zweck der Abs. 1 und 5, nämlich der Erhaltung eines von der Vermögenslage der Heimbewohner unbeeinflußten Heimklimas, unmittelbar zuwider. Denn die vom Gesetzgeber befürchtete Klimastörung kann auch von der Gewährung von Vermögensvorteilen ausgehen, die zwar mangels behördlicher Billigung rechtlich nicht wirksam ist, die aber von allen Beteiligten im Hinblick auf ein laufendes oder künftiges Genehmigungsverfahren als wirksam behandelt wird. Wird in einem solchen Fall der Antrag auf nachträgliche Genehmigung abgelehnt, so können etwaige in der Zwischenzeit eingetretene schädliche Folgen der Vorteilsgewährung, die u. U. schon Jahre zurückliegt, nicht mehr beseitigt werden (BVerwG NJW 1988, 984).

Zu Abs. 7:

Abs. 7 gibt dem Bundesministerium für Familie, Senioren, Frauen und Jugend in Einvernehmen mit dem Bundesministerium für Wirtschaft und Arbeit und dem Bundesministerium für Gesundheit und Soziale Sicherung und mit Zustimmung des Bundesrates die Ermächtigung zum Erlaß einer Rechtsverordnung über die Sicherung von Leistungen im Sinn des Abs. 2 Nr. 3. Von der Ermächtigung hat der Verordnungsgeber durch den Erlaß der HeimsicherungsV Gebrauch gemacht (vgl. die dortigen Anmerkungen). Allerdings bestand für den Träger auch schon **vor Erlaß** der Verordnung die Verpflichtung, die empfangenen Leistungen entsprechend zu si- **30** chern. Diese Verpflichtung ergab sich **unmittelbar aus dem alten** § 2 Abs. 1 Nr. 4. Durch die VO wurde erreicht, daß keine finanziellen waghalsigen Geschäfte mit den Finanzierungsbeiträgen von Heimbewohnern oder Bewerbern mehr gemacht werden können (vgl. Hütten Altenheim 1981, 133).

Bei der Beurteilung, ob empfangene Leistungen ausreichend gesichert sind, hat stets das Interesse des **Bewohners** dem des Trägers **vorzugehen,** da das HeimG in erster Linie den Schutz der Bewohner von Einrichtungen der in § 1 genannten Art bezweckt.

Zu Abs. 8:

31 Abs. 8 wurde durch Art. 19 Nr. 6 b PflegeVG vom 26. 5. 1994 (BGBl. I S. 1014) neu an § 14 angefügt und durch das 3. Änderungsgesetz auf Personen, denen Hilfe in Einrichtungen nach dem BSHG gewährt wird, ausgedehnt. Nach Abs. 2 Nr. 4 kann der Heimbewohner zur Bereitstellung von Sicherheiten verpflichtet werden. Die Geltung dieser Vorschrift wird durch Abs. 8 für den dort genannten Personenkreis ausgeschlossen. Es besteht kein sachliches Bedürfnis für die Anwendung dieser Regelung auf diesen Kreis der Heimbewohner. Bei Versicherten der Pflegeversicherung hat der Heimträger gegenüber der Pflegekasse einen Anspruch auf die Vergütung seiner pflegerischen Leistungen einschließlich eines Investitionszuschlages zur Finanzierung der notwendigen Investitionen. Damit entfällt die Gefahr, daß die pflegerischen Leistungen nicht vergütet werden. Gleiches gilt auch für den Personenkreis des BSHG. Dadurch werden die Kosten für Unterkunft um den Refinanzierungsanteil für Investitionen entlastet. Durch diese Regelungen hat der Heimträger ein erheblich vermindertes Kostenrisiko zu tragen. Dies rechtfertigt den Geltungsausschluß von Abs. 2 Nr. 4.

32 Ein Verstoß gegen § 14 Abs. 1, 3, 4 und 7 kann die Untersagung des Betriebs nach § 19 Abs. 2 Nr. 4 zur Folge haben. Außerdem stellt ein Verstoß gegen § 14 Abs. 1 und 3 oder einer RechtsVO nach Abs. 7 eine Ordnungswidrigkeit nach § 21 Abs. 1 Nr. 3 dar. Leiter, Beschäftigte und Mitarbeiter handeln gemäß § 21 Abs. 2 Nr. 3 ordnungswidrig, wenn sie entgegen Abs. 5 Satz 1 sich für zu erbringende Leistungen Vermögensvorteile versprechen oder gewähren lassen.

33 Nicht ausgeschlossen durch § 14 und die HeimsicherungsV wird das **Gesetz über das Kreditwesen,** wonach es im Regelfall zum Betreiben des Einlagengeschäfts (§ 1 Abs. 1 HeimsicherungsV) und des Garantiegeschäfts (§ 12 Abs. 2 HeimsicherungsV) einer Erlaubnis durch das Bundesaufsichtsamt für Kreditwesen bedarf (Gössling-Knopp § 14 RdNr. 12). Ob ein Unternehmen Kreditinstitut ist, richtet sich nach § 1 Abs. 1 Satz 1 KWG. Nach dieser Bestimmung sind Kreditinstitute Unternehmen, die Bankgeschäfte betreiben, wenn der Umfang dieser Geschäfte einen in kaufmännischer Weise eingerichteten Geschäftsbetrieb erfordert. Ein gewerbliches Unternehmen muß nicht vorliegen. Auch Unternehmen, die ohne Gewinnabsicht und auch über kein Eigenkapital nach § 10 KWG verfügen, Bankgeschäfte betreiben, sind Kreditinstitute (Schork Komm. zum KWG § 1 RdNr. 9).

Ein Einlagegeschäft i.S. des § 1 Abs. 1 Satz 1 Nr. 1 KWG wird dann betrieben, wenn von mehreren Geldgebern, die nicht konzessionierte Kreditinstitute sind, darlehensweise oder in ähnlicher Weise aufgrund typisierter Verträge Gelder entgegengenommen werden und wenn bei Gesamtwürdigung aller Umstände des Einzelfalles unter Berücksichtigung der bankwirtschaftlichen Verkehrsauffassung die Entgegennahme der Gelder zur Finanzierung der unternehmerischen Tätigkeit des Annehmenden erfolgt, ohne daß den Geldgebern eine der Art nach banktübliche Sicherheit bestellt wird. Bei der Gesamtwürdigung kommt es auf den mit der Darlehensgewährung verfolgten Zweck an (BVerwG WM 1984, 1341 ff.). Wohndarlehen, die im Hinblick auf dem Abschluß eines Heimvertrages von Bewerbern um einen Heimplatz gezahlt werden, sind **keine** Einlagen im Sinn von § 1 Abs. 1 Satz 2 Nr. 1 KWG, da sie eine untrennbare Einheit mit dem Heimvertrag darstellen (vgl. Bundesversicherungsamt für das Kreditwesen Schreiben vom 1.11.1996 – Z 4-113-17/82 Bl)

Darlehen unterliegen nicht der **Anzeigepflicht nach § 33 ErbStG und § 5 ErbStDV** (BFH B. v. 17.10.1984 Nr. II/B-2684; FG Rheinland-Pfalz EFG 1986, 87; FG München, Urt. v. 15.3.1984-X-167 (83-AO).

§ 15 Überwachung

(1) ¹**Die Heime werden von den zuständigen Behörden durch wiederkehrende oder anlassbezogene Prüfungen überwacht.** ²**Die Prüfungen können jederzeit angemeldet oder unangemeldet erfolgen.** ³**Prüfungen zur Nachtzeit sind nur zulässig, wenn und soweit das Überwachungsziel zu anderen Zeiten nicht erreicht werden kann.** ⁴**Die Heime werden daraufhin überprüft, ob sie die Anforderungen an den Betrieb eines Heims nach diesem Gesetz erfüllen.** ⁵**Der Träger, die Leitung und die Pflege-**

§ 15 Kommentar zum HeimG

dienstleitung haben den zuständigen Behörden die für die Durchführung dieses Gesetzes und der aufgrund dieses Gesetzes erlassenen Rechtsverordnungen erforderlichen mündlichen und schriftlichen Auskünfte auf Verlangen und unentgeltlich zu erteilen. ⁶Die Aufzeichnungen nach § 13 Abs.1 hat der Träger am Ort des Heims zur Prüfung vorzuhalten. ⁷Für die Unterlagen nach § 13 Abs.1 Nr.1 gilt dies nur für angemeldete Prüfungen.

(2) ¹Die von der zuständigen Behörde mit der Überwachung des Heims beauftragten Personen sind befugt,

1. die für das Heim genutzten Grundstücke und Räume zu betreten; soweit diese einem Hausrecht der Bewohnerinnen und Bewohner unterliegen, nur mit deren Zustimmung,
2. Prüfungen und Besichtigungen vorzunehmen,
3. Einsicht in die Aufzeichnungen nach § 13 des Auskunftspflichtigen im jeweiligen Heim zu nehmen,
4. sich mit den Bewohnerinnen und Bewohnern sowie dem Heimbeirat oder dem Heimfürsprecher in Verbindung zu setzen,
5. bei pflegebedürftigen Bewohnerinnen und Bewohnern mit deren Zustimmung den Pflegezustand in Augenschein zu nehmen,
6. die Beschäftigten zu befragen.

²Der Träger hat diese Maßnahmen zu dulden. ³Es steht der zuständigen Behörde frei, zu ihren Prüfungen weitere fach- und sachkundige Personen hinzuzuziehen. ⁴Diese sind zur Verschwiegenheit verpflichtet. ⁵Die dürfen personenbezogene Daten über Bewohnerinnen und Bewohner nicht speichern und an Dritte übermitteln.

(3) ¹Zur Verhütung dringender Gefahren für die öffentliche Sicherheit und Ordnung können Grundstücke und Räume, die einem Hausrecht der Bewohnerinnen und Bewohner unterliegen oder Wohnzwecken des Auskunftspflichtigen dienen, jederzeit betreten werden. ²Der Auskunftspflichtige und die Bewohnerinnen und Bewohner haben die Maßnahmen nach Satz 1 zu dulden. ³Das Grundrecht der Unverletzlichkeit der Wohnung (Artikel 13 Abs.1 des Grundgesetzes) wird insoweit eingeschränkt.

(4) ¹Die zuständige Behörde nimmt für jedes Heim im Jahr grundsätzlich mindestens eine Prüfung vor. ²Sie kann Prüfun-

Überwachung § 15

gen in größeren Abständen als nach Satz 1 vornehmen, soweit ein Heim durch den Medizinischen Dienst der Krankenversicherung geprüft worden ist oder ihr durch geeignete Nachweise unabhängiger Sachverständiger Erkenntnisse darüber vorliegen, dass die Anforderungen an den Betrieb eines Heims erfüllt sind. ³Das Nähere wird durch Landesrecht bestimmt.

(5) Widerspruch und Anfechtungsklage gegen Maßnahmen nach den Absätzen 1 bis 4 haben keine aufschiebende Wirkung.

(6) Die Überwachung beginnt mit der Anzeige nach § 12 Abs. 1, spätestens jedoch drei Monate vor der vorgesehenen Inbetriebnahme des Heims.

(7) Maßnahmen nach den Absätzen 1, 2, 4 und 6 sind auch zur Feststellung zulässig, ob eine Einrichtung ein Heim im Sinne von § 1 ist.

(8) ¹Die Träger können die Landesverbände der Freien Wohlfahrtspflege, die kommunalen Spitzenverbände und andere Vereinigungen von Trägern, denen sie angehören, unbeschadet der Zulässigkeit unangemeldeter Prüfungen, in angemessener Weise bei Prüfungen hinzuziehen. ²Die zuständige Behörde soll diese Verbände über den Zeitpunkt von angemeldeten Prüfungen unterrichten.

(9) Der Auskunftspflichtige kann die Auskunft auf solche Fragen verweigern, deren Beantwortung ihn selbst oder einen der in § 383 Abs. 1 bis 3 der Zivilprozessordnung bezeichneten Angehörigen der Gefahr strafgerichtlicher Verfolgung oder eines Verfahrens nach dem Gesetz über Ordnungswidrigkeiten aussetzen würde.

§ 9 wurde durch das Erste Gesetz zur Änderung des Heimgesetzes in Abs. 1 um Satz 1 erweitert. Der bisherige Satz 1 wurde Satz 2. Außerdem wurde die bisherige Überschrift „Auskunft und Nachschau" durch den Begriff „Überwachung" ersetzt. Auch die bisherige Fassung des Gesetzes ging von einer Überwachung der Heime durch die zuständigen Behörden aus, ohne dies jedoch ausdrücklich zu erwähnen. Durch Änderung und Ergänzung des § 9 in Überschrift und Text wurde die Notwendigkeit der Überwachung unterstrichen und zugleich verdeutlicht, daß sie in wiederkehrenden Prüfungen durch die zuständige Behörde besteht. Ihre Ausgestaltung bestimmte sich nach Lage des jeweiligen Einzelfalls. 1

Wesentliche Änderungen brachte das 3. Gesetz zur Änderung des HeimG. Die Eingriffsrechte der Heimaufsicht wurden massiv ausgeweitet (Brünner RsDE Heft 49, 2001, S. 85). Durch Präzisie-

§ 15 Kommentar zum HeimG

rungen und Ergänzungen des bisherigen Gesetzeswortlauts wird das Instrumentarium der Heimaufsicht, das auch der Qualitätssicherung dient, gestärkt. Der alte § 10 wurde in Abs. 8 integriert.

§ 15 enthält Auskunfts- und Duldungspflichten sowohl des Trägers als auch des Leiters und der Pflegedienstleitung eines Heims. Sie sollen eine wirksame Überwachung der vom Gesetz erfaßten Heime gewährleisten.

Heime für Minderjährige und Volljährige, die zugleich die Voraussetzungen des § 1 und der §§ 45–48 SGB-VIII erfüllen (sog. **gemischt belegte Heime**) unterliegen zugleich der Aufsicht der zuständigen Behörde und des Landesjugendamtes. Bei einer **gemischten Aufsicht** ist jede Behörde verpflichtet, bei ihrem Verfahren und ihrer Entscheidung auf die Belange der anderen Aufsichtsbehörde Rücksicht zu nehmen. Dies erfolgt insbesondere durch die Gewährung von Gelegenheit zur Teilnahme an der Überwachung, bei der Belange der anderen Behörde berücksichtigt werden können, und die Unterrichtung im Wege der gegenseitigen Amtshilfe über Erkenntnisse und Verfügungen, die für das Verfahren der anderen Behörde von Bedeutung sein können.

Auch der neue § 15 verstößt nicht gegen Art. 14 und Art. 2 GG. Das Auskunftsersuchen und die Befugnisse nach Abs. 2 verletzen kein vermögenswertes Recht des Heimträgers, da die Vertraulichkeit von Geschäftsunterlagen für sich allein gesehen noch kein durch Art. 14 GG geschütztes Recht darstellt (vgl. zum alten § 9 Kunz ZfSH 1980, 193 f. = Bayer. Wohlfahrtsdienst 1980 Heft 10). Auch die durch Art. 2 Abs. 1 GG verbürgte wirtschaftliche Freiheit des einzelnen Heimträgers wird durch Abs. 1 und Abs. 2 nicht berührt, da den betroffenen Heimträgern ein angemessener Spielraum verbleibt, sich wirtschaftlich frei zu bewegen und zu entfalten (BVerfGE 12, 347 ff. für einen ähnlichen Fall und Kunz aaO). Schließlich wird durch die in § 15 vorgesehenen Möglichkeiten der Überprüfung eines Heimes und des Heimträgers auch nicht der sog. „status negativus" berührt, wonach ein grundrechtlicher Anspruch besteht, durch die öffentliche Gewalt nicht durch einen Nachteil belastet zu werden (vgl. BVerfGE 9, 83 ff. und 19, 206 ff.). Allerdings dürfte der Gesetzgeber den verfassungsrechtlichen Spielraum für Auskunfts- und Begehungsrechte im Hinblick auf die Grundrechte der Betreiber und des beschäftigten Personals ausgeschöpft haben (vgl. Füßer, Altenheim 2002, Heft 4, S. 37). Die Überwachung in Form einer Nachschau ist nur dann zulässig, wenn sie verhältnismäßig, erforderlich und geeignet ist, den zur Frage stehenden Sachverhalt aufzuklären. Insoweit liegt kein verfassungsrechtlicher Nachteil vor, der eine Verletzung des status ne-

Überwachung § 15

gativus darstellen würde. Darüber hinaus sieht Abs. 9 vor, daß der Auskunftspflichtige die Auskunft in den dort angeführten Fällen verweigern kann (vgl. auch BVerfGE 32, 54 (75 ff.); Brunner RsDE Heft 49, 2001, S. 86 als auch die Gesetzesbegründung BT-DrS. 14/5399 S. 30).

Zu Abs. 1:

Die Auskunftspflicht trifft den **Träger**, die **Leitung** und die **Pflegedienstleitung** des Heims, **nicht aber** die sonstigen **Beschäftigten** oder **Bewohner.** Träger, Leitung und Pflegedienstleitung sind unabhängig voneinander zur Auskunft verpflichtet. Es liegt jedoch auf der Hand, daß der Träger bei seinen Auskünften an die zuständige Behörde weitgehend auf die Berichte der Heimleitung angewiesen ist. Die Aufnahme der Pflegedienstleitung in den Kreis der Auskunftspflichtigen hat Bedeutung für Pflegeheime und Pflegestationen, da die für die Beurteilung der Pflegequalität erforderlichen Informationen bei der Pflegeleitung vorliegen. 2

Ob die Auskünfte mündlich oder schriftlich verlangt werden, liegt im Ermessen der zuständigen Behörde, die dabei an den **Grundsatz der Verhältnismäßigkeit** gebunden ist. Insbesondere darf nicht mehr an Auskünften verlangt werden, als zur Beantwortung und Klärung des in Frage stehenden Sachverhalts unbedingt erforderlich ist. Für das Auskunftsersuchen muß ein **konkreter Anlaß** vorhanden sein, der ein Einschreiten der zuständigen Behörden möglich erscheinen läßt. Der konkrete Anlaß kann bei der Überwachung auch durch Information Dritter gegeben sein. Die zuständige Behörde und die von ihr für die Prüfung hinzugezogenen Personen sind nicht verpflichtet, dem Heimträger den Namen des Dritten mitzuteilen, der sich negativ über den Betrieb geäußert hat und damit Anlaß für eine Überwachungsmaßnahme war (so für den Med. Dienst SG Nürnberg, Altenheim 2002, Heft 7, S. 16). Auskunftsbegehren, die nicht mit der Erfüllung der der zuständigen Behörde nach dem HeimG und den Rechtsverordnungen zugeschriebenen Aufgaben zusammenhängen, brauchen nicht beantwortet zu werden. 3

Das Auskunftsbegehren stellt sich gegenüber dem Auskunftspflichtigen als **Verwaltungsakt** dar und kann mit den Rechtsbehelfen der Verwaltungsgerichtsordnung (Widerspruch und Klage) angefochten werden (vgl. OLG Hamm, Urt. v. 22.10. 1992, Az. 3 Ss OWi 650/92). Im Rechtsbehelfsverfahren ist zu klären, ob eine Auskunftspflicht besteht und ob die verlangte Auskunft dem Grundsatz der Verhältnismäßigkeit entspricht. 4

5 Die Auskünfte sind innerhalb der gesetzten Frist **unentgeltlich** zu erteilen. Obwohl in Abs. 1 nicht ausdrücklich erwähnt, muß die Frist **angemessen** sein. Einen Maßstab für die Angemessenheit der Frist ergeben die gesamten Umstände, wobei die Interessen beider Teile gebührend zu berücksichtigen sind.

6 Die Auskunftspflicht ist keine unnötige Belastung des Vertrauensverhältnisses zwischen dem Heim und der zuständigen Behörde, sondern die Auskünfte sollen der zuständigen Behörde die Möglichkeit geben, beratend und unterstützend mit dem Träger der Leitung und der Pflegedienstleitung eines Heims Fühlung zu nehmen. Grundlose Verweigerung der Auskünfte stellt sich nach § 21 Abs. 2 Nr. 4 als Ordnungswidrigkeit dar. Beharrliche Verletzung der Auskunftspflicht kann Anordnungen nach § 17 und bei beharrlicher Weigerung der Erfüllung der Anordnungen nach § 19 Abs. 2 Nr. 1 letztlich zur Untersagung des Betriebs führen. Verweigert die Leitung eines Heims beharrlich Auskünfte, so kann dem Träger unter Umständen nach § 18 die weitere Beschäftigung der Leitung untersagt werden. Dies gilt auch für die Pflegedienstleitung, da diese zu den Mitarbeiterinnen und Mitarbeitern der Einrichtung zählt.

7 Die Prüfungen können **wiederkehrend** oder **anlaßbezogen** erfolgen. Wiederkehrende Prüfungen sind Routineprüfungen (z.B. nach § 15 Abs. 4). Anlaßbezogene Prüfungen erfolgen z.B. auf Grund von Beschwerden oder zur Überprüfung, ob Anordnungen nach § 17 Folge geleistet worden ist oder Maßnahmen nach § 18 beachtet worden sind.

8 Die Überprüfung kann nach Anmeldung der zuständigen Behörde beim Träger oder Leiter durchgeführt werden; es sind aber auch **unangemeldete** Besuche zulässig, vor allem dann, wenn diese keinen Aufschub zulassen oder ausschließlich der Überprüfung der Beseitigung festgestellter Mängel dienen (VGH Baden-Württemberg Beschluß v. 4.11.2002, 14 S 670/02 zit. bei Klie Altenheim 10/2003 S. 16; VG Karlsruhe, Beschluß vom 5.2.1990 Az. 5 K 266/89 zit. bei Klie Heimrecht S. 143). Gerade unter dem Gesichtspunkt, unnötige Unruhe von dem Bewohner fernzuhalten, erscheint es als angemessen, wenn die zuständige Behörde trotz ihres Rechts auf unangemeldete Besuche ihren Besuch vorher rechtzeitig anmeldet. Die Behörde wird dann zwar meist bessere Verhältnisse vorfinden, als wenn sie unangemeldet erscheint. Dieser Nachteil wird aber in der Regel durch den Vorteil ausgeglichen, daß die zuständige Behörde einen Auskunftspflichtigen in dem Heim antrifft, der in der Lage ist, die erforderlichen Auskünfte zu erteilen. Auch wird ein schlecht geführtes Heim kaum in der Lage sein, von heute auf morgen seinen Betrieb derart umzustellen, daß keine Mängel mehr sichtbar sind. Notfalls kann immer noch ein unangemeldeter Besuch vorgenommen werden. Außerdem kann bei einer Überwachungsmaßnahme, die **ohne zwingenden Grund** unangemeldet durchgeführt wird, das Recht des Trägers auf wirksamen Rechtsschutz verletzt sein (BVerw-GE 32, 54; 17, 83, vgl. auch Brunner RsDE 49, 86). Der Verhältnismäßigkeitsgrundsatz gilt auch hier. Zur Problematik der **Organisationsstruktur** in einem Alten- oder Pflegeheim: Schildhammer Bayer. Wohlfahrtsdienst 1982, 40 ff.

Hinsichtlich des Umfangs der Überwachung vgl. den Kriterienkatalog bei Ruf/Kunz, Blätter der Wohlfahrtspflege Baden-Württemberg 1977, 64 ff., auch Crößmann Altenheim 1991, Heft 4, S. 198 ff. Zur Heimaufsicht allgemein: Heimaufsicht Bayer Wohlfahrtsdienst 1993, 85 ff.; Klie-Titz NDV 1993; Merck Altenheim 1992, 659; Klie RsDE 3,27 ff.; Igl RsDE 3,13 ff. auch Helg Berger Altenheim 1992, 254 ff.

Das Recht auf Überwachung besteht grundsätzlich nur während **9** der üblichen Geschäftszeit. Unter **üblicher Geschäftszeit** versteht man in Anlehnung an § 3 Ladenschlußgesetz die geltenden verkaufsoffenen Zeiten (a. A. OLG Celle Beschluß vom 28. 10. 1988 Az. 2 Ss (owi) 291/86 zit. bei Klie Heimrecht S. 219, welches den Begriff unter Abwägung der Interessen der Heimbewohner an einem ungestörten Tagesablauf und der zuständigen Behörde an der Durchführung der Kontrollen zu bestimmen versucht). Außerhalb der üblichen Geschäftszeit also zur **Nachtzeit** ist eine Prüfung nur dann zulässig, wenn und soweit das Überwachungsziel zu anderen Zeiten nicht erreicht werden kann. Dies ist z.B. dann der Fall, wenn es um die Überprüfung der ordnungsgemäßen Versorgung der Heimbewohner während der Nacht geht. Die Überprüfung bei Nachtzeit verstößt auch nicht gegen das Verhältnismöglichkeitsprinzip, da bei Heimen eine betriebliche Nutzung auch in der Nachtzeit vorliegt (vgl. Brunner RsDE 49, 86/87). Prüfungen, die auch bei Tag vorgenommen werden können, so z.B. die Einsichtnahme in Pflegedokumentationen, Küchenpläne, Überprüfung der Räumlichkeit etc, dürfen nicht zur Nachtzeit vorgenommen werden.

Zu Abs. 2:

Abs. 2 konkretisiert das Instrumentarium der Heimaufsicht.   **10**

Das Recht zur Überwachung in Form der Überprüfung steht den von der zuständigen Behörde **beauftragten Personen** zu. Das können entweder Angehörige der zuständigen Behörde sein oder aber dritte Personen, die von der zuständigen Behörde als Sachverständige hinzugezogen worden sind. Diese Personen müssen jedoch von der zuständigen Behörde ausdrücklich beauftragt worden sein. Die Vorlage einer entsprechenden Legitimation kann vom Träger oder vom Leiter verlangt werden. Als ausreichende Legitimation gilt für den Fall, daß bei der Überwachung ein Vertreter der zuständigen Behörde zugegen ist, dessen Anwesenheit; sonst die Vorlage eines entsprechenden schriftlichen Auftrags der zuständigen Behörde.

Die hinzugezogenen Personen werden in Abs. 2 Satz 4 ausdrücklich zur Verschwiegenheit verpflichtet. Datenschutzbestimmungen sind einzuhalten.

11 Der Träger hat die Überwachungsmaßnahmen zu dulden (Abs. 2 Satz 2). Ein Zuwiderhandeln gegen die Duldungspflicht ist nach § 21 Abs. 2 Nr. 4 - sofern sie vorsätzlich oder fahrlässig - erfolgt eine Ordnungswidrigkeit, die mit einer Geldbuße bis zu 10.000 Euro geahndet werden kann.

Zu Abs. 2 Satz 1 Ziff. 1:

12 Die Befugnisse der zuständigen Behörde nach Abs. 1 genügen für sich allein nicht, um den Zweck des HeimG sicherzustellen. Die Aufsicht kann vielmehr nur durch eine Überwachung, die ein **Betretungsrecht** gibt, effektiv gestaltet werden. Zweck der Überwachung ist es, sich durch Augenschein an Ort und Stelle davon zu überzeugen, daß die Interessen und Bedürfnisse der Bewohner des Heims gewahrt sind. Das Betretungsrecht bezieht sich auf die vom Heim genutzten Grundstücke und auf die Räume, soweit diese nicht einem Hausrecht der Bewohner unterliegen. Unterliegen sie dem Hausrecht ist das Betreten nur mit Zustimmung zulässig, außer es liegt ein Fall von Abs. 3 vor. Unter **Hausrecht** versteht man das Recht, über Räume, in denen man wohnt, frei verfügen zu können und daher auch zu bestimmen, wer die Räume betritt. Bei Altenwohnheimen besteht regelmäßig ein Hausrecht des Bewohners an den von ihm angemieteten Räumen. Bei Pflegeheimen für volljährige Behinderte wird ein Hausrecht des einzelnen Bewohners wohl nicht vorliegen, da hier anders als bei Altenheimen nicht die Überlassung von Wohnraum, sondern die Pflege im Vordergrund steht (so auch VG Karlsruhe Beschluß vom 9.7.1993 - 10 K 1517/93; a. A. VG Stuttgart Gerichtsbeschluß vom 23.8.1993 - 4 K

Überwachung **§ 15**

3613/92, welches auch Pflegeheimbewohnern das Hausrecht zubilligt mit der Begründung, daß der Aufenthalt im Pflegeheim langfristig angelegt ist. Dieses Urteil ist durch Zurücknahme der Klage unwirksam VGH Baden-Württemberg Beschluß vom 18.10.1995 – 10 S 2484/93). Es gilt hier insoweit das gleiche wie bei Krankenhäusern, auch dort hat der Patient kein Hausrecht. Der Begriff **Bewohner** umfaßt auch den Leiter und das in der Einrichtung wohnende Personal. Insoweit ist stets ein Hausrecht dieses Personenkreises an den ihm überlassenen Räumen anzunehmen. Auch gemischt genutzte Räume (z.B. Wohn-Arbeitszimmer) unterliegen dem Schutz als Wohnung (so auch Dahlem/Giese § 9, RdNr. 8; Gössling/Knopp § 9 RdNr. 29; Goberg § 9 RdNr. 7.6): bei **Mehrbettzimmern** über die Bewohner das Hausrecht gemeinsam aus (Goberg § 9 RdNr. 7.6).

Zu Abs. 2 Satz 1 Ziff. 2:

Ziff. 2 hebt nochmals das bereits in Abs. 1 verankerte Recht auf 13 Prüfungen und Besichtigungen. Allerdings erläutert der Gesetzgeber nicht den Unterschied zwischen einer Prüfung und einer Besichtigung. Da Prüfungen nach Abs. 1 wiederkehrend oder anlaßbezogen, angemeldet oder unangemeldet sein können, ist ein Unterschied nicht erkennbar. Letztendlich endet jeder „Besuch" eines Heimes mit einer Prüfung, nämlich der Feststellung, dass Mängel vorliegen oder nicht. Auch die Beratung (§§ 4, 16) ist letztendlich eine Maßnahme der Aufsicht – also der Prüfung.

Zu Abs. 2 Satz 1 Ziff. 3:

Neu ist, dass sich die Heimaufsichtsbehörde nach Abs. 1 und 14 Abs. 2 Ziff. 3 am **Ort des Heimes** die Aufzeichnungen nach § 13 (s. dort. Anm.) vorlegen lassen kann und nicht an eine ortsferne Zentrale des Trägers verwiesen werden darf. Ein Verwaltungsakt auf Vorlage ist nicht erforderlich, da sich die Vorlagepflicht direkt aus Abs. 2 ergibt (AG Osterholz-Scharmbeck, Beschluß vom 27.1. 1984, 5 OWi 26 Js 14327/83 zit. bei Klie Heimrecht S. 275 zum alten Recht). Die Aufzeichnungen nach § 13 umfassen praktisch den gesamten **Geschäftsbetrieb.** Dazu gehört der gesamte angefallene Schriftwechsel, einschließlich **steuerrechtlicher** oder die Finanzierung betreffende Unterlagen sowie Belege über die für die Bewohner verwalteten **Barbeträge** und **Zusatzbarbeträge** zur persönlichen Verfügung nach § 21 Abs. 3 BSHG.

Die **Selbstkostenblätter** (vgl. dazu Wilkening ZfF 1988, 51) sind ebenfalls geschäftliche Unterlagen, in die Einsicht genommen werden kann, da sie Aufzeichnungen enthalten, die den Selbstkosten-

§ 15 Kommentar zum HeimG

nachweis gegenüber der Pflegesatzkommission betreffen und somit geeignet sind, Auskunft darüber zu geben, ob der Heimträger die Forderungen des HeimG erfüllt (Kunz ZfSH 1980, 193 f. = Bayer. Wohlfahrtsdienst 1980 Heft 10; – a.A. Linzbach ZfSH 1980, 356).

Die Überwachung umfaßt auch die Prüfung, ob bei einer **geschlossenen Unterbringung** von Personen die nach dem Betreuungsgesetz erforderlichen gerichtlichen **Genehmigungen** vorliegen (zur Unterbringung desorientierter Personen vgl. Arians br 1994, 145; Hirsch Zeit. f. Gerontopsychologie 1992, 127 ff.; Rink FuR 1990, 253 ff.; Lotze Das Altersheim 1986, Heft 6; Kunz ZfSH 1983, 66 ff.; Wagner Bayer. Wohlfahrtsdienst 1983, 121 f.; Evertz NDV 1983, 200 ff.; Linzbach NDV 1984, 199 ff. und Altenheim 1982, 209 ff.; auch Ruf/Hütten Bayer. Wohlfahrtsdienst 1981, 106). Ohne diese kann eine Freiheitsberaubung nach § 239 StGB vorliegen. Durch **Altersvorsorgevollmacht** kann die Befugnis zur Entscheidung über freiheitsentziehende Maßnahmen i.S. des § 1906 Abs. 4 BGB ohne vormundschaftsgerichtliche Genehmigungs geregelt werden. Die Vollmacht muß jedoch die Übertragung gerade dieser Befugnis auf den Bevollmächtigten ausdrücklich enthalten und es dürfen keine Zweifel an der Geschäftsfähigkeit des Vollmachtgebers bei der Vollmachtserteilung bestehen (OLG Stuttgart Beschluß vom 23.2.1994 – 8 W 534/93 Altenheim 1997, Heft 7, S. 38).

Umfaßt wird auch die Einsicht in **Personallisten** und **Heimverträge,** um feststellen zu können, ob z.B. das erforderliche Personal vorhanden ist und die erforderliche Eignung besitzt, oder ob zwischen Entgelt und Leistung ein Mißverhältnis vorliegt und damit eine Übervorteilung von Heimbewohnern gegeben ist. Gleiches gilt für die Einsichtnahme in **ärztliche Gutachten** der Heimbewohner, wenn die Möglichkeit besteht, daß in dem Heimen Heimbewohner aufgenommen wurden, die ausweislich ärztlicher Gutachten die Versorgung und Pflege im Krankenhaus für chronisch Kranke benötigen und für die damit in dem überprüften Alten- und Pflegeheim die ärztliche und gesundheitliche Betreuung nicht gesichert ist.

Zu Abs. 2 Satz 1 Ziff. 4:

15 Die mit der Überwachung beauftragten Personen können sich mit den **Bewohnern** sowie mit dem **Heimbeirat** oder dem **Heimfürsprecher** in Verbindung setzen.

Eine **Auskunftspflicht** dieses Personenkreises besteht **nicht.** Bewohner als auch Beschäftigte können eine Auskunft ohne Angabe von Gründen verweigern. Andererseits kann weder der Träger

Überwachung **§ 15**

noch der Leiter eines Heims Bewohnern oder dem Heimbeirat bzw. Heimfürsprecher **untersagen**, der zuständigen Behörde Auskunft zu erteilen. Entgegenstehende Vereinbarungen im Heimvertrag oder der Heimordnung sind nichtig. Auch eine **Kündigung** des Heimvertrages kann aus diesem Grund nicht erfolgen. Sie ist nur dann zulässig, wenn der Bewohner, Heimbeirat oder Heimfürsprecher vorsätzlich oder fahrlässig eine falsche Auskunft erteilt.

In Verbindung setzen kann schriftlich oder mündlich erfolgen. Auch der Besuch eines Bewohners durch die zuständige Behörde fällt darunter. Insoweit kann der Träger oder Leiter auch nicht auf Berufung auf ein Hausrecht die Kontaktaufnahme verbieten.

Zu Abs. 2 Satz 1 Ziff. 5:

In Ergänzung zu Abs. 2 Ziff. 3 und § 13 Abs. 1 Satz 1 Ziff. 6 wonach Aufzeichnungen über Pflegeplanungen und Pflegeverläufe eingesehen werden können, kann nach Abs. 2 Ziff. 5 nunmehr auch mit **Zustimmung** der Pflegezustand der Bewohnerin oder des Bewohners in Augenschein genommen werden. Diese Überprüfung kann auch durch Personen, die nicht Mediziner sind, erfolgen. Ist die Heimaufsichtsbehörde eine Kommune, so kann beispielsweise vom Gesundheitsamt ärztlicher oder pflegerischer Sachverstand angefordert und eingesetzt werden. 16

Zu Abs. 2 Satz 1 Ziff. 6:

Ziff. 6 entspricht dem alten § 9 Abs. 2 Satz 1. Er gibt sowohl der Heimaufsicht ein Recht die Beschäftigten zu befragen als auch dem Beschäftigten ein Recht, die an sie gerichteten Fragen zu beantworten, ohne arbeitsrechtliche Konsequenzen befürchten zu müssen (vgl. auch die Ausführungen zu RdNr. 15). Die Heimaufsicht ist auch nicht verpflichtet, dem Heimträger den Namen des Mitarbeiters mitzuteilen, der sich negativ über den Betrieb geäußert hat (für einen ähnlichen Fall bei Qualitätsprüfung durch den Med. Dienst SG Nürnberg, Altenheim 2002, Heft 7, S. 16). 17

Zu Abs. 3:

Abs. 3 steht im engem Zusammenhang mit Abs. 1 und Abs. 2 Satz 1 Ziff. 1. Zur Verhütung von **Gefahr** für die **öffentliche Sicherheit und Ordnung** dürfen auch Grundstücke und Räume jederzeit betreten werden, die einem Hausrecht der Bewohner unterliegen oder Wohnzwecken des Auskunftspflichtigen dienen. 18

Öffentliche Sicherheit und Ordnung sind unbestimmte Rechtsbegriffe. Das bedeutet, daß nicht vom Gesetz her abstrakt fixiert werden kann, was im konkreten Fall (am konkreten Ort und zur 19 konkreten Zeit) unter öffentlicher Sicherheit und Ordnung zu verstehen ist. Die Frage, ob die öffentliche Sicherheit und Ordnung gefährdet ist, kann dabei allerdings nur richtig oder falsch beantwortet werden. Es gibt nur eine richtige Lösung.

Als unbestimmter Rechtsbegriff ist die Frage, ob die öffentliche Sicherheit und Ordnung gestört war und ob also ihre Aufrechterhaltung in Frage stehen konnte, eine Rechtsfrage, die der verwaltungsgerichtlichen Nachprüfung voll unterworfen ist.

Unter **öffentlicher Sicherheit** versteht man die Unversehrtheit von Gesundheit, Ehre, Freiheit und Vermögen sowie der Rechtsordnung und der grundlegenden Einrichtungen des Staates (Peters Lehrbuch des Verwaltungsrechts S. 377). **Öffentliche Ordnung** ist die Gesamtheit jener ungeschriebenen Regeln für das Verhalten des einzelnen in der Öffentlichkeit, deren Beobachtung nach den jeweils herrschenden Anschauungen als unerläßliche Voraussetzung eines geordneten staatsbürgerlichen Gemeinschaftslebens betrachtet wird (PrOVG 91, 139).

Die begründet vermutete Gefahr muß dringend sein, also einen Aufschub des Eindringens nicht mehr rechtfertigen. Allerdings muß auch hier der Grundsatz der Verhältnismäßigkeit gewahrt bleiben.

20 Da die Überwachung sachgemäß nur durchgeführt werden kann, wenn die Beauftragten der zuständigen Behörde Grundstücke und Räume auch im Weigerungsfall zu betreten berechtigt sind, mußte das Grundrecht der Unverletzlichkeit der Wohnung nach Art. 13 Abs. 1 GG vom Gesetzgeber im Hinblick auf Art. 19 Abs. 1 GG ausdrücklich eingeschränkt werden. Der Wesensgehalt des Grundrechts nach Art. 13 GG wird durch Abs. 3 nicht angetastet. Für **Beschränkungen** des Grundrechts nach Art. 13 GG braucht eine dringende Gefahr noch nicht bereits eingetreten sein; es genügt, daß die Beschränkung dem Zweck dient, einen Zustand nicht eintreten zu lassen, der seinerseits eine dringende Gefahr für die öffentliche Sicherheit und Ordnung darstellen würde (BVerfGE 17, 251 f.).

Zu Abs. 4:

21 Abs. 4 legt die Häufigkeit der Prüfungen fest. Im Interesse eines qualifizierten **Verbraucherschutzes** (Crößmann RsDE 49, 103) ist die Prüfung **mindestens einmal pro Jahr** durchzuführen (vgl. auch Sunder-Konrad NDV 2002, 52 ff.). Ob dies aber wegen der ohnehin knappen Ressourcen bei der Heimaufsicht möglich ist, erscheint äußerst zweifelhaft (so auch Füßer, Altenheim 2002, Heft 4, S. 37).

Überwachung **§ 15**

Es steht im Ermessen der zuständigen Heimaufsichtsbehörde, ob sie eine jährliche Prüfung durchführt, wenn ein Heim durch den Medizinischen Dienst der Krankenversicherung (MDK) geprüft worden ist oder durch aktuelle Qualitätsnachweise unabhängiger Sachverständiger Erkenntnisse vorliegen, dass die Anforderungen an den Betrieb eines Heimes erfüllt sind. Die Beurteilung, ob die Prüffrequenz der Heimaufsicht guten Gewissens erweitert werden kann, setzt zunächst eine fachliche Abstimmung der Prüfungsinhalte des MDK bzw. der Qualitätsnachweise unabhängiger Sachverständiger voraus. Nur wenn die Heimaufsicht von fachlich ähnlichen oder gleichen Voraussetzungen ausgeht, ist ein längerer Prüfabstand verantwortbar (Crößmann RsDE 49, 103).

Erkenntnisse können sich auch aus **Gütesiegeln** oder **Prüfberichten** ergeben. Wichtig ist, dass auch die **Sozialhilfeträger** und die **Pflegekassen** sowie der **Medizinische Dienst** die in ihrem Bereich notwendigen Prüfungen vornehmen und die Erkenntnisse von Heimaufsicht, Sozialhilfe, Pflegeversicherung sowie Medizinischem Dienst untereinander zum Nutzen der Heimbewohner ausgetauscht werden. Im Rahmen der vertrauensvollen Zusammenarbeit sollen die Beteiligten ihre Prüftermine koordinieren, Maßnahmen zur Beseitigung von Mängeln erörtern und dabei abklären, welche Schritte die Beteiligten in welchem Zeitrahmen vornehmen werden (BT-DrS.14/5399). Die von den Sachverständigen oder Prüfstellen erstellten Qualitätsnachweise sind nach § 113 Abs. 3 SGB-XI auch den Heimaufsichtsbehörden zuzuleiten. 22

Nähere Ausführungen zur Durchführung des Abs. 4 bleibt dem Landesrecht überlassen.

Zu Abs. 5:

Das Auskunftsbegehren und die Überwachung selbst sind **hoheitliche Akte** der zuständigen Behörde und damit **Verwaltungsakte**, (OLG Hamm, Urt. v. 22.10.1992, Az. 3 Ss OWi 650/92), die mittels des Widerspruchs nach §§ 68 ff. VwGO und der verwaltungsgerichtlichen Klage angefochten werden können. Weigert sich ein Auskunftspflichtiger, einer Auskunft nachzukommen oder wird das Betreten von Grundstücken und Räumen, die dem Heim dienen, verweigert, so hat die zuständige Behörde zweckmäßigerweise ihr Anliegen schriftlich dem Auskunftspflichtigen bekanntzugeben. Abs. 5 bestimmt darüberhinaus, dass Widerspruch und Anfechtungsklage keine aufschiebende Wirkung nach § 80 Abs. 1 VwGO haben. Dies ist neu gegenüber dem alten Recht. Danach mußte der sofortige Vollzug nach § 80 Abs. 2 Ziff. 4 VwGO in jedem einzelnen Fall **schriftlich** angeordnet werden. 23

§ 15 Kommentar zum HeimG

Zu Abs. 6:

24 In Abs. 6 wird der **frühestmöglichen** Überwachung festgestellt. Danach beginnt die Überwachung mit der Anzeige nach § 12 Abs. 1, spätestens jedoch 3 Monate vor der vorgesehenen Inbetriebnahme des Heimes. Damit besteht für die Heimaufsicht die Möglichkeit noch **vor** Inbetriebnahme des Heimes auf Mängel aufmerksam zu machen und entsprechende Maßnahmen zu ihrer Beseitigung einzuleiten. Damit ist im Rahmen der Qualitätssicherung – wenigstens theoretisch – gewährleistet, dass nur solche Einrichtungen in Betrieb gehen, die den Anforderungen des HeimG entsprechen.

Zu Abs. 7:

25 Abs. 7 enthält die **Klarstellung,** dass die Überwachung auch insoweit erfolgen kann, als zu überprüfen ist, ob ein Heim im Sinn von § 1 vorliegt. Die Auskunftspflicht bestand auch bereits gemäß der Rechtsprechung (BayVGH Urteil vom 16. 5. 1991 Az: 12 B 90, 842, vgl. auch Klie Altenheim 1992 Heft 1, S. 8 = RsDE 18, 70 ff.) nach altem Recht. Müßten die Überwachungsbehörden vor einem Auskunftsverlangen nach § 15 (alt § 9) erst darlegen und nachweisen, daß es sich um eine Einrichtung nach § 1 handelt, obwohl zu diesem Nachweis wiederum Auskünfte erforderlich wären, so könnte das gesetzgeberische Ziel einer präventiven und möglichst frühzeitig einsetzenden Kontrolle nur schwer, unter Umständen auch nicht erreicht werden (BayVGH, Urt. v. 16. 5. 1991, Az. 12 B 90.842).

Diese in Literatur und Rechtsprechung vertretene Auffassung hat der Gesetzgeber nunmehr in Abs. 7 aufgenommen.

Zu Abs. 8:

26 Abs. 8 ersetzt den bisherigen § 10. Es bleibt bei der Beteiligungsmöglichkeit der Verbände soweit der **Träger** dies wünscht. Zu dieser Beteiligung kann der Träger auch **verbandsintern** durch Satzung verpflichtet werden.

Die Hinzuziehung der Landesverbände der freien Wohlfahrtspflege, der Kommunalen Spitzenverbände und sonstigen Vereinigungen soll die partnerschaftliche Zusammenarbeit mit der zuständigen Behörde zum Wohle der Bewohner von Heimen nach § 1 fördern.

27 **Landesverbände der freien Wohlfahrtspflege** (im Sinn von § 10 BSHG) sind der jeweilige Landesverband:
der Arbeiterwohlfahrt
des Deutschen Caritasverbandes

Überwachung　　　　　　　　　　　　　　　　　　§ 15

des Deutschen Roten Kreuzes
des Deutschen Paritätischen Wohlfahrtsverbandes
des Diakonischen Werks der evang.-luth. Kirche
der Israelitischen Kultusgemeinde

Die Landesverbände brauchen noch nicht zu bestehen, sie können sich auch erst bilden.

Kommunale Spitzenverbände sind die Gemeinde- und Städtetage sowie die Landkreisverbände

andere Vereinigungen von Trägern
sind vor allem die Verbände der gewerblichen Einrichtungen.

Anders als im bisherigen Recht können nunmehr auch Verbände auf **Bundesebene** hinzugezogen werden, da die bisherige Formulierung „auf Landesebene" **nicht** mehr übernommen wurde.

Voraussetzung ist, dass der **Träger** den Verband **hinzuzieht**. Die 28 Hinzuziehung kann schriftlich oder mündlich gegenüber der Heimaufsichtsbehörde erklärt werden. Ist sie erklärt, ist die Heimaufsichtsbehörde verpflichtet, den Verband bei der Prüfung zu beteiligen. Im Fall, daß die zuständige Behörde die Zuziehung ablehnt, kann daher die Versagung mit der Begründung verwaltungsgerichtlich angefochten werden, daß eine Zuziehung zu erfolgen hat, weil der Träger zugestimmt hat. Klagebefugt sind sowohl der Träger als auch der Verband. Erfolgt eine Zuziehung gegen den Willen des Trägers, so kann dieser die Zuziehung mit der Begründung anfechten, dass sie mangels seiner Zustimmung zu unterbleiben hat.

Die Beteiligung von Verbänden an der staatlichen Aufsicht ist eine 29 Besonderheit. Hierdurch ist die Möglichkeit eröffnet, daß Verbände im Sinne Abs. 8 bei der Ausübung der Aufsicht mitwirken und somit auch der **Sachverstand** der Verbände in die Aufsicht mit einfließen kann (vgl. Goberg zum altem Recht § 10 RdNr. 3). Die Beteiligung außerbehördlicher, also nicht der zuständigen Behörde angehörenden Kräfte kann nur **beratender Natur** sein, weil die Führung der Aufsicht eine hoheitliche Aufgabe darstellt. Die zuständige Behörde ist daher an Ausführungen des beteiligten Verbandes **nicht** gebunden (Ruf Bayer. Wohlfahrtsdienst 1976, 109 f.; Salewski § 10 „bloßes Anhörungsrecht"). Auch kommt den Verbänden im Rahmen ihrer Beteiligung **kein Rügerecht** zu; es kann aber intern auf Grund der Verbandsorganisation gegeben sein. So kann z.B. der Verband ein Mitglied, dessen Heim nicht den gesetzlichen Vorschriften entspricht und das sich weigert, die Mängel zu beseitigen, aus dem Verband ausschließen.

30 Ein **Ausschluß** des **Verbandes** an der Überwachung wegen Entsendung ungeeigneter Personen ist nicht möglich, da im Gesetz nicht vorgesehen. Sie ist auch nicht erforderlich, da die Zuziehung an der Überwachung ohnehin keine Entscheidungsfunktionen beinhaltet. Sie ist lediglich eine Beratung der zuständigen Behörde, die in eigener Zuständigkeit entscheidet, welche Bedeutung sie der Aussage des Verbandes zukommen läßt.

Zu Abs. 9:

31 Abs. 9 räumt den Auskunftspflichtigen ein Auskunftsverweigerungsrecht für die Fragen ein, deren Beantwortung ihn selbst oder einen der in § 383 Abs. 1 Nr. 1 bis Nr. 3 ZPO bezeichneten **Angehörigen** der Gefahr strafrechtlicher Verfolgung oder eines Verfahrens nach dem Ordnungswidrigkeitengesetz aussetzen würde. Bei dem Personenkreis handelt es sich um:

1. den Verlobten,
2. den Ehegatten, auch wenn die Ehe nicht mehr besteht,
3. diejenigen, die mit dem Auskunftspflichtigen in gerader Linie verwandt, verschwägert oder durch Adoption verbunden oder in der Seitenlinie bis zum dritten Grad verwandt oder bis zum zweiten Grad verschwägert sind, auch wenn die Ehe, durch welche die Schwägerschaft begründet ist, nicht mehr besteht.

Abs. 9 bezieht sich nur auf **Auskünfte,** nicht aber auf das **Betretungsrecht** der zuständigen Behörde. Diese kann unabhängig von einem bestehenden Auskunftsverweigerungsrecht ihre Ermittlungen im Zuge der Überwachung fortsetzen.

32 Datenschutz
Beim Vollzug des § 15 werden **Datenschutzbestimmungen** berührt. Entsprechend der Systematik des Datenschutzes ist dabei zwischen öffentlichen, gewerblichen und kirchlichen Trägern zu unterscheiden. Den Begriff der freigemeinnützigen Träger kennt der Datenschutz nicht (Hanisch BayVBl. 1983, 234 ff.; Kunz ZfSH 1983, 481 ff.; Ruf/Schedl Altenheim Heft 5, 1985).

33 **Öffentliche** (Bund, Länder, sonstige juristische Personen des öffentlichen Rechts) und **gewerbliche Träger** unterliegen dem Datenschutz nur dann, wenn sie eine Datei nach §§ 2, 3 BDSG betreiben. Bei öffentlichen Trägern ist auch § 7 BDSG zu beachten. Liegt eine Datei vor, gelten §§ 27 ff. BDSG. Nach § 28 Abs. 1 BDSG dürfen personenbezogene Daten an Dritte nur dann weitergegeben werden, wenn es unter anderem zur Wahrung berechtigter Interessen der Allgemeinheit erforderlich ist und dadurch schutzwürdige Belange des Betroffenen nicht beeinträchtigt werden. Abweichend

Überwachung **§ 15**

davon ist gemäß § 28 Abs. 2 BDSG die Übermittlung von listenmäßig oder sonst zusammengefaßten Daten über Angehörige einer Personengruppe zulässig, wenn sie sich auf Namen, Titel, akademische Grade, Geburtsdatum, Beruf, Branchen- oder Geschäftsbezeichnung, Anschrift, Rufnummer beschränkt und kein Grund zur Annahme besteht, daß dadurch schutzwürdige Belange des Betroffenen beeinträchtigt werden. Diese sog. „freien Daten" unterliegen einem geringeren Schutz. Damit kann die Heimaufsichtsbehörde alle nach § 15 erforderlichen Auskünfte verlangen und in die Geschäftsunterlagen Einsicht nehmen, da sie zur Wahrung berechtigter Interessen der Allgemeinheit tätig wird. Es ist nicht Sinn des Datenschutzes, die vom Gesetzgeber gewollte Kontrolle der Heime im Hinblick auf das Datenschutzrecht der Heimbewohner zu entwerten (Kunz ZfSH 1983, 483, so auch BayVGH, Urt. v. 16.5.1991, Az.12 B 90.842).

Liegt keine Datei vor (z.B. wenn nur Akten und Aktensammlungen oder einfache Listen geführt werden, die nicht durch automatisierte Verfahren umgeordnet oder ausgewertet werden können), besteht **kein** Datenschutz.

Bei kirchlichen Trägern 34

Art. 140 GG i.V.m. Art. 137 Abs. 3 WRV gewährt den Religionsgesellschaften das Recht auf kirchliche Selbstbestimmung. Dazu gehört auch die Datenverarbeitung (Hanisch BayVBl. 1983, 238). Dieses Recht gilt für alle den Kirchen zugeordneten Einrichtungen ohne Rücksicht auf ihre Rechtsform (BVerfG NJW 1980, 1896 ff.). Entscheidend ist, ob die Einrichtungen nach kirchlichem Selbstverständnis ihrem Zweck oder ihrer Aufgabe entsprechend berufen sind, ein Stück des Auftrags der Kirche wahrzunehmen und zu erfüllen. Nach dem Selbstverständnis der katholischen und evangelischen Kirche umfaßt die Religionsausübung nicht nur die Seelsorge, sondern auch das karitative Wirken. Die tätige Nächstenliebe ist eine wesentliche Aufgabe für den Christen und wird von den christlichen Kirchen als Grundfunktion verstanden. Zu dieser karitativen Tätigkeit gehört die kirchlich getragene Altenbetreuung und Altenpflege (BVerfG NJW 1980, 1896 ff. für Krankenhäuser). Der Betrieb kirchlicher Alten- und Pflegeheime ist damit eine Angelegenheit der Kirchen, so daß diesen insoweit die selbständige Ordnung und Verwaltung dieser Einrichtungen innerhalb der Schranken der für alle geltenden Gesetzes verfassungsmäßig garantiert ist (Kunz ZfSH 1983, 483).

Es gilt mithin **nicht** das BDSG, sondern die einzelnen **kirchlichen** Bestimmungen (Hanisch BayVBl. 1983, 238). Kirchliche Be-

§ 16   Kommentar zum HeimG

stimmungen sind für die **evang. Kirche** Kirchengesetz über den Datenschutz der evang. Kirche vom 10.11. 1977 (ABl. EKD 1977, 2); für die **kath. Kirche:** Anordnung über den Kirchlichen Datenschutz – KDO in den Diözesen (z.B. ABl. Diözese München 1978, 254 ff.). Dieses Selbstverwaltungsrecht gilt jedoch nur innerhalb der Schranken der für alle geltenden Gesetze (BVerfG NJW 1980, 1896 ff.). Eine solche Schranke ist § 9. Den Heimaufsichtsbehörden können daher auch nicht unter Hinweis auf kirchliche Datenschutzregelungen Auskünfte und der Einblick in Geschäftsunterlagen versagt werden (Kunz ZfSH 1983, 484, für Krankenhäuser Hanisch BayVBl. 1983, 238).

§ 16 Beratung bei Mängeln

(1) ¹Sind in einem Heim Mängel festgestellt worden, so soll die zuständige Behörde zunächst den Träger über die Möglichkeiten zur Abstellung der Mängel beraten. ²Das Gleiche gilt, wenn nach einer Anzeige gemäß § 12 vor der Aufnahme des Heimbetriebs Mängel festgestellt werden.

(2) ¹An einer Beratung nach Absatz 1 soll der Träger der Sozialhilfe, mit dem Vereinbarungen nach § 75 Abs. 3 des Zwölften Buches Sozialgesetzbuch bestehen, beteiligt werden. ²Er ist zu beteiligen, wenn die Abstellung der Mängel Auswirkungen auf Entgelte oder Vergütungen haben kann. ³Die Sätze 1 und 2 gelten entsprechend für Pflegekassen oder sonstige Sozialversicherungsträger, sofern mit ihnen oder ihren Landesverbänden Vereinbarungen nach den §§ 72, 75 oder 85 des Elften Buches Sozialgesetzbuch oder § 39a des Fünften Buches Sozialgesetzbuch bestehen.

(3) Ist den Bewohnerinnen und den Bewohnern aufgrund der festgestellten Mängel eine Fortsetzung des Heimvertrags nicht zuzumuten, soll die zuständige Behörde sie dabei unterstützen, eine angemessene anderweitige Unterkunft und Betreuung zu zumutbaren Bedingungen zu finden.

1   § 16 ist Teil des früheren § 11. § 11 wurde aufgeteilt in § 4 (Beratung) und § 16 Beratung bei Mängel.
Bereits die Stellung des § 16 im Anschluss an die Heimüberwachung (§ 15) macht deutlich, dass der Heimträger zunächst beraten werden soll, bevor einschneidendere Maßnahmen wie Anordnungen nach § 17, ein Beschäftigungsverbot nach § 18 oder gar eine Betriebsuntersagung nach § 19 erfolgen. Er ist Ausdruck des Grundsatzes **Beratung vor Überwachung** (BR-DrS.14/5399).

Beratung bei Mängeln § 16

Zu Abs. 1:

Abs. 1 entspricht im wesentlichen dem alten § 11 Abs. 2. Die bisher in § 11 Abs. 2 Satz 1 enthaltene Pflicht der Heimaufsichtsbehörde auf Beteiligung des Verbandes dem der Heimträger angehört, wurde allerdings nicht mehr aufgenommen. Dem Träger bleibt es aber unbenommen nach § 15 Abs. 8 seinen Verband zur Nachschau und damit auch zu der bei Vorliegen von Mängel nachfolgenden Beratung hinzuzuziehen. 2

Nach Abs. 1 hat die Beratung durch die zuständige Behörde den **Vorzug** vor dem Erlaß von Anordnungen nach § 17. Nur dort, wo die Beratung am **guten Willen** des Trägers versagt, sind Anordnungen angebracht. 3

Beratung ist mit allen anderen Aufsichts- und Überwachungstätigkeiten zu verbinden. Daher ist es wichtig, daß Besichtigungen von erfahrenen Fachkräften wahrgenommen werden, die diese Arbeit kontinuierlich ausüben, so daß sie ihre Erfahrung ständig erweitern und ergänzen und wieder an andere Einrichtungen weitergeben können. In der **Praxis** wird der Beratungsauftrag allerdings nur eingeschränkt realisiert (vgl. Klie Altenheim 1991, 420 ff.). Die **wichtigste Form** der Beratung nach Abs. 1 dürfte das im Verlauf der Besichtigung und nachher mit den Beteiligten zu führende Gespräch sein, das erforderlichenfalls durch ein beratendes Schreiben noch zu ergänzen ist. Die Beratung nach Abs. 1 ist auch dann kein Verwaltungsakt, wenn sie durch ein ergänzendes Schreiben vertieft wird.

Bei der Beratung von Trägern von **gemischt belegten Heimen** (§ 15 RdNr. 1), bei denen die andere Aufsichtsbehörde nicht beteiligt war, ist erforderlichenfalls durch entsprechende Vorbehalte klarzustellen, daß möglicherweise mit zusätzlichen Empfehlungen oder Forderungen der anderen Behörde zu rechnen ist.

Obwohl die Beratungsmaßnahmen keine Verwaltungsakte darstellen, die verwaltungsgerichtlich nachprüfbar sind, sind sie doch **Amtspflichten** der zuständigen Behörde, deren Verletzung eine Amtshaftung nach § 839 BGB in Verbindung mit Art. 34 GG nach sich ziehen kann (BGH NJW 65, 963; BGH NJW 55, 1835). 4

Verletzt jemand in Ausübung eines ihm anvertrauten öffentlichen Amtes die ihm einem Dritten gegenüber obliegende Amtspflicht, so trifft die Verantwortlichkeit nach Art. 34 GG grundsätzlich den Staat oder die Körperschaft, in deren Dienst er steht. Nach dem HeimG obliegt der zuständigen Behörde gegenüber dem in Abs. 1 und 2 genannten Personenkreis eine Amtspflicht auf gewissenhafte Information und Beratung. Voraussetzung für den

§ 16

Kommentar zum HeimG

Eintritt einer **Schadensersatzpflicht** ist weiter, daß der Auskunftgebende nach § 839 BGB vorsätzlich oder fahrlässig die ihm obliegende Amtspflicht verletzt hat. Auch Nichtbeamte fallen unter den Beamtenbegriff des § 839 BGB (Palandt § 839, RdNr. 29).

5   Die Amtspflichtverletzung muß **vorsätzlich oder fahrlässig** begangen werden. Dies bedeutet, daß nicht jede objektiv falsche Sachbehandlung die Ersatzpflicht zur Folge hat. **Vorsätzlich** handelt der, der die Tatsachen, die die Pflichtverletzung objektiv ergeben, kennt, also sich z.B. bewußt über bestehende Vorschriften hinwegsetzt und sich auch der Pflichtwidrigkeit **bewußt** ist (BGH DRiZ 66, S. 308) oder zumindest mit der Möglichkeit eines Verstoßes gegen die Amtspflicht rechnet und gleichwohl handelt (BGHZ 34, 381). **Fahrlässigkeit** ist gegeben, wenn ein Beamter bei der Beobachtung der für einen Beamten erforderlichen Sorgfalt hätte voraussehen müssen, daß er seinen Amtspflichten zuwiderhandelt. Nicht notwendig ist, daß Vorsatz und Fahrlässigkeit auch im Hinblick auf die **Vorhersehbarkeit des Schadens** entstehen (BGH NJW 65, S. 963). Arbeitsüberlastung des Beamten kann unter Umständen ein Entschuldigungsgrund sein (BGH WPM 63, S. 1103). Fur ein Verschulden bei nicht fachgerechter Beratung kommt es insbes. auch nicht auf die Fähigkeit der Person des Beraters, sondern auf die für die Führung des jeweiligen Amtes erforderlichen Eigenschaften an (BGH VersR 64, 919).

Zu Abs. 2:

6   Abs. 2 begründet eine generelle Beteiligungspflicht (Sollvorschrift) in Bezug auf Sozialhilfeträger bzw. Pflegekassen. Kann die Mängelbeseitigung finanzielle Auswirkungen haben, so ist der Sozialhilfeträger zu beteiligen (Mussvorschrift). Diese Beteiligungspflicht bei der Abstellung von Mängeln, die Auswirkungen auf Entgelt oder Vergütungen haben können, wird erweitert auf Pflegekassen und sonstige Sozialversicherungsträger. Damit steht den Beteiligten nicht nur die Möglichkeit zur Stellungnahme offen. Die Heimaufsicht wird in aller Regel versuchen, ein einvernehmliches Beratungsergebnis zu erreichen. Ziel ist es, alle Kostenträger möglichst frühzeitig zu beteiligen, wenn durch Maßnahmen der Heimaufsicht deren Zuständigkeitsbereiche betroffen werden können (Planungssicherheit für die Kostenträger). In der Praxis bedeutet dies eine **Stärkung der Kostenträger** gegenüber der Heimaufsicht. Im Konflikt zwischen Kostendämpfung und Gewährleistung der Pflegequalität wurde damit den Kostenträgern ein erhebliches Mitspracherecht eingeräumt welches in der Möglichkeit in § 17 ge-

Anordnungen § 17

gen bestimmte Anordnungen der Heimaufsicht Widerspruch und Klage zu erheben gipfelt. (ähnlich auch Brunner RsDE 49, 84).

Zu Abs. 3:

Abs. 3 verpflichtet die Heimaufsichtsbehörde die Bewohner bei 7 der Suche einer anderen Unterkunft zu unterstützen, sofern aufgrund der festgestellten Mängel eine Fortsetzung des Heimvertrages nicht zuzumuten ist. Die Verpflichtung erstreckt sich jedoch nur auf die Suche nicht aber ist die Heimaufsichtsbehörde verpflichtet, einen Heimplatz bereit zu stellen oder anzumieten.

§ 17 Anordnungen

(1) ¹Werden festgestellte Mängel nicht abgestellt, so können gegenüber den Trägern Anordnungen erlassen werden, die zur Beseitigung einer eingetretenen oder Abwendung einer drohenden Beeinträchtigung oder Gefährdung des Wohls der Bewohnerinnen und Bewohner, zur Sicherung der Einhaltung der dem Träger gegenüber den Bewohnerinnen und Bewohnern obliegenden Pflichten oder zur Vermeidung einer Unangemessenheit zwischen dem Entgelt und der Leistung des Heims erforderlich sind. ²Das Gleiche gilt, wenn Mängel nach einer Anzeige gemäß § 12 vor Aufnahme des Heimbetriebs festgestellt werden.

(2) ¹Anordnungen sind so weit wie möglich in Übereinstimmung mit Vereinbarungen nach § 75 Abs. 3 des Zwölften Buches Sozialgesetzbuch auszugestalten. ²Wenn Anordnungen eine Erhöhung der Vergütung nach § 75 Abs. 3 des Zwölften Buches Sozialgesetzbuch zur Folge haben können, ist über sie Einvernehmen mit dem Träger der Sozialhilfe, mit den Vereinbarungen nach diesen Vorschriften bestehen, anzustreben. ³Gegen Anordnungen nach Satz 2 kann neben dem Heimträger auch der Träger der Sozialhilfe Widerspruch einlegen und Anfechtungsklage erheben. ⁴§ 15 Abs. 5 gilt entsprechend.

(3) ¹Wenn Anordnungen gegenüber zugelassenen Pflegeheimen eine Erhöhung der nach dem Elften Buch Sozialgesetzbuch vereinbarten oder festgesetzten Entgelte zur Folge haben können, ist Einvernehmen mit den betroffenen Pflegesatzparteien anzustreben. ²Für Anordnungen nach Satz 1 gilt für die Pflegesatzparteien Absatz 2 Satz 3 und 4 entsprechend.

§ 17

§ 17 wurde durch das 3. Änderungsgesetz neu gefaßt. § 17 entspricht im wesentlichen dem bisherigen § 12. In Abs. 2 und 3 wird hervorgehoben, dass die Kostenträger das Recht haben, Anordnungen der Heimaufsichtsbehörde, die finanzielle Mehrkosten zur Folge haben verwaltungsgerichtlich anzufechten.

1 Sinn des § 17 ist es, Mängel, die anläßlich einer Überwachungsmaßnahme festgestellt wurden und die trotz Beratung nach § 16 nicht abgestellt wurden, mittels Anordnungen zu erzwingen. Vorausgesetzt wird allerdings, daß sie zur Beseitigung einer eingetretenen oder zur Abwendung einer drohenden **Beeinträchtigung** oder Gefährdung des **Wohls** der Bewohner, zur Sicherung der Einhaltung der dem Träger gegenüber den Bewohnern obliegenden Pflichten oder zur Vermeidung einer Unangemessenheit zwischen Entgelt und der Leistung des Heims erforderlich sind. Dies kann bereits dann der Fall sein, wenn der Heimträger der Pflicht zur Erstellung und Vorhaltung einer § 13 entsprechenden Dokumentation nicht nachkommt (Füßer, Altenheim 2002, Heft 4, S. 37). Auch bei Verstößen gegen die nach dem HeimG erlassenen VO'en kann – abgesehen von der Einleitung eines Ordnungswidrigkeitenverfahrens (soweit in der VO vorgesehen) – mittels Anordnungen gegen den Heimträger vorgegangen werden (vgl. auch Anh A 1 HeimMindBauV § 1 RdNr. 4).

§ 17 gibt jedoch der zuständigen Behörde keine Ermächtigung dafür, den Träger eines Heims mit Hilfe von Anordnungen zu zwingen, Vorstellungen der zuständigen Behörde über die Form des Betreibens oder über die Zusammensetzung der Heimbewohner zu verwirklichen (OVG Berlin Beschluß v. 30.11. 1978 – OVG I S 178.78 –). So wird die Anordnung, chronischkranke Personen aus einem Pflegeheim in ein Krankenhaus zu verlegen, durch die Vorschrift des § 17 nicht gedeckt (OVG Berlin aaO). Die zuständige Behörde kann nur verlangen, daß die ärztliche Versorgung der Kranken durch den Heimträger sichergestellt wird. Ist der Heimträger hierzu nicht bereit oder der grundlegende Mangel der ärztlichen Betreuung nicht behebbar, ist eine Betriebsuntersagung nach § 19 in Betracht zu ziehen (OVG Berlin aaO). Daraus folgt, daß die Heimaufsicht nicht mittels Anordnungen die sog. „Fehlbelegung" eines Heims korrigieren kann. So kann auch nicht verlangt werden, daß Behinderte die z.B. werkstattfähig sind, einer Werkstatt für Behinderte zugeführt werden. Ob der Behinderte eine Werkstatt für Behinderte besucht, entscheidet er oder im Falle der geistigen Behinderung der Betreuer. § 17 hat lediglich die Aufgabe sicherzustellen, daß der Zweck des Gesetzes (§ 2) durchgesetzt werden kann.

Anordnungen   § 17

Ebenso ermöglicht § 17 der Heimaufsichtsbehörde **nicht**, in privatrechtliche Heimverträge dergestalt einzugreifen, daß sie zwar die Heimbewohner vor einem vermeintlich drohenden Vermögensverlust schützen will, zugleich aber den Heimträger dadurch schädigt, daß sie diesen mit Anordnungen nötigt, ihm rechtmäßig zustehende Positionen aufzugeben. Dies wäre dann der Fall, wenn z.B. die Heimaufsichtsbehörde dem Heimträger verbieten wolle, Geldleistungen, die nicht unter den Schutz des § 14 fallen, entgegenzunehmen (Hess. VGH Beschluß vom 21.4.1983, Az. 8 TH 19/83).

Der **Erlaß** von **Anordnungen** steht im Ermessen der zuständigen Behörde. Dies darf jedoch nicht dahingehend mißverstanden werden, daß die zuständige Behörde nach Willkür oder auch nur nach Belieben handeln dürfte. Die zuständige Behörde hat ihre Entscheidung für die eine oder andere Rechtsfolge nach Recht und Billigkeit, d.h. nach sachlichen Gesichtspunkten unter gerechter und billiger Abwägung des öffentlichen Interesses und der Einzelinteressen zu treffen. Sie hat die gesetzlichen Grenzen des Ermessens einzuhalten und von dem Ermessen in einer dem Zweck der Ermächtigung entsprechenden Weise Gebrauch zu machen. Diese Erwägung hat die zuständige Behörde in ihren Entscheidungen ersichtlich zu machen. Nur dann ist eine verwaltungsgerichtliche Prüfung, ob von dem Ermessen im Sinn des Gesetzes Gebrauch gemacht worden ist, möglich (BVerwG DVBl. 62, S. 562).

Anordnungen sind **Verwaltungsakte,** die mit Widerspruch und verwaltungsgerichtlicher Klage angefochten werden können. Um eine Nachprüfung im Sinn der RdNr. 2 zu ermöglichen, ist die Schriftform empfehlenswert. Soll die Anordnung unabhängig von einer eventuellen Klageerhebung durchgesetzt werden, so ist hierfür die **Anordnung des sofortigen Vollzugs** nach § 80 Abs. 2 Ziff. 4 VwGO erforderlich. Dies muß schriftlich begründet werden und kann nur dann angeordnet werden, wenn sie im öffentlichen oder überwiegenden Interesse eines Beteiligten ist. Das besondere Interesse an der sofortigen Vollziehung ist schriftlich zu begründen (§ 80 Abs. 3 VwGO). Einer schriftlichen Begründung bedarf es nur dann nicht, wenn die zuständige Behörde bei Gefahr in Verzug, insbesondere bei drohenden Nachteilen für Leben, Gesundheit oder Eigentum vorsorglich eine als solche bezeichnete Notstandsmaßnahme trifft. Anordnungen nach § 17 können eine **Beteiligung** der Heimbewohner nach § 13 Abs. 2 VwVfG auslösen. Anordnungen zur Abstellung von festgestellten Mängeln unterliegen der **einfachen Beteiligung** nach § 13 Abs. 2 Satz 1 VwVfG, da hier nur das rechtliche Interesse der Bewohner berührt

§ 17 Kommentar zum HeimG

wird. Bei Verwaltungsverfahren, die zu Anordnungen im Zusammenhang mit einer beabsichtigten Einstellung nach § 12 Abs. 4 des Heimbetriebs führen können, wird stets gestaltend in durch das HeimG geschützte Rechte der Bewohner eingegriffen (Klie ZfF 1988, 49, und § 9 RdNr. 21). In diesem Fall liegt eine **notwendige Beteiligung** nach § 13 Abs. 2 Satz 2 VwVfG vor.

4 Wird nach Anordnung des sofortigen Vollzugs die Anordnung als rechtswidrig aufgehoben, so besteht ein **Folgenbeseitigungsanspruch**. Grundsätzlich geht der Folgenbeseitigungsanspruch auf **Naturalrestitution, d.h.** der Beschwerte hat einen Rechtsanspruch darauf, daß der vor der Vollziehung des Verwaltungsakts bestehende Zustand durch die zuständige Behörde wiederhergestellt wird. Soweit dies nicht möglich ist, hat der Ausgleich des Schadens in Geld zu erfolgen.

5 Anordnungen, die vom Verpflichteten nicht erfüllt werden, bedürfen der **zwangsweisen Durchsetzung**, soweit sie rechtskräftig sind oder der sofortige Vollzug angeordnet ist. Der zwangsweise Vollzug richtet sich nach den jeweiligen Verwaltungszustellungs- und Vollstreckungsgesetzen der Länder. Danach können zur Durchsetzung von Anordnungen folgende Zwangsmittel eingesetzt werden:

– Zwangsgeld,
– Ersatzvornahme,
– Ersatzzwangshaft und
– unmittelbarer Zwang

Alle Zwangsmittel sind vor Einsatz erst anzudrohen. Es empfiehlt sich, die Zwangsmittel für den Fall der Nichtbefolgung gleich bei Erlaß der Anordnung anzudrohen.

6 **Zwangsgeld** kann dann festgesetzt werden, wenn die Pflicht zu einer Handlung, einer Duldung oder einer Unterlassung nicht oder nicht zur gehörigen Zeit erfüllt wird.

7 Die **Ersatzvornahme** ist dort angebracht, wo die Pflicht zu einer Handlung, die auch ein anderer vornehmen kann, nicht oder nicht vollständig oder nicht zur gehörigen Zeit erfüllt wird. Sie ist stets dann geboten, wenn dadurch eine akute Gefährdung oder Beeinträchtigung der Bewohner einer Einrichtung nach § 1 beseitigt werden kann. Bis zur Beitreibung der Kosten der Ersatzvornahme hat die zuständige Behörde für die entstandenen Kosten aufzukommen.

8 **Ersatzzwanghaft** wird dann angewandt, wenn das Zwangsgeld uneinbringlich ist und auch unmittelbarer Zwang keinen Erfolg

Anordnungen **§ 17**

verspricht. Zuständig für die Anordnung der Ersatzzwangshaft ist das **Verwaltungsgericht.**

Unmittelbarer Zwang. Führen die sonstigen zulässigen Zwangs- 9
mittel nicht zum Ziel oder würden sie dem Pflichtigen einen erheblichen Nachteil verursachen, so kann die zuständige Behörde den Pflichtigen zur Handlung, Duldung oder Unterlassung zwingen oder die Handlung selbst vornehmen.

Von allen genannten Zwangsmitteln wird regelmäßig nur das 10
Zwangsmittel des **Zwangsgeldes** Anwendung finden. Ersatzvornahme, Ersatzzwangshaft und unmittelbarer Zwang werden seltene Ausnahmen sein. Die genannten Zwangsmittel sind keine Kriminal- oder Verwaltungsstrafen. Sie ersetzen auch nicht ein etwaiges straf- oder ordnungswidrigkeitenrechtliches Verfahren und können unabhängig von diesen oder neben diesen angewendet werden.

Die Anwendung eines Zwangsmittels ist **einzustellen,** sobald der 11
Pflichtige seiner Verpflichtung nachkommt. Förmliche Rechtsbehelfe gegen Maßnahmen bei der Anwendung eines Zwangsmittels sind nur insoweit zulässig, als geltend gemacht werden kann, daß diese Maßnahmen eine **selbständige** Rechtsverletzung darstellen. Androhung und Anwendung eines Zwangsmittels sind demnach Verwaltungsakte, gegen die die Rechtsbehelfe gegeben sind, die gegen den durchzusetzenden Verwaltungsakt zulässig sind (BVerwG DVBl. 61, S. 134; HessVGH DVBl. 60, S. 37). Die Vollstreckungsanordnung selbst ist jedoch kein Verwaltungsakt, sondern ein interner Behördenvorgang (BVerwG DVBl. 61, S. 134).

Das Nichtbefolgen von Anordnungen nach § 17 stellt nach § 21 12
Abs. 2 Nr. 5 eine Ordnungswidrigkeit dar. Außerdem kann als ultima ratio gemäß § 19 Abs. 2 Nr. 2 der Betrieb des Heimes untersagt werden.

Anordnungen sind **kostenpflichtige** Verwaltungsakte. Die Höhe 13
der Kosten und ihre Festsetzung richtet sich nach den Kostengesetzen der Länder.

In den **Abs. 2** und **3** ist die Beteiligung der Kostenträger vorgese- 14
hen. Neu durch das 3. Änderungsgesetz wurde ein Klagerecht der Kostenträger aufgenommen, sofern Anordnungen mit einem finanziellen Mehraufwand verbunden sind. Auch hier haben Widerspruch und Anfechtungsklage keine aufschiebende Wirkung, da § 15 Abs. 5 analog zur Anwendung kommt.

Abs. 2 und Abs. 3 zeigen, dass der **Interessenkonflikt** zwischen Kostenträger und Heimaufsicht auch durch das 3. Änderungsgesetz nicht beseitigt worden ist. Im Gegenteil die Stellung der Kosträ-

§ 18   Kommentar zum HeimG

ger wird durch ihre Mitspracherechte gestärkt (vgl. auch Brunner RsDE 49, 84). Der Konflikt zwischen Kostendämpfung und Gewährleistung der Qualität der in den Heimen angebotenen Leistungen bleibt weiterhin bestehen, sie wurde durch die Einräumung des Klagerechts durch das 3. Änderungsgesetz noch verstärkt.

§ 18 Beschäftigungsverbot, kommissarische Heimleitung

(1) Dem Träger kann die weitere Beschäftigung der Leitung, eines Beschäftigten oder einer sonstigen Mitarbeiterin oder eines sonstigen Mitarbeiters ganz oder für bestimmte Funktionen oder Tätigkeiten untersagt werden, wenn Tatsachen die Annahme rechtfertigen, dass sie die für ihre Tätigkeit erforderliche Eignung nicht besitzen.

(2) ¹Hat die zuständige Behörde ein Beschäftigungsverbot nach Absatz 1 ausgesprochen und der Träger keine neue geeignete Leitung eingesetzt, so kann die zuständige Behörde, um den Heimbetrieb aufrechtzuerhalten, auf Kosten des Trägers eine kommissarische Leitung für eine begrenzte Zeit einsetzen, wenn ihre Befugnisse nach den §§ 15 bis 17 nicht ausreichen und die Voraussetzungen für die Untersagung des Heimbetriebs vorliegen. ²Ihre Tätigkeit endet, wenn der Träger mit Zustimmung der zuständigen Behörde eine geeignete Heimleitung bestimmt; spätestens jedoch nach einem Jahr. ³Die kommissarische Leitung übernimmt die Rechte und Pflichten der bisherigen Leitung.

Zu Abs. 1:

1   Die Vorschrift will verhindern, dass in Heimen ungeeignetes Personal beschäftigt wird. Sie richtet sich daher an den Träger eines Heims, dem untersagt werden kann, ungeeignetes Personal weiter zu beschäftigen.

2   Die Vorschrift richtet sich an den Träger eines Heims. Auch auf den **Arbeitsvertrag** zwischen Träger und Leiter bzw. Beschäftigten oder Mitarbeiter hat ein Beschäftigungsverbot **keinen unmittelbaren Einfluß**. Das Beschäftigungsverbot verpflichtet lediglich den Träger, den Beschäftigten nicht mehr in seiner bisherigen Funktion weiter zu beschäftigen. Eine Auflösung des Arbeitsverhältnisses ist nur dann unumgänglich, wenn der Beschäftigte mit einer anderen Arbeit, die nicht dem Verbot unterliegt, nicht betraut werden kann. Dies wird in der Regel nur bei dem Leiter und den leitenden Angestellten der Fall sein.

Beschäftigungsverbot, kommissarische Heimleitung **§ 18**

Eine Maßnahme nach § 18 stellt sich dem **Träger gegenüber** als 3
Verwaltungsakt dar, der mit den förmlichen Rechtsbehelfen der
Verwaltungsgerichtsordnung angefochten werden kann. **Anfechtungsberechtigt** ist jedoch nur der **Träger**, nicht jedoch der Leiter,
Beschäftigte oder sonstige Mitarbeiter, da dieser durch das dem
Träger gegenüber ausgesprochene Beschäftigungsverbot nicht **unmittelbar** betroffen ist, Seine Klage wäre mangels Geltendmachung einer Rechtsverletzungsbehauptung nach § 42 Abs. 2
VwGO **unzulässig** (a. A. Ernst in Landmann/Rohmer GewO
Bd. II § 13 HeimG der auch dem Mitarbeiter ein Anfechtungsrecht einräumt, da dieser eine Verletzung des Art. 12 GG geltend
machen kann). Ein nach § 18 ergangener Verwaltungsakt ist nach
den Kostengesetzen der Länder kostenpflichtig.

Der einzelne **Heimbewohner** hat gegenüber der nach § 23 zuständigen Behörde einen vor den **Verwaltungsgerichten** einklagbaren Anspruch auf ein Tätigwerden nach § 18, da es sich bei dem
HeimG nach dem Wortlaut des § 2 um ein Schutzgesetz für die
Bewohner von Heimen nach § 1 handelt (VG Köln, Urt. v. 7.12.
1978 Nr. 1 K 3390/78). Es finden insoweit die im Polizei- und Ordnungsrecht entwickelten Grundsätze über das Bestehen eines Anspruches auf Einschreiten der Ordnungsbehörde entsprechende
Anwendung. Hiernach ist ein Anspruch auf Einschreiten der zuständigen Behörde dann anzunehmen, wenn ein Einschreiten ermessensgerecht erscheint, die vom Heimbewohner begehrte Maßnahme als das einzig richtige Mittel anzusehen ist und die die zuständige Behörde zum Einschreiten ermächtigende Rechtsgrundlage zumindest auch dem Individualinteresse des Heimbewohners
zu dienen bestimmt ist (vgl. Ule/Rasch Allgemeines Polizei- und
Ordnungsrecht § 14 PrPVG RdNr. 67; Drews/Wacke/Vogel/
Martens, Gefahrenabwehr, 8. Auflage, Bd. 1 § 6, 8 b aa; VG Köln
aaO).

Wird auf Grund eines Beschäftigungsverbotes durch den Träger 4
eine **Entlassung** ausgesprochen, so kann der Gekündigte hiergegen gemäß § 2 Abs. 1 Nr. 2 ArbGG die **Arbeitsgerichte** anrufen.
Im arbeitsrechtlichen Streit um die Wirksamkeit der Kündigung
kann das Arbeitsgericht nur prüfen, ob die Kündigung ordnungsgemäß erfolgte und ob das von der zuständigen Behörde ausgesprochene Beschäftigungsverbot für eine Kündigung ausreichend war.
Nicht jedoch kann das **Arbeitsgericht** prüfen, ob das Beschäftigungsverbot **zu Recht** ergangen ist. Die Nachprüfung der Rechtmäßigkeit des Beschäftigungsverbotes obliegt den Verwaltungsgerichten, da es sich hierbei um einen öffentlich-rechtlichen Streit

§ 18 Kommentar zum HeimG

nach § 40 VwGO handelt. Das schließt nicht aus, daß ausnahmsweise die **Nichtigkeit** des Beschäftigungsverbots als Vorfrage für die Rechtmäßigkeit der Kündigung durch das Arbeitsgericht geprüft werden kann.

5   Kommt der Träger einer Anordnung nach § 18 nicht nach, so stellt dies eine Ordnungswidrigkeit nach § 21 Abs. 2 Nr. 5 dar, sofern die Anordnung rechtskräftig oder gemäß § 80 Abs. 2 Nr. 4 VwGO – was die Regel sein wird – für sofort vollziehbar erklärt wurde.

Darüberhinaus kann die zuständige Behörde nach den Verwaltungszustellungs- und Vollstreckungsgesetzen der Länder die Maßnahme mittels Zwangsgeld oder Ersatzvornahme erzwingen. Kommt es zu einer Ersatzvornahme, so tritt die zuständige Behörde an die Stelle des Trägers. Sie kann mit **Wirkung für den Träger** Arbeitsverträge **kündigen** und betriebliche Umstellungen veranlassen. In der Kündigung ist zum Ausdruck zu bringen, daß sie im Wege der Ersatzvornahme erfolgt. Beim arbeitsrechtlichen Streit um die Zulässigkeit der Kündigung hat der Gekündigte in diesem Fall **nicht** die zuständige Behörde, **sondern den Träger** zu verklagen, da die Kündigung durch die Ersatzvornahme nicht zu einem Akt der zuständigen Behörde wird. Über die Zulässigkeit von Rechtsbehelfen gegen die Kündigung siehe RdNr. 4.

Außerdem kann in besonders schwerwiegenden Fällen dem Träger gegenüber von der zuständigen Behörde nach § 19 Abs. 2 Nr. 3 der weitere Betrieb des Heims untersagt werden.

6   Die weitere Beschäftigung des Leiters, eines Beschäftigten oder sonstigen Mitarbeiters kann für ganz oder für bestimmte Funktionen untersagt werden. Der Trennung zwischen Leiter, Beschäftigten und Mitarbeitern hätte es nicht bedurft, da der Leiter eines Heims selbst Beschäftigter ist, sofern er nicht selbst Träger ist. Auch ein Mitarbeiter ist ein in dem Heim Beschäftigter.

Beschäftigte sind alle in einem **festen Arbeitsverhältnis** mit dem Träger stehenden Personen; **sonstige Mitarbeiter** sind alle Personen, die aufgrund besonderer Verträge oder ehrenamtlich in dem Heim tätig sind, so z. B. der Hausarzt, Psychologe etc. Sie unterscheiden sich von Beschäftigten dadurch, daß sie in keinem festen Arbeitsverhältnis zum Träger stehen und ihrer Tätigkeit mehr oder weniger selbständig, ohne an Weisungen des Trägers gebunden zu sein, nachgehen. Auch z. B. Friseure, die ein Heim regelmäßig besuchen und dort auf eigene Rechnung tätig werden, fallen unter den Mitarbeiterbegriff (a. A. Dahlem-Giese zu alt § 13 RdNr. 6), da das HeimG den Schutz der Heimbewohner vor Beeinträchtigungen zum Gegenstand hat. Eine Beeinträchtigung kann auch durch das **sog. Belegpersonal** erfolgen. Wenn hier auch kein Vertrag mit dem Träger bestehen mag, so kann der Träger das Beschäftigungsverbot durch ein entsprechendes **Hausverbot** realisieren.

Die Beschäftigung kann ganz oder für bestimmte Funktionen untersagt werden. Das Beschäftigungsverbot richtet sich daher gegen eine **Weiterbeschäftigung,** nicht aber kann durch § 18 die **Einstellung** einer der in § 18 genannten Personen verhindert werden. Ein Träger wird aber nicht Personen einstellen, gegen die die zuständige Behörde Bedenken hat, da er sonst nach der Einstellung mit einer Maßnahme nach § 18 zu rechnen hat. Es empfiehlt sich daher, vor Einstellung von Personal bei der zuständigen Behörde nachzufragen, ob gegen den Bewerber Tatsachen vorliegen, die zu einem Beschäftigungsverbot führen können. 7

Die Beschäftigung kann auch nur für bestimmte Funktionen oder Tätigkeiten untersagt werden. Ob die zuständige Behörde ein gänzliches Beschäftigungsverbot oder nur ein beschränktes gegenüber dem Träger ausspricht, liegt in ihrem **Ermessen,** wie die Ausgestaltung der Vorschrift als Kannbestimmung zeigt. Allerdings ist auch hier der Grundsatz der Verhältnismäßigkeit zu beachten. 8

Tatsachen können Handlungen oder Unterlassungen oder auch Eigenschaften des Leiters, eines Beschäftigten oder sonstigen Mitarbeiters sein. So besitzt ein Heimleiter, der die Bewohner eines Pflegeheimes ständig einschließt, um die Aufsicht zu erleichtern und damit Personalkosten einzusparen, nicht die nach § 18 erforderliche Eignung (OVG Berlin Beschluß vom 7.9. 1982 – OVG 1 S 36.82). Sie brauchen jedoch nicht Tatbestände darzustellen, die mit Strafe bedroht sind. Verschulden ist nicht erforderlich. Auch ein Verhalten, das auf mangelndes berufliches Verantwortungsbewußtsein zurückzuführen ist, kann in Betracht kommen; z.B. dann, wenn eine in § 18 genannte Person ohne die erforderlichen elementaren Berufskenntnisse eine Tätigkeit ausübt, deren nicht ordnungsgemäße Ausübung eine Beeinträchtigung der Bedürfnisse und Interessen der Bewohner im Sinn des § 2 Abs.1 darstellt. Hierzu gehören insbesondere Tätigkeiten, bei denen dem durch § 18 umfaßten Personenkreis Gelder zweckgebunden zur Verwaltung überlassen werden. Ebenso kann das Verhalten von Personen, die auf die Geschäftsführung oder Tätigkeit bestimmten Einfluß haben (z.B. Ehegatten, nahe Verwandte etc.), bei der Beurteilung von Tatsachen, die die Annahme rechtfertigen, daß der Betreffen- 9

§ 18 Kommentar zum HeimG

de die für die Tätigkeit erforderliche Eignung nicht besitzt, Berücksichtigung finden.

Als Tatsachen sind demnach alle **konkreten Vorgänge** anzusehen, die in der Vergangenheit oder Gegenwart in Erscheinung getreten und damit Gegenstand möglicher Wahrnehmungen geworden sind. Auch **innere** Vorgänge und Zustände können als Tatsachen anzusehen sein, wenn sie zu bestimmten äußeren Geschehnissen, durch die sie in das Gebiet der wahrnehmbaren äußeren Welt getreten sind, in erkennbare Beziehung gesetzt werden (BGH MDR 51, S. 404). Eine Reihe fortlaufender, gleichartiger Geschehnisse kann in ihrer Gesamtheit als Tatsache angesehen werden und so zum Gegenstand einer zusammenfassenden Beurteilung gemacht werden.

10   Die Tatsachen müssen die Annahme rechtfertigen, daß die für die Tätigkeit erforderliche Eignung nicht vorhanden ist.

Die Tatsache, aus der die Ungeeignetheit zu schließen ist, **muß nicht** im Rahmen des Heims eingetreten sein. die Nichtgeeignetheit beurteilt sich als Frage der persönlichen Veranlagung und Haltung nach dem Gesamtbild der Persönlichkeit des Betroffenen, so daß auch Komponenten, die außerhalb des Heims liegen, maßgeblich sein können. Diese Auffassung wird durch die Rechtsprechung zur Gewerbeuntersagung nach § 35 GewO geteilt (z.B. BVerwG GewA 65, 7; 66, 200; 71, 67; VGH Bad.-Württ. GewA 61, 215; 65, 156; 73, 171; 74, 135; OVG Rheinland-Pfalz GewA 67, 204). Die Tatsache muß aber Auswirkungen auf das Verhalten der betreffenden Person befürchten lassen. Zwischen den Tatsachen und der Tätigkeit im Heim muß also **kein unmittelbarer,** wohl aber ein **mittelbarer** Zusammenhang bestehen, d.h. sie müssen die Geeignetheit in Frage stellen, da es eine Nichtgeeignetheit schlechthin nicht gibt (vgl. dazu die Rspr. zu § 35 GewO: BVerwGE 22/16 = GewA 66, 72; BVerwG GewA 72, 189; OVG Münster GewArch. 74, 19; VGH Bad.-Württ. GewA 61, 215 und GewA 74, 135).

Liegen die Tatsachen in der Vergangenheit, so müssen sie derart gravierend sein, daß bei einer Würdigung der Gesamtpersönlichkeit des Betroffenen das Ergebnis gerechtfertigt wäre, er sei auch zukünftig nicht in der Lage, seinen Aufgaben gerecht zu werden (vgl. Sieg/Leifermann Gewerbeordnung § 35 Anm. 5; VG Köln, Urt. v. 7.12. 1978 Nr. 1 K 3390/78). Hierbei darf **nicht** von einer **Idealvorstellung** ausgegangen werden, die von einer im sozialen Raum tätigen Person aufzustellen ist. Gegenstand des § 13 ist nicht die Verwirklichung einer Idealvorstellung, sondern der Schutz der Heimbewohner vor Gefährdung (VG Köln aaO).

Den **Gegensatz** zu den Tatsachen bilden **Werturteile**, die nicht 11
durch tatsächliche Behauptung belegt werden können. Die Grenze
zwischen Tatsache und Werturteil ist flüssig, die Abgrenzung ist
im wesentlichen eine Sache der tatsächlichen Feststellung im Einzelfall. Als unbestimmter Rechtsbegriff ist das Vorhandensein einer Tatsache verwaltungsgerichtlich voll nachprüfbar.

Die **möglichen Auswirkungen** auf den Geschäftsbetrieb der Einrichtung müssen nach der Lebenserfahrung naheliegen. Die entfernte Möglichkeit eines unzuverlässigen Verhaltens reicht nicht aus. 12
Mit Rücksicht auf die einschneidende Maßnahme, die ein Beschäftigungsverbot sowohl für den Träger als auch für den in § 18 angesprochenen Personenkreis darstellt, sind **strenge Maßstäbe**
anzulegen. Dabei ist besonders zu berücksichtigen, daß die Auswirkungen ein und derselben Tatsache und des weiter daraus zu vermutenden Verhaltens sehr verschieden sind. Während gravierende
Betrugsdelikte, auch wenn sie außerhalb einer Beschäftigung in
einem Heim nach § 1 begangen worden sind, auf die Nichtgeeignetheit wohl für jede Leitertätigkeit und Beschäftigtentätigkeit im
Wirtschaftsteil des Heims schließen lassen, werden sie auf eine untergeordnete Hilfstätigkeit nicht unbedingt Einfluß haben.

Von der Behörde wird also eine Wertung von Tatsachen verbunden mit einer Prognose über das künftige Verhalten verlangt (Landmann/Rohmer GewO § 35 RdNr. 32 mit weit. Nachweisen). Bloße
Zweifel an der Geeignetheit reichen jedoch nicht aus (VGH Bad.-
Württ. GewA 74, 135), wie anderseits Gewißheit nicht gefordert
werden kann (Landmann/Rohmer GewO § 35 RdNr. 32).

Daraus folgt, daß der Begriff der Nichtgeeignetheit in § 13 nicht 13
absolut, sondern **relativ** in dem Sinne zu verstehen ist, daß es keine Nichtgeeignetheit schlechthin in bezug auf eine Tätigkeit gibt
(vgl. hierzu die Rechtsprechung des BVerwG zu § 35 GewO, insbesondere BVerwGE 22, S. 286/296).

Ein Verschulden im Sinn eines moralischen oder ethischen Vorwurfs ist nicht Voraussetzung für die Annahme der Nichtgeeignetheit. 14

§ 18 wird ausgefüllt durch die Rechtsverordnung nach § 3 Abs. 2 15
Nr. 2. Die in der Heimpersonalverordnung festgelegten persönlichen und fachlichen Voraussetzungen sind auch bindend für die
Auslegung des § 18. Ist demzufolge Nichtgeeignetheit gegeben, so
kann dies auch ein Beschäftigungsverbot nach § 18 rechtfertigen.

Zu Abs. 2:

Abs. 2 wurde durch das 3. Änderungsgesetz neu angefügt. Er gibt 16 der Heimaufsichtsbehörde die Möglichkeit auf Kosten des Heimträgers dann eine kommissarische Leitung einzusetzen, wenn ein Beschäftigungsverbot der Leitung gegenüber ausgesprochen wurde und der Heimträger keine neue geeignete Leitung einsetzt. Die Dauer der kommissarischen ist auf längstens **ein Jahr** beschränkt.

Diese weitreichende Maßnahme wird jedoch nur äußerst selten vorkommen, da qualifizierte Heimträger bereits zur Erteilung eines Beschäftigungsverbots selbst alle Anstrengungen unternehmen werden, um eine qualifizierte Nachfolge sicherzustellen (Crößmann RsDE 49, 106).

§ 19 Untersagung

(1) **Der Betrieb eines Heims ist zu untersagen, wenn die Anforderungen des § 11 nicht erfüllt sind und Anordnungen nicht ausreichen.**

(2) **Der Betrieb kann untersagt werden, wenn der Träger**

1. **die Anzeige nach § 12 unterlassen oder unvollständige Angaben gemacht hat,**
2. **Anordnungen nach § 17 Abs. 1 nicht innerhalb der gesetzten Frist befolgt,**
3. **Personen entgegen einem nach § 18 ergangenen Verbot beschäftigt,**
4. **gegen § 14 Abs. 1, 3 oder Abs. 4 oder eine nach § 14 Abs. 7 erlassene Rechtsverordnung verstößt.**

(3) ¹**Vor Aufnahme des Heimbetriebs ist eine Untersagung nur zulässig, wenn neben einem Untersagungsgrund nach Absatz 1 oder Absatz 2 die Anzeigepflicht nach § 12 Abs. 1 Satz 1 besteht.** ²**Kann der Untersagungsgrund beseitigt werden, ist nur eine vorläufige Untersagung der Betriebsaufnahme zulässig.** ³**Widerspruch und Anfechtungsklage gegen eine vorläufige Untersagung haben keine aufschiebende Wirkung.** ⁴**Die vorläufige Untersagung wird mit der schriftlichen Erklärung der zuständigen Behörde unwirksam, dass die Voraussetzungen für die Untersagung entfallen sind.**

1 § 19 regelt die Untersagung des Heimbetriebs. Dabei ist zu beachten, daß Abs. 1 der Heimaufsichtsbehörde **keinen** Ermessensspielraum einräumt, während nach Abs. 2 ein solcher vorhanden ist. Die Untersagung ist ein belastender Verwaltungsakt und kann im Wege der Anfechtungsklage angegangen werden, wenn dem

Untersagung **§ 19**

Widerspruch nicht abgeholfen worden ist. Die Heimaufsichtsbehörde kann auch die sofortige Vollziehung anordnen (§ 80 VwGO), wenn das Interesse der Öffentlichkeit auf Vollzug der Untersagung gegenüber dem Privatinteresse des Heimbetreibers an der Aufschiebung der Untersagung überwiegt. Liegt Gefahr im Verzug vor, so bedarf es keiner besonderen Begründung für den sofortigen Vollzug (§ 80 Abs. 2 Nr. 4, Abs. 3 VwGO). Diese ist regelmäßig dann gegeben, wenn Leben oder Gesundheit der Bewohner bedroht sind (so auch Gitter-Schmitt § 19 VII 1).

Die Untersagung des Heimbetriebs berührt in der Regel den Schutzbereich des dem Vertretungsberechtigten des Betreibers zustehenden Grundrechts nach Art. 12 Abs. 1 GG; dieser ist deshalb beschwert i. S. d. § 42 Abs. 2 VwGO (so OVG Koblenz, Urt. v. 17. 10. 1986, NVwZ 1987, 426).

Bei einer Untersagung nach Abs. 3, also **vor Aufnahme** des Heimbetriebs, haben Widerspruch und Anfechtungsklage **keine** aufschiebende Wirkung.

Zu Abs. 1:

Liegen die Anforderungen des § 11 **nicht** vor, so **hat** die Heimaufsichtsbehörde den Betrieb des Heimes zu untersagen. Nach § 11 muß die Untersagung erfolgen, wenn 2

1. der Heimträger und die Leitung nicht

   a) die Würde sowie die Interessen und Bedürfnisse der Bewohnerinnen und Bewohner vor Beeinträchtigungen schützen,

   b) die Selbständigkeit, die Selbstbestimmung und die Selbstverantwortung der Bewohnerinnen und Bewohner wahren und fördern, insbesondere bei behinderten Menschen die sozialpädagogische Betreuung und heilpädagogische Förderung sowie bei Pflegebedürftigen eine humane und aktivierende Pflege unter Achtung der Menschenwürde gewährleisten,

   c) eine angemessene Qualität der Betreuung der Bewohnerinnen und Bewohner, auch soweit sie pflegebedürftig sind, in dem Heim selbst oder in angemessener anderer Weise einschließlich der Pflege nach dem allgemein anerkannten Stand medizinisch-pflegerischer Erkenntnisse sowie die ärztliche und gesundheitliche Betreuung sichern,

   d) die Eingliederung behinderter Menschen fördern,

   e) den Bewohnerinnen und Bewohnern eine nach Art und Umfang ihrer Betreuungsbedürftigkeit angemessene Lebensgestaltung ermöglichen und die erforderlichen Hilfen gewähren,

§ 19 Kommentar zum HeimG

- f) die hauswirtschaftliche Versorgung sowie eine angemessene Qualität des Wohnens erbringen,
- g) sicherstellen, dass für pflegebedürftige Bewohnerinnen und Bewohner Pflegeplanungen aufgestellt und deren Umsetzung aufgezeichnet werden,
- h) gewährleisten, dass in Einrichtungen der Behindertenhilfe für die Bewohnerinnen und Bewohner Förder- und Hilfepläne aufgestellt und deren Umsetzung aufgezeichnet werden,
- i) einen ausreichenden Schutz der Bewohnerinnen und Bewohner vor Infektionen gewährleisten und sicherstellen, dass von den Beschäftigten die für ihren Aufgabenbereich einschlägigen Anforderungen der Hygiene eingehalten werden, und
- j) sicherstellen, dass die Arzneimittel bewohnerbezogen und ordnungsgemäß aufbewahrt und die in der Pflege tätigen Mitarbeiterinnen und Mitarbeiter mindestens einmal im Jahr über den sachgerechten Umgang mit Arzneimitteln beraten werden.

2. der Heimträger nicht
   - a) die notwendige Zuverlässigkeit, insbesondere die wirtschaftliche Leistungsfähigkeit zum Betrieb des Heims, besitzt,
   - b) sicherstellt, dass die Zahl der Beschäftigten und ihre persönliche und fachliche Eignung für die von ihnen zu leistende Tätigkeit ausreicht,
   - c) angemessene Entgelte verlangt und
   - d) ein Qualitätsmanagement betreibt.

3. Ein Heim darf auch dann nicht betrieben werden, wenn nicht
   - a) die Einhaltung der in den Rechtsverordnungen nach § 3 enthaltenen Regelungen gewährleistet ist,
   - b) die vertraglichen Leistungen erbracht werden und
   - c) die Einhaltung der nach § 14 Abs. 7 erlassenen Vorschriften gewährleistet ist.

Zur näheren Erläuterung wird auf die Ausführungen zu § 11 verwiesen.

3 In Absatz 1 wurde durch das Dritte Gesetz zur Änderung des Heimgesetzes klargestellt, dass bei der Entscheidung über die Untersagung des Heimbetriebs der **Grundsatz der Verhältnismäßigkeit** zu beachten ist. Bei einem Verstoß gegen § 11 ist eine zwingende Untersagung nur dann angemessen, wenn Anordnun-

Untersagung **§ 19**

gen nicht ausreichen, um die Erfüllung der gesetzlichen Anforderungen an den Heimbetrieb sicherzustellen. Zum Aufnahmestopp als Teiluntersagung des Heimbetriebs vgl. VGH München, Urt. v. 12. 4. 2000, GewA 2000, 283).

Zu Abs. 2:

Der Betrieb des Heimes **kann** untersagt werden, wenn einer der in den Nr. 1–4 abschließend aufgeführten Untersagungsgründe vorliegt. Wie bereits unter obiger RdNr. 1 dargelegt, liegt die Untersagung nach Abs. 2 im pflichtgemäßen Ermessen der Heimaufsichtsbehörde. Diese hat bei der Entscheidung darauf zu achten, daß sie die gesetzlichen Grenzen des Ermessens nicht überschreitet und das Ermessen nach dem Zweck des Heimgesetzes ausübt. Zu beachten sind ferner die Grundsätze über die Verhältnismäßigkeit und den geringstmöglichen Eingriff. Deshalb hat sie vor der Untersagung nach Abs. 2 **in jedem Falle** zu prüfen, ob die **Herstellung des gesetzmäßigen Zustandes nicht durch andere im HeimG geregelte Maßnahmen erreicht wird;** insbesondere kommen hier Anordnungen nach § 17 und die Verhängung von Bußgeldern nach § 21 in Betracht. 4

Nach **Abs. 2 Nr. 1** kann der Heimbetrieb untersagt werden, wenn der Heimträger die Anzeige nach § 12 unterlassen oder unvollständige Angaben gemacht hat. Zu den Erfordernissen der Anzeige siehe Anmerkungen zu § 12. Abs. 2 Nr. 1 setzt **kein Verschulden** des Heimträgers voraus. Deshalb erübrigt sich die Frage, ob die Anzeige vorsätzlich oder fahrlässig nicht erstattet wurde oder die Angaben unvollständig gemacht wurden. 5

Nach **Abs. 2 Nr. 2** kann der Heimbetrieb untersagt werden, wenn der Heimträger Anordnungen nach § 17 Abs. 1 nicht innerhalb der gesetzten Frist befolgt.

Nach **Abs. 2 Nr. 3** kann der Heimbetrieb untersagt werden, wenn Personen entgegen einem nach § 18 ergangenen Beschäftigungsverbot beschäftigt werden. Das Beschäftigungsverbot muß bestands- oder rechtskräftig geworden sein, bevor eine Untersagung nach Abs. 2 Nr. 3 in Betracht kommt (so auch Gitter-Schmitt § 19 V 3).

Abs. 2 Nr. 4 regelt die Untersagung bei der Verletzung von vier Tatbestandsmerkmalen des § 14. Hat sich der Träger von oder zugunsten von Bewohnern Geld oder geldwerte Leistungen über das nach § 4 vereinbarte Entgelt hinaus versprechen oder gewähren lassen, so liegt ein Verstoß gegen § 14 Abs. 1 vor, wenn die Ausnahmetatbestände des § 14 Abs. 2 nicht gegeben sind. Der nächste Untersagungsgrund liegt vor, wenn nach § 14 Abs. 3 Leistungen im Sinne des § 14 Abs. 2 Nr. 3 nicht zurückgewährt und nicht mit dem Entgelt verrechnet worden sind. Der dritte Untersagungsgrund nach Abs. 2 Nr. 4 liegt in einem Verstoß gegen die Regelungen des § 14 Abs. 4, wenn also gegen die Regelungen über die Sicherheitsleistungen für die Erfüllung der Verpflichtungen aus dem Heimvertrag verstoßen wird (Zahlung in drei gleichen monatlichen Teilleistungen, getrennte Vermögensverwaltung bei Anlage nach dem üblichen Zinssatz, Gutschrift der Zinsen für den Bewohner).

Als vierter Versagungsgrund kommt ein Verstoß gegen die Regelungen der aufgrund des § 14 Abs. 7 erlassenen Heimsicherungsverordnung in Betracht.

Zu Abs. 3:

6 Abs. 3 regelt die Untersagung des Heimbetriebs **vor der Aufnahme**. Die Untersagung ist nur dann zulässig, wenn neben einem Untersagungsgrund nach § 19 Abs. 1 oder Abs. 2 die Anzeigepflicht nach § 12 Abs. 1 S. 1 besteht. Die Verweisung auf § 12 Abs. 1 S. 1 stellt klar, daß eine Untersagung frühestens drei Monate vor der vorgesehenen Betriebsaufnahme erfolgen kann und wenn die Voraussetzungen für den Heimbetrieb nach § 11 nicht erfüllt sind (§ 19 Abs. 1) oder einer der Untersagungsgründe des § 19 Abs. 2 vorliegt. Kann der Untersagungsgrund noch vor der beabsichtigten Betriebsaufnahme beseitigt werden, ist nur eine **vorläufige** Untersagung zulässig (Abs. 3 S. 2). Widerspruch und Anfechtungsklage gegen die vorläufige Untersagung haben keine aufschiebende Wirkung (Abs. 3 S. 3). Die vorläufige Untersagung wird unwirksam, wenn die Heimaufsichtsbehörde schriftlich den Wegfall der Voraussetzungen der Untersagung erklärt (Abs. 3 S. 4).

§ 20 Zusammenarbeit, Arbeitsgemeinschaften

(1) ¹**Bei der Wahrnehmung ihrer Aufgaben zum Schutz der Interessen und Bedürfnisse der Bewohnerinnen und Bewohner und zur Sicherung einer angemessenen Qualität des Wohnens und der Betreuung in den Heimen sowie zur Sicherung einer angemessenen Qualität der Überwachung sind die für die Ausführung nach diesem Gesetz zuständigen Behörden und die Pflegekassen, deren Landesverbände, der Medizinische Dienst der Krankenversicherung und die zuständigen Träger der Sozialhilfe verpflichtet, eng zusammenzuarbeiten.** ²**Im Rahmen der engen Zusammenarbeit sollen die in Satz 1 genannten Beteilig-**

ten sich gegenseitig informieren, ihre Prüftätigkeit koordinieren sowie Einvernehmen über Maßnahmen zur Qualitätssicherung und zur Abstellung von Mängeln anstreben.

(2) ¹Sie sind berechtigt und verpflichtet, die für ihre Zusammenarbeit erforderlichen Angaben einschließlich der bei der Überwachung gewonnenen Erkenntnisse untereinander auszutauschen. ²Personenbezogene Daten sind vor der Übermittlung zu anonymisieren.

(3) ¹Abweichend von Absatz 2 Satz 2 dürfen personenbezogene Daten in nicht anonymisierter Form an die Pflegekassen und den Medizinischen Dienst der Krankenversicherung übermittelt werden, soweit dies für Zwecke nach dem Elften Buch Sozialgesetzbuch erforderlich ist. ²Die übermittelten Daten dürfen von den Empfängern nicht zu anderen Zwecken verarbeitet oder genutzt werden. ³Sie sind spätestens nach Ablauf von zwei Jahren zu löschen. ⁴Die Frist beginnt mit dem Ablauf des Kalenderjahres, in dem die Daten gespeichert worden sind. ⁵Die Heimbewohnerin oder der Heimbewohner kann verlangen, über die nach Satz 1 übermittelten Daten unterrichtet zu werden.

(4) Ist die nach dem Heimgesetz zuständige Behörde der Auffassung, dass ein Vertrag oder eine Vereinbarung mit unmittelbarer Wirkung für ein zugelassenes Pflegeheim geltendem Recht widerspricht, teilt sie dies der nach Bundes- oder Landesrecht zuständigen Aufsichtsbehörde mit.

(5) ¹Zur Durchführung des Absatzes 1 werden Arbeitsgemeinschaften gebildet. ²Den Vorsitz und die Geschäfte der Arbeitsgemeinschaft führt die nach diesem Gesetz zuständige Behörde, falls nichts Abweichendes durch Landesrecht bestimmt ist. ³Die in Absatz 1 Satz 1 genannten Beteiligten tragen die ihnen durch die Zusammenarbeit entstehenden Kosten selbst. ⁴Das Nähere ist durch Landesrecht zu regeln.

(6) Die Arbeitsgemeinschaften nach Absatz 5 arbeiten mit den Verbänden der Freien Wohlfahrtspflege, den kommunalen Trägern und den sonstigen Trägern sowie deren Vereinigungen, den Verbänden der Bewohnerinnen und Bewohner und den Verbänden der Pflegeberufe sowie den Betreuungsbehörden vertrauensvoll zusammen.

(7) Besteht im Bereich der zuständigen Behörde eine Arbeitsgemeinschaft im Sinne von § 4 Abs. 2 des Zwölften Buches Sozialgesetzbuch, so sind im Rahmen dieser Arbeitsgemeinschaft

§ 20 Kommentar zum HeimG

auch Fragen der bedarfsgerechten Planung zur Erhaltung und Schaffung der in §1 genannten Heime in partnerschaftlicher Zusammenarbeit zu beraten.

Allgemeines

1   Ein Kernstück der Novellierung des Heimgesetzes durch das 3. Änderungsgesetz vom 5.11. 2001 (BGBl. I S.2960 ff.) ist die Verbesserung der **Zusammenarbeit** zwischen Heimaufsicht, Medizinischen Dienst der Krankenkassen sowie den Kostenträgern der Sozialhilfe und der Pflegeversicherung (vgl. BT-DrS.14/5399). Diese Zusammenarbeit soll durch die Gründung von **Arbeitsgemeinschaften** institutionalisiert werden (Abs.5).

Zu Abs.1:

2   Satz 1 enthält den Grundsatz einer partnerschaftlichen Zusammenarbeit zwischen den beteiligten Stellen, die **enumerativ** aufgeführt werden, zur Verbesserung des Schutzes der Heimbewohner und der Qualität der Pflege und Betreuung in den Heimen. Zugleich soll erreicht werden, Doppelarbeit bei der Überwachung der Heime zu vermeiden und durch eine enge und kooperative Zusammenarbeit Synergieeffekte zu nutzen. Bei dem Zusammenarbeitsgebot handelt es sich nicht um einen bloßen Programmsatz, sondern um eine verbindliche Rechtspflicht. Stellt die Heimaufsichtsbehörde z.B. Mängel in einem Pflegeheim fest, so hat sie sich mit der Pflegekasse und dem Sozialhilfeträger mit dem Ziel der Verständigung in Verbindung zu setzen, bevor sie Aufsichtsmaßnahmen ergreift (vgl. BT-DrS.14/5399).

3   Zur Verbesserung der Qualität sollen die Beteiligten nach **Satz 2** ihre Prüftätigkeit koordinieren, sowie etwaige Maßnahmen zur Mängelbeseitigung erörtern und abklären, welche Schritte die Beteiligten in welchem Zeitrahmen vornehmen werden. Zur Koordinierung der Prüftätigkeit gehört, dass die Beteiligten Terminabsprachen für eine gemeinsame oder eine arbeitsteilige Überprüfung der Heime treffen (BT-DrS.14/5399). Dazu gehört auch die Erarbeitung eines **Kriterienkatalogs.** Ohne Kriterienkatalog ist eine einheitliche Qualitätssicherung in allen Heimen nicht möglich.

4   Bei der Prüfung der Qualitätssicherung sind auch die Qualitätsvereinbarungen nach §§ 80, 80a SGB XI, die Rahmenverträge nach § 75 SGB XI sowie die Vereinbarungen nach §§ 93 ff. BSHG und die individuell für das einzelne Heim abgeschlossenen Verträge nach dem PflegeversicherungsG zu beachten (dazu auch Crößmann RsDE 49, 90 (108)).

Zusammenarbeit, Arbeitsgemeinschaften **§ 20**

Dabei ist zu beachten, daß die Zusammenarbeit nach Abs. 1 nur 5
mit den dort aufgeführten Verbänden und Trägern erfolgt, **nicht**
aber mit den von diesen für Qualitätsprüfungen bestellten Sachverständigen oder unabhängigen Kommissionen nach §§ 93 ff. BSHG
(§ 29 der Bundesempfehlung gemäß § 93d Abs. 3 BSHG vom
15. 2. 1999). Dies erscheint nicht sachgerecht (vgl. dazu die kritischen Ausführungen von Brünner RsDE 49, 66/84 f.)).

Zu Abs. 2:

Die beteiligten Stellen haben als wesentliches Element der Zu- 6
sammenarbeit das Recht und die Pflicht, die für ihre Zusammenarbeit erforderlichen Angaben und Daten untereinander auszutauschen. Ohne einen entsprechenden Austausch von Daten und Informationen wäre eine effektive Zusammenarbeit nicht möglich. Mit
der Pflicht zum Datenaustausch korrespondiert die Pflicht der Mitglieder der Kommission zur Verschwiegenheit. Personenbezogene
Daten sind nach S. 2 vor der Übermittlung zu anonymisieren. Eine
Übersendung von Daten per **E-Mail** verbietet sich wegen der Unsicherheit der Vertraulichkeit des Verfahrens von selbst.

Zu Abs. 3:

Abs. 3 läßt Ausnahmen von dem in Abs. 2 Satz 2 aufgestellten 7
Grundsatz zu, dass personenbezogene Daten vor der Übermittlung zu anonymisieren sind. Soweit dies für Zwecke nach dem
SGB-XI erforderlich ist, können personenbezogene Daten an die
Pflegekassen und den **Medizinischen Dienst der Krankenkassen**
auch in nicht anonymisierter Form übermittelt werden. Die Aufzählung ist **enumerativ**. An andere Stellen dürfen personenbezogene Daten nur in anonymisierter Form weitergegeben werden. Auch
hier ist eine Versendung von Daten per **E-Mail** wegen der Unsicherheit der Einhaltung der Vertraulichkeit bei Verwendung von
E-mail, ausgeschlossen. In allen Fällen unterliegt der Umgang mit
Daten einer strengen Zweckbindung. Sie sind nach Ablauf von
2 Jahren zu löschen.

Zu Abs. 4:

Hält die Heimaufsichtsbehörde eine Vereinbarung für rechtswid- 8
rig, so ist sie verpflichtet, dies der zuständigen Aufsichtsbehörde der
Selbstverwaltung mitzuteilen. Sie ist jedoch nicht gehindert, z.B.
eine Beratung nach § 16 durchzuführen oder eine Anordnung
nach § 17 zu erlassen.

§ 20 Kommentar zum HeimG

Zu Abs. 5:

9 Abs. 5 **verpflichtet** („werden") die in Abs. 1 genannten Behörden und Institutionen zur Bildung von **Arbeitsgemeinschaften**. Die Arbeitsgemeinschaften sind **keine** eigene Rechtspersönlichkeiten. Sie können **keine Verwaltungsakte** erlassen und ihnen können auch keine Aufsichtsbefugnisse nach dem HeimG übertragen werden.

Die Regelung der Einzelheiten bleibt dem Landesrecht vorbehalten (Satz 4). Da es sich bei der Heimaufsichtsbehörde um eine unabhängige und neutrale Instanz handelt und sich ihre fachliche Zuständigkeit auf alle Bereiche des Heimrechts erstreckt, ist es sachgerecht, ihr den Vorsitz und die Führung der Geschäfte der Arbeitsgemeinschaft zu übertragen. Die Länder können jedoch Abweichendes regeln. Satz 3 stellt klar, dass jeder der Beteiligten die durch die Zusammenarbeit entstehenden Kosten selbst trägt.

10 **Ziele** der Arbeitsgemeinschaften (vgl. Arbeitshilfe des Bayer. Landkreistages) sind vor allem:

– die Verbesserung des Schutzes der Heimbewohner,
– die Sicherung einer angemessenen Qualität des Wohnens und der Betreuung in den Heimen,
– die Entlastung der Einrichtungen von Doppel- und Mehrfachprüfungen zu den selben Prüfungsgegenständen,
– die Nutzung von Synergieeffekten durch Koordination, Vermeidung von Doppelarbeit und Abgrenzung von Zuständigkeiten beim Gesetzesvollzug und der Qualitätskontrolle,
– Verbesserung der Beratungs- und Überwachungsqualität durch Zusammenführung und Nutzung der Fachkompetenzen aller in der ArGe und in der Heimaufsicht Beteiligten sowie
– die Entwicklung und Förderung kooperativer Formen der Zusammenarbeit.

11 Daraus ergeben sich folgende **Aufgaben** und **Arbeitsschwerpunkte**:

– Wechselseitiger Informations- und Sachstandsaustausch zu Erkenntnissen und Ergebnissen zur Heim- und Betreuungsqualität, insbesondere über die Ergebnisse von Heimnachschauen, Qualitätsprüfungen und anderen fachlichen Kontrollen,
– Besprechung besonderer Probleme und Mängel einzelner Einrichtungen sowie Absprache bzw. Festlegung evtl. notwendiger Maßnahmen unter Beachtung bzw. Berücksichtigung von Auswirkungen auf die Pflegeentgelte,
– Bericht über Maßnahmenvollzug und Erfolgskontrolle,

- Information über bzw. Koordination von turnusgemäßen Prüfungsterminen (wer, wann, gemeinsam oder arbeitsteilig) mit eventueller Festlegung von Prüfungsschwerpunkten,
- Klärung von Verfahrensfragen, des Informations- und Datenaustausches sowie der Zusammenarbeit bei Beschwerden sowie angezeigten oder festgestellten Qualitätsmängeln in Einrichtungen zur Regelung eines schnellen und effizienten Verfahrens.

Der **Geschäftsbereich** der Arbeitsgemeinschaft umfaßt den **Zuständigkeitsbereich** der Heimaufsichtsbehörde. Die Anzahl der Sitzungen ist im Gesetz nicht geregelt. Soweit landesrechtlich keine Regelungen erlassen werden, hat die Arbeitsgemeinschaft mindestens einmal im Jahr zu tagen. In der Praxis werden jedoch mehrmals jährlich Sitzungen abzuhalten sein. Je mehr Einrichtungen sich im Zuständigkeitsbereich der Heimaufsichtsbehörde befinden, umso größer ist der Abstimmungsbedarf. **12**

Die **Verantwortung** für den Vollzug des HeimG bleibt jedoch bei der **Heimaufsichtsbehörde.** Beschlüsse der Arbeitsgemeinschaft haben nur **beratenden** Charakter. Sie binden in keinem Fall die Heimaufsichtsbehörde in ihrer Entscheidung. Eine Bindung an die Beschlüsse der Arbeitsgemeinschaft kann auch **nicht** durch Landesrecht erfolgen. Eine solche Anordnung würde dem HeimG zuwiderlaufen, das alle Eingriffsbefugnisse und damit auch die Entscheidungsbefugnis den Heimaufsichtsbehörden zuordnet. **13**

Zu Abs. 6:

In Erfüllung ihrer Aufgaben arbeiten die Arbeitsgemeinschaften auch vertrauensvoll mit den Wohlfahrtsverbänden, den Trägern und ihren Vereinigungen, sowie den Verbänden der Bewohner, der Pflegeberufe und den Betreuungsbehörden **vertrauensvoll** zusammen. Wie diese Zusammenarbeit aussehen soll, regelt das Gesetz nicht. Die in Abs. 6 genannten Verbände können im Einzelfall bei sie betreffenden Maßnahmen zu den Sitzungen der Arbeitsgemeinschaften beigezogen oder sonst (z.B. schriftlich) gehört werden. **14**

Bei der Beteiligung der in Abs. 6 genannten Vereinigungen ist es sinnvoll, dass sich die Arbeitsgemeinschaft auf ein **geeignetes Verfahren** zur Erfüllung ihres gesetzlichen Auftrags zur Zusammenarbeit einigt. Durch die Ausweitung des Personenkreises mit dem eine Zusammenarbeit erforderlich ist, besteht die Gefahr, dass die Arbeitsgemeinschaft nur noch diskutiert und ihre eigentlichen Aufgaben nicht mehr wahrnimmt. **15**

§ 21   Kommentar zum HeimG

Zu Abs. 7:

16 Abs. 7 regelt über Abs. 5 und Abs. 6 hinaus die Beteiligung von Arbeitsgemeinschaften im Sinne von § 95 BSHG.

§ 21 Ordnungswidrigkeiten

(1) Ordnungswidrig handelt, wer vorsätzlich oder fahrlässig
1. entgegen § 12 Abs. 1 Satz 2 eine Anzeige nicht, nicht richtig oder nicht rechtzeitig erstattet,
2. ein Heim betreibt, obwohl ihm dies durch vollziehbare Verfügung nach § 19 Abs. 1 oder 2 untersagt worden ist,
3. entgegen § 14 Abs. 1 sich Geld- oder geldwerte Leistungen versprechen oder gewähren lässt oder einer nach § 14 Abs. 7 erlassenen Rechtsverordnung zuwiderhandelt, soweit diese für einen bestimmten Tatbestand auf diese Bußgeldvorschrift verweist.

(2) Ordnungswidrig handelt auch, wer vorsätzlich oder fahrlässig

1. einer Rechtsverordnung nach § 3 oder § 10 Abs. 5 zuwiderhandelt, soweit sie für einen bestimmten Tatbestand auf diese Bußgeldvorschrift verweist,
2. entgegen § 12 Abs. 4 Satz 1 eine Anzeige nicht, nicht richtig oder nicht rechtzeitig erstattet,
3. entgegen § 14 Abs. 5 Satz 1 sich Geld- oder geldwerte Leistungen versprechen oder gewähren lässt,
4. entgegen § 15 Abs. 1 Satz 5 eine Auskunft nicht, nicht richtig, nicht vollständig oder nicht rechtzeitig erteilt oder entgegen § 15 Abs. 2 Satz 2 oder Abs. 3 Satz 2 eine Maßnahme nicht duldet oder
5. einer vollziehbaren Anordnung nach § 17 Abs. 1 oder § 18 zuwiderhandelt.

(3) Die Ordnungswidrigkeit kann in den Fällen des Absatzes 1 mit einer Geldbuße bis zu fünfundzwanzigtausend Euro, in den Fällen des Absatzes 2 mit einer Geldbuße bis zu zehntausend Euro geahndet werden.

1 Eine Ordnungswidrigkeit ist eine tatbestandsmäßige, rechtswidrige und vorwerfbare Handlung, die durch eine Geldbuße geahndet wird. § 21 Abs. 1 und 2 bestimmen die einzelnen Tatbestände der Ordnungswidrigkeit, wobei neben dem Vorsatz auch Fahrläs-

Ordnungswidrigkeiten **§ 21**

sigkeit genügt und damit eine dem § 10 OWiG Rechnung tragende ausdrückliche Regelung im HeimG enthalten ist.

Was unter **Vorsatz** zu verstehen ist, regelt weder das HeimG 2 noch das OWiG.

Vorsätzlich handelt, wer die **gegenwärtigen** Tatbestandsmerkmale kennt und will und auch durch seine Handlung die zur Verwirklichung des Tatbestandes erforderlichen **künftigen** Tatumstände will.

Bedingter Vorsatz ist ebenfalls Vorsatz; er liegt vor, wenn der Täter die Verwirklichung des gesetzlichen Tatbestandes nicht will, aber sie für möglich hält oder billigend in Kauf nimmt. Auch das Handeln in Absicht ist Vorsatz. Auf die Unterscheidung zwischen bewußter Fahrlässigkeit und bedingtem Vorsatz kommt es im Rahmen des § 21 nicht an, da dieser die in § 10 OWiG vorgesehene Ausnahme enthält.

Fahrlässigkeit liegt vor, wenn die einzelnen Tatbestände der Absätze 1 und 2 pflichtwidrig verwirklicht werden, ohne daß der Vorwurf vorsätzlichen Handelns begründet werden kann. 3

Eine Ordnungswidrigkeit kann nur von **natürlichen Personen** 4 begangen werden. Dies hätte bei Trägern einer Einrichtung im Sinn von § 1 die Folge, daß die juristische Person als „wer" im Sinn von § 21 nicht belangt werden kann, weil sie nicht handelt, das vertretungsberechtigte Organ nicht, weil es kein Heim betreibt.

Bei juristischen Personen ist besonders auf die §§ 9 und 30 OWiG hinzuweisen. Nach § 9 OWiG wird das Merkmal „wer" dem vertretungsberechtigten Organ zugerechnet, mit der Folge, daß bei Vorliegen der übrigen Voraussetzungen des § 21 das vertretungsberechtigte Organ mit der Geldbuße belegt wird. Gegen die juristische Person selbst kann nach Maßgabe des § 30 OWiG eine Geldbuße in dem vom § 21 aufgezeigten Rahmen verhängt werden.

Zuständig ist nach § 36 Abs.1 Nr.1 OWiG die Verwaltungsbehörde, die durch Gesetz bestimmt wird. Gesetz im Sinn dieser Vorschrift ist nicht die Bußgeldnorm selbst, sondern das Gesetz, das von der Verwaltung vollzogen wird und dessen spezielle Regelungen mit Hilfe von Bußgeldbestimmungen durchgesetzt werden sollen. Nach § 23 bestimmen die Länder die für die Durchführung des Gesetzes zuständigen Behörden, so daß – sofern in den einzelnen aufgrund von § 23 ergangenen landesrechtlichen Verordnungen hinsichtlich der Verfolgung und Ahndung nichts Gegenteiliges bestimmt ist – diese Behörden (vgl. RdNr.2ff. zu § 23) sachlich zuständig sind. Örtlich zuständig sind nach § 37 Abs.1 OWiG die 5

§ 21 Kommentar zum HeimG

Verwaltungsbehörden, in deren Bezirk die Ordnungswidrigkeit begangen oder entdeckt worden ist (§ 37 Abs. 1 Nr. 1 OWiG) oder der Betroffene zur Zeit der Einleitung des Bußgeldverfahrens seinen Wohnsitz hat.

6 Gegen den Bußgeldbescheid kann vom Betroffenen innerhalb von zwei Wochen nach Zustellung schriftlich oder zur Niederschrift bei der Verwaltungsbehörde, die den Bußgeldbescheid erlassen hat, **Einspruch** eingelegt werden (§ 67 OWiG). Wird Einspruch eingelegt, so entscheidet das **Amtsgericht**, in dessen Bezirk die Verwaltungsbehörde ihren Sitz hat (§ 68 Abs. 1 OWiG).

Durch das Dritte Gesetz zur **Änderung** des Heimgesetzes wurden die **Absätze 1 und 2** im wesentlichen redaktionell an die veränderte Reihenfolge der Vorschriften angepasst. Da die Anforderungen an den Bestimmtheitsgrundsatz des Ordnungswidrigkeitenrechts als Nebenstrafrecht gegenüber früheren Jahren von der Rechtsprechung erheblich verschärft wurden, erfolgte im Rahmen der Novellierung des Heimgesetzes zum 1. Januar 2002 eine Verschlankung der Ordnungswidrigkeitstatbestände in § 21. Der Heimaufsichtsbehörde stehen aber auch andere – oft viel wirkungsvollere – Instrumente zur Verfügung, als die Ahndung mit einer Geldbuße nach § 21.

Zu Abs. 1 Nr. 3:

7 Unter Annahme von Vermögensvorteilen fällt auch das Einräumen von Rechtsansprüchen an Sachen, Rechte und Dienste in einem notariellen Vertrag. Der Tatbestand des § 21 Abs. 1 Nr. 3 erster Fall ist auch dann erfüllt, wenn der notarielle Vertrag nichtig ist; andernfalls würde diese Vorschrift weitestgehend ins Leere gehen, da Rechtsgeschäfte, die unter Verstoß gegen das HeimG Vermögensvorteile für die Träger einer Einrichtung einräumen, in aller Regel nach §§ 134, 138 BGB nichtig sind (BayOLG v. 25. 4. 86, Az 3 Ob OWiG 35/86).

§ 19 Abs. 3 i. V. m. § 20 Nr. 8 der HeimsicherungsV findet in § 14 Abs. 4 Satz 3 2. Halbs. des HeimG eine ausreichende Ermächtigungsgrundlage (OLG Saarbrücken, Urt. v. 18. 5. 88, Az. Ss (z) 307/86).

Die Rechtsverordnung nach § 14 Abs. 7 wurde am 24. 4. 1978 erlassen und ist seit 1. 8. 1978 in Kraft (HeimsicherungsV vgl. Anh. A 3). § 20 HeimsicherungsV zählt die Ordnungswidrigkeiten abschließend nach dieser VO auf und verweist auf die Bußgeldvorschrift des § 21.

Ordnungswidrigkeiten **§ 21**

Zu Abs. 2 Nr. 1:
Die Rechtsverordnung nach § 3 Abs. 2 Nr. 1 wurde am 27. 1. 1978 erlassen und ist seit 1. 8. 1978 in Kraft (HeimMindBauV vgl. Anh. A 1. Sie wurde am 3. 5. 1983 neu bekannt gemacht). Die Ordnungswidrigkeiten sind in § 32 HeimMindBauV geregelt. Die Rechtsverordnung nach § 3 Abs. 2 Nr. 2 hinsichtlich der personellen Mindestvoraussetzungen HeimPersV wurde am 19. Juli 1993 erlassen (vgl. Anhang A4). Das BayObLG hat am 5. 1. 2000 entschieden, daß die bloße Rufbereitschaft von Fachkräften in Heimen keine angemessene Beteiligung an betreuenden Tätigkeiten von Hilfskräften darstellt (§ 9 Nr. 3 HeimPersV; NStZ-RR 2000, 117).

Die Rechtsverordnung nach § 10 Abs. 5 wurde am 19. 7. 1976 erlassen und ist seit 1. 8. 1976 in Kraft. Seit dem 1. August 2002 gilt die neugefasste Heimmitwirkungsverordnung (HeimMitwirkungsV, vgl. Anh. A 2). § 29 HeimMitwirkungsV zählt die Ordnungswidrigkeiten abschließend nach dieser VO auf.

Bis zur Änderung des Heimgesetzes verwies Abs. 2 Nr. 1 auch auf die Rechtsverordnung nach § 13 Abs. 3, die noch nicht erlassen worden ist. Dieser Verweis wurde jetzt gestrichen.

Zu Abs. 3:
Die vorgesehenen Geldbußen wurden entsprechend der gestiegenen wirtschaftlichen Leistungsfähigkeit der Heime **erhöht** und von Deutsche Mark auf **Euro** umgestellt. Die deutliche Erhöhung war nach Auffassung des Gesetzgebers erforderlich, um den Heimaufsichtsbehörden ein wirksames Sanktionsinstrumentarium an die Hand zu geben.

Die in Absatz 3 genannten Beträge sind **Höchstbeträge.** Bei der Verhängung eines Bußgeldes sind die Heimaufsichtsbehörden gehalten, innerhalb des erweiterten Strafrahmens in Abhängigkeit von der Schwere der Ordnungswidrigkeit zu differenzieren und eine angemessene Entscheidung zu treffen.

Ausnahmsweise können die gesetzlichen Höchstbeträge **überschritten** werden, um den wirtschaftlichen Vorteil auszugleichen, den der Träger aus der Ordnungswidrigkeit gezogen hat (vgl. § 17 Abs. 4 OWiG). Ein Beispiel: Der Heimträger erhält von einem Bewohner eine Zuwendung von 50.000 Euro entgegen § 14 in Verbindung mit der Heimsicherungsverordnung.

§ 22 Berichte

(1) Das Bundesministerium für Familie, Senioren, Frauen und Jugend berichtet den gesetzgebenden Körperschaften des Bundes alle vier Jahre, erstmals im Jahre 2004, über die Situation der Heime und die Betreuung der Bewohnerinnen und Bewohner.

(2) ¹Die zuständigen Behörden sind verpflichtet, dem Bundesministerium für Familie, Senioren, Frauen und Jugend auf Ersuchen Auskunft über die Tatsachen zu erteilen, deren Kenntnis für die Erfüllung seiner Aufgaben nach diesem Gesetz erforderlich ist. ²Daten der Bewohnerinnen und Bewohner dürfen nur in anonymisierter Form übermittelt werden.

(3) ¹Die zuständigen Behörden sind verpflichtet, alle zwei Jahre einen Tätigkeitsbericht zu erstellen. ²Dieser Bericht ist zu veröffentlichen.

1 § 22 wurde durch das 3. Änderungsgesetz neu in das Gesetz aufgenommen. § 22 ordnet eine regelmäßige Berichterstattung über die Entwicklung der Heime und die Betreuung der Bewohner an. Eine solche Berichtspflicht hat bisher weder auf Bundes- noch auf Landesebene existiert.

Zu Abs. 1:

2 Abs. 1 verpflichtet das Bundesministerium für Familie, Senioren, Frauen und Jugend alle 4 Jahre, **erstmals** im Jahr **2004** den gesetzgebenden Körperschaften des Bundes über die Entwicklung der Heime und die Betreuung der Bewohner zu berichten. Grundlage dieser Berichterstattung sind korrespondierende Berichte der Heimaufsichtsbehörden der Länder. Der Bericht ist zugleich für die Öffentlichkeit als Informationsquelle und Planungsgrundlage von Interesse (vgl. BT-DrS. 14/5399, Crößmann RsDE 49, 109).

Zu Abs. 2:

3 Abs. 2 verpflichtet die Heimaufsichtsbehörden dem Bundesministerium für Familie, Senioren, Frauen und Jugend die für die Erstellung der Berichte nach Abs. 1 erforderlichen Daten und Informationen zur Verfügung zu stellen. Um welche Informationen und Daten es sich hierbei handelt, legt das Bundesministerium für Familie, Senioren, Frauen und Jugend einheitlich für alle Länder fest.

Zuständigkeit und Durchführung des Gesetzes **§ 23**

Zu Abs. 3:

Abs. 3 regelt die Pflicht der Heimaufsichtsbehörden alle **2 Jahre** 4 einen Tätigkeitsbericht zu erstellen, der zu veröffentlichen ist. Hiermit soll die Öffentlichkeit über den Arbeitsinhalt und die Wirkung heimgesetzlichen Handelns als unverzichtbares Element der Qualitätssicherung informiert werden (Crößmann RsDE 49, 109).

§ 23 Zuständigkeit und Durchführung des Gesetzes

(1) Die Landesregierungen bestimmen die für die Durchführung dieses Gesetzes zuständigen Behörden.

(2) Mit der Durchführung dieses Gesetzes sollen Personen betraut werden, die sich hierfür nach ihrer Persönlichkeit eignen und in der Regel entweder eine ihren Aufgaben entsprechende Ausbildung erhalten haben oder besondere berufliche Erfahrung besitzen.

(3) Die Landesregierungen haben sicherzustellen, dass die Aufgabenwahrnehmung durch die zuständigen Behörden nicht durch Interessenkollisionen gefährdet oder beeinträchtigt wird.

Zu Abs. 1:

Abs. 1 ist lediglich eine Klarstellung der nach Art. 83 und 84 1 Abs. 1 GG geltenden Rechtslage, wonach grundsätzlich die Länder die Bundesgesetze als eigene Angelegenheit durchführen. Da der Gesetzgeber im HeimG von den in Art. 83 und 84 Abs. 1 GG zugelassenen Ausnahmen nicht Gebrauch machen wollte, wäre Abs. 1 entbehrlich gewesen, zumal die in Art. 84 Abs. 1 GG genannte Einrichtung der Behörden und die Regelung des Verwaltungsverfahrens unstreitig auch die Regelung der Zuständigkeit umfaßt.

Zuständige Behörden sind in den einzelnen Ländern:

Baden-Württemberg 2

VO über die Zuständigkeit nach dem HeimG vom 15. April 1975
– GBl. S. 285
Zuständig sind:
die Landratsämter und
die kreisfreien Städte.
Die Beratung nach § 11 Abs. 1 Nr. 1 und 2 (Anm.: §§ 4 und 16 n. F.) wird von den örtlichen und überörtlichen Trägern der Sozialhilfe (§ 8 Abs. 2 S. 1 in Verbindung mit § 9 BSHG) durchgeführt.

§ 23 Kommentar zum HeimG

3 Bayern

VO über die Zuständigkeiten nach dem HeimG (ZustVHeimG) in der Fassung der Bekanntmachung vom 4. März 2002 (GVBl. S. 89)
Zuständig sind:
die Kreisverwaltungsbehörden (Landratsämter und kreisfreie Städte).
Die Befugnisse nach § 15 stehen in kreisfreien Gemeinden, in denen die Aufgaben und Befugnisse von Gesundheitsämtern von einem Landratsamt wahrgenommen werden, auch den Beauftragten des Landratsamts als staatlichem Gesundheitsamt zu.

4 Berlin

§ 2 Abs. 1 des Gesetzes über die Errichtung eines Landesamtes für Gesundheit und Soziales Berlin und eines Landesamtes für Arbeitsschutz, Gesundheitsschutz und technische Sicherheit Berlin vom 12. November 1997 (GVBl. S. 596)
Zuständig ist:
Das Landesamt für Gesundheit und Soziales Berlin.

5 Brandenburg

VO über die Zuständigkeit zur Durchführung des HeimG v. 21. Januar 2003
Zuständig ist:
Das Landesamt für Soziales und Versorgung.

6 Bremen

Bekanntmachung über die Zuständigkeiten nach dem HeimG vom 2. April 1985 – ABl. S. 295
Zuständige Behörde ist:
1. für den Bereich der Stadtgemeinde Bremen der Senator für Arbeit, Frauen, Jugend und Soziales,
2. für den Bereich der Stadtgemeinde Bremerhaven der Magistrat mit Ausnahme der
   a) Durchführung des Erlaubnisverfahrens nach § 6 HeimG (Anm.: § 11 n. F.),
   b) Entgegennahme von Anzeigen nach § 7 Abs. 1 HeimG (Anm.: § 12 n. F.),
   c) Rücknahme oder des Widerrufs der Erlaubnis nach § 15 Abs. 1 und 2 HeimG (Anm.: § 15 a. F. wurde aufgehoben.),
   d) Untersagung des Betriebs nach § 16 Abs. 1 HeimG (Anm.: § 19 n. F.),

Zuständigkeit und Durchführung des Gesetzes **§ 23**

e) Beratung von Trägern nach § 11 Abs. 1 Nr. 2 (Anm.: §§ 4 und 16 n. F.) bei der Planung von Einrichtungen,
f) Heimaufsicht über Einrichtungen unter staatlicher oder kommunaler Trägerschaft.
Für die Aufgaben nach Nr. 2 Buchstabe a bis f ist der Senator für Arbeit, Frauen, Jugend und Soziales zuständig.

Hamburg 7
Anordnung zur Durchführung des HeimG vom 17. Juni 1997 – AmtlAnz. S. 1665 (in der Fassung vom 3. Dezember 2002 (Amtl. Anz. S. 5313)
Zuständig sind die Bezirksämter.

Hessen 8
VO über die Zuständigkeit nach dem HeimG vom 29. August 1997 – GVBl. I S. 291 (in der Fassung vom 20. Juni 2002 – GVBl. S. 342)
Zuständig sind:
für die Überwachung nach § 9 (Anm.: § 15 n. F.) das zuständige Ministerium, das Regierungspräsidium Gießen sowie das örtlich zuständige Hessische Amt für Versorgung und Soziales,
für die Information und Beratung nach § 11 Abs. 1 (Anm.: §§ 4 und 16 n. F.) das Regierungspräsidium Gießen und das örtlich zuständige Hessische Amt für Versorgung und Soziales, für die Wahrnehmung der nach § 14 Abs. 6 und 7 zugewiesenen Aufgaben das Regierungspräsidium Gießen und
in allen übrigen Fällen das örtlich zuständige Hessische Amt für Versorgung und Soziales.

Zuständige Verwaltungsbehörde für die Verfolgung und Ahndung von Ordnungswidrigkeiten nach § 17 (Anm.: § 21 n. F.) das Regierungspräsidium Gießen.

Mecklenburg-Vorpommern 9
LandesVO über die zuständigen Behörden nach dem HeimG v. 17. Dezember 1992 (GVBl. 1993 S. 23). Die Durchführung ist an die Landräte und Bürgermeister der kreisfreien Städte übertragen.

Niedersachsen 10
Zuständigkeitsverordnung vom 20. Oktober 1994 (GVBl. S. 452) u. Beschluß der Regierung v. 11. Oktober 1994 (MBl. S. 1344)
Zuständig sind:

§ 23   Kommentar zum HeimG

1. Das NLZSA ist die für die Durchführung des HeimG zuständige Behörde gegenüber
1.1 Heimen für behinderte Volljährige,
1.2 gemischtgenutzten Heimen, die vorwiegend dem vorgenannten Zweck dienen,
1.3 Teilen der Einrichtungen zur Rehabilitation gemäß § 1 Abs. 2 Satz 2 HeimG.
2. Die BezReg sind die für die Durchführung des HeimG zuständigen Behörden für Heime oder Einrichtungen in der Trägerschaft der Landkreise, der kreisfreien Städte und der großen selbständigen Städte, soweit sich die Zuständigkeit nicht nach Nr. 1 richtet.

11 Nordrhein-Westfalen

VO über Zuständigkeiten nach dem HeimG vom 16. September 1975 – GV NW S. 548 (geänd. durch VO vom 9. Mai 2000, GVBl. S. 462)
Zuständig sind:
die Kreise und kreisfreien Städte.

Zuständig für die Verfolgung und Ahndung von Ordnungswidrigkeiten nach § 17 (Anm.: § 21 n. F.) sind die Kreise und kreisfreien Städte bei Einrichtungen von kreisangehörigen Gemeinden und freigemeinnützigen, gewerblichen und privaten Trägern; der Regierungspräsident, wenn Träger der Einrichtung die Kreise oder kreisfreien Städte sind.

12 Rheinland-Pfalz

Verordnung über die Zuständigkeit nach dem HeimG vom 1. März 1989 – GVBl. S. 66
Zuständig sind:
die Bezirksregierungen für Altenheime, Altenwohnheime, Altenpflegeheime und gleichartige Einrichtungen,
das Landesamt für Jugend und Soziales für die übrigen Einrichtungen im Sinne des § 1 Abs. 1.
Nach § 2 der VO stehen zur Überwachung in gesundheitlicher, hygienischer und pflegerischer Hinsicht die in § 9 HeimG (Anm.: § 15 n. F.) genannten Befugnisse auch den Gesundheitsämter und den von ihnen beauftragten Personen zu.

13 Saarland

VO über die Zuständigkeit nach dem Gesetz über Altenheime, Altenwohnheime und Pflegeheime für Volljährige vom 21. Januar 1975 – Ambl. S. 273

Zuständigkeit und Durchführung des Gesetzes § 23

Zuständig ist:
der Minister für Familie, Gesundheit und Sozialordnung.

Sachsen 14

VO der Sächs. Staatsregierung über die Zuständigkeit nach dem HeimG v. 5. Dezember 1991 – Sächs. Gesetz u. Verordnungsblatt S. 394
Zuständig sind:
die Regierungspräsidien für die Durchführung des HeimG
die örtlichen und der überörtliche Träger der Sozialhilfe für die Beratung (§ 11 Abs. 1 Nr. 1 u. 2 HeimG Anm.: § 4 und 16 n. F.).

Schleswig-Holstein 15

LandesVO über die zuständigen Behörden nach dem Heimrecht vom 11. Juni 2003 (GVBl. S. 302)
Zuständig sind:
die Landrätinnen und Landräte sowie die Bürgermeisterinnen und Bürgermeister der kreisfreien Städte als Kreisordnungsbehörden.

Thüringen 16

Anordnung der Thüringer Landesregierung vom 13. Mai 1991 – GVBl. S. 102
Zuständig ist für die Durchführung des HeimG das Landesamt für Soziales und Familie (Landesversorgungsamt).

Zu Abs. 2:

Abs. 2 ist dem BSHG entlehnt; er entspricht fast wörtlich dem 17 § 102 BSHG. Eine **unmittelbare Verpflichtung,** bestimmte Fachkräfte mit dem Vollzug des HeimG zu betrauen, ist aus Abs. 2 nicht herzuleiten. Für eine solche Regelung fehlt dem Bund auch die Gesetzgebungskompetenz, da gemäß Art. 70 in Verbindung mit Art. 30 GG die Länder hierfür zuständig sind.

Abs. 2 ist somit lediglich die besondere Anführung der **allgemei-** 18 **nen** Pflicht der mit der Durchführung beauftragten Behörde(n), die personellen Voraussetzungen für den Gesetzesvollzug zu schaffen. Grund dieser besonderen Anführung war die Erfahrung des BTA, daß auf der unteren Verwaltungsebene häufig nicht entsprechendes Fachpersonal vorhanden sei.

Es wird auch weder dem Träger einer Einrichtung noch dem Bewohner ein **subjektiv öffentliches Recht** eingeräumt. Eine von der zuständigen Behörde im Vollzug des HeimG getroffene Maßnahme ist somit **nicht** mit der Begründung anfechtbar, an der Maß-

§ 23 Kommentar zum HeimG

nahme hätten Personen mitgewirkt, die nicht die Voraussetzungen des Abs. 2 erfüllen. Eine verwaltungsgerichtliche Klage wäre mangels Rechtsschutzbedürfnis (§ 42 Abs. 2 VwGO) unzulässig.

19 Abs. 2 wendet sich an alle Behörden, die mit dem Vollzug des Gesetzes betraut sind; es sind dies in erster Linie die durch die landesrechtlichen Bestimmungen genannten zuständigen Behörden, aber auch solche, die von diesen zur Durchführung von Aufgaben nach dem HeimG mit herangezogen werden. Diese Regelung gilt sinngemäß auch für die **Arbeitsgemeinschaften, Verbände und Vereinigungen im Sinn von § 20.**

20 „Eignung nach ihrer Persönlichkeit" ist ein unbestimmter Rechtsbegriff mit der Folge, daß er nach durchschnittlicher, sozialer, wirtschaftlicher oder technischer Anschauung mit einem hinreichend bestimmten Rechtsgehalt zu füllen und ihm damit der dem Willen des Gesetzgebers entsprechende Inhalt zu geben ist (BVerwGE 2, 313).

Das HeimG enthält neben Maßnahmen der Hoheitsverwaltung (z. B. Auflagen und Anordnungen, Untersagung) andere Aufgaben, die zu dem Bereich der allgemeinen Leistungsverwaltung zu zählen sind (z. B. Beteiligung an der Überwachung, Beratung).

Mit der Durchführung des Heimgesetzes und der hierzu erlassenen Rechtsverordnungen sollen Personen betraut werden, die sich hierfür nach ihrer **Persönlichkeit** eignen und i. d. R. entweder eine ihren Aufgaben entsprechende **Ausbildung** erhalten haben oder besondere **berufliche Erfahrung** besitzen.

Als **Verwaltungspersonal** sollte als geeignet angesehen werden, wer die Anstellungsprüfung aufgrund der jeweiligen Prüfungsordnung für den gehobenen nichttechnischen Verwaltungsdienst bestanden hat. Dies gilt auch für Angestellte, die eine vergleichbare Ausbildung nachweisen.

Als **Fachpersonal** sollte als geeignet angesehen werden, wer eine staatliche Anerkennung als Altenpfleger/in, Krankenschwester/ -pfleger, Heilerziehungspfleger/in besitzt oder den Abschluß als Dipl.-Sozialpädagoge (FH)/Dipl.-Sozialpädagogin (FH) oder einen Universitätsabschluß in den Fächern Humanmedizin, Psychologie und Pädagogik nachweist.

Dieses Anforderungsprofil verbessert die Qualität der Heimaufsicht insbesondere im pflegerischen, ärztlichen und sozialpädagogischen Bereich.

Zu Abs. 3:

Durch das Dritte Gesetz zur Änderung des Heimgesetzes wurde 21
Absatz 3 eingefügt. **Ziel** dieser Bestimmung ist es, die in der Praxis
immer wieder beklagte Interessenkollision bei den Heimaufsichtsbehörden nach Möglichkeit zu vermeiden.

Absatz 3 enthält **keine Verordnungsermächtigung** für die Länder. Die Länder werden **verpflichtet,** beim Vollzug des Heimgesetzes sicherzustellen, dass die erforderliche **Unabhängigkeit** der zuständigen Behörden nicht beeinträchtigt wird. Zur Wahrung der Unabhängigkeit und zur Sicherung der Akzeptanz der Entscheidungen der Heimaufsichtsbehörden sind organisatorische Rahmenbedingungen unverzichtbar, durch die bereits die Möglichkeit einer Beeinträchtigung ihrer Neutralität vermieden wird.

Konkret bedeutet das, dass die mit der Durchführung des Heimgesetzes betrauten Ämter nicht zugleich Funktionen eines zu beaufsichtigenden Heimträgers wahrnehmen, organisatorische Verbindungen zwischen Heimaufsichtsbehörden und Kostenträgern vermieden und Mitarbeiter nicht mit Aufgaben der Heimaufsicht betraut werden sollen, wenn sie ehrenamtlich in Gremien von Heimträgern tätig sind (z.B. als Mitglied des Vorstands, des Aufsichtsrates oder eines gleichartigen Organs). Es soll jeder Umstand vermieden werden, der Mißtrauen gegen eine unparteiische Amtsführung weckt.

Von Absatz 3 bleiben die Vorschriften über die **Besorgnis der** 22
Befangenheit im Verwaltungsverfahren bei allen vorbereitenden, beratenden und entscheidenden Handlungen unberührt (vgl. § 21 VwVfG).

Ist der Landrat bzw. der Beteiligte eines Landratsamtes beim Vollzug des Heimgesetzes als Staatsbehörde tätig, kann eine eventuelle Interessenkollision auch im Bereich des Beamtenrechts liegen. Danach darf der Beamte z.B. keine Amtshandlungen vornehmen, die ihm selbst, einem Angehörigen oder einer von ihm vertretenen natürlichen Person oder juristischen Person des Privatrechts einen unmittelbaren Vorteil oder Nachteil verschaffen würde.

§ 24 Anwendbarkeit der Gewerbeordnung

Auf die den Vorschriften dieses Gesetzes unterliegenden Heime, die gewerblich betrieben werden, finden die Vorschriften der Gewerbeordnung Anwendung, soweit nicht dieses Gesetz besondere Bestimmungen enthält.

§ 24

1 Die gewerbsmäßig betriebenen Heime unterliegen dem Heimgesetz, dessen Sonderbestimmungen der GewO vorgehen. Die Vorschriften der GewO sind nur ergänzend anwendbar.

2 Ob ein Heim als **gewerblich** betrieben anzusehen ist, bestimmt sich nach den Grundsätzen des Gewerberechts. Nach diesen ist Gewerbe die erlaubte, selbständige und nach außen in Erscheinung tretende Tätigkeit, die in der Absicht erfolgt, planmäßig und dauernd Gewinn zu erzielen. Nicht gewerbsmäßig wird eine Einrichtung betrieben, wenn eines dieser Merkmale fehlt.

3 Als ergänzend anwendbare Vorschriften können die §§ 14 und 15 Abs. 2 GewO praktische Bedeutung erlangen.

Die Anzeigepflicht bei der Gemeinde nach § 14 GewO ist durch die Sonderbestimmung über die Anzeige bei der zuständigen Behörde nach § 12 nicht aufgehoben. Beide Vorschriften bestehen **nebeneinander.**

§ 15 Abs. 2 GewO ergänzte § 20 a.F. bis zu seiner Aufhebung (Zweites Gesetz zur Änderung des Heimgesetzes vom 3. Februar 1997) bezüglich der gewerbsmäßig betriebenen, erlaubnispflichtigen Heime. Mit ihm konnte die Fortsetzung des Betriebs verhindert werden. Das OVG Frankfurt/Oder hat am 19. 10. 2001 (GewA 2002, 28) entschieden, dass § 19 HeimG i.V. m. § 15 Abs. 2 GewO nicht zu Maßnahmen im Zuge der Vollstreckung einer heimrechtlichen Untersagungsverfügung ermächtigt.

4 Anwendbar ist auch § 46 GewO, der für den überlebenden Ehegatten, für minderjährige Erben während der Minderjährigkeit sowie bis zur Dauer von 10 Jahren nach dem Erbfall für Nachlaßverwalter, Nachlaßpfleger und Testamentsvollstrecker eine Fortführung des Betriebes aufgrund der dann ausnahmsweise nicht mit dem Tod des Erlaubnisinhabers erlöschenden bisherigen Erlaubnis vorsieht (vgl. Finkelnburg NJW 1976 S. 1478).

5 Das bei dem Bundeszentralregister durch Art. 1 Nr. 2 des Gesetzes zur Änderung der GewO und über die Einrichtung eines Gewerbezentralregisters vom 13. 6. 1974 (BGBl. I S. 1281) eingerichtete Register hat für alle Einrichtungen des § 1 Abs. 1 praktische Bedeutung. Titel XI GewO (§§ 149 bis 153b) gilt unabhängig davon, ob ein Heim i.S. des § 24 gewerblich betrieben wird. Ein Heim eines freigemeinnützigen Trägers ist eine sonstige wirtschaftliche Unternehmung nach § 149 GewO. Behörden und Gerichte haben die Pflicht (§ 153a GewO), die Verwaltungs- und Bußgeldentscheidungen des § 149 GewO dem Gewerbezentralregister zur Eintragung mitzuteilen. Mitteilungspflichtig sind daher Entscheidungen, Feststellungen und Tatsachen im Rahmen der §§ 11, 18, 19, 21 HeimG, 32 Heim-

Anwendbarkeit der Gewerbeordnung § 24

MindBauV, 34 HeimmwV, 20 HeimsicherungsV. Über Auskünfte an Betroffene, Behörden oder Gerichte sowie über Entfernung oder Tilgung von Eintragungen s. §§ 150, 150a, 152, 153 GewO.

Die Vorschriften des Bundesdatenschutzgesetzes sind zu beachten (vgl. Knopp, Heimgesetz und Gewerbezentralregister, in Altenheim 1979, S. 255).

Die Vorschriften der GewO[1] lauten: 6

§ 14 Anzeigepflicht

(1) [1]Wer den selbständigen Betrieb eines stehenden Gewerbes oder den Betrieb einer Zweigniederlassung oder einer unselbständigen Zweigstelle anfängt, muß dies der für den betreffenden Ort zuständigen Behörde gleichzeitig anzeigen. [2]Das gleiche gilt, wenn
1. der Betrieb verlegt wird,
2. der Gegenstand des Gewerbes gewechselt oder auf Waren oder Leistungen ausgedehnt wird, die bei Gewerbebetrieben der angemeldeten Art nicht geschäftsüblich sind, oder
3. der Betrieb aufgegeben wird.

§ 15 Empfangsbescheinigung, Betrieb ohne Zulassung

(1) ...
(2) [1]Wird ein Gewerbe, zu dessen Ausübung eine Erlaubnis, Genehmigung, Konzession oder Bewilligung (Zulassung) erforderlich ist, ohne diese Zulassung betrieben, so kann die Fortsetzung des Betriebes von der zuständigen Behörde verhindert werden. [2]Das gleiche gilt, wenn ein Gewerbe von einer ausländischen juristischen Person begonnen wird, deren Rechtsfähigkeit im Inland nicht anerkannt wird.

§ 46 Fortführung des Gewerbes

(1) Nach dem Tode eines Gewerbetreibenden darf das Gewerbe für Rechnung des überlebenden Ehegatten oder Lebenspartners durch einen nach § 45 befähigten Stellvertreter betrieben werden, wenn die für den Betrieb einzelner Gewerbe bestehenden besonderen Vorschriften nicht etwas anderes bestimmen.

(2) Das gleiche gilt für minderjährige Erben während der Minderjährigkeit sowie bis zur Dauer von zehn Jahren nach dem Erbfall für den Nachlaßverwalter, Nachlaßpfleger oder Testamentsvollstrecker.

(3) Die zuständige Behörde kann in den Fällen der Absätze 1 und 2 gestatten, daß das Gewerbe bis zur Dauer eines Jahres nach dem Tode des Gewerbetreibenden auch ohne den nach § 45 befähigten Stellvertreter betrieben wird.

---

[1] Gewerbeordnung in der Fassung der Bekanntmachung vom 22. Februar 1999 (BGBl. I S. 202), zuletzt geändert durch Gesetz vom 24.12.2003 (BGBl. I S. 2954) – Auszug –.

§ 24 Kommentar zum HeimG

§ 149 Einrichtung eines Gewerbezentralregisters

(1) Bei dem Bundeszentralregister wird ein Gewerbezentralregister eingerichtet.

(2) ¹In das Register sind einzutragen

1. die vollziehbaren und die nicht mehr anfechtbaren Entscheidungen einer Verwaltungsbehörde, durch die wegen Unzuverlässigkeit oder Ungeeignetheit
   a) ein Antrag auf Zulassung (Erlaubnis, Genehmigung, Konzession, Bewilligung) zu einem Gewerbe oder einer sonstigen wirtschaftlichen Unternehmung abgelehnt oder eine erteilte Zulassung zurückgenommen oder widerrufen,
   b) die Ausübung eines Gewerbes, die Tätigkeit als Vertretungsberechtigter einer Gewerbetreibenden oder als mit der Leitung eines Gewerbebetriebes beauftragte Person oder der Betrieb oder die Leitung einer sonstigen wirtschaftlichen Unternehmung untersagt,
   c) ein Antrag auf Erteilung eines Befähigungsscheines nach § 20 des Sprengstoffgesetzes abgelehnt oder ein erteilter Befähigungsschein entzogen oder
   d) im Rahmen eines Gewerbebetriebes oder einer sonstigen wirtschaftlichen Unternehmung die Befugnis zur Einstellung oder Ausbildung von Auszubildenden entzogen oder die Beschäftigung, Beaufsichtigung, Anweisung oder Ausbildung von Kindern und Jugendlichen verboten
   wird,

2. Verzichte auf eine Zulassung zu einem Gewerbe oder einer sonstigen wirtschaftlichen Unternehmung während eines Rücknahme- oder Widerrufsverfahrens,

3. rechtskräftige Bußgeldentscheidungen, insbesondere auch solche wegen einer Steuerordnungswidrigkeit, die
   a) bei oder in Zusammenhang mit der Ausübung eines Gewerbes oder dem Betrieb einer sonstigen wirtschaftlichen Unternehmung oder
   b) bei der Tätigkeit in einem Gewerbe oder einer sonstigen wirtschaftlichen Unternehmung von einem Vertreter oder Beauftragten im Sinne des § 9 des Gesetzes über Ordnungswidrigkeiten oder von einer Person, die in einer Rechtsvorschrift ausdrücklich als Verantwortlicher bezeichnet ist,
   begangen worden ist, wenn die Geldbuße mehr als 200 Euro beträgt,

4. rechtskräftige strafgerichtliche Verurteilungen wegen einer Straftat nach den §§ 406 und 407 des Dritten Buches Sozialgesetzbuch, nach den §§ 15 und 15 a des Arbeitnehmerüberlassungsgesetzes oder nach § 266 a Abs. 1, 2 und 4 des Strafgesetzbuches, die bei oder im Zusammenhang mit der Ausübung eines Gewerbes oder dem Betrieb einer sonstigen wirtschaftlichen Unternehmung begangen worden ist, wenn auf Freiheitsstrafe von mehr als drei Monaten oder Geldstrafe von mehr als 90 Tagessätzen erkannt worden ist.

Anwendbarkeit der Gewerbeordnung § 24

²Von der Eintragung sind Entscheidungen und Verzichte ausgenommen, die nach § 28 des Straßenverkehrsgesetzes in das Verkehrszentralregister einzutragen sind.

§ 150 Auskunft auf Antrag des Betroffenen

(1) Auf Antrag erteilt die Registerbehörde einer Person Auskunft über den sie betreffenden Inhalt des Registers.

(2) ¹Der Antrag ist bei der gemäß § 155 Abs. 2 bestimmten Behörde zu stellen. ²Der Antragsteller hat seine Identität und, wenn er als gesetzlicher Vertreter handelt, seine Vertretungsmacht nachzuweisen; er kann sich bei der Antragstellung nicht durch einen Bevollmächtigten vertreten lassen. ³Die Behörde nimmt die Gebühr für die Auskunft entgegen, behält davon drei Achtel ein und führt den Restbetrag an die Bundeskasse ab.

(3) ¹Wohnt der Antragsteller außerhalb des Geltungsbereichs dieses Gesetzes, so kann er den Antrag unmittelbar bei der Registerbehörde stellen. ²Absatz 2 Satz 2 gilt entsprechend.

(4) Die Übersendung der Auskunft an eine andere Person als den Betroffenen ist nicht zulässig.

(5) ¹Für die Vorbereitung der Entscheidung über einen Antrag auf Zulassung zu einem Gewerbe oder einer sonstigen wirtschaftlichen Unternehmung, auf Erteilung eines Befähigungsscheins nach § 20 des Sprengstoffgesetzes oder zur Überprüfung der Zuverlässigkeit nach § 38 Abs. 1 kann die Auskunft auch zur Vorlage bei einer Behörde beantragt werden. ²Wird die Auskunft zur Vorlage bei einer Behörde beantragt, ist sie der Behörde unmittelbar zu übersenden. ³Die Behörde hat dem Betroffenen auf Verlangen Einsicht in die Auskunft zu gewähren.

§ 150 a Auskunft an Behörden oder öffentliche Auftraggeber

(1) ¹Auskünfte aus dem Register werden für

1. die Verfolgung wegen einer
    a) in § 148 Nr. 1,
    b) in § 404 Abs. 1 Nr. 2, Abs. 2 Nr. 3 des Dritten Buches Sozialgesetzbuch, in § 5 Abs. 1 und 2 des Arbeitnehmer-Entsendegesetzes, in § 16 Abs. 1 bis 2 des Arbeitnehmerüberlassungsgesetzes und in den §§ 1, 2 und 4 des Gesetzes zur Bekämpfung der Schwarzarbeit
    bezeichneten Ordnungswidrigkeit,
2. die Vorbereitung
    a) der Entscheidung über die in § 149 Abs. 2 Nr. 1 Buchstabe a und c bezeichneten Anträge,
    b) der übrigen in § 149 Abs. 2 Nr. 1 Buchstabe a bis d bezeichneten Entscheidungen,
    c) von Verwaltungsentscheidungen auf Grund des Straßenverkehrsgesetzes, des Fahrlehrergesetzes, des Fahrpersonalgesetzes, des Binnenschiffahrtsaufgabengesetzes oder der auf Grund dieser Gesetze erlassenen Rechtsvorschriften über Eintragungen, die das Personenbeförderungsgesetz oder das Güterkraftverkehrsgesetz betreffen,

3. die Vorbereitung von Rechtsvorschriften und allgemeinen Verwaltungsvorschriften, insoweit nur in anonymisierter Form,

4. die Vorbereitung von vergaberechtlichen Entscheidungen über strafgerichtliche Verurteilungen und Bußgeldentscheidungen nach § 5 Abs. 1 Satz 1 des Gesetzes zur Bekämpfung der Schwarzarbeit und § 5 Abs. 1 oder 2 des Arbeitnehmer-Entsendegesetzes,

erteilt. ²Auskunftsberechtigt sind die Behörden und öffentlichen Auftraggeber im Sinne des § 98 Nr. 1 bis 3 und 5 des Gesetzes gegen Wettbewerbsbeschränkungen, denen die in Satz 1 bezeichneten Aufgaben obliegen.

(2) Auskünfte aus dem Register werden ferner

1. den Gerichten und Staatsanwaltschaften über die in § 149 Abs. 2 Nr. 1 und 2 bezeichneten Eintragungen für Zwecke der Rechtspflege, zur Verfolgung von Straftaten nach § 148 Nr. 1, nach § 92 Abs. 1 Nr. 4 des Ausländergesetzes und § 12 Abs. 4 Nr. 2 des Jugendschutzgesetzes auch über die in § 149 Abs. 2 Nr. 3 bezeichneten Eintragungen,

2. den Kriminaldienst verrichtenden Dienststellen der Polizei für Zwecke der Verhütung und Verfolgung der in § 74 c Abs. 1 Nr. 1 bis 6 des Gerichtsverfassungsgesetzes aufgeführten Straftaten über die in § 149 Abs. 2 Nr. 1 und 2 bezeichneten Eintragungen,

3. den zuständigen Behörden für die Aufhebung der in § 149 Abs. 2 Nr. 3 bezeichneten Bußgeldentscheidungen, auch wenn die Geldbuße weniger als 200 Euro beträgt,

erteilt.

(3) Auskünfte über Bußgeldentscheidungen wegen einer Steuerordnungswidrigkeit dürfen nur in den in Absatz 1 Nr. 1 und 2 genannten Fällen erteilt werden.

(4) Die auskunftsberechtigten Stellen haben den Zweck anzugeben, für den die Auskunft benötigt wird.

(5) Die nach Absatz 1 Satz 2 auskunftsberechtigten Stellen haben dem Betroffenen auf Verlangen Einsicht in die Auskunft aus dem Register zu gewähren.

(6) Die Auskünfte aus dem Register dürfen nur den mit der Entgegennahme oder Bearbeitung betrauten Bediensteten zur Kenntnis gebracht werden.

§ 151 Eintragungen in besonderen Fällen

(1) In den Fällen des § 149 Abs. 2 Nr. 1 Buchstabe a und b ist die Eintragung auch bei

1. dem Vertretungsberechtigten einer juristischen Person,

2. der mit der Leitung des Betriebs oder einer Zweigniederlassung beauftragten Person,

die unzuverlässig oder ungeeignet sind, vorzunehmen, in den Fällen des § 149 Abs. 2 Nr. 1 Buchstabe b jedoch nur, sofern dem Betroffenen die Ausübung eines Gewerbes oder die Tätigkeit als Vertretungsberechtigter eines

Anwendbarkeit der Gewerbeordnung § 24

Gewerbetreibenden oder als mit der Leitung eines Gewerbebetriebes beauftragte Person nicht selbst untersagt worden ist.

(2) Wird eine nach § 149 Abs. 2 Nr. 1 eingetragene vollziehbare Entscheidung unanfechtbar, so ist dies in das Register einzutragen.

(3) Sind in einer Bußgeldentscheidung mehrere Geldbußen festgesetzt (§ 20 des Gesetzes über Ordnungswidrigkeiten), von denen nur ein Teil einzutragen ist, so sind lediglich diese einzutragen.

(4) In das Register ist der rechtskräftige Beschluß einzutragen, durch den das Gericht hinsichtlich einer eingetragenen Bußgeldentscheidung die Wiederaufnahme des Verfahrens anordnet (§ 85 Abs. 1 des Gesetzes über Ordnungswidrigkeiten).

(5) [1]Wird durch die endgültige Entscheidung in dem Wiederaufnahmeverfahren die frühere Entscheidung aufrechterhalten, so ist dies in das Register einzutragen. [2]Andernfalls wird die Eintragung nach Absatz 4 aus dem Register entfernt. [3]Enthält die neue Entscheidung einen einzutragenden Inhalt, so ist dies mitzuteilen.

§ 152 Entfernung von Eintragungen

(1) Wird eine nach § 149 Abs. 2 Nr. 1 eingetragene Entscheidung aufgehoben oder eine solche Entscheidung oder ein nach § 149 Abs. 2 Nr. 2 eingetragener Verzicht durch eine spätere Entscheidung gegenstandslos, so wird die Entscheidung oder der Verzicht aus dem Register entfernt.

(2) Ebenso wird verfahren, wenn die Behörde eine befristete Entscheidung erlassen hat oder in der Mitteilung an das Register bestimmt hat, daß die Entscheidung nur für eine bestimmte Frist eingetragen werden soll, und diese Frist abgelaufen ist.

(3) Das gleiche gilt, wenn die Vollziehbarkeit einer nach § 149 Abs. 2 Nr. 1 eingetragenen Entscheidung auf Grund behördlicher oder gerichtlicher Entscheidung entfällt.

(4) Eintragungen, die eine über 80 Jahre alte Person betreffen, werden aus dem Register entfernt.

(5) Wird ein Bußgeldbescheid in einem Strafverfahren aufgehoben (§ 86 Abs. 1, § 102 Abs. 2 des Gesetzes über Ordnungswidrigkeiten), so wird die Eintragung aus dem Register entfernt.

(6) [1]Eintragungen über Personen, deren Tod der Registerbehörde amtlich mitgeteilt worden ist, werden ein Jahr nach dem Eingang der Mitteilung aus dem Register entfernt. [2]Während dieser Zeit darf über die Eintragungen keine Auskunft erteilt werden.

(7) [1]Eintragungen über juristische Personen und Personenvereinigungen nach § 149 Abs. 2 Nr. 1 und 2 werden nach Ablauf von zwanzig Jahren seit dem Tag der Eintragung aus dem Register entfernt. [2]Enthält das Register mehrere Eintragungen, so ist die Entfernung einer Eintragung erst zulässig, wenn für alle Eintragungen die Voraussetzungen der Entfernung vorliegen.

§ 153 Tilgung von Eintragungen.

(1) Die Eintragungen nach § 149 Abs. 2 Nr. 3 sind nach Ablauf einer Frist

§ 24   Kommentar zum HeimG

1. von drei Jahren, wenn die Höhe der Geldbuße nicht mehr als 300 Euro beträgt,

2. von fünf Jahren in den übrigen Fällen

zu tilgen.

(2) [1]Eintragungen nach § 149 Abs. 2 Nr. 4 sind nach Ablauf einer Frist von fünf Jahren zu tilgen. [2]Ohne Rücksicht auf den Lauf der Frist nach Satz 1 wird eine Eintragung getilgt, wenn ihre Tilgung im Zentralregister nach § 49 des Bundeszentralregistergesetzes angeordnet wird.

(3) [1]Der Lauf der Frist beginnt bei Eintragungen nach Absatz 1 mit der Rechtskraft der Entscheidung, bei Eintragungen nach Absatz 2 mit dem Tag des ersten Urteils. [2]Dieser Zeitpunkt bleibt auch maßgebend, wenn eine Entscheidung im Wiederaufnahmeverfahren rechtskräftig abgeändert worden ist.

(4) Enthält das Register mehrere Eintragungen, so ist die Tilgung einer Eintragung erst zulässig, wenn bei allen Eintragungen die Frist des Absatzes 1 oder 2 abgelaufen ist.

(5) [1]Eine zu tilgende Eintragung wird ein Jahr nach Eintritt der Voraussetzungen für die Tilgung aus dem Register entfernt. [2]Während dieser Zeit darf über die Eintragung keine Auskunft erteilt werden.

(6) [1]Ist die Eintragung im Register getilgt worden oder ist sie zu tilgen, so dürfen die Ordnungswidrigkeit und die Bußgeldentscheidung nicht mehr zum Nachteil des Betroffenen verwertet werden. [2]Dies gilt nicht, wenn der Betroffene die Zulassung zu einem Gewerbe oder einer sonstigen wirtschaftlichen Unternehmung beantragt, falls die Zulassung sonst zu einer erheblichen Gefährdung der Allgemeinheit führen würde, oder der Betroffene die Aufhebung einer die Ausübung des Gewerbes oder einer sonstigen wirtschaftlichen Unternehmung untersagenden Entscheidung beantragt. [3]Hinsichtlich einer getilgten oder zu tilgenden strafgerichtlichen Verurteilung gelten die §§ 51 und 52 des Bundeszentralregistergesetzes.

(7) Absatz 6 ist entsprechend anzuwenden auf rechtskräftige Bußgeldentscheidungen wegen Ordnungswidrigkeiten im Sinne des § 149 Abs. 2 Nr. 3, bei denen die Geldbuße nicht mehr als 200 Euro beträgt, sofern seit dem Eintritt der Rechtskraft der Entscheidung mindestens drei Jahre vergangen sind.

§ 153a Mitteilungen zum Gewerbezentralregister

(1) [1]Die Behörden und die Gerichte teilen dem Gewerbezentralregister die einzutragenden Entscheidungen, Feststellungen und Tatsachen mit. [2]§ 30 der Abgabenordnung steht den Mitteilungen von Entscheidungen im Sinne des § 149 Abs. 2 Nr. 3 nicht entgegen.

(2) Erhält die Registerbehörde eine Mitteilung über die Änderung des Namens einer Person, über die das Register eine Eintragung enthält, so ist der neue Name bei der Eintragung zu vermerken.

Fortgeltung von Rechtsverordnungen § 25

§ 153b Verwaltungsvorschriften

¹Die näheren Bestimmungen über den Aufbau des Registers trifft das Bundesministerium der Justiz im Einvernehmen mit dem Bundesministerium für Wirtschaft und Arbeit. ²Soweit die Bestimmungen die Erfassung und Aufbereitung der Daten sowie die Auskunftserteilung betreffen, werden sie von der Bundesregierung mit Zustimmung des Bundesrates getroffen.

§ 25 Fortgeltung von Rechtsverordnungen

Rechtsverordnungen, die vor Inkrafttreten dieses Gesetzes auf Grund von § 38 Satz 1 Nr. 10 und Sätze 2 bis 4 der Gewerbeordnung erlassen worden sind, gelten bis zu ihrer Aufhebung durch die Rechtsverordnungen nach den §§ 3 und 13 fort, soweit sie nicht den Vorschriften dieses Gesetzes widersprechen.

§ 38 Satz 1 Nr. 10 sowie die Sätze 2 und 3 der GewO wurden 1 durch § 21, der durch das Dritte Gesetz zur Änderung des Heimgesetzes entfallen ist, aufgehoben. Für eine Übergangszeit gelten jedoch die auf Grund dieser Bestimmungen erlassenen Landesverordnungen für gewerbliche Heime fort, soweit sie nicht dem HeimG widersprechen und bis sie durch eine nach den §§ 3 und 13 zu erlassende Verordnung aufgehoben werden.

Die Fortgeltung von Rechtsverordnungen bezieht sich auch auf **Satz 2 des § 38 GewO,** der durch § 21 a. F. nicht aufgehoben wurde. Er enthält die Delegationsbefugnis für die Landesregierungen und ist für § 38 Satz 1 GewO weiterhin erforderlich. Soweit Landesregierungen an oberste Landesbehörden die Ermächtigung zum Erlaß der Verordnungen weiter übertragen hatten, gelten auch die Verordnungen der obersten Landesbehörden weiter.

Folgende HeimVO der Länder wurden erlassen: 2

Baden-Württemberg	vom 25. 2. 1970 GVBl. S. 98
Bayern	vom 23. 8. 1968 GVBl. S. 319
Berlin	vom 3.10. 1967 GVBl. S.1457
Bremen	vom 30. 4. 1968 GVBl. S. 95
Hamburg	vom 29.10. 1968 GVBl. S. 248
Hessen	vom 7.10. 1969 GVBl. I S. 195
Niedersachsen	vom 3.10. 1968 GVBl. S. 129
Nordrhein-Westfalen	vom 25. 2. 1969 GVBl. S. 142
Rheinland-Pfalz	vom 25. 7. 1969 GVBl. S. 150
Saarland	vom 1. 4. 1969 Ambl. S. 197
Schleswig-Holstein	vom 22. 4. 1969 GVBl. S. 89

Für die Fortgeltung der einzelnen Bestimmungen der Heimver- 3

§ 25 Kommentar zum HeimG

ordnungen der Länder, die in der Folge der §§ ziemlich einheitlich sind, ist von Folgendem auszugehen:

Die HeimMindBauV (vgl. Anhang A 1) hat die Mindestanforderungen der Länderverordnungen an die Räume aufgehoben (vgl. dort § 33). Bis zum Erlaß der VO über die personellen Voraussetzungen galten die Mindestanforderungen an die im Betrieb Beschäftigten (Eignung und Abweichung von den Mindestanforderungen) fort. Diese Bestimmungen wurden erst durch die Verordnung nach § 3 Abs. 2 Nr. 2 aufgehoben.

Weiterhin gelten fort die Vorschriften über **Buchführung, Inseratensammlung und Aufbewahrung.** Diese Vorschriften werden durch die Verordnung zu § 13 aufzuheben sein.

4 Die Bestimmungen über Auskunftspflicht und behördliche Nachschau wurden am 1.1.1975 infolge ihres Widerspruchs zu § 15 **gegenstandslos,** soweit sie nicht Zuständigkeitsregelungen enthielten. Die Zuständigkeitsregelungen wurden aber dadurch gegenstandslos, daß die Zuständigkeitsverordnungen der Länder zu § 23 am 1.1.1975 in Kraft traten. Das gleiche gilt für die den Gesundheitsämtern in den Heimverordnungen der Länder eingeräumten Befugnisse.

5 Die **Strafvorschriften** der Heimverordnungen der Länder widersprechen teilweise den Bestimmungen über die Ordnungswidrigkeiten nach § 21. Soweit sich die Strafvorschriften auf fortgeltende Bestimmungen der Heimverordnungen der Länder beziehen, wird die Strafbewehrung wohl über Artikel IV Abs. 1 des Gesetzes zur Änderung der GewO und über die Einrichtung eines Gewerbezentralregisters vom 13.6.1974 (BGBl. I S.1281) als Ordnungswidrigkeit im Sinne des § 144 Abs. 2 Nr. 1 GewO aufrechterhalten. Verstöße gegen die fortgeltenden Bestimmungen der Heimverordnungen der Länder sind daher nicht als Ordnungswidrigkeiten gemäß § 21 zu verfolgen.

6 Der Übergangszustand ist erst dann restlos beseitigt, wenn die noch fortgeltenden Bestimmungen durch die Verordnungen zu §§ 3 und 13 aufgehoben werden.

7 § 25 stellt auch klar, wer für die Aufhebung der fortgeltenden Landesverordnungen zuständig ist. Nach Wegfall der Ermächtigungsgrundlage in § 21, der bei der Novellierung des Heimgesetzes gestrichen wurde, ist das **Aufhebungsrecht** von den Ländern auf den Bund übergegangen, nämlich auf das Bundesministerium für Familie, Senioren, Frauen und Jugend, das nach § 3 Abs. 2 und § 13 Abs. 3 für den Erlaß der Rechtsverordnungen zuständig ist.

§ 25a Erprobungsregelungen

(1) Die zuständige Behörde kann ausnahmsweise auf Antrag den Träger von den Anforderungen des § 10, wenn die Mitwirkung in anderer Weise gesichert ist oder die Konzeption nicht erforderlich macht, oder von den Anforderungen der nach § 3 Abs. 2 erlassenen Rechtsverordnungen teilweise befreien, wenn dies im Sinne der Erprobung neuer Betreuungs- oder Wohnformen dringend geboten erscheint und hierdurch der Zweck des Gesetzes nach § 2 Abs. 1 nicht gefährdet wird.

(2) ¹Die Entscheidung der zuständigen Behörde ergeht durch förmlichen Bescheid und ist auf höchstens vier Jahre zu befristen. ²Die Rechte zur Überwachung nach den §§ 15, 17, 18 und 19 bleiben durch die Ausnahmegenehmigung unberührt.

Zu Abs. 1:

Die durch das 3. Änderungsgesetz neu aufgenommene Erprobungsregelung gibt den Heimaufsichtsbehörden die Möglichkeit, den Träger unter den in Abs. 1 genannten Voraussetzungen von den Anforderungen des Heimgesetzes zu befreien. Damit soll die Möglichkeit geschaffen werden, **neue** Wohnformen und Betreuungskonzepte zu erproben. Die Bestimmung gilt nur für **neue** Wohnformen und Betreuungskonzepte. Sie findet **keine** Anwendung auf bereits **bestehende** Wohnformen und Betreuungskonzepte. **1**

Zu Abs. 2:

Die Entscheidung der Heimaufsichtsbehörde über die Zulassung einer Erprobungsregelung ist ein **Verwaltungsakt** der mittels Widerspruch und verwaltungsgerichtlicher Klage (Versorgungsgegenklage) angefochten werden kann. Die Erprobungsregelung selbst ist auf höchstens **4 Jahre** zu beschränken. Sie braucht zumindest in der Anfangsphase eine Begleitung der Heimaufsichtsbehörde. Daher bestimmt Abs. 2 Satz 2 das die Überwachungsrechte nach §§ 15, 17, 18 und 19 weiter bestehen bleiben. **2**

§ 26 Übergangsvorschriften

(1) Rechte und Pflichten aufgrund von Heimverträgen, die vor dem Inkrafttreten dieses Gesetzes geschlossen worden sind, richten sich vom Zeitpunkt des Inkrafttretens des Gesetzes an nach dem neuen Recht.

(2) Eine schriftliche Anpassung der vor Inkrafttreten dieses Gesetzes geschlossenen Heimverträge an die Vorschriften dieses Gesetzes muss erst erfolgen, sobald sich Leistungen oder Entgelt aufgrund des § 6 oder § 7 verändern, spätestens ein Jahr nach Inkrafttreten dieses Gesetzes.

(3) Ansprüche der Bewohnerinnen und Bewohner sowie deren Rechtsnachfolger aus Heimverträgen wegen fehlender Wirksamkeit von Entgelterhöhungen nach § 4c des Heimgesetzes in der vor dem Inkrafttreten dieses Gesetzes geltenden Fassung können gegen den Träger nur innerhalb von drei Jahren nach Inkrafttreten dieses Gesetzes geltend gemacht werden.

1 § 26 regelt die Übergangsfristen ab wann das neue Recht auf bereits bestehende Heimverhältnisse anzuwenden ist. Vom Grundsatz des Abs. 1 (Anwendung ab Inkrafttreten) machen Abs. 2 und Abs. 3 in den dort genannten Fällen Ausnahmen.

2 Gemäß Art. 4 des Dritten Gesetzes zur Änderung des Heimgesetzes vom 5.11. 2001 (BGBl. I S.2960) ist der Zeitpunkt des Inkrafttretens des HeimG in seiner neuen Fassung der **1. Januar 2002**.

Anhänge

Übersicht

A. Verordnungen

A 1 Verordnung über bauliche Mindestanforderungen für
Altenheime, Altenwohnheime und Pflegeheime für Volljährige (**HeimMindBauV**) 291
Text 291
Kommentar........................... 303
A 2 Verordnung über die Mitwirkung der Bewohnerinnen
und Bewohner in Angelegenheiten des Heimbetriebes
(**HeimmwV**)........................... 341
Text 341
Synopse alte Fassung/neue Fassung 357
Kommentar........................... 380
A 3 Verordnung über die Pflichtung der Träger von
Altenheimen, Altenwohnheimen und Pflegeheimen für
Volljährige im Falle der Entgegennahme von Leistungen zum Zwecke der Unterbringung eines Bewohners
oder Bewerbers (**HeimsicherungsV**) 443
Text 443
Kommentar........................... 453
A 4 Verordnung über personelle Anforderungen für Heime
(**HeimPersV**) 494
Text 494
Kommentar........................... 500

B. Sonstiges

B 1 Richtlinien zur Organisation der Buchführung...... 520
B 2 Pflege-Versicherungsgesetz – Auszug – 525
B 3 Altenpflegegesetz 551

A. Verordnungen

1. Verordnung über bauliche Mindestanforderungen für Altenheime, Altenwohnheime und Pflegeheime für Volljährige (HeimMindBauV)

in der Fassung vom 3. Mai 1983 (BGBl. I S. 550), geändert durch Verordnung vom 25. November 2003 (BGBl. I S. 2346)[1]
BGBl. III/FNA 2170-5-2

Text
Inhaltsübersicht

§§

Erster Teil
Gemeinsame Vorschriften

Anwendungsbereich 1
Wohn- und Pflegeplätze 2
Flure und Treppen 3
Aufzüge 4
Fußböden 5
Beleuchtung 6
Rufanlage 7
Fernsprecher 8
Zugänge 9
Sanitäre Anlagen 10
Wirtschaftsräume 11
Heizung 12
Gebäudezugänge 13

Zweiter Teil
Besondere Vorschriften

Erster Abschnitt
Altenheime und gleichartige Einrichtungen

Wohnplätze 14

§§

Funktions- und Zubehörräume 15
Gemeinschaftsräume 16
Therapieräume 17
Sanitäre Anlagen 18

Zweiter Abschnitt
Altenwohnheime und gleichartige Einrichtungen

Wohnplätze 19
Gemeinschaftsräume 20
Funktions- und Zubehörräume 21
Sanitäre Anlagen 22

Dritter Abschnitt
Pflegeheime für Volljährige und gleichartige Einrichtungen

Pflegeplätze 23
Funktions- und Zubehörräume 24
Gemeinschaftsräume 25
Therapieräume 26
Sanitäre Anlagen 27

---

[1] Gemäß Anl. I Kap. X Sachgeb. H Abschn. III Nr. 13 Einigungsvertrag v. 31.8.1990 (BGBl. II S. 889) gilt für das Gebiet der ehem. DDR: „Für die Berechnung der Frist in § 30 Abs. 1 Satz 2 als Zeitpunkt für das Inkrafttreten der Verordnung gilt der Tag des Wirksamwerdens des Beitritts." Der Beitritt erfolgte zum 3. Oktober 1990.

Anh. A   1. HeimMindBauV (Text)

Vierter Abschnitt

Einrichtungen mit Mischcharakter

Einrichtungen mit Mischcharakter 28

Dritter Teil

Einrichtungen für behinderte Volljährige

Einrichtungen für behinderte Volljährige 29

Vierter Teil

Fristen und Befreiungen

Fristen zur Angleichung 30
Befreiungen 31

Fünfter Teil

Ordnungwidrigkeiten und Schlußbestimmungen

Ordnungswidrigkeiten 32
Nichtanwendung von Vorschriften 33
Berlin-Klausel 34
Inkrafttreten 35

Auf Grund des Artikels 2 der Ersten Verordnung zur Änderung der Verordnung über bauliche Mindestanforderungen für Altenheime, Altenwohnheime und Pflegeheime für Volljährige vom 3. Mai 1983 (BGBl. I S. 547) wird nachstehend der Wortlaut der Verordnung über bauliche Mindestanforderung für Altenheime, Altenwohnheime und Pflegeheime für Volljährige in der ab 11. Mai 1983 geltenden Fassung bekanntgemacht. Die Neufassung berücksichtigt:

1. die am 1. August 1978 in Kraft getretene Verordnung über bauliche Mindestanforderungen für Altenheime, Altenwohnheime und Pflegeheime für Volljährige vom 27. Januar 1978 (BGBl. I S. 189),

2. die am 11. Mai 1983 in Kraft tretende eingangs genannte Verordnung.

Die Rechtsvorschriften wurden erlassen auf Grund des § 3 in Verbindung mit § 22 des Heimgesetzes vom 7. August 1974 (BGBl. I S. 1873).

Erster Teil. Gemeinsame Vorschriften

§ 1 Anwendungsbereich

Einrichtungen im Sinne des § 1 Abs. 1[1] des Heimgesetzes, die in der Regel mindestens sechs Personen aufnehmen, dürfen nur betrieben werden, wenn sie die Mindestanforderungen der §§ 2 bis

---

[1] Jetzt § 1 HeimG.

29 erfüllen, soweit nicht nach den §§ 30 und 31 etwas anderes bestimmt wird.

§ 2 Wohn- und Pflegeplätze

Wohnplätze (§§ 14, 19) und Pflegeplätze (§ 23) müssen unmittelbar von einem Flur erreichbar sein, der den Heimbewohnern, dem Personal und den Besuchern allgemein zugänglich ist.

§ 3 Flure und Treppen

(1) Flure, die von Heimbewohnern benutzt werden, dürfen innerhalb eines Geschosses keine oder nur solche Stufen haben, die zusammen mit einer geeigneten Rampe angeordnet sind.

(2) In Pflegeheimen und Pflegeabteilungen müssen die Flure zu den Pflegeplätzen so bemessen sein, daß auf ihnen bettlägerige Bewohner transportiert werden können.

(3) Flure und Treppen sind an beiden Seiten mit festen Handläufen zu versehen.

§ 4 Aufzüge

In Einrichtungen, in denen bei regelmäßiger Benutzung durch die Bewohner mehr als eine Geschoßhöhe zu überwinden ist oder in denen Rollstuhlbenutzer in nicht stufenlos zugänglichen Geschossen untergebracht sind, muß mindestens ein Aufzug vorhanden sein. Art, Größe und Ausstattung des Aufzugs müssen den Bedürfnissen der Bewohner entsprechen.

§ 5 Fußböden

Fußbodenbeläge der von Heimbewohnern benutzten Räume und Verkehrsflächen müssen rutschfest sein.

§ 6 Beleuchtung

(1) Die Lichtschalter müssen ohne Schwierigkeit zu bedienen sein.

(2) In Treppenräumen und Fluren muß bei Dunkelheit die Nachtbeleuchtung in Betrieb sein.

(3) In Wohn-, Schlaf- und Gemeinschaftsräumen müssen Anschlüsse zum Betrieb von Leselampen vorhanden sein. In Schlafräumen müssen diese Anschlüsse den Betten zugeordnet sein.

§ 7 Rufanlage

Räume, in denen Pflegebedürftige untergebracht sind, müssen mit einer Rufanlage ausgestattet sein, die von jedem Bett aus bedient werden kann.

§ 8 Fernsprecher

In den Einrichtungen muß in jedem Gebäude mindestens ein Fernsprecher vorhanden sein, über den die Bewohner erreichbar sind und der von nicht bettlägerigen Bewohnern ohne Mithören Dritter benutzt werden kann.

§ 9 Zugänge

(1) Wohn-, Schlaf- und Sanitärräume müssen im Notfall von außen zugänglich sein.

(2) In Pflegeheimen und Pflegeabteilungen müssen die Türen zu den Pflegeplätzen so breit sein, daß durch sie bettlägerige Bewohner transportiert werden können.

§ 10 Sanitäre Anlagen

(1) Badewannen und Duschen in Gemeinschaftsanlagen müssen bei ihrer Benutzung einen Sichtschutz haben.

(2) Bei Badewannen muß ein sicheres Ein- und Aussteigen möglich sein.

(3) Badewannen, Duschen und Spülaborte müssen mit Haltegriffen versehen sein.

(4) In Einrichtungen mit Rollstuhlbenutzern müssen für diese Personen geeignete sanitäre Anlagen in ausreichender Zahl vorhanden sein.

§ 11 Wirtschaftsräume

Wirtschaftsräume müssen in der erforderlichen Zahl und Größe vorhanden sein, soweit die Versorgung nicht durch Betriebe außerhalb des Heimes sichergestellt ist.

§ 12 Heizung

Durch geeignete Heizanlagen ist für alle Räume, Treppenräume, Flure und sanitäre Anlagen eine den Bedürfnissen der Heimbewohner angepaßte Temperatur sicherzustellen.

§ 13 Gebäudezugänge

Die Eingangsebene der von den Bewohnern benutzten Gebäude einer Einrichtung soll von der öffentlichen Verkehrsfläche stufenlos erreichbar sein. Der Zugang muß beleuchtet sein.

Zweiter Teil. Besondere Vorschriften

Erster Abschnitt. Altenheime und gleichartige Einrichtungen

§ 14 Wohnplätze

(1) Wohnplätze für eine Person müssen mindestens einen Wohnschlafraum mit einer Wohnfläche von 12 m^2, Wohnplätze für zwei Personen einen solchen mit einer Wohnfläche von 18 m^2 umfassen. Wohnplätze für mehr als zwei Personen sind nur ausnahmsweise mit Zustimmung der zuständigen Behörde, Wohnplätze für mehr als vier Personen sind nicht zulässig. Für die dritte oder vierte Person muß die zusätzliche Wohnfläche wenigstens je 6 m^2 betragen.

(2) Für die Berechnung der Wohnflächen nach Absatz 1 gelten die Vorschriften der Wohnflächenverordnung vom 25. November 2003 (BGBl. I S. 2346) entsprechend. Beheizbare und unbeheizbare Wintergärten, Schwimmbäder und ähnliche nach allen Seiten geschlossene Räume sowie Balkone, Loggien, Dachgärten und Terrassen werden nicht angerechnet.

(3) Wohnplätze für bis zu zwei Personen müssen über einen Waschtisch mit Kalt- und Warmwasseranschluß verfügen. Bei Wohnplätzen für mehr als zwei Personen muß ein zweiter Waschtisch mit Kalt- und Warmwasseranschluß vorhanden sein.

§ 15 Funktions- und Zubehörräume

(1) In jeder Einrichtung müssen mindestens vorhanden sein:
1. ausreichende Kochgelegenheiten für die Bewohner,
2. ein Abstellraum für die Sachen der Bewohner,
3. in Einrichtungen mit Mehrbettzimmern ein Einzelzimmer im Sinne des § 14 zur vorübergehenden Nutzung durch Bewohner,
4. ein Leichenraum, wenn nicht eine kurzfristige Überführung der Leichen sichergestellt ist.

(2) Besteht die Einrichtung aus mehreren Gebäuden, müssen die Anforderungen nach Absatz 1 Nr. 1 und 3 in jedem Gebäude erfüllt werden.

§ 16 Gemeinschaftsräume

(1) Die Einrichtung muß mindestens einen Gemeinschaftsraum von 20 m² Nutzfläche haben. In Einrichtungen mit mehr als 20 Bewohnern muß eine Nutzfläche von mindestens 1 m² je Bewohner zur Verfügung stehen.

(2) Bei der Berechnung der Fläche nach Absatz 1 können Speiseräume, in Ausnahmefällen auch andere geeignete Räume und Flure, insbesondere Wohnflure, angerechnet werden. Treppen, sonstige Verkehrsflächen, Loggien und Balkone werden nicht berücksichtigt.

§ 17 Therapieräume

In jeder Einrichtung muß ein Raum für Bewegungstherapie oder Gymnastik vorhanden sein, wenn nicht geeignete Gymnastik- und Therapieräume in zumutbarer Entfernung außerhalb der Einrichtung von den Heimbewohnern regelmäßig benutzt werden können. Gemeinschaftsräume nach § 16 können dafür verwendet werden.

§ 18 Sanitäre Anlagen

(1) Für jeweils bis zu acht Bewohner muß im gleichen Geschoß mindestens ein Spülabort mit Handwaschbecken vorhanden sein.

(2) Für jeweils bis zu 20 Bewohner muß im gleichen Gebäude mindestens eine Badewanne oder eine Dusche zur Verfügung stehen.

(3) In den Gemeinschaftsbädern der Pflegeabteilungen sind die Badewannen an den Längsseiten und an einer Stirnseite freistehend aufzustellen.

Zweiter Abschnitt. Altenwohnheime und gleichartige Einrichtungen

§ 19 Wohnplätze

(1) Wohnplätze für eine Person müssen mindestens einen Wohnschlafraum mit einer Wohnfläche von 12 m^2, ferner eine Küche, eine Kochnische oder einen Kochschrank umfassen und über einen Sanitärraum mit Waschtisch mit Kalt- und Warmwasseranschluß und Spülklosett verfügen. Bei Wohnplätzen für zwei Personen muß die Wohnfläche des Wohnschlafraumes oder getrennter Wohn- und Schlafräume mindestens 18 m^2 betragen.

(2) Für Wohnplätze mit mehr als zwei Personen gilt § 14 Abs. 1 Satz 2 und 3, Abs. 3 Satz 2 entsprechend.

(3) Bei der Berechnung der Wohnflächen nach Absatz 1 gilt § 14 Abs. 2 entsprechend.

§ 20 Gemeinschaftsräume

(1) § 16 gilt entsprechend mit der Maßgabe, daß je Heimbewohner Gemeinschaftsraum von mindestens 0,75 m^2 Nutzfläche zur Verfügung stehen muß.

(2) Sind in zumutbarer Entfernung außerhalb der Einrichtung geeignete Räume zur Gestaltung des gesellschaftlichen und kulturellen Lebens vorhanden, die den Bewohnern der Einrichtung regelmäßig zur Verfügung stehen, können sie auf die Gemeinschaftsräume angerechnet werden.

§ 21 Funktions- und Zubehörräume

In jeder Einrichtung müssen mindestens vorhanden sein:
1. ein Abstellraum für die Sachen der Heimbewohner,
2. besondere Wasch- und Trockenräume zur Benutzung durch die Heimbewohner.

§ 22 Sanitäre Anlagen

Für jeweils bis zu 20 Bewohner muß im gleichen Gebäude mindestens eine Badewanne oder eine Dusche zur Verfügung stehen.

Dritter Abschnitt. Pflegeheime für Volljährige und gleichartige Einrichtungen

§ 23 Pflegeplätze

(1) Pflegeplätze müssen mindestens einen Wohnschlafraum mit einer Wohnfläche von 12 m^2 für einen Bewohner, 18 m^2 für zwei, 24 m^2 für drei und 30 m^2 für vier Bewohner umfassen. Wohnschlafräume für mehr als vier Bewohner sind nicht zulässig.

(2) Bei der Berechnung der Wohnflächen nach Absatz 1 gilt § 14 Abs. 2 entsprechend.

§ 24 Funktions- und Zubehörräume

(1) Funktions- und Zubehörräume müssen in ausreichender Zahl vorhanden und den Besonderheiten der Pflegebedürftigkeit angepaßt sein.

(2) § 15 Abs. 1 Nr. 2 bis 4, Abs. 2 in Verbindung mit Abs. 1 Nr. 3 gilt entsprechend. Außerdem müssen Schmutzräume und Fäkalienspülen in erforderlicher Zahl vorhanden sein.

§ 25 Gemeinschaftsräume

§ 20 Abs. 1 gilt entsprechend. Die Nutzflächen müssen jedoch so angelegt sein, daß auch Bettlägerige an Veranstaltungen und Zusammenkünften teilnehmen können.

§ 26 Therapieräume

§ 17 gilt entsprechend.

§ 27 Sanitäre Anlagen

(1) Für jeweils bis zu vier Bewohner müssen in unmittelbarer Nähe des Wohnschlafraumes ein Waschtisch mit Kalt- und Warmwasseranschluß und für jeweils bis zu acht Bewohner ein Spülabort vorhanden sein.

(2) Für jeweils bis zu 20 Bewohner müssen im gleichen Gebäude mindestens eine Badewanne und eine Dusche zur Verfügung stehen.

(3) Ist dauernd bettlägerigen Bewohnern die Benutzung sanitärer Anlagen nur in der Geschoßebene ihres Wohnschlafraumes möglich, so muß die nach Absatz 2 geforderte Anzahl an Badewannen und Duschen in dem jeweiligen Geschoß vorgehalten werden.

(4) § 18 Abs. 3 gilt entsprechend.

Vierter Abschnitt. Einrichtungen mit Mischcharakter

§ 28 Einrichtungen mit Mischcharakter

Sind Teile einer Einrichtung mehreren Einrichtungsarten im Sinne des § 1 Abs. 1[1] des Heimgesetzes zuzuordnen, so sind auf diese Teile die Anforderungen der Verordnung für die ihnen jeweils entsprechende Einrichtungsart anzuwenden.

Dritter Teil.
Einrichtungen für behinderte Volljährige

§ 29 Einrichtungen für behinderte Volljährige

(1) In Einrichtungen für behinderte Volljährige sind bei der Anwendung der Verordnung die besonderen Bedürfnisse der Bewohner, die sich insbesondere aus Art und Schwere der Behinderungen ergeben, zu berücksichtigen. Von Anforderungen der Verordnung kann insoweit abgewichen werden.

---

[1] Jetzt § 1 HeimG.

(2) Als gleichartige Einrichtungen im Sinne des ersten und zweiten Abschnitts des zweiten Teils der Verordnung gelten auch Einrichtungen für behinderte Volljährige.

Vierter Teil. Fristen und Befreiungen

§ 30 Fristen zur Angleichung

(1) Erfüllen Einrichtungen, die bei Inkrafttreten dieser Verordnung im Betrieb, im Bau oder im baureifen Planungsstadium sind, die Mindestanforderungen der §§ 2 bis 29 nicht, so hat die zuständige Behörde zur Angleichung an die einzelnen Anforderungen angemessene Fristen einzuräumen. Die Frist für die Angleichung darf zehn Jahre vom Inkrafttreten der Verordnung an nicht überschreiten. Sie kann bei Vorliegen eines wichtigen Grundes verlängert werden.

(2) Für andere als die in Absatz 1 Satz 1 genannten Einrichtungen kann die zuständige Behörde auf Antrag angemessene Fristen zur Erfüllung einzelner Anforderungen nach dieser Verordnung einräumen. Die Fristen dürfen fünf Jahre vom Zeitpunkt der Anzeige nach § 7[1] des Heimgesetzes an nicht überschreiten. Sie können in besonders begründeten Ausnahmefällen verlängert werden.

§ 31 Befreiungen

(1) Ist dem Träger einer Einrichtung die Erfüllung der in den §§ 2 bis 29 genannten Anforderungen technisch nicht möglich oder aus wirtschaftlichen Gründen nicht zumutbar, kann die zuständige Behörde auf Antrag ganz oder teilweise Befreiung erteilen, wenn die Befreiung mit den Interessen und Bedürfnissen der Bewohner vereinbar ist.

(2) Der Träger einer Einrichtung ist vom Zeitpunkt der Antragstellung bis zur Entscheidung über den Antrag für die beantragten Tatbestände von der Verpflichtung zur Angleichung vorläufig befreit.

---

[1] Jetzt § 12 HeimG.

Fünfter Teil. Ordnungswidrigkeiten und Schlußbestimmungen

§ 32 Ordnungswidrigkeiten

Ordnungswidrig im Sinne des § 17 Abs. 2 Nr. 1[1] des Heimgesetzes handelt, wer vorsätzlich oder fahrlässig entgegen § 1 eine Einrichtung betreibt, in der
1. die Mindestanforderungen an die Wohnplätze nach § 2, § 14 Abs. 1 oder 3 oder § 19 Abs. 1 oder 2 oder die Mindestanforderungen an die Pflegeplätze nach den §§ 2 oder 23 Abs. 1 nicht erfüllt sind,
2. Rufanlagen nach § 7 oder Fernsprecher nach § 8 nicht vorhanden sind,
3. die Wohn-, Schlaf- oder Sanitärräume entgegen § 9 Abs. 1 im Notfall nicht von außen zugänglich sind,
4. die Funktions- und Zubehörräume oder sanitären Anlagen nach § 15 Abs. 1 Nr. 2 oder 4, § 18 Abs. 1 oder 2, § 21, § 22, § 24 Abs. 1 oder § 27 Abs. 1 bis 3 nicht vorhanden sind,
5. die Gemeinschaftsräume nach § 16 Abs. 1, § 20 Abs. 1 oder § 25 Satz 1 nicht vorhanden sind,
6. die Therapieräume nach § 17 oder § 26 nicht vorhanden sind.

§ 33 Nichtanwendung von Vorschriften

Mit Inkrafttreten der Verordnung sind folgende Vorschriften, soweit sie Vorschriften über Mindestanforderungen für die Räume, Verkehrsflächen und sanitäre Anlagen enthalten, auf die Einrichtungen nach § 1 nicht mehr anzuwenden:
1. die Verordnung des Wirtschaftsministeriums des Landes Baden-Württemberg über den gewerbsmäßigen Betrieb von Altenheimen, Altenwohnheimen und Pflegeheimen (Heimverordnung – Heim VO –) vom 25. Februar 1970 (Gesetzblatt für Baden-Württemberg, S. 98),
2. die Verordnung des Bayerischen Staatsministeriums für Wirtschaft und Verkehr über den gewerbsmäßigen Betrieb von Altenheimen, Altenwohnheimen und Pflegeheimen (Heimverordnung – HeimVO –) vom 23. August 1968 (Bayerisches Gesetz- und Verordnungsblatt, S. 319),

---

[1] Jetzt § 21 Abs. 2 Nr. 1 HeimG.

Anh. A   1. HeimMindBauV (Text)

3. die Verordnung des Senats von Berlin über Mindestanforderungen und Überwachungsmaßnahmen gegenüber gewerblichen Altenheimen, Altenwohnheimen und Pflegeheimen für Volljährige vom 3. Oktober 1967 (Gesetz- und Verordnungsblatt für Berlin, S. 1457),
4. die Verordnung des Senators für Wirtschaft und Außenhandel der Freien Hansestadt Bremen über den gewerbsmäßigen Betrieb von Altenheimen, Altenwohnheimen und Pflegeheimen (Heimverordnung – HeimVO –) vom 30. April 1968 (Gesetzblatt der Freien Hansestadt Bremen, S. 95),
5. die Verordnung des Senats der Freien und Hansestadt Hamburg über den gewerbsmäßigen Betrieb von Altenheimen, Altenwohnheimen und Pflegeheimen (Heimverordnung) vom 29. Oktober 1968 (Hamburgisches Gesetz- und Verordnungsblatt, S. 248),
6. die Verordnung des Hessischen Ministers für Arbeit, Volkswohlfahrt und Gesundheitswesen über den gewerbsmäßigen Betrieb von Altenheimen, Altenwohnheimen und Pflegeheimen (Heimverordnung – HeimVO –) vom 7. Oktober 1969 (Gesetz- und Verordnungsblatt I für das Land Hessen, S. 195),
7. die Verordnung des Niedersächsischen Ministers für Wirtschaft und Verkehr über den gewerbsmäßigen Betrieb von Altenheimen, Altenwohnheimen und Pflegeheimen (Heimverordnung – HeimVO –) vom 3. Oktober 1968 (Niedersächsisches Gesetz- und Verordnungsblatt, S. 129),
8. die Verordnung des Landes Nordrhein-Westfalen über den gewerbsmäßigen Betrieb von Altenheimen, Altenwohnheimen und Pflegeheimen (Heimverordnung – HeimVO –) vom 25. Februar 1969 (Gesetz- und Verordnungsblatt des Landes Nordrhein-Westfalen, S. 142),
9. die Verordnung des Landes Rheinland-Pfalz über den gewerbsmäßigen Betrieb von Altenheimen, Altenwohnheimen und Pflegeheimen (Heimverordnung – HeimVO –) vom 25. Juli 1969 (Gesetz- und Verordnungsblatt für das Land Rheinland-Pfalz, S. 150),
10. die Verordnung des Landes Saarland über den gewerbsmäßigen Betrieb von Altenheimen, Altenwohnheimen und Pflegeheimen (Heimverordnung – HeimVO –) vom 1. April 1969 (Amtsblatt des Saarlandes, S. 197) und
11. die Verordnung des Ministers für Wirtschaft und Verkehr des Landes Schleswig-Holstein über den gewerbsmäßigen Betrieb von Altenheimen, Altenwohnheimen und Pflegeheimen

1. HeimMindBauV (Kommentar) **Anh. A**

(Heimverordnung – HeimVO –) vom 22. April 1969 (Gesetz- und Verordnungsblatt für Schleswig-Holstein, S. 89).

§ 34 Berlin-Klausel

(gegenstandslos)

§ 35 (Inkrafttreten)

Kommentar zur Heimmindestbauverordnung

Vorbemerkung: Der Gesetzgeber ist nach § 3 HeimG nur zur Festlegung von Mindestanforderungen ermächtigt. Vgl. RdNr. 4 und 5 zu § 3 HeimG.

Erster Teil
Gemeinsame Vorschriften

§ 1 Anwendungsbereich

Einrichtungen im Sinne des § 1 Abs. 1 des Heimgesetzes, die in der Regel mindestens sechs Personen aufnehmen, dürfen nur betrieben werden, wenn sie die Mindestanforderungen der §§ 2 bis 29 erfüllen, soweit nicht nach den §§ 30 und 31 etwas anderes bestimmt wird.

Zu den einzelnen Problemen der Verordnung, insbesondere zur Entstehung und zu den Kostenfolgen vgl. Dürig in Arbeitsmappe zum HeimG des DV 1990, 29 ff.; Hempel Altenheim 1991, Heft 10, S. 470 (besonders für die neuen Bundesländer), Ruf/Wiedemann, Bayerischer Wohlfahrtsdienst 1975 S. 93 Ruf/Hütten, Bayerischer Wohlfahrtsdienst 1978, S. 29, Friedrich, ZfF 1978, S. 73 ff. und Kunz ZfSH 1978, 289 ff., Dahlem ZfF 1983, 248 ff., Ruf/Hütten Altenheim 1983, 134 ff., Dieck/Tesic ThuPr. 1983, 209, Job Altenheim 1983, 54 ff. Die VO verstößt auch nicht gegen Art. 12 Abs. 1 GG bzw. Art. 80 Abs. 1 S. 2 GG (BVerwG U. v. 17.3. 1989 4-C 41, 85; BVerwG Städtetag 1985, 769; Hess VGH ESVGH 36, 31). **1**

Die Verordnung geht als Bundesrecht anderen gleichartigen Vorschriften des Landesrechts vor. Die gesetzlichen Bestimmungen **2**

z. B. des **Baurechts**, des **Feuer- und Katastrophenschutzes**, des **Gesundheitswesens** u. a. gelten ohne Rücksicht auf die HeimMindBauV (vgl. RdNr. 5 zu § 3 HeimG). Zum baulichen **Brandschutz** in Altenheimen vgl. Volz Altenheim 1991, Heft 2, S. 97 ff.

3 Im Gegensatz zu § 1 HeimG erfaßt § 1 nur solche Heime, die in der Regel mindestens 6 Personen aufnehmen, d. h. die 6 Plätze und mehr haben. Unzulässig ist die Aufteilung einer größeren Einrichtung in Abteilungen von 5 oder weniger Plätzen, da es sich um eine Umgehung des Gesetzes handelt.

4 Für die jeweilige Heimart gelten die gemeinsamen Vorschriften (§§ 1 bis 13), die Übergangsbestimmungen (§§ 30, 31), die Ordnungswidrigkeiten und Schlußbestimmungen (§§ 32 bis 35) und die entsprechenden Besonderen Vorschriften, also für Altenheime und gleichartige Einrichtungen §§ 14 bis 18, für Altenwohnheime und gleichartige Einrichtungen §§ 19 bis 22, für Pflegeheime für Volljährige und gleichartige Einrichtungen §§ 23 bis 27 und für Einrichtungen für behinderte Volljährige § 29. In Einrichtungen mit Mischcharakter ist § 28 zu beachten. Vgl. Erläuterungen zu § 28. Ausnahmen von den Vorschriften der VO sind nur unter den engen Voraussetzungen der §§ 30 und 31 zulässig. Die **Anforderungen** sind in der HeimMindBauV sehr niedrig angesetzt. Daher sind Fälle denkbar, daß die Erfüllung nur der Mindestanforderungen die Interessen und Bedürfnisse der Bewohner nicht schützt und ihr Wohlbefinden erheblich beeinträchtigt. Ist dies der Fall, so können notwendige Anforderungen durch die Heimaufsichtsbehörde nach § 2 Abs. 1 Nr. 5 HeimG i. V. m. §§ 16, 17 HeimG durch Anordnungen erreicht werden (Dürig Arbeitsmappe zum HeimG des DV 1990, 29 ff. zum alten Recht).

§ 2 Wohn- und Pflegeplätze

Wohnplätze (§§ 14, 19) und Pflegeplätze (§ 23) müssen unmittelbar von einem Flur erreichbar sein, der den Heimbewohnern, dem Personal und den Besuchern allgemein zugänglich ist.

5 Wohnplätze und Pflegeplätze sind der Wohn- und Schlafraum, der dem einzelnen Heimbewohner persönlich zur Verfügung steht, einschließlich dazugehöriger Räume wie Bad, WC, Flur, Küche. Nicht hierzu zählen die auch von anderen Heimbewohnern mitbenutzten Räume wie Flur, Speisesaal, Gymnastikraum, Gemeinschaftsbad und Gemeinschaftstoilette.

1. HeimMindBauV (Kommentar) **Anh. A**

In einem Zimmer können mehrere Wohn- oder Pflegeplätze **6** sein. Vgl. §§ 14 Abs.1, 19 Abs.1, 23 Abs.1.

Die Voraussetzung, daß der Heimplatz unmittelbar von einem **7** Flur erreichbar sein muß, soll verhindern, daß Wohn- oder Pflegeplätze vorhanden sind, die nur über andere Heimplätze oder anderen Zwecken dienende Räume betreten werden können.

Ein allgemein zugänglicher Flur ist eine Verkehrsfläche, die nicht **8** zu einem individuell geschützten Heimplatz eines Bewohners gehört, sondern für alle Bewohner, Bedienstete und Besucher das Heim erschließt.

§ 3 Flure und Treppen

(1) **Flure, die von Heimbewohnern benutzt werden, dürfen innerhalb eines Geschosses keine oder nur solche Stufen haben, die zusammen mit einer geeigneten Rampe angeordnet sind.**

(2) **In Pflegeheimen oder Pflegeabteilungen müssen die Flure zu den Pflegeplätzen so bemessen sein, daß auf ihnen bettlägerige Bewohner transportiert werden können.**

(3) **Flure und Treppen sind an beiden Seiten mit festen Handläufen zu versehen.**

Zu Treppen und Fluren vgl. auch z.B. Art.35, 36, 37 BayBO. **9** Zum technischen Begriff „Treppe" vgl. DIN 18064. **Flucht-** und **Rettungswege** vgl. Volz Altenheim 1985, Heft 4.

Abs.1 will Gehbehinderten, insbesondere Rollstuhlfahrern eine **10** gewisse Beweglichkeit im Heim verschaffen. Eine Rampe ist in der Regel geeignet, wenn die Neigung 6% nicht überschreitet.

Eine Reduzierung der baulichen Anforderungen enthält der **11** neue § 3 Abs.2, wonach die **Flure** in Pflegeheimen und Pflegeabteilungen so bemessen sein müssen, daß auf ihnen bettlägerige Bewohner transportiert werden können. Die bisher gültige Fassung, stellte darauf ab, daß die Flure zu den Pflegeplätzen so breit waren, daß ein Bett hindurchgefahren werden konnte. Nunmehr genügt es, daß ein Pflegebedürftiger auch auf einer Krankenbahre getragen werden kann. Die Vorschrift verliert jedoch durch die bestehenden **baurechtlichen** Bestimmungen an Bedeutung. Alle BauO's der Länder (für Bayern z.B. Art.37 BayBO) schreiben vor, daß die **nutzbare Breite** allgemein zugänglicher Flure für den **größten zu erwartenden** Verkehr ausreichen muß. Die Mindestbreite von Mittelfluren bei doppelbündigen Bauten, z.B. Appartmenthäuser,

Anh. A 1. HeimMindBauV (Kommentar)

Altenheime, Pflegeheime, ist nicht nur auf die Verkehrssicherheit, sondern auch auf gesunde Wohnverhältnisse abzustellen. Demnach werden allg. im **Baurecht** (vgl. Simon-Busse BayBO Art. 37 RdNr. 2) folgende Mindestbreiten für erforderlich gehalten:

Flurgänge (m)	Flurbreite (m)
25,0	1,8
22,5	1,7
20,0	1,6
17,5	1,5
15,0	1,4
12,5	1,3
10,0	1,2

12 Abs. 3 dient der Sicherheit der Heimbewohner. Diese von Fachleuten geforderte Bestimmung verringert die Breite von Fluren und Treppen und ist damit im Einzelfall oft problematisch. Im Gegensatz zu den baurechtlichen Vorschriften, die grundsätzlich die Anbringung eines Handlaufes nur an einer Seite der Treppe fordern, bestimmt Abs. 3 die Anbringung von Handläufen an **beiden** Seiten der Treppe. Insoweit geht Abs. 3 den Baugesetzen der Länder vor.

13 Handläufe sind Griffhilfen an der Treppenraumumfassung oder auf dem Treppengeländer (DIN 18064). Aus Gründen der sicheren Benützung muß der Handlauf hinsichtlich Ausbildung, Art und Anbringung eine möglichst ununterbrochene Führung haben und ein sicheres Greifen und Gehen gewährleisten. **Seile,** die mit Halterungen in den Wänden befestigt sind, können nicht als feste und griffsichere Handläufe angesehen werden, da sie keinen sicheren Halt geben (OVG Berlin BauR 1975, 200). Obwohl nicht ausdrücklich erwähnt, ergibt sich aus dem Zusammenhang mit Abs. 1, daß die Anforderungen des Abs. 3 auch für **Rampen** gelten.

§ 4 Aufzüge

In Einrichtungen, in denen bei regelmäßiger Benutzung durch die Bewohner mehr als eine Geschoßhöhe zu überwinden ist oder in denen Rollstuhlbenutzer in nicht stufenlos zugänglichen Geschossen untergebracht sind, muß mindestens ein Aufzug vorhanden sein. Art, Größe und Ausstattung des Aufzugs müssen den Bedürfnissen der Bewohner entsprechen.

1. HeimMindBauV (Kommentar) Anh. A

Die Vorschrift über **Aufzüge** wurde aus Gründen der Klarstel- **14**
lung neu gefaßt. Nunmehr ist eindeutig, daß in Einrichtungen, in
denen bei regelmäßiger Benutzung durch die Bewohner mehr als
eine Geschoßhöhe zu überwinden ist oder in denen Rollstuhlbenutzer in nicht stufenlos zugänglichen Geschossen untergebracht
sind, mindestens ein Aufzug vorhanden sein muß, der nach Art,
Größe und Ausstattung den Bedürfnissen der Bewohner entsprechen muß. Aus Sinn und Zweck des Satz 1 ergibt sich, daß ein Aufzug in mehr als zweigeschossigen Heimen in jedes von Bewohnern
genutzte Stockwerk führen muß (BVerwG U. vom 17.3.1989 Az.
4 C 22.86 zu OVG Berlin U. v. 11.12. 1985 – OVG 1 B 36.82).
Auf Vollgeschosse oder Obergeschosse ist nicht mehr abgestellt
(Ruf-Hütten Altenheim 1983, 135). Über die **Reichweite** des Aufzugs läßt sich aus dem Wortlaut der Vorschrift keine eindeutige
Aussage entnehmen. Heime, die keine Rollstuhlfahrer aufnehmen
und nur im Erd- oder Obergeschoß eines Gebäudes betrieben werden, sind von der Verpflichtung, einen Aufzug vorzuhalten, freigestellt (BVerw U. v. 17.3. 1989 – 4 C 22.86). Erstreckt sich das Heim
jedoch über mehr als zwei Geschosse, so muß ein Aufzug nicht
nur vorhanden sein, sondern er muß auch grundsätzlich – wie in
dem von Rollstuhlbenutzern bewohnten Heim – in jedes Geschoß, also auch bis ins oberste Geschoß, führen. Der Verzicht auf
die Einbaupflicht für Aufzüge in Heimen mit nur zwei Geschossen
rechtfertigt sich in erster Linie aus wirtschaftlichen Gründen. In
zweigeschossigen Gebäuden würden die Kosten für den Aufzug besonders stark ins Gewicht fallen, während es bei größeren Häusern
nur um die Mehrkosten der Verlängerung eines ohnehin notwendigen Aufzugs geht. Andererseits sind die Wege in einem nur zweigeschossigen Heim typischerweise relativ kurz, so daß hier den
Heimbewohnern der Verzicht auf einen Aufzug noch am ehesten
zugemutet werden kann. Der Wechsel von Aufzug und Treppe in
drei- und mehrgeschossigen Heimen würde die Kontakte der
Heimbewohner untereinander und nach draußen dagegen zusätzlich erschweren. Zudem wird sich bei der Planung der Errichtung
größerer Heimgebäude in der Mehrzahl der Fälle ohne größere
Schwierigkeiten eine Lösung finden lassen, auch das oberste Geschoß über den Aufzug zugänglich zu machen. Bei älteren Häusern und in Fällen, in denen der Aufzug aus besonderen Gründen
– z.B. wegen entgegenstehender Festsetzungen eines Bebauungs-
plans oder aus baugestalterischen Gründen – nicht bis ins oberste
Geschoß geführt werden kann, kommt im Einzelfall eine Befreiung in Betracht, ohne daß der Grundsatz der unmittelbaren Zu-
gänglichkeit aller von Heimbewohnern regelmäßig benutzten Räu-

me über den Aufzug aufgegeben werden müßte (BVerwG, Urt. v. 17.3.1989 – 4 C 22.86).

15 Zu Begriff und Notwendigkeit von Aufzügen s. § 24 Abs. 3 Nr. 5 GewO, die entsprechenden landesrechtlichen Vorschriften (z. B. Art. 39 BayBO) sowie die Verordnung über Aufzugsanlagen (Aufzugsverordnung) vom 19.6.1998 (BGBl. I S. 1411) i. d. jeweils neuesten Fassung. Diese gilt für Heime nicht über die landesrechtlichen Bauvorschriften, sondern unmittelbar, weil dort Arbeitnehmer beschäftigt werden. Aufzüge in Heimen stellen Personenaufzüge dar, weil sie dazu bestimmt sind, Personen oder Personen und Güter zu befördern. Es handelt sich nicht um Behindertenaufzüge i. S. der Aufz. V, für die statt einer Anzeigepflicht eine Erlaubnis notwendig wäre. Der Aufzug unterliegt der Abnahmeprüfung und der wiederkehrenden Prüfung durch den Sachverständigen.

16 DIN 18025 enthält Planungsgrundlagen der Wohnungen für Schwerbehinderte, im Teil 1 Normen für Rollstuhlbenutzer. Rollstuhlbenutzer sind Personen, die aufgrund einer Behinderung regelmäßig zur Fortbewegung auf die Hilfe eines Rollstuhls angewiesen sind.

17 Der Aufzug ist geeignet, wenn ein handelsüblicher Rollstuhl zusammen mit dem Benutzer in dem Aufzug Platz findet und der Benutzer im Sitzen ohne Schwierigkeiten den Aufzug bedienen kann. Ein für Rollstühle geeigneter Aufzug muß i. d. R. eine nutzbare Grundfläche von mindestens 1 m × 2,10 m haben. Er ist so einzubauen, daß er von der öffentlichen Verkehrsfläche und möglichst von allen Wohnungen im Gebäude aus **ohne Stufen** zu erreichen ist.

§ 5 Fußböden

Fußbodenbeläge der von Heimbewohnern benutzten Räume und Verkehrsflächen müssen rutschfest sein.

18 Sinn der Vorschrift ist es, die **Verkehrssicherheit** für alte, gebrechliche und behinderte Heimbewohner zu gewährleisten. Grundsätzlich müssen alle Fußbodenbeläge rutschfest sein. Ausgenommen sind nur Räume und Verkehrsflächen, die nur vom Personal benutzt werden. Der bisherige Satz 2 des § 5, nach dem störende Spiegelungen bei Fußböden nicht auftreten durften, wurde ersatzlos gestrichen. Damit ist eine Vorschrift aus der Verordnung genommen, die in der Praxis keine Bedeutung erlangt hat.

Rutschfest bedeutet, daß bei normalem Begehen ein Ausgleiten 19
unmöglich ist. Die Rutschfestigkeit darf durch Reinigung und Fußbodenpflege nicht herabgemindert werden.

§ 6 Beleuchtung

(1) **Die Lichtschalter müssen ohne Schwierigkeit zu bedienen sein.**

(2) **In Treppenräumen und Fluren muß bei Dunkelheit die Nachtbeleuchtung in Betrieb sein.**

(3) **In Wohn-, Schlaf- und Gemeinschaftsräumen müssen Anschlüsse zum Betrieb von Leselampen vorhanden sein. In Schlafräumen müssen diese Anschlüsse den Betten zugeordnet sein.**

§ 6 wurde durch die 1. ÄnderungsVO neu gefaßt. Nach Abs. 1 20
müssen **Lichtschalter** ohne Schwierigkeit zu bedienen sein. Gestrichen wurde das Erfordernis, daß Lichtschalter bei Dunkelheit sichtbar sein müssen. Diese Regelung war bisher in Abs. 2 enthalten. Der bisherige Abs. 1 wurde Abs. 2 und gilt unverändert fort, so daß in Treppenräumen und Fluren bei Dunkelheit die Nachtbeleuchtung in Betrieb sein muß. Abs. 3 wurde völlig neu gefaßt. Während bisher darauf abgestellt wurde, daß in Wohn-, Schlaf- und Gemeinschaftsräumen Leselampen in Betrieb genommen werden konnten, wird künftig verlangt, daß **Anschlüsse** zum Betrieb von Leselampen vorhanden sind. Diese Anschlüsse müssen in Schlafräumen den Betten zugeordnet sein. Das bedeutet in der Praxis, daß in allen Räumen Steckdosen zum Anschluß von Leselampen vorgesehen und in Schlafräumen in der Nähe der Betten sein müssen (vgl. Ruf/Hütten Altenheim 1983, 135). Zur Beleuchtung vgl. auch Marx-Haschka-Schnur, Altenheim 2002, Heft 5, S. 57.

Abs. 1 bezieht sich auf alle Lichtschalter im Heim, nicht nur auf 21
solche in Treppenhäusern und Fluren des Abs. 2. Ohne Schwierigkeit zu bedienen sind Lichtschalter dann, wenn sie von allen Heimbewohnern, z.B. auch Rollstuhlfahrern, ohne Anstrengung betätigt werden können.

Abs. 2 setzt eine **Nachtbeleuchtung** voraus, d.h. eine ausreichen- 22
de Zahl von Lichtquellen, die ein gefahrloses Begehen oder Befahren der Treppenräume und Flure ermöglichen. Die Nachtbeleuchtung muß in Betrieb sein, das bedeutet eingeschaltet sein.

Abs. 2 wird ergänzt durch die landesrechtlichen Baubestimmungen und durch die Anforderungen, die sich aus der Verkehrssicherungspflicht ergeben. So schreiben die Ländergesetze vor, daß die Beleuchtung von innenliegenden Treppenräumen in Gebäuden mit mehr als fünf Vollgeschossen von der allg. Beleuchtung unabhängig sein muß. In diesem Fall muß bei Ausfall des Netzstromes eine sich selbsttätig einschaltende Notstromanlage vorhanden sein.

23 Die Anschlüsse für Leselampen (Abs. 3) müssen in ausreichender Zahl vorhanden sein und die für den Betrieb von Leselampen erforderliche **Absicherung** haben. Anschlüsse zum Betrieb von **stromintensiven** Geräten (z. B. Waschmaschinen u. ä.) müssen nicht vorhanden sein.

§ 7 Rufanlage

Räume, in denen Pflegebedürftige untergebracht sind, müssen mit einer Rufanlage ausgestattet sein, die von jedem Bett aus bedient werden kann.

24 Die Vorschrift gilt nicht nur für Pflegeplätze nach §§ 2, 23, sondern für alle Räume, in denen Pflegebedürftige, das sind Personen, bei denen die Voraussetzungen der §§ 68 ff. BSHG zutreffen, untergebracht sind. Pflegebedürftige können somit auch in Wohnplätzen eines Altenheims oder Altenwohnheims wohnen.

25 Eine **Rufanlage** ist eine technische Einrichtung, die es dem Pflegebedürftigen ermöglicht, sich mit deren Hilfe jederzeit beim Personal ohne körperliche Anstrengung bemerkbar zu machen. Die Rufanlage kann optisch, akustisch oder optisch-akustisch angelegt sein.

26 Von jedem Bett aus bedient werden können heißt, daß der Pflegebedürftige die Rufanlage ohne aufzustehen oder ohne besondere Anstrengung selbst betätigen können muß. Sind in einem Zimmer mehrere Pflegebedürftige untergebracht, so muß jeder die Rufanlage bedienen können.

§ 8 Fernsprecher

In den Einrichtungen muß in jedem Gebäude mindestens ein Fernsprecher vorhanden sein, über den die Bewohner erreichbar sind und der von nicht bettlägerigen Bewohnern ohne Mithören Dritter benutzt werden kann.

27 Eine Einrichtung im Sinne des § 1 i. V. m. § 1 Abs. 1 HeimG kann aus mehreren Gebäuden bestehen. In diesem Falle muß in jedem

Gebäude ein Fernsprecher vorhanden sein, der die Voraussetzungen dieser Vorschrift erfüllt. Ein **Fernsprecher** ist eine Fernsprechanlage i.S. des Gesetzes über Fernmeldeanlagen vom 17. März 1977 (BGBl. I S.459, ber. S.573, in der jeweils geltenden Fassung). Fernsprecher sind an das öffentliche Fernsprechnetz angeschlossen. Fernsprecher nach § 8 müssen aber keine öffentlichen Fernsprecher sein.

Die Bewohner müssen erreichbar sein, d.h. sie müssen von Dritten außerhalb des Heimes angerufen werden können. Dabei ist es zulässig, daß eine Person zur Vermittlung oder Herbeiholung eingeschaltet wird. Das bedeutet jedoch nicht, daß in jedem Zimmer ein Fernsprechanschluß vorhanden sein muß (Ruf/Hütten Altenheim 1983, 135). 28

Grundsätzlich müssen alle Bewohner mit Ausnahme der Bettlägerigen, also auch Rollstuhlfahrer, den Fernsprecher benutzen können. Benutzung meint, daß der Fernsprecher ohne die Einschaltung Dritter betätigt werden kann. Es müssen auch Ferngespräche möglich sein, daß entweder ein Münzfernsprecher oder ein geeignetes Zählwerk vorhanden sein muß, um die Benutzung zu gewährleisten. Eine ordnungsgemäße Benutzung setzt voraus, daß der Bewohner ungestört ist und in Abwesenheit des Personals oder dritter Personen sprechen kann. Letzteres gilt nicht für bettlägerige Bewohner; auch hier muß jedoch die telefonische Erreichbarkeit gewährleistet sein. 29

§ 9 Zugänge

(1) Wohn-, Schlaf- und Sanitärräume müssen im Notfall von außen zugänglich sein.

(2) In Pflegeheimen und Pflegeabteilungen müssen die Türen zu den Pflegeplätzen so breit sein, daß durch sie bettlägerige Bewohner transportiert werden können.

Zum Begriff der Wohn- und Schlafräume s. Anmerkung zu § 2. Sanitärräume sind Räume, in denen sanitäre Anlagen (§ 10) wie WC, Waschbecken, Bad oder Dusche einzeln oder zusammen installiert sind. Eine Öffnung von außen im Notfall soll ermöglichen, daß ein ohnmächtiger oder hilfloser Heimbewohner aus dem Sanitärraum herausgeholt werden kann, ohne daß ihm durch die Öffnung der Türe weitere Verletzungen zugefügt werden (für Sanitäranlagen vgl. Fissler Altenheim 1982, 215ff.). **Flucht-** und **Rettungswege** vgl. Volz Altenheim 1985, Heft 4. 30

31 Zum Begriff des Pflegeheims und der Pflegeabteilung s. § 1 HeimG und dort RdNr. 6.

32 Zum Begriff des Pflegeplatzes vgl. §§ 2 und 23 und die Kommentierung hierzu. Satz 1 ist i.V. m. § 3 Abs. 2 zu sehen. Beide Vorschriften wollen erreichen, daß ein Pflegebedürftiger durch Türen transportiert (im Bett oder auf einer Trage) werden kann. Die Türbreite zu den Pflegeplätzen steht somit im Zusammenhang mit der Breite der Flure und umgekehrt.

33 Da die Vorschrift keine bestimmten Türen vorschreibt, ist jede technische Möglichkeit zulässig, die beim ersten Einbau oder nachträglich einen Zugang von außen erreichen läßt und die geeignet ist, den Durchlaß von bettlägerigen Bewohnern zu gewähren.

§ 10 Sanitäre Anlagen

(1) **Badewannen und Duschen in Gemeinschaftsanlagen müssen bei ihrer Benutzung einen Sichtschutz haben.**

(2) **Bei Badewannen muß ein sicheres Ein- und Aussteigen möglich sein.**

(3) **Badewannen, Duschen und Spülaborte müssen mit Haltegriffen versehen sein.**

(4) **In Einrichtungen mit Rollstuhlbenutzern müssen für diese Personen geeignete sanitäre Anlagen in ausreichender Zahl vorhanden sein.**

34 § 10 geht davon aus, daß nicht für jeden Wohn- oder Pflegeplatz ein Sanitärraum vorhanden sein muß (vgl. §§ 18, 22 und 27). Zur Frage der Sanitäranlagen für Alte und Behinderte: Fissler, Altenheim 1982, 215 ff.; Stemshorn in Bauen für Behinderte und Betagte; Ruf/Hütten, Altenheim 1983, 136 sowie zur Ausstattung Moessner-Höppner, Altenheim 2002, Heft 8, S. 29.

35 Abs. 1 verlangt, daß in **sanitären Gemeinschaftsanlagen,** das sind Anlagen für die gleichzeitige Benutzung durch mehrere Personen, Badewannen und Duschen durch einen Sichtschutz getrennt sind. Sind also in einem Raum mehrere, also mindestens zwei Badewannen oder mehrere Duschen oder mindestens eine Badewanne und eine Dusche eingerichtet und sind diese zur gleichzeitigen Benutzung durch mehrere Heimbewohner bestimmt, so muß ein Sichtschutz vorhanden sein, um die Intimsphäre des einzelnen Heimbewohners zu wahren. Die Abtrennung kann durch Trennwände oder Vorhänge erfolgen, die einen ausreichenden Sichtschutz gewährleisten. Obwohl nicht ausdrücklich erwähnt, gilt das Gebot des Sichtschutzes auch für Fenster. Die Fenster und sonstigen Öffnungen des Baderaumes sind so anzubringen, daß sie ein Hineinschauen oder Durchblicken ausschließen.

Ein sicheres **Ein- und Aussteigen** ist in der Regel dann möglich, wenn eine Seite der Wanne so niedrig ist, daß ein alter oder behinderter Mensch ohne Schwierigkeiten die Badewanne benutzen kann. Ein sicheres Ein- und Aussteigen kann auch durch andere technische Hilfsmittel ermöglicht werden. 36

Haltegriffe sollen dem Benutzer das Ein- und Aussteigen sowie das Aufstehen und Hinsetzen erleichtern und ein Ausgleiten verhindern. Grundsätzlich sind mehrere Haltegriffe notwendig. Sie sind bei Badewannen, Duschen und Spülaborten zwingend vorgeschrieben. 37

Abs. 4 gilt nur, wenn in der Einrichtung **Rollstuhlbenutzer** vorhanden sind. Die geeigneten sanitären Anlagen für Rollstuhlfahrer sind entsprechend den §§ 18, 22 und 27 zu bemessen. Die Ausstattung ist entsprechend, wenn ein Sanitärraum so groß ist, daß der Rollstuhlbenutzer diesen mit dem Rollstuhl befahren und einzelne sanitäre Einrichtungen wie z.B. das Waschbecken unterfahren kann. Vgl. auch DIN 18025 Teil 1. 38

§ 11 Wirtschaftsräume

Wirtschaftsräume müssen in der erforderlichen Zahl und Größe vorhanden sein, soweit die Versorgung nicht durch Betriebe außerhalb des Heimes sichergestellt ist.

Die Wirtschaftsräume in erforderlicher Zahl und Größe sollen die Versorgung der Bewohner ermöglichen. Wirtschaftsräume in diesem Sinne sind z.B. Küchen, Vorrats- und Kühlräume, Wasch- und Trockenräume, Abstell- und Putzräume. 39

Für Funktions- und Zubehörräume gelten die §§ 15, 21 und 24. 40

Die **Wirtschaftsräume** müssen in ihrer Größe und Leistungsfähigkeit auf den **Bedarf** des Heimes abgestellt sein. Es ist zulässig, einzelne Leistungen wie z.B. Reinigung der Wäsche auf Dritte zu übertragen. Eine solche Leistung durch Dritte ist nur dann sichergestellt, wenn die Bewohner dabei keinen Nachteil erleiden. Die regelmäßige Vergabe von Leistungen an Dritte verringert die erforderliche Zahl und Größe der Wirtschaftsräume. 41

Anh. A 1. HeimMindBauV (Kommentar)

§ 12 Heizung

Durch geeignete Heizanlagen ist für alle Räume, Treppenräume, Flure und sanitäre Anlagen eine den Bedürfnissen der Heimbewohner angepaßte Temperatur sicherzustellen.

42 Die Vorschrift läßt grundsätzlich alle heute verwendeten Heizsysteme zu, soweit damit ein Heim ausreichend beheizt werden kann. Es können somit feste, flüssige und gasförmige Heizstoffe verwendet werden. Die Sicherstellung kann in Einzelfällen erfordern, daß die Heizanlage mit mehreren Brennstoffen betrieben werden kann.

43 Die Heizanlage ist geeignet, wenn sie in ihrer Kapazität so angelegt ist, daß alle von den Heimbewohnern benutzten Räume entsprechend erwärmt werden können. Zu den zu heizenden Räumen zählen insbesondere die Wohn- und Pflegeplätze (§§ 2, 14, 19, 23), Gemeinschaftsräume (§§ 16, 20, 25), Therapieräume (§§ 17, 26) und die im Verordnungstext besonders genannten Treppenräume, Flure und sanitäre Anlagen.

44 Die **Temperatur** in den einzelnen Räumen muß den **Bedürfnissen** der Heimbewohner angepaßt sein (vgl. dazu VG Berlin U. v. 16.2. 1984 – VG 14 A 65.83). Das bedeutet regelmäßig, daß die Temperatur **höher** liegen muß als in allgemeinen Wohnräumen, weil alte und behinderte Menschen sich im allgemeinen weniger bewegen und deshalb einen erhöhten Wärmebedarf empfinden. In Wohn- und Pflegeplätzen sowie in Gemeinschaftsräumen ist deshalb tagsüber eine **Temperatur von etwa 22°** empfehlenswert. In Bädern und Duschen sollte die Temperatur noch etwas darüber liegen.

§ 13 Gebäudezugänge

Die Eingangsebene der von den Bewohnern benutzten Gebäude einer Einrichtung soll von der öffentlichen Verkehrsfläche stufenlos erreichbar sein. Der Zugang muß beleuchtbar sein.

45 Mit Eingangsebene ist das Geschoß des Gebäudes gemeint, durch welches die Bewohner das Gebäude betreten. Von der öffentlichen Verkehrsfläche aus bedeutet, daß diese stufenlose Eingangsebene von den Straßen oder Wegen aus, die dem öffentlichen Verkehr ge-

widmet sind, erreichbar sein sollen (Ruf-Hütten Altenheim 1983, 136).

Obwohl die Verordnung Mindestnormen festlegen will, handelt **46** es sich bezüglich des stufenlos angelegten Eingangs nur um eine **Sollvorschrift,** d.h. die Einrichtung muß dieser Voraussetzung nicht entsprechen, wenn besondere Gründe vorliegen, die eine Nichteinhaltung der Vorschrift rechtfertigen.

Unter **Zugang** ist der Weg von der Grundstücksgrenze der Ein- **47** richtung bis zum Eingang in das Gebäude zu verstehen (Ruf/Hütten Altenheim 1983, 136, a.A. Dahlem/Giese § 13 RdNr.7, der die Beleuchtungspflicht hinsichtlich der Zugangswege lediglich auf die allg. Verkehrssicherungspflicht stützt). Der Zugang **muß beleuchtbar** sein. Es ist somit nicht erforderlich, daß die Beleuchtung dauernd brennt, sondern es genügt, daß Schalter vorhanden sind, mit denen der Benutzer des Zugangs diesen beleuchten kann (Ruf/Hütten Altenheim 1983, 136). Obwohl nicht in der VO ausdrücklich erwähnt muß jedoch die Beleuchtung **ausreichend** sein. Dies ist dann der Fall, wenn die Lichtquelle so hell ist, daß auch z.T. sehschwache Personen den Zugang gefahrlos benutzen können. Die Möglichkeit der Beleuchtung allein genügt demzufolge nicht, sondern die Beleuchtung muß auch ausreichend sein.

Weitergehende baurechtliche Vorschriften bleiben unberührt, **48** insbesondere über die notwendige Zahl von Eingängen und Treppenhäusern.

Zweiter Teil
Besondere Vorschriften

Vorbemerkung: Der Zweite Teil regelt die Besonderen Vorschriften für die einzelnen Heimarten. Während der Erste Teil gemeinsame Anforderungen an alle Einrichtungen stellt, enthält der Zweite Teil vier Abschnitte, die sich speziell mit den einzelnen Heimarten befassen. Die §§ 14 bis 18 gelten für Altenheime und gleichartige Einrichtungen, die §§ 19 bis 22 für Altenwohnheime und gleichartige Einrichtungen, die §§ 23 bis 27 für Pflegeheime für Volljährige und gleichartige Einrichtungen. § 28 ist eine Sondervorschrift für Einrichtungen mit Mischcharakter.

Neben den jeweils geltenden Besonderen Vorschriften für eine Einrichtung sind daher auch die Gemeinsamen Vorschriften der §§ 1 bis 13 zu beachten.

Anh. A   1. HeimMindBauV (Kommentar)

Zum Begriff des Altenheims und der gleichartigen Einrichtung s. § 1 HeimG und dort RdNr. 4 ff. Für Altenheime und gleichartige Einrichtungen gelten neben dem Ersten, Vierten und Fünften Teil nur die §§ 14 bis 18.

Erster Abschnitt
Altenheime und gleichartige Einrichtungen

§ 14 Wohnplätze

(1) **Wohnplätze für eine Person müssen mindestens einen Wohnschlafraum mit einer Wohnfläche von 12 m², Wohnplätze für zwei Personen einen solchen mit einer Wohnfläche von 18 m² umfassen. Wohnplätze für mehr als zwei Personen sind nur ausnahmsweise mit Zustimmung der zuständigen Behörde, Wohnplätze für mehr als vier Personen sind nicht zulässig. Für die dritte oder vierte Person muß die zusätzliche Wohnfläche wenigstens je 6 m² betragen.**

(2) **Für die Berechnung der Wohnflächen nach Absatz 1 gelten die Vorschriften der Wohnflächenverordnung vom 25. November 2003 (BGBl. I S. 2346) entsprechend. Beheizbare und unbeheizbare Wintergärten, Schwimmbäder und ähnliche nach allen Seiten geschlossene Räume sowie Balkone, Loggien, Dachgärten und Terrassen werden nicht angerechnet.**

(3) **Wohnplätze für bis zu zwei Personen müssen über einen Waschtisch mit Kalt- und Warmwasseranschluß verfügen. Bei Wohnplätzen für mehr als zwei Personen muß ein zweiter Waschtisch mit Kalt- und Warmwasseranschluß vorhanden sein.**

49   Zum Begriff des Wohnplatzes s. § 2 RdNr. 1. Auf Altenheimen, in denen einzelne pflegebedürftige Bewohner betreut werden, ist § 24 Abs. 2 mangels einer Regelungslücke **nicht** analog anwendbar (Hess VGH FEVS 35, 461 = ZfSH/SGB 1986, 439).

50   Wohnplätze in Altenheimen und gleichartigen Einrichtungen können für eine bis 4 Personen vorgesehen sein. Wohnplätze für mehr als zwei Personen sind nur mit vorheriger Zustimmung der zuständigen Heimaufsichtsbehörde zulässig. Wohnplätze für mehr als vier Personen sind unzulässig. Bei Verfahren, die eine Zustimmung nach Abs. 1 Satz 2 zum Gegenstand haben, werden Rechte der Heimbewohner auf bestimmte bauliche Mindestanforderungen eingeschränkt (Belegung, Wohnfläche). Bei bestehenden Einrichtungen ist daher die **notwendige Beteiligung** der betroffenen Heimbewohner nach § 13 Abs.2 S.2 VwVfG erforderlich (Klie ZfF 1988, 49).

Ein Wohnschlafraum ist ein Raum, in dem der Heimbewohner 51 sowohl wohnt als auch schläft. Es müssen somit keine getrennten Räume für Wohnen und Schlafen vorhanden sein.

Die Mindestwohnfläche beträgt für eine Person 12 m^2, für zwei 52 Personen 18 m^2, für drei Personen 24 m^2 und für vier Personen 30 m^2. Zur Mindestwohnfläche zählen nicht Vorraum, Sanitärraum und sonstige Nebenräume. Zur Wohnqualität vgl. Saup in Archiv für Wissenschaft und Praxis 1985 Heft 4.

Abs.2 verweist bei der Berechnung der Wohnfläche auf Bestim- 53 mungen der WohnflächenVO vom 25.11.2003 (BGBl. I S.2346). Ist die Wohnfläche bis zum 31.12.2003 nach §§ 43 f der 2. BerechnungsVO berechnet worden, bleibt es bei dieser Berechnung. Soweit nach dem 31.12.2003 bauliche Veränderungen am Wohnraum vorgenommen werden, die eine Neuberechnung der Wohnfläche erforderlich machen, ist neues Recht anzuwenden (vgl. § 42 2.BerechnungsVO). Die neue Berechnung richtet sich nach §§ 1–4 der WohnflächenVO. Beheizbare und unbeheizbare Wintergärten, Schwimmbäder und ähnliche nach allen Seiten geschlossene Räume sowie Balkone, Loggien, Dachgärten und Terrassen werden nicht angerechnet.

Abs.3 regelt teilweise die Ausstattung der Wohnplätze. Voraus- 54 setzung ist in einem Wohnplatz für bis zu zwei Personen, daß ein Waschtisch mit Kalt- und Warmwasseranschluß vorhanden ist. Der Waschtisch ist i.d.R. ein Waschbecken, das unmittelbar dem Wohnplatz zugeordnet ist (vgl. dazu DIN 18022). Dagegen müssen WC, Bad oder Dusche dem Wohnplatz nicht unmittelbar zugeordnet sein (vgl. §§ 10 und 18).

Ist ein Wohnplatz für drei oder vier Personen vorgesehen, so muß ein zweiter Waschtisch mit Kalt- und Warmwasseranschluß vorhanden sein.

§ 15 Funktions- und Zubehörräume

(1) **In jeder Einrichtung müssen mindestens vorhanden sein:**
1. ausreichende Kochgelegenheiten für die Bewohner,
2. ein Abstellraum für die Sachen der Bewohner,

Anh. A   1. HeimMindBauV (Kommentar)

3. in Einrichtungen mit Mehrbettzimmern ein Einzelzimmer im Sinne des § 14 zur vorübergehenden Nutzung durch Bewohner,
4. ein Leichenraum, wenn nicht eine kurzfristige Überführung der Leichen sichergestellt ist.

(2) Besteht die Einrichtung aus mehreren Gebäuden, müssen die Anforderungen nach Absatz 1 Nr. 1 und 3 in jedem Gebäude erfüllt werden.

55   Abs. 1 zählt die für Altenheime und gleichartige Einrichtungen erforderlichen Funktions- und Zubehörräume auf. Nach Nr. 1 ist eine ausreichende Kochgelegenheit für die Bewohner gefordert. Hierfür genügt die allgemeine Heimküche nicht. Verlangt wird eine sog. Teeküche, in der ein Bewohner jederzeit kleinere Mahlzeiten zubereiten kann. Hierfür sind ein Herd, eine Spüle und das notwendige Zubehör erforderlich. U.U. müssen auch mehrere Kochgelegenheiten vorhanden sein, wenn mehrere Bewohner diese gleichzeitig benutzen wollen (Ruf/Hütten Altenheim 1983, 136).

56   Nr. 2 fordert einen **Abstellraum** für die Sachen der Bewohner. Es muß somit nicht für jeden Bewohner ein Abstellraum zur Verfügung stehen. Verlangt ist vielmehr nur ein verschließbarer Raum, in dem Sachen, die nicht auf den Wohn- und Pflegeplätzen Platz finden, abgestellt werden können.

57   Zu den Sachen der Bewohner können Koffer, Kisten und Kleinmöbel zählen. Der Umfang des dem einzelnen Heimbewohner zur Verfügung stehenden Abstellraumes sollte im Heimvertrag bestimmt werden.

Nach § 15 Abs. 2 ist es jetzt **nicht** mehr erforderlich, daß in Einrichtungen, die aus mehreren Gebäuden bestehen, in jedem Gebäude ein Abstellraum vorhanden sein muß. Es genügt, wenn in einem Gebäude **ein Abstellraum** vorhanden ist. Allerdings muß dieser entsprechend groß sein.

58   Ein **Absonderungsraum** ist **nicht** mehr erforderlich. Nach Nr. 3 genügt, daß in Einrichtungen mit Mehrbettzimmern ein Einzelzimmer nach § 14 vorhanden ist, in den ein Bewohner eines Mehrbettzimmers bei Krankheit oder anderen Umständen verlegt werden kann, um von anderen Bewohnern getrennt zu werden.

59   Nach Nr. 4 ist ein besonderer **Leichenraum** nur erforderlich, wenn eine kurzfristige Überführung der Leichen nicht sichergestellt ist. Eine kurzfristige Überführung ist gegeben, wenn durch öffentliche oder private Bestattungsunternehmen regelmäßig eine schnelle Abholung der Leiche gewährleistet ist. An den Leichenraum stellt die Verordnung keine besonderen Anforderungen. Pietät und Würde sind jedoch zu beachten.

Abs. 2 bestimmt, daß in Einrichtungen, die aus mehreren Gebäuden bestehen, die Anforderungen nach Abs. 1 Nr. 1 und 3 in jedem Gebäude erfüllt werden müssen. Daher muß jedes Gebäude einer Einrichtung eine **Kochgelegenheit** für die Bewohner und bei Einrichtungen mit Mehrbettzimmern ein Einzelzimmer haben. Nicht hingegen ist in jedem Gebäude ein Abstellraum und ein Leichenraum notwendig. **60**

§ 16 Gemeinschaftsräume

(1) **Die Einrichtung muß mindestens einen Gemeinschaftsraum von 20 m² Nutzfläche haben. In Einrichtungen mit mehr als 20 Bewohnern muß eine Nutzfläche von mindestens 1 m² je Bewohner zur Verfügung stehen.**

(2) **Bei der Berechnung der Fläche nach Absatz 1 können Speiseräume, in Ausnahmefällen auch andere geeignete Räume und Flure, insbesondere Wohnflure, angerechnet werden. Treppen, sonstige Verkehrsflächen, Loggien und Balkone werden nicht berücksichtigt.**

Der Begriff **Gemeinschaftsraum** bedeutet nicht, daß ein abgeschlossener Raum als Gemeinschaftsfläche vorhanden ist. Verlangt wird vielmehr nur, daß eine Fläche bereitsteht, die den Heimbewohnern gemeinsam für einen Aufenthalt zur Verfügung steht. Nicht bestimmt ist, für welchen Zweck der Gemeinschaftsraum verwendet werden soll. In Betracht kommen Zusammenkünfte für Unterhaltung, Spiel, Fernsehen, Werken, Diskussion, Bewohnerversammlung. Grundsätzlich nicht hierzu zählen Speiseräume, Gymnastik- und Therapieräume, da die Anforderungen hierfür gesondert geregelt sind (vgl. §§ 16 Abs. 2, 17). **61**

Der Gemeinschaftsraum kann somit als eigener Gemeinschaftsraum oder als sonstige Gemeinschaftsfläche vorhanden sein. Als sonstige Gemeinschaftsfläche kommen geeignete Flure, insbesondere **Wohnflure** ausnahmsweise in Betracht. Wohnflure sind solche Flure, die nach ihrer Lage und Ausstattung zum Wohnen bestimmt sind. Geeignete Flure können dann als Gemeinschaftsfläche angerechnet werden, wenn sie in ihrer Funktion einem Wohn- **62**

Anh. A   1. HeimMindBauV (Kommentar)

flur gleichkommen. In beiden Fällen werden ausreichende und geeignete Sitzmöglichkeiten vorhanden sein müssen.

63 Nicht angerechnet werden können Treppen, Loggien, Balkone und sonstige Verkehrsflächen. Zum Begriff der Verkehrsflächen s. § 3 HeimG RdNr. 5. Sonstige Verkehrsflächen sind solche mit Ausnahme der Wohnflure und Flure.

64 Dagegen können Speiseräume angerechnet werden. Speiseräume sind Räume, die der Einnahme von Mahlzeiten durch die Heimbewohner dienen. Die Verordnung schreibt aber nicht vor, daß in jeder Einrichtung ein Speiseraum vorhanden sein muß. Sie geht damit davon aus, daß die Mahlzeiten z. T. auch in Wohn- und Pflegeplätzen eingenommen werden.

65 In jedem Altenheim und jeder gleichartigen Einrichtung muß ein Gemeinschaftsraum von wenigstens 20 m^2 Nutzfläche zur Verfügung stehen. Dabei kommt es nicht auf die Zahl der Heimbewohner an. Sind jedoch mehr als 20 Bewohner in der Einrichtung, so muß die Mindestnutzfläche für jeden Bewohner mindestens 1 m^2 betragen.

66 Die Entscheidung, ob Speiseräume, geeignete Flure und Wohnflure angerechnet werden, trifft auf Antrag des Heimträgers die zuständige Heimaufsichtsbehörde.

67 Grundsätzlich können Therapieräume (s. § 17) nicht als Gemeinschaftsräume angerechnet werden. Jedoch können Gemeinschaftsräume als Therapieräume verwendet werden (s. § 17 Satz 2).

§ 17 Therapieräume

In jeder Einrichtung muß ein Raum für Bewegungstherapie oder Gymnastik vorhanden sein, wenn nicht geeignete Gymnastik- und Therapieräume in zumutbarer Entfernung außerhalb der Einrichtung von den Heimbewohnern regelmäßig benutzt werden können. Gemeinschaftsräume nach § 16 können dafür verwendet werden.

68 Im Gegensatz zu § 16 verlangt § 17 einen eigenen Raum für Bewegungstherapie oder Gymnastik. Eine Ausnahme ist für den Fall vorgesehen, daß außerhalb der Einrichtung gleiche Räume von den Heimbewohnern regelmäßig benutzt werden können. Erforderlich ist somit nur ein Raum für Bewegung oder Gymnastik. Nicht dagegen sind gefordert Räume für weitgehende Maßnahmen, z.B. Hydro- oder Ergotherapie.

1. HeimMindBauV (Kommentar)   Anh. A

Bewegung und Gymnastik dienen der Erhaltung, Übung oder Ertüchtigung körperlicher Kräfte.   **69**

Ein eigener Raum ist nicht erforderlich, wenn der Ersatzraum in zumutbarer Entfernung vorhanden ist. Die Entfernung ist für die Heimbewohner zumutbar, wenn sie mit geringem zeitlichen Aufwand ohne Hilfe Dritter, z.B. öffentlicher Verkehrsmittel, den Ersatzraum erreichen können. Der Ersatzraum muß regelmäßig benutzt werden können. Dies ist der Fall, wenn er zu festen Zeiten, die den Bewohnern rechtzeitig bekannt sein müssen, und genügend oft zur Verfügung steht.   **70**

Nach Satz 2 können Gemeinschaftsräume nach § 16 angerechnet werden. Die Entscheidung trifft die Heimaufsichtsbehörde nach pflichtgemäßem Ermessen. Zu Gemeinschaftsräume s. Anmerkungen zu § 16.   **71**

§ 18 Sanitäre Anlagen

(1) Für jeweils bis zu acht Bewohner muß im gleichen Geschoß mindestens ein Spülabort mit Handwaschbecken vorhanden sein.

(2) Für jeweils bis zu 20 Bewohner muß im gleichen Gebäude mindestens eine Badewanne oder eine Dusche zur Verfügung stehen.

(3) In den Gemeinschaftsbädern der Pflegeabteilungen sind die Badewannen an den Längsseiten und an einer Stirnseite freistehend aufzustellen.

§ 18 regelt neben §§ 10 und 14 Abs. 3 weitere sanitäre Anlagen in Altenheimen und gleichartigen Einrichtungen. Die Vorschrift geht davon aus, daß in einzelnen Wohnplätzen oder allgemein keine Spülaborte vorhanden sind. Für diesen Fall wird bestimmt, daß im gleichen Geschoß jeweils mindestens ein Spülabort mit Handwaschbecken für acht Bewohner vorhanden sein muß. Es kommt somit nicht auf die Zahl der Räume, sondern auf die der Bewohner an. Deshalb ist ab dem neunten Wohnplatz ein zweiter Spülabort mit Handwaschbecken und ab dem 17. ein dritter notwendig usw.   **72**

Die technischen Anforderungen richten sich nach DIN 18025 und den sonstigen baurechtlichen Vorschriften. Vgl. hierzu: Fissler Altenheim 1982, 215 ff. Der Begriff des Spülabortes verlangt eine Spülung mit Wasser. Ein Trockenabort ist daher **nicht** erlaubt.   **73**

74 Abs. 2 bestimmt, daß im gleichen Gebäude, nicht also im gleichen Geschoß oder in der Einrichtung, für jeweils 20 Bewohner mindestens eine Badewanne **oder** eine Dusche zur Verfügung stehen muß. Das bedeutet, daß ab dem 21. oder 41. Bewohner usw. jeweils eine zweite oder dritte Badewanne oder Dusche vorhanden sein muß. Besteht somit eine Einrichtung aus mehreren Gebäuden, so ist die Vorschrift auf jedes Gebäude anzuwenden. Der Begriff „zur Verfügung steht" bedeutet das Gleiche wie der Begriff „vorhanden sein muß" in Abs. 1.

75 Die Mindestvorschrift bezieht sich wiederum auf die Zahl der Bewohner und nicht der bewohnten Räume.

76 Abs. 3 bestimmt, daß in Gemeinschaftsbädern der Pflegeabteilungen die **Badewannen** an den Längsseiten und an einer Stirnseite freistehend aufzustellen sind. Diese Vorschrift entspricht in ihrem wesentlichen Inhalt den bisher in § 10 Abs. 3 Satz 3 gemachten Anforderungen. Ist einem oder mehreren Pflegezimmern ein Sanitärraum zugeordnet, der eine Badewanne enthält, so muß diese nicht freistehend sein, weil es sich nicht um das Gemeinschaftsbad der Pflegeabteilung handelt, vor allem wenn ein solches zusätzlich vorhanden ist (Ruf-Hütten Altenheim 1983, 136).

Zweiter Abschnitt
Altenwohnheime und gleichartige Einrichtungen

Vorbemerkung: Zum Begriff des Altenwohnheims und der gleichartigen Einrichtung s. § 1 HeimG und dort RdNr. 5, 7 und 21. Für Altenwohnheime und gleichartige Einrichtungen gelten neben dem Ersten, Vierten und Fünften Teil nur die §§ 19 bis 22.

§ 19 Wohnplätze

(1) **Wohnplätze für eine Person müssen mindestens einen Wohnschlafraum mit einer Wohnfläche von 12 m², ferner eine Küche, eine Kochnische oder einen Kochschrank umfassen und über einen Sanitärraum mit Waschtisch mit Kalt- und Warmwasseranschluß und Spülklosett verfügen. Bei Wohnplätzen für zwei Personen muß die Wohnfläche des Wohnschlafraumes oder getrennter Wohn- und Schlafräume mindestens 18 m² betragen.**

(2) **Für Wohnplätze mit mehr als zwei Personen gilt § 14 Abs. 1 Satz 2 und 3, Abs. 3 Satz 2 entsprechend.**

(3) **Bei der Berechnung der Wohnflächen nach Absatz 1 gilt § 14 Abs. 2 entsprechend.**

Die Vorschrift gilt für Altenwohnheime und gleichartige Einrichtungen. Zum Begriff des Wohnplatzes vgl. § 14 RdNr. 1 bis 4. 77

Da Altenwohnheime und gleichartige Einrichtungen die für den Bewohner selbständigste Wohnform darstellen, werden **zusätzlich** gefordert eine Küche, eine Kochnische oder ein Kochschrank. Die Küche ist ein selbständiger Raum, der durch Fenster belichtet und belüftet ist. In ihm sind alle Ausstattungs- und Einrichtungsteile für das Aufbewahren, Vorbereiten, Kochen und Backen von Speisen sowie für das Spülen zusammengefaßt. Die Küche ist vom Flur oder Eßplatz zugänglich. In Ein- oder Zweipersonen-Wohnungen genügt auch eine Kleinküche. In der Kleinküche ist weniger Stellfläche erforderlich als in der Küche (vgl. DIN 18022). 78

Die Kochnische ist Teil eines größeren Raumes, der durch Fenster belichtet und belüftet ist, im Altenheim also Teil des Wohnplatzes. 79

Der Kochschrank ist eine spezielle, kompakte Form der Kochnische. Er steht somit in einem Raum, der nicht durch ein Fenster belichtet sein muß. 80

In Altenwohnheimen und gleichartigen Einrichtungen ist im Gegensatz zu Altenheimen (§ 14 ff.) ein eigener Sanitärraum für jeden Wohnplatz mit ein oder zwei Personen erforderlich. Dieser Sanitärraum muß mindestens mit einem Waschtisch (vgl. § 14 RdNr. 6) und einem Spülklosett (vgl. § 18 RdNr. 2, wo der Begriff des Spülabortes synonym benutzt wird) ausgestattet sein. 81

Die Wohnfläche muß für eine Person mindestens 12 m^2 im Wohn-Schlafraum betragen. Die Flächen der Küche, der Kochnische oder des Kochschrankes und des Sanitärraumes sind nicht mitzurechnen. Nach Abs. 1 Satz 2 muß die Wohnfläche eines Wohnplatzes für zwei Personen mindestens 18 m^2 im Wohnschlafraum oder in getrennten Wohn- und Schlafräumen betragen. 82

Abs. 2 und 3 verweisen auf § 14 Abs. 1 Satz 2 und 3, Abs. 3 Satz 2 und 14 Abs. 2, vgl. die dortigen Ausführungen. 83

§ 20 Gemeinschaftsräume

(1) **§ 16 gilt entsprechend mit der Maßgabe, daß je Heimbewohner Gemeinschaftsraum von mindestens 0,75 m^2 Nutzfläche zur Verfügung stehen muß.**

Anh. A 1. HeimMindBauV (Kommentar)

(2) **Sind in zumutbarer Entfernung außerhalb der Einrichtung geeignete Räume zur Gestaltung des gesellschaftlichen und kulturellen Lebens vorhanden, die den Bewohnern der Einrichtung regelmäßig zur Verfügung stehen, können sie auf die Gemeinschaftsflächen angerechnet werden.**

84 In Altenwohnheimen ist ein geringerer Bedarf an Gemeinschaftsräumen vorhanden als in Altenheimen, weil die Bewohner in abgeschlossenen Wohnungen leben und noch nicht auf eine volle Versorgung und Betreuung angewiesen sind. Deshalb genügt in diesen Einrichtungen ein Gemeinschaftsraum von mindestens 0,75 m² je Bewohner. Ein Gemeinschaftsraum mit mindestens 20 m² Nutzfläche muß in jedem Fall vorhanden sein.

85 Vgl. die Anmerkungen zu § 16, insbesondere zur Berechnung der Nutzflächen.

86 Über die Anrechnungsmöglichkeit nach § 16 hinaus eröffnet Abs. 2 **weitere** Anrechnungsmöglichkeiten, wenn geeignete Räume zur Gestaltung des gesellschaftlichen und kulturellen Lebens in zumutbarer Entfernung außerhalb der Einrichtung den Bewohnern regelmäßig zur Verfügung stehen. Im Gegensatz zu § 16 nennt § 20 mögliche Nutzungen der Gemeinschaftsflächen. Zur Gestaltung des gesellschaftlichen Lebens sind z. B. zu rechnen Feiern und Feste, zur Gestaltung des kulturellen Lebens gehören Vorträge, Konzerte, Filme, Theater usw.

87 Die Entscheidung über die Anrechnung trifft die zuständige Heimaufsichtsbehörde nach pflichtgemäßem Ermessen.

§ 21 Funktions- und Zubehörräume

In jeder Einrichtung müssen mindestens vorhanden sein:
1. **ein Abstellraum für die Sachen der Heimbewohner,**
2. **besondere Wasch- und Trockenräume zur Benutzung durch die Heimbewohner.**

88 Zu Nr. 1 vgl. RdNr. 55 ff.

89 Nr. 2 trägt den Besonderheiten des Altenwohnheimes Rechnung. Zur eigenständigen Lebensführung gehört auch die Möglichkeit, Wäsche zu waschen und zu trocknen. Die Vorschrift stellt keine Anforderungen im einzelnen, fordert jedoch besondere Räume in jeder Einrichtung. Dadurch soll vermieden werden, daß in den Wohnplätzen gewaschen und getrocknet wird.

Technische Vorschriften für die Planung und Ausführungen von Anlagen zum Waschen und Trocknen enthält die DIN 18021 (Entwurf BBauBl. 1962, 398).

Waschräume müssen gut lüftbar sein. Der Boden muß wasserundurchlässig und einen Ablauf mit Geruchverschluß haben.
Trockenräume sollen entsprechend eingerichtet sein.

Auch bei Ausstattung mit elektrischen Wasch- und Trocknungsgeräten muß ein Wasch- und Trockenraum zur Verfügung stehen.

Weitere Vorschriften über die Ausgestaltung von Wasch- und Trockenräumen enthalten die Bauordnungen der Länder.

Sind Wasch- und/oder Trockengeräte aufgestellt, so wird ihre Benutzung, insbes. das hierfür zu zahlende Entgelt durch den **Heimvertrag** geregelt.

§ 22 Sanitäre Anlagen

Für jeweils 20 Bewohner muß im gleichen Gebäude mindestens eine Badewanne oder eine Dusche zur Verfügung stehen.

§ 19 Abs.1 verlangt einen Sanitärraum mit Waschtisch und Spülklosett je Wohnplatz. Nicht verlangt wird jedoch je Wohnplatz eine Badewanne oder eine Dusche. Deshalb bestimmt § 22 ergänzend zu §§ 19 und 10, daß im gleichen Gebäude für jeweils 20 Bewohner mindestens eine Badewanne oder eine Dusche zur Verfügung stehen muß.

Da die Vorschrift mit § 18 Abs.2 wörtlich übereinstimmt, s. dort RdNr. 74 ff.

Dritter Abschnitt
Pflegeheime für Volljährige und gleichartige Einrichtungen

Vorbemerkung: Zum Begriff des Pflegeheims und der gleichartigen Einrichtung s. § 1 HeimG und dort RdNr.6. Für Pflegeheime und gleichartige Einrichtungen gelten neben dem Ersten, Vierten und Fünften Teil nur die §§ 23 bis 27. Der Dritte Abschnitt unterscheidet nicht Pflegeheime für alte Menschen und für Behinderte. Soweit Pflegebedürftige auch Behinderte sind, ist auch der Dritte Teil (§ 29) zu beachten.

§ 23 Pflegeplätze

(1) Pflegeplätze müssen mindestens einen Wohnschlafraum mit einer Wohnfläche von 12 m² für einen Bewohner, 18 m² für zwei, 24 m² für drei und 30 m² für vier Bewohner umfassen. Wohnschlafräume für mehr als vier Bewohner sind nicht zulässig.

(2) Bei der Berechnung der Wohnfläche nach Absatz 1 gilt § 14 Abs. 2 entsprechend.

93 Zum Begriff des Pflegeplatzes s. RdNr. 5 ff.

94 Im Gegensatz zu Altenheimen und Altenwohnheimen sind in Pflegeheimen für Volljährige in einem Raum Pflegeplätze bis zu vier Personen ohne Zustimmung der Heimaufsichtsbehörde zulässig. Wohnschlafräume für mehr als vier Personen sind gem. Satz 2 nicht zulässig.

95 Die Mindestwohnfläche beträgt für eine Person 12 m², für zwei Personen 18 m², für drei Personen 24 m² und für vier Personen 30 m². Zur Mindestwohnfläche zählen nicht Vorraum, Sanitärraum und sonstige Nebenräume. Zur Befreiung von den Erfordernissen der Mindestwohnfläche vgl. BVerwG U. v. 17. 3. 1989 – 4 C 41/85.

§ 24 Funktions- und Zubehörräume

(1) Funktions- und Zubehörräume müssen in ausreichender Zahl vorhanden und den Besonderheiten der Pflegebedürftigkeit angepaßt sein.

(2) § 15 Abs. 1 Nr. 2 bis 4, Abs. 2 in Verbindung mit Abs. 1 Nr. 3 gilt entsprechend. Außerdem müssen Schmutzräume und Fäkalienspülen in erforderlicher Zahl vorhanden sein.

96 Nach Abs. 1 müssen Funktions- und Zubehörräume in ausreichender Zahl vorhanden sein. Da Abs. 2 den § 15 Abs. 1 Nr. 2 bis 4 und Abs. 2 i. V. m. Abs. 1 Nr. 3 für entsprechend anwendbar erklärt, werden die dort aufgeführten Räume in erster Linie in Betracht kommen. Es kann deshalb auf die Anmerkungen zu § 15 verwiesen werden.

97 Funktions- und Zubehörräume sind in ausreichender Zahl vorhanden, wenn sie zur ordnungsgemäßen Versorgung und Pflege der Bewohner genügen.

Die Räume müssen den Besonderheiten der Pflegebedürftigkeit 98
angepaßt sein, d. h. jede Einrichtung für pflegebedürftige Volljährige muß allgemein und entsprechend den individuellen Bedürfnissen der pflegebedürftigen Bewohner eingerichtet und ausgestattet sein.

Zusätzlich müssen in jedem Gebäude einer Einrichtung 99
Schmutzräume und Fäkalienspülen vorhanden sein. Der Schmutzraum dient vor allem der Zwischenlagerung verschmutzter Wäsche vor dem Transport in die Wäscherei. In dem Schmutzraum muß eine Fäkalienspüle installiert sein, mit der benutzte Stuhl- und Uringefäße gereinigt werden. Es genügt nicht, wenn in der Pflegeabteilung innerhalb eines Heimbewohner-WC's eine solche installiert ist (VG Stuttgart U. v. 30. 4. 1993 – Az. 4 K 2243/92).

Die Vorschriften des Abs. 2 sind auf Altenheime mit einzelnen 100
pflegebedürftigen Bewohner **nicht** anwendbar, solange sich nicht durch die Vergrößerung der Anzahl der pflegebedürftigen Bewohner der Charakter der Einrichtung ändert. (Hess VGH FEVS 35, 461 = ZfSH/SGB 1986, 439).

§ 25 Gemeinschaftsflächen

§ 20 Abs. 1 gilt entsprechend. Die Nutzflächen müssen jedoch so angelegt sein, daß auch Bettlägerige an Veranstaltungen und Zusammenkünften teilnehmen können.

Da auf § 20 Abs. 1 verwiesen ist, müssen je Heimbewohner min- 101
destens 0,75 m² Gemeinschaftsfläche vorhanden sein, mindestens jedoch ein Gemeinschaftsraum mit 20 m².

Besonders bestimmt ist nach Satz 2, daß auch Bettlägerige an 102
Veranstaltungen und Zusammenkünften teilnehmen können müssen. Das setzt voraus, daß Gemeinschaftsflächen und ihre Zugänge neben Fluren und Türen (§§ 3 und 9) baulich so gestaltet sein müssen, daß Bettlägerige, das sind Personen, die aufgrund ihres Gesundheitszustandes dauernd oder meistens sich im Bett aufhalten müssen, auch im Bett oder auf einer Bahre liegend an Veranstaltungen und Zusammenkünften teilnehmen können. Daraus folgt, daß dem Aufzug nicht zugängliche Zimmer nicht mit Rollstuhlfahrern oder Pflegebedürftigen belegt werden dürfen, weil diese sonst nicht zu den Gemeinschaftsflächen Zutritt haben (OVG Lüneburg B. v. 5. 2. 1991 – Az. 7 L 3/90).

§ 26 Therapieräume

§ 17 gilt entsprechend.

103 Da § 17 entsprechend gilt, vgl. die Anmerkungen dort.
104 Bei Pflegebedürftigen wird an die zumutbare Entfernung ein strenger Maßstab anzulegen sein, da ihre Bewegungsmöglichkeiten stark eingeschränkt sind.
105 Die Beförderung kann durch geeignete Transportdienste ermöglicht werden.
106 Gymnastik- und Therapieräume müssen den besonderen Erfordernissen von Pflegebedürftigen entsprechen.

§ 27 Sanitäre Anlagen

(1) Für jeweils bis zu vier Bewohner müssen in unmittelbarer Nähe des Wohnschlafraumes ein Waschtisch mit Kalt- und Warmwasseranschluß und für jeweils bis zu acht Bewohner ein Spülabort vorhanden sein.

(2) Für jeweils bis zu 20 Bewohner müssen im gleichen Gebäude mindestens eine Badewanne und eine Dusche zur Verfügung stehen.

(3) Ist dauernd bettlägerigen Bewohnern die Benutzung sanitärer Anlagen nur in der Geschoßebene ihres Wohnschlafraumes möglich, so muß die nach Absatz 2 geforderte Anzahl an Badewannen und Duschen in dem jeweiligen Geschoß vorgehalten werden.

(4) § 18 Abs. 3 gilt entsprechend.

107 Die Vorschrift verlangt keinen besonderen Sanitärraum bei den Pflegeplätzen, sie setzt jedoch sanitäre Anlagen in unmittelbarer Nähe voraus. Da es genügt, daß ein Waschtisch mit Kalt- und Warmwasseranschluß für vier Bewohner und ein Spülabort für acht Bewohner vorhanden ist, und acht Bewohner in höchstens acht Zimmern untergebracht sein können, wird man nur verlangen können, daß diese sanitären Anlagen zentral innerhalb einer Gruppe von Pflegebedürftigen liegen.
108 Zum Begriff des Waschtisches mit Kalt- und Warmwasseranschluß s. § 14 Abs. 3 und die Anmerkungen hierzu; zum Begriff des Spülaborts RdNr. 72.

Verlangt ist jedoch nach Abs. 2 mindestens eine Badewanne **und** 109
eine Dusche im gleichen Gebäude. Es genügt somit nicht eine Badewanne oder eine Dusche, wie sie für Altenheime oder Altenwohnheime in den §§ 18 Abs. 2 und 22 vorgeschrieben ist.

In Abs. 3 ist für dauernd bettlägerige Bewohner bestimmt, daß 110
nach den Anforderungen des Absatz 2 **Badewannen** und **Duschen**
dann in dem jeweiligen Geschoß und nicht nur im gleichen Gebäude vorgehalten werden müssen, wenn dauernd bettlägerigen Bewohnern die Benutzung sanitärer Anlagen nur in der Geschoßebene ihres Wohnschlafraumes möglich ist. Diese neue Vorschrift läßt die Möglichkeit offen, daß Bettlägerige in Aufzügen transportiert werden. Sofern bettlägerige Bewohner nicht ordnungsgemäß transportiert werden können, muß für jeweils bis zu 20 Bewohner in diesem Geschoß eine Badewanne und eine Dusche vorhanden sein (Ruf/Hütten Altenheim 1983, 137).

Nach dem neuen Absatz 4 gilt § 18 Abs. 3 entsprechend. Das be- 111
deutet, daß in Gemeinschaftsbädern der Pflegeabteilungen die **Badewannen** an den Längsseiten und an einer Stirnseite freistehend aufzustellen sind. Diese Anforderungen, die bereits früher im allgemeinen Teil vorhanden waren, sollen dem Pflegebedürftigen und dem helfenden Personal die Benutzung der Badewannen erleichtern.

Vierter Abschnitt
Einrichtungen mit Mischcharakter

§ 28 Einrichtungen mit Mischcharakter

Sind Teile einer Einrichtung mehrerer Einrichtungsarten im Sinne des § 1 Abs. 1 des Heimgesetzes zuzuordnen, so sind auf diese Teile die Anforderungen der Verordnung für die ihnen jeweils entsprechende Einrichtungsart anzuwenden.

Die frühere Vorschrift des fünften Abschnitts, § 29, ist nun als 112
vierter Abschnitt und § 28 sprachlich neugefaßt. Jetzt ist nicht mehr auf die in das Heim aufgenommenen Personen, sondern auf die sich aus der Zielsetzung ergebende Art der Einrichtung abgestellt, so daß für den einzelnen Teil der Einrichtung außer den Gemeinsamen Vorschriften die Besonderen Vorschriften für Altenheime, Altenwohnheime oder Pflegeheime gelten (vgl. Hess VGH Urteil vom 10. 9. 1985 IX OE 45/81).

113 Einrichtungen mit **Mischcharakter** sind solche Heime, die nach dem Sprachgebrauch als mehrstufig oder mehrgliedrig bezeichnet werden. Sie haben in einer Einrichtung z.B. einen Altenheim- und einen Altenwohnheimteil oder einen Altenheim- und einen Altenpflegeheimteil oder einen Altenwohnheim- und einen Altenpflegeheimteil oder alle drei Stufen oder einen Wohn- und Pflegeheimteil für Behinderte.

Dritter Teil
Einrichtungen für behinderte Volljährige

Vorbemerkung: § 29, der Vorschriften über Einrichtungen für behinderte Volljährige enthält, war bisher als § 28 4. Abschnitt der Besonderen Vorschriften. Nunmehr ist § 29 ein selbständiger dritter Teil der Verordnung geworden, was bedeutet, daß diese Vorschrift gleichrangig neben den Vorschriften des zweiten Teils steht (vgl. Ruf/Hütten Altenheim 1983, 137, Dahlem ZfF 1983, 251).

§ 29 Einrichtungen für behinderte Volljährige

(1) **In Einrichtungen für behinderte Volljährige sind bei der Anwendung der Verordnung die besonderen Bedürfnisse der Bewohner, die sich insbesondere aus Art und Schwere der Behinderungen ergeben, zu berücksichtigen. Von Anforderungen der Verordnung kann insoweit abgewichen werden.**

(2) **Als gleichartige Einrichtungen im Sinne des ersten und zweiten Abschnitts des zweiten Teils der Verordnung gelten auch Einrichtungen für behinderte Volljährige.**

114 § 29 Abs. 1 enthält eine Generalklausel. Darin ist allgemein festgelegt, daß Einrichtungen für behinderte Volljährige den besonderen Bedürfnissen der Bewohner nach Art und Schwere ihrer Behinderung entsprechen müssen. In Absatz 2 ist bestimmt, daß als gleichartige Einrichtungen im Sinne des ersten und zweiten Abschnittes des zweiten Teils der Verordnung auch Einrichtungen für behinderte Volljährige gelten und damit die Vorschriften über Altenheime und Altenwohnheime, §§ 14 bis 22, entsprechend anzuwenden sind. **Nicht** jedoch gelten die Vorschriften des dritten Abschnittes des zweiten Teils über Pflegeheime. Nach § 29 Abs. 1 Satz 2 kann von den Anforderungen der Verordnung insoweit verschärfend oder erleichternd abgewichen werden, als besondere Bedürfnisse der Bewohner es erfordern. Diese Bedürfnisse sind insbesondere an der Art und der Schwere der Behinderungen zu messen. Dadurch ist auch klargestellt, daß für Pflegebedürftige, die **nicht als behindert anzusehen sind,** der dritte Abschnitt des zweiten Teils der Verordnung anzuwenden ist. Für behinderte Volljährige gelten § 29 in Verbindung mit den Gemeinsamen Vorschriften (§§ 2 bis 13) und den Besonderen Vorschriften des ersten und zweiten Abschnitts des zweiten Teils über Altenheime und Altenwohnheime (§§ 14 bis 22) (Ruf/Hütten Altenheim 1983, 138).

Die Neufassung stellt auf die Heimarten, also Altenheime, Altenwohnheime und Pflegeheime ab und spricht nicht mehr die im bisher geltenden Recht aufgeführten Personengruppen an. Außerdem ist durch die Aufgabe des Enumerationsprinzips nun auf die gesamten Anforderungen, die die einzelnen Abschnitte der Verordnung stellen, abgestellt (Ruf-Hütten Altenheim 1983, 138).

Anwendbar heißt, es gelten grundsätzlich
1. bei allen Einrichtungen für Behinderte die gemeinsamen Vorschriften (§§ 2 bis 13),
2. bei Heimen für Behinderte zusätzlich die besonderen Anforderungen des ersten Abschnitts des zweiten Teils (§§ 14 bis 18),
3. bei Wohnheimen für Behinderte die Anforderungen des zweiten Abschnitts des zweiten Teils (§§ 19 bis 22).

Diese Anwendung erfährt allerdings eine wesentliche Modifizierung, als in jedem Einzelfall geprüft werden muß, ob die einzelnen Anforderungen den besonderen Bedürfnissen der jeweiligen Behinderten in der Einrichtung, insbesondere wegen der Art und Schwere ihrer Behinderung sachgerecht sind. Dies kann dazu führen, daß einzelne Anforderungen entfallen oder durch andere ersetzt oder durch weitere ergänzt werden (BR DrS 23/83). Damit werden die Bestimmungen der Verordnung fast vollständig relativiert und auf eine Verwaltungsentscheidung der zuständigen Behörde (§ 18 HeimG) reduziert. Nicht der Verordnungsgeber bestimmt, was in Einrichtungen für behinderte Volljährige Mindestanforderungen zu sein haben, sondern in fast allen Details eine Verwaltungsbehörde (Dahlem ZfF 1983, 251).

Verfassungsrechtlich ist bedenklich, wenn der Verordnungsgeber sein Recht auf Festlegung von Mindestanforderungen nicht selbst ausübt und auf Verwaltungsbehörden überträgt.

Vierter Teil
Fristen und Befreiungen

Vorbemerkung: Da die HeimMindBauV in den Bestand von weit über 400 000 Heimplätzen in der Bundesrepublik eingegriffen hat, waren Übergangsbestimmungen notwendig. Grundsätzlich sollen in einem Zeitraum von zehn Jahren alle Heime den Anforderungen der Mindestbestimmungen angeglichen werden. Soweit dies nicht möglich ist, bestehen in den engen Grenzen des § 31 Befreiungsmöglichkeiten. Die Übergangsbestimmungen gelten jedoch nur für solche Heime, die beim Inkrafttreten der VO am 1. August 1978 im Betrieb, im Bau oder im baureifen Planungsstadium waren. Heime, die nach diesem Zeitpunkt geplant oder gebaut wurden, können jedoch nach § 30 Abs. 2 Fristen zur Angleichung beantragen. Dies gilt insbesondere auch für alle Gebäude, die nach diesem Zeitpunkt in eine Einrichtung, die unter das HeimG fällt, umgewidmet werden, vor allem für frühere Krankenhäuser.

§ 30 Fristen zur Angleichung

(1) **Erfüllen Einrichtungen, die bei Inkrafttreten dieser Verordnung im Betrieb, im Bau oder im baureifen Planungsstadium sind, die Mindestanforderungen der §§ 2 bis 29 nicht, so hat die zuständige Behörde zur Angleichung an die einzelnen Anforderungen angemessene Fristen einzuräumen. Die Frist für die Angleichung darf zehn Jahre vom Inkrafttreten der Verordnung an nicht überschreiten. Sie kann bei Vorliegen eines wichtigen Grundes verlängert werden.**

(2) **Für andere als die in Absatz 1 Satz 1 genannten Einrichtungen kann die zuständige Behörde auf Antrag angemessene Fristen zur Erfüllung einzelner Anforderungen nach dieser Verordnung einräumen. Die Fristen dürfen fünf Jahre vom Zeitpunkt der Anzeige nach § 7[1] des Heimgesetzes an nicht überschreiten. Sie können in besonders begründeten Ausnahmefällen verlängert werden.**

117 § 30 gilt nur für Einrichtungen, die beim Inkrafttreten der VO am 1. August 1978 im Betrieb, im Bau oder im baureifen Planungs-

---
[1] Jetzt § 12 HeimG.

stadium waren. Die Vorschrift will für diejenigen Heime eine Angleichungsfrist ermöglichen, die sich nicht rechtzeitig auf die Anforderungen einstellen konnten. Dies gilt selbstverständlich für Einrichtungen, die am Stichtag von Bewohnern belegt waren, und solche Heime, die gerade gebaut wurden. Die Erleichterung gilt aber auch für Vorhaben, die am Stichtag im baureifen Planungsstadium waren, d.h. deren Vorbereitungen soweit fortgeschritten waren, daß eine Verwirklichung unmittelbar bevorstand oder von Entscheidungen außerhalb des Entscheidungsbereichs des Trägers abhängig war. Eine sofortige Anpassungspflicht der Träger an die Erfordernisse der VO hätte für sie zeitliche Verzögerungen und finanzielle Einbußen durch notwendige Umplanungen zur Folge gehabt.

118 Erfüllt eine Einrichtung die für sie geltenden Vorschriften der §§ 2 bis 29 nicht, so hat die zuständige Heimaufsichtsbehörde eine angemessene Frist zur Angleichung einzuräumen. Dies setzt voraus, daß die Heimaufsichtsbehörde von den Abweichungen von den Mindestanforderungen Kenntnis hat. Regelmäßig werden ihr die Verhältnisse, auch die baulichen, in einem Heim durch die Überwachung bekannt sein. Die Bestimmung schreibt zwar keinen Antrag des Trägers vor. Es ist jedoch davon auszugehen, daß jede Einrichtung am 1. August 1978 den Anforderungen der VO entsprechen muß. Soweit dies nicht der Fall ist, ist dies rechtswidrig und für einzelne Voraussetzungen nach § 32 als Ordnungswidrigkeit strafbewehrt. Deshalb wird der Träger von sich aus einen Antrag auf Einräumung einer angemessenen Angleichsfrist stellen und der Behörde Vorschläge für die Dauer der Frist machen.

119 Die Frist ist **angemessen,** wenn sie das Interesse der Bewohner an einer baldigen Angleichung und die finanziellen Möglichkeiten des Trägers sowie technische und organisatorische Probleme entsprechend berücksichtigt. In einer Einrichtung können deshalb auch mehrere Angleichungsfristen gestellt werden.

120 Durch die 1. ÄnderungsVO wurden in § 30 Satz 3 die Worte „um höchstens weitere 5 Jahre" gestrichen, was bedeutet, daß auch noch nach mehr als 15 Jahren nach dem Inkrafttreten der Verordnung am 1. August 1978 bei Vorliegen eines wichtigen Grundes Fristverlängerungen gewährt werden können. Die frühere **Angleichungsfrist** von 10 Jahren und die Verlängerungsfrist von 5 Jahren ist damit weiter ausgedehnt.

121 Ein wichtiger Grund liegt dann vor, wenn eine Angleichung in der Zeit vom 1. August 1978 bis zum 31. Juli 1988 technisch oder wirtschaftlich nicht möglich war.

122 Abs. 2 ermöglicht auch für die nicht in Abs. 1 genannten Einrichtungen Fristen zur Angleichung. Das bedeutet, daß auch solche Heime, die beim Inkrafttreten der Verordnung nicht im Betrieb, im Bau oder im baureifen Planungsstadium waren, also später gebaut oder in ein Heim umgewandelt wurden, Fristen zur Angleichung beantragen können. Diese Fristen sollen angemessen sein (Ruf-Hütten Altenheim 1983, 137).

Die Entscheidung liegt im **pflichtgemäßen Ermessen** der nach § 23 HeimG zuständigen Behörde. Die Frist darf **grundsätzlich** 5 Jahre nicht überschreiten. Eine Verlängerung ist nur in besonderen Ausnahmefällen (vgl. RdNr. 5) möglich. Das Verfahren nach § 30 kann in die Rechte der Heimbewohner (z.B. zu lange Frist etc.) eingreifen. Die Heimaufsichtsbehörde hat daher zu prüfen, ob eine Anhörung nach § 13 Abs. 2 Satz 2 VwVfG der Heimbewohner erforderlich ist (Klie ZfF 1988, 49). Sind Verwaltungsakte erlassen worden, sind künftige Heimbewohner durch **Aufnahme** eines entsprechenden **Zusatzes** in den **Heimvertrag** auf die Fristangleichung hinzuweisen (Dürig in Arbeitsmappe zum HeimG des DV 1990, S. 29 (33)).

§ 31 Befreiungen

(1) **Ist dem Träger einer Einrichtung die Erfüllung der in den §§ 2 bis 29 genannten Anforderungen technisch nicht möglich oder aus wirtschaftlichen Gründen nicht zumutbar, kann die zuständige Behörde auf Antrag ganz oder teilweise Befreiung erteilen, wenn die Befreiung mit den Interessen und Bedürfnissen der Bewohner vereinbar ist.**

(2) **Der Träger einer Einrichtung ist vom Zeitpunkt der Antragstellung bis zur Entscheidung über den Antrag für die beantragten Tatbestände von der Verpflichtung zur Angleichung vorläufig befreit.**

123 Während § 30 dem Heimträger nur Fristen für die Angleichung an die Anforderungen der VO einräumt, ermöglicht § 31 unter engen Voraussetzungen eine Befreiung von den sonst notwendigen Mindestanforderungen.

124 Entsprechend § 30 wurde durch die 1. ÄnderungsVO auch in § 31 die Einschränkung „die bei Inkrafttreten dieser Verordnung im Betrieb, im Bau oder im baureifen Planungsstadium ist" gestrichen. Befreiungen können jetzt für alle Einrichtungen erteilt werden, wenn die Erfüllung der Anforderungen technisch nicht möglich oder aus wirtschaftlichen Gründen nicht zumutbar ist.

Voraussetzung einer Befreiung ist, daß diese mit den Interessen und Bedürfnissen der Bewohner vereinbar ist (dazu VGH Mannheim U. v. 22.2. 1994 – Az. 10 S 1378/93). Dies wird nur dann der Fall sein, wenn ein Verzicht auf einzelne Mindestanforderungen objektiv nicht zu einer Benachteiligung der Heimbewohner führt. Hierbei ist insbesondere der Grad der Betreuungs- und Pflegebedürftigkeit der Bewohner zu berücksichtigen. Aus dem Charakter der Heimmindestbauverordnung als einer Regelung von Mindestanforderungen ergibt sich jedoch, daß es sich nur um **geringfügige Abweichungen** handeln darf, die die durch die Festlegung von Mindestgrößen angestrebte Qualität der Wohnschlafräume nicht in Frage stellen. Die Befreiung darf nicht dazu dienen, die Regelungen der Heimmindestbauverordnung zu unterlaufen. Mehr als nur geringfügige Abweichungen von ihren Anforderungen sind mit den Interessen und Bedürfnissen der Heimbewohner nicht vereinbar. (BVerwG, Urt. v. 17.3. 1989 – 4 c 41.85) 125

Außerdem muß die Erfüllung der Anforderungen technisch nicht möglich oder aus wirtschaftlichen Gründen nicht zumutbar sein. 126

Die Erfüllung einer Anforderung ist **technisch** nicht möglich, wenn sie nach den heutigen Regeln der Baukunst oder der heutigen Technik nicht machbar ist. Dies wird nur in ganz wenigen Fällen in Betracht kommen. 127

Häufig wird die Erfüllung einer Anforderung technisch zwar möglich sein, aber aus **wirtschaftlichen Gründen** nicht zumutbar sein. Aus wirtschaftlichen Gründen zumutbar bedeutet, daß die Kosten der Anpassung an die Vorschriften der HeimMindBauV in einer Einrichtung verglichen werden müssen mit dem Nutzen, der für die Bewohner entsteht. Damit können die wirtschaftlichen Interessen des Heimträgers im Gegensatz zu den Interessen und Bedürfnissen der Bewohner stehen. Bei der Abwägung der Interessen muß auch berücksichtigt werden, daß die Kosten der Angleichung über den Pflegesatz von den Bewohnern mitgetragen werden müssen. 128

Die **Angleichung** ist i.d.R. wirtschaftlich **nicht** zumutbar, wenn die Einrichtung dadurch in ihrem Bestand gefährdet ist, weil dies den Interessen und Bedürfnissen der Bewohner u.U. am meisten widerspricht. 129

Nicht geregelt ist der Fall, daß aus rechtlichen Gründen, z.B. baurechtlichen Vorschriften, eine Angleichung an die Erfordernisse der VO nicht möglich ist. Bei der Prüfung im Einzelfall kann es 130

Anh. A 1. HeimMindBauV (Kommentar)

dabei zu einem Konflikt zwischen Bundes- und Landesrecht kommen. Häufig wird wohl die rechtliche Unmöglichkeit der technischen Unmöglichkeit gleichzustellen sein (BVerwG Urt. v. 17.3.1989 – 4 c 22.86), da es keinen Unterschied machen kann, ob der Heimträger die Anforderungen aus technischen oder aus rechtlichen Gründen nicht erfüllen kann.

131 Die Befreiung wird nur auf **Antrag** erteilt. Sie steht im pflichtgemäßen Ermessen der zuständigen Heimaufsichtsbehörde. Die Entscheidung ist ein Verwaltungsakt, der im Verwaltungsverfahren oder vor den Verwaltungsgerichten nachprüfbar ist. Das Verfahren nach § 31 kann in die Rechte der Heimbewohner (z.B. bei Einschränkung der baulichen Mindestanforderungen) eingreifen. Die Heimaufsichtsbehörde hat daher zu prüfen, ob eine Anhörung der Heimbewohner nach § 13 Abs.2 S.2 VwVfG erforderlich ist (Klie ZfF 1988, 49). Sind Verwaltungsakte erlassen worden, sind künftige Heimbewohner durch **Aufnahme** eines entsprechenden **Zusatzes** in den **Heimvertrag** auf die Befreiung hinzuweisen (Dürig in Arbeitsmappe zum HeimG des DV 1990, S.29 (33)).

132 Nach Abs.2 ist der Träger vorläufig von der Verpflichtung zur Angleichung befreit, wenn er einen Antrag nach Abs.1 bei der zuständigen Heimaufsichtsbehörde gestellt hat. Diese Befreiung gilt jedoch nur für die beantragten Tatbestände. Die vorläufige Befreiung gilt bis zur Entscheidung über den Antrag.

Fünfter Teil
Ordnungswidrigkeiten und Schlußbestimmungen

§ 32 Ordnungswidrigkeiten

Ordnungswidrig im Sinne des § 17 Abs.2 Nr.1[1] des Heimgesetzes handelt, wer vorsätzlich oder fahrlässig entgegen § 1 eine Einrichtung betreibt, in der

1. **die Mindestanforderungen an die Wohnplätze nach § 2, § 14 Abs.1 oder 3 oder § 19 Abs.1 oder 2 oder die Mindestanforderungen an die Pflegesätze nach den §§ 2 oder 23 Abs.1 nicht erfüllt sind,**
2. **Rufanlagen nach § 7 oder Fernsprecher nach § 8 nicht vorhanden sind,**

---
[1] Jetzt § 21 HeimG.

3. die Wohn-, Schlaf- oder Sanitärräume entgegen § 9 Abs.1 im Notfall nicht von außen zugänglich sind,
4. die Funktions- und Zubehörräume oder sanitären Anlagen nach § 15 Abs.1 Nr.2 oder 4, § 18 Abs.1 oder 2, § 21, § 22, § 24 Abs.1 oder § 27 Abs.1 bis 3 nicht vorhanden sind,
5. die Gemeinschaftsräume nach § 16 Abs.1, § 20 Abs.1 oder § 25 Satz 1 nicht vorhanden sind,
6. die Therapieräume nach § 17 oder § 26 nicht vorhanden sind.

§ 33 Nichtanwendung von Vorschriften

Mit Inkrafttreten der Verordnung sind folgende Vorschriften, soweit sie Vorschriften über Mindestanforderungen für die Räume, Verkehrsflächen und sanitäre Anlagen enthalten, auf die Einrichtungen nach § 1 nicht mehr anzuwenden:

1. die Verordnung des Wirtschaftsministeriums des Landes Baden-Württemberg über den gewerbsmäßigen Betrieb von Altenheimen, Altenwohnheimen und Pflegeheimen (Heimverordnung – HeimVO –) vom 25. Februar 1970 (Gesetzblatt für Baden-Württemberg, S. 98),
2. die Verordnung des Bayerischen Staatsministeriums für Wirtschaft und Verkehr über den gewerbsmäßigen Betrieb von Altenheimen, Altenwohnheimen und Pflegeheimen (Heimverordnung – HeimVO –) vom 23. August 1968 (Bayerisches Gesetz- und Verordnungsblatt, S. 319),
3. die Verordnung des Senats von Berlin über Mindestanforderungen und Überwachungsmaßnahmen gegenüber gewerblichen Altenheimen, Altenwohnheimen und Pflegeheimen für Volljährige vom 3. Oktober 1967 (Gesetz- und Verordnungsblatt für Berlin, S. 1457),
4. die Verordnung des Senators für Wirtschaft und Außenhandel der Freien Hansestadt Bremen über den gewerbsmäßigen Betrieb von Altenheimen, Altenwohnheimen und Pflegeheimen (Heimverordnung – HeimVO –) vom 30. April 1968 (Gesetzblatt der Freien Hansestadt Bremen, S. 95),
5. die Verordnung des Senats der Freien Hansestadt Hamburg über den gewerbsmäßigen Betrieb von Altenheimen, Altenwohnheimen und Pflegeheimen (Heimverordnung) vom 29. Oktober 1968 (Hamburgisches Gesetz- und Verordnungsblatt, S. 248),

6. die Verordnung des Hessischen Ministers für Arbeit, Volkswohlfahrt und Gesundheitswesen über den gewerbsmäßigen Betrieb von Altenheimen, Altenwohnheimen und Pflegeheimen (Heimverordnung – HeimVO –) vom 7. Oktober 1969 (Gesetz- und Verordnungsblatt I für das Land Hessen, S. 195),

7. die Verordnung des Niedersächsischen Ministers für Wirtschaft und Verkehr über den gewerbsmäßigen Betrieb von Altenheimen, Altenwohnheimen und Pflegeheimen (Heimverordnung – HeimVO –) vom 3. Oktober 1968 (Niedersächsisches Gesetz- und Verordnungsblatt, S. 129),

8. die Verordnung des Landes Nordrhein-Westfalen über den gewerbsmäßigen Betrieb von Altenheimen, Altenwohnheimen und Pflegeheimen (Heimverordnung – HeimVO –) vom 25. Februar 1969 (Gesetz- und Verordnungsblatt des Landes Nordrhein-Westfalen, S. 142),

9. die Verordnung des Landes Rheinland-Pfalz über den gewerbsmäßigen Betrieb von Altenheimen, Altenwohnheimen und Pflegeheimen (Heimverordnung – HeimVO –) vom 25. Juli 1969 (Gesetz- und Verordnungsblatt für das Land Rheinland-Pfalz, S. 150),

10. die Verordnung des Landes Saarland über den gewerbsmäßigen Betrieb von Altenheimen, Altenwohnheimen und Pflegeheimen (Heimverordnung – HeimVO –) vom 1. April 1969 (Amtsblatt des Saarlandes, S. 197) und

11. die Verordnung des Ministers für Wirtschaft und Verkehr des Landes Schleswig-Holstein über den gewerbsmäßigen Betrieb von Altenheimen, Altenwohnheimen und Pflegeheimen (Heimverordnung – HeimVO –) vom 22. April 1969 (Gesetz- und Verordnungsblatt für Schleswig-Holstein, S. 89).

Die HeimMindBauV gilt auch für **gewerbsmäßig** betriebene Heime. Die Vorschriften der Länderverordnungen über die Mindestanforderungen an die Räume (meist §§ 2–7) sowie die Vorschriften über die Abweichungen von Mindestanforderungen und über die Strafvorschriften (meist §§ 9 u. 16), soweit sie sich auf die Mindestanforderungen an die Räume der Länderverordnungen beziehen, sind nach § 33 nicht mehr anzuwenden.

§ 34 Berlin-Klausel

(gegenstandslos)

§ 35 (Inkrafttreten)

Die Verordnung ist am 1.8.1978 in Kraft getreten.
Die 1. ÄnderungsVO ist am 11.5.1983 in Kraft getreten.

2. Verordnung über die Mitwirkung der Bewohnerinnen und Bewohner in Angelegenheiten des Heimbetriebes (Heimmitwirkungsverordnung – HeimmwV)

in der Fassung der Bekanntmachung vom 25. Juli 2002

(BGBl. I S. 2896)

BGBl. III / FNA 2170-5-1

Text

Inhaltsübersicht

§§ §§

Erster Teil
Heimbeirat und Heimfürsprecher

Erster Abschnitt
Bildung und Zusammensetzung von Heimbeiräten

Allgemeines 1
Aufgaben der Träger 2
Wahlberechtigung und Wählbarkeit 3
Zahl der Heimbeiratsmitglieder 4
Wahlverfahren 5
Bestellung des Wahlausschusses 6
Vorbereitung und Durchführung der Wahl 7
Wahlversammlung 7a
Mithilfe der Leitung 8
Wahlschutz und Wahlkosten . . 9
Wahlanfechtung 10
Mitteilung an die zuständige Behörde 11
Abweichende Bestimmungen für die Bildung des Heimbeirates 11a

Zweiter Abschnitt
Amtszeit des Heimbeirates

Amtszeit 12
Neuwahl des Heimbeirates . . 13
Erlöschen der Mitgliedschaft . . 14

Nachrücken von Ersatzmitgliedern 15

Dritter Abschnitt
Geschäftsführung des Heimbeirates

Vorsitz 16
Sitzungen des Heimbeirates . . 17
Beschlüsse des Heimbeirates . 18
Sitzungsniederschrift 19
Bewohnerversammlung und Tätigkeitsbericht des Heimbeirates 20
Kosten und Sachaufwand des Heimbeirates 21

Vierter Abschnitt
Stellung der Heimbeiratsmitglieder

Ehrenamtliche Tätigkeit 22
Benachteiligungs- und Begünstigungsverbot 23
Verschwiegenheitspflicht . . . 24

Fünfter Abschnitt
Heimfürsprecher

Bestellung des Heimfürsprechers 25
Aufhebung der Bestellung des Heimfürsprechers 26
Beendigung der Tätigkeit . . . 27

| Stellung und Amtsführung des Heimfürsprechers ...... 28 | Form und Durchführung der Mitwirkung des Heimbeirates 32 |
| Ersatzgremium .... 28a | Mitwirkung des Heimfürsprechers .... 33 |

Zweiter Teil
Mitwirkung des Heimbeirates und des Heimfürsprechers

Dritter Teil
Ordnungswidrigkeiten und Schlussvorschriften

Aufgaben des Heimbeirates .. 29
Mitwirkung bei Entscheidungen 30
Mitwirkung bei Leistung von Finanzierungsbeiträgen ... 31

Ordnungswidrigkeiten 34
Übergangsvorschrift 35
Inkrafttreten 36

Erster Teil. Heimbeirat und Heimfürsprecher

Erster Abschnitt
Bildung und Zusammensetzung von Heimbeiräten

§ 1 Allgemeines

(1) Die Mitwirkung der Bewohnerinnen und Bewohner in Heimen nach § 1 des Gesetzes erfolgt durch Heimbeiräte. Ihre Mitglieder werden von den Bewohnerinnen und Bewohnern der Heime gewählt.

(2) Die Mitwirkung bezieht sich auf die Angelegenheiten des Heimbetriebes, auf die Maßnahmen bei der Sicherung einer angemessenen Qualität der Betreuung und auf die Leistungs- und Qualitätsvereinbarungen sowie auf die Vergütungsvereinbarungen nach § 7 Abs. 4 des Gesetzes sowie auf die Leistungs-, Vergütungs- und Prüfungsvereinbarungen nach § 7 Abs. 5 des Gesetzes. Die Mitwirkung erstreckt sich auch auf die Verwaltung sowie die Geschäfts- und Wirtschaftsführung des Heims, wenn Leistungen im Sinne des § 14 Abs. 2 Nr. 3 des Gesetzes erbracht worden sind.

(3) Für Teile der Einrichtung können eigene Heimbeiräte gebildet werden, wenn dadurch die Mitwirkung der Bewohnerinnen und Bewohner besser gewährleistet wird.

(4) In den Heimen kann ein Angehörigen- oder Betreuerbeirat gebildet werden. Ebenso kann ein Beirat, der sich aus Angehörigen, Betreuern und Vertretern von Behinderten- und Seniorenorganisationen zusammensetzt, eingerichtet werden. Der Heimbeirat und der Heimfürsprecher können sich vom Beirat nach den Sätzen 1 und 2 bei ihrer Arbeit beraten und unterstützen lassen.

2. HeimmwV (Text)

§ 2 Aufgaben der Träger

(1) Die Träger des Heims (Träger) haben auf die Bildung von Heimbeiräten hinzuwirken. Ihre Selbständigkeit bei der Erfüllung der ihnen obliegenden Aufgaben wird durch die Bildung von Heimbeiräten nicht berührt. Die Träger haben die Bewohnerinnen und Bewohner über ihre Rechte und die Möglichkeiten eines partnerschaftlichen Zusammenwirkens im Heimbeirat aufzuklären.

(2) Heimbeiräten sind diejenigen Kenntnisse zum Heimgesetz und seinen Verordnungen zu vermitteln, die für ihre Tätigkeit erforderlich sind. Die hierdurch entstehenden angemessenen Kosten übernimmt der Träger.

§ 3 Wahlberechtigung und Wählbarkeit

(1) Wahlberechtigt sind alle Personen, die am Wahltag im Heim wohnen.

(2) Wählbar sind die Bewohnerinnen und Bewohner des Heims, deren Angehörige, sonstige Vertrauenspersonen der Bewohnerinnen und Bewohner, Mitglieder von örtlichen Seniorenvertretungen und von örtlichen Behindertenorganisationen sowie von der zuständigen Behörde vorgeschlagene Personen.

(3) Nicht wählbar ist, wer bei dem Heimträger, bei den Kostenträgern oder bei der zuständigen Behörde gegen Entgelt beschäftigt ist oder als Mitglied des Vorstandes, des Aufsichtsrates oder eines gleichartigen Organs des Trägers tätig ist. Nicht wählbar ist ebenfalls, wer bei einem anderen Heimträger oder einem Verband von Heimträgern eine Leitungsfunktion innehat.

§ 4 Zahl der Heimbeiratsmitglieder

(1) Der Heimbeirat besteht in Heimen mit in der Regel

bis 50 Bewohnerinnen und Bewohnern aus	drei Mitgliedern,
51 bis 150 Bewohnerinnen und Bewohnern aus	fünf Mitgliedern,
151 bis 250 Bewohnerinnen und Bewohnern aus	sieben Mitgliedern,

über 250 Bewohnerinnen
und Bewohnern aus neun Mitgliedern.

(2) Die Zahl der gewählten Personen, die nicht im Heim wohnen, darf in Heimen mit in der Regel

bis 50 Bewohnerinnen
und Bewohnern höchstens ein Mitglied,
51 bis 150 Bewohnerinnen
und Bewohnern höchstens zwei Mitglieder,
151 bis 250 Bewohnerinnen
und Bewohnern höchstens drei Mitglieder,
über 250 Bewohnerinnen
und Bewohnern höchstens vier Mitglieder

betragen.

§ 5 Wahlverfahren

(1) Der Heimbeirat wird in gleicher, geheimer und unmittelbarer Wahl gewählt.

(2) Zur Wahl des Heimbeirates können die Wahlberechtigten Wahlvorschläge machen. Sie können auch nach § 3 wählbare Personen, die nicht im Heim wohnen, vorschlagen. Außerdem haben die Angehörigen und die zuständige Behörde ein Vorschlagsrecht für Personen, die nicht im Heim wohnen.

(3) Jede Wahlberechtigte oder jeder Wahlberechtigte hat so viele Stimmen wie Heimbeiratsmitglieder zu wählen sind. Sie oder er kann für jede Bewerberin oder jeden Bewerber nur eine Stimme abgeben. Gewählt sind die Bewerberinnen und Bewerber, die die meisten Stimmen auf sich vereinigen. Bei Stimmengleichheit zwischen Bewerberinnen oder Bewerbern, die im Heim wohnen, und Bewerberinnen oder Bewerbern, die nicht im Heim wohnen, ist die Bewerberin bzw. der Bewerber gewählt, die oder der im Heim wohnt. Im Übrigen entscheidet das Los. § 4 Abs. 2 bleibt unberührt.

§ 6 Bestellung des Wahlausschusses

(1) Spätestens acht Wochen vor Ablauf der Amtszeit bestellt der Heimbeirat drei Wahlberechtigte als Wahlausschuss und eine oder einen von ihnen als Vorsitzende oder als Vorsitzenden.

(2) Besteht kein Heimbeirat oder besteht sechs Wochen vor Ablauf der Amtszeit des Heimbeirates kein Wahlausschuss, so hat die

Leitung des Heims den Wahlausschuss zu bestellen. Soweit hierfür Wahlberechtigte nicht in der erforderlichen Zahl zur Verfügung stehen, hat die Leitung Mitarbeiterinnen und Mitarbeiter des Heims zu Mitgliedern des Wahlausschusses zu bestellen.

§ 7 Vorbereitung und Durchführung der Wahl

(1) Der Wahlausschuss bestimmt Ort und Zeit der Wahl und informiert die Bewohnerinnen und Bewohner und die zuständige Behörde über die bevorstehende Wahl. Der Wahltermin ist mindestens vier Wochen vor der Wahl bekannt zu geben. Der Wahlausschuss holt die Wahlvorschläge und die Zustimmungserklärung der vorgeschlagenen Personen zur Annahme der Wahl ein. Der Wahlausschuss stellt eine Liste der Wahlvorschläge auf und gibt diese Liste sowie den Gang der Wahl bekannt.

(2) Der Wahlausschuss hat die Wahlhandlung zu überwachen, die Stimmen auszuzählen und das Wahlergebnis in einer Niederschrift festzustellen. Das Ergebnis der Wahl hat er in dem Heim durch Aushang und durch schriftliche Mitteilung an alle Bewohnerinnen und Bewohner bekannt zu machen. Der Wahlausschuss informiert die Heimbeiratsbewerberinnen und Heimbeiratsbewerber, die nicht im Heim wohnen, über das Ergebnis der Wahl.

(3) Bei der Vorbereitung und Durchführung der Wahl sollen die besonderen Gegebenheiten in den einzelnen Heimen, vor allem Zusammensetzung der Wahlberechtigten, Art, Größe, Zielsetzung und Ausstattung berücksichtigt werden.

(4) Der Wahlausschuss fasst seine Beschlüsse mit einfacher Stimmenmehrheit.

§ 7a Wahlversammlung

(1) In Heimen mit in der Regel bis zu fünfzig Bewohnerinnen und Bewohnern kann der Heimbeirat auf einer Wahlversammlung gewählt werden. Der Wahlausschuss entscheidet, ob ein vereinfachtes Wahlverfahren durchgeführt wird. Bewohnerinnen und Bewohnern, die an der Wahlversammlung nicht teilnehmen, ist innerhalb einer angemessenen Frist Gelegenheit zur Stimmabgabe zu geben. Die Stimmen dürfen erst nach Ablauf der Frist ausgezählt werden.

(2) Der Wahlausschuss hat mindestens vierzehn Tage vorher zur Wahlversammlung einzuladen.

(3) In der Wahlversammlung können noch Wahlvorschläge gemacht werden.

(4) Die Leitung des Heims kann an der Wahlversammlung teilnehmen. Der Wahlausschuss kann die Heimleitung durch Beschluss von der Wahlversammlung ausschließen.

§ 8 Mithilfe der Leitung

Die Leitung des Heims hat die Vorbereitung und Durchführung der Wahl in dem erforderlichen Maße personell und sächlich zu unterstützen und die erforderlichen Auskünfte zu erteilen.

§ 9 Wahlschutz und Wahlkosten

(1) Die Wahl des Heimbeirates darf nicht behindert oder durch Zufügung oder Androhung von Nachteilen oder Gewährung oder Versprechen von Vorteilen beeinflusst werden.

(2) Die erforderlichen Kosten der Wahl übernimmt der Träger.

§ 10 Wahlanfechtung

(1) Mindestens drei Wahlberechtigte können binnen einer Frist von zwei Wochen, vom Tage der Bekanntmachung des Wahlergebnisses an gerechnet, die Wahl bei der zuständigen Behörde anfechten, wenn gegen wesentliche Vorschriften über das Wahlrecht, die Wählbarkeit oder das Wahlverfahren verstoßen worden und eine Berichtigung nicht erfolgt ist. Eine Anfechtung ist ausgeschlossen, wenn durch den Verstoß das Wahlergebnis nicht geändert oder beeinflusst werden konnte.

(2) Über die Anfechtung entscheidet die zuständige Behörde.

§ 11 Mitteilung an die zuständige Behörde

(1) Der Träger hat die zuständige Behörde innerhalb von vier Wochen nach Ablauf des in § 12 genannten Zeitraumes oder bis spätestens sechs Monate nach Betriebsaufnahme über die Bildung eines Heimbeirates zu unterrichten. Ist ein Heimbeirat nicht gebildet worden, so hat dies der Träger der zuständigen Behörde unter Angabe der Gründe unverzüglich mitzuteilen. In diesen Fällen hat die zuständige Behörde in enger Zusammenarbeit mit Träger und

Leitung des Heims in geeigneter Weise auf die Bildung eines Heimbeirates hinzuwirken, sofern nicht die besondere personelle Struktur der Bewohnerschaft der Bildung eines Heimbeirates entgegensteht.

(2) Absatz 1 gilt entsprechend, wenn der Heimbeirat vor Ablauf der regelmäßigen Amtszeit nach § 13 neu zu wählen ist. Die Frist zur Mitteilung beginnt mit dem Eintritt der die Neuwahl begründenden Tatsachen.

§ 11a Abweichende Bestimmungen für die Bildung des Heimbeirates

(1) Die zuständige Behörde kann in Einzelfällen Abweichungen von der Zahl der Mitglieder des Heimbeirates nach § 4 und den Fristen und der Zahl der Wahlberechtigten nach § 6 zulassen, wenn dadurch die Bildung eines Heimbeirates ermöglicht wird. Abweichungen von § 4 dürfen die Funktionsfähigkeit des Heimbeirates nicht beeinträchtigen.

(2) Auf Antrag des Wahlausschusses kann in Ausnahmefällen die zuständige Behörde die Wahlversammlung nach § 7a auch für Heime mit in der Regel mehr als fünfzig Bewohnerinnen und Bewohnern zulassen.

Zweiter Abschnitt
Amtszeit des Heimbeirates

§ 12 Amtszeit

(1) Die regelmäßige Amtszeit des Heimbeirates beträgt zwei Jahre. Die Amtszeit beginnt mit dem Tage der Wahl oder, wenn zu diesem Zeitpunkt noch ein Heimbeirat besteht, mit dem Ablauf seiner Amtszeit.

(2) In Einrichtungen der Hilfe für behinderte Menschen beträgt die Amtszeit vier Jahre.

§ 13 Neuwahl des Heimbeirates

Der Heimbeirat ist neu zu wählen, wenn die Gesamtzahl der Mitglieder um mehr als die Hälfte der vorgeschriebenen Zahl gesunken ist oder der Heimbeirat mit Mehrheit der Mitglieder seinen Rücktritt beschlossen hat.

§ 14 Erlöschen der Mitgliedschaft

Die Mitgliedschaft im Heimbeirat erlischt durch
1. Ablauf der Amtszeit,
2. Niederlegung des Amtes,
3. Ausscheiden aus dem Heim,
4. Verlust der Wählbarkeit,
5. Feststellung der zuständigen Behörde auf Antrag von zwei Drittel der Mitglieder des Heimbeirates, dass das Heimbeiratsmitglied seinen Pflichten nicht mehr nachkommt oder nicht mehr nachkommen kann.

§ 15 Nachrücken von Ersatzmitgliedern

Scheidet ein Mitglied aus dem Heimbeirat aus, so rückt die nicht gewählte Person mit der höchsten Stimmenzahl als Ersatzmitglied nach. § 4 Abs. 2 findet Anwendung. Das Gleiche gilt, wenn ein Mitglied des Heimbeirates zeitweilig verhindert ist.

Dritter Abschnitt
Geschäftsführung des Heimbeirates

§ 16 Vorsitz

(1) Der Heimbeirat wählt mit der Mehrheit seiner Mitglieder den Vorsitz und dessen Stellvertretung. Eine Bewohnerin oder ein Bewohner soll den Vorsitz innehaben.

(2) Die oder der Vorsitzende vertritt den Heimbeirat im Rahmen der von diesem gefassten Beschlüsse, soweit der Heimbeirat im Einzelfall keine andere Vertretung bestimmt.

§ 17 Sitzungen des Heimbeirates

(1) Unbeschadet einer Wahlanfechtung beruft der Wahlausschuss den Heimbeirat binnen zwei Wochen nach Bekanntmachung des Wahlergebnisses zu einer konstituierenden Sitzung ein.

(2) Die oder der Vorsitzende des Heimbeirates beraumt die Sitzungen an, setzt die Tagesordnung fest und leitet die Verhandlung.

Sie oder er hat die Mitglieder des Heimbeirats und nachrichtlich die Ersatzmitglieder zu der Sitzung mit einer Frist von sieben Tagen unter Mitteilung der Tagesordnung einzuladen.

(3) Auf Antrag eines Viertels der Mitglieder des Heimbeirates oder der Leitung des Heims hat die oder der Vorsitzende eine Sitzung anzuberaumen und den Gegenstand, dessen Beratung beantragt ist, auf die Tagesordnung zu setzen.

(4) Die Leitung des Heims ist vom Zeitpunkt der Heimbeiratssitzung rechtzeitig zu verständigen. An Sitzungen, zu denen die Leitung ausdrücklich eingeladen wird, hat sie teilzunehmen.

(5) Der Heimbeirat kann beschließen, zur Wahrnehmung seiner Aufgaben fach- und sachkundige Personen hinzuzuziehen. Der Heimbeirat kann ebenso beschließen, dass Bewohnerinnen und Bewohner oder fach- und sachkundige Personen oder dritte Personen an einer Sitzung oder an Teilen der Sitzung teilnehmen können. Der Träger trägt die Auslagen in angemessenem Umfang der zugezogenen fach- und sachkundigen Personen sowie der dritten Personen. Sie enthalten keine Vergütung.

(6) Der Heimbeirat kann sich jederzeit an die zuständige Behörde wenden.

(7) Der Heimbeirat kann Arbeitsgruppen bilden. Das weitere Verfahren regelt der Heimbeirat.

§ 18 Beschlüsse des Heimbeirates

(1) Die Beschlüsse des Heimbeirates werden mit einfacher Stimmenmehrheit der anwesenden Mitglieder gefasst. Bei Stimmengleichheit entscheidet die Stimme der Vorsitzenden oder des Vorsitzenden.

(2) Der Heimbeirat ist beschlussfähig, wenn mindestens die Hälfte seiner Mitglieder anwesend ist.

§ 19 Sitzungsniederschrift

Über jede Verhandlung des Heimbeirates ist eine Niederschrift aufzunehmen, die mindestens die Sitzungsteilnehmer, den Wortlaut der Beschlüsse und die Stimmenmehrheit, mit der sie gefasst sind, enthält. Die Niederschrift ist von der Vorsitzenden oder dem Vorsitzenden und einem weiteren Mitglied zu unterzeichnen.

§ 20 Bewohnerversammlung und Tätigkeitsbericht des Heimbeirates

Der Heimbeirat soll mindestens einmal im Amtsjahr eine Bewohnerversammlung abhalten. Teilbewohnerversammlungen sind zulässig. Der Heimbeirat hat in der Bewohnerversammlung einen Tätigkeitsbericht zu erstatten, der auch möglichst schriftlich an alle Bewohnerinnen und Bewohner zu verteilen ist. Die Bewohnerinnen und Bewohner können zum Tätigkeitsbericht Stellung nehmen. Die Bewohnerinnen und Bewohner sind berechtigt, zur Bewohnerversammlung Personen ihres Vertrauens hinzuzuziehen. Auf Verlangen des Heimbeirates hat die Leitung des Heims an der Bewohnerversammlung teilzunehmen. Der Heimbeirat kann die Leitung von der Bewohnerversammlung insgesamt oder von einzelnen Tagesordnungspunkten ausschließen.

§ 21 Kosten und Sachaufwand des Heimbeirates

(1) Der Träger gewährt dem Heimbeirat die zur Erfüllung seiner Aufgaben erforderlichen Hilfen und stellt insbesondere die Räumlichkeiten zur Verfügung.

(2) Dem Heimbeirat sind in dem Heim geeignete Möglichkeiten für Mitteilungen zu eröffnen, insbesondere sind schriftliche Mitteilungen an alle Bewohnerinnen und Bewohner zu gewährleisten sowie Plätze für Bekanntmachungen zur Verfügung zu stellen.

(3) Die durch die Tätigkeit des Heimbeirates entstehenden angemessenen Kosten trägt der Träger.

Vierter Abschnitt
Stellung der Heimbeiratsmitglieder

§ 22 Ehrenamtliche Tätigkeit

Die Mitglieder des Heimbeirates führen ihr Amt unentgeltlich und ehrenamtlich aus.

§ 23 Benachteiligungs- und Begünstigungsverbot

(1) Die Mitglieder des Heimbeirates dürfen bei der Erfüllung ihrer Aufgaben nicht behindert und wegen ihrer Tätigkeit nicht benachteiligt oder begünstigt werden.

(2) Eine Bewohnerin oder ein Bewohner darf aufgrund der Tätigkeit eines Angehörigen oder einer Vertrauensperson im Heimbeirat nicht benachteiligt oder begünstigt werden.

§ 24 Verschwiegenheitspflicht

(1) Die Mitglieder und Ersatzmitglieder des Heimbeirates haben über die ihnen bei Ausübung des Amtes bekannt gewordenen Angelegenheiten oder Tatsachen Stillschweigen zu bewahren. Dies gilt nicht gegenüber den übrigen Mitgliedern des Heimbeirates. Satz 1 gilt für die nach § 17 Abs. 5 teilnehmenden Personen entsprechend.

(2) Die Pflicht zur Verschwiegenheit besteht nicht für Angelegenheiten oder Tatsachen, die offenkundig sind oder ihrer Bedeutung nach keiner vertraulichen Behandlung bedürfen.

**Fünfter Abschnitt
Heimfürsprecher**

§ 25 Bestellung des Heimfürsprechers

(1) Die zuständige Behörde hat unverzüglich einen Heimfürsprecher zu bestellen, sobald die Voraussetzungen für seine Bestellung nach § 10 Abs. 4 des Gesetzes gegeben sind. In Heimen mit mehr als 70 Plätzen können zwei Heimfürsprecher, in Heimen mit mehr als 150 Plätzen drei Heimfürsprecher eingesetzt werden. Sind mehrere Heimfürsprecher eingesetzt, stimmen sie ihre Tätigkeit untereinander ab und legen fest, welcher Heimfürsprecher die Interessen der Bewohnerinnen und Bewohner gegenüber der Heimleitung und außerhalb des Heimes vertritt.

(2) Die regelmäßige Amtszeit des Heimfürsprechers beträgt zwei Jahre. Eine Wiederbestellung ist zulässig.

(3) Zum Heimfürsprecher kann nur bestellt werden, wer nach seiner Persönlichkeit, seinen Fähigkeiten und den sonstigen Umständen des Einzelfalls zur Ausübung dieses Amts geeignet ist. Er

muss von der zuständigen Behörde und dem Träger, von den Kostenträgern und den Verbänden der Heimträger unabhängig sein. Die Bestellung bedarf der Zustimmung des Bestellten.

(4) Die Bestellung ist dem Heimfürsprecher und dem Träger schriftlich mitzuteilen. Der Träger hat die Bewohnerinnen und Bewohner in geeigneter Weise von der Bestellung zu unterrichten.

(5) § 1 Abs. 3 gilt entsprechend.

§ 26 Aufhebung der Bestellung des Heimfürsprechers

(1) Die zuständige Behörde hat die Bestellung aufzuheben, wenn
1. der Heimfürsprecher die Voraussetzungen für das Amt nicht mehr erfüllt,
2. der Heimfürsprecher gegen seine Amtspflichten verstößt,
3. der Heimfürsprecher sein Amt niederlegt oder
4. ein Heimbeirat gebildet worden ist.

(2) Die zuständige Behörde kann die Bestellung aufheben, wenn eine gedeihliche Zusammenarbeit zwischen dem Heimfürsprecher und den Bewohnerinnen und Bewohnern nicht mehr möglich ist.

(3) § 25 Abs. 4 gilt entsprechend.

§ 27 Beendigung der Tätigkeit

Die Tätigkeit des Heimfürsprechers endet mit
1. Ablauf seiner Amtszeit,
2. Aufhebung seiner Bestellung durch die zuständige Behörde nach § 26.

§ 28 Stellung und Amtsführung des Heimfürsprechers

(1) Für die Stellung und Amtsführung des Heimfürsprechers gelten die §§ 20, 21 Abs. 1 und 2 sowie §§ 23 und 24 entsprechend.

(2) Der Heimträger hat den Heimfürsprecher bei der Erfüllung seiner Aufgaben zu unterstützen.

(3) Die durch die Tätigkeit des Heimfürsprechers entstehenden erforderlichen Kosten werden von dem Träger übernommen.

(4) Der Heimträger hat dem Heimfürsprecher zur Ausübung seines Amtes Zutritt zum Heim zu gewähren und ihm zu ermög-

lichen, sich mit den Bewohnerinnen und Bewohnern in Verbindung zu setzen.

§ 28a Ersatzgremium

Von der Bestellung eines Heimfürsprechers nach § 10 Abs. 4 Satz 5 des Gesetzes kann die zuständige Behörde absehen, wenn ein Ersatzgremium besteht, das die Mitwirkung der Bewohnerinnen und Bewohner auf andere Weise gewährleisten und die Aufgaben des Heimbeirates übernehmen kann. Für das Ersatzgremium gelten die §§ 20 bis 24 und die §§ 29 bis 32 entsprechend.

Zweiter Teil. Mitwirkung des Heimbeirates und des Heimfürsprechers

§ 29 Aufgaben des Heimbeirates

Der Heimbeirat hat folgende Aufgaben:
1. Maßnahmen des Heimbetriebes, die den Bewohnerinnen oder Bewohnern des Heims dienen, bei der Leitung oder dem Träger zu beantragen,
2. Anregungen und Beschwerden von Bewohnerinnen und Bewohnern entgegenzunehmen und erforderlichenfalls durch Verhandlungen mit der Leitung oder in besonderen Fällen mit dem Träger auf ihre Erledigung hinzuwirken,
3. die Eingliederung der Bewohnerinnen und Bewohner in dem Heim zu fördern,
4. bei Entscheidungen in Angelegenheiten nach den §§ 30, 31 mitzuwirken,
5. vor Ablauf der Amtszeit einen Wahlausschuss zu bestellen (§ 6),
6. eine Bewohnerversammlung durchzuführen und den Bewohnerinnen und Bewohnern einen Tätigkeitsbericht zu erstatten (§ 20),
7. Mitwirkung bei Maßnahmen zur Förderung einer angemessenen Qualität der Betreuung,
8. Mitwirkung nach § 7 Abs. 4 des Gesetzes an den Leistungs- und Qualitätsvereinbarungen sowie an den Vergütungsvereinbarungen und nach § 7 Abs. 5 des Gesetzes an den Leistungs-, Vergütungs- und Prüfungsvereinbarungen.

§ 30 Mitwirkung bei Entscheidungen

Der Heimbeirat wirkt bei Entscheidungen der Leitung oder des Trägers in folgenden Angelegenheiten mit:
1. Aufstellung oder Änderung der Musterverträge für Bewohnerinnen und Bewohner und der Heimordnung,
2. Maßnahmen zur Verhütung von Unfällen,
3. Änderung der Entgelte des Heims,
4. Planung oder Durchführung von Veranstaltungen,
5. Alltags- und Freizeitgestaltung,
6. Unterkunft, Betreuung und Verpflegung,
7. Erweiterung, Einschränkung oder Einstellung des Heimbetriebes,
8. Zusammenschluss mit einem anderen Heim,
9. Änderung der Art und des Zweckes des Heims oder seiner Teile,
10. umfassende bauliche Veränderungen oder Instandsetzungen des Heims,
11. Mitwirkung bei Maßnahmen zur Förderung einer angemessenen Qualität der Betreuung,
12. Mitwirkung nach § 7 Abs. 4 des Gesetzes an den Leistungs- und Qualitätsvereinbarungen sowie an den Vergütungsvereinbarungen und nach § 7 Abs. 5 des Gesetzes an den Leistungs-, Vergütungs- und Prüfungsvereinbarungen.

§ 31 Mitwirkung bei Leistung von Finanzierungsbeiträgen

(1) Wenn von einer Bewohnerin oder einem Bewohner oder von Dritten zu ihren oder seinen Gunsten Finanzierungsbeiträge an den Träger geleistet worden sind, wirkt der Heimbeirat auch bei der Aufstellung der Haushalts- oder Wirtschaftspläne mit. Der Heimträger hat zu diesem Zweck dem Heimbeirat die erforderlichen Informationen zu geben. Erfolgt bei einem Heimträger, der mehrere Heime betreibt, eine zentrale Wirtschafts- und Rechnungsführung, so hat der Heimträger dem Heimbeirat am Ort des Heims die Unterlagen vorzulegen und die Auskünfte zu erteilen, die das Heim betreffen. Der Träger hat insbesondere anhand der in Satz 1 genannten Pläne über die wirtschaftliche Lage des Heims schriftlich zu berichten. Der Heimbeirat kann hierbei auch Auskünfte über die Vermögens- und Ertragslage des Heims und, sofern vom Träger ein Jahresabschluss aufgestellt worden ist, Einsicht in den Jahresabschluss verlangen.

(2) Finanzierungsbeiträge im Sinne des Absatzes 1 sind alle Leistungen, die über das für die Unterbringung vereinbarte laufende Entgelt hinaus zum Bau, zum Erwerb, zur Instandsetzung, zur Ausstattung oder zum Betrieb des Heims erbracht worden sind.

(3) Die Mitwirkung des Heimbeirates entfällt, wenn alle Ansprüche, die gegenüber dem Träger durch die Leistung von Finanzierungsbeiträgen begründet worden sind, durch Verrechnung, Rückzahlung oder in sonstiger Weise erloschen sind.

§ 32 Form und Durchführung der Mitwirkung des Heimbeirates

(1) Die Mitwirkung des Heimbeirates soll von dem Bemühen um gegenseitiges Vertrauen und Verständnis zwischen Bewohnerschaft, Leitung und Träger bestimmt sein.

(2) Zur Erfüllung seiner Aufgaben ist der Heimbeirat durch die Leitung oder durch den Träger ausreichend und rechtzeitig zu informieren und nach Möglichkeit auch fachlich zu beraten. Der Heimbeirat hat auch ein Mitwirkungs- und Informationsrecht, wenn ein Heimträger zentral für mehrere Heime oder ein Zentralverband für seine Mitglieder Maßnahmen und Entscheidungen im Sinne der §§ 29 und 30 der Verordnung trifft. Dem Heimbeirat sind am Ort des Heims die Unterlagen vorzulegen und die Auskünfte zu erteilen, die das Heim betreffen.

(3) Entscheidungen in Angelegenheiten nach den §§ 30, 31 hat die Leitung oder der Träger mit dem Heimbeirat vor ihrer Durchführung rechtzeitig und mit dem Ziel einer Verständigung zu erörtern. Anregungen des Heimbeirates sind in die Überlegungen bei der Vorbereitung der Entscheidungen einzubeziehen.

(4) Anträge oder Beschwerden des Heimbeirates sind von der Leitung oder vom Träger in angemessener Frist, längstens binnen sechs Wochen, zu beantworten. Der Träger hat die Antwort zu begründen, wenn er das Anliegen des Heimbeirates bei seiner Entscheidung nicht berücksichtigt hat.

§ 33 Mitwirkung des Heimfürsprechers

Die §§ 29 bis 32 gelten für die Mitwirkung des Heimfürsprechers entsprechend.

Dritter Teil. Ordnungswidrigkeiten und Schlussvorschriften

§ 34 Ordnungswidrigkeiten

Ordnungswidrig im Sinne des § 21 Abs. 2 Nr. 1 des Heimgesetzes handelt, wer vorsätzlich oder fahrlässig

1. entgegen § 6 Abs. 2 einen Wahlausschuss nicht bestellt oder entgegen § 8 die für die Vorbereitung oder Durchführung der Wahl erforderliche personelle oder sächliche Unterstützung nicht gewährt,
2. entgegen § 9 Abs. 1 die Wahl des Heimbeirates behindert oder beeinflusst,
3. entgegen § 11 Abs. 1 Satz 1 oder Abs. 2 eine Mitteilung unterlässt,
4. entgegen § 23 Abs. 1, auch in Verbindung mit § 28 Abs. 1, ein Mitglied des Heimbeirates oder den Heimfürsprecher bei der Erfüllung seiner Aufgaben behindert oder wegen seiner Tätigkeit benachteiligt oder begünstigt,
5. entgegen § 23 Abs. 2, auch in Verbindung mit § 28 Abs. 1, eine Bewohnerin oder einen Bewohner benachteiligt oder begünstigt,
6. entgegen § 31 Abs. 1 Satz 2 eine Information nicht, nicht richtig oder nicht vollständig gibt,
7. entgegen § 31 Abs. 1 Satz 3 eine Unterlage nicht, nicht richtig oder nicht vollständig vorlegt oder eine Auskunft nicht, nicht richtig oder nicht vollständig erteilt oder
8. entgegen § 32 Abs. 3 Satz 1 Entscheidungen vor ihrer Durchführung nicht rechtzeitig erörtert.

§ 35 Übergangsvorschrift

Heimbeiräte, die vor Inkrafttreten der Verordnung gewählt worden sind, müssen nicht neu gewählt werden.

§ 36 (Inkrafttreten)

Synopse
Verordnung
über die Mitwirkung der Bewohnerinnen und Bewohner in Angelegenheiten des Heimbetriebes
(Heimmitwirkungsverordnung – HeimmwV)

Heimmitwirkungsverordnung (bis 31.7.2002 geltende Fassung)	Heimmitwirkungsverordnung (ab 1.8.2002 geltende Fassung)
Erster Teil **Heimbeirat und Heimfürsprecher**	**Erster Teil** **Heimbeirat und Heimfürsprecher**
Erster Abschnitt **Bildung und Zusammensetzung von Heimbeiräten**	**Erster Abschnitt** **Bildung und Zusammensetzung von Heimbeiräten**
§ 1 Wahl von Heimbeiräten (1) Zur Mitwirkung der Bewohner in Angelegenheiten des Heimbetriebes werden in Heimen nach § 1 Abs.1 des Gesetzes, die in der Regel mindestens sechs Personen aufnehmen, Heimbeiräte gebildet. Ihre Mitglieder werden von den Bewohnern der Heime gewählt.	**§ 1 Allgemeines** (1) Die Mitwirkung der Bewohnerinnen und Bewohner in Heimen nach § 1 des Gesetzes erfolgt durch Heimbeiräte. Ihre Mitglieder werden von den Bewohnerinnen und Bewohnern der Heime gewählt. (2) Die Mitwirkung bezieht sich auf die Angelegenheiten des Heimbetriebes, auf die Maßnahmen bei der Sicherung einer angemessenen Qualität der Betreuung und auf die Leistungs- und Qualitätsvereinbarungen sowie auf die Vergütungsvereinbarungen nach § 7 Abs.4 des Gesetzes sowie auf die Leistungs-, Vergütungs- und Prüfungsvereinbarungen nach § 7 Abs.5 des Gesetzes. Die Mitwirkung erstreckt sich auch auf die Verwaltung sowie die Geschäfts- und Wirtschaftsführung des Heims, wenn Leistungen im Sinne des § 14 Abs.2

Anh. A | 2. HeimmwV (Synopse a. F./n. F.)

(2) Für Teile der Einrichtung können eigene Heimbeiräte gebildet werden, wenn dadurch die Mitwirkung der Bewohner besser gewährleistet wird.

Nr. 3 des Gesetzes erbracht worden sind.
(3) Für Teile der Einrichtung können eigene Heimbeiräte gebildet werden, wenn dadurch die Mitwirkung der Bewohnerinnen und Bewohner besser gewährleistet wird.
(4) In den Heimen kann ein Angehörigen- oder Betreuerbeirat gebildet werden. Ebenso kann ein Beirat, der sich aus Angehörigen, Betreuern und Vertretern von Behinderten- und Seniorenorganisationen zusammensetzt, eingerichtet werden. Der Heimbeirat und der Heimfürsprecher können sich vom Beirat nach Satz 1 und 2 bei ihrer Arbeit beraten und unterstützen lassen.

§ 2 Aufgaben der Träger
Die Träger des Heims haben auf die Bildung von Heimbeiräten hinzuwirken. Ihre Selbständigkeit bei der Erfüllung der ihnen obliegenden Aufgaben wird durch die Bildung von Heimbeiräten nicht berührt.

§ 2 Aufgaben der Träger
(1) Die Träger des Heims (Träger) haben auf die Bildung von Heimbeiräten hinzuwirken. Ihre Selbständigkeit bei der Erfüllung der ihnen obliegenden Aufgaben wird durch die Bildung von Heimbeiräten nicht berührt. Die Träger haben die Bewohnerinnen und Bewohner über ihre Rechte und die Möglichkeiten eines partnerschaftlichen Zusammenwirkens im Heimbeirat aufzuklären.
(2) Heimbeiräten sind diejenigen Kenntnisse zum Heimgesetz und seinen Verordnungen zu vermitteln, die für ihre Tätigkeit erforderlich sind. Die hierdurch entstehenden angemessenen Kosten übernimmt der Träger.

2. HeimmwV (Synopse a. F./n. F.)   Anh. A

§ 3 Wahlberechtigung und Wählbarkeit

(1) Wahlberechtigt sind alle Personen, die am Wahltag auf Dauer in dem Heim aufgenommen worden sind (Bewohner).

(2) Wählbar sind alle Wahlberechtigten, die am Wahltag mindestens zwei Monate das Heim bewohnen.

§ 3 Wahlberechtigung und Wählbarkeit

(1) Wahlberechtigt sind alle Personen, die am Wahltag im Heim wohnen.

(2) Wählbar sind die Bewohnerinnen und Bewohner des Heims, deren Angehörige, sonstige Vertrauenspersonen der Bewohnerinnen und Bewohner, Mitglieder von örtlichen Seniorenvertretungen und von örtlichen Behindertenorganisationen sowie von der zuständigen Behörde vorgeschlagene Personen.

(3) Nicht wählbar ist, wer bei dem Heimträger, bei den Kostenträgern oder bei der zuständigen Behörde gegen Entgelt beschäftigt ist oder als Mitglied des Vorstandes, des Aufsichtsrates oder eines gleichartigen Organs des Trägers tätig ist. Nicht wählbar ist ebenfalls, wer bei einem anderen Heimträger oder einem Verband von Heimträgern eine Leitungsfunktion innehat.

§ 4 Zahl der Heimbeiratsmitglieder

Der Heimbeirat besteht in Heimen mit in der Regel

6–20	Bewohnern aus einem Mitglied (Heimsprecher),	
21–50	Bewohnern aus drei Mitgliedern,	
51–150	Bewohnern aus fünf Mitgliedern,	
151–250	Bewohnern aus sieben Mitgliedern,	
über 250	Bewohnern aus neun Mitgliedern.	

§ 4 Zahl der Heimbeiratsmitglieder

(1) Der Heimbeirat besteht in Heimen mit in der Regel

bis 50	Bewohnerinnen und Bewohnern aus drei Mitgliedern,	
51–150	Bewohnerinnen und Bewohnern aus fünf Mitgliedern,	
151–250	Bewohnerinnen und Bewohnern aus sieben Mitgliedern,	
über 250	Bewohnerinnen und Bewohnern aus neun Mitgliedern.	

Anh. A   2. HeimmwV (Synopse a. F./n. F.)

(2) Die Zahl der gewählten Personen, die nicht im Heim wohnen, darf in Heimen mit in der Regel
bis 50 Bewohnerinnen und Bewohnern höchstens ein Mitglied,
51–150 Bewohnerinnen und Bewohnern höchstens zwei Mitglieder,
151–250 Bewohnerinnen und Bewohnern höchstens drei Mitglieder,
über 250 Bewohnerinnen und Bewohnern höchstens vier Mitglieder
betragen.

§ 5 Wahlverfahren

(1) Der Heimbeirat wird in gleicher, geheimer und unmittelbarer Wahl gewählt.

(2) Zur Wahl des Heimbeirates können die Wahlberechtigten Wahlvorschläge machen. Jeder Wahlvorschlag ist von mindestens drei Wahlberechtigten zu unterstützen.

(3) Jeder Wahlberechtigte hat so viele Stimmen wie Heimbeiratsmitglieder zu wählen sind. Er kann für jeden Bewerber nur eine Stimme abgeben. Gewählt sind die Bewerber, die meisten Stimmen auf sich vereinigen. Bei Stimmengleichheit entscheidet das Los.

§ 5 Wahlverfahren

(1) Der Heimbeirat wird in gleicher, geheimer und unmittelbarer Wahl gewählt.

(2) Zur Wahl des Heimbeirates können die Wahlberechtigten Wahlvorschläge machen. Sie können auch nach § 3 wählbare Personen, die nicht im Heim wohnen, vorschlagen. Außerdem haben die Angehörigen und die zuständige Behörde ein Vorschlagsrecht für Personen, die nicht im Heim wohnen.

(3) Jede Wahlberechtigte oder jeder Wahlberechtigte hat so viele Stimmen wie Heimbeiratsmitglieder zu wählen sind. Sie oder er kann für jede Bewerberin oder jeden Bewerber nur eine Stimme abgeben. Gewählt sind die Bewerberinnen und Bewerber, die die meisten Stimmen auf sich vereinigen. Bei Stimmengleichheit zwischen Bewerberinnen oder Bewerbern, die im Heim wohnen, und Bewerberinnen oder Bewerbern, die nicht im Heim wohnen, ist die Bewerbe-

§ 6 Bestellung des Wahlausschusses

(1) Spätestens sechs Wochen vor Ablauf der Amtszeit bestellt der Heimbeirat drei Wahlberechtigte als Wahlausschuss und einen von ihnen als Vorsitzenden.

(2) Besteht vier Wochen vor Ablauf der Amtszeit des Heimbeirates kein Wahlausschuss, so hat ihn der Leiter des Heims zu bestellen. Soweit hierfür Wahlberechtigte nicht in der erforderlichen Zahl zur Verfügung stehen, hat der Leiter Mitarbeiter des Heims zu Mitgliedern des Wahlausschusses zu bestellen.

§ 7 Vorbereitung und Durchführung der Wahl

(1) Der Wahlausschuss hat unverzüglich die Wahlvorschläge und die Zustimmungserklärung der Vorgeschlagenen zur Annahme einer Wahl einzuholen, Ort und Zeit der Wahl zu bestimmen, eine Liste der Wahlvorschläge aufzustellen und diese Liste sowie den Gang der Wahl bekannt zu geben. Er hat ferner die Wahlhandlung zu überwachen, die Stimmen auszuzählen und das Wahlergebnis in einer Niederschrift festzustellen. Das Ergebnis der Wahl hat er in dem Heim durch Aushang oder in anderer geeigneter Weise bekannt zu machen.

---

rin bzw. der Bewerber gewählt, die oder der im Heim wohnt. Im Übrigen entscheidet das Los. § 4 Abs. 2 bleibt unberührt.

§ 6 Bestellung des Wahlausschusses

(1) Spätestens acht Wochen vor Ablauf der Amtszeit bestellt der Heimbeirat drei Wahlberechtigte als Wahlausschuss und eine oder einen von ihnen als Vorsitzende oder Vorsitzenden.

(2) Besteht kein Heimbeirat oder besteht sechs Wochen vor Ablauf der Amtszeit des Heimbeirates kein Wahlausschuss, so hat die Leitung des Heims den Wahlausschuss zu bestellen. Soweit hierfür Wahlberechtigte nicht in der erforderlichen Zahl zur Verfügung stehen, hat die Leitung Mitarbeiterinnen und Mitarbeiter des Heims zu Mitgliedern des Wahlausschusses zu bestellen.

§ 7 Vorbereitung und Durchführung der Wahl

(1) Der Wahlausschuss bestimmt Ort und Zeit der Wahl und informiert die Bewohnerinnen und Bewohner und die zuständige Behörde über die bevorstehende Wahl. Der Wahltermin ist mindestens vier Wochen vor der Wahl bekannt zu geben. Der Wahlausschuss holt die Wahlvorschläge und die Zustimmungserklärung der vorgeschlagenen Personen zur Annahme der Wahl ein. Der Wahlausschuss stellt eine Liste der Wahlvorschläge auf und gibt diese Liste sowie den Gang der Wahl bekannt.

Anh. A 2. HeimmwV (Synopse a. F./n. F.)

| | (2) Der Wahlausschuss hat die Wahlhandlung zu überwachen, die Stimmen auszuzählen und das Wahlergebnis in einer Niederschrift festzustellen. Das Ergebnis der Wahl hat er in dem Heim durch Aushang und durch schriftliche Mitteilung an alle Bewohnerinnen und Bewohner bekannt zu machen. Der Wahlausschuss informiert die Heimbeiratsbewerberinnen und Heimbeiratsbewerber, die nicht im Heim wohnen, über das Ergebnis der Wahl. |

(2) Bei der Vorbereitung und Durchführung der Wahl sollen die besonderen Gegebenheiten in den einzelnen Heimen, vor allem Zusammensetzung der Wahlberechtigten, Art, Größe, Zielsetzung und Ausstattung berücksichtigt werden.

(3) Der Wahlausschuss fasst seine Beschlüsse mit einfacher Stimmenmehrheit.

(3) Bei der Vorbereitung und Durchführung der Wahl sollen die besonderen Gegebenheiten in den einzelnen Heimen, vor allem Zusammensetzung der Wahlberechtigten, Art, Größe, Zielsetzung und Ausstattung berücksichtigt werden.

(4) Der Wahlausschuss fasst seine Beschlüsse mit einfacher Stimmenmehrheit.

§ 7a Wahlversammlung

(1) In Heimen mit in der Regel bis zu fünfzig Bewohnerinnen und Bewohnern kann der Heimbeirat auf einer Wahlversammlung gewählt werden. Der Wahlausschuss entscheidet, ob ein vereinfachtes Wahlverfahren durchgeführt wird. Bewohnerinnen und Bewohner, die an der Wahlversammlung nicht teilnehmen, ist innerhalb einer angemessenen Frist Gelegenheit zur Stimmabgabe zu geben. Die Stimmen dürfen erst nach Ablauf der Frist ausgezählt werden.

(2) Der Wahlausschuss hat mindestens vierzehn Tage vorher zur Wahlversammlung einzuladen.

2. HeimmwV (Synopse a. F./n. F.)

	(3) In der Wahlversammlung können noch Wahlvorschläge gemacht werden. (4) Die Leitung des Heims kann an der Wahlversammlung teilnehmen. Der Wahlausschuss kann die Heimleitung durch Beschluss von der Wahlversammlung ausschließen.
§ 8 Mithilfe des Leiters Der Leiter des Heims hat die Vorbereitung und Durchführung der Wahl in dem erforderlichen Maße personell und sächlich zu unterstützen, insbesondere dem Wahlausschuss die notwendigen Unterlagen zur Verfügung zu stellen und die erforderlichen Auskünfte zu erteilen.	**§ 8 Mithilfe der Leitung** Die Leitung des Heims hat die Vorbereitung und Durchführung der Wahl in dem erforderlichen Maße personell und sächlich zu unterstützen und die erforderlichen Auskünfte zu erteilen.
§ 9 Wahlschutz und Wahlkosten (1) Die Wahl des Heimbeirates darf nicht behindert oder durch Zufügung oder Androhung von Nachteilen oder Gewährung oder Versprechen von Vorteilen beeinflusst werden. (2) Die erforderlichen Kosten der Wahl übernimmt der Träger des Heims.	**§ 9 Wahlschutz und Wahlkosten** (1) Die Wahl des Heimbeirates darf nicht behindert oder durch Zufügung oder Androhung von Nachteilen oder Gewährung oder Versprechen von Vorteilen beeinflusst werden. (2) Die erforderlichen Kosten der Wahl übernimmt der Träger.
§ 10 Wahlanfechtung (1) Mindestens drei Wahlberechtigte oder der Leiter des Heims können binnen einer Frist von zwei Wochen, vom Tage der Bekanntmachung des Wahlergebnisses an gerechnet, die Wahl bei der zuständigen Behörde anfechten, wenn gegen wesentliche Vorschriften über das Wahlrecht, die Wählbarkeit oder das Wahlverfahren verstoßen worden und eine Berichtigung nicht erfolgt ist. Eine Anfechtung ist ausge-	**§ 10 Wahlanfechtung** (1) Mindestens drei Wahlberechtigte können binnen einer Frist von zwei Wochen, vom Tage der Bekanntmachung des Wahlergebnisses an gerechnet, die Wahl bei der zuständigen Behörde anfechten, wenn gegen wesentliche Vorschriften über das Wahlrecht, die Wählbarkeit oder das Wahlverfahren verstoßen worden und eine Berichtigung nicht erfolgt ist. Eine Anfechtung ist ausgeschlossen, wenn durch

Anh. A

schlossen, wenn durch den Verstoß das Wahlergebnis nicht geändert oder beeinflusst werden konnte.

(2) Über die Anfechtung entscheidet die zuständige Behörde.

§ 11 Mitteilung an die zuständige Behörde

(1) Der Träger des Heims hat die zuständige Behörde innerhalb von vier Wochen nach Ablauf des in § 12 genannten Zeitraumes oder bis spätestens drei Monate nach Betriebsaufnahme über die Bildung eines Heimbeirates zu unterrichten. Ist ein Heimbeirat nicht gebildet worden, so hat dies der Träger des Heims der zuständigen Behörde unter Angabe der Gründe unverzüglich mitzuteilen. In diesen Fällen hat die zuständige Behörde in enger Zusammenarbeit mit Träger und Leiter des Heims in geeigneter Weise auf die Bildung eines Heimbeirates hinzuwirken, sofern nicht die besondere personelle Struktur der Bewohnerschaft der Bildung eines Heimbeirates entgegensteht.

(2) Absatz 1 gilt entsprechend, wenn der Heimbeirat vor Ablauf der regelmäßigen Amtszeit nach § 13 neu zu wählen ist. Die Frist zur Mitteilung beginnt mit dem Eintritt der die Neuwahl begründenden Tatsachen.

2. HeimmwV (Synopse a. F./n. F.)

den Verstoß das Wahlergebnis nicht geändert oder beeinflusst werden konnte.

(2) Über die Anfechtung entscheidet die zuständige Behörde.

§ 11 Mitteilung an die zuständige Behörde

(1) Der Träger hat die zuständige Behörde innerhalb von vier Wochen nach Ablauf des in § 12 genannten Zeitraumes oder bis spätestens sechs Monate nach Betriebsaufnahme über die Bildung eines Heimbeirates zu unterrichten. Ist ein Heimbeirat nicht gebildet worden, so hat dies der Träger der zuständigen Behörde unter Angabe der Gründe unverzüglich mitzuteilen. In diesen Fällen hat die zuständige Behörde in enger Zusammenarbeit mit Träger und Leitung des Heims in geeigneter Weise auf die Bildung eines Heimbeirates hinzuwirken, sofern nicht die besondere personelle Struktur der Bewohnerschaft der Bildung eines Heimbeirates entgegensteht.

(2) Absatz 1 gilt entsprechend, wenn der Heimbeirat vor Ablauf der regelmäßigen Amtszeit nach § 13 neu zu wählen ist. Die Frist zur Mitteilung beginnt mit dem Eintritt der die Neuwahl begründenden Tatsachen.

2. HeimmwV (Synopse a. F./n. F.) Anh. A

§ 11a Abweichende Bestimmungen für die Bildung des Heimbeirates	§ 11a Abweichende Bestimmungen für die Bildung des Heimbeirates
Die zuständige Behörde kann in Einzelfällen Abweichungen von der Mindestwohndauer nach § 3 Abs. 2, der Zahl der Mitglieder des Heimbeirates nach § 4, der Zahl der einen Wahlvorschlag unterstützenden Wahlberechtigten nach § 5 Abs. 2 Satz 2 und den Fristen und der Zahl der Wahlberechtigten nach § 6 zulassen, wenn dadurch die Bildung eines Heimbeirates ermöglicht wird. Abweichungen von § 4 dürfen die Funktionsfähigkeit des Heimbeirates nicht beeinträchtigen.	(1) Die zuständige Behörde kann in Einzelfällen Abweichungen von der Zahl der Mitglieder des Heimbeirates nach § 4 und den Fristen und der Zahl der Wahlberechtigten nach § 6 zulassen, wenn dadurch die Bildung eines Heimbeirates ermöglicht wird. Abweichungen von § 4 dürfen die Funktionsfähigkeit des Heimbeirates nicht beeinträchtigen. (2) Auf Antrag des Wahlausschusses kann in Ausnahmefällen die zuständige Behörde die Wahlversammlung nach § 7a auch für Heime mit in der Regel mehr als fünfzig Bewohnerinnen und Bewohnern zulassen.

Zweiter Abschnitt
Amtszeit des Heimbeirates

§ 12 Amtszeit	§ 12 Amtszeit
Die regelmäßige Amtszeit des Heimbeirates beträgt zwei Jahre. Die Amtszeit beginnt mit dem Tage der Wahl oder, wenn zu diesem Zeitpunkt noch ein Heimbeirat besteht, mit dem Ablauf seiner Amtszeit.	(1) Die regelmäßige Amtszeit des Heimbeirates beträgt zwei Jahre. Die Amtszeit beginnt mit dem Tage der Wahl oder, wenn zu diesem Zeitpunkt noch ein Heimbeirat besteht, mit dem Ablauf seiner Amtszeit. (2) In Einrichtungen der Hilfe für behinderte Menschen beträgt die Amtszeit vier Jahre.

Anh. A

§ 13 Neuwahl des Heimbeirates
Der Heimbeirat ist neu zu wählen, wenn die Gesamtzahl der ursprünglich gewählten Mitglieder um mehr als die Hälfte der vorgeschriebenen Zahl gesunken ist oder der Heimbeirat mit Mehrheit der Mitglieder seinen Rücktritt beschlossen hat.

§ 14 Erlöschen der Mitgliedschaft
Die Mitgliedschaft im Heimbeirat erlischt durch
1. Ablauf der Amtszeit,
2. Niederlegung des Amtes,
3. Ausscheiden aus dem Heim.

§ 15 Nachrücken der Ersatzmitglieder
(1) Scheidet ein Mitglied aus dem Heimbeirat aus, so tritt ein Ersatzmitglied ein. Das Gleiche gilt, wenn ein Mitglied des Heimbeirates zeitweilig verhindert ist.

(2) Die Ersatzmitglieder werden aus den nicht gewählten Bewohnern der Vorschlagsliste entnommen. Der nicht gewählte Bewohner mit der nächsthöheren Stimmenzahl tritt als Ersatzmitglied ein.

2. HeimmwV (Synopse a. F./n. F.)

§ 13 Neuwahl des Heimbeirates
Der Heimbeirat ist neu zu wählen, wenn die Gesamtzahl der Mitglieder um mehr als die Hälfte der vorgeschriebenen Zahl gesunken ist oder der Heimbeirat mit Mehrheit der Mitglieder seinen Rücktritt beschlossen hat.

§ 14 Erlöschen der Mitgliedschaft
Die Mitgliedschaft im Heimbeirat erlischt durch
1. Ablauf der Amtszeit,
2. Niederlegung des Amtes,
3. Ausscheiden aus dem Heim,
4. Verlust der Wählbarkeit,
5. Feststellung der zuständigen Behörde auf Antrag von zwei Drittel der Mitglieder des Heimbeirates, dass das Heimbeiratsmitglied seinen Pflichten nicht mehr nachkommt oder nicht mehr nachkommen kann.

§ 15 Nachrücken von Ersatzmitgliedern
Scheidet ein Mitglied aus dem Heimbeirat aus, so rückt die nicht gewählte Person mit der höchsten Stimmenzahl als Ersatzmitglied nach. § 4 Abs. 2 findet Anwendung. Das Gleiche gilt, wenn ein Mitglied des Heimbeirates zeitweilig verhindert ist.

2. HeimmwV (Synopse a. F./n. F.)

| **Dritter Abschnitt**
Geschäftsführung des Heimbeirates | **Dritter Abschnitt**
Geschäftsführung des Heimbeirates |

§ 16 Vorsitzender

(1) Der Heimbeirat wählt mit einfacher Mehrheit aus seiner Mitte den Vorsitzenden und dessen Stellvertreter.

(2) Der Vorsitzende vertritt den Heimbeirat im Rahmen der von diesem gefassten Beschlüsse.

§ 17 Sitzungen des Heimbeirates

(1) Der Vorsitzende des Heimbeirates beraumt die Sitzungen an, setzt die Tagesordnung fest und leitet die Verhandlung. Er hat die Mitglieder des Heimbeirates und nachrichtlich die Ersatzmitglieder (§15 Abs.2) zu der Sitzung rechtzeitig unter Mitteilung der Tagesordnung einzuladen.

(2) Auf Antrag eines Viertels der Mitglieder des Heimbeirates oder des Leiters des Heims hat der Vorsitzende eine Sitzung anzuberaumen und den Gegenstand, dessen Beratung beantragt ist, auf die Tagesordnung zu setzen.

(3) Der Leiter des Heims ist vom Zeitpunkt der Sitzung rechtzeitig zu verständigen. An Sitzun-

§ 16 Vorsitz

(1) Der Heimbeirat wählt mit der Mehrheit seiner Mitglieder den Vorsitz und dessen Stellvertretung. Eine Bewohnerin oder ein Bewohner soll den Vorsitz innehaben.

(2) Die oder der Vorsitzende vertritt den Heimbeirat im Rahmen der von diesem gefassten Beschlüsse, soweit der Heimbeirat im Einzelfall keine andere Vertretung bestimmt.

§ 17 Sitzungen des Heimbeirates

(1) Unbeschadet einer Wahlanfechtung beruft der Wahlausschuss den Heimbeirat binnen zwei Wochen nach Bekanntmachung des Wahlergebnisses zu einer konstituierenden Sitzung ein.

(2) Die oder der Vorsitzende des Heimbeirates beraumt die Sitzungen an, setzt die Tagesordnung fest und leitet die Verhandlung. Sie oder er hat die Mitglieder des Heimbeirates und nachrichtlich die Ersatzmitglieder zu der Sitzung mit einer Frist von sieben Tagen unter Mitteilung der Tagesordnung einzuladen.

(3) Auf Antrag eines Viertels der Mitglieder des Heimbeirates oder der Leitung des Heims hat die oder der Vorsitzende eine Sitzung anzuberaumen und den Gegenstand, dessen Beratung beantragt ist, auf die Tagesordnung zu setzen.

(4) Die Leitung des Heims ist vom Zeitpunkt der Heimbeiratssitzung rechtzeitig zu verständi-

Anh. A

gen, zu denen der Leiter ausdrücklich eingeladen wird, hat er teilzunehmen.

(4) Der Heimbeirat kann beschließen, dass die Bewohner oder dritte Personen an einer Sitzung oder an Teilen der Sitzung teilnehmen können.

§ 18 Beschlüsse des Heimbeirates

(1) Die Beschlüsse des Heimbeirates werden mit einfacher Stimmenmehrheit der anwesenden Mitglieder gefasst. Bei Stimmengleichheit entscheidet die Stimme des Vorsitzenden.

(2) Der Heimbeirat ist beschlussfähig, wenn mindestens die Hälfte seiner Mitglieder anwesend ist.

2. HeimmwV (Synopse a. F./n. F.)

en. An Sitzungen, zu denen die Leitung ausdrücklich eingeladen wird, hat sie teilzunehmen.

(5) Der Heimbeirat kann beschließen, zur Wahrnehmung seiner Aufgaben fach- und sachkundige Personen hinzuzuziehen. Der Heimbeirat kann ebenso beschließen, dass Bewohnerinnen und Bewohner oder fach- und sachkundige Personen oder dritte Personen an einer Sitzung oder an Teilen der Sitzung teilnehmen können. Der Träger trägt die Auslagen in angemessenem Umfang der zugezogenen fach- und sachkundigen Personen sowie der dritten Personen. Sie enthalten keine Vergütung.

(6) Der Heimbeirat kann sich jederzeit an die zuständige Behörde wenden.

(7) Der Heimbeirat kann Arbeitsgruppen bilden. Das weitere Verfahren regelt der Heimbeirat.

§ 18 Beschlüsse des Heimbeirates

(1) Die Beschlüsse des Heimbeirates werden mit einfacher Stimmenmehrheit der anwesenden Mitglieder gefasst. Bei Stimmengleichheit entscheidet die Stimme der Vorsitzenden oder des Vorsitzenden.

(2) Der Heimbeirat ist beschlussfähig, wenn mindestens die Hälfte seiner Mitglieder anwesend ist.

§ 19 Sitzungsniederschrift Über jede Verhandlung des Heimbeirates ist eine Niederschrift aufzunehmen, die mindestens die Sitzungsteilnehmer, den Wortlaut der Beschlüsse und die Stimmenmehrheit, mit der sie gefasst sind, enthält. Die Niederschrift ist von dem Vorsitzenden und einem weiteren Mitglied zu unterzeichnen.	**§ 19 Sitzungsniederschrift** Über jede Verhandlung des Heimbeirates ist eine Niederschrift aufzunehmen, die mindestens die Sitzungsteilnehmer, den Wortlaut der Beschlüsse und die Stimmenmehrheit, mit der sie gefasst sind, enthält. Die Niederschrift ist von der Vorsitzenden oder dem Vorsitzenden und einem weiteren Mitglied zu unterzeichnen.
§ 20 Tätigkeitsbericht des Heimbeirates Der Heimbeirat hat einmal in jedem Amtsjahr den Bewohnern einen Tätigkeitsbericht in geeigneter Weise zu erstatten.	**§ 20 Bewohnerversammlung und Tätigkeitsbericht des Heimbeirates** Der Heimbeirat soll mindestens einmal im Amtsjahr eine Bewohnerversammlung abhalten. Teilbewohnerversammlungen sind zulässig. Der Heimbeirat hat in der Bewohnerversammlung einen Tätigkeitsbericht zu erstatten, der auch möglichst schriftlich an alle Bewohnerinnen und Bewohner zu verteilen ist. Die Bewohnerinnen und Bewohner können zum Tätigkeitsbericht Stellung nehmen. Die Bewohnerinnen und Bewohner sind berechtigt, zur Bewohnerversammlung Personen ihres Vertrauens hinzuzuziehen. Auf Verlangen des Heimbeirates hat die Leitung des Heims an der Bewohnerversammlung teilzunehmen. Der Heimbeirat kann die Leitung von der Bewohnerversammlung insgesamt oder von einzelnen Tagesordnungspunkten ausschließen.

Anh. A

§ 21 Kosten und Sachaufwand des Heimbeirates
(1) Der Träger des Heims gewährt dem Heimbeirat die zur Erfüllung seiner Aufgaben erforderlichen Hilfen. Die hierdurch entstehenden Kosten übernimmt der Träger des Heims.
(2) Dem Heimbeirat sind in dem Heim geeignete Möglichkeiten für Mitteilungen zu eröffnen, insbesondere Plätze für Anschläge zur Verfügung zu stellen.

Vierter Abschnitt
Stellung der Heimbeiratsmitglieder

§ 22 Ehrenamtliche Tätigkeit
Die Mitglieder des Heimbeirates führen ihr Amt unentgeltlich.

§ 23 Benachteiligungs- und Begünstigungsverbot
Die Mitglieder des Heimbeirates dürfen bei der Erfüllung ihrer Aufgaben nicht behindert und wegen ihrer Tätigkeit nicht benachteiligt oder begünstigt werden.

2. HeimmwV (Synopse a. F./n. F.)

§ 21 Kosten und Sachaufwand des Heimbeirates
(1) Der Träger gewährt dem Heimbeirat die zur Erfüllung seiner Aufgaben erforderlichen Hilfen und stellt insbesondere die Räumlichkeiten zur Verfügung.

(2) Dem Heimbeirat sind in dem Heim geeignete Möglichkeiten für Mitteilungen zu eröffnen, insbesondere sind schriftliche Mitteilungen an alle Bewohnerinnen und Bewohner zu gewährleisten sowie Plätze für Bekanntmachungen zur Verfügung zu stellen.
(3) Die durch die Tätigkeit des Heimbeirates entstehenden angemessenen Kosten trägt der Träger.

Vierter Abschnitt
Stellung der Heimbeiratsmitglieder

§ 22 Ehrenamtliche Tätigkeit
Die Mitglieder des Heimbeirates führen ihr Amt unentgeltlich und ehrenamtlich aus.

§ 23 Benachteiligungs- und Begünstigungsverbot
(1) Die Mitglieder des Heimbeirates dürfen bei der Erfüllung ihrer Aufgaben nicht behindert und wegen ihrer Tätigkeit nicht benachteiligt oder begünstigt werden.
(2) Eine Bewohnerin oder ein Bewohner darf aufgrund der Tätigkeit eines Angehörigen oder einer Vertrauensperson im Heimbeirat nicht benachteiligt oder begünstigt werden.

§ 24 Verschwiegenheitspflicht

(1) Die Mitglieder und Ersatzmitglieder des Heimbeirates haben über die ihnen bei Ausübung des Amtes bekannt gewordenen Angelegenheiten oder Tatsachen Stillschweigen zu bewahren. Dies gilt nicht gegenüber den übrigen Mitgliedern des Heimbeirates. Satz 1 gilt für die nach § 17 Abs. 4 teilnehmenden Personen entsprechend.

(2) Die Pflicht zur Verschwiegenheit besteht nicht für Angelegenheiten oder Tatsachen, die offenkundig sind oder ihrer Bedeutung nach keiner vertraulichen Behandlung bedürfen.

Fünfter Abschnitt
Heimfürsprecher

§ 25 Bestellung des Heimfürsprechers

(1) Die zuständige Behörde hat unverzüglich einen Heimfürsprecher zu bestellen, sobald die Voraussetzungen für seine Bestellung nach § 5 Abs. 2 des Gesetzes gegeben sind.

(2) Die regelmäßige Amtszeit des Heimfürsprechers beträgt zwei Jahre. Eine Wiederbestellung ist zulässig.

---

§ 24 Verschwiegenheitspflicht

(1) Die Mitglieder und Ersatzmitglieder des Heimbeirates haben über die ihnen bei Ausübung des Amtes bekannt gewordenen Angelegenheiten oder Tatsachen Stillschweigen zu bewahren. Dies gilt nicht gegenüber den übrigen Mitgliedern des Heimbeirates. Satz 1 gilt für die nach § 17 Abs. 5 teilnehmenden Personen entsprechend.

(2) Die Pflicht zur Verschwiegenheit besteht nicht für Angelegenheiten oder Tatsachen, die offenkundig sind oder ihrer Bedeutung nach keiner vertraulichen Behandlung bedürfen.

Fünfter Abschnitt
Heimfürsprecher

§ 25 Bestellung des Heimfürsprechers

(1) Die zuständige Behörde hat unverzüglich einen Heimfürsprecher zu bestellen, sobald die Voraussetzungen für seine Bestellung nach § 10 Abs. 4 des Gesetzes gegeben sind. In Heimen mit mehr als 70 Plätzen können zwei Heimfürsprecher, in Heimen mit mehr als 150 Plätzen drei Heimfürsprecher eingesetzt werden. Sind mehrere Heimfürsprecher eingesetzt, stimmen sie ihre Tätigkeit untereinander ab und legen fest, welcher Heimfürsprecher die Interessen der Bewohnerinnen und Bewohner gegenüber der Heimleitung und außerhalb des Heimes vertritt.

(2) Die regelmäßige Amtszeit des Heimfürsprechers beträgt zwei Jahre. Eine Wiederbestellung ist zulässig.

Anh. A | 2. HeimmwV (Synopse a. F./n. F.)

(3) Zum Heimfürsprecher kann nur bestellt werden, wer nach seiner Persönlichkeit, seinen Fähigkeiten und den sonstigen Umständen des Einzelfalls zur Ausübung dieses Amts geeignet ist. Er muss von der zuständigen Behörde und dem Träger des Heims unabhängig sein. Die Bestellung bedarf der Zustimmung des Bestellten.	(3) Zum Heimfürsprecher kann nur bestellt werden, wer nach seiner Persönlichkeit, seinen Fähigkeiten und den sonstigen Umständen des Einzelfalls zur Ausübung dieses Amts geeignet ist. Er muss von der zuständigen Behörde und dem Träger, von den Kostenträgern und den Verbänden der Heimträger unabhängig sein. Die Bestellung bedarf der Zustimmung des Bestellten.
(4) Die Bestellung ist dem Heimfürsprecher und dem Träger des Heims schriftlich mitzuteilen. Der Träger des Heims hat die Bewohner in geeigneter Weise von der Bestellung zu unterrichten.	(4) Die Bestellung ist dem Heimfürsprecher und dem Träger schriftlich mitzuteilen. Der Träger hat die Bewohnerinnen und Bewohner in geeigneter Weise von der Bestellung zu unterrichten.
(5) § 1 Abs. 2 gilt entsprechend.	(5) § 1 Abs. 3 gilt entsprechend.
§ 26 Aufhebung der Bestellung des Heimfürsprechers	**§ 26 Aufhebung der Bestellung des Heimfürsprechers**
(1) Die zuständige Behörde hat die Bestellung aufzuheben, wenn 1. der Heimfürsprecher die Voraussetzungen für das Amt nicht mehr erfüllt, 2. der Heimfürsprecher gegen seine Amtspflichten verstößt, 3. der Heimfürsprecher sein Amt niederlegt oder 4. ein Heimbeirat gebildet worden ist.	(1) Die zuständige Behörde hat die Bestellung aufzuheben, wenn 1. der Heimfürsprecher die Voraussetzungen für das Amt nicht mehr erfüllt, 2. der Heimfürsprecher gegen seine Amtspflichten verstößt, 3. der Heimfürsprecher sein Amt niederlegt oder 4. ein Heimbeirat gebildet worden ist.
(2) Die zuständige Behörde kann die Bestellung aufheben, wenn eine gedeihliche Zusammenarbeit zwischen dem Heimfürsprecher und den Heimbewohnern nicht mehr möglich ist.	(2) Die zuständige Behörde kann die Bestellung aufheben, wenn eine gedeihliche Zusammenarbeit zwischen dem Heimfürsprecher und den Bewohnerinnen und Bewohnern nicht mehr möglich ist.
(3) § 25 Abs. 4 gilt entsprechend.	(3) § 25 Abs. 4 gilt entsprechend.

2. HeimmwV (Synopse a. F./n. F.) **Anh. A**

§ 27 Beendigung der Tätigkeit
Die Tätigkeit des Heimfürsprechers endet mit
1. Ablauf seiner Amtszeit,
2. Aufhebung seiner Bestellung durch die zuständige Behörde nach § 26.

§ 28 Stellung und Amtsführung des Heimfürsprechers
(1) Für die Stellung und Amtsführung des Heimfürsprechers gelten die §§ 20, 21 Abs. 2 sowie §§ 23 und 24 entsprechend.

(2) Der Heimträger hat den Heimfürsprecher bei der Erfüllung seiner Aufgaben zu unterstützen.
(3) Die durch die Tätigkeit des Heimfürsprechers entstehenden erforderlichen Kosten werden von dem Träger des Heims übernommen.
(4) Der Heimträger hat dem Heimfürsprecher zur Ausübung seines Amtes Zutritt zum Heim zu gewähren und ihm zu ermöglichen, sich mit den Bewohnern in Verbindung zu setzen.

§ 27 Beendigung der Tätigkeit
Die Tätigkeit des Heimfürsprechers endet mit
1. Ablauf seiner Amtszeit,
2. Aufhebung seiner Bestellung durch die zuständige Behörde nach § 26.

§ 28 Stellung und Amtsführung des Heimfürsprechers
(1) Für die Stellung und Amtsführung des Heimfürsprechers gelten die §§ 20, 21 Abs. 1 und 2 sowie §§ 23 und 24 entsprechend.

(2) Der Heimträger hat den Heimfürsprecher bei der Erfüllung seiner Aufgaben zu unterstützen.
(3) Die durch die Tätigkeit des Heimfürsprechers entstehenden erforderlichen Kosten werden von dem Träger übernommen.

(4) Der Heimträger hat dem Heimfürsprecher zur Ausübung seines Amtes Zutritt zum Heim zu gewähren und ihm zu ermöglichen, sich mit den Bewohnerinnen und Bewohnern in Verbindung zu setzen.

§ 28a Ersatzgremium
Von der Bestellung eines Heimfürsprechers nach § 10 Abs. 4 Satz 5 des Gesetzes kann die zuständige Behörde absehen, wenn ein Ersatzgremium besteht, das die Mitwirkung der Bewohnerinnen und Bewohner auf andere Weise gewährleisten und die Aufgaben des Heimbeirates übernehmen kann. Für das Ersatzgremium gelten die §§ 20 bis 24 und die §§ 29 bis 32 entsprechend.

Anh. A   2. HeimmwV (Synopse a. F./n. F.)

<table>
<tr><td>

Zweiter Teil
Mitwirkung des Heimbeirates
und des Heimfürsprechers

§ 29 Aufgaben des Heimbeirates
Der Heimbeirat hat folgende Aufgaben:
1. Maßnahmen des Heimbetriebes, die den Bewohnern des Heims dienen, bei dem Leiter oder dem Träger des Heims zu beantragen,
2. Anregungen und Beschwerden von Bewohnern entgegenzunehmen und erforderlichenfalls durch Verhandlungen mit dem Leiter oder in besonderen Fällen mit dem Träger auf ihre Erledigung hinzuwirken,
3. die Eingliederung der Bewohner in dem Heim zu fördern,
4. bei Entscheidungen in Angelegenheiten nach den §§ 30, 31 mitzuwirken,
5. vor Ablauf der Amtszeit einen Wahlausschuss zu bestellen (§ 6),
6. den Bewohnern einen Tätigkeitsbericht zu erstatten (§ 20).

</td><td>

Zweiter Teil
Mitwirkung des Heimbeirates
und des Heimfürsprechers

§ 29 Aufgaben des Heimbeirates
Der Heimbeirat hat folgende Aufgaben:
1. Maßnahmen des Heimbetriebes, die den Bewohnerinnen oder Bewohnern des Heims dienen, bei der Leitung oder dem Träger zu beantragen,
2. Anregungen und Beschwerden von Bewohnerinnen und Bewohnern entgegenzunehmen und erforderlichenfalls durch Verhandlungen mit der Leitung oder in besonderen Fällen mit dem Träger auf ihre Erledigung hinzuwirken,
3. die Eingliederung der Bewohnerinnen und Bewohner in dem Heim zu fördern,
4. bei Entscheidungen in Angelegenheiten nach den §§ 30, 31 mitzuwirken,
5. vor Ablauf der Amtszeit einen Wahlausschuss zu bestellen (§ 6),
6. eine Bewohnerversammlung durchzuführen und den Bewohnerinnen und Bewohnern einen Tätigkeitsbericht zu erstatten (§ 20),
7. Mitwirkung bei Maßnahmen zur Förderung einer angemessenen Qualität der Betreuung,
8. Mitwirkung nach § 7 Abs. 4 des Gesetzes an den Leistungs- und Qualitätsvereinbarungen sowie an den Vergütungsvereinbarungen und nach § 7 Abs. 5 des Gesetzes an den Leistungs-, Vergütungs- und Prüfungsvereinbarungen.

</td></tr>
</table>

2. HeimmwV (Synopse a. F./n. F.)   Anh. A

§ 30 Mitwirkung bei Entscheidungen

Der Heimbeirat wirkt bei Entscheidungen des Leiters oder des Trägers in folgenden Angelegenheiten mit:
1. Aufstellung oder Änderung der Musterverträge für Bewohner und der Heimordnung,
2. Maßnahmen zur Verhütung von Unfällen,
3. Änderung der Heimkostensätze,
4. Planung oder Durchführung von Veranstaltungen,
5. Freizeitgestaltung,
6. Unterkunft, Betreuung und Verpflegung,
7. Erweiterung, Einschränkung oder Einstellung des Heimbetriebes,
8. Zusammenschluss mit einem anderen Heim,
9. Änderung der Art und des Zweckes des Heims oder seiner Teile,
10. umfassende bauliche Veränderungen oder Instandsetzungen des Heims.

§ 30 Mitwirkung bei Entscheidungen

Der Heimbeirat wirkt bei Entscheidungen der Leitung oder des Trägers in folgenden Angelegenheiten mit:
1. Aufstellung oder Änderung der Musterverträge für Bewohnerinnen und Bewohner und der Heimordnung,
2. Maßnahmen zur Verhütung von Unfällen,
3. Änderung der Entgelte des Heims,
4. Planung oder Durchführung von Veranstaltungen,
5. Alltags- und Freizeitgestaltung,
6. Unterkunft, Betreuung und Verpflegung,
7. Erweiterung, Einschränkung oder Einstellung des Heimbetriebes,
8. Zusammenschluss mit einem anderen Heim,
9. Änderung der Art und des Zweckes des Heims oder seiner Teile,
10. umfassende bauliche Veränderungen oder Instandsetzungen des Heims,
11. Mitwirkung bei Maßnahmen zur Förderung einer angemessenen Qualität der Betreuung,
12. Mitwirkung nach § 7 Abs. 4 des Gesetzes an den Leistungs- und Qualitätsvereinbarungen sowie an den Vergütungsvereinbarungen und nach § 7 Abs. 5 des Gesetzes an den Leistungs-, Vergütungs- und Prüfungsvereinbarungen.

Anh. A

§ 31 Mitwirkung bei Leistung von Finanzierungsbeiträgen

(1) Wenn im Zusammenhang mit der Unterbringung eines Bewohners in dem Heim von ihm oder von Dritten zu seinen Gunsten Finanzierungsbeiträge an den Träger geleistet worden sind, wirkt der Heimbeirat auch bei der Aufstellung der Haushalts- oder Wirtschaftspläne mit. Dem Heimbeirat sind zu diesem Zweck die erforderlichen Informationen zu geben. Der Träger hat insbesondere anhand der in Satz 1 genannten Pläne über die wirtschaftliche Lage des Heims schriftlich zu berichten. Der Heimbeirat kann hierbei auch Auskünfte über die Vermögens- und Ertragslage des Heims und, sofern vom Träger ein Jahresabschluss aufgestellt worden ist, Einsicht in den Jahresabschluss verlangen.

(2) Finanzierungsbeiträge im Sinne des Absatzes 1 sind alle Leistungen, die über das für die Unterbringung vereinbarte laufende Entgelt hinaus zum Bau, zum Erwerb, zur Instandsetzung, zur Ausstattung oder zum Betrieb des Heims erbracht worden sind.

(3) Die Mitwirkung des Heimbeirates entfällt, wenn alle Ansprüche, die gegenüber dem Träger durch die Leistung von Finanzierungsbeiträgen begründet

2. HeimmwV (Synopse a. F./n. F.)

§ 31 Mitwirkung bei Leistung von Finanzierungsbeiträgen

(1) Wenn von einer Bewohnerin oder einem Bewohner oder von Dritten zu ihren oder seinen Gunsten Finanzierungsbeiträge an den Träger geleistet worden sind, wirkt der Heimbeirat auch bei der Aufstellung der Haushalts- oder Wirtschaftspläne mit. Der Heimträger hat zu diesem Zweck dem Heimbeirat die erforderlichen Informationen zu geben. Erfolgt bei einem Heimträger, der mehrere Heime betreibt, eine zentrale Wirtschafts- und Rechnungsführung, so hat der Heimträger dem Heimbeirat am Ort des Heims die Unterlagen vorzulegen und die Auskünfte zu erteilen, die das Heim betreffen. Der Träger hat insbesondere anhand der in Satz 1 genannten Pläne über die wirtschaftliche Lage des Heims schriftlich zu berichten. Der Heimbeirat kann hierbei auch Auskünfte über die Vermögens- und Ertragslage des Heims und, sofern vom Träger ein Jahresabschluss aufgestellt worden ist, Einsicht in den Jahresabschluss verlangen.

(2) Finanzierungsbeiträge im Sinne des Absatzes 1 sind alle Leistungen, die über das für die Unterbringung vereinbarte laufende Entgelt hinaus zum Bau, zum Erwerb, zur Instandsetzung, zur Ausstattung oder zum Betrieb des Heims erbracht worden sind.

(3) Die Mitwirkung des Heimbeirates entfällt, wenn alle Ansprüche, die gegenüber dem Träger durch die Leistung von Finanzierungsbeiträgen begründet

worden sind, durch Verrechnung, Rückzahlung oder sonstiger Weise erloschen sind.

§ 32 Form und Durchführung der Mitwirkung des Heimbeirates

(1) Die Mitwirkung des Heimbeirates soll von dem Bemühen um gegenseitiges Vertrauen und Verständnis zwischen Bewohnern, Leiter und Träger des Heims bestimmt sein.

(2) Zur Erfüllung seiner Aufgaben ist der Heimbeirat durch den Leiter oder durch den Träger des Heims ausreichend und rechtzeitig zu informieren und nach Möglichkeit auch fachlich zu beraten.

(3) Entscheidungen in Angelegenheiten nach den §§ 30, 31 hat der Leiter oder der Träger des Heims mit dem Heimbeirat vor ihrer Durchführung rechtzeitig und mit dem Ziel einer Verständigung zu erörtern. Anregungen des Heimbeirates sind in die Überlegungen bei der Vorbereitung der Entscheidungen einzubeziehen.

worden sind, durch Verrechnung, Rückzahlung oder sonstiger Weise erloschen sind.

§ 32 Form und Durchführung der Mitwirkung des Heimbeirates

(1) Die Mitwirkung des Heimbeirates soll von dem Bemühen um gegenseitiges Vertrauen und Verständnis zwischen Bewohnerschaft, Leitung und Träger bestimmt sein.

(2) Zur Erfüllung seiner Aufgaben ist der Heimbeirat durch die Leitung oder durch den Träger ausreichend und rechtzeitig zu informieren und nach Möglichkeit auch fachlich zu beraten. Der Heimbeirat hat auch ein Mitwirkungs- und Informationsrecht, wenn ein Heimträger zentral für mehrere Heime oder ein Zentralverband für seine Mitglieder Maßnahmen und Entscheidungen im Sinne der §§ 29 und 30 der Verordnung trifft. Dem Heimbeirat sind am Ort des Heims die Unterlagen vorzulegen und die Auskünfte zu erteilen, die das Heim betreffen.

(3) Entscheidungen in Angelegenheiten nach den §§ 30, 31 hat die Leitung oder der Träger mit dem Heimbeirat vor ihrer Durchführung rechtzeitig und mit dem Ziel einer Verständigung zu erörtern. Anregungen des Heimbeirates sind in die Überlegungen bei der Vorbereitung der Entscheidungen einzubeziehen.

Anh. A

(4) Anträge oder Beschwerden des Heimbeirates sind vom Leiter oder vom Träger des Heims in angemessener Frist zu bescheiden.

§ 33 **Mitwirkung des Heimfürsprechers**
Die §§ 29 bis 32 gelten für die Mitwirkung des Heimfürsprechers entsprechend.

**Dritter Teil
Ordnungswidrigkeiten und Schlussvorschriften**

§ 34 **Ordnungswidrigkeiten**
Ordnungswidrig im Sinne des § 17 Abs. 2 Nr. 1 des Heimgesetzes handelt, wer vorsätzlich oder fahrlässig
1. entgegen § 6 Abs. 2 einen Wahlausschuss nicht bestellt oder entgegen § 8 die für die Vorbereitung oder Durchführung der Wahl erforderliche personelle oder sächliche Unterstützung nicht gewährt,
2. entgegen § 9 Abs. 1 die Wahl des Heimbeirates behindert oder beeinflusst,
3. entgegen § 11 Abs. 1 Satz 1 oder Abs. 2 eine Mitteilung unterlässt,
4. entgegen § 23, auch in Verbindung mit § 28 Abs. 1, ein Mitglied des Heimbeirates oder den Heimfürsprecher bei der Erfüllung seiner Aufgaben behindert oder wegen seiner Tätigkeit benachteiligt oder begünstigt,

2. HeimmwV (Synopse a. F./n. F.)

(4) Anträge oder Beschwerden des Heimbeirates sind von der Leitung oder vom Träger in angemessener Frist, längstens binnen sechs Wochen, zu beantworten. Der Träger hat die Antwort zu begründen, wenn er das Anliegen des Heimbeirates bei seiner Entscheidung nicht berücksichtigt hat.

§ 33 **Mitwirkung des Heimfürsprechers**
Die §§ 29 bis 32 gelten für die Mitwirkung des Heimfürsprechers entsprechend.

**Dritter Teil
Ordnungswidrigkeiten und Schlussvorschriften**

§ 34 **Ordnungswidrigkeiten**
Ordnungswidrig im Sinne des § 21 Abs. 2 Nr. 1 des Heimgesetzes handelt, wer vorsätzlich oder fahrlässig
1. entgegen § 6 Abs. 2 einen Wahlausschuss nicht bestellt oder entgegen § 8 die für die Vorbereitung oder Durchführung der Wahl erforderliche personelle oder sächliche Unterstützung nicht gewährt,
2. entgegen § 9 Abs. 1 die Wahl des Heimbeirates behindert oder beeinflusst,
3. entgegen § 11 Abs. 1 Satz 1 oder Abs. 2 eine Mitteilung unterlässt,
4. entgegen § 23 Abs. 1, auch in Verbindung mit § 28 Abs. 1, ein Mitglied des Heimbeirates oder den Heimfürsprecher bei der Erfüllung seiner Aufgaben behindert oder wegen seiner Tätigkeit benachteiligt oder begünstigt,

5. entgegen § 32 Abs. 3 Satz 1 Entscheidungen vor ihrer Durchführung nicht rechtzeitig erörtert.

5. entgegen § 23 Abs. 2, auch in Verbindung mit § 28 Abs. 1, eine Bewohnerin oder einen Bewohner benachteiligt oder begünstigt,
6. entgegen § 31 Abs. 1 Satz 2 eine Information nicht, nicht richtig oder nicht vollständig gibt,
7. entgegen § 31 Abs. 1 Satz 3 eine Unterlage nicht, nicht richtig oder nicht vollständig vorlegt oder eine Auskunft nicht, nicht richtig oder nicht vollständig erteilt oder
8. entgegen § 32 Abs. 3 Satz 1 Entscheidungen vor ihrer Durchführung nicht rechtzeitig erörtert.

§ 35 Übergangsvorschrift
Heimbeiräte, die vor Inkrafttreten der Verordnung gewählt worden sind, müssen nicht neu gewählt werden.

Artikel 2
Das Bundesministerium für Familie, Senioren, Frauen und Jugend kann den Wortlaut der Heimmitwirkungsverordnung in der vom Inkrafttreten dieser Verordnung an geltenden Fassung im Bundesgesetzblatt bekannt machen.

Artikel 3
Die Verordnung tritt am Tage nach der Verkündung in Kraft.

Kommentar zur Heimmitwirkungsverordnung

Erster Teil. Heimbeirat und Heimfürsprecher

Erster Abschnitt
Bildung und Zusammensetzung von Heimbeiräten

§ 1 Allgemeines

(1) Die Mitwirkung der Bewohnerinnen und Bewohner in Heimen nach § 1 des Gesetzes erfolgt durch Heimbeiräte. Ihre Mitglieder werden von den Bewohnerinnen und Bewohnern der Heime gewählt.

(2) Die Mitwirkung bezieht sich auf die Angelegenheiten des Heimbetriebes, auf die Maßnahmen bei der Sicherung einer angemessenen Qualität der Betreuung und auf die Leistungs- und Qualitätsvereinbarungen sowie auf die Vergütungsvereinbarungen nach § 7 Abs. 4 des Gesetzes sowie auf die Leistungs-, Vergütungs- und Prüfungsvereinbarungen nach § 7 Abs. 5 des Gesetzes. Die Mitwirkung erstreckt sich auch auf die Verwaltung sowie die Geschäfts- und Wirtschaftsführung des Heims, wenn Leistungen im Sinne des § 14 Abs. 2 Nr. 3 des Gesetzes erbracht worden sind.

(3) Für Teile der Einrichtung können eigene Heimbeiräte gebildet werden, wenn dadurch die Mitwirkung der Bewohnerinnen und Bewohner besser gewährleistet wird.

(4) In den Heimen kann ein Angehörigen- oder Betreuerbeirat gebildet werden. Ebenso kann ein Beirat, der sich aus Angehörigen, Betreuern und Vertretern von Behinderten- und Seniorenorganisationen zusammensetzt, eingerichtet werden. Der Heimbeirat und der Heimfürsprecher können sich vom Beirat nach den Sätzen 1 und 2 bei ihrer Arbeit beraten und unterstützen lassen.

1 Durch das Dritte Gesetz zur Änderung des Heimgesetzes vom 5. November 2001 wurden die Voraussetzungen für die **Bildung von Heimbeiräten verbessert und ihre Rechtsstellung erweitert**. Die Einzelheiten sind in **§ 10 HeimG** geregelt. Auf dieser Grundlage wurde die Heimmitwirkungsverordnung im Juli 2002 **novelliert** und zum 1. August 2002 in Kraft gesetzt.

2. HeimmwV (Kommentar) Anh. A

Zu Abs. 1:

Bisher durften Heimbeiräte nur in Heimen gewählt werden, in die mindestens **sechs Personen** aufgenommen wurden. Es kam dabei nicht auf die tatsächliche, sondern auf die durchschnittliche Belegung an.

Diese Mindestbewohnerzahl ist bei der Novellierung der Verordnung **gestrichen** worden.

Daher ist **jetzt** grundsätzlich in **jedem** Heim ein Heimbeirat zu wählen.

Es besteht eine **Heimbeiratspflicht**. Diese Pflicht ist aber nicht erzwingbar. Zwar müssen die Träger auf die Bildung von Heimbeiräten hinwirken (§ 2), gegebenenfalls einen Wahlausschuß durch die Heimleitung einsetzen, der – wenn sich die Bewohner hierfür nicht in ausreichender Zahl zur Verfügung stellen – aus Mitarbeitern der Einrichtung zu bestellen ist (§ 6 Abs. 2).

Die **Wahl eines Heimbeirats** obliegt aber ausschließlich den **Bewohnerinnen und Bewohnern** (Abs. 1 Satz 2).

Ob ein Heimbeirat vorhanden sein soll oder nicht, ist einzig und allein der Entscheidung der Bewohner vorbehalten. Wählen diese keinen Heimbeirat, so ist **die Wahl nicht erzwingbar.** Auch die zuständige **Aufsichtsbehörde** kann die Wahl nicht erzwingen. Nach § 11 Abs. 1 Satz 3 hat sie aber in enger Zusammenarbeit mit Träger und Leitung des Heims in geeigneter Weise auf die Bildung eines Heimbeirates hinzuwirken, insbesondere hat die Heimaufsichtsbehörde nach pflichtgemäßem Ermessen zu prüfen, ob durch Zulassung von Ausnahmen nach § 11a ein Heimbeirat noch gebildet werden kann. Kommt es aber trotz alledem nicht zur Wahl, so hat die Wahl des Heimbeirats sein Bewenden. Eine Heimbeiratspflicht besteht nicht in den Fällen des § 11 Abs. 1, wenn die besondere personelle Struktur der Bewohnerschaft der Bildung eines Heimbeirates entgegensteht. In diesen Fällen greift dann das Rechtsinstitut des **Heimfürsprechers** (s. §§ 25 ff.).

Der Heimbeirat hat als **Organ der Interessenvertretung** der Bewohnerinnen und Bewohner gesetzlich festgelegte Aufgaben, Rechte und Pflichten.

Satz 1 stellt klar, daß die **Mitwirkung** der Bewohnerschaft durch Heimbeiräte erfolgt. Die Einzelheiten der Mitwirkung sind in den **§§ 29 bis 32** geregelt. Darauf wird verwiesen.

Des weiteren sind in **§ 1 Abs. 2**, der im Rahmen der Novellierung eingefügt wurde, die Bereiche der Mitwirkung und die wichtigsten Aufgaben des Heimbeirats genannt.

5 Durch Satz 1 wird nicht die Bildung von sog. **Gesamtbeiräten** ausgeschlossen.

Gesamtbeiräte bestehen aus den Vorsitzenden der Heimbeiräte, **deren Heime von einem Träger** betrieben werden.

Die Bildung von Gesamtbeiräten ist freiwillig. Grundlage ist eine entsprechende Vereinbarung zwischen dem Heimträger und den einzelnen Heimbeiräten.

Zu Abs. 2:

6 Die Mitwirkung bezieht sich zum einen auf die **Angelegenheiten des Heimbetriebs** wie Unterkunft, Betreuung etc. Zum anderen erstreckt sie sich auf die Maßnahmen zur Sicherung der Qualität, auf Leistungs-, Qualitäts-, Vergütungs- und Prüfungsvereinbarungen und in bestimmten Fällen sogar auf die Geschäfts- und Wirtschaftsführung des Heims.

Die einzelnen Aufgaben und Tatbestände der Mitwirkung sind in **§§ 29, 30 und 31** geregelt.

Es wird auf die Ausführungen unter RdNr. 2 bis 5 zu § 10 HeimG verwiesen.

Zu Abs. 3:

7 Die Wahl eigener Heimbeiräte für **Teile des Heims** ist fakultativ; die bessere Gewährleistung der Mitwirkung der Bewohnerinnen und Bewohner ist zwingende Voraussetzung für die mögliche Wahl solcher Heimbeiräte.

Die Vorschrift ist eng auszulegen. Wann eine bessere Mitwirkung der Bewohnerinnen und Bewohner gewährleistet ist durch die Wahl eigener Heimbeiräte für Teile des Heims, ist stets aufgrund der besonderen Eigenheiten und den tatsächlichen Gegebenheiten des jeweiligen Heims zu entscheiden. Grundsätzlich ist davon auszugehen, daß **ein Heimbeirat die Gesamtinteressen** aller Bewohner zu vertreten hat. Dies gilt auch bei sog. Mischeinrichtungen, da über die personelle Zusammensetzung die Gesamtheit aller Bewohner entscheidet und die jeweilige Gruppe ihre Vertreter in den Heimbeirat durch die Wahl entsenden kann.

Eine bessere Mitwirkung der Heimbewohnerinnen und Heimbewohner durch einen eigenen Heimbeirat ist auch dann gegeben, wenn die **(mindestens) zwei Teile** des Heims **örtlich** oder **räumlich** so voneinander entfernt sind, daß ein einziger Heimbeirat die Interessen aller Bewohner nicht in ausreichendem Maße vertreten kann. Entsprechendes wird gelten, wenn die Teile des Heims von einem unterschiedlichen Personenkreis belegt sind. So ist z.B. die bessere Mitwirkung der Bewohner in dem Fall gegeben, wenn das

Heim aus einem Teil besteht, in dem ausschließlich oder überwiegend Pflegebedürftige untergebracht sind, während im anderen Teil nicht pflegebedürftige Bewohner leben. Hier sind die unterschiedlichen Interessen der Bewohner so groß, daß je ein eigener Heimbeirat für beide Teile des Heims gerechtfertigt ist.

Streitig ist, ob für Bewohnerinnen und Bewohner, die **Leistungen i. S. d. § 14 Abs. 2 Nr. 3 HeimG** erbracht haben, ein eigener Heimbeirat eingerichtet werden darf. **8**

Die Bildung eines eigenen Heimbeirats kommt nur dann in Betracht, wenn das Heim über wenigstens zwei Teile verfügt und eine bessere Mitwirkung nur dann gewährleistet ist, wenn diese Gruppe der Bewohner des Heims ihre Interessen nur durch einen eigenen Heimbeirat besser wahrnehmen kann. Die von Gitter/Schmitt unter § 1 II 2 vertretene Auffassung, wonach „die Bildung eines eigenen Heimbeirates für jene Bewohner, die Finanzierungsbeiträge geleistet haben, nicht mehr vom Wortlaut des § 1 Abs. 3 HeimMitwirkungsV gedeckt erscheint", läßt die Tatsache außeracht, daß diesen Bewohnerinnen und Bewohnern wegen der Leistung dieser Finanzierungsbeiträge vom Verordnungsgeber das erweiterte Mitwirkungsrecht gem. § 31 eingeräumt wurde. Können z. B. infolge einer Mehrheitsentscheidung bei den Beschlüssen des Heimbeirates die Rechte aus § 31 nicht ausgeübt werden, so geht § 31 ins Leere. In solchen Fällen wird nur durch einen eigenen Heimbeirat die erweiterte Mitwirkung möglich und damit auch die Voraussetzung des § 1 Abs. 3 gegeben sein, wonach durch eigene Heimbeiräte für Teile des Heims die Mitwirkung der Bewohner besser gewährleistet ist.

Zu Abs. 4:

Der neue Absatz 4 ermöglicht die Bildung von **Angehörigen- oder Betreuerbeiräten** und sog. **gemischten Beiräten.** Die zweitgenannten Beiräte setzen sich aus Angehörigen, Betreuern und Vertretern von Behinderten- und Seniorenorganisationen zusammen. **9**

Aufgabe dieser Beiräte ist es **nicht,** an Entscheidungen mitzuwirken oder Interessen zu vertreten. Insoweit wird der Aufgabenbereich und die Kompetenz des Heimbeirates nicht berührt. Die Beiräte nach § 1 Abs. 4 haben vielmehr die Aufgabe, den Heimbeirat oder den Heimfürsprecher zu **beraten** und zu **unterstützen.**

Den Beiräten kann allerdings eine bedeutendere Rolle zukommen, wenn ein **Heimbeirat nicht gewählt** werden kann. **10**

Die Heimaufsichtsbehörde hat dann zu prüfen, ob der Beirat ein **Ersatzgremium i. S. d. § 28 a** darstellt. Bejahendenfalls könnte von der Bestellung eines Heimfürsprechers abgesehen werden. Der Beirat würde dann die Aufgaben des Heimbeirats übernehmen und die Interessen der Bewohnerschaft vertreten.

§ 2 Aufgaben der Träger

(1) Die Träger des Heims (Träger) haben auf die Bildung von Heimbeiräten hinzuwirken. Ihre Selbständigkeit bei der Erfüllung der ihnen obliegenden Aufgaben wird durch die Bildung von Heimbeiräten nicht berührt. Die Träger haben die Bewohnerinnen und Bewohner über ihre Rechte und die Möglichkeiten eines partnerschaftlichen Zusammenwirkens im Heimbeirat aufzuklären.

(2) Heimbeiräten sind diejenigen Kenntnisse zum Heimgesetz und seinen Verordnungen zu vermitteln, die für ihre Tätigkeit erforderlich sind. Die hierdurch entstehenden angemessenen Kosten übernimmt der Träger.

In § 2 werden die Aufgaben des Heimträgers dargestellt. Der Aufgabenbereich wurde durch die Novellierung der Heimmitwirkungsverordnung erweitert. Damit wird ein wichtiger Beitrag zur Sicherstellung der Selbständigkeit und Selbstbestimmung der Bewohnerinnen und Bewohner geleistet.

Zu Abs. 1:

11 Der Träger ist nach **Satz 1** verpflichtet, auf die Bildung von Heimbeiräten **hinzuwirken**. Diese Pflicht darf nicht in der Weise erfüllt werden, daß einzelnen Personen besondere Vorteile versprochen oder gewährt werden, wenn sie für das Amt kandidieren (vgl. § 9).

12 In **Satz 2** wird die schon in § 2 Abs. 2 HeimG verankerte **Selbständigkeit** des Trägers bei der Erfüllung der ihm obliegenden Aufgaben hinsichtlich der Bildung von Heimbeiräten präzisiert. Die Selbständigkeit und Eigenverantwortlichkeit des Heimträgers bei den ihm obliegenden Rechten und Pflichten kann von der Zustimmung oder Ablehnung durch den Heimbeirat nicht abhängig gemacht werden.

13 Der neu aufgenommene **Satz 3** begründet die Pflicht des Heimträgers, die Bewohnerinnen und Bewohner über ihre **Rechte** und

2. HeimmwV (Kommentar) Anh. A

die **Möglichkeiten eines partnerschaftlichen Zusammenwirkens** im Heimbeirat aufzuklären.

In erster Linie geht es um die die **Wahl** und die **Arbeitsweise** der den Heimbeirat betreffenden Fragestellungen. In welcher **Form** diese Informationen gegeben werden sollen (z. B. mündlich oder schriftlich), ist nicht geregelt. Der Träger ist insoweit in seiner Entscheidung frei. Zu berücksichtigen ist zudem, daß die Anforderungen an die Träger nicht überdehnt werden sollen. Die Verteilung einer Informationsbroschüre dürfte in der Regel ausreichen.

Davon unberührt bleibt die Pflicht der **Heimaufsichtsbehörden,** die Bewohnerinnen und Bewohner über ihre Rechte und Pflichten zu informieren und zu beraten (vgl. § 4 Nr. 1 HeimG).

Im Vordergrund steht die möglichst umfassende Information der Heimbewohner, um deren Mitwirkung zu sichern und zu erweitern.

Zu Abs. 2:

Aus dem eben genannten Grund wurde in dem neuen Absatz 2 **14** die **Schulung** der Heimbeiräte geregelt. Sie haben jetzt einen **Anspruch** auf Schulung.

In den Schulungen sind die Kenntnisse zum Heimgesetz und seinen Verordnungen zu vermitteln, die die Heimbeiräte für ihre Tätigkeit brauchen (vgl. **Satz 1**). Die konkreten **Schulungsinhalte** sind im Einzelfall festzulegen. Dabei sind z.B. der Aufgabenbereich des Heimbeirats, der Kenntnisstand der Mitglieder und etwaige Besonderheiten des Heims zu berücksichtigen. Die in den Schulungsveranstaltungen vermittelten Kenntnisse sollen für die Heimbeiratstätigkeit nicht nur verwertbar oder nützlich, sondern notwendig sein.

Nicht geregelt ist, ob die Schulung vom Träger oder von einem Dritten veranstaltet wird, wie lange die Schulung dauert, ob es sich um eine einmalige oder eine Wiederholungsveranstaltung handelt. Diese Fragen müssen der Träger und der Heimbeirat in partnerschaftlicher und vertrauensvoller Zusammenarbeit selbst beantworten. Eine ordnungsgemäße und sachgerechte Schulung muß aber gewährleistet sein.

In **Satz 2** ist geregelt, daß der Träger des Heims die **Schulungs-** **15** **kosten** übernehmen muß. Die Kosten müssen jedoch **angemessen,** also bei Anlegung eines verständigen Maßstabes notwendig sein.

§ 3 Wahlberechtigung und Wählbarkeit

(1) **Wahlberechtigt** sind alle Personen, die am Wahltag im Heim wohnen.

(2) **Wählbar** sind die Bewohnerinnen und Bewohner des Heims, deren Angehörige, sonstige Vertrauenspersonen der Bewohnerinnen und Bewohner, Mitglieder von örtlichen Seniorenvertretungen und von örtlichen Behindertenorganisationen sowie von der zuständigen Behörde vorgeschlagene Personen.

(3) **Nicht wählbar** ist, wer bei dem Heimträger, bei den Kostenträgern oder bei der zuständigen Behörde gegen Entgelt beschäftigt ist oder als Mitglied des Vorstandes, des Aufsichtsrates oder eines gleichartigen Organs des Trägers tätig ist. Nicht wählbar ist ebenfalls, wer bei einem anderen Heimträger oder einem Verband von Heimträgern eine Leitungsfunktion innehat.

16 In § 3 wird geregelt, wer wahlberechtigt ist und wer in den Heimbeirat gewählt werden kann (**aktives und passives Wahlrecht**). Ein Schwerpunkt der Novellierung der Heimmitwirkungsverordnung vom Juli 2002 war die **Öffnung** des Heimbeirats für **Externe**. Aus diesem Grund wurde § 3 an mehreren Stellen geändert. Insbesondere wurde ein neuer Absatz 3 angefügt.

Zu Abs. 1:

17 Absatz 1 regelt das **aktive** Wahlrecht. Wahlberechtigt sind **alle Heimbewohnerinnen und Heimbewohner.** Entscheidend ist der **Tag der Wahl.** Die bisherige Unterscheidung, ob Heimbewohner auf Dauer oder nur vorübergehend aufgenommen sind, wurde bei der Novellierung der Verordnung aufgegeben.

Es kommt auf den **Einzug** in das Heim an, nicht auf den Zeitpunkt des Abschlusses des Heimvertrags.

Nicht notwendig ist es, daß die Bewohnerin oder der Bewohner ununterbrochen in dem Heim anwesend ist.

Andere Personen als die Heimbewohnerinnen und Heimbewohner haben **kein aktives** Wahlrecht. Insoweit wurden die Heimbeiratswahlen nicht für Externe geöffnet.

18 Nicht geregelt ist, ob eine **fehlende Geschäftsfähigkeit** (vgl. §§ 104 ff. BGB) dem Wahlrecht entgegensteht. Aus dem Geltungsbereich des Heimgesetzes (§ 1 HeimG) und der Heimmitwirkungsverordnung ergibt sich jedoch eindeutig, daß in allen Heimen, also auch in Heimen für geistig oder psychisch behinderte Menschen, grundsätzlich ein Heimbeirat zu wählen ist. Würde Geschäftsfähigkeit für die Wahl verlangt, wäre die Wahl praktisch schwer durchzuführen und würde die Atmosphäre im Heim wegen der Diskriminierung einzelner Bewohnerinnen und Bewohner belasten.

Im übrigen bezieht sich die Mitwirkung der Bewohner über den Heimbeirat insbesondere auf für das alltägliche Leben relevante Bereiche, wie Aufenthaltsbedingungen, Verpflegung, Freizeitgestaltung, für die die Geschäftsfähigkeit keine übergeordnete Rolle spielt.

Da nur unter den besonderen Voraussetzungen des § 11 Abs. 1 Satz 2 von der Wahl eines Heimbeirates abgesehen werden kann, ist davon auszugehen, daß für das Wahlrecht Geschäftsfähigkeit grundsätzlich **nicht** vorliegen muß. Es ist folglich darauf abzustellen, ob der Bewohner über die notwendige Einsicht in die betrieblichen Erfordernisse des Heims verfügt. Eine analoge Anwendung des § 13 Nr. 1 des Bundeswahlgesetzes (BGBl. I S. 383) vom 7.5. 1956 niedergelegten allgemeinen Grundsatzes ist im Bereich der dem HeimG unterliegenden Heime nicht möglich.

Das aktive Wahlrecht ist ein höchstpersönliches Recht, das **nicht** 19 **übertragen** werden kann. Es kann also z. B. nicht der Betreuer die Stimme für einen Heimbewohner abgeben.

Zu Abs. 2:

Absatz 2, der das **passive** Wahlrecht regelt, wurde bei der Novel- 20 lierung wesentlich geändert.

Ausgehend von der Ermächtigung in § 10 Abs. 5 Satz 2 HeimG können jetzt auch **Externe,** also bestimmte Personen, die nicht selbst im Heim wohnen, in den Heimbeirat gewählt werden.

Außer den Heimbewohnerinnen und Heimbewohnern können deren Angehörige, sonstige Vertrauenspersonen, Mitglieder von örtlichen Seniorenvertretungen und von örtlichen Behindertenorganisationen sowie von der Heimaufsichtsbehörde vorgeschlagene Personen gewählt werden. Sog. sonstige Vertrauenspersonen können z. B. Betreuer sein.

Mit dieser Regelung ist die **Öffnung** der Heimbeiräte vollzogen. Allerdings sind die **Einschränkungen des Absatzes 3** zu beachten.

Für das passive Wahlrecht gilt hinsichtlich der **Geschäftsfähig-** 21 **keit** das unter RdNr. 18 Dargestellte.

22 **Formelle Voraussetzungen** für das passive Wahlrecht sind die Aufnahme in den Wahlvorschlag und die Zustimmungserklärung des Kandidaten (vgl. § 7 Abs. 1).

Zu Abs. 3:

23 Absatz 3 schließt einen bestimmten Personenkreis davon aus, in den Heimbeirat gewählt werden zu können. Absatz 3 schränkt damit Absatz 2 ein.

Ausgeschlossen sind z.B. Beschäftigte oder Funktionsträger des Heimträgers, des Kostenträgers oder der Heimaufsichtsbehörde. Bei diesem Personenkreis besteht die abstrakte **Gefahr von Pflichten- und Interessenkollisionen.**

Die **Inkompatibilitätsregelung** des Abs. 3 ist **abschließend.**

§ 4 Zahl der Heimbeiratsmitglieder

(1) **Der Heimbeirat besteht in Heimen mit in der Regel**

bis 50 Bewohnerinnen und Bewohnern aus	drei Mitgliedern,
51 bis 150 Bewohnerinnen und Bewohnern aus	fünf Mitgliedern,
151 bis 250 Bewohnerinnen und Bewohnern aus	sieben Mitgliedern,
über 250 Bewohnerinnen und Bewohnern aus	neun Mitgliedern.

(2) **Die Zahl der gewählten Personen, die nicht im Heim wohnen, darf in Heimen mit in der Regel**

bis 50 Bewohnerinnen und Bewohnern	höchstens ein Mitglied,
51 bis 150 Bewohnerinnen und Bewohnern	höchstens zwei Mitglieder,
151 bis 250 Bewohnerinnen und Bewohnern	höchstens drei Mitglieder,
über 250 Bewohnerinnen und Bewohnern	höchstens vier Mitglieder

betragen.

§ 4 regelt die Zahl der Heimbeiratsmitglieder, die von der Größe des jeweiligen Heims abhängt, und die Höchstzahl externer Mitglieder.

2. HeimmwV (Kommentar) Anh. A

Zu Abs. 1:

Die Zahl der Heimbeiratsmitglieder ist **abschließend** festgelegt. 24
Eine **Erhöhung** der Zahl der Mitglieder ist nicht möglich. Wenn **nicht genügend Bewerber** vorhanden sind, kann die Heimaufsichtsbehörde nach § 11 a Abs. 1 eine Ausnahme von der in der Regel zu wählenden Zahl der Mitglieder des Heimbeirats zulassen.

Bei der Novellierung der Heimmitwirkungsverordnung im Juli 25
2002 wurde geregelt, daß auch in Heimen mit **bis zu 20** Bewohnerinnen und Bewohnern **drei** Mitglieder gewählt werden. Einen **Heimsprecher** gibt es **nicht** mehr.

Auch in kleineren Heimen wird es als sinnvoll erachtet, die Interessenvertretung von mehreren Personen wahrnehmen zu lassen.

Zu Abs. 2:

Absatz 2 regelt den **Anteil** der Heimbewohnerinnen und Heim- 26
bewohner und den der externen Personen im Heimbeirat.

Externe dürfen nur in angemessenem Umfang in den Heimbeirat gewählt werden (vgl. § 10 Abs. 5 Satz 2 HeimG). In der Verordnung ist jetzt festgelegt, daß der **Anteil der Internen den der Externen überwiegen** muß.

Damit ist sichergestellt, daß die Heimbewohnerinnen und Heimbewohner auch nach der Öffnung der Heimbeiräte selbst in den Angelegenheiten des Heimbetriebs mitwirken und in der Regel nicht von externen Heimbeiratsmitgliedern überstimmt werden können.

Die in Abs. 2 angegebenen Zahlen sind **Höchstzahlen**. Das be- 27
deutet, daß die Zahl externer Heimbeiratsmitglieder niedriger sein darf; die Zahlen dürfen aber nicht überschritten werden.

§ 5 Wahlverfahren

(1) **Der Heimbeirat wird in gleicher, geheimer und unmittelbarer Wahl gewählt.**

(2) **Zur Wahl des Heimbeirates können die Wahlberechtigten Wahlvorschläge machen. Sie können auch nach § 3 wählbare Personen, die nicht im Heim wohnen, vorschlagen. Außerdem haben die Angehörigen und die zuständige Behörde ein Vorschlagsrecht für Personen, die nicht im Heim wohnen.**

(3) **Jede Wahlberechtigte oder jeder Wahlberechtigte hat so viele Stimmen wie Heimbeiratsmitglieder zu wählen sind. Sie oder er kann für jede Bewerberin oder jeden Bewerber nur eine**

Stimme abgeben. Gewählt sind die Bewerberinnen und Bewerber, die die meisten Stimmen auf sich vereinigen. Bei Stimmengleichheit zwischen Bewerberinnen oder Bewerbern, die im Heim wohnen, und Bewerberinnen oder Bewerbern, die nicht im Heim wohnen, ist die Bewerberin bzw. der Bewerber gewählt, die oder der im Heim wohnt. Im Übrigen entscheidet das Los. § 4 Abs. 2 bleibt unberührt.

Zu Abs. 1:

28 Aus dem **Wahlrecht** folgt keine **Wahlpflicht.** Für die Wahl selbst gilt der **Grundsatz der gleichen, geheimen und unmittelbaren Wahl. Gleiche Wahl** bedeutet, daß jeder Wahlberechtigte (§ 3 Abs. 1) die gleichen Stimmen hat.

Da die Wahl **geheim** durchzuführen ist, ist eine öffentliche Stimmabgabe durch Handaufheben, Akklamation, Zuruf etc. ausgeschlossen. Die Wahl hat deshalb schriftlich zu erfolgen durch die verschlossene Abgabe von Stimmzetteln. Es muß dafür gesorgt sein, daß das Ankreuzen des Stimmzettels bzw. der Wahlliste in abgeschirmter Schreibgelegenheit möglich ist.

Die **unmittelbare** Wahl bedeutet, daß eine Vertretung nicht zulässig ist. Jeder Wahlberechtigte muß deshalb seine Stimme(n) selbst abgeben.

Die Wahl selbst findet grundsätzlich im Heim statt. Nicht erforderlich ist, daß die Wahl in einem einheitlichen Wahlraum stattfindet. Bei verschiedenen Wahlräumen muß aber stets ein Mitglied des Wahlausschusses zugegen sein. Dies bedeutet, daß nur drei Wahlräume – der Wahlausschuss besteht nur aus drei Mitgliedern – gleichzeitig geöffnet sein können. Wahlhelfer sind nicht Mitglieder des Wahlausschusses.

Zu Abs. 2:

29 Jeder Wahlberechtigte ist berechtigt, **Wahlvorschläge** zu unterbreiten. **Bis** zur Novellierung der Verordnung war ein Wahlvorschlag nur gültig, wenn er von mindestens drei Wahlberechtigten unterstützt wurde. Diese Anforderung wurde bei der Novellierung der Verordnung **gestrichen.** Das Wahlverfahren ist dadurch vereinfacht worden.

Neu ist ferner, daß die Bewohnerinnen und Bewohner auch **externe Personen** vorschlagen können, die nach § 3 Abs. 2 und 3 wählbar sind **(Satz 2).**

2. HeimmwV (Kommentar) **Anh. A**

Ein Vorschlagsrecht haben aber nicht nur die Bewohnerinnen 30
und Bewohner, sondern jetzt auch deren **Angehörige** und die
Heimaufsichtsbehörde. Die Angehörigen und die Behörde dürfen allerdings nur **externe** Personen vorschlagen.

Bei den Vorschlägen der Heimaufsichtsbehörde wird insbesondere die **Inkompatibilitätsregelung** des § 3 Abs. 3 zu prüfen sein. Auf die dortigen Erläuterungen wird verwiesen.

Zu Abs. 3

Wieviele Stimmen jeder Wahlberechtigte hat, ergibt sich aus § 4 31
Abs. 1. Dort ist die Zahl der zu wählenden Heimbeiratsmitglieder angegeben.

Für jede Bewerberin und jeden Bewerber kann nur **eine Stimme** 32
abgegeben werden **(Satz 2).** Ein Kumulieren ist daher unzulässig. Werden mehrere Stimmen für eine Bewerberin oder einen Bewerber auf dem Stimmzettel bzw. der Wahlliste abgegeben, so ist die Stimmabgabe ungültig und bei der Auszählung nicht zu berücksichtigen.

Nach **Satz 3** ist **gewählt,** wer die meisten Stimmen auf sich vereinigt. 33

Haben Bewerberinnen oder Bewerber **gleich viele Stimmen** erhalten, ist wie folgt zu unterscheiden (vgl. **Satz 4):** 34
– Bei Stimmengleichheit von Kandidaten, die **beide** im Heim wohnen, entscheidet das **Los.**
– Bei Stimmengleichheit von Kandidaten, von denen einer im Heim wohnt und der andere **nicht,** ist der **Heimbewohner** gewählt.

Der **Vorrang der Internen vor den Externen** ist sachlich begründet. Schließlich ist der Heimbeirat die Vertretung der Bewohnerinnen und Bewohner. Hinzu kommt, daß mit der Öffnung der Heimbeiräte für Externe nur die Bildung von Heimbeiräten erleichtert werden sollte; keinesfalls sollte aber die Stellung der Bewohnerinnen und Bewohner beeinträchtigt werden.

Satz 5 stellt klar, daß die Bestimmung des **§ 4 Abs. 2** unberührt 35
bleibt. Die zulässige Höchstzahl externer Heimbeiratsmitglieder darf nicht überschritten werden.

Anh. A 2. HeimmwV (Kommentar)

§ 6 Bestellung des Wahlausschusses

(1) Spätestens acht Wochen vor Ablauf der Amtszeit bestellt der Heimbeirat drei Wahlberechtigte als Wahlausschuss und eine oder einen von ihnen als Vorsitzende oder als Vorsitzenden.

(2) Besteht kein Heimbeirat oder besteht sechs Wochen vor Ablauf der Amtszeit des Heimbeirates kein Wahlausschuss, so hat die Leitung des Heims den Wahlausschuss zu bestellen. Soweit hierfür Wahlberechtigte nicht in der erforderlichen Zahl zur Verfügung stehen, hat die Leitung Mitarbeiterinnen und Mitarbeiter des Heims zu Mitgliedern des Wahlausschusses zu bestellen.

Zu Abs. 1:

36   Grundsätzlich bestellt der **Heimbeirat** den Wahlausschuss und die bzw. den Vorsitzende(n) selbst. Die Frist, in der das zu geschehen hat, wurde bei der Novellierung der Heimmitwirkungsverordnung von sechs auf **acht Wochen** verlängert.

Die Frist berechnet sich nach § 188 Abs. 2 i. V. m. § 187 Abs. 1 BGB. Der Heimbeirat muß also **spätestens** mit der Bestellung des Wahlausschusses an dem Wochentag beginnen, der dem Wochentag entspricht, an dem acht Wochen später die Wahlperiode des Heimbeirates endet (zum Ende der Wahlperiode s. § 12).

37   Die Bestellung des Wahlausschusses und seines Vorsitzenden ist **Aufgabe des Heimbeirates**; sie erfolgt durch Beschluß des Heimbeirates. Mitglieder des Wahlausschusses können nur Wahlberechtigte sein (vgl. § 3 Abs. 1). Der Heimbeirat ist in der Auswahl der drei Mitglieder des Wahlausschusses grundsätzlich frei. Auch Heimbeiratsmitglieder können in den Wahlausschuss bestellt werden. Sie müssen aber dann ihr Amt im Wahlausschuss niederlegen, wenn sie sich an einem Wahlvorschlag beteiligen oder sich selbst erneut als Kandidaten um einen Sitz im Heimbeirat bewerben, da eine Nichtvereinbarkeit (Inkompatibilität) zwischen beiden Ämtern besteht. Aus diesem Grunde hat auch ein Bewohner, der in den Wahlausschuss bestellt wurde, sein Amt im Wahlausschuss niederzulegen, wenn er sich an einem Wahlvorschlag beteiligt oder sich selbst um einen Sitz im Heimbeirat bewirbt. Die Niederlegung kann jederzeit erfolgen; es ist dann durch den Heimbeirat ein neues Mitglied in den Wahlausschuss zu berufen.

2. HeimmwV (Kommentar) Anh. A

Eine Pflicht zur Annahme des Amtes im Wahlausschuss besteht nicht. Die Annahme oder Nichtannahme erfolgt durch Erklärung gegenüber dem Vorsitzenden des Heimbeirates.

Zu Abs. 2:

Besteht noch kein Heimbeirat oder besteht **sechs** (bisher vier!) Wochen vor Ablauf der Amtszeit (§ 12) des Heimbeirats **kein Wahlausschuss,** so hat ihn nach **Satz 1** die **Heimleitung** zu bestellen. 38

Falls sich nicht genügend Wahlberechtigte (§ 3 Abs. 1) zur Verfügung stellen, ist der Wahlausschuss aus **Mitarbeiterinnen und Mitarbeitern** des Heims durch die Leitung in der fehlenden Zahl zu bestimmen **(Satz 2).**

Für die Mitarbeiter des Heims stellt sich die unter RdNr. 2 behandelte Frage der Inkompatibilität nicht, da sie nicht wahlberechtigt und nach § 3 Abs. 3 auch nicht wählbar sind.

Ein Verstoß gegen § 6 Abs. 2 stellt nach § 34 Nr. 1 eine **Ordnungswidrigkeit** dar. 39

§ 7 Vorbereitung und Durchführung der Wahl

(1) **Der Wahlausschuss bestimmt Ort und Zeit der Wahl und informiert die Bewohnerinnen und Bewohner und die zuständige Behörde über die bevorstehende Wahl. Der Wahltermin ist mindestens vier Wochen vor der Wahl bekannt zu geben. Der Wahlausschuss holt die Wahlvorschläge und die Zustimmungserklärung der vorgeschlagenen Personen zur Annahme der Wahl ein. Der Wahlausschuss stellt eine Liste der Wahlvorschläge auf und gibt diese Liste sowie den Gang der Wahl bekannt.**

(2) **Der Wahlausschuss hat die Wahlhandlung zu überwachen, die Stimmen auszuzählen und das Wahlergebnis in einer Niederschrift festzustellen. Das Ergebnis der Wahl hat er in dem Heim durch Aushang und durch schriftliche Mitteilung an alle Bewohnerinnen und Bewohner bekannt zu machen. Der Wahlausschuss informiert die Heimbeiratsbewerberinnen und Heimbeiratsbewerber, die nicht im Heim wohnen, über das Ergebnis der Wahl.**

(3) **Bei der Vorbereitung und Durchführung der Wahl sollen die besonderen Gegebenheiten in den einzelnen Heimen, vor allem Zusammensetzung der Wahlberechtigten, Art, Größe, Zielsetzung und Ausstattung berücksichtigt werden.**

(4) **Der Wahlausschuss fasst seine Beschlüsse mit einfacher Stimmenmehrheit.**

40 Der **Wahlausschuss** hat die Wahl des Heimbeirates vorzubereiten und durchzuführen. Wie der Wahlausschuss diese Pflichten erfüllt, liegt im Rahmen der Absätze 1 bis 4 in seinem **pflichtgemäßen Ermessen**. Dabei kann er sich nach § 8 der Mithilfe der Heimleitung bedienen.

Zu Abs. 1:

41 Der Wahlausschuss muß mit der Vorbereitung und Durchführung der Wahl so **rechtzeitig** beginnen, daß der neue Heimbeirat mit Ablauf der Amtszeit (§ 12) des gegenwärtigen Heimbeirats möglichst umgehend seine Tätigkeit aufnehmen kann.

Der Wahlausschuss hat **alle erforderlichen Maßnahmen** zu treffen, die zu einer ordnungsgemäßen Vorbereitung und Durchführung der Wahl notwendig sind: Er bestimmt Ort und Zeit der Wahl, informiert die Bewohnerinnen und Bewohner und die Heimaufsichtsbehörde, gibt den Wahltermin mindestens vier Wochen vor der Wahl bekannt, holt die Wahlvorschläge und die Zustimmungserklärungen der Vorgeschlagenen ein, stellt eine Liste der Wahlvorschläge auf und gibt diese Liste sowie den Gang der Wahl bekannt.

Bei den dargestellten Maßnahmen haben sich durch die Novellierung der Heimmitwirkungsverordnung zwei wesentliche **Änderungen** ergeben:

- Die **Heimaufsichtsbehörde** ist über die bevorstehende Wahl zu informieren, weil jetzt auch die Behörde Wahlvorschläge unterbreiten kann (vgl. § 5 Abs. 2 Satz 3).
- Der Wahltermin ist **vier Wochen** vor der Wahl bekannt zu geben. Ziel dieser Regelung ist es, die frühzeitige Information der Heimaufsichtsbehörde und externer Bewerberinnen und Bewerber zu gewährleisten.

Zu Abs. 2:

42 Ferner hat der Wahlausschuss die Wahlhandlung zu **überwachen**. Dazu gehört insbesondere, dafür zu sorgen, daß die Stimmzettel bzw. die Listen der Wahlvorschläge nebst Umschlägen, Wahlurnen und Wahlräume in ausreichender Zahl vorhanden sind.

Zur Überwachung der Wahlhandlung gehört außerdem, daß die Grundsätze der gleichen, geheimen und unmittelbaren Wahl (siehe hierzu RdNr. 28) eingehalten werden.

Der Wahlausschuss hat die **Stimmen auszuzählen**, das **Wahler-** 43
gebnis in einer Niederschrift **festzustellen** und das Ergebnis der
Wahl **bekanntzumachen.**
Bei der **Form der Bekanntmachung** haben sich durch die Novellierung der Heimmitwirkungsverordnung **Änderungen** ergeben: Wie bisher ist das Wahlergebnis im Heim durch Aushang bekanntzumachen. **Neu** ist, daß der Wahlausschuss alle Bewohnerinnen und Bewohner sowie alle externen Bewerberinnen und Bewerber schriftlich über das Ergebnis informieren muß.

Verstößt der Wahlausschuss gegen diese ihm obliegenden 44
Pflichten, kann hierin nicht nur ein Grund für die Anfechtung der
Wahl (§ 10) gegeben sein, sondern die Wahl kann auch schlechterdings nichtig sein (siehe hierzu RdNr. 60). Nichtig ist z.B. die
Wahl dann, wenn sie ohne Wahlliste durchgeführt wird.
Nur Verstöße gegen die in **Abs. 1 und 2** genannten Verpflichtungen können eine Anfechtung der Wahl begründen, während Verstöße gegen die Vorschriften der **Abs. 3 und 4** keine Anfechtungsgründe ergeben (vgl. hierzu RdNr. 62).

Mit der Bekanntmachung des Wahlergebnisses ist die eigentliche 45
Aufgabe des Wahlausschusses **beendet.** Obwohl eine ausdrückliche
Vorschrift hierüber fehlt, wird der Wahlausschuss zweckmäßigerweise den neugewählten Heimbeirat zu dessen konstituierender
Sitzung einzuladen haben; diese Sitzung wird vom Vorsitzenden
des Wahlausschusses geleitet, bis aus der Mitte der Heimbeiratsmitglieder der Vorsitzende des Heimbeirates gewählt ist.

§ 7a Wahlversammlung

(1) **In Heimen mit in der Regel bis zu fünfzig Bewohnerinnen und Bewohnern kann der Heimbeirat auf einer Wahlversammlung gewählt werden. Der Wahlausschuss entscheidet, ob ein vereinfachtes Wahlverfahren durchgeführt wird. Bewohnerinnen und Bewohnern, die an der Wahlversammlung nicht teilnehmen, ist innerhalb einer angemessenen Frist Gelegenheit zur Stimmabgabe zu geben. Die Stimmen dürfen erst nach Ablauf der Frist ausgezählt werden.**

(2) **Der Wahlausschuss hat mindestens vierzehn Tage vorher zur Wahlversammlung einzuladen.**

(3) **In der Wahlversammlung können noch Wahlvorschläge gemacht werden.**

Anh. A   2. HeimmwV (Kommentar)

(4) Die Leitung des Heims kann an der Wahlversammlung teilnehmen. Der Wahlausschuss kann die Heimleitung durch Beschluss von der Wahlversammlung ausschließen.

§ 7a wurde bei der Novellierung der Heimmitwirkungsverordnung im Juli 2002 eingefügt.

Zu Abs. 1:

46   **Abweichend** von dem in § 5 dargestellten Wahlverfahren kann der Heimbeirat in **kleineren** Heimen mit höchstens fünfzig Bewohnerinnen und Bewohnern in einer **Wahlversammlung** gewählt werden.

Mit diesem **vereinfachten** Wahlverfahren soll in kleineren Heimen die Heimbeiratswahl mit möglichst geringem organisatorischen, sächlichen und finanziellen Aufwand unter Umständen an nur einem Tag durchgeführt werden können.

47   Ob das vereinfachte Verfahren durchgeführt wird, entscheidet der **Wahlausschuss** (Satz 2). Für die dazu erforderliche Beschlußfassung gilt § 7 Abs. 4 analog.

48   Die **allgemeinen Grundsätze** einer Wahl (geheim, gleich, unmittelbar etc.) gelten auch für die Wahlversammlung. Soweit § 7a keine Spezialregelungen enthält, gelten die **§§ 5, 6 und 7 analog.**

Zu Abs. 2:

49   An der Wahlversammlung, zu der mindestens **14 Tage vorher** eingeladen werden muß, werden nicht immer alle Bewohnerinnen und Bewohner teilnehmen können.

Die **verhinderten** Bewohnerinnen und Bewohner sollen aber auch an der Wahl des Heimbeirates mitwirken können. Darum sieht **Absatz 1 Satz 3** vor, daß sie ihre Stimme noch binnen einer **angemessenen Frist** abgeben dürfen.

Welche Frist angemessen ist, ist letztlich eine Frage des Einzelfalls. Wenige Tage dürften in der Regel ausreichend sein.

Die Stimmabgabe erfolgt **schriftlich.**

50   In der Wahlversammlung sollte eine **Teilnehmerliste** geführt werden, um festzuhalten, welche Bewohnerinnen und Bewohner die Gelegenheit zur nachträglichen Stimmabgabe haben und welche nicht.

Zu Abs. 3:

51   Eine weitere Erleichterung des vereinfachten Verfahrens betrifft die Abgabe von **Wahlvorschlägen.** Diese können in der Wahlversammlung gemacht werden.

2. HeimmwV (Kommentar) Anh. A

Die vorgeschlagenen Personen geben ihre **Zustimmungserklärung** zur Annahme der Wahl ebenfalls in der Versammlung ab (§ 7 Abs. 1 Satz 3 analog).

Zu Abs. 4:

Absatz 4 enthält Regelungen zur **Teilnahme der Heimleitung.** 52
Sie kann, muß aber nicht an der Versammlung teilnehmen.
Die Leitung kann von der Wahlversammlung **ausgeschlossen** werden, wenn dies die Bewohnerinnen und Bewohner wünschen. Die Entscheidung darüber trifft der Wahlausschuss qua Beschluß.

§ 8 Mithilfe der Leitung

Die Leitung des Heims hat die Vorbereitung und Durchführung der Wahl in dem erforderlichen Maße personell und sächlich zu unterstützen und die erforderlichen Auskünfte zu erteilen.

Die Heimleitung **ist** bei der Vorbereitung und Durchführung der 53
Wahl des Heimbeirates **verpflichtet,** dem Wahlausschuss die erforderlichen Hilfen zu gewähren. Eine Pflicht des Wahlausschusses, solche Hilfen anzunehmen, besteht nicht. Er wird jedoch im Regelfall ohne die personelle und sächliche Unterstützung (z.B. die notwendigen Unterlagen und erforderlichen Auskünfte) seine ihm nach § 7 obliegenden Pflichten nicht erfüllen können.

Der **Umfang** der in dem erforderlichen Maße zu gewährenden 54
personellen und sächlichen Unterstützung hängt im Einzelfall von der Größe des Heims ab. Grundsätzlich muß dem Wahlausschuss das an Hilfen zur Verfügung gestellt werden, was für eine ordnungsgemäße Vorbereitung und Durchführung der Wahl notwendig ist. So müssen insbesondere die für die Wahl erforderlichen Unterlagen, Wahlzettel, Umschläge, Wahlurnen, Wahlräume und Wahlhelfer zur Verfügung gestellt und die notwendigen Auskünfte wie Namen und Zahl der Bewohner des Heims erteilt werden.

Zwar ist seit der Änderung der Heimmitwirkungsverordnung nicht mehr ausdrücklich geregelt, daß dem Wahlausschuss die notwendigen Unterlagen zur Verfügung gestellt werden müssen. Eine inhaltliche Änderung ist damit aber nicht verbunden, da die Pflicht zur sächlichen Unterstützung fortbesteht.

Ein Verstoß gegen § 8 stellt nach § 34 Nr. 1 eine **Ordnungswid-** 55
rigkeit dar.

§ 9 Wahlschutz und Wahlkosten

(1) **Die Wahl des Heimbeirates darf nicht behindert oder durch Zufügung oder Androhung von Nachteilen oder Gewährung oder Versprechen von Vorteilen beeinflusst werden.**

(2) **Die erforderlichen Kosten der Wahl übernimmt der Träger.**

§ 9 wurde durch die neue Heimmitwirkungsverordnung vom Juli 2002 inhaltlich nicht verändert.

Zu Abs. 1:

56 Das **Verbot,** die Wahl des Heimbeirats nicht zu behindern oder unzulässigerweise zu beeinflussen, richtet sich nicht nur gegen Träger, Leitung und Mitarbeiter des Heims, sondern gegen **jedermann,** also auch gegen die Bewohner selbst.

57 **Verboten ist jegliche Behinderung** der Wahl. Der Träger oder die Leitung des Heims behindert z.B. die Wahl dann, wenn die nach § 8 erforderlichen Hilfen nicht oder nicht ausreichend zur Verfügung gestellt werden. Mitarbeiter behindern die Wahl z.B. dann, wenn sie die ihnen durch die Leitung aufgetragene Mithilfe bei der Wahl nicht ordnungsgemäß erfüllen. Der Wahlausschuss behindert die Wahl, wenn er die ihm nach § 7 obliegenden Aufgaben nicht rechtzeitig oder ordnungsgemäß erfüllt, z.B. Wahlvorschläge nicht rechtzeitig auflistet, die Wahlvorschläge nicht prüft, die Zustimmung der Vorgeschlagenen nicht einholt usw.

Verboten ist auch jegliche **sachwidrige Beeinflussung** der Wahl durch Zufügung oder Androhung von Nachteilen oder Gewährung oder Versprechung von Vorteilen. Nicht nur die **tatsächliche** Zufügung von Nachteilen oder die tatsächliche Gewährung von Vorteilen ist verboten, sondern bereits die **Androhung** von Nachteilen oder das **Versprechen** von Vorteilen. Hierzu zählen z.B. die Zusagen des Heimleiters oder -trägers gegenüber einem Bewohner, ihm für den Fall seiner Kandidatur oder Wahl besondere Leistungen zu gewähren, oder der Versuch, einen Bewohner durch die Ankündigung von Nachteilen von der Kandidatur abzuhalten.

Zu Abs. 2:

58 Der Träger des Heims hat die bei der Wahl anfallenden notwendigen **Kosten** zu übernehmen. Hierunter fallen alle Kosten, die für die Vorbereitungen und bei der Durchführung der Wahl üblicher-

und notwendigerweise anfallen. Da der Wahlausschuss ehrenamtlich arbeitet, entstehen keine Kosten in Form einer Entschädigung des Wahlausschusses.

Ein Verstoß gegen § 9 stellt nach § 34 Nr. 2 eine **Ordnungswidrigkeit** dar. 59

§ 10 Wahlanfechtung

(1) **Mindestens drei Wahlberechtigte können binnen einer Frist von zwei Wochen, vom Tage der Bekanntmachung des Wahlergebnisses an gerechnet, die Wahl bei der zuständigen Behörde anfechten, wenn gegen wesentliche Vorschriften über das Wahlrecht, die Wählbarkeit oder das Wahlverfahren verstoßen worden und eine Berichtigung nicht erfolgt ist. Eine Anfechtung ist ausgeschlossen, wenn durch den Verstoß das Wahlergebnis nicht geändert oder beeinflusst werden konnte.**

(2) **Über die Anfechtung entscheidet die zuständige Behörde.**

Das Recht, die Wahl des Heimbeirates anzufechten, haben **nur die Wahlberechtigten.** Die Heimleitung und der Heimträger können die Wahl nicht anfechten. 60

Im Zuge der Änderung der Heimmitwirkungsverordnung vom Juli 2002 wurde das bisher bestehende Anfechtungsrecht der **Heimleitung** ersatzlos gestrichen. Ausschlaggebend hierfür war das Ziel der Änderungsverordnung, die Mitwirkung der Heimbewohnerinnen und Heimbewohner zu sichern und zu erweitern. Konsequent ist es, daß nur die Personen eine Wahl anfechten können, die an der Wahl auch teilnehmen dürfen. Dies gilt eben nur für die Bewohnerinnen und Bewohner des Heims.

Fechten Wahlberechtigte (vgl. § 3 Abs. 1) die Wahl an, müssen dies **mindestens drei** Berechtigte erklären. Die Anfechtung muß innerhalb von **zwei Wochen** bei der zuständigen Behörde (vgl. § 23 HeimG) erklärt werden. 61

Die Frist beginnt mit dem Tage der Bekanntmachung des Wahlergebnisses (§ 187 BGB).

Die Anfechtung setzt einen **Verstoß gegen wesentliche** Vorschriften über das Wahlrecht (§ 3 Abs. 1), die Wählbarkeit (§ 3 Abs. 2) oder das Wahlverfahren (§ 5) voraus. Zu den Vorschriften über das Wahlverfahren gehören neben § 5 alle Bestimmungen, die für die Bildung des Heimbeirates von Bedeutung sind, also auch die Bestimmungen der §§ 4, 6, 7, 7a, 8 und 9. 62

Wesentliche Vorschriften sind grundsätzlich nur solche, die eine **Mußvorschrift** zum Inhalt haben. So kann eine Anfechtung z.B. nicht mit der Begründung erfolgen, es seien keine Wahlvorschläge gemacht worden oder der Wahlausschuss habe die besonderen Gegebenheiten des Heims bei der Vorbereitung und Durchführung der Wahl (§ 7 Abs. 3) nicht beachtet.

Wesentliche Verstöße sind z.B.:

die Nichtzulassung von Wahlberechtigten oder die Zulassung von Nichtwahlberechtigten; die Zulassung eines von einem Mitglied des Wahlausschusses mitunterzeichneten Wahlvorschlags; die Nichtzulassung eines ordnungsgemäßen oder die Zulassung eines nicht ordnungsgemäßen Wahlvorschlags; die Nichtwahrung des Wahlgeheimnisses; die unrichtige Feststellung der zu wählenden Zahl der Mitglieder des Heimbeirates; die Berücksichtigung von Stimmzetteln, auf denen für einen Kandidaten mehr als eine Stimme abgegeben wurde; die fehlende oder nicht ausreichende Unterstützung durch die Leitung des Heims; die Behinderung oder Beeinflussung der Wahl.

63 Die Anfechtung ist nur **zulässig, wenn eine Berichtigung des Verstoßes nicht erfolgt ist.** Zuständig für die Berichtigung ist der Wahlausschuss. Berichtigt werden können nur solche Fehler, die ohne weiteres behoben werden können, z.B. die Berichtigung eines Rechenfehlers.

64 Die Anfechtung ist **ausgeschlossen,** wenn das Wahlergebnis durch einen wesentlichen Verstoß im Sinne der vorstehenden RdNr. 3 nicht geändert oder beeinflußt werden konnte. Dies ist z.B. dann der Fall, wenn durch die Zulassung oder Nichtzulassung von Bewohnern zur Wahl das Ergebnis der Wahl unverändert bleibt, gleichgültig, wie diese abgestimmt hätten oder abgestimmt haben. Wird hingegen ein Bewohner als Wahlbewerber ausgeschlossen oder als nicht wählbar zurückgewiesen, und beides ist unrichtigerweise erfolgt, ist die Anfechtung nicht ausgeschlossen, weil hierdurch das Wahlergebnis möglicherweise anders ausgefallen wäre.

Für den Ausschluß der Anfechtung genügt die Feststellung, daß das Wahlergebnis nicht beeinflußt werden konnte; nicht erforderlich ist, daß das Wahlergebnis beeinflußt wurde.

65 Stellt die zuständige Aufsichtsbehörde **(Abs. 2)** die Wahlanfechtung als begründet fest und hat diese Entscheidung Rechtskraft erlangt, so hat eine **Neuwahl** zu folgen. Dies hat für alle Teile des Wahlverfahrens zu erfolgen, es ist also z.B. auch ein neuer Wahlausschuss zu bestimmen.

2. HeimmwV (Kommentar) Anh. A

Der fehlerhaft gewählte Heimbeirat bleibt bis zur Rechtskraft der Entscheidung der Aufsichtsbehörde im Amt, da die Anfechtung nicht den rückwirkenden Verlust des Amtes bewirkt.

Neben der Anfechtung der Wahl kann auch die Feststellung der 66
Nichtigkeit in Betracht kommen. Letzteres ist nicht an die Frist des § 10 Abs. 1 gebunden, sondern kann jederzeit beantragt werden. **Nichtig** ist die Wahl dann, wenn bei ihrer Vorbereitung und ihrer Durchführung so offenkundige Fehler unterlaufen sind, daß auch dem äußeren Anschein nach nicht von einer ordnungsgemäßen Wahl gesprochen werden kann.

§ 11 Mitteilung an die zuständige Behörde

(1) **Der Träger hat die zuständige Behörde innerhalb von vier Wochen nach Ablauf des in § 12 genannten Zeitraumes oder bis spätestens sechs Monate nach Betriebsaufnahme über die Bildung eines Heimbeirates zu unterrichten. Ist ein Heimbeirat nicht gebildet worden, so hat dies der Träger der zuständigen Behörde unter Angabe der Gründe unverzüglich mitzuteilen. In diesen Fällen hat die zuständige Behörde in enger Zusammenarbeit mit Träger und Leitung des Heims in geeigneter Weise auf die Bildung eines Heimbeirates hinzuwirken, sofern nicht die besondere personelle Struktur der Bewohnerschaft der Bildung eines Heimbeirates entgegensteht.**

(2) **Absatz 1 gilt entsprechend, wenn der Heimbeirat vor Ablauf der regelmäßigen Amtszeit nach § 13 neu zu wählen ist. Die Frist zur Mitteilung beginnt mit dem Eintritt der die Neuwahl begründenden Tatsachen.**

Zu Abs. 1:

Der Träger des Heims muß die zuständige Aufsichtsbehörde 67
(vgl. § 23 HeimG) innerhalb von **vier Wochen** nach Ablauf der regelmäßigen Amtszeit (§ 12) des Heimbeirates oder bis spätestens **sechs Monate** nach der Betriebsaufnahme über die Bildung eines Heimbeirats unterrichten.

Die Frist für die Unterrichtung nach der Betriebsaufnahme wurde bei der Novellierung der Heimmitwirkungsverordnung im Juli 2002 von drei auf sechs Monate **verlängert**. Der Grund für diese Änderung ist, daß in neuen Heimen nicht sofort eine vollständige Belegung der Heimplätze erfolgt. Die bisherige Frist trug dem nicht ausreichend Rechnung.

68 Die Frist von vier Wochen bedeutet **nicht** einen Monat, sie kann also nicht einem Monat gleichgestellt werden.

Die Frist berechnet sich nach § 180 Abs. 2 i. V. m. § 187 Abs. 2 BGB. Ist also der Heimbeirat z. B. am 1. Februar 1979 gewählt worden, so endet seine Amtszeit am 31. Januar 1981.

Satz 2 regelt den Fall, daß ein Heimbeirat **nicht** gebildet worden ist. Hier hat der Heimträger der Heimaufsichtsbehörde ohne schuldhaftes Zögern (§ 121 BGB) unter Angabe der Gründe Mitteilung zu machen.

69 Die Aufsichtsbehörde, der Träger und die Heimleitung haben in enger Zusammenarbeit und in geeigneter Weise auf die **Bildung von Heimbeiräten hinzuwirken.** In Betracht kommt hier insbesondere die Anberaumung einer Versammlung, in der Aufsichtsbehörde, Träger und Leitung auf die Bedeutung des Heimbeirates, seine Aufgaben und seine Mitwirkungsmöglichkeiten innerhalb der Einrichtung hinweisen, diese Rechte erläutern und die Bewohner über die Preisgabe dieser Rechte durch die Nichtwahl eines Heimbeirates aufklären.

Diese Pflicht entfällt nur dann, wenn die besondere personelle Struktur der Bewohnerschaft der Bildung eines Heimbeirates entgegensteht. Die personelle Struktur der Bewohnerschaft wird in der Regel dann einer Bildung eines Heimbeirates entgegenstehen, wenn die Bewohner in ihrer Gesamtheit nicht in der Lage sind, die Aufgaben und die Mitwirkung des Heimbeirates durchzuführen. Dies wird vor allem dann der Fall sein, wenn es sich um Einrichtungen handelt, in denen ausschließlich geistig behinderte Volljährige untergebracht sind, denen die notwendige Einsicht in die betrieblichen Erfordernisse der Einrichtung fehlt. An die Stelle des Heimbeirats tritt dann der Heimfürsprecher (s. § 25).

Zu Abs. 2:

70 Ist die Gesamtzahl der Mitglieder des Heimbeirates (§ 13) um mehr als die Hälfte der vorgeschriebenen Zahl (§ 4) gesunken, so gelten die Ausführungen unter der vorstehenden RdNr. 1 entsprechend (§ 4 Abs. 2). Die 4-Wochenfrist beginnt hier mit dem Tage des Ausscheidens desjenigen Heimbeiratsmitgliedes, das die Zahl der Heimbeiräte auf weniger als die Hälfte der vorgeschriebenen Zahl sinken läßt.

71 Das Unterlassen der Mitteilungspflicht nach § 11 Abs. 1 Satz 1 oder Abs. 2 stellt eine **Ordnungswidrigkeit** dar (vgl. § 34 Nr. 3).

§ 11a Abweichende Bestimmungen für die Bildung des Heimbeirates

(1) Die zuständige Behörde kann in Einzelfällen Abweichungen von der Zahl der Mitglieder des Heimbeirates nach § 4 und den Fristen und der Zahl der Wahlberechtigten nach § 6 zulassen, wenn dadurch die Bildung eines Heimbeirates ermöglicht wird. Abweichungen von § 4 dürfen die Funktionsfähigkeit des Heimbeirates nicht beeinträchtigen.

(2) Auf Antrag des Wahlausschusses kann in Ausnahmefällen die zuständige Behörde die Wahlversammlung nach § 7a auch für Heime mit in der Regel mehr als fünfzig Bewohnerinnen und Bewohnern zulassen.

Zu Abs. 1:

Die Heimaufsichtsbehörde kann ausnahmsweise **Abweichungen** 72 von der Zahl der Mitglieder des Heimbeirates (§ 4), den Fristen und der Zahl der Wahlberechtigten (§ 6) zulassen. Voraussetzung hierfür ist, daß **dadurch** ein Heimbeirat gebildet werden kann.
Bis zur Novellierung der Heimmitwirkungsverordnung im Juli 2002 konnten auch noch Abweichungen von der Mindestwohndauer (§ 3 Abs. 2 a. F.) und von der Zahl der Wahlberechtigten für den zu unterstützenden Wahlvorschlag (§ 5 Abs. 2 a. F.) erlaubt werden.
Diese Tatbestände sind entfallen, weil die Anforderungen an die Mindestwohndauer und die Anzahl der notwendigen Unterstützer eines Wahlvorschlags ebenfalls gestrichen wurden.

Weitere Voraussetzung für eine **Abweichung von § 4** ist, daß 73 die Funktionsfähigkeit des Heimbeirats nicht beeinträchtigt wird **(Satz 2)**.
Satz 2 ist großzügig auszulegen, da der Verordnungsgeber klargestellt hat, daß ein Heimfürsprecher nur die „Ultima ratio" der Mitwirkung der Bewohner sein soll (siehe hierzu auch RdNr. 134 ff.), und damit zum Ausdruck gebracht hat, daß die Wahrnehmung der Mitwirkungsrechte durch Bewohner absoluten Vorrang genießt. Allerdings wird aus dem Zweck des Satzes 2 zu schließen sein, daß die Reduzierung der vorgeschriebenen Zahl der Heimbeiratsmitglieder zu der Gesamtanzahl der Bewohner in einer gewissen Relation zu stehen hat. Anderseits ist aber zu bedenken, daß auch bei Einrichtungen mit über 150 Bewohnerinnen und Bewoh-

nern drei Heimfürsprecher eingesetzt werden können (vgl. § 25), wenn sich ein Heimbeirat nicht bildet.

Zu Abs. 2:

74 **Neu** aufgenommen wurde die Ausnahmeregelung des Absatzes 2. Abweichend von den Voraussetzungen des § 7a kann die Heimaufsichtsbehörde eine **Wahlversammlung** auch für Heime mit **mehr als fünfzig** Bewohnerinnen und Bewohnern zulassen. Der Wahlausschuss muß in diesem Fall einen entsprechenden **Antrag** stellen.

75 Die Entscheidung über die Gewährung einer Ausnahmeregelung nach Abs. 1 oder Abs. 2 trifft die zuständige Heimaufsichtsbehörde nach der pflichtgemäßen Ausübung ihres **Ermessens.**

Dabei hat sie zu berücksichtigen, daß mit der Novellierung der Heimmitwirkungsverordnung verstärkt die Sicherung und Erweiterung der Mitwirkung der Heimbewohnerinnen und Heimbewohner bezweckt wird.

Zweiter Abschnitt
Amtszeit des Heimbeirates

§ 12 Amtszeit

(1) **Die regelmäßige Amtszeit des Heimbeirates beträgt zwei Jahre. Die Amtszeit beginnt mit dem Tage der Wahl oder, wenn zu diesem Zeitpunkt noch ein Heimbeirat besteht, mit dem Ablauf seiner Amtszeit.**

(2) **In Einrichtungen der Hilfe für behinderte Menschen beträgt die Amtszeit vier Jahre.**

Zu Abs. 1:

76 Die regelmäßige Amtszeit des Heimbeirats beträgt **zwei** Jahre; sie kann nicht verlängert, wohl aber vorzeitig beendet werden z.B. im Fall des § 13.

Besteht bei der **Wahl kein Heimbeirat,** so beginnt dessen Amtszeit mit dem **Tage der Wahl,** nicht mit dem Tage der Bekanntgabe des Wahlergebnisses.

Besteht **am Tage der Wahl ein Heimbeirat,** wie dies in der Regel der Fall sein wird, so beginnt die Amtszeit des neuen Heimbeirates mit dem Ablauf der Amtsperiode des alten Heimbeirates.

Zu Abs. 2:

Dieser Absatz wurde im Zuge der Änderung der Heimmitwirkungsverordnung vom Juli 2002 eingefügt.

Die Amtszeit beträgt in Einrichtungen für **behinderte** Menschen **vier** Jahre. Die Verlängerung der Amtszeit begründet der Verordnungsgeber damit, daß diese Bewohnerinnen und Bewohner eher bereit seien, sich länger als zwei Jahre zu engagieren, da sie in der Regel jahrzehntelang in dem Heim wohnen würden. Die Verlängerung der Amtszeit sei daher im Interesse der Betroffenen.

§ 13 Neuwahl des Heimbeirates

Der Heimbeirat ist neu zu wählen, wenn die Gesamtzahl der Mitglieder um mehr als die Hälfte der vorgeschriebenen Zahl gesunken ist oder der Heimbeirat mit Mehrheit der Mitglieder seinen Rücktritt beschlossen hat.

Grundsätzlich ist der Heimbeirat nach Ablauf der Amtszeit (vgl. § 12) neu zu wählen. Hiervon abweichend finden Neuwahlen statt, wenn die Zahl der Mitglieder um mehr als die Hälfte gesunken ist (z.B. durch Ausscheiden aus dem Heim (§ 14) **oder** der Heimbeirat mehrheitlich seinen Rücktritt beschließt.

Bis zur Änderung der Heimmitwirkungsverordnung im Juli 2002 war im 1. Fall Voraussetzung, daß die Gesamtzahl der **ursprünglich gewählten** Mitglieder gesunken ist. Diese beiden Worte wurden jetzt ersatzlos gestrichen.

In den Vorauflagen wurde vertreten, daß die **Ersatzmitglieder** nicht zu den ursprünglich gewählten Mitgliedern zu zählen sind, da sonst die zweite Alternative der Voraussetzung für eine Neuwahl ins Leere ginge (so auch Gitter/Schmitt zu § 13).

Aufgrund der Änderung des Wortlautes des § 13 wird diese Ansicht **nicht** mehr aufrechterhalten.

Nach dem neuen Wortlaut des § 13 ist auf die Gesamtzahl der Mitglieder abzustellen. Auf die Unterscheidung, ob die Gewählten Mitglieder oder nur Ersatzmitglieder sind, kommt es nicht mehr an.

Neuwahlen finden daher erst statt, wenn die Gesamtzahl der Mitglieder **trotz des Nachrückens von Ersatzmitgliedern** nach § 15 um mehr als die Hälfte gesunken ist.

§ 14 Erlöschen der Mitgliedschaft

Die Mitgliedschaft im Heimbeirat erlischt durch
1. **Ablauf der Amtszeit,**
2. **Niederlegung des Amtes,**
3. **Ausscheiden aus dem Heim,**
4. **Verlust der Wählbarkeit,**
5. **Feststellung der zuständigen Behörde auf Antrag von zwei Drittel der Mitglieder des Heimbeirates, dass das Heimbeiratsmitglied seinen Pflichten nicht mehr nachkommt oder nicht mehr nachkommen kann.**

Die Gründe, in denen die Mitgliedschaft im Heimbeirat erlischt, wurden bei der Novellierung der Heimmitwirkungsverordnung im Juli 2002 erweitert. Hinzugekommen sind die Ziffern 4 und 5.

Zu Nr. 1:

80 Die Mitgliedschaft des einzelnen Heimbeiratsmitglieds endet immer, wenn der Heimbeirat als Ganzes sein Ende durch den **Ablauf der Amtszeit** (§ 12) findet.

Zu Nr. 2:

81 Sie endet ferner durch **Niederlegung des Amtes,** die jederzeit möglich ist und gegenüber der bzw. dem Vorsitzenden des Heimbeirats erklärt werden muß (vgl. auch § 16).

Zu Nr. 3:

82 Außerdem endet die Mitgliedschaft mit dem **Ausscheiden aus dem Heim,** also durch Auszug oder Tod des einzelnen Mitglieds.

Zu Nr. 4:

83 Die Mitgliedschaft erlischt auch mit dem **Verlust der Wählbarkeit.** Insoweit wird auf § 3 Abs. 2 und 3 verwiesen. Scheidet ein Angehöriger aus dem Heim aus oder wechselt der Betreuer, endet die Mitgliedschaft im Heimbeirat nicht automatisch. Hier kommt die Niederlegung des Amtes nach Nr. 2 in Betracht.

Zu Nr. 5:

84 Des weiteren endet die Mitgliedschaft, wenn die Heimaufsichtsbehörde (§ 23 HeimG) feststellt, daß ein Mitglied **seinen Pflichten nicht mehr nachkommt bzw. nachkommen kann.** Vorausset-

zung dafür ist, daß die Entscheidung der Behörde von **zwei Drittel** der Heimbeiratsmitglieder beantragt wird.

Dieser Tatbestand wurde im Zuge der Novellierung eingefügt, um die Funktionsfähigkeit des Heimbeirates zu erhalten. Warum das betroffene Mitglied seine Pflichten nicht mehr erfüllt bzw. erfüllen kann, ist unbeachtlich.

Die Gründe für die Beendigung der Mitgliedschaft im Heimbeirat gelten auch für die **Ersatzmitglieder** (vgl. § 15). 85

§ 15 Nachrücken von Ersatzmitgliedern

Scheidet ein Mitglied aus dem Heimbeirat aus, so rückt die nicht gewählte Person mit der höchsten Stimmenzahl als Ersatzmitglied nach. § 4 Abs. 2 findet Anwendung. Das Gleiche gilt, wenn ein Mitglied des Heimbeirates zeitweilig verhindert ist.

Im Rahmen der Novellierung der Heimmitwirkungsverordnung im Juli 2002 wurde die Regelung des § 15 gestrafft. 86

§ 15 regelt **abschließend** alle Fälle des Nachrückens der Ersatzmitglieder in den Heimbeirat. Ein Nachrücken ist danach nur möglich, wenn ein Heimbeiratsmitglied **endgültig ausscheidet** oder **zeitweilig verhindert** ist.

Ersatzmitglied ist immer das mit der nächsthöheren Stimmenzahl bedachte, nicht in den Heimbeirat gewählte Mitglied auf der Vorschlagsliste. 87

Allerding ist hierbei § 4 Abs. 2 zu beachten **(Satz 2):** Die zulässige Zahl der **externen** Mitglieder darf nicht überschritten werden.

Bei der **zeitweiligen** Verhinderung **(Satz 3)** rückt das Ersatzmitglied lediglich für die Dauer der Verhinderung in den Heimbeirat ein. Das verhinderte Mitglied bleibt Mitglied des Heimbeirats. Eine zeitweilige Verhinderung liegt auch dann vor, wenn ein Mitglied des Heimbeirates an der Teilnahme an einer einzelnen Sitzung unvorhersehbar verhindert ist. Die Unvorhersehbarkeit ist Voraussetzung der Verhinderung. Ist das Mitglied in der Lage, an der Sitzung teilzunehmen, so kann es nicht das Ersatzmitglied mit der Teilnahme beauftragen. Dies gilt insbesondere bei einer Verhinderung während der Behandlung einzelner Tagesordnungspunkte in der Sitzung. 88

Dritter Abschnitt
Geschäftsführung des Heimbeirates

§ 16 Vorsitz

(1) **Der Heimbeirat wählt mit der Mehrheit seiner Mitglieder den Vorsitz und dessen Stellvertretung. Eine Bewohnerin oder ein Bewohner soll den Vorsitz innehaben.**

(2) **Die oder der Vorsitzende vertritt den Heimbeirat im Rahmen der von diesem gefassten Beschlüsse, soweit der Heimbeirat im Einzelfall keine andere Vertretung bestimmt.**

§ 16 wurde bei der Novellierung der Heimmitwirkungsverordnung in erster Linie redaktionell überarbeitet.

Zu Abs. 1:

89   Jeder Heimbeirat hat aus seiner Mitte eine oder einen Vorsitzende(n) und dessen Stellvertretung zu wählen. Der Heimbeirat ist zu dieser Wahl verpflichtet. Die Wahl erfolgt mit Stimmenmehrheit, sie kann schriftlich, durch Handaufheben, offen oder geheim erfolgen. Die Wahl hat in der konstituierenden Sitzung des Heimbeirates zu erfolgen. Über die Sitzung ist gem. § 19 eine Niederschrift anzufertigen.

90   Nach Satz 2, der neu eingefügt wurde, soll die oder der **Vorsitzende aus dem Heim** kommen, um den Einfluß und die Stellung der Heimbewohnerinnen und Heimbewohner zu stärken. Eine Ausnahme davon ist nur vorstellbar, wenn den Vorsitz kein Bewohner übernehmen kann oder will.

Zu Abs. 2:

Absatz 2 regelt die Rechtsstellung der bzw. des Vorsitzenden. Danach vertritt die bzw. der Vorsitzende den Heimbeirat **im Rahmen der von diesem gefaßten Beschlüsse.**

Dies gilt aber nur, soweit der Heimbeirat im Einzelfall keine **andere** Vertretung bestimmt.

Im **Grundsatz** gilt: Der Vorsitzende kann nicht anstelle des Heimbeirates Entscheidungen treffen; er ist lediglich Vertreter in der Erklärung und kann nur im Rahmen der gefaßten Beschlüsse verbindliche Erklärungen abgeben. Andere als solche Erklärungen binden den Heimbeirat nicht, er kann sie jedoch genehmigen.

2. HeimmwV (Kommentar) Anh. A

Der Heimbeirat kann der oder dem Vorsitzenden auch nicht generell ein selbständiges Entscheidungsrecht übertragen; eine Bevollmächtigung hinsichtlich einer einzelnen Frage ist jedoch zulässig. Dies gilt auch für die Bevollmächtigung anderer Heimbeiratsmitglieder. In beiden Fällen ist ein Beschluß nach § 18 zu treffen.

Der Stellvertreter der oder des Vorsitzenden vertritt diese oder diesen nur, wenn diese(r) seine oder ihre Aufgaben und Befugnisse nicht wahrnehmen kann; dabei ist es gleichgültig, ob der Vorsitzende aus tatsächlichen oder rechtlichen Gründen, ob vorübergehend oder auf Dauer an der Ausübung seines Amtes verhindert ist.

Ist der Vorsitzende nur für kurze Zeit verhindert, so sind nur über solche Angelegenheiten Beschlüsse zu fassen, die während der Verhinderung des Vorsitzenden unaufschiebbar erledigt werden müssen.

§ 17 Sitzungen des Heimbeirates

(1) **Unbeschadet einer Wahlanfechtung beruft der Wahlausschuss den Heimbeirat binnen zwei Wochen nach Bekanntmachung des Wahlergebnisses zu einer konstituierenden Sitzung ein.**

(2) **Die oder der Vorsitzende des Heimbeirates beraumt die Sitzungen an, setzt die Tagesordnung fest und leitet die Verhandlung. Sie oder er hat die Mitglieder des Heimbeirats und nachrichtlich die Ersatzmitglieder zu der Sitzung mit einer Frist von sieben Tagen unter Mitteilung der Tagesordnung einzuladen.**

(3) **Auf Antrag eines Viertels der Mitglieder des Heimbeirates oder der Leitung des Heims hat die oder der Vorsitzende eine Sitzung anzuberaumen und den Gegenstand, dessen Beratung beantragt ist, auf die Tagesordnung zu setzen.**

(4) **Die Leitung des Heims ist vom Zeitpunkt der Heimbeiratssitzung rechtzeitig zu verständigen. An Sitzungen, zu denen die Leitung ausdrücklich eingeladen wird, hat sie teilzunehmen.**

(5) **Der Heimbeirat kann beschließen, zur Wahrnehmung seiner Aufgaben fach- und sachkundige Personen hinzuzuziehen. Der Heimbeirat kann ebenso beschließen, dass Bewohnerinnen und Bewohner oder fach- und sachkundige Personen oder dritte Personen an einer Sitzung oder an Teilen der Sitzung teilneh-**

men können. Der Träger trägt die Auslagen in angemessenem Umfang der zugezogenen fach- und sachkundigen Personen sowie der dritten Personen. Sie enthalten keine Vergütung.

(6) Der Heimbeirat kann sich jederzeit an die zuständige Behörde wenden.

(7) Der Heimbeirat kann Arbeitsgruppen bilden. Das weitere Verfahren regelt der Heimbeirat.

§ 17 wurde im Rahmen der Novellierung der Heimmitwirkungsverordnung im Juli 2002 wesentlich überarbeitet.

Zu Abs. 1:

91 In diesem neuen Absatz ist geregelt, daß sich der Heimbeirat **konstituiert,** auch wenn die Wahl nach § 10 **angefochten** wurde. Zweck dieser Bestimmung ist es, eine heimbeiratslose Zeit während des laufenden Prüfungsverfahrens zu vermeiden.

92 Der **Wahlausschuss** beruft zu der konstituierenden Sitzung des Heimbeirates ein. Dies hat binnen einer Frist von **zwei Wochen** nach der Bekanntmachung des Wahlergebnisses zu geschehen (vgl. § 7 Abs. 2).

Die Ladungsfrist gibt vor allem den externen Heimbeiratsmitgliedern Zeit, sich auf diesen Termin einstellen und vorbereiten zu können.

Zu Abs. 2:

93 Eine **Ladungsfrist** wurde jetzt auch in Absatz 2 aufgenommen: Zu den weiteren Sitzungen des Heimbeirats ist mit einer Frist von **sieben Tagen** einzuladen.

94 Die Anberaumung von Sitzungen und die Festlegung der Tagesordnung liegen im **pflichtgemäßen Ermessen** der oder des **Vorsitzenden.** Anberaumt wird die Sitzung durch die **Einladung** der Mitglieder des Heimbeirates und nachrichtlich der Ersatzmitglieder (vgl. § 15); die **Tagesordnung** ist mitzuteilen **(Satz 2).**

Die **Tagesordnung** ist so abzufassen, daß sich jedes Heimbeiratsmitglied über die zur Beratung anstehenden Punkte ein Bild machen kann. Ist dies nicht der Fall oder ist die Einladung nicht rechtzeitig erfolgt, so kann grundsätzlich kein wirksamer Beschluss gefaßt werden. Eine Ausnahme gilt nur dann, wenn alle Heimbeiratsmitglieder zur Sitzung erschienen und mit der Beschlussfassung einverstanden sind.

Der oder dem Vorsitzenden obliegt ferner die **Leitung der Verhandlung;** sie oder er stellt die Anwesenheit und die Mehrheitsverhältnisse und die Beschlussfähigkeit fest, erteilt das Wort, stellt fest, ob und welche Beschlüsse gefaßt wurden, und hat für die Niederschrift zu sorgen (vgl. **Satz 1**). 95

Zu Abs. 3:

Ein **formelles Antragsrecht** auf Anberaumung einer Sitzung haben nur ein **Viertel der Mitglieder des Heimbeirates** und die **Leitung** des Heims. **Andere Personen** haben kein formelles Recht, die Anberaumung einer Sitzung zu verlangen. Von ihnen vorgebrachte Wünsche sind Anregungen, die der Vorsitzende im Rahmen der pflichtgemäßen Ausübung seines Amtes berücksichtigen kann. 96

Der Vorsitzende **muß** dem Antrag der formell antragsberechtigten Personen stattgeben, wenn der Gegenstand, dessen Beratung beantragt ist, zum Aufgabenbereich des Heimbeirates gehört, andernfalls hat er dem Antrag nicht stattzugeben. Er hat die Sitzung anzuberaumen und den zu beratenden Gegenstand auf die Tagesordnung zu setzen.

Die antragsberechtigten Personen können auch die **Ergänzung** einer bestehenden Tagesordnung verlangen; dies ergibt sich daraus, daß sie das weitergehende Recht haben, die Anberaumung einer eigenen Sitzung über einen zu beratenden Gegenstand zu verlangen. Wer hierzu berechtigt ist, muß erst recht die Ergänzung der Tagesordnung verlangen können.

Zu Abs. 4:

Die **Heimleitung** ist über den Zeitpunkt der Heimbeiratssitzung **rechtzeitig** zu verständigen **(Satz 1).** 97

Rechtzeitig ist die Einladung dann, wenn sich die Leitung auf den Termin einstellen und auf die einzelnen Tagesordnungspunkte ausreichend vorbereiten kann.

Obwohl in Absatz 4 nur die Information über den **Zeitpunkt** der Sitzung vorgeschrieben ist, muß auch eine Information über die **Tagesordnung** erfolgen. Dies ergibt sich aus Absatz 3: Wenn die Leitung einen Tagesordnungspunkt vorschlagen darf, muß sie auch wissen, welche Themen der Heimbeirat in seiner Sitzung behandeln wird.

Die Heimleitung ist zu der Teilnahme an der Sitzung **verpflichtet,** wenn sie dazu ausdrücklich eingeladen wurde **(Satz 2).** Sie ist ferner verpflichtet teilzunehmen, wenn sie eine Sitzung nach Abs. 3 beantragt hat. 98

Anh. A 2. HeimmwV (Kommentar)

Ein **Stimmrecht** steht der Leitung des Heims in keinem Fall zu.

Zu Abs. 5:

99 Seit der Novellierung der Heimmitwirkungsverordnung hat der Heimbeirat das Recht, **zur Wahrnehmung seiner Aufgaben fach- und sachkundige Personen** hinzuzuziehen. Darüber entscheidet der Heimbeirat durch Beschluss **(Satz 1)**.

Diese Möglichkeit wurde geschaffen, um die Mitwirkung der Heimbewohnerinnen und Heimbewohner zu **stärken**. Die Beratung durch fach- und sachkundige Personen ist auch deswegen erforderlich, weil sich der Aufgabenkreis des Heimbeirates erweitert hat und manche neuen Aufgaben komplexer Natur sind (z.B. Leistungs-, Vergütungs-, Qualitäts- und Prüfungsvereinbarungen, § 29).

100 Nicht geregelt ist, **wie lange** diese Personen hinzugezogen werden dürfen. Aus dem Umkehrschluß zur Regelung in Satz 2 („Sitzung oder Teile einer Sitzung") folgt, daß die Hinzuziehung auch für die Dauer der Amtszeit (§ 12) erfolgen kann. Die Entscheidung darüber steht im **Ermessen** des Heimbeirats.

101 Des weiteren kann der Heimbeirat auch **Bewohnerinnen und Bewohner** oder **fach- und sachkundige Personen** oder **Dritte** an einer Sitzung oder an Teilen davon teilnehmen lassen **(Satz 2)**. Insoweit haben sich keine Änderungen durch die Novellierung der Heimmitwirkungsverordnung ergeben.

102 In den **Sätzen 3 und 4** ist jetzt geregelt, daß die fach- und sachkundigen und die dritten Personen **keine Vergütung** erhalten; sie arbeiten ehrenamtlich und unentgeltlich. Der Heimträger ist nur verpflichtet, deren **Auslagen** zu tragen, soweit sie angemessen sind.

Angemessen und damit erstattungsfähig sind die Kosten, die bei Anlegung eines verständigen Maßstabs erforderlich sind (z.B. Fahrtkosten, Kopier-, Porto- und Telefonkosten; u.U. auch Übernachtungskosten).

Zu Abs. 6:

103 Klargestellt wurde in diesem neu eingefügten Absatz, daß der Heimbeirat jederzeit auf die Heimaufsichtsbehörde zukommen kann.

Zu Abs. 7

104 Neu ist ferner, daß der Heimbeirat Arbeitsgruppen bilden kann. Dies mag im Einzelfall zur Optimierung der Arbeit des Heimbeirats erforderlich sein. Wie das zu geschehen hat, obliegt dem Heimbeirat zu regeln.

§ 18 Beschlüsse des Heimbeirates

(1) **Die Beschlüsse des Heimbeirates werden mit einfacher Stimmenmehrheit der anwesenden Mitglieder gefasst. Bei Stimmengleichheit entscheidet die Stimme der Vorsitzenden oder des Vorsitzenden.**

(2) **Der Heimbeirat ist beschlussfähig, wenn mindestens die Hälfte seiner Mitglieder anwesend ist.**

§ 18 wurde bei der Novellierung der Heimmitwirkungsverordnung im Juli 2002 inhaltlich nicht geändert.

Zu Abs. 1:

Die Beschlüsse können nur **in einer Sitzung** gefaßt werden; eine schriftliche Beschlussfassung im Umlaufverfahren ist unzulässig, da hier kein Meinungsaustausch unter den Mitgliedern des Heimbeirates erfolgen kann. Eine ordnungsgemäße Beschlussfassung setzt die rechtzeitige Einladung unter Mitteilung der Tagesordnung voraus (s. RdNr. 1 zu § 17). Bei Stimmengleichheit entscheidet die Stimme der oder des Vorsitzenden. 105

Zu Abs. 2:

Der Heimbeirat ist nur **beschlussfähig,** wenn mindestens die Hälfte seiner Mitglieder anwesend ist. Die Beschlussfähigkeit muß bei jeder Beschlussfassung über jeden einzelnen Gegenstand der Tagesordnung gegeben sein; **es genügt nicht,** daß die Beschlussfähigkeit nur zu Beginn der Sitzung gegeben ist. 106

Die Beschlüsse werden mit einfacher Stimmenmehrheit der anwesenden Mitglieder gefaßt. **Stimmenthaltungen** sind möglich. Da ein Antrag nur angenommen ist, wenn er die Billigung der Mehrheit der anwesenden Mitglieder findet, wirkt die Stimmenthaltung wie eine Ablehnung.

§ 19 Sitzungsniederschrift

Über jede Verhandlung des Heimbeirates ist eine Niederschrift aufzunehmen, die mindestens die Sitzungsteilnehmer, den Wortlaut der Beschlüsse und die Stimmenmehrheit, mit

Anh. A   2. HeimmwV (Kommentar)

der sie gefasst sind, enthält. Die Niederschrift ist von der Vorsitzenden oder dem Vorsitzenden und einem weiteren Mitglied zu unterzeichnen.

§ 19 wurde bei der Novellierung der Heimmitwirkungsverordnung im Juli 2002 inhaltlich nicht geändert.

107   Die Niederschrift über die Sitzung ist über die gesamte Verhandlung zu fertigen. Sie **muß mindestens** die **Sitzungsteilnehmer, den genauen Wortlaut der Beschlüsse und die Stimmenmehrheit,** mit der sie gefaßt sind, enthalten.

108   Die Niederschrift kann, muß aber nicht, ein Heimbeiratsmitglied fertigen. Sie kann auch von einer **Hilfskraft** gefertigt werden, sofern diese nicht für die Niederschrift verantwortlich ist, also nur den Vorsitzenden oder ein anderes für das Protokoll durch Beschluß bestimmtes Mitglied unterstützt. Durch die Hinzuziehung einer Hilfskraft wird der Grundsatz der Nichtöffentlichkeit der Heimbeiratssitzungen nicht verletzt, zumindest dann nicht, wenn man der hier vertretenen Auffassung folgt, daß die in § 21 Abs. 1 Satz 1 genannten Hilfen sowohl personeller wie auch sächlicher Art sein können (s. RdNr. 121).

109   Die Niederschrift kann in einem Buch oder auf einzelnen Blättern erfolgen. Sie ist von der bzw. von dem Vorsitzenden und einem weiteren Mitglied zu **unterzeichnen.** Wird die Niederschrift nicht in der Sitzung selbst, sondern nachträglich gefertigt, müssen durch Notizen die Beschlüsse genau nach ihrem Wortlaut und der Stimmenmehrheit festgehalten werden, so daß in der Verhandlung in jedem Falle schriftliche Aufzeichnungen geführt werden müssen.

§ 20 Bewohnerversammlung und Tätigkeitsbericht des Heimbeirates

Der Heimbeirat soll mindestens einmal im Amtsjahr eine Bewohnerversammlung abhalten. Teilbewohnerversammlungen sind zulässig. Der Heimbeirat hat in der Bewohnerversammlung einen Tätigkeitsbericht zu erstatten, der auch möglichst schriftlich an alle Bewohnerinnen und Bewohner zu verteilen ist. Die Bewohnerinnen und Bewohner können zum Tätigkeitsbericht Stellung nehmen. Die Bewohnerinnen und Bewohner sind berechtigt, zur Bewohnerversammlung Personen ihres Vertrauens hinzuzuziehen. Auf Verlangen des Heimbeirates hat die

Leitung des Heims an der Bewohnerversammlung teilzunehmen. Der Heimbeirat kann die Leitung von der Bewohnerversammlung insgesamt oder von einzelnen Tagesordnungspunkten ausschließen.

§ 20 wurde im Rahmen der Novellierung der Heimmitwirkungsverordnung vollständig überarbeitet. Zum einen wurden Regelungen über die Bewohnerversammlung aufgenommen; die Ermächtigungsgrundlage dafür bildet **§ 10 Abs. 3 HeimG**. Zum anderen wurden die Bestimmungen über den Tätigkeitsbericht des Heimbeirates modifiziert. 110

Zu Satz 1:

Die Regelung in Satz 1 entspricht teilweise wörtlich der in § 10 Abs. 3 Satz 1 HeimG: Der Heimbeirat soll **mindestens einmal** im Amtsjahr (vgl. § 12) eine **Bewohnerversammlung** abhalten. 111

Zu der Bewohnerversammlung sind alle Heimbewohnerinnen und Heimbewohner einzuladen. Der Teilnehmerkreis kann im Einzelfall **erweitert** werden; die Voraussetzungen der Sätze 5 und 6 sind dann zu beachten.

Die Versammlung ist ein zentrales **Forum der Aussprache** zwischen dem Heimbeirat einerseits und den Bewohnerinnen und Bewohnern andererseits. In der Versammlung sollen die Bewohnerinnen und Bewohner über die sie betreffenden Fragestellungen informiert werden. Die Gelegenheit zur Diskussion sollte bestehen. Im Vordergrund dürfte aber der **Tätigkeitsbericht** des Heimbeirates stehen; die Einzelheiten sind in Satz 3 geregelt (siehe dort). 112

Die **Versammlungsleitung** obliegt der bzw. dem Vorsitzenden des Heimbeirats (§ 17 Abs. 2 analog). 113

Zu Satz 2:

Nach Satz 2 sind **Teilbewohnerversammlungen** zulässig. Unter welchen Voraussetzungen sie zulässig sind, ist nicht geregelt. 114

Es ist davon auszugehen, daß eine Teilbewohnerversammlung dann abgehalten werden kann, wenn eine Versammlung **aller** Bewohnerinnen und Bewohner **nicht zum gleichen Zeitpunkt** stattfinden kann. Hierbei sind die Besonderheiten des jeweiligen Heims zu berücksichtigen.

Der **Regelfall** sollte jedoch die Versammlung aller Bewohnerinnen und Bewohner eines Heims sein, um den gleichen Informationsstand zu gewährleisten und die Gemeinschaft der Heimbewohner zu stärken.

Zu Satz 3:

115 Einen Schwerpunkt der Bewohnerversammlung bildet der **Tätigkeitsbericht** des Heimbeirats.

Der Heimbeirat ist **verpflichtet,** einen Tätigkeitsbericht zu erstatten. Die Verpflichtung beläuft sich auf **eine** Erstattung im Amtsjahr (vgl. Satz 1). Dem Heimbeirat ist es aber nicht verwehrt, weitere Tätigkeitsberichte abzugeben, wenn ihm dies notwendig und angesichts der Bedeutung bestimmter Vorgänge zweckmäßig erscheint.

116 Nicht geregelt ist, in welcher **Form** der Tätigkeitsbericht zu erstatten ist. Geregelt ist nur, daß der Bericht möglichst **schriftlich** an die Bewohnerinnen und Bewohner zu **verteilen** ist.

Der Heimbeirat kann daher den Bericht **schriftlich oder mündlich** erstatten. Welche Form letztlich die geeignetere ist, hängt nicht zuletzt auch von der Art des Heims ab. So wird in Einrichtungen, in denen dauernd bettlägerige Personen eine hohe Anzahl der Bewohner bilden, die Erstattung eines schriftlichen Berichts geeigneter sein als ein mündlicher Vortrag in der Versammlung. Gegebenenfalls muß der Heimbeirat seinen Bericht in beiden Formen erstatten, wenn dies zur Information der Bewohnerinnen und Bewohner erforderlich ist.

Zu Satz 4:

117 Zum Tätigkeitsbericht des Heimbeirats können die Bewohnerinnen und Bewohner **Stellung nehmen.**

Dies ist sachgerecht, weil die Bewohnerversammlung ein Forum der Aussprache zwischen Heimbeirat und der Bewohnerschaft sein soll. Nicht ausgeschlossen ist, daß die Bewohner erst nach der Versammlung zu dem Bericht Stellung nehmen. Eine bestimmte Form für die Stellungnahme ist nicht vorgeschrieben.

Zu Satz 5:

118 Satz 5 gibt den Bewohnerinnen und Bewohnern das Recht, **Personen ihres Vertrauens** zu der Bewohnerversammlung hinzuzuziehen.

Dies können z.B. **Angehörige oder Betreuer** sein. Ob die Vertrauenspersonen ein **Rederecht** in der Bewohnerversammlung haben, ist nicht geregelt. Eine Stellungnahme zum Tätigkeitsbericht des Heimbeirats können jedenfalls nur die Bewohnerinnen und Bewohner abgeben (vgl. Satz 4). Inwieweit sich die Vertrauenspersonen aktiv in die Bewohnerversammlung einbringen dürfen, ist letztlich eine Frage des Einzelfalls. Hierbei ist neben den jeweiligen Tagesordnungspunkten auch zu berücksichtigen, daß die Bewohnerversammlung gerade als Forum der Heimbewohner konzipiert ist, zu denen die Vertrauenspersonen nicht gehören.

Zu den Sätzen 6 und 7:

Der Heimbeirat entscheidet, ob die Leitung des Heims an der Bewohnerversammlung teilnehmen soll oder nicht. **Auf Verlangen** des Heimbeirats **muß** die Heimleitung **teilnehmen (Satz 6).** Die Leitung ist in diesem Fall zur Teilnahme verpflichtet. Diese Regelung ist erforderlich, um die Mitwirkung der Heimbewohnerinnen und Heimbewohner zu sichern und zu erweitern. **119**

Der Heimbeirat hat aber auch das Recht, die Leitung von der Bewohnerversammlung **insgesamt** oder von **einzelnen Tagesordnungspunkten auszuschließen (Satz 7).** **120**

Die Heimbewohner haben damit einen **Raum für die interne Willensbildung,** der gegenüber der Leitung abgegrenzt ist. Die Bewohnerinnen und Bewohner können sich frei äußern, ohne etwaige Sanktionen befürchten zu müssen, und Positionen zu bestimmten Angelegenheiten des Heimbetriebs erarbeiten, ohne von der Leitung beeinflußt zu werden.

Bei der Entscheidung über die Teilnahme und den Ausschluss der Heimleitung ist aber zu berücksichtigen, daß der Heimbeirat **vertrauensvoll** mit dem Träger und der Leitung zusammenarbeiten soll.

§ 21 Kosten und Sachaufwand des Heimbeirates

(1) **Der Träger gewährt dem Heimbeirat die zur Erfüllung seiner Aufgaben erforderlichen Hilfen und stellt insbesondere die Räumlichkeiten zur Verfügung.**

(2) **Dem Heimbeirat sind in dem Heim geeignete Möglichkeiten für Mitteilungen zu eröffnen, insbesondere sind schriftliche Mitteilungen an alle Bewohnerinnen und Bewohner zu gewährleisten sowie Plätze für Bekanntmachungen zur Verfügung zu stellen.**

(3) **Die durch die Tätigkeit des Heimbeirates entstehenden angemessenen Kosten trägt der Träger.**

Im Gegensatz zu den in § 8 geregelten personellen und sächlichen Hilfen, die die **Heimleitung** dem **Wahlausschuss** zur Verfügung stellen muß, werden in § 21 die Hilfen behandelt, die der **Heimträger** dem Heimbeirat zu gewähren hat.

Zu Abs. 1:

121 Der Träger ist verpflichtet, dem Heimbeirat alle **erforderlichen** Hilfen zu gewähren. Bei der Novellierung der Verordnung wurde in Abs. 1 aufgenommen, daß insbesondere **Räumlichkeiten** zur Verfügung zu stellen sind. Diese Darstellung ist nicht abschließend. Vorstellbar ist daher, daß der Träger auch **personelle** Hilfen zu leisten hat. Dies erscheint sachgerecht, da der Heimbeirat insbesondere bei Mitteilungen an die Bewohnerinnen und Bewohner oft nicht in der Lage sein wird, diese Schriftstücke selbst herzustellen oder andere Schriftstücke, die zur Erfüllung seiner Aufgaben erforderlich sind, selbst zu fertigen.

122 **Erforderlich** sind somit alle Hilfen sächlicher und personeller Art, die der Heimbeirat zur ordnungsgemäßen Erfüllung seiner Aufgaben benötigt. In Betracht werden als personelle Hilfe die zeitweise Zuteilung einer Schreibkraft, als sächliche Hilfen Schreibpapier, Vervielfältigungsgeräte bzw. deren Benutzung, die Übernahme der Verteilung von Mitteilungen, insbesonder Anschlagplätze in ausreichender Zahl für Mitteilungen u. ä. kommen. Letztlich werden die Hilfen je nach Art des Heims unterschiedlich sein. Grundsätzlich gilt, daß solche Hilfen erforderlich sind, die zur Erfüllung der Aufgaben notwendig, nicht wünschenswert sind.

Zu Abs. 2:

123 Absatz 2 betont das Erfordernis, den Heimbeirat bei der **Information** der Bewohnerinnen und Bewohner zu unterstützen.

Nach der neu formulierten Bestimmung ist der Träger verpflichtet, auch **schriftliche Mitteilungen** an alle Bewohnerinnen und Bewohner zu gewährleisten.

Die Aufzählung der in Betracht kommenden Unterstützungsmaßnahmen ist nicht abschließend („insbesondere").

Im Einzelfall ist deshalb zu prüfen, ob die **Kommunikationsmöglichkeiten** des Heimbeirates ausreichend sind, um seinen Aufgaben nachzukommen. Ggf. müssen hierzu geeignete Möglichkeiten geschaffen werden.

Es ist zu berücksichtigen, daß die Bewohnerinnen und Bewohner aufgrund ihres Gesundheitszustandes nicht immer an Versammlungen im Heim teilnehmen und die Aushänge im Heim erreichen können und somit auf andere Informationswege angewiesen sind.

Zu Abs. 3:

Die Regelung über die Kostentragungspflicht des Trägers wurde **124** im Zuge der Novellierung der Verordnung geändert.

Bisher hatte der Träger die Kosten zu übernehmen, die die erforderlichen Hilfen betrafen (vgl. § 21 Abs. 1 Satz 2 a. F.). **Jetzt** ist er verpflichtet, **alle durch die Tätigkeit** des Heimbeirats entstehenden Kosten zu tragen.

Die damit verbundene Erweiterung der Kostentragungspflicht wird dadurch wieder eingeschränkt, daß nur die **angemessenen** Kosten erstattet werden. Abzustellen ist wiederum auf einen verständigen Maßstab.

Darunter fallen jedenfalls die Auslagen der fach- und sachkundigen Personen, die der Heimbeirat nach § 17 hinzuzieht (vgl. § 17 Abs. 5 Satz 3).

Vierter Abschnitt
Stellung der Heimbeiratsmitglieder

§ 22 Ehrenamtliche Tätigkeit

Die Mitglieder des Heimbeirates führen ihr Amt unentgeltlich und ehrenamtlich aus.

Die Tätigkeit eines Mitglieds des Heimbeirats ist ein **Ehrenamt**. **125** Dies wurde im Zuge der Novellierung der Heimmitwirkungsverordnung im Juli 2002 klargestellt.

Die Heimbeiräte arbeiten **unentgeltlich.** Die Gewährung eines **126** Entgelts oder die Annahme eines solchen für Tätigkeiten im Rahmen des Aufgabenbereichs des Heimbeirates ist durch § 22 verboten.

§ 23 Benachteiligungs- und Begünstigungsverbot

(1) **Die Mitglieder des Heimbeirates dürfen bei der Erfüllung ihrer Aufgaben nicht behindert und wegen ihrer Tätigkeit nicht benachteiligt oder begünstigt werden.**

(2) **Eine Bewohnerin oder ein Bewohner darf aufgrund der Tätigkeit eines Angehörigen oder einer Vertrauensperson im Heimbeirat nicht benachteiligt oder begünstigt werden.**

Zu Abs. 1:

127 Diese Regelung schützt den Heimbeirat während seiner Wahlzeit und gibt ihm gegenüber dem Heimträger oder der Heimleitung die für die Ausübung seines Amtes erforderliche Unabhängigkeit.

Hinsichtlich der Behinderung, Benachteiligung und Begünstigung des Heimbeirates gelten die Ausführungen unter RdNr. 56 ff. entsprechend.

Zu Abs. 2:

128 Der Absatz 2 wurde im Zuge der Novellierung der Heimmitwirkungsverordnung im Juli 2002 eingefügt.

Diese Bestimmung korrespondiert mit der Öffnung der Heimbeiräte für **Externe**. Den Bewohnerinnen und Bewohnern, deren Angehörige oder Vertrauenspersonen im Heimbeirat tätig sind, dürfen dadurch keine Nachteile erwachsen; sie dürfen dadurch aber auch keine Vorteile erlangen.

129 Ein Verstoß gegen § 23 Abs. 1 oder Abs. 2 stellt eine **Ordnungswidrigkeit** nach § 34 Nr. 4 oder 5 dar.

§ 24 Verschwiegenheitspflicht

(1) **Die Mitglieder und Ersatzmitglieder des Heimbeirates haben über die ihnen bei Ausübung des Amtes bekannt gewordenen Angelegenheiten oder Tatsachen Stillschweigen zu bewahren. Dies gilt nicht gegenüber den übrigen Mitgliedern des Heimbeirates. Satz 1 gilt für die nach § 17 Abs. 5 teilnehmenden Personen entsprechend.**

(2) **Die Pflicht zur Verschwiegenheit besteht nicht für Angelegenheiten oder Tatsachen, die offenkundig sind oder ihrer Bedeutung nach keiner vertraulichen Behandlung bedürfen.**

Zu Abs. 1:

130 Die Mitglieder und Ersatzmitglieder des Heimbeirats sind grundsätzlich zur Verschwiegenheit verpflichtet.

Die Verschwiegenheitspflicht gilt nur **gegenüber Dritten**. Dritte sind sowohl die Heimbewohner wie auch der Heimträger oder die Heimleitung. Sie gilt auch gegenüber Personen außerhalb des Heims und wirkt über das Ausscheiden des Mitglieds aus dem Heim (vgl. § 14 Nr. 3) hinaus.

Gegenstand der Verschwiegenheit sind vertrauliche Angelegen- 131
heiten oder Tatsachen, die dem Heimbeirat oder seinen einzelnen
Mitgliedern bei Ausübung der Tätigkeit bekannt geworden sind.
Die Vertraulichkeit ist nicht gegeben, wenn Tatsachen oder Angelegenheiten einem Heimbeirat privat zur Kenntnis gelangt sind.

Vertraulich sind solche Angelegenheiten, die nicht in einer öffentlichen Heimbeiratssitzung behandelt werden können. Dies ist z.B. der Fall, wenn eine Heimbewohnerin oder ein Heimbewohner den Heimbeirat um vertrauliche Behandlung einer Angelegenheit bittet oder wenn der Heimbeirat erkennen konnte, daß die Angelegenheit vertraulich behandelt werden muß.

Die Verschwiegenheitspflicht gilt entsprechend für die Personen, 132
die nach **§ 17 Abs. 5** an einer Sitzung des Heimbeirats teilnehmen
dürfen. Dies sind Heimbewohner, fach- und sachkundige Personen oder Dritte. Ob diese Personen an der ganzen Sitzung oder
nur an Teilen der Sitzung teilnehmen, ist unerheblich.

Zu Abs. 2:

Weitere Ausnahmen von der Verschwiegenheitspflicht enthält 133
Abs. 2.

Offenkundig sind insbesondere solche Angelegenheiten oder
Tatsachen, von denen verständige und erfahrene Menschen regelmäßig ohne weiteres Kenntnis haben oder über die sie sich aus allgemein zugänglichen zuverlässigen Quellen unschwer unterrichten können.

Hinsichtlich dem Erfordernis einer **vertraulichen** Behandlung
wird auf die Ausführungen unter RdNr. 130 verwiesen.

Fünfter Abschnitt
Heimfürsprecher

§ 25 Bestellung des Heimfürsprechers

(1) **Die zuständige Behörde hat unverzüglich einen Heimfürsprecher zu bestellen, sobald die Voraussetzungen für seine Bestellung nach § 10 Abs. 4 des Gesetzes gegeben sind. In Heimen mit mehr als 70 Plätzen können zwei Heimfürsprecher, in Heimen mit mehr als 150 Plätzen drei Heimfürsprecher eingesetzt werden. Sind mehrere Heimfürsprecher eingesetzt, stimmen sie ihre Tätigkeit untereinander ab und legen fest, welcher Heimfürsprecher die Interessen der Bewohnerinnen und Be-**

wohner gegenüber der Heimleitung und außerhalb des Heimes vertritt.

(2) Die regelmäßige Amtszeit des Heimfürsprechers beträgt zwei Jahre. Eine Wiederbestellung ist zulässig.

(3) Zum Heimfürsprecher kann nur bestellt werden, wer nach seiner Persönlichkeit, seinen Fähigkeiten und den sonstigen Umständen des Einzelfalls zur Ausübung dieses Amts geeignet ist. Er muss von der zuständigen Behörde und dem Träger, von den Kostenträgern und den Verbänden der Heimträger unabhängig sein. Die Bestellung bedarf der Zustimmung des Bestellten.

(4) Die Bestellung ist dem Heimfürsprecher und dem Träger schriftlich mitzuteilen. Der Träger hat die Bewohnerinnen und Bewohner in geeigneter Weise von der Bestellung zu unterrichten.

(5) § 1 Abs. 3 gilt entsprechend.

134 Nach § 10 Abs. 4 HeimG werden die Aufgaben des Heimbeirats für die Zeit, in der ein solcher nicht gebildet werden kann, von einem **Heimfürsprecher** wahrgenommen. Seine Tätigkeit ist unentgeltlich und ehrenamtlich. Ferner sind die Sätze 3 und 4 zu beachten, wonach die Bestellung im Benehmen mit der Heimleitung erfolgt und die Bewohner des Heims oder deren gesetzliche Vertreter Vorschläge zu seiner Auswahl machen können. Die Heimaufsichtsbehörde ist an die Vorschläge nicht gebunden; insbesondere ist sie nicht von der Prüfung der Voraussetzungen nach § 25 Abs. 3 entbunden.

Zu Abs. 1:

135 Wenn die Voraussetzungen des § 10 Abs. 4 HeimG erfüllt sind, hat die **Heimaufsichtsbehörde** den Heimfürsprecher unverzüglich, also ohne schuldhaftes Zögern (§ 121 BGB), zu bestellen **(Satz 1)**.

136 Von der Bestellung **kann** die Heimaufsichtsbehörde **absehen,** wenn die Mitwirkung der Bewohnerinnen und Bewohner auf **andere** Weise gewährleistet ist (§ 10 Abs. 4 Satz 5 HeimG). Die Behörde hat daher **vor** der Bestellung nach pflichtgemäßem Ermessen zu prüfen, ob dies der Fall ist. Insbesondere sind die Voraussetzungen der (neuen) Bestimmung über die **Ersatzgremien (§ 28 a)** in die Prüfung einzubeziehen.

Wenn ein solches Ersatzgremium besteht, wird schwer zu begründen sein, warum trotzdem ein Heimfürsprecher bestellt werden soll. Schließlich hat der Gesetzgeber den Heimfürsprecher immer als **ultima ratio** angesehen.

Fraglich kann sein, ob der Heimfürsprecher auch aus dem **Kreis** **137** **der Bewohnerinnen und Bewohner** bestimmt werden kann.

Da aufgrund der in § 11a ermöglichten Abweichung von der Zahl der Heimbeiratsmitglieder der Heimbeirat auch aus nur einer Person bestehen kann, sind in diesem Fall die Voraussetzungen des § 4 gegeben und es besteht kein Raum mehr für die Bestellung eines Heimfürsprechers. Da der Heimbeirat – in welcher Zahl auch immer – Vorrang vor der Bestellung eines Heimfürsprechers hat, ist von der Möglichkeit des § 11a i.V.m. § 4 Gebrauch zu machen. Steht also fest, daß aus der Bewohnerschaft ein Heimbeirat i.S.d. §§ 1 u. 4 gebildet werden kann, so liegt – auch wenn sich nur ein Bewohner der Wahl stellt – ein Heimbeirat i.S.d. §§ 1 und 4 vor. Folglich **scheiden Bewohner aus dem Personenkreis aus,** aus dem der Heimfürsprecher gewählt werden kann.

Im Rahmen der Novellierung der Verordnung im Juli 2002 wurden die Voraussetzungen dafür geschaffen, in **mittleren und größeren** Heimen **zwei oder drei** Heimfürsprecher einzusetzen **(Sätze 2 und 3).** **138**

Der Grund für diese Neuerung ist, daß die Mitwirkung der Heimbewohnerinnen und Heimbewohner in Heimen von **mehr als 70 Plätzen** nicht mehr gewährleistet ist, wenn nur eine Person die dem Heimbeirat zukommenden Aufgaben bewältigen soll.

Die Heimfürsprecher stimmen sich untereinander ab und vereinbaren, wer die Interessen der Bewohnerschaft gegenüber der Leitung und Dritten vertritt.

Zu Abs. 2:

Die Aufgaben des Heimbeirats werden nach § 10 Abs. 4 Satz 1 **139** HeimG **nur für die Zeit,** in der ein Heimbeirat **nicht** gebildet werden kann, von dem Heimfürsprecher wahrgenommen.

Zwar beträgt die regelmäßige **Amtszeit** des Heimfürsprechers **zwei Jahre.** Stellt sich jedoch heraus, daß innerhalb dieser Zeit ein Heimbeirat gebildet werden kann, so ist ein Heimbeirat zu installieren. Mit der Bildung des Heimbeirats hat die Heimaufsichtsbehörde gem. § 26 Abs. 1 Nr. 4 die Bestellung des Heimfürsprechers aufzuheben.

Eine **Wiederbestellung** des Heimfürsprechers ist zulässig, wobei eine solche auch mehrmals erfolgen kann, da § 25 Abs. 2 Satz 2 nicht von einer einmaligen Wiederbestellung spricht. Bei der Wiederbestellung ist jedoch stets zu prüfen, ob sich die Verhältnisse im Heim dahingehend geändert haben, daß ein Heimbeirat gebildet werden kann.

Zu Abs. 3:

140 Abs. 3 regelt die Eignung des Heimfürsprechers. Danach kann nur bestellt werden, wer nach seiner Persönlichkeit, seinen Fähigkeiten und den sonstigen Umständen des Einzelfalls zur Ausübung des Amtes geeignet **und** unabhängig ist.

Die Eignungsvoraussetzungen müssen **kumulativ** vorliegen. Fehlt nur eine dieser Voraussetzungen oder liegen begründete Zweifel daran vor, so hat die Heimaufsichtsbehörde von der Bestellung der betreffenden Person abzusehen.

141 Bei der **Entscheidung über die persönliche Eignung** ist zu berücksichtigen, daß der Heimfürsprecher **Ersatzorgan** des Heimbeirates ist. Zu prüfen ist daher, ob er die Aufgaben nach § 29 wahrnehmen, bei den Entscheidungen nach §§ 30 und 31 mitwirken und die Anforderungen an die Kooperationsfähigkeit und -willigkeit nach § 32 erfüllen kann.

Da die Heimmitwirkungsverordnung hinsichtlich der Eignung der Mitglieder des Heimbeirats außer der Tatsache, daß diese grundsätzlich Bewohner des Heims sein müssen, keine besonderen Qualifikationen verlangt, können auch hinsichtlich der Qualifikation des Heimfürsprechers keine übertriebenen Anforderungen gestellt werden. Dabei ist jedoch zu beachten, daß der Heimbeirat ein Kollegialorgan ist, innerhalb dessen die Kompetenzen verteilt sein können, während der Heimfürsprecher sämtliche Aufgaben allein wahrzunehmen hat. Aus diesem Grunde muß er über Fähigkeiten verfügen, die ihm die Wahrnehmung sämtlicher mit seinem Amte verbundener Aufgaben ermöglicht.

Die persönliche Eignung verlangt eine besondere Neigung auf dem Gebiet der Alten- und Behindertenhilfe und dem Umgang mit alten und behinderten Menschen, die Fähigkeit zu Toleranz gegenüber anderen und zu kooperativem Handeln, aber auch das notwendige Maß an Überzeugungs- und Durchsetzungskraft. Eine besondere Ausbildung in einem Beruf der Alten-, Kranken- oder Behindertenpflege, der Sozialpädagogik oder der Verwaltung ist nicht Voraussetzung für die Bestellung; eine solche wird aber die Entscheidung über die Eignung und die Fähigkeit der betreffenden Person erleichtern. Soweit auf das Merkmal „sonstige Umstände des Einzelfalls" abzustellen ist, ist hier insbesondere auf das konkrete Heim in seiner Gesamtheit abzustellen, insbesondere auf den spezifischen Bewohnerkreis und seine konkreten Bedürfnisse. Deshalb ist die Art des Heims, der Grad und die Art der Behinderung der Bewohner der objektive Maßstab, an der die persönliche Eignung und die Fähigkeit des Heimfürsprechers zu messen ist.

Satz 2 manifestiert das **Neutralitätsgebot** des Heimfürsprechers 142 gegenüber der **Heimaufsichtsbehörde** und dem **Träger des Heims.** Er darf insbesondere in keinem arbeitsrechtlichen oder sonstigen weisungsabhängigen Verhältnis zu diesen stehen. Damit scheiden Mitarbeiter des Trägers und der Heimaufsichtsbehörde als Heimfürsprecher aus. Wenn die Regelung des Satzes 2 auch nicht die Bestellung ehemaliger Mitarbeiter verbietet, so ist hier jedoch große Zurückhaltung angebracht, da hier Zweifel an der Neutralität des Heimfürsprechers aufgrund seiner früheren engen Beziehung zur Behörde oder zum Träger bestehen können. Entsprechendes wird für Personen gelten, die in einem verwandtschaftlichen Verhältnis zu Bediensteten der Heimaufsichtsbehörde oder zum Träger stehen.

Um eine neutrale Amtsführung des Heimfürsprechers sicherzustellen, wurde bei der Novellierung der Verordnung in Satz 2 ergänzt, daß der Heimfürsprecher auch von den **Kostenträgern** und den **Verbänden der Heimträger** unabhängig sein muß.

Die Bestellung ist ein **mitwirkungsbedürftiger Verwaltungs-** 143 **akt.** Der Bestellte muß nach **Satz 3** seiner Bestellung zustimmen. Wird er ohne seine Zustimmung bestellt, siehe RdNr. 145.

Zu Abs. 4:

Die **Heimaufsichtsbehörde** ist verpflichtet, die Bestellung dem 144 Heimfürsprecher und dem Träger schriftlich mitzuteilen. Der Träger hat anschließend die Bewohnerinnen und Bewohner entsprechend zu unterrichten.

Die Rechtswirksamkeit der Bestellung **ohne Zustimmung** des 145 Betroffenen oder **ohne die schriftliche Mitteilung** richtet sich nach den Verwaltungsverfahrensgesetzen der Länder. Eine Bestellung ohne schriftliche Mitteilung macht den Verwaltungsakt nicht nichtig, da diese nur Beweis- und Legitimationszwecke zum Inhalt hat. Hingegen wird man von der Nichtigkeit ausgehen müssen, wenn die Bestellung ohne die Zustimmung des Bestellten erfolgt (strittig).

Zu Abs. 5:

146 Nach Abs. 5 können für **Teile** des Heims eigene Heimfürsprecher bestellt werden, wenn dadurch die Wahrnehmung der Mitwirkungsrechte der Bewohner besser gewährleistet ist (siehe hierzu RdNr. 2).

§ 26 Aufhebung der Bestellung des Heimfürsprechers

(1) **Die zuständige Behörde hat die Bestellung aufzuheben, wenn**
1. **der Heimfürsprecher die Voraussetzungen für das Amt nicht mehr erfüllt,**
2. **der Heimfürsprecher gegen seine Amtspflichten verstößt,**
3. **der Heimfürsprecher sein Amt niederlegt oder**
4. **ein Heimbeirat gebildet worden ist.**

(2) **Die zuständige Behörde kann die Bestellung aufheben, wenn eine gedeihliche Zusammenarbeit zwischen dem Heimfürsprecher und den Bewohnerinnen und Bewohnern nicht mehr möglich ist.**

(3) **§ 25 Abs. 4 gilt entsprechend.**

§ 26 wurde durch die neue Heimmitwirkungsverordnung vom Juli 2002 inhaltlich nicht verändert.

Zu Abs. 1:

147 Abs. 1 regelt abschließend, in welchen Fällen die Bestellung des Heimfürsprechers zwingend aufgehoben werden **muß:**
– Wenn er die Voraussetzungen, die zu seiner Bestellung geführt haben (§ 25 Abs. 3), nicht mehr erfüllt,
– wenn er gegen eine Amtspflicht verstößt,
– wenn er sein Amt niedergelegt hat oder
– wenn ein Heimbeirat gebildet worden ist.

Zu Abs. 2:

148 Während die Heimaufsichtsbehörde in den Fällen des Abs. 1 kein **Ermessen** bei der Aufhebung der Bestellung des Heimfürsprechers hat, ist ein solches gegeben, wenn nach Abs. 2 eine gedeihliche Zusammenarbeit zwischen ihm und den Heimbewohnern nicht mehr besteht. Dies ist insbesondere der Fall, wenn das Vertrauensverhältnis zu den Bewohnerinnen und Bewohnern zerrüttet ist. Im Rahmen der Ausübung des pflichtgemäßen Ermessens ist unter anderem zu prüfen, wie stark das Vertrauensverhältns belastet ist und ob die Zusammenarbeit mit einer Minderheit oder der Mehrheit der Heimbewohner nicht mehr funktioniert (ähnlich Gitter/Schmitt zu § 26).

Zu Abs. 3:

Abs. 3 regelt die **Informationspflichten** der Heimaufsichtsbehörde und des Heimträgers. Auf § 25 Abs. 4 wird verwiesen. 149

Zum einen muß die **Heimaufsichtsbehörde** den Heimfürsprecher und den Träger über die Aufhebung unterrichten. Hierfür gilt die Schriftform.

Zum anderen hat der **Heimträger** die Bewohnerinnen und Bewohner entprechend zu informieren.

§ 27 Beendigung der Tätigkeit

Die Tätigkeit des Heimfürsprechers endet mit
1. **Ablauf seiner Amtszeit,**
2. **Aufhebung seiner Bestellung durch die zuständige Behörde nach § 26.**

§ 27 wurde durch die neue Heimmitwirkungsverordnung vom Juli 2002 nicht geändert.

Nach **Nr. 1** endet die Tätigkeit des Heimfürsprechers kraft Gesetzes mit Ablauf seiner **Amtszeit** (vgl. § 25 Abs. 2). Einer Aufhebung der Bestellung durch die Heimaufsichtsbehörde bedarf es hier nicht. 150

Die Tätigkeit endet nach **Nr. 2,** wenn die **Aufhebung der Bestellung** gemäß § 26 wirksam wird. Die Aufhebung ist ein Verwaltungsakt im Sinne des § 35 VwVfG. 151

Darüber hinaus endet die Tätigkeit des Heimfürsprechers mit seinem **Tod.** Insoweit ist § 27 nicht abschließend. 152

§ 28 Stellung und Amtsführung des Heimfürsprechers

(1) **Für die Stellung und Amtsführung des Heimfürsprechers gelten die §§ 20, 21 Abs. 1 und 2 sowie §§ 23 und 24 entsprechend.**

(2) **Der Heimträger hat den Heimfürsprecher bei der Erfüllung seiner Aufgaben zu unterstützen.**

Anh. A   2. HeimmwV (Kommentar)

(3) **Die durch die Tätigkeit des Heimfürsprechers entstehenden erforderlichen Kosten werden von dem Träger übernommen.**

(4) **Der Heimträger hat dem Heimfürsprecher zur Ausübung seines Amtes Zutritt zum Heim zu gewähren und ihm zu ermöglichen, sich mit den Bewohnerinnen und Bewohnern in Verbindung zu setzen.**

§ 28 regelt die Stellung und die Amtsführung des Heimfürsprechers.

Zu Abs. 1:

153   Die **Stellung und Amtsführung** des Heimfürsprechers entspricht der Regelung über die Tätigkeit, Geschäftsführung und Stellung des Heimbeirats. So hat er in jedem Amtsjahr einen Tätigkeitsbericht zu erstatten (§ 20).

Der Heimträger hat dem Heimfürsprecher die nach § 21 Abs. 1 erforderlichen **Hilfen** zu gewähren; diese Bestimmung wurde im Zuge der Änderung der Heimmitwirkungsverordnung im Juli 2002 eingefügt. Zudem sind ihm im Heim geeignete Möglichkeiten für **Mitteilungen** zu eröffnen, insbesondere Plätze für Anschläge zur Verfügung zu stellen (§ 21 Abs. 2).

Er darf bei der Erfüllung seiner Aufgaben nicht behindert und wegen seiner Tätigkeit nicht benachteiligt oder begünstigt werden (§ 23); und schließlich unterliegt er der Verschwiegenheitspflicht (§ 24).

Zu Abs. 2:

154   Der Heimträger hat den Heimfürsprecher bei der Erfüllung seiner Aufgaben zu **unterstützen.**

Bis zur Änderung der Heimmitwirkungsverordnung im Juli 2002 war nicht ersichtlich, weshalb der Verordnungsgeber hier nicht auf die analoge Anwendung der Regelung für den Heimbeirat nach § 21 Abs. 1 Satz 1 verwiesen hat, wonach der Heimträger dem Heimbeirat die zur Erfüllung seiner Aufgaben erforderlichen Hilfen gewährt.

Der Verweis auf § 21 Abs. 1 wurde jetzt in § 28 Abs. 1 aufgenommen (s. o.). Die Regelung in § 28 Abs. 2 blieb aber unverändert. Die Frage, wo der inhaltliche Unterschied zwischen Hilfegewährung einerseits und Unterstützung andererseits liegt, wird nicht beantwortet. Die scharfe Abgrenzung der Anwendungsbereiche des § 21 Abs. 1 analog und des § 28 Abs. 2 dürfte kaum möglich sein.

Die Unterstützung wird sich in der Regel auf Hilfestellungen erstrecken, die zur ordnungsgemäßen Erfüllung der Aufgaben des Heimfürsprechers objektiv erforderlich sind. Hinzu kommen noch weitere über die objektiven Hilfen hinausgehende Aktivitäten, da ansonsten die unterschiedliche Regelung in § 21 Abs. 1 und dem § 28 Abs. 2 sinnlos wäre. Zu denken ist hier insbesondere daran, daß der Heimträger zu einem positiven Umfeld für die Tätigkeit des Heimfürsprechers beitragen soll.

Zu Abs. 3:

Die **Kosten** für die Tätigkeit des Heimfürsprechers werden vom **155** Heimträger übernommen. Diese Regelung entspricht im wesentlichen der für den Heimbeirat in § 21 Abs. 3. Anders als dem Heimbeirat werden dem Heimfürsprecher aber nicht die angemessenen, sondern nur die **erforderlichen** Kosten erstattet.

Warum der Verordnungsgeber den Heimbeirat und den Heimfürsprecher insoweit unterschiedlich behandelt, geht aus der amtlichen Begründung zu der Änderung der Heimmitwirkungsverordnung vom Juli 2002 nicht hervor.

Die Kostentragung ist daher insofern begrenzt, als der Heimfürsprecher nur die zur Erfüllung seiner Aufgaben objektiv erforderlichen Kosten geltend machen kann, also nur Auslagen und Aufwendungen, die notwendigerweise bei der Ausübung des Amts entstanden sind. Insbesondere ist hierbei zu berücksichtigen, daß die Tätigkeit nach § 10 Abs. 4 HeimG unentgeltlich und ehrenamtlich ist, so daß der Heimfürsprecher aufgrund seiner Tätigkeit weder wirtschaftliche Vorteile ziehen noch wirtschaftliche Nachteile erleiden darf.

Die kostenverursachenden Faktoren müssen in einem sinnvollen und verhältnismäßigen Umfang zur Erfüllung der Aufgaben stehen. Überzogene Aufwendungen müssen nicht erstattet werden. Der Heimfürsprecher hat bei seiner Tätigkeit darauf bedacht zu sein, daß die durch seine Tätigkeit verursachten Kosten möglichst gering gehalten werden. Da seine Aufwendungen vielfach für regelmäßige, gleichartige und wiederkehrende Tätigkeiten entstehen werden, empfiehlt es sich, daß Heimträger und Heimfürsprecher eine Kostenpauschale vereinbaren.

Zu Abs. 4:

Abs. 4 räumt dem Heimfürsprecher ein **Betretungsrecht** für das **156** Heim ein. Diese Regelung ist rein deklaratorischer Natur, da die Aufgaben des Heimfürsprechers ohne Zugang zu den Bewohnern wohl kaum durchführbar wären, zumal es sich um einen Bewohnerkreis handelt, der nicht in der Lage ist, einen Heimbeirat zu wählen. Der Verordnungsgeber führt in der Begründung aus, daß dieses Recht aus der Aufgabenstellung folgt und eine regelmäßige Kontaktpflege zu den Bewohnern erfordert.

Das Betretungsrecht kann grundsätzlich nur während der üblichen Geschäftszeit ausgeübt werden. Außerhalb dieser Zeit müssen besondere Umstände vorliegen, aufgrund derer der Zutritt sofort erforderlich ist und der Besuch des Heimfürsprechers keinen Aufschub duldet.

Das Betretungsrecht bezieht sich nur auf die Bereiche des Heims, deren Betreten zur Wahrnehmung der Aufgaben erforderlich ist. Räume des Bewohners kann der Heimfürsprecher nur nach dessen Erlaubnis betreten.

Die Pflicht des Heimträgers, dem Heimfürsprecher zu ermöglichen, sich mit dem Bewohner in Verbindung zu setzen, kann sich nur auf die Ermöglichung der Beseitigung von objektiven Hinderungen beziehen. Lehnt ein Bewohner die Kontaktaufnahme mit dem Heimfürsprecher ab, so kann hieran auch der Heimträger nichts ändern. Allerdings hat der Heimträger – gemeint sind die verantwortlich Beschäftigten insbesondere bei psychisch kranken Bewohnern – die Kontaktaufnahme zu unterstützen, wenn ohne eine solche Mithilfe eine Verbindungsaufnahme nicht oder nur schwer möglich ist.

§ 28 a Ersatzgremium

Von der Bestellung eines Heimfürsprechers nach § 10 Abs. 4 Satz 5 des Gesetzes kann die zuständige Behörde absehen, wenn ein Ersatzgremium besteht, das die Mitwirkung der Bewohnerinnen und Bewohner auf andere Weise gewährleisten und die Aufgaben des Heimbeirates übernehmen kann. Für das Ersatzgremium gelten die §§ 20 bis 24 und die §§ 29 bis 32 entsprechend.

157 § 28 a wurde im Zuge der Änderung der Heimmitwirkungsverordnung im Juli 2002 eingefügt. Diese Bestimmung konkretisiert die Ermächtigung in § 10 Abs. 4 Satz 5 HeimG.

158 Die Heimaufsichtsbehörde kann von der Bestellung eines Heimfürsprechers **absehen,** wenn ein Ersatzgremium besteht und die Mitwirkung der Heimbewohner auf diese Weise gewährleistet wird. Dies ist der Fall, wenn das Gremium **bereit und in der Lage ist,** die Interessen der Bewohnerinnen und Bewohner ordnungsgemäß wahrzunehmen. Vergleichbare Gremien gibt es bereits in Behinderteneinrichtungen.

Die Entscheidung, ob ausnahmsweise von der Bestellung eines Heimfürsprechers abgesehen wird, trifft die Heimaufsichtsbehörde nach pflichtgemäßem **Ermessen**.

Das Ersatzgremium hat die gleichen **Rechte und Pflichten** wie die Heimbeiräte und Heimfürsprecher. Die §§ 20 bis 24 und 29 bis 33 gelten analog. **159**

Vorstellbar ist, daß ein im Zuge der Änderung der Heimmitwirkungsverordnung neu geschaffener **Beirat** (§ 1 Abs. 4) die Aufgaben des Ersatzgremiums nach § 28a übernimmt. Auf die dortigen Erläuterungen wird verwiesen. **160**

Zweiter Teil. Mitwirkung des Heimbeirates und des Heimfürsprechers

§ 29 Aufgaben des Heimbeirates

Der Heimbeirat hat folgende Aufgaben:
1. Maßnahmen des Heimbetriebes, die den Bewohnerinnen oder Bewohnern des Heims dienen, bei der Leitung oder dem Träger zu beantragen,
2. Anregungen und Beschwerden von Bewohnerinnen und Bewohnern entgegenzunehmen und erforderlichenfalls durch Verhandlungen mit der Leitung oder in besonderen Fällen mit dem Träger auf ihre Erledigung hinzuwirken,
3. die Eingliederung der Bewohnerinnen und Bewohner in dem Heim zu fördern,
4. bei Entscheidungen in Angelegenheiten nach den §§ 30, 31 mitzuwirken,
5. vor Ablauf der Amtszeit einen Wahlausschuss zu bestellen (§ 6),
6. eine Bewohnerversammlung durchzuführen und den Bewohnerinnen und Bewohnern einen Tätigkeitsbericht zu erstatten (§ 20),
7. Mitwirkung bei Maßnahmen zur Förderung einer angemessenen Qualität der Betreuung,
8. Mitwirkung nach § 7 Abs. 4 des Gesetzes an den Leistungs- und Qualitätsvereinbarungen sowie an den Vergütungsvereinbarungen und nach § 7 Abs. 5 des Gesetzes an den Leistungs-, Vergütungs- und Prüfungsvereinbarungen.

Anh. A

161 Die in § 29 aufgezählten Aufgaben konkretisieren für den Heimbeirat das Gebot, sich um gegenseitiges Vertrauen und Verständnis zwischen Bewohnerinnen und Bewohnern, Leitung und Träger des Heims zu bemühen.

Zu Nr. 1:

162 Nr. 1 gibt dem Heimbeirat **das Recht, alle Maßnahmen des Heimbetriebes zu beantragen,** die den Bewohnerinnen und Bewohnern dienen. Dies bedeutet, daß der Heimbeirat sich nicht nur auf Stellungnahmen zu Vorschlägen der Leitung oder des Trägers des Heims zu beschränken hat, sondern daß er im Rahmen der vertrauensvollen Zusammenarbeit nach § 32 Abs. 1 von sich aus die Durchführung und die Gestaltung von Maßnahmen des Heimbetriebs beantragen kann. Hierbei hat er die **Interessen aller Bewohner** zu berücksichtigen; er darf nicht einseitig das Interesse einzelner Bewohner sehen und die von diesen gewünschten Maßnahmen beantragen; solche Angelegenheiten sind Anregungen im Sinne der Nr. 2. Die Leitung und der Träger haben bereits aus dem in § 32 Abs. 1 niedergelegten Grundsatz die Pflicht, sich mit den Anträgen des Heimbeirates auseinanderzusetzen und zu den Anträgen Stellung zu nehmen; § 32 Abs. 4 sieht ausdrücklich eine Vorentscheidung vor (s. RdNr. 182 ff.).

Zu Nr. 2:

163 Nr. 2 steht in engem Zusammenhang mit Nr. 1. Der Heimbeirat hat einzelne **Anregungen und Beschwerden** immer dann der Leitung oder dem Träger des Heims zu unterbreiten und entsprechende Maßnahmen zu beantragen, wenn die Anregungen oder Beschwerden im Interesse aller oder der überwiegenden Zahl der Bewohner liegen.

Einzelne Anregungen und Beschwerden von Bewohnern hat der Heimbeirat stets entgegenzunehmen. Ob er wegen dieser Angelegenheiten mit der Leitung oder dem Träger in **Verhandlungen** eintritt, hat er nach pflichtgemäßem Ermessen zu entscheiden. Verhandlungen sind dann nicht erforderlich, wenn nach Auffassung des Heimbeirates z. B. Beschwerden offensichtlich unbegründet sind oder die Anträge mit dem Heimbetrieb in keinem Zusammenhang stehen.

Der Heimbeirat hat die Pflicht, die betreffenden Bewohnerinnen und Bewohner darüber zu **unterrichten,** ob er in Verhandlungen deshalb nicht eintritt, weil er solche für nicht erforderlich hält. Tritt er in Verhandlungen ein, so muß er die einzelnen Bewohnerinnen und Bewohner über den Stand der Angelegenheit informieren.

Der Heimbeirat kann sich nur dann **an den Träger wenden,** wenn es sich um eine Angelegenheit handelt, von der abzusehen ist, daß sie die Kompetenz der Leitung übersteigt und/oder wegen ihrer Gewichtigkeit nur vom Träger selbst erledigt werden kann.

Zu Nr. 3:

Ferner hat nach Nr. 3 der Heimbeirat die Aufgabe, die **Eingliederung** der Bewohnerinnen und Bewohner zu fördern. Er hat insbesondere sein Augenmerk darauf zu richten, daß neu in die Einrichtung aufgenommene Personen sich alsbald in den Heimbetrieb eingliedern. Er hat in dieser Richtung mit Anregungen an die Leitung heranzutreten. 164

Zu Nr. 4:

Nach Nr. 4 muß der Heimbeirat bei Entscheidungen in Angelegenheiten nach den **§§ 30 und 31 mitwirken.** Zur Mitwirkung selbst siehe RdNr. 2 zu § 10 HeimG sowie hier RdNr. 171. 165

Bei den Entscheidungen hat der Heimbeirat das Recht und die Pflicht, die Vorstellungen der Bewohnerinnen und Bewohner darzulegen und Vorschläge zu unterbreiten.

Zu Nr. 5:

Der Heimbeirat hat des weiteren die Aufgabe, vor Ablauf der Amtszeit (§ 12) einen **Wahlausschuss** zu bestellen. Insoweit wird auf RdNr. 37 verwiesen. 166

Zu Nr. 6:

Nr. 6 bringt nochmals zum Ausdruck, daß der Heimbeirat eine **Bewohnerversammlung** nach § 20 durchzuführen und den Bewohnerinnen und Bewohnern einen **Tätigkeitsbericht** zu erstatten hat. 167

Die Aufgabe, eine Bewohnerversammlung durchzuführen, kam bei der Novellierung der Heimmitwirkungsverordnung hinzu.

Zu Nr. 7:

Neu hinzugekommen ist auch die Mitwirkung bei Maßnahmen zur **Förderung einer angemessenen Qualität der Betreuung.** Der Begriff der Betreuung umfaßt auch die Pflege. 168

Diese Aufgabe wurde dem Heimbeirat bereits in **§ 10 Abs. 1 Satz 2 HeimG** übertragen (vgl. dort RdNr. 4).

Zu Nr. 8:

169 Neu ist ferner die Aufgabe, an den **Leistungs-, Qualitäts-, Vergütungs- und Prüfungsvereinbarungen** mitzuwirken.

Auf die Ausführungen unter RdNr. 4 zu § 10 HeimG wird verwiesen.

Die Bewohnerinnen und Bewohner haben die Möglichkeit, ihre Anliegen über den Heimbeirat in die Verhandlungen einzubringen. Die enge Einbindung des Heimbeirats ist für den Heimträger ratsam, weil dadurch die Akzeptanz des Verhandlungsergebnisses vergrößert und die Gefahr eines Streits verringert wird.

§ 30 Mitwirkung bei Entscheidungen

Der Heimbeirat wirkt bei Entscheidungen der Leitung oder des Trägers in folgenden Angelegenheiten mit:

1. **Aufstellung oder Änderung der Musterverträge für Bewohnerinnen und Bewohner und der Heimordnung,**
2. **Maßnahmen zur Verhütung von Unfällen,**
3. **Änderung der Entgelte des Heims,**
4. **Planung oder Durchführung von Veranstaltungen,**
5. **Alltags- und Freizeitgestaltung,**
6. **Unterkunft, Betreuung und Verpflegung,**
7. **Erweiterung, Einschränkung oder Einstellung des Heimbetriebes,**
8. **Zusammenschluss mit einem anderen Heim,**
9. **Änderung der Art und des Zweckes des Heims oder seiner Teile,**
10. **umfassende bauliche Veränderungen oder Instandsetzungen des Heims,**
11. **Mitwirkung bei Maßnahmen zur Förderung einer angemessenen Qualität der Betreuung,**
12. **Mitwirkung nach § 7 Abs. 4 des Gesetzes an den Leistungs- und Qualitätsvereinbarungen sowie an den Vergütungsvereinbarungen und nach § 7 Abs. 5 des Gesetzes an den Leistungs-, Vergütungs- und Prüfungsvereinbarungen.**

170 § 30 enthält einen **Katalog** von Angelegenheiten, bei deren Entscheidung der Heimbeirat mitwirkt.

Im Rahmen der Novellierung der Heimmitwirkungsverordnung wurde bei **Ziffer 5** die **Alltagsgestaltung** hinzugefügt. Diese ist für die Heimbewohnerinnen und Heimbewohner von großer Bedeutung, da sie auch die sog. Tagesstrukturierung umfaßt und daher ihren Lebensbereich unmittelbar berührt.

Des weiteren wurde der Katalog um die **Ziffern 11 und 12** erweitert, wie dies in § 10 Abs. 1 HeimG vorgesehen ist.

Der Heimbeirat kann auch bei der Entscheidung über **andere,** hier nicht genannte Angelegenheiten mitwirken, wenn das die Leitung oder der Träger des Heims zuläßt. Dies kann im Einzelfall angezeigt sein, verpflichtend ist das aber nicht.

Der Heimbeirat hat ein **Mitwirkungsrecht** und kein Mitbestimmungsrecht (vgl. dazu RdNr. 2 zu § 10 HeimG). Es besteht in dem Recht, die in §§ 30 und 31 genannten Angelegenheiten mit dem Träger und der Leitung des Heims zu **erörtern,** und in dem Recht zu verlangen, daß die Anregungen des Heimbeirats **vor** der jeweiligen Entscheidung **geprüft** werden (vgl. § 32 Abs. 3). 171

Ein Recht, daß die Anregungen **berücksichtigt** werden, hat der Heimbeirat aber **nicht.** Dies folgt aus der nach § 2 Abs. 1 garantierten Selbständigkeit des Heimträgers. Der Heimbeirat hat **keine rechtliche** Handhabe, seine Vorstellungen durch Anrufung der Heimaufsichtsbehörde durchzusetzen. Es bleibt ihm – wie auch jedem einzelnen Heimbewohner – unbenommen, sich an die Heimaufsichtsbehörde zu wenden, wenn durch die getroffene Entscheidung der Heimträger die ihm nach dem HeimG obliegenden Pflichten verletzt. 172

Die Einzelheiten der **Form und der Durchführung** der Mitwirkung sind in § 32 geregelt. 173

§ 31 Mitwirkung bei Leistung von Finanzierungsbeiträgen

(1) **Wenn von einer Bewohnerin oder einem Bewohner oder von Dritten zu ihren oder seinen Gunsten Finanzierungsbeiträge an den Träger geleistet worden sind, wirkt der Heimbeirat auch bei der Aufstellung der Haushalts- oder Wirtschaftspläne mit. Der Heimträger hat zu diesem Zweck dem Heimbeirat die erforderlichen Informationen zu geben. Erfolgt bei einem Heimträger, der mehrere Heime betreibt, eine zentrale Wirtschafts- und Rechnungsführung, so hat der Heimträger dem Heimbeirat am Ort des Heims die Unterlagen vorzulegen und die Auskünfte zu erteilen, die das Heim betreffen. Der Träger hat insbesondere anhand der in Satz 1 genannten Pläne über die wirtschaftliche Lage des Heims schriftlich zu berichten. Der Heimbeirat kann hierbei auch Auskünfte über die Vermögens- und Ertragslage des Heims und, sofern vom Träger ein Jahresab-**

schluss aufgestellt worden ist, Einsicht in den Jahresabschluss verlangen.

(2) **Finanzierungsbeiträge im Sinne des Absatzes 1 sind alle Leistungen, die über das für die Unterbringung vereinbarte laufende Entgelt hinaus zum Bau, zum Erwerb, zur Instandsetzung, zur Ausstattung oder zum Betrieb des Heims erbracht worden sind.**

(3) **Die Mitwirkung des Heimbeirates entfällt, wenn alle Ansprüche, die gegenüber dem Träger durch die Leistung von Finanzierungsbeiträgen begründet worden sind, durch Verrechnung, Rückzahlung oder in sonstiger Weise erloschen sind.**

174 Die Mitwirkung des Heimbeirats erstreckt sich nach § 10 Abs. 1 Satz 3 HeimG auf die Verwaltung sowie die Geschäfts- und Wirtschaftsführung des Heims, wenn **Finanzierungsbeiträge** i.S.d. § 14 Abs. 2 HeimG erbracht worden sind.

Eine **Definition** der Finanzierungsbeiträge enthält **Absatz 2**.

Zu Abs. 1:

175 Auch in Heimen, in denen Bewohnerinnen und Bewohner oder nur ein Teil von ihnen Finanzierungsbeiträge geleistet haben, gibt es nur **einen** Heimbeirat. Über die ausnahmsweise mögliche Bildung von Heimbeiräten für Teile einer Einrichtung siehe § 1.

176 Die Heimbeiräte wirken auch bei der Aufstellung der **Haushalts- oder Wirtschaftspläne** mit. Der Heimträger muß ihnen dazu die erforderlichen Informationen geben **(Sätze 1 und 2)**.

Erforderliche Informationen in diesem Sinne sind alle Angaben, die zur Erstellung der Haushalts- und Wirtschaftpläne benötigt werden.

Ein Verstoß gegen diese Bestimmung stellt eine **Ordnungswidrigkeit** dar (§ 34 Nr. 6).

177 Seit der Novellierung der Verordnung ist in **Satz 3** geregelt, daß die Träger, die **mehrere Heime** betreiben und eine **zentrale** Wirtschafts- und Rechnungsführung haben, dem jeweiligen Heimbeirat über das **konkrete** Heim Auskunft erteilen müssen.

Der Grund für diese Änderung war, daß die Mitwirkungsrechte des Heimbeirats **nicht** dadurch **unterlaufen** werden dürfen, daß ein Träger eine zentrale Wirtschafts- und Rechnungsführung für mehrere Heime unterhält. Der Heimbeirat muß **vor Ort** die notwendigen Informationen erhalten und die relevanten Unterlagen vorgelegt bekommen, um die wirtschaftliche Lage seines Heims

2. HeimmwV (Kommentar)   **Anh. A**

beurteilen zu können. Nur so können die Heimbeiräte ihr Mitwirkungsrecht nach § 31 ungeschmälert ausüben.

Ein Verstoß gegen diese Bestimmung stellt eine **Ordnungswidrigkeit** dar (§ 34 Nr. 7).

Der Träger ist verpflichtet, insbesondere anhand der Haushalts- **178** und Wirtschaftspläne über die wirtschaftliche Lage des Heims **schriftlich** zu **berichten. Satz 4** stellt damit das Korrelat zu Satz 1 dar.

„**Anhand**" bedeutet nicht, daß der Heimträger in seinem Bericht über die wirtschaftliche Lage des Heims die genannten Pläne beizufügen hat. Sie müssen aber die Grundlage des Berichts sein, d. h. in dem Bericht muß auf der Grundlage des Haushalts- und Wirtschaftsplans auf die aktuelle wirtschaftliche Lage eingegangen werden. Darzustellen ist, wie sich die wirtschaftliche Lage des Heims entwickelt hat. Hierzu gehört vor allem, ob die aktuelle Entwicklung den genannten Plänen entsprochen hat und wo Abweichungen eingetreten sind.

Da der Bericht der **Schriftform** bedarf, sind mündliche Berichte wegen des Verstoßes gegen § 125 BGB analog nichtig. Erlaubt ist aber eine **mündliche Erläuterung** des schriftlichen Berichts. Eine solche wird i. d. R. sogar angezeigt sein, um Rückfragen des Heimbeirats beantworten zu können. Eine solche Aussprache ist zwar nicht im Heimgesetz vorgesehen; sie wird aber sicher ein Ausdruck des in § 32 Abs. 1 normierten Postulats der vertrauens- und verständnisvollen Zusammenarbeit sein.

Nach **Satz 5** kann der Heimbeirat „**hierbei**" auch **Auskünfte** **179** **über die Vermögens- und Ertragslage** des Heims verlangen.

Streitig kann sein, ob dieses „**hierbei**" bedeutet, daß in dem schriftlichen Bericht nach Satz 4 auch diese Auskünfte enthalten sein müssen. Wäre dies gewollt, so hätte der Verordnungsgeber im Sinne von „hierbei" auf den Bericht hinweisen müssen.

Auch ist nicht geregelt, **wann** der Heimbeirat die zusätzlichen Auskünfte verlangen muß. Er kann somit sein Recht aus Satz 5 vor **oder** auch noch bei Abgabe des Berichts geltend machen.

Da in Satz 5 nicht die Schriftform für die Auskünfte über die Vermögens- und Ertragslage des Heims vorgesehen ist, können diese Auskünfte auch **mündlich** erteilt werden.

Hat der Träger einen **Jahresabschluß** erstellt, kann der Heimbei- **180** rat **Einblick** in diesen nehmen. Der Jahresabschluß ist also dem Heimbeirat nicht zu übermitteln.

Zu Abs. 3:

181   Die Mitwirkung **entfällt,** wenn **alle** Ansprüche erloschen sind.
Dies ist dann der Fall, wenn keine einzige Bewohnerin oder kein einziger Bewohner mehr Ansprüche gegen den Träger hat, die durch die Leistung von Finanzierungsbeiträgen i.S.d. Absatzes 2 begründet wurden.

§ 32 Form und Durchführung der Mitwirkung des Heimbeirates

(1) **Die Mitwirkung des Heimbeirates soll von dem Bemühen um gegenseitiges Vertrauen und Verständnis zwischen Bewohnerschaft, Leitung und Träger bestimmt sein.**

(2) **Zur Erfüllung seiner Aufgaben ist der Heimbeirat durch die Leitung oder durch den Träger ausreichend und rechtzeitig zu informieren und nach Möglichkeit auch fachlich zu beraten. Der Heimbeirat hat auch ein Mitwirkungs- und Informationsrecht, wenn ein Heimträger zentral für mehrere Heime oder ein Zentralverband für seine Mitglieder Maßnahmen und Entscheidungen im Sinne der §§ 29 und 30 der Verordnung trifft. Dem Heimbeirat sind am Ort des Heims die Unterlagen vorzulegen und die Auskünfte zu erteilen, die das Heim betreffen.**

(3) **Entscheidungen in Angelegenheiten nach den §§ 30, 31 hat die Leitung oder der Träger mit dem Heimbeirat vor ihrer Durchführung rechtzeitig und mit dem Ziel einer Verständigung zu erörtern. Anregungen des Heimbeirates sind in die Überlegungen bei der Vorbereitung der Entscheidungen einzubeziehen.**

(4) **Anträge oder Beschwerden des Heimbeirates sind von der Leitung oder vom Träger in angemessener Frist, längstens binnen sechs Wochen, zu beantworten. Der Träger hat die Antwort zu begründen, wenn er das Anliegen des Heimbeirates bei seiner Entscheidung nicht berücksichtigt hat.**

182   § 32 regelt, **wie** die Mitwirkung des Heimbeirats ablaufen soll. Im Rahmen der Novellierung der Heimmitwirkungsverordnung wurden die Absätze 2 und 4 inhaltlich geändert.

Zu Abs. 1:

183   Abs. 1 normiert das Gebot, sich stets um **verständnis- und vertrauensvolle Zusammenarbeit** zu bemühen.

Das Gebot **richtet** sich an die Bewohnerinnen und Bewohner sowie an die Leitung und den Träger des Heims.

Die dargestellen Grundsätze für die Zusammenarbeit sollen die Mitwirkung des Heimbeirats prägen und positive Auswirkungen auf den gesamten Heimbetrieb haben.

Zu Abs. 2:

Satz 1 verpflichtet die Leitung oder den Träger, den Heimbeirat bei der Erfüllung seiner Aufgaben ausreichend zu **informieren** und nach Möglichkeit auch **fachlich zu beraten.** Die Pflicht zur Unterrichtung geht nur so weit, als der Heimbeirat nach dem HeimG oder nach dieser Verordnung Aufgaben und Mitwirkungsrechte hat. 184

Ausreichend ist die Information dann, wenn hierdurch der Heimbeirat in die Lage versetzt wird, seine Aufgaben ordnungsgemäß zu erfüllen. Dem Heimbeirat sind deshalb alle Auskünfte zu erteilen, auf die er bei der Erfüllung seiner in § 29 genannten Aufgaben angewiesen ist.

Die **fachliche Beratung** ist dem Heimbeirat nur dann zu gewähren, wenn der Leitung oder dem Träger die fachliche Beratung möglich ist, wenn sie also entweder selbst hierzu in der Lage sind oder ihre Angestellten das fachliche Wissen für die gewünschte Beratung besitzen.

Satz 2 wurde bei der Novellierung der Verordnung eingefügt. Er enthält Spezialregelungen für die **Träger von mehreren Heimen** und für **Zentralverbände.** 185

Die Vorschrift will **verhindern,** daß die Mitwirkungsrechte des Heimbeirats durch zentralisierte Organisationsstrukturen auf der Seite des Heimträgers **geschmälert** oder **unterlaufen** werden.

Satz 2 ist eine Parallelvorschrift zu § 31 Abs. 1 Satz 3, die um die Entscheidungen von Zentralverbänden erweitert wurde. Auf RdNr. 174 wird verwiesen.

Zu Abs. 3:

Vor der Durchführung von Entscheidungen in Angelegenheiten nach den §§ 30 und 31 **hat** die Leitung oder der Träger **die Pflicht** zur **rechtzeitigen Erörterung.** Diese Erörterung soll nach dem Willen des Verordnungsgebers zu einer Verständigung führen. 186

Rechtzeitig ist die Erörterung nur dann, wenn der Heimbeirat Gelegenheit hat, sich ausreichend mit den beabsichtigten Entscheidungen und den genannten Angelegenheiten zu beschäftigen, seine Vorstellungen zu entwickeln und in einem gemeinsamen Ge-

Anh. A   2. HeimmwV (Kommentar)

spräch seine Vorstellungen darzulegen. Insbesondere haben Leitung und Träger die Gründe für ihre Überlegungen vorzutragen und eingehend mit dem Ziele der Verständigung mit dem Heimbeirat zu besprechen. Bereits hieraus ergibt sich die in **Satz 2** nochmals ausdrücklich normierte Pflicht, die Anregungen des Heimbeirates in die Überlegungen bei der Vorbereitung der Entscheidungen einzubeziehen.

Ein **Verstoß** gegen die Erörterungspflicht nach **Satz 1** stellt eine **Ordnungswidrigkeit** dar (vgl. § 34 Nr. 8).

Zu Abs. 4:

187   **Anträge und Beschwerden des Heimbeirats** müssen von der Leitung oder vom Träger in **angemessener** Frist beantwortet werden. Die Angemessenheit der Frist bestimmt sich nach der Bedeutung des Einzelfalles, der Erforderlichkeit der ihm zugrundeliegenden Überprüfungen und etwaiger Ermittlungen. Es kann deshalb nicht grundsätzlich festgelegt werden, welcher Zeitraum angemessen ist.

Dies war sicherlich ein Grund, warum bei der Novellierung der Verordnung geregelt wurde, daß die Anträge und Beschwerden längstens **binnen sechs Wochen** zu beantworten sind **(Satz 1).**

188   Hinzugekommen ist ferner der **Satz 2**. Danach ist der Träger verpflichtet, seine Entscheidung zu **begründen,** wenn er das Anliegen des Heimbeirats **nicht** berücksichtigt hat. Die Entscheidung soll durch die Begründung transparent und nachvollziehbar werden.

§ 33 Mitwirkung des Heimfürsprechers

Die §§ 29 bis 32 gelten für die Mitwirkung des Heimfürsprechers entsprechend.

§§ 33 stellt klar, daß der Heimfürsprecher als Ersatzorgan des Heimbeirats die gleichen Rechte wie dieser nach den §§ 29 bis 32 hat.

Dritter Teil. Ordnungswidrigkeiten und Schlussvorschriften

§ 34 Ordnungswidrigkeiten

Ordnungswidrig im Sinne des § 21 Abs. 2 Nr. 1 des Heimgesetzes handelt, wer vorsätzlich oder fahrlässig

1. entgegen § 6 Abs. 2 einen Wahlausschuss nicht bestellt oder entgegen § 8 die für die Vorbereitung oder Durchführung der Wahl erforderliche personelle oder sächliche Unterstützung nicht gewährt,
2. entgegen § 9 Abs. 1 die Wahl des Heimbeirates behindert oder beeinflusst,
3. entgegen § 11 Abs. 1 Satz 1 oder Abs. 2 eine Mitteilung unterlässt,
4. entgegen § 23 Abs. 1, auch in Verbindung mit § 28 Abs. 1, ein Mitglied des Heimbeirates oder den Heimfürsprecher bei der Erfüllung seiner Aufgaben behindert oder wegen seiner Tätigkeit benachteiligt oder begünstigt,
5. entgegen § 23 Abs. 2, auch in Verbindung mit § 28 Abs. 1, eine Bewohnerin oder einen Bewohner benachteiligt oder begünstigt,
6. entgegen § 31 Abs. 1 Satz 2 eine Information nicht, nicht richtig oder nicht vollständig gibt,
7. entgegen § 31 Abs. 1 Satz 3 eine Unterlage nicht, nicht richtig oder nicht vollständig vorlegt oder eine Auskunft nicht, nicht richtig oder nicht vollständig erteilt oder
8. entgegen § 32 Abs. 3 Satz 1 Entscheidungen vor ihrer Durchführung nicht rechtzeitig erörtert.

Durch die Novellierung der Heimmitwirkungsverordnung im Juli 2002 wurde der Kreis der Tatbestände **erweitert,** die eine Ordnungswidrigkeit begründen. Die Bewehrung mit einem Bußgeld erschien dem Verordnungsgeber dazu erforderlich, die Mitwirkung der Heimbewohnerinnen und Heimbewohner zu sichern. **189**

Die Tatbestände in den Ziffern 1, 2, 3 und 4 blieben inhaltlich unverändert. Die bisherige Ziffer 5 wurde Ziffer 8. **Neu** sind die Tatbestände in den Ziffern 5, 6 und 7. Diese betreffen zum einen das Benachteiligungs- und Begünstigungsverbot, wenn Angehörige oder Vertrauenspersonen einer Bewohnerin oder eines Bewohners im Heimbeirat tätig sind (§ 23 Abs. 2), **und** zum anderen die **190**

Verpflichtung, bei der Mitwirkung bei der Leistung von Finanzierungsbeträgen ordnungsgemäß zu informieren (§ 31 Abs. 1).

191 Verstöße nach den Ziffern 1 bis 8 können gemäß § 21 Abs. 3 Halbsatz 2 HeimG mit einer **Geldbuße** bis zu 10.000 € geahndet werden.

§ 35 Übergangsvorschrift

Heimbeiräte, die vor Inkrafttreten der Verordnung gewählt worden sind, müssen nicht neu gewählt werden.

192 Die Novelle der Heimmitwirkungsverordnung ist am **1. August 2002** in Kraft getreten.

193 § 35 stellt klar, daß die bereits gewählten Heimbeiräte **nicht neu** gewählt werden müssen. Sie **behalten** ihr Mandat bis zum Ende der Amtszeit nach § 12. Erst für die dann durchzuführende Heimbeiratswahl gelten die neuen Bestimmungen.

§ 36 (Inkrafttreten)

Die novellierte Heimmitwirkungsverordnung wurde im BGBl. 2002 Teil I vom 31. Juli 2002 bekannt gemacht. Sie ist am **1. August 2002** in Kraft getreten.

3. Verordnung über die Pflichten der Träger von Altenheimen, Altenwohnheimen und Pflegeheimen für Volljährige im Falle der Entgegennahme von Leistungen zum Zwecke der Unterbringung eines Bewohners oder Bewerbers (HeimsicherungsV)

Vom 24. April 1978

(BGBl. I S. 553)
Geändert durch G. v. 27.12.2003 (BGBl. I S. 3022)[1]

BGBl. III/FNA 2170-5-3

Text

Inhaltsübersicht

§§

Erster Teil
Allgemeine Vorschriften
Anwendungsbereich 1
Begriff des Trägers 2
Verpflichtung anderer Personen 3
Zwingende Vorschriften 4

Zweiter Teil
Pflichten des Trägers
Anzeige- und Informationspflicht 5
Verwendungszweck 6
Beschränkungen 7
Getrennte Verwaltung 8
Leistungen zum Betrieb 9
Verrechnung, Rückzahlung ... 10
Sicherheitsleistungen 11
Formen der Sicherheit 12
Versicherungspflicht 13

§§

Auskunftspflicht 14
Rechnungslegung 15

Dritter Teil
Prüfung der Einhaltung der Pflichten
Prüfung 16
Aufzeichnungspflicht 17
Prüfer 18
Prüfungsbericht 19

Vierter Teil
Ordnungswidrigkeiten und Schlußvorschriften
Ordnungswidrigkeiten 20
Übergangsvorschriften und Befreiungen 21
Berlin-Klausel 22
Inkrafttreten 23

Auf Grund des § 14 Abs. 4[2] des Heimgesetzes vom 7. August 1974 (BGBl. I S. 1873) wird im Einvernehmen mit dem Bundes-

---

[1] Diese Änderung tritt mit Wirkung ab 1.1.2005 in Kraft (BGBl. I 2003; S. 3022, 3062, 3071). Sie ist in dem Paragraphen 12 (neu: Verweis auf Sozialgesetzbuch statt bisher Bundessozialhilfegesetz) bereits eingearbeitet.
[2] Nunmehr § 14 Abs. 7.

minister für Wirtschaft mit Zustimmung des Bundesrates verordnet:

Erster Teil. Allgemeine Vorschriften

§ 1 Anwendungsbereich

(1) Diese Verordnung regelt die Pflichten des Trägers einer Einrichtung im Sinne des § 1 Abs.1 des Gesetzes, der Geld oder geldwerte Leistungen zum Zwecke der Unterbringung eines Bewohners oder Bewerbers entgegennimmt (§ 14 Abs.3[1] des Gesetzes). Sie gilt auch für Leistungen, die bereits vor Aufnahme des Betriebes einer Einrichtung entgegengenommen werden.

(2) Als Leistungen zum Zwecke der Unterbringung im Sinne des Absatzes 1 Satz 1 gelten Leistungen, die über das laufende Entgelt hinaus zum Bau, zum Erwerb, zur Instandsetzung, zur Ausstattung oder zum Betrieb einer Einrichtung gewährt werden.

§ 2 Begriff des Trägers

Träger im Sinne dieser Verordnung sind natürliche oder juristische Personen, die eine Einrichtung im Sinne des § 1 Abs.1 des Gesetzes betreiben oder die Aufnahme des Betriebes vorbereiten. Träger ist auch der Empfänger von Leistungen im Sinne des § 1, der in einer Einrichtung, für die diese Leistungen verwendet werden sollen, lediglich das Belegungsrecht ausübt.

§ 3 Verpflichtung anderer Personen

Ermächtigt der Träger andere Personen zur Entgegennahme oder Verwendung der Leistungen, so hat er sicherzustellen, daß auch diese Personen die ihm nach dieser Verordnung obliegenden Pflichten erfüllen.

§ 4 Zwingende Vorschriften

Die Pflichten des Trägers nach dieser Verordnung einschließlich der Pflichten nach § 3 können vertraglich weder ausgeschlossen noch beschränkt werden.

---

[1] Jetzt § 14 Abs.2 Nr.3.

Zweiter Teil. Pflichten des Trägers

§ 5 Anzeige- und Informationspflicht

(1) Läßt sich der Träger einer Einrichtung Leistungen im Sinne des § 1 versprechen oder nimmt er solche Leistungen entgegen, so hat er dies der zuständigen Behörde unverzüglich anzuzeigen.

(2) Der Träger einer Einrichtung hat den Vertragspartner rechtzeitig und schriftlich vor Abschluß eines Vertrages über Leistungen im Sinne des § 1 über die sich aus diesem Vertrag ergebenden Rechte und Pflichten, insbesondere über die Sicherung der Rückzahlungsansprüche, zu informieren.

§ 6 Verwendungszweck

(1) Der Träger darf Leistungen im Sinne des § 1 nur zur Vorbereitung und Durchführung der von den Vertragsparteien bestimmten Maßnahmen verwenden. Diese Maßnahmen müssen sich auf Einrichtungen beziehen, in denen der Leistende oder derjenige, zu dessen Gunsten die Leistung erbracht wird, untergebracht ist oder untergebracht werden soll.

(2) Der Träger darf Leistungen im Sinne des § 1 erst verwenden, wenn die Finanzierung der Maßnahme, für die sie gewährt werden, gesichert und in einem Finanzierungsplan ausgewiesen ist.

§ 7 Beschränkungen

(1) Leistungen im Sinne des § 1 dürfen von dem Träger einer Einrichtung nur bis zu einer Höhe von insgesamt 30 vom Hundert der im Finanzierungsplan ausgewiesenen Kosten der Maßnahmen entgegengenommen werden.

(2) Die Entgegennahme von Leistungen im Sinne des § 1 ist unzulässig, wenn die Eigenleistungen des Trägers 20 vom Hundert der im Finanzierungsplan ausgewiesenen Kosten der Maßnahmen nicht erreichen.

(3) Die Kosten der Maßnahmen nach den Absätzen 1 und 2 sind zu ermitteln
1. in den Fällen des Baues von Einrichtungen in entsprechender Anwendung der Vorschriften der §§ 5 bis 10 der Zweiten Be-

rechnungsverordnung in der Fassung der Bekanntmachung vom 21. Februar 1975 (BGBl. I S. 569), geändert durch die Verordnung vom 18. Mai 1977 (BGBl. I S. 750),
2. in den Fällen der Instandsetzung von Einrichtungen in entsprechender Anwendung der §§ 7 bis 10 der Zweiten Berechnungsverordnung,
3. in den Fällen des Erwerbs und der Ausstattung von Einrichtungen aus der von dem Träger zu entrichtenden Vergütung.

Für die Ermittlung der Eigenleistungen findet § 15 der Zweiten Berechnungsverordnung entsprechend Anwendung.

(4) Die zuständige Behörde kann Ausnahmen von Absatz 2 zulassen, wenn der Träger unmittelbar und ausschließlich steuerbegünstigte Zwecke im Sinne der §§ 51 bis 68 der Abgabenordnung vom 16. März 1976 (BGBl. I S. 613), zuletzt geändert durch Gesetz vom 28. Februar 1978 (BGBl. I S. 333), verfolgt.

§ 8 Getrennte Verwaltung

(1) Der Träger hat die ihm gewährten Leistungen im Sinne des § 1 bis zu ihrer bestimmungsmäßigen Verwendung getrennt von seinem Vermögen durch die Errichtung eines Sonderkontos für Rechnung der einzelnen Bewerber oder Bewohner bei einem Kreditinstitut zu verwalten. Hierbei sind Name und Anschrift des Bewerbers oder des Bewohners anzugeben. Das Kreditinstitut muß eine Erlaubnis zum Geschäftsbetrieb nach dem Gesetz über das Kreditwesen in der Fassung der Bekanntmachung vom 3. Mai 1976 (BGBl. I S. 1121), geändert durch Artikel 72 des Einführungsgesetzes zur Abgabenordnung vom 14. Dezember 1976 (BGBl. I S. 3341), besitzen.

(2) Der Träger hat das Kreditinstitut zu verpflichten, den Bewohner oder Bewerber unverzüglich zu benachrichtigen, wenn die Einlage von dritter Seite gepfändet oder das Konkursverfahren oder das Vergleichsverfahren zur Abwendung des Konkurses über das Vermögen des Trägers eröffnet wird. Er hat das Kreditinstitut ferner zu verpflichten, dem Bewohner oder Bewerber jederzeit Auskunft über den Stand seines Kontos zu erteilen.

(3) Die Absätze 1 und 2 gelten entsprechend für alle vom Träger an den Bewerber oder Bewohner entrichteten Zinsen.

(4) Die Absätze 1 bis 3 gelten nicht, wenn Bürgschaften nach § 12 Abs. 2 geleistet worden sind.

§ 9 Leistungen zum Betrieb

Die Vorschriften des § 6 Abs. 2 sowie der §§ 7 und 8 gelten nicht für Leistungen im Sinne des § 1, die zum Betrieb der Einrichtung gewährt werden.

§ 10 Verrechnung, Rückzahlung

(1) Sollen Leistungen im Sinne des § 1 einschließlich ihrer Zinsen mit Entgelt im Sinne des § 14 Abs. 1 Satz 1[1] des Gesetzes verrechnet werden, so sind Art, Umfang und Zeitpunkt der Verrechnung in dem Heimvertrag festzulegen.

(2) Soweit Leistungen nicht verrechnet werden, sind sie innerhalb von sechs Monaten nach Beendigung des Heimvertrages zurückzuzahlen. Zinsen sind jährlich auszuzahlen oder nach Satz 1 mit Zinseszinsen zurückzuzahlen.

(3) Wird ein freiwerdender oder freigewordener Heimplatz neu belegt, so sind die Leistungen des bisherigen Bewohners ohne Einhaltung der Frist nach Absatz 2 unverzüglich in dem Umfang zurückzuzahlen, in dem der nachfolgende Bewohner für die Belegung des Heimplatzes eine Leistung im Sinne des § 1 erbracht hat.

§ 11 Sicherheitsleistungen

(1) Der Träger einer Einrichtung hat bei Entgegennahme von Leistungen im Sinne des § 1 etwaige Ansprüche auf Rückzahlung nach § 14 Abs. 3 des Gesetzes zu sichern. Sicherheiten sind so zu leisten, daß die Gefahr eines nicht unerheblichen finanziellen Ausfalles für den Bewohner oder den Bewerber, insbesondere infolge Zahlungsunfähigkeit des Trägers, ausgeschlossen wird. Sie können insbesondere durch die in § 12 genannten Formen geleistet werden.

(2) Sicherheitsleistungen können in mehreren Formen nebeneinander oder durch mehrere Leistungen derselben Form gewährt werden.

(3) Bei Entgeltvorauszahlung entfällt die Pflicht zur Sicherheitsleistung, wenn die Summe der Leistungen im Sinne des § 1 im Ein-

---

[1] Jetzt § 14 Abs. 1.

zelfall das Zweifache des monatlich vorgesehenen Entgelts im Sinne des § 14 Abs.1 des Gesetzes nicht übersteigt.

(4) Der Träger hat bei Entgegennahme von Leistungen im Sinne des § 1 dem Bewohner oder dem Bewerber die zur unmittelbaren Inanspruchnahme der Sicherheit erforderlichen Urkunden auszuhändigen.

(5) Die Sicherheit ist in dem Umfang aufrechtzuerhalten, in dem Leistungen im Sinne des § 1 nicht verrechnet oder nicht zurückgezahlt worden sind.

§ 12 Formen der Sicherheit

(1) Die Sicherheit kann durch die Bestellung eines Grundpfandrechtes geleistet werden. Dabei darf eine Beleihungsgrenze von 60 vom Hundert des Verkehrswertes in der Regel nicht überschritten werden.

(2) Die Sicherheit kann durch Bürgschaft geleistet werden. Als Bürgen kommen nur in Betracht:
1. Juristische Personen des öffentlichen Rechts und Träger öffentlich-rechtlichen Sondervermögens mit Sitz im Geltungsbereich dieser Verordnung,
2. Bundes- und Landesverbände der Freien Wohlfahrtspflege im Sinne des § 5 Abs.1 des Zwölften Buches Sozialgesetzbuch,
3. Kreditinstitute im Sinne des § 8 Abs.1,
4. Versicherungsunternehmen, die eine Erlaubnis zum Betrieb der Bürgschaftsversicherung nach dem Gesetz über die Beaufsichtigung der privaten Versicherungsunternehmungen in der im Bundesgesetzblatt Teil III, Gliederungsnummer 7631-1, veröffentlichten bereinigten Fassung, zuletzt geändert durch Artikel 1 des Ersten Durchführungsgesetzes/EWG zum VAG vom 18. Dezember 1975 (BGBl. I S. 3139), besitzen.

(3) Die Sicherheit kann zusätzlich durch Abschluß von Versicherungen geleistet werden, soweit sie der Abgeltung von etwaigen Schadensersatzansprüchen dienen, die durch vorsätzliche, unerlaubte Handlungen des Trägers oder der in § 3 genannten Personen gegen die von ihnen entgegengenommenen Vermögenswerte entstehen. Als Versicherungsunternehmen sind nur solche geeignet, die
1. eine Erlaubnis zum Betrieb der Vertrauensschadensversicherung nach dem Gesetz über die Beaufsichtigung der privaten Versicherungsunternehmungen besitzen und

2. nach ihren allgemeinen Versicherungsbedingungen dem Zweck dieser Verordnung gerecht werden, insbesondere den Bewohner oder den Bewerber aus dem Versicherungsvertrag auch in den Fällen des Konkurs- und des Vergleichsverfahrens des Trägers unmittelbar berechtigen.

§ 13 Versicherungspflicht

(1) Einrichtungen, die mit Leistungen im Sinne des § 1 gebaut, erworben, instandgesetzt, ausgestattet oder betrieben werden, sind bei einem im Bundesgebiet zum Geschäftsbetrieb befugten öffentlichen oder privaten Versicherungsunternehmen in Form einer gleitenden Neuwertversicherung gegen Feuer-, Sturm- und Leitungswasserschäden zu versichern. In gleicher Weise ist für das Inventar der Einrichtung, das der Sicherung von Leistungen im Sinne des § 1 dient, eine Versicherung gegen Feuer, Einbruchdiebstahl und Leitungswasserschäden abzuschließen.

(2) Die Bestellung eines Grundpfandrechtes nach § 12 Abs. 1 ist nur ausreichend, wenn das haftende Grundstück in der in Absatz 1 Satz 1 genannten Form versichert ist.

§ 14 Auskunftspflicht

Werden Leistungen im Sinne des § 1 mit dem Entgelt verrechnet, kann der Bewohner einmal jährlich von dem Träger Auskunft über seinen Kontostand verlangen. Bei Vorliegen eines besonderen Grundes ist die Auskunft jederzeit zu erteilen.

§ 15 Rechnungslegung

(1) Der Träger hat bei Beendigung des Heimvertrages mit einem Bewohner diesem oder dessen Rechtsnachfolger Rechnung zu legen über
1. die Verrechnung der von ihm empfangenen Leistungen im Sinne des § 1,
2. die Höhe der zu entrichtenden Zinsen,
3. den noch zurückzuzahlenden Betrag.

(2) Der Träger hat dem Bewohner ferner Rechnung zu legen, wenn die Leistungen des Bewohners durch Verrechnung oder in sonstiger Weise vor Beendigung des Heimvertrages voll zurückgezahlt werden.

Dritter Teil. Prüfung der Einhaltung der Pflichten

§ 16 Prüfung

(1) Der Träger hat die Einhaltung der in den §§ 5 bis 15 genannten Pflichten für jedes Kalenderjahr, spätestens bis zum 30. September des folgenden Jahres, durch einen geeigneten Prüfer prüfen zu lassen.

(2) Die zuständige Behörde kann aus besonderem Anlaß eine außerordentliche Prüfung anordnen.

(3) Der Träger hat dem Prüfer Einsicht in die Bücher, Aufzeichnungen und Unterlagen zu gewähren. Er hat ihm alle Aufklärungen und Nachweise zur Durchführung einer ordnungsgemäßen Prüfung zu geben.

(4) Die Kosten der Prüfung übernimmt der Träger.

§ 17 Aufzeichnungspflicht

Der Träger hat vom Zeitpunkt der Entgegennahme der Leistungen im Sinne des § 1 prüfungsfähige Aufzeichnungen zu machen sowie Unterlagen und Belege zu sammeln. Aus den Aufzeichnungen und Unterlagen müssen ersichtlich sein
1. Art und Höhe der Leistungen der einzelnen Bewohner oder Bewerber,
2. die Erfüllung der Anzeige- und Informationspflicht nach § 5,
3. der Verwendungszweck der Leistungen nach § 6,
4. das Verhältnis der Leistungen im Sinne des § 1 und der Eigenleistungen des Trägers zu den Gesamtkosten der Maßnahmen nach § 7,
5. die getrennte Verwaltung der Leistungen nach § 8,
6. Art, Umfang und Zeitpunkt der Verrechnung der Leistungen nach § 10 Art. 1,
7. die Rückzahlungen der Leistungen nach § 10 Abs. 2,
8. geleistete Sicherheiten nach § 11,
9. der Abschluß von Versicherungen nach § 13,
10. die Rechnungslegung nach § 15.

§ 18 Prüfer

(1) Geeignete Prüfer im Sinne des § 16 Abs. 1 Satz 1 sind:
1. Wirtschaftsprüfer, vereidigte Buchprüfer, Wirtschaftsprüfungs- und Buchprüfungsgesellschaften,
2. Prüfungsverbände, zu deren gesetzlichem oder satzungsmäßigem Zweck die regelmäßige und außerordentliche Prüfung ihrer Mitglieder gehört, sofern
    a) von ihren gesetzlichen Vertretern mindestens einer Wirtschaftsprüfer ist,
    b) sie die Voraussetzungen des § 63 b Abs. 5 des Gesetzes betreffend die Erwerbs- und Wirtschaftsgenossenschaften in der im Bundesgesetzblatt Teil III, Gliederungsnummer 4125-1, veröffentlichten bereinigten Fassung, zuletzt geändert durch Artikel 6 Nr. 4 des Gesetzes vom 29. Juli 1976 (BGBl. I S. 2034), erfüllen oder
    c) sie sich für ihre Prüfungstätigkeit selbständiger Wirtschaftsprüfer oder vereidigter Buchprüfer oder Wirtschaftsprüfungs- oder Buchprüfungsgesellschaft bedienen,
3. sonstige Personen, die öffentlich bestellt oder zugelassen worden sind und auf Grund ihrer Vorbildung und Erfahrung in der Lage sind, eine ordnungsgemäße Prüfung durchzuführen.

(2) Ungeeignet als Prüfer sind Personen, bei denen die Besorgnis der Befangenheit besteht.

(3) Der Prüfer ist zur Verschwiegenheit verpflichtet. Er darf insbesondere nicht unbefugt Geschäfts- und Betriebsgeheimnisse verwerten, die ihm bei der Prüfung bekannt geworden sind.

(4) Der Prüfer hat bei Verletzung seiner Pflicht nach Absatz 3 den hieraus entstehenden Schaden zu ersetzen.

§ 19 Prüfungsbericht

(1) Das Ergebnis der Prüfung ist unverzüglich nach ihrer Durchführung in einem Prüfungsbericht festzuhalten. Dieser Bericht muß den Vermerk enthalten, ob und gegebenenfalls in welcher Form der Träger gegen die ihm obliegenden Pflichten nach den §§ 5 bis 15 verstoßen hat.

(2) Ergeben sich bei der Prüfung, insbesondere bei Auslegung der gesetzlichen Bestimmungen, Meinungsverschiedenheiten zwischen Prüfer und Träger, so ist dies im Prüfungsbericht unter Angabe der Gründe zu vermerken.

(3) Der Prüfer hat den Prüfungsbericht unverzüglich nach seiner Erstellung der zuständigen Behörde zuzuleiten.

(4) Der Träger hat Bewohner oder Bewerber, die Leistungen im Sinne des § 1 gewährt haben, von der Durchführung der Prüfung zu unterrichten. Der Prüfungsbericht kann von ihnen und von einem Vertreter des Heimbeirates eingesehen werden.

Vierter Teil. Ordnungswidrigkeiten und Schlußvorschriften

§ 20 Ordnungswidrigkeiten

Ordnungswidrig im Sinne des § 17 Abs. 1 Nr. 3[1] des Heimgesetzes handelt, wer vorsätzlich oder fahrlässig
1. einer Vorschrift des § 5 Abs. 1 oder 2 über die Anzeige- und Informationspflicht zuwiderhandelt,
2. Leistungen entgegen § 6 Abs. 1 nicht für den bestimmten Zweck oder entgegen § 6 Abs. 2 verwendet,
3. der Vorschrift des § 8 Abs. 1 über die Einrichtung eines Sonderkontos zuwiderhandelt,
4. entgegen § 11 Abs. 1 Sicherheit nicht leistet oder entgegen § 11 Abs. 5 die Sicherheit nicht aufrechterhält,
5. entgegen § 15 nicht, nicht richtig oder nicht vollständig Rechnung legt,
6. einer Vorschrift des § 16 Abs. 1 oder 3 über die Prüfung zuwiderhandelt,
7. entgegen § 17 Aufzeichnungen nicht, nicht richtig, nicht vollständig oder nicht rechtzeitig macht oder Unterlagen oder Belege nicht sammelt,
8. entgegen § 19 Abs. 3 den Prüfungsbericht nicht zuleitet.

§ 21 Übergangsvorschriften und Befreiungen

(1) Die Vorschriften der Verordnung finden keine Anwendung auf Leistungen im Sinne des § 1, die vor Inkrafttreten der Verordnung versprochen oder erbracht worden sind.

(2) Die zuständige Behörde kann den Träger einer Einrichtung von den in § 10 Abs. 2 und § 11 der Verordnung festgelegten Pflich-

---

[1] Jetzt § 21 Abs. 1 Nr. 3.

3. HeimsicherungsV (Kommentar) **Anh. A**

ten ganz oder teilweise befreien, wenn deren Erfüllung eine im Zeitpunkt des Inkrafttretens dieser Verordnung bereits bestehende Einrichtung in ihrem wirtschaftlichen Bestand gefährdet. Die Befreiung von den Pflichten nach § 11 kann nur befristet erteilt werden.

§ 22 Berlin-Klausel

(gegenstandslos)

§ 23 Inkrafttreten

Diese Verordnung tritt am ersten Tag des auf die Verkündung folgenden vierten Kalendermonats in Kraft.[1]

**Kommentar
zur Heimsicherungsverordnung**

Erster Teil. Allgemeine Vorschriften

§ 1 Anwendungsbereich

(1) Diese Verordnung regelt die Pflichten des Trägers einer Einrichtung im Sinne des § 1 Abs. 1 des Gesetzes, der Geld oder geldwerte Leistungen zum Zwecke der Unterbringung eines Bewohners oder Bewerbers entgegennimmt (§ 14 Abs. 3[2] des Gesetzes). Sie gilt auch für Leistungen, die bereits vor Aufnahme des Betriebes einer Einrichtung entgegengenommen werden.

(2) Als Leistungen zum Zwecke der Unterbringung im Sinne des Absatzes 1 Satz 1 gelten Leistungen, die über das laufende Entgelt hinaus zum Bau, zum Erwerb, zur Instandsetzung, zur Ausstattung oder zum Betrieb einer Einrichtung gewährt werden.

Durch den Erlaß der HeimsicherungsV hat der Verordnungsgeber die Ermächtigung in § 14 Abs. 4 (nunmehr § 14 Abs. 7) HeimG wahrgenommen. Die VO regelt nunmehr die **Verpflichtung** und **1**

---

[1] Die Verordnung ist am 1. 8. 1978 in Kraft getreten.
[2] Jetzt § 14 Abs. 2 Nr. 3.

Anh. A 3. HeimsicherungsV (Kommentar)

die **Modalitäten** der Sicherung (zur früheren Rechtslage vgl. Kunz Bayer. Wohlfahrtsdienst 1976, 54 ff., derselbe in ZfSH 1977, 103 ff., Dahlem-Giese § 2 RdNr. 7, Gössling § 14 RdNr. 35).

2   Die VO ist gemäß § 23 am **1.8. 1978** in Kraft getreten. Sie gilt nach § 21 Abs. 1 nur für Leistungen, die **nach Inkrafttreten** der VO versprochen oder erbracht worden sind. Für Leistungen, die **vor Inkrafttreten** versprochen oder erbracht worden sind ergibt sich die Verpflichtung zur Sicherung aus dem alten § 2 Abs. 1 Nr. 4 HeimG (vgl. RdNr. 1).

Zu Abs. 1:

3   Die VO gilt nur für Träger von Einrichtungen nach § 1 HeimG (vgl. § 1 HeimG RdNr. 1 f.). Sie findet **keine** Anwendung auf Träger von Anlagen, die **nicht heimmäßig** betrieben werden, d.h. wo eine Betreuung und Versorgung nicht erforderlich ist und auch nicht bereitgehalten wird, so z.B. bei Altenwohnungen, Ferien- und Kurheimen.

4   Der Begriff „**geldwerte Leistungen**" umfaßt alle Aufwendungen, deren Wert in Geld ausgedrückt werden kann, also auch die Hingabe von Sachen und Immobilien.

Die Leistungen müssen zum **Zweck der Unterbringung** erbracht werden, wobei es unerheblich ist, ob sie im Heimvertrag oder in einem vom Heimvertrag getrennten Darlehens- oder sonstigen Vertrag vereinbart worden sind. Auch Options-, Anwartschafts-, Anspar- oder Vorverträge fallen darunter.

5   Auch Leistungen, die von **Dritten** zugunsten von Bewohnern oder Bewerbern erbracht werden, sind Leistungen im Sinn der VO. Durch die durch das 3. ÄndG zum HeimG neue Formulierung in § 14 Abs. 1 HeimG finden die Bestimmungen der VO zu § 14 auch auf Bewerberinnen und Bewerber Anwendung.

6   Nach Abs. 1 Satz 2 gilt die VO auch für Leistungen, die bereits **vor** Aufnahme des Betriebes einer Einrichtung entgegengenommen werden. Dadurch wird dem Schutzzweck des HeimG, nämlich eine weitestgehende Sicherung zurückzuzahlender Leistungen besonders Rechnung getragen (vgl. BT DrS 7/2068 S. 4, Kunz ZfSH 1977, 103, Knopp Altenheim 1978, 159 ff. (160).

Zu Abs. 2:

7   **Unter Instandsetzung** sind nicht nur die Maßnahmen zu verstehen, die erforderlich sind um die Einrichtung vor dem Verfall zu schützen, sondern auch alle **Modernisierungsmaßnahmen** und

Umbauten, gleichgültig, ob sie erforderlich oder nur zweckmäßig sind.

Unter Leistungen zum **Betrieb** einer Einrichtung fallen nur solche, die zur Deckung von Kosten bestimmt sind, die **nicht** im laufenden Entgelt enthalten oder durch Erhöhung des Entgelts auf die Bewohner umgelegt werden können. Eine Erhöhung des Entgelts, bedingt durch höhere Kosten im Betrieb der Einrichtung fällt nicht unter Abs. 2. Kautionen fallen nicht unter Abs. 2 weil es sich um eine Leistung handelt, die für Maßnahmen gedacht ist, deren Notwendigkeit sich ggf. erst dann erweist, wenn der Heimbewohner die Einrichtung wieder verlassen hat (VG Augsburg U. v. 26. 6. 1981, Az. Au 3 K 80 A, 1103).

§ 2 Begriff des Trägers

Träger im Sinne dieser Verordnung sind natürliche oder juristische Personen, die eine Einrichtung im Sinne des § 1 Abs. 1 des Gesetzes betreiben oder die Aufnahme des Betriebes vorbereiten. Träger ist auch der Empfänger von Leistungen im Sinne des § 1, der in einer Einrichtung, für die diese Leistungen verwendet werden sollen, lediglich das Belegungsrecht ausübt.

Natürliche Personen sind Menschen. **Juristische Personen** sind **8** rechtlich geregelt soziale Organisationen, denen die geltende Rechtsordnung eine eigene Rechtsfähigkeit zuerkennt (Palandt Einf. 1 zu § 21). § 2 gilt sowohl für juristische Personen des **Privat-** als auch des **Öffentlichen Rechts.**

Der Träger muß die Anlage betreiben oder deren Aufnahme **9** vorbereiten. Erfaßt wird damit auch schon das **Planungs- und Entwicklungsstadium.** Auch derjenige, der den Bau einer Einrichtung nach § 1 HeimG plant und hierzu bereits Leistungen von Bewerbern entgegennimmt oder sich versprechen läßt, gilt als Träger im Sinne des § 2 (so auch Knopp Altenheim 1978, 160).

Gleiches gilt für den, der eine Einrichtung zwar nicht selbst be- **10** treibt, jedoch ein **Belegrecht** in einer Einrichtung ausübt. Unter Belegrecht versteht man das Recht, in einer Einrichtung über eine mehr oder weniger große Anzahl von Heimplätzen verfügen zu dürfen. Das Belegrecht wird durch Vertrag zwischen dem Betreiber einer Einrichtung und dem das Belegrecht Ausübenden begründet und gestaltet.

Anh. A   3. HeimsicherungsV (Kommentar)

§ 3 Verpflichtung anderer Personen

Ermächtigt der Träger andere Personen zur Entgegennahme oder Verwendung der Leistungen, so hat er sicherzustellen, daß auch diese Personen die ihm nach dieser Verordnung obliegenden Pflichten erfüllen.

11 § 3 soll ein Unterlaufen der VO dadurch verhindern, daß der Träger die Leistungen nicht selbst entgegennimmt, sondern hierzu einen Dritten ermächtigt (vgl. BR DrS 118/78). Die Vorschrift dient damit dem umfassenden Schutz der Bewohner und Bewerber.

Die **Sicherstellung** erfolgt durch Vereinbarung zwischen Träger und empfangsberechtigtem Dritten.

§ 4 Zwingende Vorschriften

Die Pflichten des Trägers nach dieser Verordnung einschließlich der Pflichten nach § 3 können vertraglich weder ausgeschlossen noch beschränkt werden.

12 § 4 ist ein **gesetzliches Verbot** im Sinn des § 134 BGB (so auch Salewski Anm. § 4). Verträge, die die Pflichten des Trägers nach der VO ausschließen oder beschränken, sind nach § 134 BGB **nichtig,** soweit sie nicht nach § 140 BGB umgedeutet werden können oder § 139 BGB eingreift. Ob die Beteiligten den Inhalt des Vertrages und seine Wirkungen billigen und wollen, ist dabei gleichgültig (RGZ 111, 28). Die Entscheidung des BGH in NJW 1968, 2286 findet keine Anwendung, da die VO nicht Kontrollzwecken, sondern ausschließlich dem Schutz der Heimbewohner vor Übervorteilung dient. Die Nichtigkeit besteht gegenüber jedermann und kann von jedermann geltend gemacht werden. Die Nichtigkeit umfaßt auch das Erfüllungsgeschäft (BGH NJW 1954, 550).

§ 4 verstößt nicht gegen Art. 2 GG (Vertragsfreiheit), da er durch Art. 20 GG (Sozialstaatsklausel) gedeckt ist (Staehle NJW 1978, 2138).

Zweiter Teil. Pflichten des Trägers

§ 5 Anzeige- und Informationspflicht

(1) Läßt sich der Träger einer Einrichtung Leistungen im Sinne des § 1 versprechen oder nimmt er solche Leistungen entgegen, so hat er dies der zuständigen Behörde unverzüglich anzuzeigen.

(2) **Der Träger einer Einrichtung hat den Vertragspartner rechtzeitig und schriftlich vor Abschluß eines Vertrages über Leistungen im Sinne des § 1 über die sich aus dem Vertrag ergebenden Rechte und Pflichten, insbesondere über die Sicherung der Rückzahlungsansprüche, zu informieren.**

Sinn der Vorschrift ist, die nach § 23 HeimG zuständige Behörde 13 so früh wie möglich von einem unter die VO fallenden Geschäft zu verständigen und damit die Möglichkeit zu gewährleisten, daß die Aufsichtsbehörde möglichst frühzeitig erforderliche Überprüfungen oder Maßnahmen ergreifen kann.

Außerdem soll der Bewohner oder Bewerber oder der Dritte, der Leistungen zugunsten eines Bewohners oder Bewerbers erbringen soll, eingehend über seine Rechte und Pflichten informiert werden.

Zu Abs. 1:

Versprechen ist als Oberbegriff für jede Art von Vereinbarung 14 auf Hingabe eines Vermögensvorteils zu verstehen (vgl. § 14 HeimG RdNr. 8).

Unverzüglich, d. h. **ohne schuldhaftes Zögern** (§ 121 BGB) hat 15 die Anzeige zu erfolgen. Unverzüglich ist nicht dasselbe wie sofort, die angemessene **Überlegungsfrist** (auch zur Beratung mit einem Rechtsanwalt) steht dem Träger zu (RGZ 124, 118; RG HRR 31, 584). **Rechtsunkenntnis** kann das Zögern entschuldigen (RGZ 152, 232, vgl. aber auch RGZ 134, 32). Die Anzeige braucht **nicht** schriftlich zu erfolgen. In der Regel wird jedoch eine schriftliche Anzeige zu empfehlen sein um gegenüber der zuständigen Behörde den Nachweis der rechtzeitigen Anzeige führen zu können. Dies kann schon deswegen erforderlich sein, weil ein Verstoß gegen die Anzeigepflicht nach § 20 Nr. 1 als Ordnungswidrigkeit im Sinne des § 21 Abs. 1 Nr. 3 HeimG geahndet werden kann. An den **Inhalt** der Anzeige werden keine besonderen Erfordernisse gestellt. Daraus folgt, daß die Anzeige nicht eine genaue Aufstellung der versprochenen oder gewährten Leistung zu enthalten braucht, sondern daß es genügt, wenn aus ihr **eindeutig** hervorgeht, daß der Träger Leistungen im Sinne des § 1 sich versprechen läßt oder entgegennimmt.

16 Wer **zuständige Behörde** zur Entgegennahme der Anzeige ist, ergibt sich aus § 23 HeimG (§ 23 HeimG RdNr. 1 ff.).

Zu Abs. 2:

17 Die Information muß **rechtzeitig und schriftlich** vor Abschluß eines Vertrages über eine unter § 1 fallende Leistung erfolgen. Ein Verstoß hiergegen kann nach § 20 Nr. 1 als Ordnungswidrigkeit im Sinne des § 21 Abs. 1 Nr. 3 HeimG geahndet werden.

18 Die **Information** muß so **umfassend wie möglich** sein. Der Vertragspartner muß **unschwer** (d. h. ohne Zuziehung eines Rechtskundigen) erkennen können, welche Folgen und welche Risiken er durch den Abschluß eines Vertrages, der Leistungen nach § 1 enthält, eingeht.

19 Die Information muß **vor** Abschluß des Vertrages erfolgen. Fehlt die Information, so hat dies zwar **nicht** die Nichtigkeit des Vertrages zur Folge, kann aber im Einzelfall zu einer **Anfechtung** wegen **Irrtums nach § 119 BGB** oder **arglistigen Täuschung nach § 123 BGB** führen. Auf jeden Fall hat der Vertragspartner einen vor dem **Zivilgericht** einklagbaren **Anspruch auf Information.**

Abs. 2 ist **Schutzgesetz i. S. von § 823 Abs. 2 BGB.** Der Verstoß gegen die Informationspflicht kann danach eine Schadenersatzpflicht auslösen (Dahlem/Giese § 5 RdNr. 8).

§ 6 Verwendungszweck

(1) **Der Träger darf Leistungen im Sinne des § 1 nur zur Vorbereitung und Durchführung der von den Vertragsparteien bestimmten Maßnahmen verwenden. Diese Maßnahmen müssen sich auf Einrichtungen beziehen, in denen der Leistende oder derjenige, zu dessen Gunsten die Leistung erbracht wird, untergebracht ist oder untergebracht werden soll.**

(2) **Der Träger darf Leistungen im Sinne des § 1 erst verwenden, wenn die Finanzierung der Maßnahmen, für die sie gewährt werden, gesichert und in einem Finanzierungsplan ausgewiesen ist.**

20 Sinn der Vorschrift ist, sicherzustellen, daß vereinnahmte Gelder auch für die Maßnahme verwendet werden, für die sie vereinbart worden sind. Es soll damit verhindert werden, daß der Träger die Leistungen für andere als für die vereinbarten Zwecke verwendet und so der Bewohner bzw. der Bewerber in der Durchsetzung seiner Ansprüche benachteiligt wird.

Verstöße gegen Abs. 1 und 2 können nach § 20 Nr. 2 i. V. m. § 21 Abs. 1 Nr. 3 HeimG als Ordnungswidrigkeit geahndet werden.

Zu Abs. 1:

Um nachweisen zu können, welche Maßnahmen als Maßnahmen im Sinn des § 6 als vereinbart gelten, empfiehlt es sich, die **betreffenden Maßnahmen im Vertrag aufzunehmen**. 21

Ein **Verstoß** gegen das Gebot des Abs. 1 stellt eine **positive Vertragsverletzung** dar und kann u. U. zur Anfechtung wegen **arglistiger Täuschung** nach § 123 BGB führen. Die **Beweislast** trägt in diesem Fall der Anfechtende (RGZ 134, 51). Außerdem kann ein Anspruch nach § 823 Abs. 1 und 2 BGB auf Schadenersatz bestehen. 22

Zu Abs. 2:

Durch die Forderung der gesicherten Finanzierung sollen sog. Bauruinen vermieden werden. Die Verwendung der Gelder darf daher **erst** dann beginnen, wenn die Finanzierung gesichert und damit auch sichergestellt ist, daß das Bauvorhaben durchgezogen werden kann. 23

Gesichert ist die Finanzierung dann, wenn die erforderlichen Mittel entweder vorhanden oder bei öffentlichen Zuwendungen, ihre Gewährung bewilligt bzw. der vorzeitige Baubeginn genehmigt worden ist. 24

Der **Finanzierungsplan** muß **alle** entstehenden Kosten ausweisen.

§ 7 Beschränkungen

(1) **Leistungen im Sinne des § 1 dürfen von dem Träger einer Einrichtung nur bis zu einer Höhe von insgesamt 30 vom Hundert der im Finanzierungsplan ausgewiesenen Kosten der Maßnahmen entgegengenommen werden.**

(2) **Die Entgegennahme von Leistungen im Sinne des § 1 ist unzulässig, wenn die Eigenleistung des Trägers 20 vom Hundert der im Finanzierungsplan ausgewiesenen Kosten der Maßnahmen nicht erreichen.**

(3) Die Kosten der Maßnahmen nach den Absätzen 1 und 2 sind zu ermitteln

1. in den Fällen des Baues von Einrichtungen in entsprechender Anwendung der Vorschriften der §§ 5 bis 10 der Zweiten Berechnungsverordnung in der Fassung der Bekanntmachung vom 21. Februar 1975 (BGBl. I S. 569), geändert durch die Verordnung vom 18. Mai 1977 (BGBl. I S. 750),

2. in den Fällen der Instandsetzung von Einrichtungen in entsprechender Anwendung des §§ 7 bis 10 der Zweiten Berechnungsverordnung,

3. in den Fällen des Erwerbs und der Ausstattung von Einrichtungen aus der von dem Träger zu entrichtenden Vergütung.

Für die Ermittlung der Eigenleistungen findet § 15 der Zweiten Berechnungsverordnung entsprechend Anwendung.

(4) Die zuständige Behörde kann Ausnahmen von Absatz 2 zulassen, wenn der Träger unmittelbar und ausschließlich steuerbegünstigte Zwecke im Sinne der §§ 51 bis 68 der Abgabeordnung vom 16. März 1976 (BGBl. I S. 613), zuletzt geändert durch Gesetz vom 28. Februar 1978 (BGBl. I S. 333), verfolgt.

25 Durch die Beschränkungen des § 7 soll vermieden werden, daß Träger ohne oder ohne ausreichendes Eigenkapital Maßnahmen durchführen und somit bei Ausfall von Bewohner-Leistungen die Gefahr der Illiquidität des Trägers besteht (vgl. Kunz ZfSH 1977, 103 (105); Rückert Grundlagen der Planung von Altenhilfeunternehmen, Diss. Köln 1975).

Zu Abs. 1:

26 Die Leistungen dürfen 30% der im Finanzierungsplan ausgewiesenen Kosten nicht überschreiten. Eine **Ausnahme** oder **Befreiung** von dieser Vorschrift ist **nicht** möglich. Wird gegen die Bestimmung des Abs. 1 verstoßen, so hat die nach § 23 HeimG zuständige Behörde nach § 11 Abs. 3 Nr. 3 i. V. m. § 19 Abs. 1 HeimG den Betrieb der Einrichtung zu **untersagen.** Außerdem sind Anordnungen nach § 17 HeimG möglich. Werden diese nicht befolgt, so **kann** nach § 19 Abs. 2 Nr. 2 der Betrieb untersagt werden.

Zu Abs. 2:

27 Die Eigenleistungen des Trägers muß 20% der im Finanzierungsplan ausgewiesenen Kosten betragen. **Ausnahmen** sind nach Abs. 4 dann möglich, wenn der Träger **unmittelbar und aus-**

3. HeimsicherungsV (Kommentar) **Anh. A**

schließlich steuerbegünstigte Zwecke im Sinn der §§ 51 bis 68 AO verfolgt (vgl. RdNr. 31).

Zu Abs. 3:

Abs. 3 enthält Bestimmungen zur Berechnung der Kosten einer 28 Maßnahme. Er verweist auf die entsprechenden Bestimmungen der 2. Berechnungsverordnung (II. BV)[1]. Sie lauten in der derzeit geltenden Fassung (obwohl das Gesetz auf die Fassung von 1977 verweist, ist davon auszugehen, daß die jeweils zum Zeitpunkt der Entscheidung geltende Fassung zur Anwendung kommen soll; so wie dies sonst auch üblich ist):

§ 5 Gliederung der Gesamtkosten

(1) Gesamtkosten sind die Kosten des Baugrundstücks und die Baukosten.

(2) [1]Kosten des Baugrundstücks sind der Wert des Baugrundstücks, die Erwerbskosten und die Erschließungskosten. [2]Kosten, die im Zusammenhang mit einer das Baugrundstück betreffenden freiwilligen oder gesetzlich geregelten Umlegung, Zusammenlegung oder Grenzregelung (Bodenordnung) entstehen, gehören zu den Erwerbskosten, außer den Kosten der dem Bauherrn dabei obliegenden Verwaltungsleistungen. [3]Bei einem Erbbaugrundstück sind Kosten des Baugrundstücks nur die dem Erbbauberechtigten entstehenden Erwerbs- und Erschließungskosten; zu den Erwerbskosten des Erbbaurechts gehört auch ein Entgelt, das der Erbbauberechtigte einmalig für die Bestellung oder Übertragung des Erbbaurechts zu entrichten hat, soweit es angemessen ist.

(3) [1]Baukosten sind die Kosten der Gebäude, die Kosten der Außenanlagen, die Baunebenkosten, die Kosten besonderer Betriebseinrichtungen sowie die Kosten des Gerätes und sonstiger Wirtschaftsausstattungen. [2]Wird der Wert verwendeter Gebäudeteile angesetzt, so ist er unter den Baukosten gesondert auszuweisen.

(4) Baunebenkosten sind
1. die Kosten der Architekten- und Ingenieurleistungen,
2. die Kosten der dem Bauherrn obliegenden Verwaltungsleistungen bei Vorbereitung und Durchführung des Bauvorhabens,
3. die Kosten der Behördenleistungen bei Vorbereitung und Durchführung des Bauvorhabens, soweit sie nicht Erwerbskosten sind,
4. die Kosten der Beschaffung der Finanzierungsmittel, die Kosten der Zwischenfinanzierung und, soweit sie auf die Bauzeit fallen, die Kapitalkosten und die Steuerbelastungen des Baugrundstücks,

---

[1] Zweite Berechnungsverordnung (II. BV) in der Fassung der Bekanntmachung vom 12. Oktober 1990 (BGBl. I S. 2178), zuletzt geändert durch Verordnung vom 25. November 2003 (BGBl. I S. 2346) – Auszug –.

5. die Kosten der Beschaffung von Darlehen und Zuschüssen zur Deckung von laufenden Aufwendungen, Fremdkapitalkosten, Annuitäten und Bewirtschaftungskosten,
6. sonstige Nebenkosten bei Vorbereitung und Durchführung des Bauvorhabens.

(5) Der Ermittlung der Gesamtkosten ist die dieser Verordnung beigefügte Anlage 1 „Aufstellung der Gesamtkosten" zugrunde zu legen.

§ 6 Kosten des Baugrundstücks

(1) ¹Als Wert des Baugrundstücks darf höchstens angesetzt werden,

1. wenn das Baugrundstück dem Bauherrn zur Förderung des Wohnungsbaues unter dem Verkehrswert überlassen worden ist, der Kaufpreis,
2. wenn das Baugrundstück durch Enteignung zur Durchführung des Bauvorhabens vom Bauherrn erworben worden ist, die Entschädigung,
3. in anderen Fällen der Verkehrswert in dem nach § 4 maßgebenden Zeitpunkt oder der Kaufpreis, es sei denn, daß er unangemessen hoch gewesen ist.

²Für den Begriff des Verkehrswertes gilt § 194 des Baugesetzbuchs. ³Im steuerbegünstigten Wohnungsbau dürfen neben dem Verkehrswert Kosten der Zwischenfinanzierung, Kapitalkosten und Steuerbelastungen des Baugrundstücks, die auf die Bauzeit fallen, nicht angesetzt werden. ⁴Ist die Wirtschaftlichkeitsberechnung nach § 87 a des Zweiten Wohnungsbaugesetzes aufzustellen, so darf der Bauherr den Wert des Baugrundstücks nach Satz 1 ansetzen, soweit nicht mit dem Darlehens- oder Zuschußgeber vertraglich ein anderer Ansatz vereinbart ist.

(2) ¹Bei Ausbau durch Umwandlung oder Umbau darf als Wert des Baugrundstücks höchstens der Verkehrswert vergleichbarer unbebauter Grundstücke für Wohngebäude in dem nach § 4 maßgebenden Zeitpunkt angesetzt werden. ²Der Wert des Baugrundstücks darf nicht angesetzt werden beim Ausbau durch Umbau einer Wohnung, deren Bau bereits mit öffentlichen Mitteln oder mit Wohnungsfürsorgemitteln gefördert worden ist.

(3) Soweit Preisvorschriften in dem nach § 4 maßgebenden Zeitpunkt bestanden haben, dürfen höchstens die danach zulässigen Preise zugrunde gelegt werden.

(4) Erwerbskosten und Erschließungskosten dürfen, vorbehaltlich der §§ 9 und 10, nur angesetzt werden, soweit sie tatsächlich entstehen oder mit ihrem Entstehen sicher gerechnet werden kann.

(5) ¹Wird die Erschließung im Zusammenhang mit dem Bauvorhaben durchgeführt, so darf außer den Erschließungskosten nur der Wert des nicht erschlossenen Baugrundstücks nach Absatz 1 angesetzt werden. ²Ist die Erschließung bereits vorher ganz oder teilweise durchgeführt worden, so kann der Wert des ganz oder teilweise erschlossenen Baugrundstücks nach Absatz 1 angesetzt werden, wenn ein Ansatz von Erschließungskosten insoweit unterbleibt.

(6) Liegt das Baugrundstück in dem nach § 4 maßgebenden Zeitpunkt in einem nach dem Städtebauforderungsgesetz oder dem Baugesetzbuch förm-

3. HeimsicherungsV (Kommentar) Anh. A

lich festgelegten Sanierungsgebiet, Ersatzgebiet, Ergänzungsgebiet oder Entwicklungsbereich und wira die Maßnahme nicht im vereinfachten Verfahren durchgeführt, dürfen abweichend von Absatz 1 Satz 1 und den Absätzen 2, 4 und 5 als Wert des Baugrundstücks und an Stelle der Erschließungskosten höchstens angesetzt werden

1. der Wert, der sich für das unbebaute Grundstück ergeben würde, wenn eine Sanierung oder Entwicklung weder beabsichtigt noch durchgeführt worden wäre, der Kaufpreis für ein nach der förmlichen Festlegung erworbenes Grundstück, soweit er zulässig gewesen ist, oder, wenn eine Umlegung nach Maßgabe des § 16 des Städtebauförderungsgesetzes oder des § 153 Abs. 5 des Baugesetzbuches durchgeführt worden ist, der Verkehrswert, der der Zuteilung des Grundstücks zugrunde gelegt worden ist,
2. der Ausgleichsbetrag, der für das Grundstück zu entrichten ist,
3. der Betrag, der auf den Ausgleichsbetrag angerechnet wird, soweit die Anrechnung nicht auf Umständen beruht, die in dem nach Nummer 1 angesetzten Wert des Grundstücks berücksichtigt sind.

§ 7 Baukosten

(1) ¹Baukosten dürfen nur angesetzt werden, soweit sie tatsächlich entstehen oder mit ihrem Entstehen sicher gerechnet werden kann und soweit sie bei gewissenhafter Abwägung aller Umstände, bei wirtschaftlicher Bauausführung und bei ordentlicher Geschäftsführung gerechtfertigt sind. ²Kosten entstehen tatsächlich in der Höhe, in der der Bauherr eine Vergütung für Bauleistungen zu entrichten hat; ein Barzahlungsnachlaß (Skonto) braucht nicht abgesetzt zu werden, soweit er handelsüblich ist. ³Die Vorschriften der §§ 9 und 10 bleiben unberührt.

(2) ¹Bei Wiederaufbau und bei Ausbau durch Umwandlung oder Umbau eines Gebäudes gehört zu den Baukosten auch der Wert der verwendeten Gebäudeteile. ²Der Wert der verwendeten Gebäudeteile ist mit dem Betrage anzusetzen, der einem Unternehmer für die Bauleistungen im Rahmen der Kosten des Gebäudes zu entrichten wäre, wenn an Stelle des Wiederaufbaues oder des Ausbaues ein Neubau durchgeführt würde, abzüglich der Kosten des Gebäudes, die für den Wiederaufbau oder den Ausbau tatsächlich entstehen oder mit deren Entstehen sicher gerechnet werden kann. ³Bei der Ermittlung der Kosten eines vergleichbaren Neubaues dürfen verwendete Gebäudeteile, die für einen Neubau nicht erforderlich gewesen wären, nicht berücksichtigt werden. ⁴Bei Wiederaufbau ist der Restbetrag der auf dem Grundstück ruhenden Hypothekengewinnabgabe von dem nach den Sätzen 2 und 3 ermittelten Wert der verwendeten Gebäudeteile mit dem Betrage abzuziehen, der sich vor Herabsetzung der Abgabeschulden nach § 104 des Lastenausgleichsgesetzes für den Herabsetzungsstichtag ergibt. ⁵§ 6 Abs. 2 Satz 2 ist auf den Wert der verwendeten Gebäudeteile entsprechend anzuwenden.

(3) Bei Wiederherstellung, Ausbau eines Gebäudeteils und Erweiterung darf der Wert der verwendeten Gebäudeteile nur nach dem Fünften Abschnitt angesetzt werden.

§ 8 Baunebenkosten

(1) [1]Auf die Ansätze für die Kosten der Architekten, Ingenieure und anderer Sonderfachleute, die Kosten der Verwaltungsleistungen bei Vorbereitung und Durchführung des Bauvorhabens und die damit zusammenhängenden Nebenkosten ist § 7 Abs. 1 anzuwenden. [2]Als Kosten der Architekten- und Ingenieurleistungen dürfen höchstens die Beträge angesetzt werden, die sich nach Absatz 2 ergeben. [3]Als Kosten der Verwaltungsleistungen dürfen höchstens die Beträge angesetzt werden, die sich nach den Absätzen 3 bis 5 ergeben.

(2) [1]Der Berechnung des Höchstbetrages für die Kosten der Architekten- und Ingenieurleistungen sind die Teile I bis III und VII bis XII der Honorarordnung für Architekten und Ingenieure vom 17. September 1976 (BGBl. I S. 2805, 3616) in der jeweils geltenden Fassung zugrunde zu legen. [2]Dabei dürfen

1. das Entgelt für Grundleistungen nach den Mindestsätzen der Honorartafeln in den Honorarzonen der Teile II, VIII, X und XII bis einschließlich Honorarzone III und der Teile IX und XI bis einschließlich Honorarzone II,
2. die nachgewiesenen Nebenkosten und
3. die auf das ansetzbare Entgelt und die nachgewiesenen Nebenkosten fallende Umsatzsteuer

angesetzt werden. [3]Höhere Entgelte und Entgelte für andere Leistungen dürfen nur angesetzt werden, soweit die nach Satz 2 Nr. 1 zulässigen Ansätze den erforderlichen Leistungen nicht gerecht werden. [4]Die in Satz 3 bezeichneten Entgelte dürfen nur angesetzt werden, soweit

1. im öffentlich geförderten sozialen Wohnungsbau die Bewilligungsstelle,
2. im steuerbegünstigten oder freifinanzierten Wohnungsbau, der mit Wohnungsfürsorgemitteln gefördert worden ist, der Darlehns- oder Zuschußgeber

ihnen zugestimmt hat.

(3) [1]Der Berechnung des Höchstbetrages für die Kosten der Verwaltungsleistungen ist ein Vomhundertsatz der Baukosten ohne Baunebenkosten und, soweit der Bauherr die Erschließung auf eigene Rechnung durchführt, auch der Erschließungskosten zugrunde zu legen, und zwar bei Kosten in der Stufe

1. bis	127822,97	Euro einschließlich	3,40 vom Hundert,
2. bis	255645,94	Euro einschließlich	3,10 vom Hundert,
3. bis	511291,88	Euro einschließlich	2,80 vom Hundert,
4. bis	818067,01	Euro einschließlich	2,50 vom Hundert,
5. bis	1278229,70	Euro einschließlich	2,20 vom Hundert,
6. bis	1789521,58	Euro einschließlich	1,90 vom Hundert,
7. bis	2556459,41	Euro einschließlich	1,60 vom Hundert,
8. bis	3579043,17	Euro einschließlich	1,30 vom Hundert,
9. über	3579043,17	Euro	1,00 vom Hundert.

3. HeimsicherungsV (Kommentar) Anh. A

²Die Vomhundertsätze erhöhen sich
1. um 0,5 im Falle der Betreuung des Baues von Eigenheimen, Eigensiedlungen und Eigentumswohnungen sowie im Falle des Baues von Kaufeigenheimen, Trägerkleinsiedlungen und Kaufeigentumswohnungen,
2. um 0,5, wenn besondere Maßnahmen zur Bodenordnung (§ 5 Abs. 2 Satz 2) notwendig sind,
3. um 0,5, wenn die Vorbereitung oder Durchführung des Bauvorhabens mit sonstigen besonderen Verwaltungsschwierigkeiten verbunden ist,
4. um 1,5, wenn für den Bau eines Familienheims oder einer eigengenutzten Eigentumswohnung Selbsthilfe in Höhe von mehr als 10 vom Hundert der Baukosten geleistet wird.

³Erhöhungen nach den Nummern 1, 2 und 3 sowie nach den Nummern 2 und 4 dürfen nebeneinander angesetzt werden. ⁴Bei der Berechnung des Höchstbetrages für die Kosten von Verwaltungsleistungen, die bei baulichen Änderungen nach § 11 Abs. 4 bis 6 erbracht werden, sind Satz 1 und Satz 2 Nr. 3 entsprechend anzuwenden. ⁵Neben dem Höchstbetrag darf die Umsatzsteuer angesetzt werden.

(4) ¹Statt des Höchstbetrages, der sich aus den nach Absatz 3 Satz 1 oder 4 maßgebenden Kosten und dem Vomhundertsatz der entsprechenden Kostenstufe ergibt, darf der Höchstbetrag der vorangehenden Kostenstufe gewählt werden. ²Die aus Absatz 3 Satz 2 und 3 folgenden Erhöhungen werden in den Fällen des Absatzes 3 Satz 1 hinzugerechnet. ³Absatz 3 Satz 5 gilt entsprechend.

(5) ¹Wird der angemessene Kaufpreis nach § 4c für Teile einer Wirtschaftseinheit aus den Gesamtkosten ermittelt, so sind für die Berechnung des Höchstbetrages nach den Absätzen 3 und 4 die Kosten für das einzelne Gebäude zugrunde zu legen; der Kostenansatz dient auch zur Deckung der Kosten der dem Bauherrn im Zusammenhang mit der Eigentumsübertragung obliegenden Verwaltungsleistungen. ²Bei Eigentumswohnungen und Kaufeigentumswohnungen sind für die Berechnung der Kosten der Verwaltungsleistungen die Kosten für die einzelnen Wohnungen zugrunde zu legen.

(6) Der Kostenansatz nach den Absätzen 3 bis 5 dient auch zur Deckung der Kosten der Verwaltungsleistungen, die der Bauherr oder der Betreuer zur Beschaffung von Finanzierungsmitteln erbringt.

(7) Kosten für die Beschaffung der Finanzierungsmittel dürfen nicht für den Nachweis oder die Vermittlung von Mitteln aus öffentlichen Haushalten angesetzt werden.

(8) ¹Als Kosten der Zwischenfinanzierung dürfen nur Kosten für Darlehen oder für eigene Mittel des Bauherrn angesetzt werden, deren Ersetzung durch zugesagte oder sicher in Aussicht stehende endgültige Finanzierungsmittel bereits bei dem Einsatz der Zwischenfinanzierungsmittel gewährleistet ist. ²Eine Verzinsung der vom Bauherrn zur Zwischenfinanzierung eingesetzten eigenen Mittel darf höchstens mit dem marktüblichen Zinssatz für erste Hypotheken angesetzt werden. ³Kosten der Zwischenfinanzierung dürfen, vorbehaltlich des § 11, nur angesetzt werden, soweit sie auf die Bauzeit bis zur Bezugsfertigkeit entfallen.

(9) ¹Auf die Eigenkapitalkosten in der Bauzeit ist § 20 entsprechend anzuwenden. ²§ 6 Abs. 1 Satz 3 bleibt unberührt.

§ 9 Sach- und Arbeitsleistungen

(1) ¹Der Wert der Sach- und Arbeitsleistungen des Bauherrn, vor allem der Wert der Selbsthilfe, darf bei den Gesamtkosten mit dem Betrage angesetzt werden, der für eine gleichwertige Unternehmerleistung angesetzt werden könnte. ²Der Wert der Architekten-, Ingenieur- und Verwaltungsleistungen des Bauherrn darf mit den nach § 8 Abs. 2 Satz 2 Nr. 1 und Abs. 3 bis 5 zulässigen Höchstbeträgen angesetzt werden. ³Erbringt der Bauherr die Leistungen nur zu einem Teil, so darf nur der den Leistungen entsprechende Teil der Höchstbeträge als Eigenleistungen angesetzt werden.

(2) Absatz 1 gilt entsprechend für den Wert der Sach- und Arbeitsleistungen des Bewerbers um ein Kaufeigenheim, eine Trägerkleinsiedlung, eine Kaufeigentumswohnung und eine Genossenschaftswohnung sowie für den Wert der Sach- und Arbeitsleistungen des Mieters.

(3) Die Absätze 1 und 2 gelten entsprechend, wenn der Bauherr, der Bewerber oder der Mieter Sach- und Arbeitsleistungen mit eigenen Arbeitnehmern im Rahmen seiner gewerblichen oder unternehmerischen Tätigkeit oder auf Grund seines Berufes erbringt.

§ 10 Leistungen gegen Renten

(1) Sind als Entgelt für eine der Vorbereitung oder Durchführung des Bauvorhabens dienende Leistung eines Dritten wiederkehrende Leistungen zu entrichten, so darf der Wert der Leistung des Dritten bei den Gesamtkosten angesetzt werden,

1. wenn es sich um die Übereignung des Baugrundstücks handelt, mit dem Verkehrswert,
2. wenn es sich um eine andere Leistung handelt, mit dem Betrage, der für eine gleichwertige Unternehmerleistung angesetzt werden könnte.

(2) Absatz 1 gilt nicht für die Bestellung eines Erbbaurechts.

§ 15 Eigenleistungen

(1) Eigenleistungen sind die Leistungen des Bauherrn, die zur Deckung der Gesamtkosten dienen, namentlich

1. Geldmittel,
2. der Wert der Sach- und Arbeitsleistungen, vor allem der Wert der eingebrachten Baustoffe und der Selbsthilfe,
3. der Wert des eigenen Baugrundstücks und der Wert verwendeter Gebäudeteile.

(2) Als Eigenleistung kann auch ganz oder teilweise ausgewiesen werden

1. ein Barzahlungsnachlaß (Skonto), wenn bei den Gesamtkosten die vom Bauherrn zu entrichtende Vergütung in voller Höhe angesetzt ist,
2. der Wert von Sach- und Arbeitsleistungen, die der Bauherr mit eigenen Arbeitnehmern im Rahmen seiner gewerblichen oder unternehmerischen Tätigkeit oder auf Grund seines Berufes erbringt.

3. HeimsicherungsV (Kommentar) **Anh. A**

(3) Die in Absatz 1 Nr. 2 und 3 bezeichneten Werte sind, vorbehaltlich der Absätze 2 und 4, mit dem Betrage auszuweisen, der bei den Gesamtkosten angesetzt ist.

(4) Bei Ermittlung der Eigenleistung sind gestundete Restkaufgelder und die in § 13 Abs. 2 bezeichneten Verbindlichkeiten mit dem Betrage abzuziehen, mit dem sie im Finanzierungsplan als Fremdmittel ausgewiesen sind.

Bei den in § 15 Abs. 4 der II. BV angesprochenen Verbindlichkeiten im Sinn des § 13 Abs. 2 der II. BV handelt es sich um vor der Bebauung vorhandene Verbindlichkeiten, die auf dem Baugrundstück dinglich gesichert sind. Sie gelten als **Fremdmittel,** soweit sie den Wert des Baugrundstücks und der verwendeten Gebäudeteile nicht übersteigen. 29

Zu Abs. 4:

Ausnahmen nach Abs. 4 sind in das **Ermessen** der nach § 23 HeimG zuständigen Behörde gestellt. Sie hat dabei ihr Ermessen entsprechend dem Zweck der Ermächtigung auszuüben und die gesetzlichen Grenzen des Ermessens einzuhalten Art. 40 VwVfG. 30

Die Entscheidung selbst ist ein **Verwaltungsakt,** der mit **Widerspruch** und **verwaltungsgerichtlicher Klage** angefochten werden kann. Um eine Nachprüfung zu ermöglichen ist Schriftform empfehlenswert.

Voraussetzung für eine Ausnahme sind steuerbegünstigte Zwecke im Sinne der §§ 51 bis 68 AO. Obwohl der VO-Geber in Abs. 4 die Bestimmungen der AO i.d. Fassung des Gesetzes vom 28. 2. 1978 zitiert hat, ist die AO in ihrer jeweils gültigen Fassung maßgebend.[1] Dies folgt aus dem Sinn des § 7. Im Gegensatz zu den vorstehenden Abs. ist Abs. 4 ungeschickt formuliert. Die Bestimmungen lauten: 31

§ 51 Allgemeines

[1]Gewährt das Gesetz eine Steuervergünstigung, weil eine Körperschaft ausschließlich und unmittelbar gemeinnützige, mildtätige oder kirchliche Zwecke (steuerbegünstigte Zwecke) verfolgt, so gelten die folgenden Vorschriften. [2]Unter Körperschaften sind die Körperschaften, Personenvereinigungen und Vermögensmassen im Sinne des Körperschaftsteuergesetzes zu verstehen. [3]Funktionale Untergliederungen (Abteilungen) von Körperschaften gelten nicht als selbständige Steuersubjekte.

---

[1] Abgabenordnung (AO 1977) in der Fassung der Bekanntmachung vom 1. Oktober 2004 (BGBl. I S. 3866, ber. BGBl. I 2003 S. 61), zuletzt geändert durch Gesetz vom 23. 4. 2004 (BGBl. I S. 606) – Auszug –.

§ 52 Gemeinnützige Zwecke

(1) ¹Eine Körperschaft verfolgt gemeinnützige Zwecke, wenn ihre Tätigkeit darauf gerichtet ist, die Allgemeinheit auf materiellem, geistigem oder sittlichem Gebiet selbstlos zu fördern. ²Eine Förderung der Allgemeinheit ist nicht gegeben, wenn der Kreis der Personen, dem die Förderung zugute kommt, fest abgeschlossen ist, zum Beispiel Zugehörigkeit zu einer Familie oder zur Belegschaft eines Unternehmens, oder infolge seiner Abgrenzung, insbesondere nach räumlichen oder beruflichen Merkmalen, dauernd nur klein sein kann. ³Eine Förderung der Allgemeinheit liegt nicht allein deswegen vor, weil eine Körperschaft ihre Mittel einer Körperschaft des öffentlichen Rechts zuführt.

(2) ¹Unter den Voraussetzungen des Absatzes 1 sind als Förderung der Allgemeinheit anzuerkennen insbesondere:

1. die Förderung von Wissenschaft und Forschung, Bildung und Erziehung, Kunst und Kultur, der Religion, der Völkerverständigung, der Entwicklungshilfe, des Umwelt-, Landschafts- und Denkmalschutzes, des Heimatgedankens,
2. die Förderung der Jugendhilfe, der Altenhilfe, des öffentlichen Gesundheitswesens, des Wohlfahrtswesens und des Sports. ² Schach gilt als Sport,
3. die allgemeine Förderung des demokratischen Staatswesens im Geltungsbereich dieses Gesetzes; hierzu gehören nicht Bestrebungen, die nur bestimmte Einzelinteressen staatsbürgerlicher Art verfolgen oder die auf den kommunalpolitischen Bereich beschränkt sind,
4. die Förderung der Tierzucht, der Pflanzenzucht, der Kleingärtnerei, des traditionellen Brauchtums einschließlich des Karnevals, der Fastnacht und des Faschings, der Soldaten- und Reservistenbetreuung, des Amateurfunkens, des Modellflugs und des Hundesports.

§ 53 Mildtätige Zwecke

Eine Körperschaft verfolgt mildtätige Zwecke, wenn ihre Tätigkeit darauf gerichtet ist, Personen selbstlos zu unterstützen,

1. die infolge ihres körperlichen, geistigen oder seelischen Zustands auf die Hilfe anderer angewiesen sind oder
2. deren Bezüge nicht höher sind als das Vierfache des Regelsatzes der Sozialhilfe im Sinne des § 28 des Zwölften Buches Sozialgesetzbuch; beim Alleinstehenden oder Haushaltsvorstand tritt an die Stelle des Vierfachen das Fünffache des Regelsatzes. ²Dies gilt nicht für Personen, deren Vermögen zur nachhaltigen Verbesserung ihres Unterhalts ausreicht und denen zugemutet werden kann, es dafür zu verwenden. ³Bei Personen, deren wirtschaftliche Lage aus besonderen Gründen zu einer Notlage geworden ist, dürfen die Bezüge oder das Vermögen die genannten Grenzen übersteigen. ⁴Bezüge im Sinne dieser Vorschrift sind
   a) Einkünfte im Sinne des § 2 Abs. 1 des Einkommensteuergesetzes und
   b) andere zur Bestreitung des Unterhalts bestimmte oder geeignete Bezüge, die der Alleinstehende oder der Haushaltsvorstand und die sonstigen Haushaltsangehörigen haben. ⁵Zu den Bezügen zählen nicht Leistungen zur Sicherung des Lebensunterhalts nach dem Zweiten

Buch Sozialgesetzbuch und bis zur Höhe der Leistungen der Sozialhilfe Unterhaltsleistungen an Personen, die ohne die Unterhaltsleistungen sozialhilfeberechtigt wären oder Anspruch auf Leistungen zur Sicherung des Lebensunterhalts nach dem Zweiten Buch Sozialgesetzbuch hätten. [6]Unterhaltsansprüche sind zu berücksichtigen.

§ 54 Kirchliche Zwecke

(1) Eine Körperschaft verfolgt kirchliche Zwecke, wenn ihre Tätigkeit darauf gerichtet ist, eine Religionsgemeinschaft, die Körperschaft des öffentlichen Rechts ist, selbstlos zu fördern.

(2) Zu diesen Zwecken gehören insbesondere die Errichtung, Ausschmückung und Unterhaltung von Gotteshäusern und kirchlichen Gemeindehäusern, die Abhaltung von Gottesdiensten, die Ausbildung von Geistlichen, die Erteilung von Religionsunterricht, die Beerdigung und die Pflege des Andenkens der Toten, ferner die Verwaltung des Kirchenvermögens, die Besoldung der Geistlichen, Kirchenbeamten und Kirchendiener, die Alters- und Behindertenversorgung für diese Personen und die Versorgung ihrer Witwen und Waisen.

§ 55 Selbstlosigkeit

(1) Eine Förderung oder Unterstützung geschieht selbstlos, wenn dadurch nicht in erster Linie eigenwirtschaftliche Zwecke – zum Beispiel gewerbliche Zwecke oder sonstige Erwerbszwecke – verfolgt werden und wenn die folgenden Voraussetzungen gegeben sind:

1. [1]Mittel der Körperschaft dürfen nur für die satzungsmäßigen Zwecke verwendet werden. [2]Die Mitglieder oder Gesellschafter (Mitglieder im Sinne dieser Vorschriften) dürfen keine Gewinnanteile und in ihrer Eigenschaft als Mitglieder auch keine sonstigen Zuwendungen aus Mitteln der Körperschaft erhalten. [3]Die Körperschaft darf ihre Mittel weder für die unmittelbare noch für die mittelbare Unterstützung oder Förderung politischer Parteien verwenden.
2. Die Mitglieder dürfen bei ihrem Ausscheiden oder bei Auflösung oder Aufhebung der Körperschaft nicht mehr als ihre eingezahlten Kapitalanteile und den gemeinen Wert ihrer geleisteten Sacheinlagen zurückerhalten.
3. Die Körperschaft darf keine Person durch Ausgaben, die dem Zweck der Körperschaft fremd sind, oder durch unverhältnismäßig hohe Vergütungen begünstigen.
4. [1]Bei Auflösung oder Aufhebung der Körperschaft oder bei Wegfall ihres bisherigen Zwecks darf das Vermögen der Körperschaft, soweit es die eingezahlten Kapitalanteile der Mitglieder und den gemeinen Wert der von den Mitgliedern geleisteten Sacheinlagen übersteigt, nur für steuerbegünstigte Zwecke verwendet werden (Grundsatz der Vermögensbindung). [2]Diese Voraussetzung ist auch erfüllt, wenn das Vermögen einer anderen steuerbegünstigten Körperschaft oder einer Körperschaft des öffentlichen Rechts für steuerbegünstigte Zwecke übertragen werden soll.
5. [1]Die Körperschaft muss ihre Mittel grundsätzlich zeitnah für ihre steuerbegünstigten satzungsmäßigen Zwecke verwenden. [2]Verwendung in die-

sem Sinne ist auch die Verwendung der Mittel für die Anschaffung oder Herstellung von Vermögensgegenständen, die satzungsmäßigen Zwecken dienen. ³Eine zeitnahe Mittelverwendung ist gegeben, wenn die Mittel spätestens in dem auf den Zufluss folgenden Kalender- oder Wirtschaftsjahr für die steuerbegünstigten satzungsmäßigen Zwecke verwendet werden.

(2) Bei der Ermittlung des gemeinen Werts (Absatz 1 Nr. 2 und 4) kommt es auf die Verhältnisse zu dem Zeitpunkt an, in dem die Sacheinlagen geleistet worden sind.

(3) Die Vorschriften, die die Mitglieder der Körperschaft betreffen (Absatz 1 Nr. 1, 2 und 4), gelten bei Stiftungen für die Stifter und ihre Erben, bei Betrieben gewerblicher Art von Körperschaften des öffentlichen Rechts für die Körperschaft sinngemäß, jedoch mit der Maßgabe, dass bei Wirtschaftsgütern, die nach § 6 Abs. 1 Nr. 4 Satz 4 und 5 des Einkommensteuergesetzes aus einem Betriebsvermögen zum Buchwert entnommen worden sind, an die Stelle des gemeinen Werts der Buchwert der Entnahme tritt.

§ 56 Ausschließlichkeit

Ausschließlichkeit liegt vor, wenn eine Körperschaft nur ihre steuerbegünstigten satzungsmäßigen Zwecke verfolgt.

§ 57 Unmittelbarkeit

(1) ¹Eine Körperschaft verfolgt unmittelbar ihre steuerbegünstigten satzungsmäßigen Zwecke, wenn sie selbst diese Zwecke verwirklicht. ²Das kann auch durch Hilfspersonen geschehen, wenn nach den Umständen des Falls, insbesondere nach den rechtlichen und tatsächlichen Beziehungen, die zwischen der Körperschaft und der Hilfsperson bestehen, das Wirken der Hilfsperson wie eigenes Wirken der Körperschaft anzusehen ist.

(2) Eine Körperschaft, in der steuerbegünstigte Körperschaften zusammengefasst sind, wird einer Körperschaft, die unmittelbar steuerbegünstigte Zwecke verfolgt, gleichgestellt.

§ 58 Steuerlich unschädliche Betätigungen

Die Steuervergünstigung wird nicht dadurch ausgeschlossen, dass

1. eine Körperschaft Mittel für die Verwirklichung der steuerbegünstigten Zwecke einer anderen Körperschaft oder für die Verwirklichung steuerbegünstigter Zwecke durch eine Körperschaft des öffentlichen Rechts beschafft; die Beschaffung von Mitteln für eine unbeschränkt steuerpflichtige Körperschaft setzt voraus, dass diese selbst steuerbegünstigt ist,
2. eine Körperschaft ihre Mittel teilweise einer anderen, ebenfalls steuerbegünstigten Körperschaft oder einer Körperschaft des öffentlichen Rechts zur Verwendung zu steuerbegünstigten Zwecken zuwendet,
3. eine Körperschaft ihre Arbeitskräfte anderen Personen, Unternehmen oder Einrichtungen für steuerbegünstigte Zwecke zur Verfügung stellt,
4. eine Körperschaft ihr gehörende Räume einer anderen steuerbegünstigten Körperschaft zur Benutzung für deren steuerbegünstigte Zwecke überlässt,

5. eine Stiftung einen Teil, jedoch höchstens ein Drittel ihres Einkommens dazu verwendet, um in angemessener Weise den Stifter und seine nächsten Angehörigen zu unterhalten, ihre Gräber zu pflegen und ihr Andenken zu ehren,
6. eine Körperschaft ihre Mittel ganz oder teilweise einer Rücklage zuführt, soweit dies erforderlich ist, um ihre steuerbegünstigten satzungsmäßigen Zwecke nachhaltig erfüllen zu können,
7. a) eine Körperschaft höchstens ein Drittel des Überschusses der Einnahmen über die Unkosten aus Vermögensverwaltung und darüber hinaus höchstens 10 vom Hundert ihrer sonstigen nach § 55 Abs. 1 Nr. 5 zeitnah zu verwendenden Mittel einer freien Rücklage zuführt,
    b) eine Körperschaft Mittel zum Erwerb von Gesellschaftsrechten zur Erhaltung der prozentualen Beteiligung an Kapitalgesellschaften ansammelt oder im Jahr des Zuflusses verwendet; diese Beträge sind auf die nach Buchstabe a in demselben Jahr oder künftig zulässigen Rücklagen anzurechnen,
8. eine Körperschaft gesellige Zusammenkünfte veranstaltet, die im Vergleich zu ihrer steuerbegünstigten Tätigkeit von untergeordneter Bedeutung sind,
9. ein Sportverein neben dem unbezahlten auch den bezahlten Sport fördert,
10. eine von einer Gebietskörperschaft errichtete Stiftung zur Erfüllung ihrer steuerbegünstigten Zwecke Zuschüsse an Wirtschaftsunternehmen vergibt,
11. eine Körperschaft folgende Mittel ihrem Vermögen zuführt:
    a) Zuwendungen von Todes wegen, wenn der Erblasser keine Verwendung für den laufenden Aufwand der Körperschaft vorgeschrieben hat,
    b) Zuwendungen, bei denen der Zuwendende ausdrücklich erklärt, dass sie zur Ausstattung der Körperschaft mit Vermögen oder zur Erhöhung des Vermögens bestimmt sind,
    c) Zuwendungen auf Grund eines Spendenaufrufs der Körperschaft, wenn aus dem Spendenaufruf ersichtlich ist, dass Beträge zur Aufstockung des Vermögens erbeten werden,
    d) Sachzuwendungen, die ihrer Natur nach zum Vermögen gehören,
12. eine Stiftung im Jahr ihrer Errichtung und in den zwei folgenden Kalenderjahren Überschüsse aus der Vermögensverwaltung und die Gewinne aus wirtschaftlichen Geschäftsbetrieben (§ 14) ganz oder teilweise ihrem Vermögen zuführt.

§ 59 Voraussetzung der Steuervergünstigung

Die Steuervergünstigung wird gewährt, wenn sich aus der Satzung, dem Stiftungsgeschäft oder der sonstigen Verfassung (Satzung im Sinne dieser Vorschriften) ergibt, welchen Zweck die Körperschaft verfolgt, dass dieser Zweck den Anforderungen der §§ 52 bis 55 entspricht und dass er ausschließlich und unmittelbar verfolgt wird; die tatsächliche Geschäftsführung muss diesen Satzungsbestimmungen entsprechen.

§ 60 Anforderungen an die Satzung

(1) Die Satzungszwecke und die Art ihrer Verwirklichung müssen so genau bestimmt sein, dass auf Grund der Satzung geprüft werden kann, ob die satzungsmäßigen Voraussetzungen für Steuervergünstigungen gegeben sind.

(2) Die Satzung muss den vorgeschriebenen Erfordernissen bei der Körperschaftsteuer und bei der Gewerbesteuer während des ganzen Veranlagungs- oder Bemessungszeitraums, bei den anderen Steuern im Zeitpunkt der Entstehung der Steuer entsprechen.

§ 61 Satzungsmäßige Vermögensbindung

(1) Eine steuerlich ausreichende Vermögensbindung (§ 55 Abs. 1 Nr. 4) liegt vor, wenn der Zweck, für den das Vermögen bei Auflösung oder Aufhebung der Körperschaft oder bei Wegfall ihres bisherigen Zwecks verwendet werden soll, in der Satzung so genau bestimmt ist, dass auf Grund der Satzung geprüft werden kann, ob der Verwendungszweck steuerbegünstigt ist.

(2) ¹Kann aus zwingenden Gründen der künftige Verwendungszweck des Vermögens bei der Aufstellung der Satzung nach Absatz 1 noch nicht genau angegeben werden, so genügt es, wenn in der Satzung bestimmt wird, dass das Vermögen bei Auflösung oder Aufhebung der Körperschaft oder bei Wegfall ihres bisherigen Zwecks zu steuerbegünstigten Zwecken zu verwenden ist und dass der künftige Beschluss der Körperschaft über die Verwendung erst nach Einwilligung des Finanzamts ausgeführt werden darf. ²Das Finanzamt hat die Einwilligung zu erteilen, wenn der beschlossene Verwendungszweck steuerbegünstigt ist.

(3) ¹Wird die Bestimmung über die Vermögensbindung nachträglich so geändert, dass sie den Anforderungen des § 55 Abs. 1 Nr. 4 nicht mehr entspricht, so gilt sie von Anfang an als steuerlich nicht ausreichend. ²§ 175 Abs. 1 Satz 1 Nr. 2 ist mit der Maßgabe anzuwenden, dass Steuerbescheide erlassen, aufgehoben oder geändert werden können, soweit sie Steuern betreffen, die innerhalb der letzten zehn Kalenderjahre vor der Änderung der Bestimmung über die Vermögensbindung entstanden sind.

§ 62 Ausnahmen von der satzungsmäßigen Vermögensbindung

Bei Betrieben gewerblicher Art von Körperschaften des öffentlichen Rechts, bei staatlich beaufsichtigten Stiftungen, bei den von einer Körperschaft des öffentlichen Rechts verwalteten unselbständigen Stiftungen und bei geistlichen Genossenschaften (Orden, Kongregationen) braucht die Vermögensbindung in der Satzung nicht festgelegt zu werden.

§ 63 Anforderungen an die tatsächliche Geschäftsführung

(1) Die tatsächliche Geschäftsführung der Körperschaft muss auf die ausschließliche und unmittelbare Erfüllung der steuerbegünstigten Zwecke gerichtet sein und den Bestimmungen entsprechen, die die Satzung über die Voraussetzungen für Steuervergünstigungen enthält.

(2) Für die tatsächliche Geschäftsführung gilt sinngemäß § 60 Abs. 2, für eine Verletzung der Vorschrift über die Vermögensbindung § 61 Abs. 3.

(3) Die Körperschaft hat den Nachweis, dass ihre tatsächliche Geschäftsführung den Erfordernissen des Absatzes 1 entspricht, durch ordnungsmäßige Aufzeichnungen über ihre Einnahmen und Ausgaben zu führen.

(4) ¹Hat die Körperschaft Mittel angesammelt, ohne dass die Voraussetzungen des § 58 Nr. 6 und 7 vorliegen, kann das Finanzamt ihr eine Frist für die Verwendung der Mittel setzen. ²Die tatsächliche Geschäftsführung gilt als ordnungsgemäß im Sinne des Absatzes 1, wenn die Körperschaft die Mittel innerhalb der Frist für steuerbegünstigte Zwecke verwendet.

§ 64 Steuerpflichtige wirtschaftliche Geschäftsbetriebe

(1) Schließt das Gesetz die Steuervergünstigung insoweit aus, als ein wirtschaftlicher Geschäftsbetrieb (§ 14) unterhalten wird, so verliert die Körperschaft die Steuervergünstigung für die dem Geschäftsbetrieb zuzuordnenden Besteuerungsgrundlagen (Einkünfte, Umsätze, Vermögen), soweit der wirtschaftliche Geschäftsbetrieb kein Zweckbetrieb (§§ 65 bis 68) ist.

(2) Unterhält die Körperschaft mehrere wirtschaftliche Geschäftsbetriebe, die keine Zweckbetriebe (§§ 65 bis 68) sind, werden diese als ein wirtschaftlicher Geschäftsbetrieb behandelt.

(3) Übersteigen die Einnahmen einschließlich Umsatzsteuer aus wirtschaftlichen Geschäftsbetrieben, die keine Zweckbetriebe sind, insgesamt nicht 30 678 Euro im Jahr, so unterliegen die diesen Geschäftsbetrieben zuzuordnenden Besteuerungsgrundlagen nicht der Körperschaftsteuer und der Gewerbesteuer.

(4) Die Aufteilung einer Körperschaft in mehrere selbständige Körperschaften zum Zweck der mehrfachen Inanspruchnahme der Steuervergünstigung nach Absatz 3 gilt als Missbrauch von rechtlichen Gestaltungsmöglichkeiten im Sinne des § 42.

(5) Überschüsse aus der Verwertung unentgeltlich erworbenen Altmaterials außerhalb einer ständig dafür vorgehaltenen Verkaufsstelle, die der Körperschaftsteuer und der Gewerbesteuer unterliegen, können in Höhe des branchenüblichen Reingewinns geschätzt werden.

(6) Bei den folgenden steuerpflichtigen wirtschaftlichen Geschäftsbetrieben kann der Besteuerung ein Gewinn von 15 vom Hundert der Einnahmen zugrunde gelegt werden:
1. Werbung für Unternehmen, die im Zusammenhang mit der steuerbegünstigten Tätigkeit einschließlich Zweckbetrieben stattfindet,
2. Totalisatorbetriebe,
3. Zweite Fraktionierungsstufe der Blutspendedienste.

§ 65 Zweckbetrieb

Ein Zweckbetrieb ist gegeben, wenn
1. der wirtschaftliche Geschäftsbetrieb in seiner Gesamtrichtung dazu dient, die steuerbegünstigten satzungsmäßigen Zwecke der Körperschaft zu verwirklichen,
2. die Zwecke nur durch einen solchen Geschäftsbetrieb erreicht werden können und

3. der wirtschaftliche Geschäftsbetrieb zu nicht begünstigten Betrieben derselben oder ähnlicher Art nicht in größerem Umfang in Wettbewerb tritt, als es bei Erfüllung der steuerbegünstigten Zwecke unvermeidbar ist.

§ 66 Wohlfahrtspflege

(1) Eine Einrichtung der Wohlfahrtspflege ist ein Zweckbetrieb, wenn sie in besonderem Maß den in § 53 genannten Personen dient.

(2) ¹Wohlfahrtspflege ist die planmäßige, zum Wohle der Allgemeinheit und nicht des Erwerbs wegen ausgeübte Sorge für notleidende oder gefährdete Mitmenschen. ²Die Sorge kann sich auf das gesundheitliche, sittliche, erzieherische oder wirtschaftliche Wohl erstrecken und Vorbeugung oder Abhilfe bezwecken.

(3) ¹Eine Einrichtung der Wohlfahrtspflege dient in besonderem Maße den in § 53 genannten Personen, wenn diesen mindestens zwei Drittel ihrer Leistungen zugute kommen. ²Für Krankenhäuser gilt § 67.

§ 67 Krankenhäuser

(1) Ein Krankenhaus, das in den Anwendungsbereich der Bundespflegesatzverordnung fällt, ist ein Zweckbetrieb, wenn mindestens 40 vom Hundert der jährlichen Pflegetage auf Patienten entfallen, bei denen nur Entgelte für allgemeine Krankenhausleistungen (§§ 11, 13 und 26 der Bundespflegesatzverordnung) berechnet werden.

(2) Ein Krankenhaus, das nicht in den Anwendungsbereich der Bundespflegesatzverordnung fällt, ist ein Zweckbetrieb, wenn mindestens 40 vom Hundert der jährlichen Pflegetage auf Patienten entfallen, bei denen für die Krankenhausleistungen kein höheres Entgelt als nach Absatz 1 berechnet wird.

§ 67 a Sportliche Veranstaltungen

(1) ¹Sportliche Veranstaltungen eines Sportvereins sind ein Zweckbetrieb, wenn die Einnahmen einschließlich Umsatzsteuer insgesamt 30 678 Euro im Jahr nicht übersteigen. ²Der Verkauf von Speisen und Getränken sowie die Werbung gehören nicht zu den sportlichen Veranstaltungen.

(2) ¹Der Sportverein kann dem Finanzamt bis zur Unanfechtbarkeit des Körperschaftsteuerbescheids erklären, dass er auf die Anwendung des Absatzes 1 Satz 1 verzichtet. ²Die Erklärung bindet den Sportverein für mindestens fünf Veranlagungszeiträume.

(3) ¹Wird auf die Anwendung des Absatzes 1 Satz 1 verzichtet, sind sportliche Veranstaltungen eines Sportvereins ein Zweckbetrieb, wenn

1. kein Sportler des Vereins teilnimmt, der für seine sportliche Betätigung oder für die Benutzung seiner Person, seines Namens, seines Bildes oder seiner sportlichen Betätigung zu Werbezwecken von dem Verein oder einem Dritten über eine Aufwandsentschädigung hinaus Vergütungen oder andere Vorteile erhält und
2. kein anderer Sportler teilnimmt, der für die Teilnahme an der Veranstaltung von dem Verein oder einem Dritten im Zusammenwirken mit dem

Verein über eine Aufwandsentschädigung hinaus Vergütungen oder andere Vorteile erhält.

²Andere sportliche Veranstaltungen sind ein steuerpflichtiger wirtschaftlicher Geschäftsbetrieb. ³Dieser schließt die Steuervergünstigung nicht aus, wenn die Vergütungen oder andere Vorteile ausschließlich aus wirtschaftlichen Geschäftsbetrieben, die nicht Zweckbetriebe sind, oder von Dritten geleistet werden.

§ 68 Einzelne Zweckbetriebe

Zweckbetriebe sind auch:

1. a) Alten-, Altenwohn- und Pflegeheime, Erholungsheime, Mahlzeitendienste, wenn sie in besonderem Maß den in § 53 genannten Personen dienen (§ 66 Abs. 3),
   b) Kindergärten, Kinder-, Jugend- und Studentenheime, Schullandheime und Jugendherbergen,
2. a) landwirtschaftliche Betriebe und Gärtnereien, die der Selbstversorgung von Körperschaften dienen und dadurch die sachgemäße Ernährung und ausreichende Versorgung von Anstaltsangehörigen sichern,
   b) andere Einrichtungen, die für die Selbstversorgung von Körperschaften erforderlich sind, wie Tischlereien, Schlossereien,
   wenn die Lieferungen und sonstigen Leistungen dieser Einrichtungen an Außenstehende dem Wert nach 20 vom Hundert der gesamten Lieferungen und sonstigen Leistungen des Betriebs – einschließlich der an die Körperschaften selbst bewirkten – nicht übersteigen,
3. a) Werkstätten für behinderte Menschen, die nach den Vorschriften des Dritten Buches Sozialgesetzbuch förderungsfähig sind und Personen Arbeitsplätze bieten, die wegen ihrer Behinderung nicht auf dem allgemeinen Arbeitsmarkt tätig sein können.
   b) Einrichtungen für Beschäftigungs- und Arbeitstherapie, in denen behinderte Menschen aufgrund ärztlicher Indikationen außerhalb eines Beschäftigungsverhältnisses zum Träger der Therapieeinrichtung mit dem Ziel behandelt werden, körperliche oder psychische Grundfunktionen zum Zwecke der Wiedereingliederung in das Alltagsleben wiederherzustellen oder die besonderen Fähigkeiten und Fertigkeiten auszubilden, zu fördern und zu trainieren, die für eine Teilnahme am Arbeitsleben erforderlich sind, und
   c) Integrationsprojekte i. S. d. § 132 Abs. 1 des Neunten Buches Sozialgesetzbuch, wenn mindestens 40 vom Hundert der Beschäftigten besonders betroffene schwerbehinderte Menschen i. S. d. § 132 Abs. 1 des Neunten Buches Sozialgesetzbuch sind,
4. Einrichtungen, die zur Durchführung der Blindenfürsorge und zur Durchführung der Fürsorge für Körperbehinderte unterhalten werden,
5. Einrichtungen der Fürsorgeerziehung und der freiwilligen Erziehungshilfe,
6. von den zuständigen Behörden genehmigte Lotterien und Ausspielungen, wenn der Reinertrag unmittelbar und ausschließlich zur Förderung mildtätiger, kirchlicher oder gemeinnütziger Zwecke verwendet wird,

7. kulturelle Einrichtungen, wie Museen, Theater, und kulturelle Veranstaltungen, wie Konzerte, Kunstausstellungen; dazu gehört nicht der Verkauf von Speisen und Getränken,
8. Volkshochschulen und andere Einrichtungen, soweit sie selbst Vorträge, Kurse und andere Veranstaltungen wissenschaftlicher oder belehrender Art durchführen; dies gilt auch, soweit die Einrichtungen den Teilnehmern dieser Veranstaltungen selbst Beherbergung und Beköstigung gewähren,
9. Wissenschafts- und Forschungseinrichtungen, deren Träger sich überwiegend aus Zuwendungen der öffentlichen Hand oder Dritter oder aus der Vermögensverwaltung finanziert. [1]Der Wissenschaft und Forschung dient auch die Auftragsforschung. [2]Nicht zum Zweckbetrieb gehören Tätigkeiten, die sich auf die Anwendung gesicherter wissenschaftlicher Erkenntnisse beschränken, die Übernahme von Projektträgerschaften sowie wirtschaftliche Tätigkeiten ohne Forschungsbezug.

§ 8 Getrennte Verwaltung

(1) **Der Träger hat die ihm gewährten Leistungen im Sinne des § 1 bis zu ihrer bestimmungsmäßigen Verwendung getrennt von seinem Vermögen durch die Errichtung eines Sonderkontos für Rechnung der einzelnen Bewerber oder Bewohner bei seinem Kreditinstitut zu verwalten. Hierbei sind Name und Anschrift des Bewerbers oder des Bewohners anzugeben. Das Kreditinstitut muß eine Erlaubnis zum Geschäftsbetrieb nach dem Gesetz über das Kreditwesen in der Fassung der Bekanntmachung vom 3. Mai 1976 (BGBl. I S. 1121), geändert durch Artikel 72 des Einführungsgesetzes zur Abgabenordnung vom 14. Dezember 1976 (BGBl. I S. 3341), besitzen.**

(2) **Der Träger hat das Kreditinstitut zu verpflichten, den Bewohner oder Bewerber unverzüglich zu benachrichtigen, wenn die Einlage von dritter Seite gepfändet oder das Konkursverfahren oder das Vergleichsverfahren zur Abwendung des Konkurses über das Vermögen des Trägers eröffnet wird. Er hat das Kreditinstitut ferner zu verpflichten, dem Bewohner oder Bewerber jederzeit Auskunft über den Stand seines Kontos zu erteilen.**

(3) **Die Absätze 1 und 2 gelten entsprechend für alle vom Träger an den Bewerber oder Bewohner entrichteten Zinsen.**

(4) **Die Absätze 1 und 3 gelten nicht, wenn Bürgschaften nach § 12 Abs. 2 geleistet worden sind.**

32 Durch die getrennte Verwaltung und Errichtung eines Sonderkontos wird sichergestellt, daß die dort einbezahlten Leistungen der Bewohner oder Bewerber vor dem Zugriff von Gläubigern des Trägers geschützt sind.

Zu Abs. 1:

Ein **Sonderkonto** ist ein Konto, das nicht den eigenen Zwecken des Kontoinhabers dient. Gegenüber dem Kreditinstitut ist der Kontoinhaber zwar der Alleinberechtigte und -verpflichtete, **wirtschaftliche Inhaber** der Forderungen bleiben aber die Leistenden. 33

Für die Leistungen besteht im Fall der **Pfändung** des Sonderkontos durch Gläubiger des Trägers nach § 771 ZPO **Drittwiderspruchsklage** und im Fall der **Insolvenz** des Trägers ein **Aussonderungsrecht.** 34

Verstöße gegen die Pflicht, ein Sonderkonto zu führen sind Ordnungswidrigkeiten nach § 20 Nr. 3 i. V. m. § 21 Abs. 1 Nr. 3 HeimG. Die Einrichtung eines Sonderkontos kann mittels Auflagen und Anordnungen nach § 17 HeimG erzwungen werden, vgl. die Anmerkungen zu § 17 HeimG. 35

Zu Abs. 2:

Durch die Bestimmung des Abs. 2 wird der Träger hinsichtlich des Sonderkontos verpflichtet, das Kreditinstitut gegenüber dem Leistenden vom **Bankgeheimnis** zu entbinden und es zu verpflichten, dem Leistenden die Auskünfte zu geben, die zur Wahrung seiner Rechte erforderlich sind. 36

Zu Abs. 3 und 4:

Abs. 3 gilt für **alle Zinsen,** sofern sie nicht mit dem Entgelt verrechnet werden. Es werden auch Zinsen erfaßt, die der Träger **nach** Verwendung der Leistung zu entrichten hat. 37

Abs. 4 **befreit** den Träger vor der Errichtung eines Sonderkontos, sofern die Leistungen durch **Bürgschaften** nach § 12 Abs. 2 gesichert sind.

§ 9 Leistungen zum Betrieb

Die Vorschriften des § 6 Abs. 2 sowie der §§ 7 und 8 gelten nicht für Leistungen im Sinne des § 1, die zum Betrieb der Einrichtung gewährt werden.

§ 10 Verrechnung, Rückzahlung

(1) Sollen Leistungen im Sinne des § 1 einschließlich ihrer Zinsen mit Entgelt im Sinne des § 14 Abs.1 Satz 1[1] des Gesetzes verrechnet werden, so sind Art, Umfang und Zeitpunkt der Verrechnung in dem Heimvertrag festzulegen.

(2) Soweit Leistungen nicht verrechnet werden, sind sie innerhalb von sechs Monaten nach Beendigung des Heimvertrages zurückzuzahlen. Zinsen sind jährlich auszuzahlen oder nach Satz 1 mit Zinseszinsen zurückzuzahlen.

(3) Wird ein freiwerdender oder freigewordener Heimplatz neu belegt, so sind die Leistungen des bisherigen Bewohners ohne Einhaltung der Frist nach Absatz 2 unverzüglich in dem Umfang zurückzuzahlen, in dem der nachfolgende Bewohner für die Belegung des Heimplatzes eine Leistung im Sinne des § 1 erbracht hat.

Zu Abs.1:

38 Abs.1 entspricht dem Erfordernis des § 14 Abs.3 HeimG (vgl. § 14 HeimG RdNr.15 ff.).

Art, Umfang und Zeitpunkt der Verrechnung ist im Heimvertrag nach § 5 HeimG festzulegen.

39 Unter **Verrechnung** ist der Ausgleich von Forderungen und Verbindlichkeiten zwischen zwei oder mehreren Personen zu verstehen. Sie erfolgt in Form der **Aufrechnung** nach § 387 BGB. Nach § 389 BGB bewirkt die Aufrechnung, daß die Forderungen, soweit sie sich decken, als in dem Zeitpunkt erloschen gelten, in dem sie zur Aufrechnung geeignet einander gegenübergetreten sind. Bis zu diesem Zeitpunkt ist auch bei Vereinbarung der Verrechnung der **Rückforderungsanspruch** aus § 14 Abs.3 HeimG **nicht** ausgeschlossen.

Zu Abs.2:

40 Abs.2 regelt die **Modifikation** der Rückzahlungspflicht bei **Nichtvereinbarung** einer Verrechnung.

Von der Verpflichtung des Abs.2 kann nach § 21 Abs.2 durch die nach § 23 HeimG zuständige Behörde **Befreiung** erteilt werden, wenn die Erfüllung der Verpflichtung nach Abs.2 eine im Zeitpunkt des Inkrafttretens der VO bereits bestehende Einrichtung in

---

[1] Die HeimsicherungV wurde noch nicht dem neuen Gesetzestext angepaßt.

ihrem **wirtschaftlichen Bestand** gefährdet. Die Entscheidung über die Befreiung ist eine **Ermessensentscheidung** (vgl. § 7 RdNr. 8).

Eine Befreiung aus anderen Gründen ist **nicht** möglich.

Die halbjährige Rückzahlungspflicht gilt **nicht** für Zinsen. Sofern 41 sie nicht mit dem Entgelt verrechnet werden, sind sie **jährlich** auszuzahlen und stehen dem Bewohner oder Bewerber zur freien Verfügung.

Zu Abs. 3:

Die Rückzahlung nach Abs. 3 hat dann unabhängig von der 42 Halbjahresfrist des Abs. 2 **unverzüglich** zu erfolgen, wenn der Träger von einem nachfolgenden Bewohner eine Leistung im Sinn des § 1 erhält. Unverzüglich bedeutet ohne schuldhaftes Zögern im Sinn des § 121 BGB (vgl. RdNr. 15).

§ 11 Sicherheitsleistungen

(1) **Der Träger einer Einrichtung hat bei Entgegennahme von Leistungen im Sinne des § 1 etwaige Ansprüche auf Rückzahlung nach § 14 Abs. 3 des Gesetzes zu sichern. Sicherheiten sind so zu leisten, daß die Gefahr einer nicht unerheblichen finanziellen Ausfalles für den Bewohner oder den Bewerber, insbesondere infolge Zahlungsunfähigkeit des Trägers, ausgeschlossen wird. Sie können insbesondere durch die in § 12 genannten Formen geleistet werden.**

(2) **Sicherheitsleistungen können in mehreren Formen nebeneinander oder durch mehrere Leistungen derselben Form gewährt werden.**

(3) **Bei Entgeltvorauszahlung entfällt die Pflicht zur Sicherheitsleistung, wenn die Summe der Leistungen im Sinne des § 1 im Einzelfall das Zweifache des monatlich vorgesehenen Entgelts im Sinne des § 14 Abs. 1 des Gesetzes nicht übersteigt.**

(4) **Der Träger hat bei Entgegennahme von Leistungen im Sinne des § 1 dem Bewohner oder dem Bewerber die zur unmittelbaren Inanspruchnahme der Sicherheit erforderlichen Urkunden auszuhändigen.**

(5) **Die Sicherheit ist in dem Umfang aufrechtzuerhalten, in dem Leistungen im Sinne des § 1 nicht verrechnet oder nicht zurückbezahlt worden sind.**

Die Bestimmung kommt dem Erfordernis nach Absicherung er- 43 brachter Leistungen nach. Sie stellt somit den Kern der HeimsicherungsV dar. Nach § 21 Abs. 2 kann vom Erfordernis des § 11 befristet befreit werden.

Zu Abs. 1:

44 Die Sicherheiten sind so zu leisten, daß die Gefahr eines nicht unerheblichen finanziellen Ausfalls für den Bewohner oder Bewerber ausgeschlossen wird. Die Formulierung entspricht dem Willen des Gesetzgebers auf **weitestgehende** Sicherung zurückzuzahlender Leistungen (BTDrS 7, 2068 S. 4, Kunz ZfSH 1977, 103 ff.). Bei der Beurteilung, ob empfangene Leistungen ausreichend gesichert sind, hat stets das Interesse des **Bewohners oder Bewerbers** dem des Trägers **vorzugehen,** da das HeimG in erster Linie den Schutz der Bewohner von Einrichtungen der in § 1 HeimG genannten Art bezweckt.

45 Abs. 1 ist eine **Generalklausel.** In ihr kommt zum Ausdruck, daß eine 100% Sicherung der Leistungen nicht möglich ist. Allerdings ergibt sich aus der Formulierung, daß eine **rechtliche Absicherung** allein nicht genügt; sie muß auch im konkreten Fall **wirtschaftlich** verwertbar sein. Welche Sicherheitsleistungen in Betracht kommen können, wird in § 12 **beispielhaft** aufgezählt. Aus Abs. 1 Satz 2 ergibt sich, daß die Aufzählung in § 12 **nicht** enumerativ ist. Es kann **jede** Sicherungsart in Betracht kommen, sofern sie ausreichenden Schutz vor Schaden bietet.

46 Die zu sichernde Leistung muß entweder vom Bewohner, Bewerber oder von einem Dritten zugunsten derselben erbracht werden. Im ersten Fall hat der Bewohner oder Bewerber selbst einen Anspruch auf Sicherung; im zweiten Fall kommt es darauf an, ob ein **echter oder unechter** Vertrag zugunsten Dritter vorliegt.

Beim **echten Vertrag zugunsten Dritter** nach § 328 BGB wird der Vertrag über die Erbringung der Leistung mit der Wirkung geschlossen, daß der zukünftige Bewohner unmittelbar das Recht erwirbt die Leistung zu fordern.

Beim **unechten Vertrag zugunsten Dritter** erlangt der Bewohner nur das Recht die Leistung in Empfang zu nehmen; der Anspruch, die Leistung zu fordern, steht dem Vertragsschließenden zu. Unechte Verträge zugunsten Dritter werden meist mit Sozialhilfeverwaltungen geschlossen.

47 Ein Verstoß gegen Abs. 1 kann nach § 20 Nr. 4 i. V. m. § 21 Abs. 1 Nr. 3 HeimG als Ordnungswidrigkeit geahndet werden. Außerdem kann die Sicherung durch Anordnungen nach § 17 HeimG erzwungen werden.

Zu Abs. 2:

Abs. 2 läßt eine **Kumulierung** der Sicherheitsleistungen zu. Die Kumulierung kann sich dabei sowohl auf mehreren Arten von Sicherheitsleistungen als auch auf dieselbe Art der Sicherheitsleistung erstrecken. **48**

Zu Abs. 3:

Von der Sicherungspflicht werden Entgeltvorauszahlungen ausgenommen, die nicht mehr als das Zweifache des Pensionspreises usw. ausmachen. Es werden somit **Bagatelleistungen** von der Verpflichtung zur Sicherheitsleistung ausgenommen. **49**

Zu Abs. 4:

Abs. 4 kommt dem **Beweisbedürfnis** der Leistenden entgegen. Durch die Aushändigung der für die Inanspruchnahme erforderlichen Urkunden soll die Beweisführung der Bewohner oder Bewerber im Fall der Inanspruchnahme der Sicherheitsleistung sichergestellt und erleichtert werden. Der Berechtigte hat einen vor den Zivilgerichten einklagbaren Anspruch auf Herausgabe der erforderlichen Urkunden. **50**

Zu Abs. 5:

Aus Abs. 5 folgt, daß die **Teilerfüllung** der Rückzahlungspflicht noch **keine** Aufhebung der Sicherheitsleistung rechtfertigt. Sicherheit ist solange zu leisten, als die empfangene Leistung noch nicht völlig zurückbezahlt ist. **51**

Die Verpflichtung aus Abs. 5 trifft den Träger. Ein Verstoß kann nach § 20 Nr. 4 i.V.m. § 21 Abs. 1 Nr. 3 HeimG als Ordnungswidrigkeit geahndet werden. **52**

§ 12 Formen der Sicherheit

(1) **Die Sicherheit kann durch die Bestellung eines Grundpfandrechtes geleistet werden. Dabei darf eine Beleihungsgrenze von 60 vom Hundert des Verkehrswertes in der Regel nicht überschritten werden.**

(2) **Die Sicherheit kann durch Bürgschaft geleistet werden. Als Bürgen kommen nur in Betracht:**

1. **Juristische Personen des öffentlichen Rechts und Träger öffentlich-rechtlichen Sondervermögens mit Sitz im Geltungsbereich dieser Verordnung,**

Anh. A   3. HeimsicherungsV (Kommentar)

2. Bundes- und Landesverbände der Freien Wohlfahrtspflege im Sinne des § 5 Abs. 1 des Zwölften Buches Sozialgesetzbuch,

3. Kreditinstitute im Sinne des § 8 Abs. 1,

4. Versicherungsunternehmen, die eine Erlaubnis zum Betrieb der Bürgschaftsversicherung nach dem Gesetz über die Beaufsichtigung der privaten Versicherungsunternehmungen in der im Bundesgesetzblatt Teil III, Gliederungsnummer 7631-1, veröffentlichten bereinigten Fassung, zuletzt geändert durch Artikel 1 des Ersten Durchführungsgesetzes/EWG zum VAG vom 18. Dezember 1975 (BGBl. I S. 3139), besitzen.

(3) Die Sicherheit kann zusätzlich durch Abschluß von Versicherungen geleistet werden, soweit sie der Abgeltung von etwaigen Schadensersatzansprüchen dienen, die durch vorsätzliche, unerlaubte Handlungen des Trägers oder der in § 3 genannten Personen gegen die von ihnen entgegengenommenen Vermögenswerte entstehen. Als Versicherungsunternehmen sind nur solche geeignet, die

1. eine Erlaubnis zum Betrieb der Vertrauensschadensversicherung nach dem Gesetz über die Beaufsichtigung der privaten Versicherungsunternehmungen besitzen und

2. nach ihren allgemeinen Versicherungsbedingungen dem Zweck dieser Verordnung gerecht werden, insbesondere den Bewohner oder den Bewerber aus dem Versicherungsvertrag auch in den Fällen des Konkurs- und des Vergleichsverfahrens des Trägers unmittelbar berechtigen.

53   § 12 zählt mögliche Arten von Sicherheitsleistungen auf. Er ist **nicht enumerativ.** Der Träger kann jede Sicherungsart wählen, die den Anforderungen des § 11 Abs. 1 entspricht. Wählt er jedoch eine der in § 12 aufgezählten, so **unterliegt** er den dort aufgeführten Voraussetzungen und Bedingungen.

54   So kann eine ausreichende Sicherheit auch dann angenommen werden, wenn ein Verband der freien Wohlfahrtspflege mittels **Gewähr-(Garantie-)vertrag** für den Ausfall der Leistungsfähigkeit **des ihm angeschlossenen Trägers** einsteht. Wesentlich ist dem Garantievertrag, daß der Verpflichtungswille des Übernehmers erkennbar wird (BGH WPM 60, 880). Er ist von der Bürgschaft zu unterscheiden, die §§ 765 ff. BGB gelten auch nicht entsprechend (RGZ 72, 140). Vom Versicherungsvertrag unterscheidet sich der Garantievertrag durch das Fehlen einer Prämie.

3. HeimsicherungsV (Kommentar) **Anh. A**

Zu Abs. 1:

Eine ausreichende dingliche Sicherheit ist nur dann gewährleistet, wenn eine Beleihungsgrenze von **60%** des Verkehrswertes nicht überschritten wird. Die **Beleihungsgrenze** errechnet sich unter Einrechnung des Nennwerts aller etwa vorrangiger und gleichrangiger Grundpfandrechte und des kapitalisierten Wertes etwaiger sonstiger im Rang vorgehender oder gleichstehender Belastungen (Kunz Bayer. Wohlfahrtsdienst 1976, 54 ff., derselbe ZfSH 1977, 103). 55

Der VO-Geber hat durch die Festlegung einer Beleihungsgrenze von 60% des Verkehrswertes eine schärfere Regelung getroffen als die Praxis, die eine Beleihungsgrenze von 70% für gerade noch ausreichend hielt (vgl. Kunz ZfSH 1977, 103 f.).

Die Beleihungsgrenze darf **in der Regel** 60% des Verkehrswertes nicht übersteigen. Daraus folgt, daß in Ausnahmefällen auch eine höhere Grenze in Betracht kommen kann (so auch Staehle NJW 1978, 2137). Die **absolute Grenze** wird jedoch bei 70% des Verkehrswertes liegen, da dies in der Regel der Höchstsatz ist, innerhalb den die Banken Grundstücke noch beleihen. Auf **keinen Fall** darf die Beleihungsgrenze auf den **vollen Verkehrswert** ausgedehnt werden, weil dann keine ausreichende Sicherheit im Sinne des § 11 Abs. 1 vorliegt (zur Problematik Kunz ZfSH 1977, 104). Dem steht auch nicht § 21 Abs. 2 entgegen. Zwar kann die zuständige Behörde unter den in § 21 Abs. 2 genannten Voraussetzungen eine **befristete** Befreiung von § 11 Abs. 1 erteilen, diese befreit **von der Sicherungspflicht,** nicht jedoch kann durch eine Befreiung die Sicherungspflicht durch Heraufsetzen der Beleihungsgrenze zur Farce gemacht werden. 56

Das **Grundpfandrecht** braucht nicht auf dem Betriebsgrundstück des Trägers bestellt werden. Es kann auf jedem beliebigen Grundstück des Trägers oder eines Dritten bestellt werden. Die Bestellung ist jedoch nur dann ausreichend, wenn das haftende Grundstück nach § 13 Abs. 1 versichert ist, § 13 Abs. 2. 57

Das Grundpfandrecht braucht auch nicht für jeden Bewohner oder Bewerber einzeln bestellt werden. Es kann ein **Treuhandverhältnis** dergestalt vereinbart werden, daß der Treuhänder die ihm im Rahmen des Treuhandverhältnisses bestellte Grundschuld treuhänderisch gleichrangig für sämtliche in einer Liste aufgenommenen Darlehensgeber entsprechend der Höhe der jeweiligen Darlehen hält. Der Treuhänder darf nur solange Darlehensgeber in die Liste aufnehmen, bis die Summe der an ihn abgetretenen Grund- 58 schulden erreicht ist. Mit dem Nachweis der Rückzahlung des einzelnen Darlehens wird der Darlehensgeber aus der Liste gestrichen.

Zu Abs. 2:

59 Es kommt eine Bürgschaft nach § 765 BGB in Betracht. Eine **selbstschuldnerische Bürgschaft** nach § 773 Abs. 1 Nr. 1 BGB ist zwar wünschenswert, aber **nicht** erforderlich. Nach § 766 BGB bedarf die Bürgschaftserklärung der **Schriftform. Juristische Personen** im Sinn der Nr. 1 sind z. B.:

60 1. Körperschaften des öffentlichen Rechts wie Bund, Land, Bezirk, Landkreis, Gemeinde, Industrie und Handelskammer, Kirchen,
2. Anstalten des öffentlichen Rechts,
3. rechtsfähige Stiftungen des öffentlichen Rechts.

61 Als **Bundes- und Landesverbände** der **Freien Wohlfahrtspflege** kommen in Betracht:
1. Arbeiterwohlfahrt mit Landesverbänden
2. Deutscher Caritasverband mit Landesverbänden
3. Deutsches Rotes Kreuz mit Landesverbänden
4. Deutscher Paritätischer Wohlfahrtsverband mit Landesverbänden
5. Diakonisches Werk der evang.-luth. Kirche mit Landesverbänden
6. die Israelitischen Kultusgemeinden.

Zu Abs. 3:

62 Die Versicherung deckt nur Schadensersatzansprüche, die durch **vorsätzliche** unerlaubte Handlung entstehen. Schadensersatzansprüche, die auf **fahrlässiges** Verhalten beruhen, werden durch die Vertrauensschadensversicherung **nicht** abgedeckt. Soll auch ein fahrlässiges Verhalten abgedeckt werden, so sind andere Sicherheiten zu bestellen (z. B. Bürgschaft).

§ 13 Versicherungspflicht

(1) Einrichtungen, die mit Leistungen im Sinne des § 1 gebaut, erworben, instandgesetzt, ausgestattet oder betrieben werden, sind bei einem im Bundesgebiet zum Geschäftsbetrieb befugten öffentlichen oder privaten Versicherungsunternehmen in Form einer gleitenden Neuwertversicherung gegen Feuer-, Sturm- und Leitungswasserschäden zu versichern. In gleicher Weise ist für das Inventar der Einrichtung, das der Sicherung

3. HeimsicherungsV (Kommentar) Anh. A

von Leistungen im Sinne des § 1 dient, eine Versicherung gegen Feuer, Einbruchdiebstahl und Leitungswasserschäden abzuschließen.

(2) **Die Bestellung eines Grundpfandrechts nach § 12 Abs.1 ist nur ausreichend, wenn das haftende Grundstück in der in Absatz S.1 genannten Form versichert ist.**

Die Bestimmung dient der Sicherung des Surrogats für den Fall, 63 daß die mit Leistungen nach § 1 geförderte Einrichtung vernichtet oder beschädigt wird (vgl. BR DrS 118/78). § 13 verpflichtet daher zum Abschluß der üblichen Versicherungen.

Kommt der Träger der Verpflichtung des § 13 nicht nach, so liegt ein **Mangel** vor, der die nach § 23 HeimG zuständige Behörde zum Erlaß von Anordnungen nach § 17 HeimG berechtigt.

Die Kosten der Versicherung sind erforderliche Aufwendungen, die auf das Heimentgelt umgelegt werden können (so auch Dahlem/Giese § 13 RdNr.3).

§ 14 Auskunftspflicht

Werden Leistungen im Sinne des § 1 mit dem Entgelt verrechnet, kann der Bewohner einmal jährlich von dem Träger Auskunft über seinen Kontostand verlangen. Bei Vorliegen eines besonderen Grundes ist die Auskunft jederzeit zu erteilen.

Die Auskunftspflicht besteht trotz des Wortlauts des § 14 nicht 64 nur gegenüber dem Bewohner, sondern gegenüber **jedem,** der Leistungen nach § 1 erbracht hat. Auch der Dritte, der Leistungen zugunsten eines Bewohners erbracht hat, kann bei Vorliegen eines **unechten Vertrages zugunsten Dritter** (§ 11 RdNr.4) Auskunft über seinen Kontostand verlangen.

Ein **besonderer Grund** liegt z.B. dann vor, wenn Gründe vorlie- 65 gen, die zur Annahme berechtigen, daß die Verrechnung nicht ordnungsgemäß erfolgt oder aber der Bewohner den Heimvertrag aufkündigt.

Der Anspruch auf Auskunft ist von den Zivilgerichten einklag- 66 bar. Eine Verletzung der Auskunftspflicht kann eine Schadensersatzpflicht des Trägers aus positiver Vertragsverletzung zur Folge haben, da die Auskunftspflicht Bestandteil des Heimvertrages ist (Knopp Altenheim 1978, 163).

§ 15 Rechnungslegung

(1) **Der Träger hat bei Beendigung des Heimvertrages mit einem Bewohner diesem oder dessen Rechtsnachfolger Rechnung zu legen über**

1. **die Verrechnung der von ihm empfangenen Leistungen im Sinne des § 1,**
2. **die Höhe der zu entrichtenden Zinsen,**
3. **den noch zurückzuzahlenden Betrag.**

(2) **Der Träger hat dem Bewohner ferner Rechnung zu legen, wenn die Leistungen des Bewohners durch Verrechnung oder in sonstiger Weise vor Beendigung des Heimvertrages voll zurückgezahlt werden.**

Zu Abs. 1:

67 Der **Umfang** der Rechnungslegung ergibt sich aus § 15. Die **Art und Weise** der Rechnungslegung ist in § 259 BGB geregelt. Die Rechnungslegung hat klar, verständlich und nachprüfbar zu sein. Erfüllt sie diese Voraussetzungen nicht, so besteht Anspruch auf Ergänzung (RGZ 100, 150; 167, 337).

68 Im Zweifel handelt es sich bei der Rechnungslegung um eine sog. **Bringschuld** (Leistung am Wohnsitz des Gläubigers = Bewohner oder Rechtsnachfolger). Die Rechnungslegung hat auch dann zu erfolgen, wenn der Träger gegen den Bewohner irgendwelche Ersatzansprüche z.B. aus Beschädigung hat (RGZ 102, 110). Über Rechnungslegung an **mehrere gemeinschaftliche** (sog. Vervielfältigung) RG DR 1941, 2121.

69 **Verweigert** der Träger die Rechnungslegung, so kann der Berechtigte vor den Zivilgerichten Klage auf Rechnungslegung erheben (BGHZ 10, 386).

Zu Abs. 2:

70 Die Verpflichtung Rechnung nach Abs. 2 zu legen besteht nur dann, wenn die Leistungen **voll** zurückgezahlt werden. Bei **teilweiser** Rückzahlung besteht **kein** Anspruch aus Abs. 2.

Dritter Teil. Prüfung der Einhaltung der Pflichten

§ 16 Prüfung

(1) **Der Träger hat die Einhaltung der in den §§ 5 bis 15 genannten Pflichten für jedes Kalenderjahr, spätestens bis zum 30. September des folgenden Jahres, durch einen geeigneten Prüfer prüfen zu lassen.**

(2) **Die zuständige Behörde kann aus besonderem Anlaß eine außerordentliche Prüfung anordnen.**

(3) **Der Träger hat dem Prüfer Einsicht in die Bücher, Aufzeichnungen und Unterlagen zu gewähren. Er hat ihm alle Aufklärungen und Nachweise zur Durchführung einer ordnungsgemäßen Prüfung zu geben.**

(4) **Die Kosten der Prüfung übernimmt der Träger.**

Die Prüfung der Einhaltung der Vorschriften der VO selbst erfolgt nicht durch die nach § 23 HeimG zuständige Behörde, sondern durch geeignete Prüfer. Die zuständige Behörde wird mangels Fachpersonal auch gar nicht in der Lage sein, Prüfungen nach § 16 durchzuführen. 71

Die **Auswertung** der Prüfberichte und die Entscheidung darüber, welche Maßnahmen bei festgestellten Mängeln zu ergreifen sind, obliegt jedoch der zuständigen Behörde.

Zu Abs. 1:

Die Prüfungspflicht gilt für jedes **Kalenderjahr,** nicht für ein etwa vom Kalenderjahr abweichendes **Wirtschaftsjahr.** Ausnahmen sind nicht möglich. 72

Wer geeigneter Prüfer ist, ergibt sich aus § 18.

Die Verletzung des Abs. 1 kann als Ordnungswidrigkeit nach § 20 Nr. 6 i. V. m. § 21 Abs. 1 Nr. 3 HeimG geahndet werden.

Zu Abs. 2:

Die Anordnung einer **außerordentlichen** Prüfung entbindet den Träger **nicht** von seiner Verpflichtung nach Abs. 1. Die außerordentliche Prüfung ist in der Regel eine **Zusatzprüfung.** 73

Ein **besonderer Anlaß** ist dann gegeben, wenn Bedenken gegen die Zuverlässigkeit des Trägers bestehen oder die Bestimmungen der VO nicht eingehalten werden. 74

Anh. A 3. HeimsicherungsV (Kommentar)

Mit der außerordentlichen Prüfung kann auch eine Überwachung nach § 15 HeimG verbunden werden.
Die zuständige Behörde ergibt sich aus § 23 HeimG.

Zu Abs. 3:

75 Abs. 3 begründet die Verpflichtung des Trägers, dem Prüfer alle zur Prüfung notwendigen Unterlagen herauszugeben. Was zur Prüfung notwendig ist, ergibt sich aus § 17 und aus dem Einzelfall.

Weigert sich der Träger, die erforderlichen Unterlagen herauszugeben, so kann die zuständige Behörde die Herausgabe durch Anordnungen nach § 17 HeimG erzwingen. Außerdem stellt die Verletzung des Abs. 3 eine Ordnungswidrigkeit nach § 20 Nr. 6 i. V. m. § 21 Abs. 1 Nr. 3 HeimG dar.

Zu Abs. 4:

76 Die Regelung entspricht dem **Verursacherprinzip.**

§ 17 Aufzeichnungspflicht

Der Träger hat vom Zeitpunkt der Entgegennahme der Leistungen im Sinne des § 1 prüfungsfähige Aufzeichnungen zu machen, sowie Unterlagen und Belege zu sammeln. Aus den Aufzeichnungen und Unterlagen müssen ersichtlich sein

1. **Art und Höhe der Leistungen der einzelnen Bewohner oder Bewerber,**
2. **die Erfüllung der Anzeige- und Informationspflicht nach § 5,**
3. **der Verwendungszweck der Leistungen nach § 6,**
4. **das Verhältnis der Leistungen im Sinne des § 1 und der Eigenleistungen des Trägers zu den Gesamtkosten der Maßnahmen nach § 7,**
5. **die getrennte Verwaltung der Leistungen nach § 8,**
6. **Art, Umfang und Zeitpunkt der Verrechnung der Leistungen nach § 10 Abs. 1,**
7. **die Rückzahlungen der Leistungen nach § 10 Abs. 2,**
8. **geleistete Sicherheiten nach § 11,**
9. **der Abschluß von Versicherungen nach § 13,**
10. **die Rechnungslegung nach § 15.**

77 § 17 bestimmt welche Aufzeichnungen und Unterlagen vom Träger vom Zeitpunkt der Entgegennahme von Leistungen nach § 1 zu führen sind. Die Aufzeichnungspflicht entspricht der ge-

3. HeimsicherungsV (Kommentar) Anh. A

trennten Verwaltung nach § 8 und ist **unabhängig** von der Buchführungspflicht nach § 13 Abs. 1 HeimG. Beide Verpflichtungen stehen nebeneinander.

Ein Verstoß gegen § 17 kann nach § 20 Nr. 7 i. V. m. § 21 Abs. 1 **78** Nr. 3 HeimG als Ordnungswidrigkeit geahndet werden.

§ 18 Prüfer

(1) **Geeignete Prüfer im Sinne des § 16 Abs. 1 Satz 1 sind:**

1. **Wirtschaftsprüfer, vereidigte Buchprüfer, Wirtschaftsprüfungs- und Buchprüfungsgesellschaften,**

2. **Prüfungsverbände, zu deren gesetzlichem oder satzungsgemäßem Zweck die regelmäßige und außerordentliche Prüfung ihrer Mitglieder gehört, sofern**

   a) **von ihren gesetzlichen Vertretern mindestens einer Wirtschaftsprüfer ist,**

   b) **sie die Voraussetzungen des § 63 b Abs. 5 des Gesetzes betreffend die Erwerbs- und Wirtschaftsgenossenschaften in der im Bundesgesetzblatt Teil III, Gliederungsnummer 4125-1, veröffentlichten bereinigten Fassung, zuletzt geändert durch Artikel 6 Nr. 4 des Gesetzes vom 29. Juli 1976 (BGBl. I S. 2034), erfüllen oder**

   c) **sie sich für ihre Prüfungstätigkeit selbständiger Wirtschaftsprüfer oder vereidigter Buchprüfer oder einer Wirtschaftsprüfungs- oder Buchprüfungsgesellschaft bedienen,**

3. **sonstige Personen, die öffentlich bestellt oder zugelassen worden sind und auf Grund ihrer Vorbildung und Erfahrung in der Lage sind, eine ordnungsgemäße Prüfung durchzuführen.**

(2) **Ungeeignet als Prüfer sind Personen, bei denen die Besorgnis der Befangenheit besteht.**

(3) **Der Prüfer ist zur Verschwiegenheit verpflichtet. Er darf insbesondere nicht unbefugt Geschäfts- und Betriebsgeheimnisse verwerten, die ihm bei der Prüfung bekannt geworden sind.**

(4) **Der Prüfer hat bei Verletzung seiner Pflicht nach Abs. 3 den hieraus entstehenden Schaden zu ersetzen.**

Zu Abs. 1:

79 Die Aufzählung der geeigneten Prüfer ist **enumerativ**. Andere Prüfer als die in Abs. 1 genannten sind keine geeigneten Prüfer im Sinne des § 16 Abs. 1. Zu den in Nr. 3 genannten Personen gehören u. a. auch Angehörige der steuerberatenden Berufe, Notare und Rechtsanwälte (Salewski Anm. zu § 18).

Zu Abs. 2:

80 **Besorgnis der Befangenheit** ist nach § 21 VwVfG stets dann gegeben, wenn ein Grund vorliegt, der geeignet ist, Mißtrauen gegen eine unparteiische Amtsausübung zu rechtfertigen. Die Besorgnis verlangt einen **gegenständlichen, vernünftigen** Grund. Es müssen Umstände vorliegen, die **objektiv** geeignet sind, Mißtrauen zu rechtfertigen. Nur ein objektiv gegebener Befangenheitsgrund bedeutet eine drohende Beeinträchtigung des Gerechtigkeitsgebots, nicht aber ein persönliches Mißtrauen, das lediglich in der **subjektiven** Vorstellungswelt eines Beteiligten wurzelt (Meyer/Borgs VwVfG § 21 RdNr. 1).

81 Als Befangenheitsgründe kommen insbesondere in Betracht
1. enge wirtschaftlich oder berufliche Beziehung (BVerwGE 16, 150),
2. Voreingenommenheit eines Prüfers (BVerwGE 29, 70, BayVerfGH BayVBl. 1965, 202),
3. unsachliche Äußerungen oder persönliche Interessiertheit am Ausgang des Verfahrens (Meyer/Borgs VwVfG § 21 RdNr. 2).

§ 19 Prüfungsbericht

(1) **Das Ergebnis der Prüfung ist unverzüglich nach ihrer Durchführung in einem Prüfungsbericht festzuhalten. Dieser Bericht muß den Vermerk enthalten, ob und gegebenenfalls in welcher Form der Träger gegen die ihm obliegenden Pflichten nach den §§ 5 bis 15 verstoßen hat.**

(2) **Ergeben sich bei der Prüfung, insbesondere bei Auslegung der gesetzlichen Bestimmungen, Meinungsverschiedenheiten zwischen Prüfer und Träger, so ist dies im Prüfungsbericht unter Angabe der Gründe zu vermerken.**

(3) **Der Prüfer hat den Prüfungsbericht unverzüglich nach seiner Erstellung der zuständigen Behörde zuzuleiten.**

(4) **Der Träger hat Bewohner oder Bewerber, die Leistungen im Sinne des § 1 gewährt haben, von der Durchführung der Prü-**

3. HeimsicherungsV (Kommentar)   Anh. A

fung zu unterrichten. Der Prüfungsbericht kann von ihnen und von einem Vertreter des Heimbeirates eingesehen werden.

Der Prüfbericht bildet die Grundlage für die Meinungsbildung 82 der zuständigen Behörde. Er muß deshalb unverzüglich (= ohne schuldhaftes Zögern) erstellt und der zuständigen Behörde vorgelegt werden. Abs. 3 findet in § 14 Abs. 7 HeimG eine ausreichende Ermächtigungsgrundlage (OLG Saarbrücken B. v. 18. 5. 1988 Az. Ss (Z) 307/86 (187/86) zit. bei Klie Heimrecht 1996).

Leitet der Prüfer den Prüfungsbericht nicht der zuständigen Behörde zu, so begeht er nach § 20 Nr. 8 i. V. m. § 21 Abs. 1 Nr. 3 HeimG eine Ordnungswidrigkeit.

Im Hinblick auf die Bestimmungen der HeimmitwirkungsVO 83 kann der Prüfbericht nicht nur von den Bewohnern und Bewerbern, sondern auch von einem Vertreter des Heimbeirates eingesehen werden.

Vierter Teil. Ordnungswidrigkeiten und Schlußvorschriften

§ 20 Ordnungswidrigkeiten

Ordnungswidrig im Sinne des § 17 Abs. 1 Nr. 3[1] des Heimgesetzes handelt, wer vorsätzlich oder fahrlässig

1. einer Vorschrift des § 5 Abs. 1 oder 2 über die Anzeige- und Informationspflicht zuwiderhandelt,
2. Leistungen entgegen § 6 Abs. 1 nicht für den bestimmten Zweck oder entgegen § 6 Abs. 2 verwendet,
3. der Vorschrift des § 8 Abs. 1 über die Einrichtung eines Sonderkontos zuwiderhandelt,
4. entgegen § 11 Abs. 1 Sicherheit nicht leistet oder entgegen § 11 Abs. 5 die Sicherheit nicht aufrechterhält,
5. entgegen § 15 nicht, nicht richtig oder nicht vollständig Rechnung legt,
6. einer Vorschrift des § 16 Abs. 1 oder 3 über die Prüfung zuwiderhandelt,

---

[1] Jetzt § 21.

7. entgegen § 17 Aufzeichnungen nicht, nicht richtig, nicht vollständig oder nicht rechtzeitig macht oder Unterlagen oder Belege nicht sammelt,

8. entgegen § 19 Abs. 3 den Prüfungsbericht nicht zuleitet.

Durch § 20 wird § 21 Abs. 1 Nr. 3 HeimG ausgefüllt. Er nennt die Tatbestände, die nach § 21 Abs. 1 Nr. 3 HeimG als Ordnungswidrigkeit geahndet werden können.

§ 21 Übergangsvorschriften und Befreiungen

(1) **Die Vorschriften der Verordnung finden keine Anwendung auf Leistungen im Sinne des § 1, die vor Inkrafttreten der Verordnung versprochen oder erbracht worden sind.**

(2) **Die zuständige Behörde kann den Träger einer Einrichtung von den in § 10 Abs. 2 und § 11 der Verordnung festgelegten Pflichten ganz oder teilweise befreien, wenn deren Erfüllung eine im Zeitpunkt des Inkrafttretens dieser Verordnung bereits bestehende Einrichtung in ihrem wirtschaftlichen Bestand gefährdet. Die Befreiung von den Pflichten nach § 11 kann nur befristet erteilt werden.**

Zu Abs. 1:

84   Für Leistungen **vor** dem Inkrafttreten ergibt sich die Sicherungspflicht unmittelbar aus § 2 Abs. 1 Nr. 4 aF HeimG (str.: vgl. RdNr. 1).

Zu Abs. 2:

85   Die Entscheidung nach Abs. 2 ist eine **Ermessensentscheidung.** Nach § 40 VwVfG hat die Behörde dabei ihr Ermessen entsprechend dem Zweck der Ermächtigung auszuüben und die gesetzlichen Grenzen des Ermessens einzuhalten (vgl. RdNr. 25 ff.).

Da die wirtschaftlichen Interessen des Trägers bereits im Rahmen der Rechtsvoraussetzungen zu würdigen sind, müssen bei der Ermessensausübung vorrangig die wirtschaftlichen Interessen der Bewohner berücksichtigt werden, deren Schutz das HeimG bezweckt. Im allgemeinen dürfte der Art nach kein größeres wirtschaftliches Risiko denkbar sein, als das, einer in ihrem wirtschaftlichen Bestand gefährdeten Einrichtung ein ungesichertes Darlehen zu gewähren. Eine Befreiung wird daher nur in seltenen Ausnahmefällen in Betracht kommen. Ein solcher ist denkbar, wenn der Träger eine finanzielle Krise bereits überwunden hat und nach sachverständigem Urteil zur endgültigen Sanierung nur noch eine tatsächlich auch erreichbare kurzfristige Finanzhilfe benötigt. Dabei werden Nachschüsse vorhandener Bewohner, die den Verlust ihrer bereits gewährten Leistungen befürchten, noch eher zu rechtfertigen sein als Darlehen neu hinzukommender Bewohner oder gar Bewerber. Da die Befreiung in die Rechte der Bewohner eingreift, ist vor Entscheidung die **notwendige Beteiligung** der Heimbewohner nach § 13 Abs. 2 Satz 2 VwVfG erforderlich (Klie ZfF 1988, 49).

Die Entscheidung selbst ist ein **Verwaltungsakt,** der mit Widerspruch und verwaltungsgerichtlicher Klage angefochten werden kann. **86**

Die Befreiung von Pflichten nach § 11 kann nur **befristet** erteilt werden. Allerdings muß die Frist **angemessen** sein. Sie muß so bemessen sein, daß der Träger in die Lage versetzt wird, die erforderlichen wirtschaftlichen Umstrukturierungen vornehmen zu können um entweder die empfangenen Leistungen zurückzuzahlen oder die erforderlichen Sicherheitsleistungen erbringen zu können. Der Träger wird in dieser Zeit einer erhöhten **Überwachung** nach § 15 HeimG unterliegen. **87**

§ 22 Berlin-Klausel

(gegenstandslos)

§ 23 Inkrafttreten

Diese Verordnung tritt am ersten Tag des auf die Verkündung folgenden vierten Kalendermonats in Kraft.

Die VO ist am 1. 8. 1978 in Kraft getreten.

4. Verordnung über personelle Anforderungen für Heime (Heimpersonalverordnung – HeimPersV)

Vom 19. Juli 1993

(BGBl. I S. 1205)

Zuletzt geändert durch G v. 22.6. 1998 (BGBl. I S. 1506)

BGBl. III/FNA 2170-5-5

Text

Inhaltsübersicht

§§

	§§		§§
Mindestanforderungen	1	Heime für behinderte Volljährige	7
Eignung des Heimleiters	2	Fort- und Weiterbildung	8
Persönliche Ausschlußgründe	3	Ordnungswidrigkeiten	9
Eignung der Beschäftigten	4	Übergangsregelungen	10
Beschäftigte für betreuende Tätigkeiten	5	Befreiungen	11
		Streichung von Vorschriften	12
Fachkräfte	6	Inkrafttreten	13

Auf Grund des § 3 des Heimgesetzes in der Fassung der Bekanntmachung vom 23. April 1990 (BGBl. I S. 763) in Verbindung mit II. des Organisationserlasses des Bundeskanzlers vom 23. Januar 1991 (BGBl. I S. 530) verordnet das Bundesministerium für Familie und Senioren im Einvernehmen mit dem Bundesministerium für Wirtschaft und dem Bundesministerium für Raumordnung, Bauwesen und Städtebau:

§ 1 Mindestanforderungen

Der Träger eines Heims im Sinne des § 1 Abs. 1 des Heimgesetzes darf nur Personen beschäftigen, die die Mindestanforderungen der §§ 2 bis 7 erfüllen, soweit nicht in den §§ 10 und 11 etwas anderes bestimmt ist.

§ 2 Eignung des Heimleiters

(1) Wer ein Heim leitet, muß hierzu persönlich und fachlich geeignet sein. Er muß nach seiner Persönlichkeit, seiner Ausbildung

und seinem beruflichen Werdegang die Gewähr dafür bieten, daß das jeweilige Heim entsprechend den Interessen und Bedürfnissen seiner Bewohner sachgerecht und wirtschaftlich geleitet wird.

(2) Als Heimleiter ist fachlich geeignet, wer

1. eine Ausbildung zu einer Fachkraft im Gesundheits- oder Sozialwesen oder in einem kaufmännischen Beruf oder in der öffentlichen Verwaltung mit staatlich anerkanntem Abschluß nachweisen kann und
2. durch eine mindestens zweijährige hauptberufliche Tätigkeit in einem Heim oder in einer vergleichbaren Einrichtung die weiteren für die Leitung des Heims erforderlichen Kenntnisse und Fähigkeiten erworben hat.

Die Wahrnehmung geeigneter Weiterbildungsangebote ist zu berücksichtigen.

(3) Wird das Heim von mehreren Personen geleitet, so muß jede dieser Personen die Anforderungen des Absatzes 1 erfüllen.

§ 3 Persönliche Ausschlußgründe

(1) In der Person des Heimleiters dürfen keine Tatsachen vorliegen, die die Annahme rechtfertigen, daß er für die Leitung eines Heims ungeeignet ist. Ungeeignet ist insbesondere,

1. wer

   a) wegen eines Verbrechens oder wegen einer Straftat gegen das Leben, die sexuelle Selbstbestimmung oder die persönliche Freiheit, wegen vorsätzlicher Körperverletzung, wegen Erpressung, Urkundenfälschung, Untreue, Diebstahls, Unterschlagung, Betrugs oder Hehlerei oder wegen einer gemeingefährlichen Straftat oder einer Konkursstraftat zu einer Freiheitsstrafe oder Ersatzfreiheitsstrafe von mindestens drei Monaten, sofern die Tilgung im Zentralregister noch nicht erledigt ist,

   b) in den letzten fünf Jahren, längstens jedoch bis zum Eintritt der Tilgungsreife der Eintragung der Verurteilung im Zentralregister, wegen einer Straftat nach den §§ 29 bis 30 b des Betäubungsmittelgesetzes oder wegen einer sonstigen Straftat, die befürchten läßt, daß er die Vorschriften des Heimgesetzes oder eine auf Grund dieses Gesetzes erlassene Rechtsverordnung nicht beachten wird,

rechtskräftig verurteilt worden ist,

2. derjenige, gegen den wegen einer Ordnungswidrigkeit nach § 17 des Heimgesetzes mehr als zweimal eine Geldbuße rechtskräftig festgesetzt worden ist, soweit nicht fünf Jahre seit Rechtskraft des letzten Bußgeldbescheids vergangen sind.

(2) Absatz 1 Satz 2 gilt nicht für Straftaten und Ordnungswidrigkeiten, die vor Inkrafttreten der Verordnung begangen worden sind. Absatz 1 Satz 1 bleibt unberührt.

§ 4 Eignung der Beschäftigten

(1) Beschäftigte in Heimen müssen die erforderliche persönliche und fachliche Eignung für die von ihnen ausgeübte Funktion und Tätigkeit besitzen.

(2) Als Leiter des Pflegedienstes ist geeignet, wer eine Ausbildung zu einer Fachkraft im Gesundheits- oder Sozialwesen mit staatlich anerkanntem Abschluß nachweisen kann. § 2 Abs. 2 Nr. 2, § 3 Abs. 1 Satz 2 Nr. 1 gelten entsprechend.

§ 5 Beschäftigte für betreuende Tätigkeiten

(1) Betreuende Tätigkeiten dürfen nur durch Fachkräfte oder unter angemessener Beteiligung von Fachkräften wahrgenommen werden. Hierbei muß mindestens einer, bei mehr als 20 nicht pflegebedürftigen Bewohnern oder mehr als vier pflegebedürftigen Bewohnern mindestens jeder zweite weitere Beschäftigte eine Fachkraft sein. In Heimen mit pflegebedürftigen Bewohnern muß auch bei Nachtwachen mindestens eine Fachkraft ständig anwesend sein.

(2) Von den Anforderungen des Absatzes 1 kann mit Zustimmung der zuständigen Behörde abgewichen werden, wenn dies für eine fachgerechte Betreuung der Heimbewohner erforderlich oder ausreichend ist.

(3) Pflegebedürftig im Sinne der Verordnung ist, wer für die gewöhnlichen und regelmäßig wiederkehrenden Verrichtungen im Ablauf des täglichen Lebens in erheblichem Umfang der Pflege nicht nur vorübergehend bedarf.

§ 6 Fachkräfte

Fachkräfte im Sinne dieser Verordnung müssen eine Berufsausbildung abgeschlossen haben, die Kenntnisse und Fähigkeiten zur selbständigen und eigenverantwortlichen Wahrnehmung der von ihnen ausgeübten Funktion und Tätigkeit vermittelt. Altenpflegehelferinnen und Altenpflegehelfer, Krankenpflegehelferinnen und Krankenpflegehelfer sowie vergleichbare Hilfskräfte sind keine Fachkräfte im Sinne der Verordnung.

§ 7 Heime für behinderte Volljährige

In Heimen für behinderte Volljährige sind bei der Festlegung der Mindestanforderungen nach den §§ 2 bis 6 auch die Aufgaben bei der Betreuung, Förderung und Eingliederung behinderter Menschen und die besonderen Bedürfnisse der Bewohner, die sich insbesondere aus Art und Schwere der Behinderung ergeben, zu berücksichtigen.

§ 8 Fort- und Weiterbildung

(1) Der Träger des Heims ist verpflichtet, dem Leiter des Heims und den Beschäftigten Gelegenheit zur Teilnahme an Veranstaltungen berufsbegleitender Fort- und Weiterbildung zu geben. Mehrjährig Beschäftigten, die die Anforderungen des § 6 nicht erfüllen, ist Gelegenheit zur Nachqualifizierung zu geben.

(2) Die Verpflichtung nach Absatz 1 besteht nur, wenn sich die Veranstaltungen insbesondere auf folgende Funktionen und Tätigkeitsfelder erstrecken:

1. Heimleitung,
2. Wohnbereichs- und Pflegedienstleistung sowie entsprechende Leitungsaufgaben,
3. Rehabilitation und Eingliederung sowie Förderung und Betreuung Behinderter,
4. Förderung selbständiger und selbstverantworteter Lebensgestaltung,
5. aktivierende Betreuung und Pflege,
6. Pflegekonzepte, Pflegeplanung und Pflegedokumentation,
7. Arbeit mit verwirrten Bewohnern,
8. Zusammenarbeit mit anderen Berufsgruppen sowie mit Einrichtungen und Diensten des Sozial- und Gesundheitswesens,
9. Praxisanleitung,
10. Sterbebegleitung,

11. rechtliche Grundlagen der fachlichen Arbeit,
12. konzeptionelle Weiterentwicklung der Altenhilfe und der Eingliederungshilfe für Behinderte.

§ 9 Ordnungswidrigkeiten

Ordnungswidrig im Sinne des § 17 Abs. 2 Nr. 1[1] des Heimgesetzes handelt, wer vorsätzlich oder fahrlässig

1. entgegen § 1 in Verbindung mit § 2 Abs. 2 Nr. 1 oder § 3 Abs. 1 Satz 2 Nr. 1 Buchstabe a und b oder
2. entgegen § 1 in Verbindung mit § 4 Abs. 2 Satz 1 oder § 4 Abs. 2 Satz 2 in Verbindung mit § 3 Abs. 1 Satz 2 Nr. 1 Buchstabe a und b

Personen beschäftigt oder

3. entgegen § 1 in Verbindung mit § 5 Abs. 1 Satz 1 betreuende Tätigkeiten nicht durch Fachkräfte oder unter angemessener Beteiligung von Fachkräften wahrnehmen läßt, die die Mindestanforderungen nach § 6 erfüllen.

§ 10 Übergangsregelungen

(1) Sind bei Inkrafttreten dieser Verordnung die in § 2 Abs. 2 Nr. 2, §§ 4 bis 7 genannten Mindestanforderungen nicht erfüllt, so kann die zuständige Behörde auf Antrag des Heimträgers angemessene Fristen zur Angleichung an die einzelnen Anforderungen einräumen. Die Fristen dürfen fünf Jahre vom Inkrafttreten der Verordnung an nicht überschreiten. Der Träger ist bis zur Entscheidung über den Antrag von der Verpflichtung zur Angleichung vorläufig befreit.

(2) Werden am 1. Oktober 1998 die Voraussetzungen des § 5 Abs. 1 Satz 2 nicht erfüllt, kann die zuständige Behörde auf Antrag des Heimträgers eine angemessene Frist zur Angleichung, längstens bis zum 30. September 2000, einräumen. Absatz 1 Satz 3 gilt entsprechend.

(3) Wer ein Heim bei Inkrafttreten dieser Verordnung leitet, ohne die Anforderungen des § 2 Abs. 2 Nr. 1 zu erfüllen, kann das Heim bis zum Ablauf von drei Jahren nach Inkrafttreten der Verordnung weiterhin leiten. Nach diesem Zeitpunkt kann er nur dann Heimleiter sein, wenn er bis dahin nachweisbar an einer Bildungsmaßnahme, die wesentliche Kenntnisse und Fähigkeiten für die Leitung eines Heims vermittelt, erfolgreich teilgenommen hat.

---

[1] Jetzt § 21 Abs. 2 Nr. 1.

Eine entsprechende Bildungsmaßnahme vor Inkrafttreten dieser Verordnung ist zu berücksichtigen.

(4) Absatz 3 gilt nicht für Heimleiter, die ein Heim bei Inkrafttreten dieser Verordnung seit mindestens fünf Jahren ununterbrochen leiten.

§ 11 Befreiungen

(1) Die zuständige Behörde kann dem Träger eines Heims aus wichtigem Grund Befreiung von den in den § 2 Abs. 2 Nr. 1, § 4 Abs. 1 und Abs. 2 in Verbindung mit § 2 Abs. 2 Nr. 1 genannten Mindestanforderungen erteilen, wenn die Befreiung mit den Interessen und Bedürfnissen der Bewohner vereinbar ist.

(2) Die Befreiung kann sich auf einzelne Anforderungen erstrecken und neben der Verpflichtung zur Angleichung an andere Anforderungen ausgesprochen werden.

(3) Die Befreiung wird auf Antrag des Trägers erteilt. Der Träger ist bis zur Entscheidung über den Antrag von der Verpflichtung zur Angleichung vorläufig befreit.

§ 12 Streichung von Vorschriften

Es werden gestrichen:
1. § 9 der Verordnung über den gewerbsmäßigen Betrieb von Altenheimen, Altenwohnheimen und Pflegeheimen vom 25. Februar 1970 (Gesetzblatt für Baden-Württemberg S. 98),
2. § 8 der Verordnung über den gewerbsmäßigen Betrieb von Altenheimen, Altenwohnheimen und Pflegeheimen vom 23. August 1968 (Bayerisches Gesetz- und Verordnungsblatt S. 319),
3. § 8 der Verordnung über Mindestanforderungen und Überwachungsmaßnahmen gegenüber gewerblichen Altenheimen, Altenwohnheimen und Pflegeheimen für Volljährige vom 3. Oktober 1967 (Gesetz- und Verordnungsblatt für Berlin S. 1457),
4. § 8 der Verordnung über den gewerbsmäßigen Betrieb von Altenheimen, Altenwohnheimen und Pflegeheimen vom 30. April 1968 (Gesetzblatt der Freien Hansestadt Bremen S. 95),
5. § 8 der Verordnung über den gewerbsmäßigen Betrieb von Altenheimen, Altenwohnheimen und Pflegeheimen vom 29. Oktober 1968 (Hamburgisches Gesetz- und Verordnungsblatt S. 248),

Anh. A 4. HeimPersV (Kommentar)

6. § 8 der Verordnung über den gewerbsmäßigen Betrieb von Altenheimen, Altenwohnheimen und Pflegeheimen vom 7. Oktober 1969 (Gesetz- und Verordnungsblatt für das Land Hessen S. 195),

7. § 8 der Verordnung über den gewerbsmäßigen Betrieb von Altenheimen, Altenwohnheimen und Pflegeheimen vom 3. Oktober 1968 (Niedersächsisches Gesetz- und Verordnungsblatt S. 129),

8. § 8 der Verordnung über den gewerbsmäßigen Betrieb von Altenheimen, Altenwohnheimen und Pflegeheimen vom 25. Februar 1969 (Gesetz- und Verordnungsblatt des Landes Nordrhein-Westfalen S. 142),

9. § 8 der Verordnung über den gewerbsmäßigen Betrieb von Altenheimen, Altenwohnheimen und Pflegeheimen vom 25. Juli 1969 (Gesetz- und Verordnungsblatt für das Land Rheinland-Pfalz S. 150),

10. § 8 der Verordnung über den gewerbsmäßigen Betrieb von Altenheimen, Altenwohnheimen und Pflegeheimen vom 1. April 1969 (Amtsblatt des Saarlandes S. 197) und

11. § 8 der Verordnung über den gewerbsmäßigen Betrieb von Altenheimen, Altenwohnheimen und Pflegeheimen vom 22. April 1969 (Gesetz- und Verordnungsblatt für Schleswig-Holstein S. 89).

§ 13 Inkrafttreten

Diese Verordnung tritt am ersten Tage des auf die Verkündung folgenden dritten Kalendermonats in Kraft.

Kommentar
zur Heimpersonalverordnung

§ 1 Mindestanforderungen

Der Träger eines Heims im Sinne des § 1 Abs. 1 des Heimgesetzes darf nur Personen beschäftigen, die die Mindestanforderungen der §§ 2 bis 7 erfüllen, soweit nicht in den §§ 10 und 11 etwas anderes bestimmt ist.

1 Die VO findet ihre Ermächtigungsgrundlage in § 3 Abs. 2 Nr. 2 HeimG. Sie wurde vom Bundesministerium für Familie und Senio-

4. HeimPersV (Kommentar) Anh. A

ren im Einvernehmen mit dem Bundesministerium für Wirtschaft und dem Bundesministerium für Raumordnung, Bauwesen und Städtebau mit Zustimmung des Bundesrates erlassen.

Die Verordnung legt in § 1 und den nachfolgenden Vorschriften 2 Mindestanforderungen fest, die von dem Heimträger nicht unterschritten werden dürfen, soweit nicht in den §§ 10 und 11 etwas anderes bestimmt wird. Diese Anforderung bilden die Grenze einer noch zulässigen Personalausstattung und sind insbesondere hinsichtlich des Anteils von Fach- und Hilfskräften nicht mit einer regelmäßig anzustrebenden Normalausstattung, wie sie in vielen Heimen bereits besteht, gleichzusetzen. Werden die Anforderungen nicht erfüllt, hat die zuständige Behörde gemäß § 11 Abs. 2 Nr. 2 i. V. m. § 19 Abs. 1 Heim den Betrieb zu untersagen. Bei bestehenden Einrichtungen können Anordnungen nach § 17 erfolgen. Daneben können im Einzelfall auch Bußgelder festgesetzt werden (§ 21 Abs. 2 Nr. 1 HeimG). Zu Qualifizierungsmodellen im Sinn der HeimPersVO vgl. Däbritz NDV 1995, 204.

§ 1 regelt jedoch nur die ordnungsrechtlichen Pflichten des 3 Heimträgers und berührt **nicht** die vertraglichen Beziehungen zwischen Heimträger und Mitarbeitern des Heimes. Beschäftigt der Heimträger ungeeignetes Personal, so kann dies ein Beschäftigungsverbot nach § 18 HeimG begründen (vgl. § 18 HeimG RdNr. 2 ff.), da die in der HeimPersV festgelegten Mindestanforderungen auch **bindend** für die Auslegung des § 13 HeimG sind (vgl. § 13 HeimG). Zur Frage, wann eine Kündigung sozial ungerechtfertigt sein kann vgl. AG Detmold U. v. 13. 4. 1995 – 3 Ca 1429/94.

§ 2 Eignung des Heimleiters

(1) Wer ein Heim leitet, muß hierzu persönlich und fachlich geeignet sein. Er muß nach seiner Persönlichkeit, seiner Ausbildung und seinem beruflichen Werdegang die Gewähr dafür bieten, daß das jeweilige Heim entsprechend den Interessen und Bedürfnissen seiner Bewohner sachgerecht und wirtschaftlich geleitet wird.

(2) Als Heimleiter ist fachlich geeignet, wer
1. eine Ausbildung zu einer Fachkraft im Gesundheits- oder Sozialwesen oder in einem kaufmännischen Beruf oder in der öffentlichen Verwaltung mit staatlich anerkanntem Abschluß nachweisen kann und

2. durch eine mindestens zweijährige hauptberufliche Tätigkeit in einem Heim oder in einer vergleichbaren Einrichtung die weiteren für die Leitung des Heims erforderlichen Kenntnisse und Fähigkeiten erworben hat.
Die Wahrnehmung geeigneter Weiterbildungsangebote ist zu berücksichtigen.

(3) Wird das Heim von mehreren Personen geleitet, so muß jede dieser Personen die Anforderungen des Absatzes 1 erfüllen.

Zu Abs. 1:

4   Der Betrieb eines Heimes wird entscheidend von dessen Leitung geprägt. Der Heimleiter ist die zentrale Figur im täglichen, die Heimbewohner unmittelbar oder aber auch mittelbar berührenden Geschehensablauf. Seine persönliche und fachliche Qualifikation muß dieser umfassenden Aufgabenstellung entsprechen. Dem trägt Abs. 1 in einer zunächst allgemeinen Umschreibung der Anforderungen an den Heimleiter Rechnung. Hierbei orientiert sich die Eignung des Heimleiters an der Aufgabe, die Interessen der Bewohner des Heimes zu wahren und an seiner Fähigkeit, das Heim sachgerecht und wirtschaftlich zu leiten (BR-Drs. 204/93).

Die Anforderungen gelten für Heimleiter, die nach dem 1.10.1993 (Inkrafttreten der VO) angestellt werden. Für Heimleiter, die am 1.10.1993, bereits Heimleiter waren, gelten die Übergangsregelungen in § 10.

Zu Abs. 2:

5   Absatz 1 erfährt in Absatz 2 in **enumerativer** Form eine nähere Ausgestaltung der fachlichen Qualifikation des Heimleiters. Dadurch wird zum einen die Anwendung und Auslegung des Absatzes 1 erleichtert. Zum anderen soll dadurch die Einhaltung eines **bundeseinheitlichen** Maßstabes bei der Prüfung der Qualifikation erreicht werden. Danach muß der Leiter zunächst den erfolgreichen Abschluß einer fachlichen Vorbildung nachweisen. Diese Vorbildung muß sich alternativ auf solche Ausbildungsgänge beziehen, die für den Heimbereich fachlich einschlägig sind. Die hier aufgeführten Bildungsgänge sind allerdings nicht mit bestimmten Berufen oder festen Berufsbildern gleichzusetzen, sondern zielen auf Tätigkeitskomplexe innerhalb einer nach Berufsfeldern orientierten Ausbildung (BR-Drs. 204/93).

Zu Abs. 2 Nr. 1:

Nicht jede Ausbildung genügt allerdings den Anforderungen der 6
Nr. 1. Vielmehr muß sie mit einem staatlich anerkannten Abschluß
erfolgreich beendet werden. Weitere Voraussetzung ist, daß es sich
um eine Ausbildung zu einer **Fachkraft** handelt.

Der Begriff „Fachkraft" ist in § 6 definiert. Er setzt eine Berufsausbildung mit staatlich anerkanntem oder öffentlich-rechtlich geregeltem Abschluß voraus, die Kenntnisse und Fähigkeiten zur
selbständigen und eigenverantwortlichen Wahrnehmung der ausgeübten Funktion und Tätigkeit vermittelt. Hierfür ist grundsätzlich eine dreijährige Ausbildung erforderlich, soweit nicht nach
Landesrecht eine mindestens zweijährige Ausbildung mit staatlich
anerkanntem oder öffentlich-rechtlich geregeltem Abschluß vorgesehen ist (vgl. auch Altenheim Management unter neuen Bedingungen Frieling-Sonnenberg ThuPr 1997 Nr. 5 S. 9).

Sind die Voraussetzungen des Abs. 2 Nr. 1 nicht gegeben, so **kann**
nach § 11 eine **Befreiung** erteilt werden, wenn die Befreiung mit
den Interessen und Bedürfnissen der Bewohner vereinbar ist.

Zu Abs. 2 Nr. 2:

Zusätzlich zur Ausbildung zu einer Fachkraft müssen noch die 7
Voraussetzungen des Abs. 2 Nr. 2 vorliegen. Entsprechende Ausbildung **und** berufspraktische Erfahrungen ergeben die Geeignetheit
für die Ausübung der verantwortungsvollen Stellung eines Heimleiters.

Grundsätzlich kann davon ausgegangen werden, daß eine zweijährige hauptberufliche Tätigkeit, die auf die Aufgaben eines Heimleiters ausgerichtet ist und in einem Heim, aber auch in einer ambulanten Einrichtung der Alten- und Behindertenhilfe ausgeübt
worden sein kann, die für die Leitung eines Heims erforderlichen
Kenntnisse vermittelt. Eine Tätigkeit, die nur in geringem Maße
Leitungsfunktionen zum Inhalt hat, genügt grundsätzlich nicht;
geeignete Weiterbildungsangebote können fehlende Tätigkeits-
merkmale ersetzen. Hier kann die Wahrnehmung von geeigneten
Weiterbildungsangeboten neben der hauptberuflichen Tätigkeit
berücksichtigt werden. Dasselbe gilt für die Fälle, in denen die
Zweijahresfrist nur durch die Berücksichtigung von Weiterbildungsmaßnahmen außerhalb einer hauptberuflichen Tätigkeit eingehalten werden kann (vgl. BR-Drs. 204/93).

Die **Auslegung** des Begriffs **„vergleichbare Einrichtung"** richtet 8
sich nach den Anforderungen des Heimes, dessen Leitung übernommen werden soll. Aus bisheriger hauptberuflicher Tätigkeit müssen

Anh. A   4. HeimPersV (Kommentar)

also Kenntnisse und Fähigkeiten erworben worden sein, um den Anforderungen des zu leitenden Heimes gerecht zu werden.

Außer der in Heimen erworbenen Leitungserfahrung ist ggf. eine adäquate fachbezogene Leitungserfahrung in ambulanten Pflegediensten oder in teilstationären Altenpflege- oder Behinderteneinrichtungen zu berücksichtigen. Im Einzelfall können auch entsprechende Leitungserfahrungen in Krankenhäusern, Rehabilitationseinrichtungen und vergleichbaren Kureinrichtungen Berücksichtigung finden.

Von dem Erwerb der weiteren für die Leitung erforderlichen Kenntnisse und Fähigkeiten ist auszugehen, wenn eine bisherige Tätigkeit in einem der folgenden Leitungsbereiche nachgewiesen wird: Stellvertretende Heimleitung, Pflegedienstleitung, Wohn- und Pflegegruppenleitung, Tätigkeit im sozialen oder begleitenden Dienst mit Leitungsaufgaben, Leitung anderer Bereiche (vgl. dazu RdErl. des MS Niedersachsen vom 20.10.1994 – 101-43371-2.0 und Horn ZfF 1995, 123).

Ob die Heimaufsichtsbehörde eine Anordnung nach § 12 HeimG dahingehend treffen kann, die den Heimbetreiber verpflichtet, einen Heimleiter umgehend zu einem Heimleiterlehrgang zu senden, um die Führung durch ausreichend qualifiziertes Personal sicherzustellen, ist zweifelhaft. (Das VG Minden betrachtet eine solche Anordnung als unverhältnismäßig, Beschluß vom 16.4.1997 – 2 L 459/97.)

Zu Abs. 3:

9   In Heimen, die von mehreren Personen geleitet werden, muß nach Absatz 3 jede dieser Personen die Qualifikation eines Heimleiters besitzen. Nach außen sollte aber immer **ein** Heimleiter als gesamtverantwortlicher benannt werden. Es besteht dann ein ähnliches Verhältnis wie bei einem Vorstand, der aus mehreren Vorstandsmitgliedern besteht, der aber nach außen von einem Vorstandsvorsitzenden vertreten wird.

Die Leitung eines Heims setzt nicht voraus, daß der Leiter alle Leitungsfunktionen selbst wahrnimmt. Bei größeren Heimen oder solchen mit besonderen Strukturen und Spezialfunktionen kann die Einschaltung weiterer Fachkräfte bei der Erfüllung von Leitungsaufgaben unumgänglich sein. Hier wird es zur Qualifikation des Leiters genügen, daß er neben den Anforderungen des Absatzes 2 die Fähigkeit besitzt, sich dieser Hilfskräfte so zu bedienen, daß ein ordnungsgemäßer und sachgerechter Betrieb des Heims gewährleistet ist (BR-Drs. 204/93).

Allerdings wäre es wünschenswert gewesen, wenn man in Abs. 3 eine Regelung eingeführt hätte, wonach bei mehreren Leitungspersonen eine alternative fachliche Eignung nach Abs. 2 Nr. 1 vorhanden sein soll. Es wäre vom Ermächtigungsrahmen des Gesetzes auch gedeckt gewesen, wenn z. B. bei zwei Leitungspersonen alternativ bei einer Person ein Abschluß in einem kaufmännischen Beruf, bei der anderen in einem pflegerischen Beruf mit staatlichem Abschluß festgelegt worden wäre. Dadurch wäre einer sinnvollen Aufgabenverteilung Rechnung getragen worden (Wiedemann NJW 1993, 2981).

§ 3 Persönliche Ausschlußgründe

(1) In der Person des Heimleiters dürfen keine Tatsachen vorliegen, die die Annahme rechtfertigen, daß er für die Leitung eines Heims ungeeignet ist. Ungeeignet ist insbesondere,

1. wer

   a) wegen eines Verbrechens oder wegen einer Straftat gegen das Leben, die sexuelle Selbstbestimmung oder die persönliche Freiheit, wegen vorsätzlicher Körperverletzung, wegen Erpressung, Urkundenfälschung, Untreue, Diebstahls, Unterschlagung, Betrugs oder Hehlerei oder wegen einer gemeingefährlichen Straftat oder einer Konkursstraftat zu einer Freiheitsstrafe oder Ersatzfreiheitsstrafe von mindestens drei Monaten, sofern die Tilgung im Zentralregister noch nicht erledigt ist,

   b) in den letzten fünf Jahren, längstens jedoch bis zum Eintritt der Tilgungsreife der Eintragung der Verurteilung im Zentralregister, wegen einer Straftat nach den §§ 29 bis 30 b des Betäubungsmittelgesetzes oder wegen einer sonstigen Straftat, die befürchten läßt, daß er die Vorschriften des Heimgesetzes oder eine auf Grund dieses Gesetzes erlassene Rechtsverordnung nicht beachten wird,

   rechtskräftig verurteilt worden ist,

2. derjenige, gegen den wegen einer Ordnungswidrigkeit nach § 17 des Heimgesetzes mehr als zweimal eine Geldbuße rechtskräftig festgesetzt worden ist, soweit nicht fünf Jahre seit Rechtskraft des letzten Bußgeldbescheids vergangen sind.

(2) Absatz 1 Satz 2 gilt nicht für Straftaten und Ordnungswidrigkeiten, die vor Inkrafttreten der Verordnung begangen worden sind. Absatz 1 Satz 1 bleibt unberührt.

Anh. A 4. HeimPersV (Kommentar)

Zu Abs.1 Satz 1:

10 Die enge persönliche Beziehung des Heimleiters zu den Bewohnern und seine große Einwirkungsmöglichkeit auf diese Personen, die vielfach von seiner Hilfe abhängig sind, erfordern ein hohes Maß an persönlicher Zuverlässigkeit. Nach Absatz 1 Satz 1 müssen daher die zuständigen Behörden im Rahmen ihres pflichtgemäßen Ermessens prüfen, ob Tatsachen in der Person des Heimleiters vorliegen, die auf eine fehlende persönliche Eignung schließen lassen (BT-Drs. 204/93).

Zu Abs.1 Satz 2:

11 In Abs.1 Satz 2 Nr.1 und Nr.2 werden diejenigen Straftaten und Ordnungswidrigkeiten dargestellt, die die persönliche Eignung des Heimleiters **zwingend** ausschließen. Die VO unterstellt dabei in Form der **Fiktion**, daß bei Vorliegen der in Nr.1 und Nr.2 genannten Straftaten und Ordnungswidrigkeiten automatisch **Unzuverlässigkeit** zum Führen einer in § 1 HeimG genannten Einrichtung vorliegt. Eine **Befreiungsmöglichkeit** ist nicht vorgesehen (vgl. § 11).

Die in Abs.2 Satz 2 genannten persönlichen Ausschließungsgründe sind allerdings nicht **abschließend** (so auch Goberg § 3 HeimPersV RdNr.4). Dies ergibt sich aus der Formulierung „insbesondere". So können andere Gründe als die in der VO aufgezählten, ebenfalls auf eine Ungeeignetheit des Heimleiters schließen lassen; dies vor allem dann, wenn Tatsachen in der Person des Heimleiters vorliegen, die befürchten lassen, daß seine Tätigkeit den Interessen und Bedürfnissen der Heimbewohner zuwiderläuft.

12 Die unter Nr.1 aufgeführten Ausschlußgründe gelten allerdings zeitlich nicht unbegrenzt. Sie können nur solange berücksichtigt werden, wie die ihnen zugrunde liegenden Verurteilungen in ein **Führungszeugnis** aufzunehmen sind. Bei Verstößen gegen das Betäubungsmittelgesetz gilt darüber hinaus eine fünfjährige Begrenzung, längstens jedoch bis zum Eintritt der Tilgungsreife.

Bußgeldbescheide nach Nr.2 schließen die persönliche Eignung nicht mehr aus, wenn seit Rechtskraft des letzten Bußgeldbescheids fünf Jahre vergangen sind.

Zu Abs.2:

13 Straftaten und Ordnungswidrigkeiten i. Sinn von Abs.1 Satz 2 Nr.1 und 2, die **vor** Inkrafttreten (1.10.1993) der VO begangen worden sind, bewirken **kein** Eintreten der Fiktion nach Abs.1 Satz 1. Die Berücksichtigung derartiger Taten wird in Abs.2 aus rechtsstaatlichen Gründen ausgeschlossen. Damit wird verhindert, daß die Unzuverlässigkeit für bestimmte Tätigkeiten rückwirkend auf Verstöße ausgedehnt wird, für die eine solche Regelung zur Tatzeit noch nicht bestand (vgl. BR-Drs. 204/93).

Abs. 2 verbietet jedoch nicht, daß Straftaten und Ordnungswidrigkeiten, die vor Inkrafttreten der VO begangen worden sind, keine Bedeutung für die Feststellung der Zuverlässigkeit des Heimleiters haben. Durch Abs. 2 wird nur der **Eintritt** der **Fiktion** ausgeschlossen. Die Heimaufsichtsbehörde hat in diesem Fall – ohne Anwendung der Fiktionsregel – die Zuverlässigkeit des Heimleiters nach § 13 HeimG zu beurteilen. Kommt sie dabei zum Ergebnis, daß Straftaten bzw. Ordnungswidrigkeiten, die vor Inkrafttreten der VO begangen worden sind, eine Unzuverlässigkeit begründen, **kann** sie nach Ausübung ihres pflichtgemäßen Ermessens ein Beschäftigungsverbot nach § 18 HeimG aussprechen.

§ 4 Eignung der Beschäftigten

(1) Beschäftigte in Heimen müssen die erforderliche persönliche und fachliche Eignung für die von ihnen ausgeübte Funktion und Tätigkeit besitzen.

(2) Als Leiter des Pflegedienstes ist geeignet, wer eine Ausbildung zu einer Fachkraft im Gesundheits- oder Sozialwesen mit staatlich anerkanntem Abschluß nachweisen kann. § 2 Abs. 2 Nr. 2, § 3 Abs. 1 Satz 2 Nr. 1 gelten entsprechend.

Zu Abs. 1:

Auch die Beschäftigten eines Heims – also Personen, die nicht zur Heimleitung gehören – müssen für die von ihnen wahrgenommenen Aufgaben persönlich und fachlich geeignet sein. Die Vorschrift beschränkt sich auf die Festlegung allgemeiner Grundsätze. Danach muß jeder Beschäftigte in der Lage sein, die von ihm wahrgenommenen Funktionen und Tätigkeiten in dem Heim hinreichend zu erfüllen (BR-Drs. 204/93).

Die VO definiert den Begriff des Beschäftigten nicht. Er ist jedoch der gleiche wie in § 18 HeimG (vgl. § 18 HeimG RdNr. 6), da HeimG und VO eine rechtliche Einheit bilden und sich gegenseitig ergänzen.

Zu Abs. 2:

Eine Hervorhebung erfährt in Abs. 2 der Leiter des Pflegedienstes. Im Hinblick auf die hohen pflegerischen Anforderungen die-

ser Tätigkeit ist hierfür regelmäßig nur geeignet, wer eine Ausbildung zu einer Fachkraft im Gesundheits- oder Sozialwesen mit staatlich anerkanntem Abschluß vorweisen kann (BT-Drs. 204/93). Der Pflegedienstleiter muß somit folgende **drei** Voraussetzungen erfüllen:
– Er muß Fachkraft im Gesundheits- oder Sozialwesen sein **und**
– er muß sich in einer mindestens zweijährigen hauptberuflichen Tätigkeit in einem Heim die erforderlichen Kenntnisse und Fähigkeiten gem. § 2 Abs. 2 Nr. 2 erworben haben **und**
– es dürfen keine persönlichen Ausschließungsgründe gem. § 3 Abs. 1 Satz 2 Nr. 1 vorliegen.

16 Die erforderlichen Fachkenntnisse können entweder durch in Heimen erworbene Leitungserfahrung (z. B. stv. Pflegedienstleiter, verantwortliche Betreuung von Wohngruppen etc.) oder durch eine adäquate fachbezogene Leitungserfahrung in einem Krankenhaus, in ambulanten Pflegediensten oder in teilstationären Altenpflegeeinrichtungen oder entsprechenden Behinderteneinrichtungen nachgewiesen werden (vgl. RdErl. des MS Niedersachsen vom 20.10.1994 – 101-43371-2.0).

17 Da Abs. 2 Satz 2 die analoge Anwendung der Ausschließungsgründe nach § 3 Abs. 1 Satz 2 **Nr. 2** nicht vorschreibt, führen die dort genannten Tatbestände nicht **ipso jure** zur Ungeeignetheit des Leiters des Pflegedienstes. Sie können nur im Rahmen des § 18 HeimG unter Ausübung des pflichtgemäßen Ermessens berücksichtigt werden.

Gleiches gilt für die fehlende Bezugnahme auf § 3 Abs. 3. Auf die Ausführungen zu § 3 RdNr. 4 wird verwiesen.

§ 5 Beschäftigte für betreuende Tätigkeiten

(1) Betreuende Tätigkeiten dürfen nur durch Fachkräfte oder unter angemessener Beteiligung von Fachkräften wahrgenommen werden. Hierbei muß mindestens einer, bei mehr als 20 nicht pflegebedürftigen Bewohnern oder mehr als vier pflegebedürftigen Bewohnern mindestens jeder zweite weitere Beschäftigte eine Fachkraft sein. In Heimen mit pflegebedürftigen Bewohnern muß auch bei Nachtwachen mindestens eine Fachkraft ständig anwesend sein.

(2) Von den Anforderungen des Absatzes 1 kann mit Zustimmung der zuständigen Behörde abgewichen werden, wenn dies

4. HeimPersV (Kommentar) **Anh. A**

für eine fachgerechte Betreuung der Heimbewohner erforderlich oder ausreichend ist.

(3) **Pflegebedürftig im Sinne der Verordnung ist, wer für die gewöhnlichen und regelmäßig wiederkehrenden Verrichtungen im Ablauf des täglichen Lebens in erheblichem Umfang der Pflege nicht nur vorübergehend bedarf.**

Sinn der Vorschrift ist es, daß **betreuende Tätigkeiten** nur durch Fachkräfte oder unter angemessener Beteiligung von Fachkräften wahrgenommen werden dürfen. Hierbei muß mindestens einer, bei mehr als 20 nichtpflegebedürftigen Bewohnern oder mehr als vier pflegebedürftigen Bewohnern mindestens jeder zweite weitere Beschäftigte eine Fachkraft sein (§ 5 Abs.1 Satz 2 HeimPersV). Gerade bei dieser Regelung rächt sich nunmehr, daß bei der Novellierung des Heimgesetzes im Jahre 1990 auf die im damaligen § 3 Nr.2 (jetzt § 3 Abs.2 Nr.2) HeimG gegebene Ermächtigung zur Festsetzung eines Personalschlüssels verzichtet wurde, da insbesondere der Heimträger, der mit einem äußerst niedrigen Personalschlüssel sein Heim betreibt, auch weniger Fachkräfte beschäftigen muß. Es ist zwar richtig, daß insbesondere die Diskussion um einen Mindestpersonalschlüssel im Pflegebereich Ende der Siebziger/Anfang der Achtziger Jahre (1 : 4 oder 1 : 3) nicht unerheblich den Erlaß der Verordnung verzögert hatte, weil hier keine Einigung zu erzielen war; im Jahr 1990 hätte jedoch durchaus die Möglichkeit bestanden, eine solche zu erreichen und die Ermächtigungsgrundlage im Heimgesetz unangetastet zu lassen (Wiedemann NJW 1993, 2981). 18

Zu Abs.1:

Eine qualitative hochwertige Ausbildung des Pflegepersonals ist eine wichtige Voraussetzung für die Sicherstellung der aktuellen und zukünftigen pflegerischen Versorgung (lgl AH 6/91 S.282). Dies soll durch Abs.1 gewährleistet werden. Die **Fachkraftquote** bezieht sich auf die Beschäftigten, nicht auf die Zahl der Stellen. Dies bedeutet, daß von **je zwei** Beschäftigten **einer** eine Fachkraft sein muß. Bei einer ungeraden Anzahl von Beschäftigten muß demnach stets eine Überzahl von Fachkräften gegeben sein (so auch RdErl. des MS Niedersachsen vom 20.10.1994 – 101-43371-2.0). 19

Die Verpflichtung zur Erfüllung der Fachkraftquote besteht nach Abs.1 Satz 2 bei Heimen mit mehr als **20 nicht pflegebedürftigen** Bewohnern **oder** bei Heimen mit **mehr als vier** – also mindestens fünf – **pflegebedürftigen** Bewohnern. Die Formulierung „mindestens" bedeutet, daß die Fachkraftquote in diesen Einrichtungen 20

Anh. A 4. HeimPersV (Kommentar)

nicht unterschritten werden darf. Heime, die die in Abs.1 Satz 2 vorgeschriebenen Bewohnerzahlen **nicht** erreichen, brauchen auch die Fachkraftquote **nicht** zu erfüllen. Dies bedeutet aber nicht, daß in solchen Heimen betreuende Tätigkeiten nicht durch Fachkräfte ausgeführt werden bräuchten. Die Verpflichtung, für betreuende Tätigkeiten Fachkräfte zu beschäftigen, ergibt sich aus **Abs.1 Satz 1;** lediglich die Fachkraftquote findet auf solche Heime keine Anwendung.

21 Die **betreuenden Tätigkeiten** umfassen alle Formen von Hilfen für Bewohner, soweit es sich nicht um die reine Gebrauchsüberlassung des Wohn- und Schlafplatzes und die Verpflegung als solche handelt. Dies entspricht der Definition in § 1 HeimG, wobei Pflege eine gesteigerte Form der Betreuung ist. Zu dem breiten Spektrum betreuender Tätigkeiten gehören auch Maßnahmen, die nicht die Kenntnisse einer Fachkraft voraussetzen. Kranken- und Altenpflegehelfer verfügen über eine abgeschlossene Berufsausbildung, die im Krankenpflegegesetz bzw. in Länderregelung ihre Grundlage hat. Sie stehen daher zwischen vollausgebildeten Fachkräften und nicht ausgebildeten oder allenfalls durch Kurse und dergleichen eingewiesenen Hilfskräften (BT-Drs.204/93).

22 In Heimen mit pflegebedürftigen Bewohnern muß nach Abs.1 Satz 3 auch bei **Nachtwachen** mindestens **eine** Fachkraft ständig anwesend sein. Auch hierbei handelt es sich um Mindestanforderungen, die nicht unterschritten werden dürfen. Die Verpflichtung nach Abs.1 Satz 3 betrifft Heime mit pflegebedürftigen Bewohnern unabhängig von der Größe der Einrichtung.

Ob bei einer Einrichtung mit örtlich oder räumlich getrennten Teileinrichtungen oder Außenstellen für die Nachtwache eine Fachkraft genügt, hängt davon ab, ob diese in der Lage ist, im Notfall sofort entsprechende Entscheidungen treffen und überwachen zu können. In der Regel werden in solchen Heimen mehrere Fachkräfte als Nachtwachen benötigt.

Zu Abs.2:

23 Um die für den Betrieb eines Heimes erforderliche Flexibilität zu erhöhen, sieht Abs.2 die Möglichkeit vor, mit Zustimmung der Heimaufsichtsbehörde von den Anforderungen des Abs.1 abzuweichen, wenn dies für eine fachgerechte Betreuung der Heimbewohner erforderlich oder ausreichend ist. Damit ist sowohl eine **Erhöhung** als auch eine **Minderung** der Fachkräftequote möglich. Eine Erhöhung der Fachkräftequote kann dann erforderlich sein, wenn besonders schwer pflegebedürftige Heimbewohner versorgt werden

müssen. Andererseits ist eine Herabsetzung der Fachkräftequote dann denkbar, wenn in kleinen Heimen eine ausreichende Betreuung sämtlicher Bewohner durch entsprechende organisatorische Maßnahmen sichergestellt werden kann oder die Einrichtung über eine hohe Anzahl von besonders erfahrenen Hilfskräften verfügt, die bereits langjährig mit Aufgaben, die normalerweise von Fachkräften erledigt werden, betraut sind (vgl. dazu Klie Altenheim 1997, Heft 8, S. 47).

Ob die zuständige Heimaufsichtsbehörde die **Zustimmung** zum Abweichen der Anforderungen nach Abs. 1 erteilt, liegt im pflichtgemäßen Ermessen der Behörde. Die Entscheidung stellt sich gegenüber dem Heimträger als **Verwaltungsakt** dar, der mittels Widerspruch und verwaltungsgerichtlicher Klage angefochten werden kann. **24**

Keine Anwendung findet Abs. 2 in den Fällen, in denen zur Anpassung an die Anforderungen der HeimPersV **Übergangsregelungen** nach § 10 zu treffen sind, da insoweit § 10 als Spezialbestimmung Abs. 2 vorgeht.

Zu Abs. 3:

Abs. 3 definiert den Begriff der **Pflegebedürftigkeit**. Die Pflegebedürftigkeit i. Sinn des Abs. 3 ist **nicht identisch** mit der Pflegebedürftigkeit nach dem SGB-XI und den §§ 68 ff. BSHG. Die Pflegebedürftigkeit i. S. des Abs. 3 umfaßt ein weites Spektrum physischer und psychischer Beeinträchtigungen mit individuell unterschiedlichen Bedarf an Betreuung. **25**

§ 6 Fachkräfte

Fachkräfte im Sinne dieser Verordnung müssen eine Berufsausbildung abgeschlossen haben, die Kenntnisse und Fähigkeiten zur selbständigen und eigenverantwortlichen Wahrnehmung der von ihnen ausgeübten Funktion und Tätigkeit vermittelt. Altenpflegehelferinnen und Altenpflegehelfer, Krankenpflegehelferinnen und Krankenpflegehelfer sowie vergleichbare Hilfskräfte sind keine Fachkräfte im Sinne der Verordnung.

Die Bestimmung enthält eine begriffliche Umschreibung der Fachkraft im Sinne der Verordnung. Bei der Abgrenzung zu anderen Beschäftigten ist wesentlich, daß Fachkräfte aufgrund ihrer Berufsausbildung über Kenntnisse und Fähigkeiten zur selbständigen **26** und eigenverantwortlichen Tätigkeit verfügen (BT-Drs. 204/93, vgl. auch Dahlem AH 2/1994).

27 Werden **ausländische** Mitarbeiter beschäftigt, so gelten diese nur dann als Fachkräfte, wenn die **Gleichwertigkeit** der Ausbildung gegeben ist. Ob dies der Fall ist, richtet sich nach der Richtlinie 89/48/EWG des Rates vom 21.12. 1988 über eine allgemeine Regelung zur Anerkennung der Hochschuldiplome, die eine mindestens dreijährige Berufsausbildung abschließen (ABl.-EG Nr. L 19 S. 16) und die Richtlinie 92/51/EWG des Rates vom 18.6. 1992 über eine zweite allgemeine Regelung zur Anerkennung beruflicher Befähigungsnachweise in Ergänzung zur Richtlinie 89/48/EWG (ABl. EG Nr. L 209 S. 25).

Soweit es sich um die Anerkennung von beruflichen Qualifikationen handelt, die nicht in EG-Ländern erworben worden sind, haben die Heimaufsichtsbehörden zusammen mit den für die Anerkennung von Berufsfähigkeitsnachweisen zuständigen Behörden zu prüfen, ob im Einzelfall die Voraussetzungen für die Anerkennung als Fachkraft vorliegen.

28 Die Fachkraft muß für die **ausgeübte** Funktion oder Tätigkeit **befähigt** sein. So ist ein/e Diätassistent/in zwar Fachkraft hinsichtlich der Zusammenstellung verschiedener Diäten; sie/er ist aber keine Fachkraft, wenn es sich bei der ausgeübten Tätigkeit um eine reine Pflegetätigkeit handelt.

Fachkräfte für Pflege sind insbesondere: Altenpfleger, Heilerziehungspfleger, Kinderkrankenschwester oder -pfleger, Krankenschwester oder -pfleger.

Fachkräfte für Therapie, soziale Betreuung und Förderung sind insbesondere: Psychologen, Diplom-Pädagogen, Erzieher, Sozialarbeiter, Sozialpädagogen, Beschäftigungs- und Arbeitstherapeuten, Sprachtherapeuten, Krankengymnasten.

Sonstige Fachkräfte im Gesundheits- oder Sozialwesen sind insbesondere: Ökotrophologen, Masseure, Diätassistent, Hauswirtschafter, Fußpfleger, Orthoptisten.

Die Aufzählung der genannten Fachkräfte ist nicht abschließend, sondern nur beispielhaft.

29 **Keine Fachkräfte** sind nach Satz 2 die sog. Helferberufe. Außer den in Satz 2 genannten Altenpflegehelferinnen, Altenpflegehelfer, Krankenpflegehelferinnen und Krankenpflegehelfer handelt es sich hierbei insbesondere um Arzthelferinnen und Arzthelfer, Heilerziehungshelferinnen und Heilerziehungshelfer, Kinderpflegerinnen und Kinderpfleger, Sozialassistentinnen und Sozialassistenten.

§ 7 Heime für behinderte Volljährige

In Heimen für behinderte Volljährige sind bei der Festlegung der Mindestanforderungen nach den §§ 2 bis 6 auch die Aufgaben bei der Betreuung, Förderung und Eingliederung behinderter Menschen und die besonderen Bedürfnisse der Bewohner, die sich insbesondere aus Art und Schwere der Behinderung ergeben, zu berücksichtigen.

Heime für volljährige Behinderte werden von der Regelung der Verordnung in gleicher Weise wie stationäre Einrichtungen der Altenhilfe erfaßt. Wegen der zum Teil unterschiedlichen und speziellen Bedürfnisse der Bewohner in Behinderteneinrichtungen sieht die Bestimmung vor, daß bei der Festlegung der Mindestanforderungen auch Maßnahmen der Betreuung, Förderung und Eingliederung Behinderter sowie deren besondere Bedürfnisse zu berücksichtigen sind. Hierbei sind im Bereich der Rehabilitation Behinderter gewonnene Erkenntnisse zu beachten. Dies kann im Einzelfall gegenüber anderen vom Heimgesetz erfaßten Einrichtungen zu unterschiedlichen persönlichen und fachlichen Anforderungen führen (BT-Drs. 204/93).

Zuständig für die Festlegung nach § 7 ist die **Heimaufsichtsbehörde** (§§ 23, 15 HeimG). Die Festlegung erfolgt in Form eines mittels Widerspruch und verwaltungsgerichtlicher Klage anfechtbaren **Verwaltungsakts**.

§ 8 Fort- und Weiterbildung

(1) **Der Träger des Heims ist verpflichtet, dem Leiter des Heims und den Beschäftigten Gelegenheit zur Teilnahme an Veranstaltungen berufsbegleitender Fort- und Weiterbildung zu geben. Mehrjährig Beschäftigten, die die Anforderungen des § 6 nicht erfüllen, ist Gelegenheit zur Nachqualifizierung zu geben.**

(2) **Die Verpflichtung nach Absatz 1 besteht nur, wenn sich die Veranstaltungen insbesondere auf folgende Funktionen und Tätigkeitsfelder erstrecken:**

1. **Heimleitung,**
2. **Wohnbereichs- und Pflegedienstleistung sowie entsprechende Leitungsaufgaben,**
3. **Rehabilitation und Eingliederung sowie Förderung und Betreuung Behinderter,**

4. Förderung selbständiger und selbstverantworteter Lebensgestaltung,

5. aktivierende Betreuung und Pflege,

6. Pflegekonzepte, Pflegeplanung und Pflegedokumentation,

7. Arbeit mit verwirrten Bewohnern,

8. Zusammenarbeit mit anderen Berufsgruppen sowie mit Einrichtungen und Diensten des Sozial- und Gesundheitswesens,

9. Praxisanleitung,

10. Sterbebegleitung,

11. rechtliche Grundlagen der fachlichen Arbeit,

12. konzeptionelle Weiterentwicklung der Altenhilfe und der Eingliederungshilfe für Behinderte.

Zu Abs. 1:

32   Mit dieser Bestimmung wird der Träger des Heims **verpflichtet,** Leiter und Beschäftigten Gelegenheit zu geben, sich durch berufsbegleitende Maßnahmen fort- und weiterzubilden sowie nachzuqualifizieren. Dadurch erhalten zum einen alle Beschäftigten des Heims Gelegenheit, ihr fachliches Wissen veränderten Erkenntnissen und Erfahrungen anzupassen, die insbesondere die Erweiterung der therapeutischen Möglichkeiten betreffen. Zum anderen wird ihnen die Gelegenheit eröffnet, durch Erweiterung ihres Wissensstandes sich bietende berufliche Verbesserungen wahrzunehmen. Damit wird gleichzeitig die Tätigkeit in einem Pflegeberuf attraktiver gestaltet. Die Vorschrift begründet allerdings **nicht** die **Verpflichtung des Heimträgers,** auch die **Kosten** der Bildungsmaßnahmen **zu übernehmen** (BT-Drs. 204/93).

33   Die Regelung in § 8 über die Fort- und Weiterbildung ist zwar sozialpolitisch erfreulich; allerdings ist bei näherem Hinblick schnell erkennbar, daß die HeimPersV nicht der richtige Platz für eine qualifizierte Fort- und Weiterbildung sein kann: Zum einen dürfte umstritten sein, ob eine Regelung, wonach der Träger eines Heimes verpflichtet werden kann, dem Leiter und den Beschäftigten Gelegenheit zur Teilnahme an Veranstaltungen berufsbegleitender Fort- und Weiterbildung, die in § 8 Abs. 2 in 12 Nummern näher umschrieben sind, angesichts des Ermächtigungsrahmens („Mindestanforderungen") geben zu müssen, haltbar ist; zum anderen mußte demgemäß völlig offenbleiben, wer die Kosten der Fort- und Weiterbildung trägt. Es bleibt zu wünschen, daß die notwen-

4. HeimPersV (Kommentar) **Anh. A**

digen und durchaus begrüßenswerten Regelungen Eingang in die Tarifverträge finden können (Wiedemann NJW 1993, 2981).

Zu Abs. 2:

In Abs. 2 sind wichtige Funktions- und Tätigkeitsfelder hervorgehoben, die Gegenstand von Fort- und Weiterbildungsmaßnahmen sein müssen, um die Verpflichtung des Heimträgers nach Abs. 1 auszulösen. Die Aufzählung ist allerdings **nicht** abschließend („insbesondere"). Die Verpflichtung des Heimträgers nach Abs. 1 tritt auch bei anderen Fort- und Weiterbildungsmaßnahmen ein, sofern diese geeignet sind, Sinn und Zweck des Abs. 1 zu erfüllen (zur Fort- und Weiterbildung vgl. Füsgen AH 10/1993; Kempe-Lindner-Sauter AH 5/1993; Lehr AH 2/1991, Hoffmann AH 1/1991). 34

§ 9 Ordnungswidrigkeiten

Ordnungswidrig im Sinne des § 17 Abs. 2 Nr. 1 des Heimgesetzes handelt, wer vorsätzlich oder fahrlässig

1. **entgegen § 1 in Verbindung mit § 2 Abs. 2 Nr. 1 oder § 3 Abs. 1 Satz 2 Nr. 1 Buchstabe a und b oder**
2. **entgegen § 1 in Verbindung mit § 4 Abs. 2 Satz 1 oder § 4 Abs. 2 Satz 2 in Verbindung mit § 3 Abs. 1 Satz 2 Nr. 1 Buchstabe a und b**

Personen beschäftigt oder

3. **entgegen § 1 in Verbindung mit § 5 Abs. 1 Satz 1 betreuende Tätigkeiten nicht durch Fachkräfte oder unter angemessener Beteiligung von Fachkräften wahrnehmen läßt, die die Mindestanforderungen nach § 6 erfüllen.**

§ 9 stellt die Einhaltung der vom VO-Geber für besonders wichtig gehaltenen Vorschriften unter Bußgeldandrohung. Durch die Bußgeldbestimmung wird **der** bedroht, **der** entgegen Nr. 1–2 Personen **beschäftigt** oder betreuende Tätigkeiten nicht durch Fachkräfte oder unter angemessener Beteiligung solcher **wahrnehmen** läßt. **Keine** Ordnungswidrigkeit nach § 9 begeht die entgegen der Bestimmung beschäftigte Person. 35

Hinsichtlich des Verfahrens vgl. die Anm. zu § 21 HeimG.

§ 10 Übergangsregelungen

(1) Sind bei Inkrafttreten dieser Verordnung die in § 2 Abs. 2 Nr. 2, §§ 4 bis 7 genannten Mindestanforderungen nicht erfüllt,

so kann die zuständige Behörde auf Antrag des Heimträgers angemessene Fristen zur Angleichung an die einzelnen Anforderungen einräumen. Die Fristen dürfen fünf Jahre vom Inkrafttreten der Verordnung an nicht überschreiten. Der Träger ist bis zur Entscheidung über den Antrag von der Verpflichtung zur Angleichung vorläufig befreit.

(2) Werden am 1. Oktober 1998 die Voraussetzungen des § 5 Abs. 1 Satz 2 nicht erfüllt, kann die zuständige Behörde auf Antrag des Heimträgers eine angemessene Frist zur Angleichung, längstens bis zum 30. September 2000, einräumen. Absatz 1 Satz 3 gilt entsprechend.

(3) Wer ein Heim bei Inkrafttreten dieser Verordnung leitet, ohne die Anforderungen des § 2 Abs. 2 Nr. 1 zu erfüllen, kann das Heim bis zum Ablauf von drei Jahren nach Inkrafttreten der Verordnung weiterhin leiten. Nach diesem Zeitpunkt kann er nur dann Heimleiter sein, wenn er bis dahin nachweisbar an einer Bildungsmaßnahme, die wesentliche Kenntnisse und Fähigkeiten für die Leitung eines Heims vermittelt, erfolgreich teilgenommen hat. Eine entsprechende Bildungsmaßnahme vor Inkrafttreten dieser Verordnung ist zu berücksichtigen.

(4) Absatz 3 gilt nicht für Heimleiter, die ein Heim bei Inkrafttreten dieser Verordnung seit mindestens fünf Jahren ununterbrochen leiten.

36 Die Übergangsregelungen sollen Heimträger und Heimleiter die Möglichkeit eröffnen, sich in angemessener Frist an die Anforderungen der neuen HeimPersV anzupassen. Daraus folgt, daß die in der HeimPersVO festgelegten Anforderungen erst nach Ablauf der Übergangsregelung verbindlich sind (vgl. OVG Münster B. v. 14. 10. 1994 – Az. 4 B 851/94). Zu der Frage inwieweit eine Kündigung sozial ungerechtfertigt sein kann, wenn der Betroffene die Mindestanforderungen nicht erfüllt vgl. AG Detmold U. v. 13. 4. 1995 – 3 Ca 1429/94.

Zu Abs. 1:

37 Für die in § 2 Abs. 2 Nr. 2 und in den §§ 4 bis 7 genannten Mindestanforderungen sind angemessene Angleichungsfristen bis zu fünf Jahren vorgesehen. Die **Angleichungsfrist** tritt jedoch nur auf **Antrag** ein, über den die Heimaufsichtsbehörde (§ 21 HeimG) nach Ausübung des pflichtgemäßen Ermessens entscheidet. Die Entscheidung über die Zubilligung einer angemessenen Angleichungsfrist ist gegenüber dem Heimträger ein **Verwaltungsakt,** den dieser mittels

Widerspruch und verwaltungsgerichtlicher Klage anfechten kann (vgl. auch VG Minden U. v. 26. 4. 1995 – 2 L 150/95).

Angemessen ist ein unbestimmter Rechtsbegriff, der der Ausle- 38 gung bedarf. Was angemessen ist, ist nach der Lage des Einzelfalles unter Berücksichtigung aller besonderen Umstände zu entscheiden. Abs. 1 Satz 2 schreibt lediglich vor, daß die Frist zur Anpassung fünf Jahre nicht überschreiten darf. Nach Ablauf der 5-Jahresfrist (30. 9. 1998) kann von den Anforderungen der HeimPersV nur unter den Voraussetzungen des § 5 Abs. 2 abgewichen werden **(gilt nicht für Abs. 2).**

Zu Abs. 3:

Die Übergangsregelung nach Abs. 2 für Heimleiter tritt **kraft Ge-** 39 **setzes** ein. Der Heimleiter, der die Anforderungen des § 2 Abs. 2 Nr. 1 nicht erfüllt, kann das Heim bis zum **30. 9. 1996** weiter leiten. Nach diesem Zeitpunkt hat er die Voraussetzungen des Abs. 2 Satz 2 zu erfüllen **oder** eine Befreiung **nach** § 11 zu beantragen.

Zu Abs. 4:

Abs. 3 enthält eine **Sonderregelung** für Heimleiter, die ein Heim 40 bei Inkrafttreten der HeimPersV (1. 10. 1993) seit mindestens **fünf** Jahren ununterbrochen leiten. Für diese Heimleiter **entfällt** die Pflicht zur Nachqualifizierung nach Abs. 2. Der VO-Geber geht in diesen Fällen davon aus, daß das Fehlen beruflicher Vorkenntnisse durch eine mehrjährige erfolgreiche Praxis als Leiter eines Heimes ausgeglichen worden ist (BT-Drs. 204/93).

§ 11 Befreiungen

(1) Die zuständige Behörde kann dem Träger eines Heims aus wichtigem Grund Befreiung von den in den § 2 Abs. 2 Nr. 1, § 4 Abs. 1 und Abs. 2 in Verbindung mit § 2 Abs. 2 Nr. 1 genannten Mindestanforderungen erteilen, wenn die Befreiung mit den Interessen und Bedürfnissen der Bewohner vereinbar ist.

(2) Die Befreiung kann sich auf einzelne Anforderungen erstrecken und neben der Verpflichtung zur Angleichung an andere Anforderungen ausgesprochen werden.

(3) Die Befreiung wird auf Antrag des Trägers erteilt. Der Träger ist bis zur Entscheidung über den Antrag von der Verpflichtung zur Angleichung vorläufig befreit.

41 Die zuständige Behörde kann aus wichtigem Grund Befreiung von einzelnen der aufgeführten Anforderungen der Verordnung erteilen.

Ein **wichtiger Grund** liegt nur dann vor, wenn unter Berücksichtigung der Zielsetzung und des Schutzzweckes des HeimG ein Festhalten an den jeweils einschlägigen Anforderungen der HeimPersV nicht geboten ist. Wann dies der Fall ist, hat die Heimaufsichtsbehörde nach Ausübung des pflichtgemäßen Ermessens (kann!) unter Berücksichtigung aller Besonderheiten des Einzelfalls zu entscheiden. Da mit einer Befreiung eine Ausnahme von den in der HeimPersV aufgestellten Anforderungen an die Heime gewährt wird, ist eine **enge** Auslegung geboten.

42 Die Befreiung wird auf **Antrag** (Abs. 3) des Heimträgers erteilt. Sie ist ein **Verwaltungsakt**.

§ 12 Streichung von Vorschriften

Es werden gestrichen:

1. **§ 9 der Verordnung über den gewerbsmäßigen Betrieb von Altenheimen, Altenwohnheimen und Pflegeheimen vom 25. Februar 1970 (Gesetzblatt für Baden-Württemberg S. 98),**

2. **§ 8 der Verordnung über den gewerbsmäßigen Betrieb von Altenheimen, Altenwohnheimen und Pflegeheimen vom 23. August 1968 (Bayerisches Gesetz- und Verordnungsblatt S. 319),**

3. **§ 8 der Verordnung über Mindestanforderungen und Überwachungsmaßnahmen gegenüber gewerblichen Altenheimen, Altenwohnheimen und Pflegeheimen für Volljährige vom 3. Oktober 1967 (Gesetz- und Verordnungsblatt für Berlin S. 1457),**

4. **§ 8 der Verordnung über den gewerbsmäßigen Betrieb von Altenheimen, Altenwohnheimen und Pflegeheimen vom 30. April 1968 (Gesetzblatt der Freien Hansestadt Bremen S. 95),**

5. **§ 8 der Verordnung über den gewerbsmäßigen Betrieb von Altenheimen, Altenwohnheimen und Pflegeheimen vom 29. Oktober 1968 (Hamburgisches Gesetz- und Verordnungsblatt S. 248),**

6. **§ 8 der Verordnung über den gewerbsmäßigen Betrieb von Altenheimen, Altenwohnheimen und Pflegeheimen vom 7. Oktober 1969 (Gesetz- und Verordnungsblatt für das Land Hessen S. 195),**

4. HeimPersV (Kommentar) **Anh. A**

7. § 8 der Verordnung über den gewerbsmäßigen Betrieb von Altenheimen, Altenwohnheimen und Pflegeheimen vom 3. Oktober 1968 (Niedersächsisches Gesetz- und Verordnungsblatt S. 129),
8. § 8 der Verordnung über den gewerbsmäßigen Betrieb von Altenheimen, Altenwohnheimen und Pflegeheimen vom 25. Februar 1969 (Gesetz- und Verordnungsblatt des Landes Nordrhein-Westfalen S. 142),
9. § 8 der Verordnung über den gewerbsmäßigen Betrieb von Altenheimen, Altenwohnheimen und Pflegeheimen vom 25. Juli 1969 (Gesetz- und Verordnungsblatt für das Land Rheinland-Pfalz S. 150),
10. § 8 der Verordnung über den gewerbsmäßigen Betrieb von Altenheimen, Altenwohnheimen und Pflegeheimen vom 1. April 1969 (Amtsblatt des Saarlandes S. 197) und
11. § 8 der Verordnung über den gewerbsmäßigen Betrieb von Altenheimen, Altenwohnheimen und Pflegeheimen vom 22. April 1969 (Gesetz- und Verordnungsblatt für Schleswig-Holstein S. 89).

Soweit die in den Ländern aufgrund des § 38 Satz 1 Nr. 10 GewO nach § 22 HeimG weitergeltenden Verordnungen Regelungen über die Eignung von Leiter und Beschäftigten eines Heimes enthalten, sind sie durch § 12 HeimPersV aufgehoben worden.

§ 13 Inkrafttreten

Diese Verordnung tritt am ersten Tage des auf die Verkündung folgenden dritten Kalendermonats in Kraft.

Die HeimPersV vom 19. Juli 1993 wurde am 24. Juli 1993 (BGBl. I S. 1205) verkündet und ist am **1.10.1993** in Kraft getreten.

B. Sonstige Texte

1. Richtlinien zur Organisation der Buchführung

Der RWM erließ am 11.11. 1937 (MinBlfWi 239) nachstehende Richtlinien zur Organisation der Buchführung. Wenn auch diese heute nicht mehr rechtlich verbindlich sind, so enthalten sie doch die noch heute gültigen Grundsätze der ordnungsgemäßen Buchführung.

I. Grundaufgaben des Rechnungswesens

Ein geordnetes Rechnungswesen muß alle Geschäftsvorfälle und die mit ihnen verbundenen Mengen- und Wertbewegungen lückenlos erfassen und planmäßig ordnen. Es bietet dadurch eine unerläßliche Voraussetzung für eine Ordnung der Betriebe und der Gesamtwirtschaft sowie für eine dauernde Beobachtung des Betriebszustandes und der Betriebsgebarung.

1. Das Rechnungswesen verfolgt vier Grundzwecke:
    a) Ermittlung der Bestände – Vermögens- und Schuldteile – und des Erfolges am Ende des Jahres (Jahresbestands- und Erfolgsrechnung) und während der Betriebsperiode (kurzfristige Erfolgsrechnung),
    b) Preisbildung, Kostenüberwachung und Preisprüfung (auf der Grundlage der Selbstkosten),
    c) Überwachung der Betriebsgebarung (Wirtschaftlichkeitsrechnung)
    d) Disposition und Planung, betriebliche und gesamtwirtschaftliche Zwecke werden gleichermaßen durch das Rechnungswesen verfolgt.
2. Das betriebliche Rechnungswesen umfaßt alle Verfahren zur ziffernmäßigen Erfassung und Zurechnung der betrieblichen Vorgänge. Es gliedert sich in vier Grundformen:
    a) Buchführung und Bilanz (Zeitrechnung),
    b) Selbstkostenrechnung (Kalkulation, Stückrechnung),
    c) Statistik (Vergleichsrechnung),
    d) Planung (betriebliche Vorschaurechnung).

1. Richtlinien zur Organisation der Buchführung **Anh. B**

Alle vier Formen besitzen ihre besonderen Verfahren, ihre eigenen Anwendungsgebiete und ihre besondere Erkenntniskraft. Sie stehen aber nicht nebeneinander, sondern hängen eng zusammen und ergänzen einander.

3. Die ursprünglichste und wichtigste Form des Rechnungswesens ist die **Buchführung.** Sie ist eine Zeitrechnung und hat den Zweck, Bestände und ihre Veränderung, Aufwände, Leistungen und Erfolge in einem Zeitraum festzustellen. Die wertmäßige Erfassung wird zweckmäßigerweise durch eine mengenmäßige in Nebenbüchern[1] ergänzt werden.

4. Aus dem derzeitigen Stande des Rechnungswesens und aus den Anforderungen, die die gegenwärtige Erzeugungs- und Wirtschaftsweise und nicht zuletzt die gesamtwirtschaftliche Überwachung an das Rechnungswesen und insbesondere an die Buchführung stellen, ergeben sich bestimmte Anforderungen an die Organisation der Buchführung.

II. Anforderungen an die Organisation der Buchführung

1. Die Buchführung muß im Regelfall die **doppelte** kaufmännische oder eine gleichwertige **kameralistische** Buchführung sein. Nur unter besonderen Verhältnissen, vor allem in Kleinbetrieben des Einzelhandels und des Handwerks, ist eine einfache Buchführung angängig.

2. Die Buchführung muß klar und übersichtlich sein.[2] Vorgeschrieben werden kann nur eine Buchführung, die Mindestansprüchen genügt und auf mittlere Betriebe einer Reichsgruppe bzw. Wirtschaftsgruppe abgestellt ist. Ist ein Betrieb rechnungsmäßig bereits so entwickelt, daß er über Mindestanforderungen hinausgehen will, so muß sein Aufbau der Buchführung die Vergleichbarkeit mit der auf Grund dieser Richtlinien aufgestellten Kontenübersicht seiner Reichsgruppe bzw. Wirtschaftsgruppe in bequemer Weise zulassen. In einem solchen Falle erscheint eine weitere Aufgliederung der Kontengruppen, die für Vergleichszwecke wiederum ein leichtes Zusammenziehen ermöglicht, am geeignetsten. (Grundsatz der weitergehenden Gliederung der Kontengruppen.) Jede grundsätzlich andere Organisationsform der Buchführung erscheint weniger geeignet, weil sie

---

[1] Gemeint sind hier nicht nur gebundene Bücher, sondern auch lose Blätter und Karteien.
[2] Komplizierte Buchführungen verfehlen in den meisten Fällen ihren Zweck. Solche Buchführungen verbindlich vorschreiben zu wollen, hieße den Stand des betrieblichen Rechnungswesens überschätzen, bzw. ihre Durchführung unmöglich zu machen.

Anh. B 1. Richtlinien zur Organisation der Buchführung

die Vergleichbarkeit stört, mag sie als Buchführungsform auch gleichwertig sein. Für Kleinbetriebe sind die Anforderungen zu ermäßigen, was am besten durch eine Zusammenziehung der Konten erreicht wird. Auch hier muß eine Vergleichbarkeit gegeben sein. Der aufgestellte Kontenrahmen ist demnach der einheitliche Organisationsplan der Buchführung für alle Betriebe.

3. Die Buchführung muß Stand und Veränderungen an Vermögen, am Kapital und an Schulden und die Aufwände, Leistungen und Erfolge erfassen (Geschäftsbuchführung, häufig auch Finanzbuchführung genannt, und Betriebsbuchführung).
4. Bei getrennten Buchführungen (z.B. Geschäfts- und Betriebsbuchführung, Haupt- und Nebenbuchführung, Zentral- und Filialbuchführung) müssen die einzelnen Teile der Buchführung in einem organischen Zusammenhang stehen.
5. Die wichtigste Frage der Organisation der Buchführung ist die Kontierung, d.h. die Art und Zahl der Konten. Der Kontierung dient am besten ein Kontenplan (für den Einzelbetrieb, der den Kontenrahmen (der Reichsgruppe bzw. Wirtschaftsgruppe oder Fachgruppe) angepaßt werden muß.
6. Die Kontierung muß eine klare Erfassung und Abgrenzung der einzelnen Geschäftsvorfälle sowie eine ausreichend tiefe Gliederung der Bestands-, Aufwands-, Leistungs- und Erfolgsposten ermöglichen. Zusammenziehung, die eine genügende Einsicht nicht gestatten, sind unzulässig. Für die Gliederung der Konten sind insbesondere die gesetzlichen Mindestanforderungen, die Betriebsgröße und der Gang der Erzeugung bzw. die Betriebsfunktion maßgebend.
7. Die Führung gemischter, Bestand und Erfolg enthaltender Konten ist möglichst zu vermeiden.
8. Für die Gliederung der Bilanz ist die Anwendung der Vorschriften für die Gliederung der Jahresbilanz (§ 131 des Aktiengesetzes[1]) mit sinngemäßer Anwendung auch für Nicht-Aktiengesellschaften erwünscht. Weitergehende besondere rechtliche Bestimmungen sind einzuhalten.

Für die Gewinn- und Verlustrechnung ist die Trennung der betrieblichen Ergebnisse von den außerordentlichen Erträgen im Sinne der Gewinn- und Verlustrechnung (§ 132 des Aktiengesetzes[2]) notwendig.

---

[1] §§ 151/2 AktG 1965, aufgehoben durch Bilanzrichtlinien vom 19.12. 1985 (BGBl. I S. 2355).
[2] §§ 157/8 AktG 1965, aufgehoben durch Bilanzrichtlinien vom 19.12. 1985 (BGBl. I S. 2355).

1. Richtlinien zur Organisation der Buchführung **Anh. B**

9. Es ist gleichwertig, ob bei Aktiengesellschaften die einzelnen Posten der Gewinn- und Verlustrechnung gemäß Aktiengesetz buchhalterisch oder statistisch festgestellt werden. Bei statistischer Feststellung ist aber eine leichte Nachprüfbarkeit der einzelnen Ziffern durch die Buchführung unerläßlich.
10. Die Buchführung muß weiterhin eine ausreichende Trennung ermöglichen:
    a) zwischen Jahres- und Monatsrechnung
    b) zwischen kalkulierbaren und nicht kalkulierbaren sowie außerordentlichen Aufwänden bzw. Erträgen.
11. Die Buchführung hat die Abstimmungsfunktion für alle betrieblichen Zahlen und Rechnungsformen zu erfüllen, insbesondere für Kalkulation und Statistik (Kontrollprinzip).
12. Für die einzelnen Buchungen müssen rechnungsmäßige Belege vorhanden sein, die geordnet aufzubewahren sind (Belegprinzip).
13. Die Buchführung muß eine leichte Nachprüfbarkeit, im Sinne der vier Grundzwecke des Rechnungswesens (1 a–d), zulassen.
14. Die Buchführung muß ausreichende Vergleichsmöglichkeiten der einzelnen Betriebe und daher eine genügende Analyse der Struktur und der Entwicklung des Kapitals, des Umsatzes, der Kosten und des Erfolges bieten.
15. Eine weitgehende Vereinheitlichung der Buchführung ist nicht nur notwendig, sondern auch ohne Beeinträchtigung der Erkenntniskraft der Buchführung und der berechtigten besonderen Betriebsbedürfnisse möglich. Die wichtigsten Bilanz- und Aufwandsposten und sogar Kostenstellengruppen sind allen Betrieben, insbesondere aber allen Betrieben eines Wirtschaftszweiges, gemeinsam. Die Eigenart beruht meistens auf den einzelnen Kostenstellen und der weiteren oder geringeren Gliederung der Bestands-, Aufwands- oder Ertragskonten.
16. In der Betriebsbuchführung der industriellen und sonstigen Betriebe, in denen die Leistungseinheit- oder Abteilungsrechnung von besonderer Bedeutung ist, sind insbesondere – mit sinngemäßer Anwendung – Konten der Kostenarten, Halb-, Fertigerzeugnis- und Erlöskonten zu führen.
    Es ist besonders Gewicht auf die Kostenarten und Kosten-(Leistungs-)Träger (Erzeugnisse) zu legen. Die Kostenstellen (Orte der Kostenentstehung: Abteilungen usw.) in die Buchführung einzugliedern, ist in der Regel nur Betrieben mit gleichartigen Produktionsverhältnissen, die sich der Divisionskalkulation bedienen, zu empfehlen. In den meisten übrigen Fällen ist die Auslassung der Kostenstellen aus der Buchführung und die Aufstellung eines „Betriebsabrechnungsbogens" die bessere Lösung.

Anh. B 1. Richtlinien zur Organisation der Buchführung

17. Der Betriebsabrechnungsbogen (im Bedarfsfalle auch mehrere), der mit sinngemäßer Anwendung für jede Kostenstellenrechnung geeignet ist, also nicht nur für die Zuschlagskalkulation, sondern auch für die Divisionskalkulation mit Kostenstellenrechnung der Industrie und des Handwerks, für die Abteilungskalkulation des Handels, der Banken und der Versicherungsbetriebe, übernimmt die Zahlen aus der Buchführung, verteilt die Kostenarten nach festgelegten Gesichtspunkten auf die Kostenstellen und führt die umgruppierten Zahlen (über die Verrechnungskosten) zur Belastung der Kosten-(Leistungs-)Träger wieder in die Buchführung ein.

Der Betriebsbogen stellt die Verbindung zwischen Buchführung und Kalkulation dar, die auf diese Weise durch die Buchführung stets leicht nachprüfbar ist.

Die Anwendung der vorstehenden Richtlinien stellt der anliegende[1]

„Kontenrahmen"

mit dem

„Beispiel eines Kontenplanes für Fertigungsbetriebe" dar. Er ist ein Organisationsplan der Buchführung und bestimmt nicht ihre Technik, die in völliger Freiheit durchgeführt werden kann.

III. Der Kontenrahmen als Grundlage der Selbstkostenrechnung und Statistik

1. Auf der Grundlage der vereinheitlichten Buchführung ist eine in den Grundsätzen vereinheitlichte Selbstkostenrechnung aufzubauen.
2. Zur Ergänzung der Buchführung und weiteren Auswertungen der Ziffern der Buchführung dient eine vereinheitlichte Statistik, die bestimmte Betriebsanalysen vorzunehmen und Kennziffern der Vermögensverhältnisse, Umsätze, Bestände, Kosten und Erfolge zu errechnen hat. Diese Ziffern dienen unter entsprechender Auswertung vor allem der Wirtschaftlichkeitsrechnung und dem Betriebsvergleich. Darüber hinaus wird der Betrieb zweckmäßiger Weise nach Bedarf weitere Statistiken führen.

Ein so aufgebautes Rechnungswesen wird nicht nur für die Allgemeinheit, sondern in erster Linie auch für den Einzelbetrieb von größtem Nutzen sein, weil es ihm die Erkenntnisse vermittelt, die er zur erfolgreichen Führung des Betriebes braucht.

---

[1] MinBlfWi. 1937 S.243 Nr.21.

2. Gesetz zur sozialen Absicherung des Risikos der Pflegebedürftigkeit (Pflege-Versicherungsgesetz – PflegeVG) Art. 1. Sozialgesetzbuch (SGB) Elftes Buch (XI) – Soziale Pflegeversicherung

Vom 26. Mai 1994 (BGBl. I S.1014), zuletzt geändert durch Gesetz v. 27.12.2003 (BGBl. I S.3022)

– Auszug –

BGBl. III/FNA 860-11-1

Siebtes Kapitel
Beziehungen der Pflegekassen zu den Leistungserbringern

Erster Abschnitt
Allgemeine Grundsätze

§ 69 Sicherstellungsauftrag

Die Pflegekassen haben im Rahmen ihrer Leistungsverpflichtung eine bedarfsgerechte und gleichmäßige, dem allgemein anerkannten Stand medizinisch-pflegerischer Erkenntnisse entsprechende pflegerische Versorgung der Versicherten zu gewährleisten (Sicherstellungsauftrag). Sie schließen hierzu Versorgungsverträge, Leistungs- und Qualitätsvereinbarungen sowie Vergütungsvereinbarungen mit den Trägern von Pflegeeinrichtungen (§ 71) und sonstigen Leistungserbringern. Dabei sind die Vielfalt, die Unabhängigkeit und Selbständigkeit sowie das Selbstverständnis der Träger von Pflegeeinrichtungen in Zielsetzung und Durchführung ihrer Aufgaben zu achten.

§ 70 Beitragssatzstabilität

(1) Die Pflegekassen stellen in den Verträgen mit den Leistungserbringern über Art, Umfang und Vergütung der Leistungen sicher, dass ihre Leistungsausgaben die Beitragseinnahmen nicht überschreiten (Grundsatz der Beitragssatzstabilität).

(2) Vereinbarungen über die Höhe der Vergütungen, die dem Grundsatz der Beitragssatzstabilität widersprechen, sind unwirksam.

Zweiter Abschnitt
Beziehungen zu den Pflegeeinrichtungen

§ 71 Pflegeeinrichtungen

(1) Ambulante Pflegeeinrichtungen (Pflegedienste) im Sinne dieses Buches sind selbständig wirtschaftende Einrichtungen, die unter ständiger Verantwortung einer ausgebildeten Pflegefachkraft Pflegebedürftige in ihrer Wohnung pflegen und hauswirtschaftlich versorgen.

(2) Stationäre Pflegeeinrichtungen (Pflegeheime) im Sinne dieses Buches sind selbständig wirtschaftende Einrichtungen, in denen Pflegebedürftige:

1. unter ständiger Verantwortung einer ausgebildeten Pflegefachkraft gepflegt werden,
2. ganztägig (vollstationär) oder nur tagsüber oder nur nachts (teilstationär) untergebracht und verpflegt werden können.

(3) Für die Anerkennung als Pflegefachkraft im Sinne von Absatz 1 und 2 ist neben dem Abschluss einer Ausbildung als Krankenschwester oder Krankenpfleger, als Kinderkrankenschwester oder Kinderkrankenpfleger nach dem Krankenpflegegesetz oder als Altenpflegerin oder Altenpfleger nach Landesrecht eine praktische Berufserfahrung in dem erlernten Pflegeberuf von zwei Jahren innerhalb der letzten fünf Jahre erforderlich. Bei ambulanten Pflegeeinrichtungen, die überwiegend behinderte Menschen pflegen und betreuen, gelten auch nach Landesrecht ausgebildete Heilerziehungspflegerinnen und Heilerziehungspfleger sowie Heilerzieherinnen und Heilerzieher mit einer praktischen Berufserfahrung von zwei Jahren innerhalb der letzten fünf Jahre als ausgebildete Pflegefachkraft. Die Rahmenfrist nach Satz 1 oder 2 beginnt fünf Jahre vor dem Tag, zu dem die verantwortliche Pflegefachkraft im Sinne des Absatzes 1 oder 2 bestellt werden soll. Diese Rahmenfrist verlängert sich um Zeiten, in denen eine in diesen Vorschriften benannte Fachkraft

1. wegen der Betreuung oder Erziehung eines Kindes nicht erwerbstätig war,
2. als Pflegeperson nach § 19 eine pflegebedürftige Person wenigstens 14 Stunden wöchentlich gepflegt hat oder
3. an einem betriebswirtschaftlichen oder pflegewissenschaftlichen Studium oder einem sonstigen Weiterbildungslehrgang in der Kranken-, Alten- oder Heilerziehungspflege teilgenommen hat,

soweit der Studien- oder Lehrgang mit einem nach Bundes- oder Landesrecht anerkannten Abschluss beendet worden ist.
Die Rahmenfrist darf in keinem Fall acht Jahre überschreiten.
(4) Stationäre Einrichtungen, in denen die Leistungen zur medizinischen Vorsorge, zur medizinischen Rehabilitation, zur Teilhabe am Arbeitsleben oder am Leben in der Gemeinschaft, die schulische Ausbildung oder die Erziehung kranker oder behinderter Menschen im Vordergrund des Zweckes der Einrichtung stehen, sowie Krankenhäuser sind keine Pflegeeinrichtungen im Sinne des Absatzes 2.

§ 72 Zulassung zur Pflege durch Versorgungsvertrag

(1) Die Pflegekassen dürfen ambulante und stationäre Pflege nur durch Pflegeeinrichtungen gewähren, mit denen ein Versorgungsvertrag besteht (zugelassene Pflegeeinrichtungen). In dem Versorgungsvertrag sind Art, Inhalt und Umfang der allgemeinen Pflegeleistungen (§ 4 Abs. 2) festzulegen, die von der Pflegeeinrichtung während der Dauer des Vertrages für die Versicherten zu erbringen sind (Versorgungsaufwand).

(2) Der Versorgungsvertrag wird zwischen dem Träger der Pflegeeinrichtung oder einer vertretungsberechtigten Vereinigung gleicher Träger und den Landesverbänden der Pflegekassen im Einvernehmen mit den überörtlichen Trägern der Sozialhilfe im Land abgeschlossen, soweit nicht nach Landesrecht der örtliche Träger für die Pflegeeinrichtung zuständig ist. Er ist für die Pflegeeinrichtung und für alle Pflegekassen im Inland unmittelbar verbindlich.

(3) Versorgungsverträge dürfen nur mit Pflegeeinrichtungen abgeschlossen werden, die

1. den Anforderungen des § 71 genügen,
2. die Gewähr für eine leistungsfähige und wirtschaftliche pflegerische Versorgung bieten,
3. sich verpflichten, nach Maßgabe der Vereinbarungen nach § 80 einrichtungsintern ein Qualitätsmanagement einzuführen und weiterzuentwickeln;

ein Anspruch auf Abschluss eines Versorgungsvertrages besteht, soweit und solange die Pflegeeinrichtung diese Voraussetzungen erfüllt. Bei notwendiger Auswahl zwischen mehreren geeigneten Pflegeeinrichtungen sollen die Versorgungsverträge vorrangig mit freigemeinnützigen und privaten Trägern abgeschlossen werden. Bei ambulanten Pflegediensten ist der örtliche Einzugsbereich in den Versorgungsverträgen so festzulegen, dass lange Wege möglichst vermieden werden.

(4) Mit Abschluss des Versorgungsvertrages wird die Pflegeeinrichtung für die Dauer des Vertrages zur pflegerischen Versorgung der Versicherten zugelassen. Die zugelassene Pflegeeinrichtung ist im Rahmen ihres Versorgungsauftrages zur pflegerischen Versorgung der Versicherten verpflichtet; dazu gehört bei ambulanten Pflegediensten auch die Durchführung von Pflegeeinsätzen nach § 37 Abs. 3 auf Anforderung des Pflegebedürftigen. Die Pflegekassen sind verpflichtet, die Leistungen der Pflegeeinrichtung nach Maßgabe des Achten Kapitels zu vergüten.

§ 73 Abschluss von Versorgungsverträgen

(1) Der Versorgungsvertrag ist schriftlich abzuschließen.

(2) Gegen die Ablehnung eines Versorgungsvertrages durch die Landesverbände der Pflegekassen ist der Rechtsweg zu den Sozialgerichten gegeben. Ein Vorverfahren findet nicht statt; die Klage hat keine aufschiebende Wirkung.

(3) Mit Pflegeeinrichtungen, die vor dem 1. Januar 1995 ambulante Pflege, teilstationäre Pflege oder Kurzzeitpflege auf Grund von Vereinbarungen mit Sozialleistungsträgern erbracht haben, gilt ein Versorgungsvertrag als abgeschlossen. Satz 1 gilt nicht, wenn die Pflegeeinrichtung die Anforderungen nach § 72 Abs. 3 Satz 1 nicht erfüllt und die zuständigen Landesverbände der Pflegekassen dies im Einvernehmen mit dem zuständigen Träger der Sozialhilfe (§ 72 Abs. 2 Satz 1) bis zum 30. Juni 1995 gegenüber dem Träger der Einrichtung schriftlich geltend machen. Satz 1 gilt auch dann nicht, wenn die Pflegeeinrichtung die Anforderungen nach § 72 Abs. 3 Satz 1 offensichtlich nicht erfüllt. Die Pflegeeinrichtung hat bis spätestens zum 31. März 1995 die Voraussetzungen für den Bestandschutz nach den Sätzen 1 und 2 durch Vorlage von Vereinbarungen mit Sozialleistungsträgern sowie geeigneter Unterlagen zur Prüfung und Beurteilung der Leistungsfähigkeit und Wirtschaftlichkeit gegenüber einem Landesverband der Pflegekassen nachzuweisen. Der Versorgungsvertrag bleibt wirksam, bis er durch einen neuen Versorgungsvertrag abgelöst oder gemäß § 74 gekündigt wird.

(4) Für vollstationäre Pflegeeinrichtungen gilt Absatz 3 entsprechend mit der Maßgabe, dass der für die Vorlage der Unterlagen

2. PflegeVG Anh. B

nach Satz 3 maßgebliche Zeitpunkt der 30. September 1995 und der Stichtag nach Satz 2 der 30. Juni 1996 ist.

§ 74 Kündigung von Versorgungsverträgen

(1) Der Versorgungsvertrag kann von jeder Vertragspartei mit einer Frist von einem Jahr ganz oder teilweise gekündigt werden, von den Landesverbänden der Pflegekassen jedoch nur, wenn die zugelassene Pflegeeinrichtung nicht nur vorübergehend eine der Voraussetzungen des § 72 Abs. 3 Satz 1 nicht oder nicht mehr erfüllt. Vor Kündigung durch die Landesverbände der Pflegekassen ist das Einvernehmen mit dem zuständigen Träger der Sozialhilfe (§ 72 Abs. 2 Satz 1) herzustellen.

(2) Der Versorgungsvertrag kann von den Landesverbänden der Pflegekassen auch ohne Einhaltung einer Kündigungsfrist gekündigt werden, wenn die Einrichtung ihre gesetzlichen oder vertraglichen Verpflichtungen gegenüber den Pflegebedürftigen oder deren Kostenträgern derart gröblich verletzt, dass ein Festhalten an dem Vertrag nicht zumutbar ist. Das gilt insbesondere dann, wenn Pflegebedürftige infolge der Pflichtverletzung zu Schaden kommen oder die Einrichtung nicht erbrachte Leistungen gegenüber den Kostenträgern abrechnet. Das Gleiche gilt, wenn dem Träger eines Pflegeheimes nach dem Heimgesetz die Betriebserlaubnis entzogen oder der Betrieb des Heimes untersagt wird. Absatz 1 Satz 2 gilt entsprechend.

(3) Die Kündigung bedarf der Schriftform. Für Klagen gegen die Kündigung gilt § 73 Abs. 2 entsprechend.

§ 75 Rahmenverträge und Bundesempfehlungen über die pflegerische Versorgung

(1) Die Landesverbände der Pflegekassen schließen unter Beteiligung des Medizinischen Dienstes der Krankenversicherung sowie des Verbandes der privaten Krankenversicherung e. V. im Land mit den Vereinigungen der Träger der ambulanten oder stationären Pflegeeinrichtungen im Land gemeinsam und einheitlich Rahmenverträge mit dem Ziel, eine wirksame und wirtschaftliche pflegerische Versorgung der Versicherten sicherzustellen. Für Pflegeeinrichtungen, die einer Kirche oder Religionsgemeinschaft des öffentlichen Rechts oder einem sonstigen freigemeinnützigen Träger zuzuordnen sind, können die Rahmenverträge auch von der Kir-

che oder Religionsgemeinschaft oder von dem Wohlfahrtsverband abgeschlossen werden, dem die Pflegeeinrichtung angehört. Bei Rahmenverträgen über ambulante Pflege sind die Arbeitsgemeinschaften der örtlichen Sozialhilfeträger, bei Rahmenverträgen über stationäre Pflege die überörtlichen Sozialhilfeträger und die Arbeitsgemeinschaften der örtlichen Sozialhilfeträger als Vertragspartei am Vertragsschluss zu beteiligen. Die Rahmenverträge sind für die Pflegekassen und die zugelassenen Pflegeeinrichtungen im Inland unmittelbar verbindlich.

(2) Die Verträge regeln insbesondere:

1. den Inhalt der Pflegeleistungen sowie bei stationärer Pflege die Abgrenzung zwischen den allgemeinen Pflegeleistungen, den Leistungen bei Unterkunft und Verpflegung und den Zusatzleistungen,
2. die allgemeinen Bedingungen der Pflege einschließlich der Kostenübernahme, der Abrechnung der Entgelte und der hierzu erforderlichen Bescheinigungen und Berichte,
3. Maßstäbe und Grundsätze für eine wirtschaftliche und leistungsbezogene, am Versorgungsauftrag orientierte personelle Ausstattung der Pflegeeinrichtungen,
4. die Überprüfung der Notwendigkeit und Dauer der Pflege,
5. Abschläge von der Pflegevergütung bei vorübergehender Abwesenheit (Krankenhausaufenthalt, Beurlaubung) des Pflegebedürftigen aus dem Pflegeheim,
6. den Zugang des Medizinischen Dienstes und sonstiger von den Pflegekassen beauftragter Prüfer zu den Pflegeeinrichtungen,
7. die Verfahrens- und Prüfungsgrundsätze für Wirtschaftlichkeitsprüfungen,
8. die Grundsätze zur Festlegung der örtlichen oder regionalen Einzugsbereiche der Pflegeeinrichtungen, um Pflegeleistungen ohne lange Wege möglichst orts- und bürgernah anzubieten.

(3) Als Teil der Verträge nach Absatz 2 Nr. 3 sind entweder

1. landesweite Verfahren zur Ermittlung des Personalbedarfs oder zur Bemessung der Pflegezeiten oder
2. landesweite Personalrichtwerte

zu vereinbaren. Dabei ist jeweils der besondere Pflege- und Betreuungsbedarf Pflegebedürftiger mit geistigen Behinderungen, psychischen Erkrankungen, demenzbedingten Fähigkeitsstörungen und anderen Leiden des Nervensystems zu beachten. Bei der Vereinbarung der Verfahren nach Satz 1 Nr. 1 sind auch in Deutschland erprobte und bewährte internationale Erfahrungen zu berücksichtigen. Die Personalrichtwerte nach Satz 1 Nr. 2 können als Bandbreiten vereinbart werden und umfassen bei teil- oder vollstationärer Pflege wenigstens

1. das Verhältnis zwischen der Zahl der Heimbewohner und der Zahl der Pflege- und Betreuungskräfte (in Vollzeitkräfte umgerechnet), unterteilt nach Pflegestufen (Personalanhaltszahlen), sowie
2. im Bereich der Pflege, der sozialen Betreuung und der medizinischen Behandlungspflege zusätzlich den Anteil der ausgebildeten Fachkräfte am Pflege- und Betreuungspersonal.

Die Heimpersonalverordnung bleibt in allen Fällen unberührt.

(4) Kommt ein Vertrag nach Absatz 1 innerhalb von sechs Monaten ganz oder teilweise nicht zustande, nachdem eine Vertragspartei schriftlich zu Vertragsverhandlungen aufgefordert hat, wird sein Inhalt auf Antrag einer Vertragspartei durch die Schiedsstelle nach § 76 festgesetzt. Satz 1 gilt auch für Verträge, mit denen bestehende Rahmenverträge geändert oder durch neue Verträge abgelöst werden sollen.

(5) Die Verträge nach Absatz 1 können von jeder Vertragspartei mit einer Frist von einem Jahr ganz oder teilweise gekündigt werden. Satz 1 gilt entsprechend für die von der Schiedsstelle nach Absatz 4 getroffenen Regelungen. Diese können auch ohne Kündigung jederzeit durch einen Vertrag nach Absatz 1 ersetzt werden.

(6) Die Spitzenverbände der Pflegekassen und die Vereinigungen der Träger der Pflegeeinrichtungen auf Bundesebene sollen unter Beteiligung des Medizinischen Dienstes der Spitzenverbände der Krankenkassen, des Verbandes der privaten Krankenversicherung e. V. sowie unabhängiger Sachverständiger gemeinsam mit der Bundesvereinigung der kommunalen Spitzenverbände und der Bundesarbeitsgemeinschaft der überörtlichen Träger der Sozialhilfe Empfehlungen zum Inhalt der Verträge nach Absatz 1 abgeben. Sie arbeiten dabei mit den Verbänden der Pflegeberufe sowie den Verbänden der Behinderten und der Pflegebedürftigen eng zusammen.

§ 76 Schiedsstelle

(1) Die Landesverbände der Pflegekassen und die Vereinigungen der Träger der Pflegeeinrichtungen im Land bilden gemeinsam für jedes Land eine Schiedsstelle. Diese entscheidet in den ihr nach diesem Buch zugewiesenen Angelegenheiten.

(2) Die Schiedsstelle besteht aus Vertretern der Pflegekassen und Pflegeeinrichtungen in gleicher Zahl sowie einem unparteiischen Vorsitzenden und zwei weiteren unparteiischen Mitgliedern. Der Schiedsstelle gehört auch ein Vertreter des Verbandes der privaten Krankenversicherung, e. V. sowie der überörtlichen Träger der Sozialhilfe im Land an, die auf die Zahl der Vertreter der Pflegekassen angerechnet werden. Die Vertreter der Pflegekassen und deren Stellvertreter werden von den Landesverbänden der Pflegekassen, die Vertreter der Pflegeeinrichtungen und deren Stellvertreter von den Vereinigungen der Träger der Pflegedienste und Pflegeheime im Land bestellt; bei der Bestellung der Vertreter der Pflegeeinrichtungen ist die Trägervielfalt zu beachten. Der Vorsitzende und die weiteren unparteiischen Mitglieder werden von den beteiligten Organisationen gemeinsam bestellt. Kommt eine Einigung nicht zustande, werden sie durch Los bestimmt. Soweit beteiligte Organisationen keinen Vertreter bestellen oder im Verfahren nach Satz 4 keine Kandidaten für das Amt des Vorsitzenden oder der weiteren unparteiischen Mitglieder benennen, bestellt die zuständige Landesbehörde auf Antrag einer der beteiligten Organisationen die Vertreter und benennt die Kandidaten.

(3) Die Mitglieder der Schiedsstelle führen ihr Amt als Ehrenamt. Sie sind an Weisungen nicht gebunden. Jedes Mitglied hat eine Stimme. Die Entscheidungen werden mit der Mehrheit der Mitglieder getroffen. Ergibt sich keine Mehrheit, gibt die Stimme des Vorsitzenden den Ausschlag.

(4) Die Rechtsaufsicht über die Schiedsstelle führt die zuständige Landesbehörde.

(5) Die Landesregierungen werden ermächtigt, durch Rechtsverordnung das Nähere über die Zahl, die Bestellung, die Amtsdauer und die Amtsführung, die Erstattung der baren Auslagen und die Entschädigung für Zeitaufwand der Mitglieder der Schiedsstelle, die Geschäftsführung, das Verfahren, die Erhebung und die Höhe der Gebühren sowie über die Verteilung der Kosten zu bestimmen.

Dritter Abschnitt
Beziehungen zu sonstigen Leistungserbringern

§ 77 Häusliche Pflege durch Einzelpersonen

(1) Zur Sicherstellung der häuslichen Pflege und hauswirtschaftlichen Versorgung kann die zuständige Pflegekasse einen Vertrag mit einzelnen geeigneten Pflegekräften schließen, soweit und solange eine Versorgung nicht durch einen zugelassenen Pflegedienst gewährleistet werden kann; Verträge mit Verwandten oder Verschwägerten des Pflegebedürftigen bis zum dritten Grad sowie mit Personen, die mit dem Pflegebedürftigen in häuslicher Gemeinschaft leben, sind unzulässig. In dem Vertrag sind Inhalt, Umfang, Vergütung sowie Prüfung der Qualität und Wirtschaftlichkeit der vereinbarten Leistungen zu regeln. In dem Vertrag ist weiter zu regeln, dass die Pflegekräfte mit dem Pflegebedürftigen, dem sie Leistungen der häuslichen Pflege und der hauswirtschaftlichen Versorgung erbringen, kein Beschäftigungsverhältnis eingehen dürfen. Soweit davon abweichend Verträge geschlossen sind, sind sie zu kündigen. Die Sätze 3 und 4 gelten nicht, wenn

1. das Beschäftigungsverhältnis vor dem 1. Mai 1996 bestanden hat und
2. die vor dem 1. Mai 1996 erbrachten Pflegeleistungen von der zuständigen Pflegekasse auf Grund eines von ihr mit der Pflegekraft abgeschlossenen Vertrages vergütet worden sind.

(2) Die Pflegekassen können bei Bedarf einzelne Pflegekräfte zur Sicherstellung der häuslichen Pflege anstellen, für die hinsichtlich der Wirtschaftlichkeit und Qualität ihrer Leistungen die gleichen Anforderungen wie für die zugelassenen Pflegedienste nach diesem Buch gelten.

§ 78 Verträge über Pflegehilfsmittel

(1) Die Spitzenverbände der Pflegekassen schließen mit den Leistungserbringern oder deren Verbänden Verträge über die Versorgung der Versicherten mit Pflegehilfsmitteln, soweit diese nicht nach den Vorschriften des Fünften Buches über die Hilfsmittel zu vergüten sind; dabei ist das Pflegehilfsmittelverzeichnis nach Absatz 2 zu beachten. In den Verträgen sind auch die Grundsätze und Maßstäbe sowie das Verfahren für die Prüfung der Wirtschaft-

Anh. B 2. PflegeVG

lichkeit und Qualität der Versorgung mit Pflegehilfsmitteln zu regeln.

(2) Die Spitzenverbände der Pflegekassen regeln mit Wirkung für ihre Mitglieder das Nähere zur Bemessung der Zuschüsse für Maßnahmen zur Verbesserung des individuellen Wohnumfeldes der Pflegebedürftigen nach § 40 Abs. 4 Satz 2. Sie erstellen als Anlage zu dem Hilfsmittelverzeichnis nach § 128 des Fünften Buches ein Verzeichnis der von der Leistungspflicht der Pflegeversicherung umfaßten Pflegehilfsmittel (Pflegehilfsmittelverzeichnis), soweit diese nicht bereits im Hilfsmittelverzeichnis nach § 128 des Fünften Buches enthalten sind, und schreiben es regelmäßig fort; darin sind gesondert die Pflegehilfsmittel auszuweisen, die:

1. durch Festbeträge vergütet werden; dabei sollen in ihrer Funktion gleichartige und gleichwertige Mittel in Gruppen zusammengefaßt wrden,
2. für eine leihweise Überlassung an die Versicherten geeignet sind.

Die Verbände der betroffenen Leistungserbringer sowie die Verbände der Pflegeberufe und der behinderten Menschen sind vor Erstellung und Fortschreibung des Pflegehilfsmittelverzeichnisses anzuhören. Das Pflegehilfsmittelverzeichnis ist im Bundesanzeiger bekannt zu geben.

(3) Die Spitzenverbände der Pflegekassen setzen für die in Absatz 2 Satz 2 Nr. 1 bestimmten Pflegehilfsmittel einheitliche Festbeträge fest. Absatz 2 Satz 3 und 4 gilt entsprechend.

(4) Die Landesverbände der Pflegekassen vereinbaren untereinander oder mit geeigneten Pflegeeinrichtungen das Nähere zur Ausleihe der hierfür nach Absatz 2 Satz 2 Nr. 2 geeigneten Pflegehilfsmittel einschließlich ihrer Beschaffung, Lagerung und Wartung. Die Pflegebedürftigen und die zugelassenen Pflegeeinrichtungen sind von den Pflegekassen oder deren Verbänden in geeigneter Form über die Möglichkeit der Ausleihe zu unterrichten.

(5) Das Bundesministerium für Gesundheit wird ermächtigt, das Pflegehilfsmittelverzeichnis nach Absatz 2 und die Festbeträge nach Absatz 3 durch Rechtsverordnung im Einvernehmen mit dem Bundesministerium für Gesundheit und Soziale Sicherung und dem Bundesministerium für Familie, Senioren, Frauen und Jugend und mit Zustimmung des Bundesrates zu bestimmen; § 40 Abs. 5 bleibt unberührt.

Vierter Abschnitt
Wirtschaftlichkeitsprüfung und Qualitätssicherung

§ 79 Wirtschaftlichkeitsprüfungen

(1) Die Landesverbände der Pflegekassen können die Wirtschaftlichkeit und Wirksamkeit der ambulanten, teilstationären und vollstationären Pflegeleistungen durch von ihnen bestellte Sachverständige prüfen lassen; vor Bestellung der Sachverständigen ist der Träger der Pflegeeinrichtung zu hören. Bestehen Anhaltspunkte dafür, dass eine Pflegeeinrichtung die Anforderungen des § 72 Abs. 3 Satz 1 nicht oder nicht mehr erfüllt, sind die Landesverbände zur Einleitung einer Wirtschaftlichkeitsprüfung verpflichtet.

(2) Die Träger der Pflegeeinrichtungen sind verpflichtet, dem Sachverständigen auf Verlangen die für die Wahrnehmung seiner Aufgaben notwendigen Unterlagen vorzulegen und Auskünfte zu erteilen.

(3) Das Prüfungsergebnis ist, unabhängig von den sich daraus ergebenden Folgerungen für eine Kündigung des Versorgungsvertrags nach § 74, in der nächstmöglichen Vergütungsvereinbarung mit Wirkung für die Zukunft zu berücksichtigen.

§ 80 Maßstäbe und Grundsätze zur Sicherung und Weiterentwicklung der Pflegequalität

(1) Die Spitzenverbände der Pflegekassen, die Bundesarbeitsgemeinschaft der überörtlichen Träger der Sozialhilfe, die Bundesvereinigung der kommunalen Spitzenverbände und die Vereinigungen der Träger der Pflegeeinrichtungen auf Bundesebene vereinbaren gemeinsam und einheitlich unter Beteiligung des Medizinischen Dienstes der Spitzenverbände der Krankenkassen sowie unabhängiger Sachverständiger Grundsätze und Maßstäbe für die Qualität und die Qualitätssicherung der ambulanten und stationären Pflege sowie für die Entwicklung eines einrichtungsinternen Qualitätsmanagements, das auf eine stetige Sicherung und Weiterentwicklung der Pflegequalität ausgerichtet ist. Sie arbeiten dabei mit dem Verband der privaten Krankenversicherung e.V., den Verbänden der Pflegeberufe sowie den Verbänden der Behinderten und der Pflegebedürftigen eng zusammen. Die Vereinbarungen sind im Bundesanzeiger zu veröffentlichen; sie sind für alle Pflegekassen und

deren Verbände sowie für die zugelassenen Pflegeeinrichtungen unmittelbar verbindlich.

(2) Die Vereinbarungen nach Absatz 1 können von jeder Partei mit einer Frist von einem Jahr ganz oder teilweise gekündigt werden. Nach Ablauf des Vereinbarungszeitraums oder der Kündigungsfrist gilt die Vereinbarung bis zum Abschluss einer neuen Vereinbarung weiter.

(3) Kommt eine Vereinbarung nach Absatz 1 innerhalb von zwölf Monaten ganz oder teilweise nicht zustande, nachdem eine Vertragspartei schriftlich zu Verhandlungen aufgefordert hat, kann ihr Inhalt durch Rechtsverordnung der Bundesregierung mit Zustimmung des Bundesrates festgelegt werden.

§ 80a Leistungs- und Qualitätsvereinbarung mit Pflegeheimen

(1) Bei teil- oder vollstationärer Pflege setzt der Abschluss einer Pflegesatzvereinbarung nach dem Achten Kapitel ab dem 1. Januar 2004 den Nachweis einer wirksamen Leistungs- und Qualitätsvereinbarung durch den Träger des zugelassenen Pflegeheims voraus; für Pflegeeinrichtungen, die erstmals ab dem 1. Januar 2001 zur teil- oder vollstationären Pflege nach § 72 zugelassen werden, gilt dies bereits für den Abschluss der ersten und jeder weiteren Pflegesatzvereinbarung vor dem 1. Januar 2004. Parteien der Leistungs- und Qualitätsvereinbarung sind die Vertragsparteien nach § 85 Abs. 2.

(2) In der Leistungs- und Qualitätsvereinbarung sind die wesentlichen Leistungs- und Qualitätsmerkmale festzulegen. Dazu gehören insbesondere:

1. die Struktur und die voraussichtliche Entwicklung des zu betreuenden Personenkreises, gegliedert nach Pflegestufen, besonderem Bedarf an Grundpflege, medizinischer Behandlungspflege oder sozialer Betreuung,
2. Art und Inhalt der Leistungen, die von dem Pflegeheim während des nächsten Pflegesatzzeitraums oder der nächsten Pflegesatzzeiträume (§ 85 Abs. 3) erwartet werden, sowie
3. die personelle und sachliche Ausstattung des Pflegeheims einschließlich der Qualifikation der Mitarbeiter.

Die Festlegung nach Satz 2 sind für die Vertragsparteien nach § 85 Abs. 2 und für die Schiedsstelle als Bemessungsgrundlage für die

Pflegesätze und die Entgelte für Unterkunft und Verpflegung nach dem Achten Kapitel unmittelbar verbindlich.

(3) Die Leistungs- und Qualitätsvereinbarung ist in der Regel zusammen mit der Pflegesatzvereinbarung nach §85 abzuschließen; sie kann auf Verlangen einer Pflegesatzpartei auch zeitlich unabhängig von der Pflegesatzvereinbarung abgeschlossen werden. Kommt eine Vereinbarung nach Absatz 1 innerhalb von sechs Wochen ganz oder teilweise nicht zustande, nachdem eine Vertragspartei schriftlich zu Vertragsverhandlungen aufgefordert hat, entscheidet die Schiedsstelle nach §76 auf Antrag einer Vertragspartei über die Punkte, über die keine Einigung erzielt werden konnte. §73 Abs.2 sowie §85 Abs.3 Satz 2 bis 4 gelten entsprechend.

(4) Der Träger des Pflegeheims ist verpflichtet, mit dem in der Leistungs- und Qualitätsvereinbarung als notwendig anerkannten Personal die Versorgung der Heimbewohner jederzeit sicherzustellen. Er hat bei Personalengpässen oder -ausfällen durch geeignete Maßnahmen sicherzustellen, dass die Versorgung der Heimbewohner nicht beeinträchtigt wird. Bei unvorhersehbaren wesentlichen Veränderungen in den Belegungs- oder Leistungsstrukturen des Pflegeheims kann jede Vereinbarungspartei eine Neuverhandlung der Leistungs- und Qualitätsvereinbarung verlangen. §85 Abs.7 gilt entsprechend.

(5) Auf Verlangen einer Vertragspartei nach Absatz 1 Satz 2 hat der Träger einer Einrichtung in einem Personalabgleich nachzuweisen, dass seine Einrichtung das nach Absatz 2 Satz 2 Nr.3 als notwendig anerkannte und vereinbarte Personal auch tatsächlich bereitgestellt und bestimmungsgemäß einsetzt.

§ 81 Verfahrensregelungen

(1) Die Landesverbände der Pflegekassen (§ 52) erfüllen die ihnen nach dem Siebten und Achten Kapitel zugewiesenen Aufgaben gemeinsam. Kommt eine Einigung ganz oder teilweise nicht zustande, gilt § 213 Abs.2 des Fünften Buches entsprechend.

(2) Bei Entscheidungen, die von den Landesverbänden der Pflegekassen mit den Arbeitsgemeinschaften der örtlichen Sozialhilfeträger oder den überörtlichen Sozialhilfeträgern gemeinsam zu treffen sind, werden die Arbeitsgemeinschaften oder die überörtlichen Träger mit zwei Vertretern an der Beschlussfassung nach Absatz 1 in Verbindung mit § 213 Abs.2 des Fünften Buches beteiligt. Kommt bei zwei Beschlussfassungen nacheinander eine Eini-

Anh. B 2. PflegeVG

gung mit den Vertretern der Sozialhilfeträger nicht zustande, kann jeder Beteiligte nach Satz 1 die Entscheidung des Vorsitzenden und der weiteren unparteiischen Mitglieder der Schiedsstelle nach § 76 verlangen. Sie entscheiden für alle Beteiligten verbindlich über die streitbefangenen Punkte unter Ausschluss des Rechtswegs. Die Kosten des Verfahrens nach Satz 2 und das Honorar des Vorsitzenden sind von allen Beteiligten anteilig zu tragen.

(3) Die Absätze 1 und 2 gelten für die den Spitzenverbänden der Pflegekassen (§ 53) nach dem Siebten Kapitel zugewiesenen Aufgaben entsprechend mit der Maßgabe, dass bei Nichteinigung ein Schiedsstellenvorsitzender zur Entscheidung von den Beteiligten einvernehmlich auszuwählen ist.

Achtes Kapitel
Pflegevergütung

Erster Abschnitt
Allgemeine Vorschriften

§ 82 Finanzierung der Pflegeeinrichtungen

(1) Zugelassene Pflegeheime und Pflegedienste erhalten nach Maßgabe dieses Kapitels
1. eine leistungsgerechte Vergütung für die allgemeinen Pflegeleistungen (Pflegevergütung) sowie
2. bei stationärer Pflege ein angemessenes Entgelt für Unterkunft und Verpflegung.

Die Pflegevergütung umfasst bei stationärer Pflege auch die medizinische Behandlungspflege und die soziale Betreuung; sie ist von den Pflegebedürftigen oder deren Kostenträgern zu tragen. Für Unterkunft und Verpflegung bei stationärer Pflege hat der Pflegebedürftige selbst aufzukommen.

(2) In der Pflegevergütung und in den Entgelten für Unterkunft und Verpflegung dürfen keine Aufwendungen berücksichtigt werden für
1. Maßnahmen, die dazu bestimmt sind, die für den Betrieb der Pflegeeinrichtung notwendigen Gebäude und sonstigen abschreibungsfähigen Anlagegüter herzustellen, anzuschaffen, wiederzubeschaffen, zu ergänzen, instandzuhalten oder instandzusetzen; ausgenommen sind die zum Verbrauch bestimmten Güter (Ver-

brauchsgüter), die der Pflegevergütung nach Absatz 1 Satz 1 Nr. 1 zuzuordnen sind,
2. den Erwerb und die Erschließung von Grundstücken,
3. Miete, Pacht, Nutzung oder Mitbenutzung von Grundstücken, Gebäuden oder sonstigen Anlagegütern,
4. den Anlauf oder die innerbetriebliche Umstellung von Pflegeeinrichtungen,
5. die Schließung von Pflegeeinrichtungen oder ihre Umstellung auf andere Aufgaben.

(3) Soweit betriebsnotwendige Investitionsaufwendungen nach Absatz 2 Nr. 1 oder Aufwendungen für Miete, Pacht, Nutzung oder Mitbenutzung von Gebäuden oder sonstige abschreibungsfähige Anlagegüter nach Absatz 2 Nr. 3 durch öffentliche Förderung gemäß § 9 nicht vollständig gedeckt sind, kann die Pflegeeinrichtung diesen Teil der Aufwendungen den Pflegebedürftigen gesondert berechnen. Gleiches gilt, soweit die Aufwendungen nach Satz 1 vom Land durch Darlehen oder sonstige rückzahlbare Zuschüsse gefördert werden. Die gesonderte Berechnung bedarf der Zustimmung der zuständigen Landesbehörde; das Nähere hierzu, insbesondere auch zu Art, Höhe und Laufzeit sowie die Verteilung der gesondert berechenbaren Aufwendungen auf die Pflegebedürftigen, wird durch Landesrecht bestimmt.

(4) Pflegeeinrichtungen, die nicht nach Landesrecht gefördert werden, können ihre betriebsnotwendigen Investitionsaufwendungen den Pflegebedürftigen ohne Zustimmung der zuständigen Landesbehörde gesondert berechnen. Die gesonderte Berechnung ist der zuständigen Landesbehörde mitzuteilen.

(5) Öffentliche Zuschüsse zu den laufenden Aufwendungen einer Pflegeeinrichtung (Betriebskostenzuschüsse) sind von der Pflegevergütung abzuziehen.

§ 82a Ausbildungsvergütung

(1) Ausbildungsvergütung im Sinne dieser Vorschrift ist die Vergütung, die auf Grund von Rechtsvorschriften, Tarifverträgen, entsprechenden allgemeinen Vergütungsregelungen oder auf Grund vertraglicher Vereinbarungen an Personen, die nach Bundes- oder Landesrecht in der Altenpflege oder Altenpflegehilfe ausgebildet werden, während der Dauer ihrer praktischen oder theoretischen Ausbildung zu zahlen ist.

Anh. B 2. PflegeVG

(2) Soweit eine nach diesem Gesetz zugelassene Pflegeeinrichtung nach Bundes- oder Landesrecht zur Ausbildung in der Altenpflege oder Altenpflegehilfe berechtigt oder verpflichtet ist, ist die Ausbildungsvergütung der Personen, die auf Grund eines entsprechenden Ausbildungsvertrages mit der Einrichtung oder ihrem Träger zum Zwecke der Ausbildung in der Einrichtung tätig sind, während der Dauer des Ausbildungsverhältnisses in der Vergütung der allgemeinen Pflegeleistungen (§ 84 Abs.1, § 89) berücksichtigungsfähig. Betreut die Einrichtung auch Personen, die nicht pflegebedürftig im Sinne dieses Buches sind, so ist in der Pflegevergütung nach Satz 1 nur der Anteil an der Gesamtsumme der Ausbildungsvergütungen berücksichtigungsfähig, der bei einer gleichmäßigen Verteilung der Gesamtsumme auf alle betreuten Personen auf die Pflegebedürftigen im Sinne dieses Buches entfällt. Soweit die Ausbildungsvergütung im Pflegesatz eines zugelassenen Pflegeheimes zu berücksichtigen ist, ist der Anteil, der auf die Pflegebedürftigen im Sinne dieses Buches entfällt, gleichmäßig auf alle pflegebedürftigen Heimbewohner zu verteilen. Satz 1 gilt nicht, soweit

1. die Ausbildungsvergütung oder eine entsprechende Vergütung nach anderen Vorschriften aufgebracht wird oder
2. die Ausbildungsvergütung durch ein landesrechtliches Umlageverfahren nach Absatz 3 finanziert wird.

Die Ausbildungsvergütung ist in der Vergütungsvereinbarung über die allgemeinen Pflegeleistungen gesondert auszuweisen; die §§ 84 bis 86 und 89 gelten entsprechend.

(3) Wird die Ausbildungsvergütung ganz oder teilweise durch ein landesrechtliches Umlageverfahren finanziert, so ist die Umlage in der Vergütung der allgemeinen Pflegeleistungen nur insoweit berücksichtigungsfähig, als sie auf der Grundlage nachfolgender Berechnungsgrundsätze ermittelt wird:

1. Die Kosten der Ausbildungsvergütung werden nach einheitlichen Grundsätzen gleichmäßig auf alle zugelassenen ambulanten, teilstationären und stationären Pflegeeinrichtungen und die Altenheime im Land verteilt. Bei der Bemessung und Verteilung der Umlage ist sicherzustellen, dass der Verteilungsmaßstab nicht einseitig zu Lasten der zugelassenen Pflegeeinrichtungen gewichtet ist. Im Übrigen gilt Absatz 2 Satz 2 und 3 entsprechend.
2. Die Gesamthöhe der Umlage darf den voraussichtlichen Mittelbedarf zur Finanzierung eines angemessenen Angebots an Ausbildungsplätzen nicht überschreiten.

2. PflegeVG **Anh. B**

3. Aufwendungen für die Vorhaltung, Instandsetzung oder Instandhaltung von Ausbildungsstätten (§§ 9, 82 Abs. 2 bis 4), für deren laufende Betriebskosten (Personal- und Sachkosten) sowie für die Verwaltungskosten der nach Landesrecht für das Umlageverfahren zuständigen Stelle bleiben unberücksichtigt.

(4) Die Höhe der Umlage nach Absatz 3 sowie ihre Berechnungsfaktoren sind von der dafür nach Landesrecht zuständigen Stelle den Landesverbänden der Pflegekassen rechtzeitig vor Beginn der Pflegesatzverhandlungen mitzuteilen. Es genügt die Mitteilung an einen Landesverband; dieser leitet die Mitteilung unverzüglich an die übrigen Landesverbände und an die zuständigen Träger der Sozialhilfe weiter. Bei Meinungsverschiedenheiten zwischen den nach Satz 1 Beteiligten über die ordnungsgemäße Bemessung und die Höhe des von den zugelassenen Pflegeeinrichtungen zu zahlenden Anteils an der Umlage entscheidet die Schiedsstelle nach § 76 unter Ausschluss des Rechtsweges. Die Entscheidung ist für alle Beteiligten nach Satz 1 sowie für die Parteien der Vergütungsvereinbarungen nach dem Achten Kapitel verbindlich; § 85 Abs. 5 Satz 1 und 2, erster Halbsatz, sowie Abs. 6 gilt entsprechend.

§ 83 Verordnung zur Regelung der Pflegevergütung

(1) Die Bundesregierung wird ermächtigt, durch Rechtsverordnung mit Zustimmung des Bundesrates Vorschriften zu erlassen über

1. die Pflegevergütung der Pflegeeinrichtungen einschließlich der Verfahrensregelungen zu ihrer Vereinbarung nach diesem Kapitel,
2. den Inhalt der Pflegeleistungen sowie bei stationärer Pflege die Abgrenzung zwischen den allgemeinen Pflegeleistungen (§ 84 Abs. 4), den Leistungen bei Unterkunft und Verpflegung (§ 87) und den Zusatzleistungen (§ 88),
3. die Rechnungs- und Buchführungsvorschriften der Pflegeeinrichtungen einschließlich einer Kosten- und Leistungsrechnung; bei zugelassenen Pflegeeinrichtungen, die neben den Leistungen nach diesem Buch auch andere Sozialleistungen im Sinne des Ersten Buches (gemischte Einrichtungen) erbringen, kann der Anwendungsbereich der Verordnung auf den Gesamtbetrieb erstreckt werden,
4. Maßstäbe und Grundsätze für eine wirtschaftliche und leistungsbezogene, am Versorgungsauftrag (§ 72 Abs. 1) orientierte personelle Ausstattung der Pflegeeinrichtungen,

5. die nähere Abgrenzung der Leistungsaufwendungen nach Nummer 2 von den Investitionsaufwendungen und sonstigen Aufwendungen nach § 82 Abs. 2.

§ 90 bleibt unberührt.

(2) Nach Erlass der Rechtsverordnung sind Rahmenverträge und Schiedsstellenregelungen nach § 75 zu den von der Verordnung erfassten Regelungsbereichen nicht mehr zulässig.

Zweiter Abschnitt
Vergütung der stationären Pflegeleistungen

§ 84 Bemessungsgrundsätze

(1) Pflegesätze sind die Entgelte der Heimbewohner oder ihrer Kostenträger für die voll- oder teilstationären Pflegeleistungen des Pflegeheimes sowie für medizinische Behandlungspflege und soziale Betreuung.

(2) Die Pflegesätze müssen leistungsgerecht sein. Sie sind nach dem Versorgungsaufwand, den der Pflegebedürftige nach Art und Schwere seiner Pflegebedürftigkeit benötigt, in drei Pflegeklassen einzuteilen. Bei der Zuordnung der Pflegebedürftigen zu den Pflegeklassen sind die Pflegestufen gemäß § 15 zu Grunde zu legen, soweit nicht nach der gemeinsamen Beurteilung des Medizinischen Dienstes und der Pflegeleitung des Pflegeheimes die Zuordnung zu einer anderen Pflegeklasse notwendig oder ausreichend ist. Die Pflegesätze müssen einem Pflegeheim bei wirtschaftlicher Betriebsführung ermöglichen, seinen Versorgungsauftrag zu erfüllen. Überschüsse verbleiben dem Pflegeheim; Verluste sind von ihm zu tragen. Der Grundsatz der Beitragssatzstabilität ist zu beachten.

(3) Die Pflegesätze sind für alle Heimbewohner des Pflegeheimes nach einheitlichen Grundsätzen zu bemessen; eine Differenzierung nach Kostenträgern ist unzulässig.

(4) Mit den Pflegesätzen sind alle für die Versorgung der Pflegebedürftigen nach Art und Schwere ihrer Pflegebedürftigkeit erforderlichen Pflegeleistungen der Pflegeeinrichtung (allgemeine Pflegeleistungen) abgegolten. Für die allgemeinen Pflegeleistungen dürfen, soweit nichts anderes bestimmt ist, ausschließlich die nach § 85 oder § 86 vereinbarten oder nach § 85 Abs. 5 festgesetzten Pflegesätze berechnet werden, ohne Rücksicht darauf, wer zu ihrer Zahlung verpflichtet ist.

§ 85 Pflegesatzverfahren

(1) Art, Höhe und Laufzeit der Pflegesätze werden zwischen dem Träger des Pflegeheimes und den Leistungsträgern nach Absatz 2 vereinbart.

(2) Parteien der Pflegesatzvereinbarung (Vertragsparteien) sind der Träger des einzelnen zugelassenen Pflegeheimes sowie

1. die Pflegekassen oder sonstige Sozialversicherungsträger oder von ihnen allein oder gemeinsam gebildete Arbeitsgemeinschaften sowie
2. der für den Sitz des Pflegeheimes zuständige (örtliche oder überörtliche) Träger der Sozialhilfe,

soweit auf den jeweiligen Kostenträger oder die Arbeitsgemeinschaft im Jahr vor Beginn der Pflegesatzverhandlungen jeweils mehr als fünf vom Hundert der Berechnungstage des Pflegeheimes entfallen. Die Pflegesatzvereinbarung ist für jedes zugelassene Pflegeheim gesondert abzuschließen: § 86 Abs. 2 bleibt unberührt. Die Vereinigungen der Pflegeheime im Land, die Landesverbände der Pflegekassen sowie der Verband der privaten Krankenversicherung e. V. im Land können sich am Pflegesatzverfahren beteiligen.

(3) Die Pflegesatzvereinbarung ist im Voraus, vor Beginn der jeweiligen Wirtschaftsperiode des Pflegeheimes, für einen zukünftigen Zeitraum (Pflegesatzzeitraum) zu treffen. Das Pflegeheim hat Art, Inhalt, Umfang und Kosten der Leistungen, für die es eine Vergütung beansprucht, durch Pflegedokumentationen und andere geeignete Nachweise rechtzeitig vor Beginn der Pflegesatzverhandlungen darzulegen; es hat außerdem die schriftliche Stellungnahme des Heimbeirats oder des Heimfürsprechers nach § 7 Abs. 4 des Heimgesetzes beizufügen. Soweit dies zur Beurteilung seiner Wirtschaftlichkeit und Leistungsfähigkeit im Einzelfall erforderlich ist, hat das Pflegeheim auf Verlangen einer Vertragspartei zusätzliche Unterlagen vorzulegen und Auskünfte zu erteilen. Hierzu gehören auch pflegesatzerhebliche Angaben zum Jahresabschluss nach der Pflege-Buchführungsverordnung, zur personellen und sachlichen Ausstattung des Pflegeheims einschließlich der Kosten sowie zur tatsächlichen Stellenbesetzung und Eingruppierung. Personenbezogene Daten sind zu anonymisieren.

(4) Die Pflegesatzvereinbarung kommt durch Einigung zwischen dem Träger des Pflegeheimes und der Mehrheit der Kostenträger nach Absatz 2 Satz 1 zustande, die an der Pflegesatzverhand-

lung teilgenommen haben. Sie ist schriftlich abzuschließen. Soweit Vertragsparteien sich bei den Pflegesatzverhandlungen durch Dritte vertreten lassen, haben diese vor Verhandlungsbeginn den übrigen Vertragsparteien eine schriftliche Verhandlungs- und Abschlussvollmacht vorzulegen.

(5) Kommt eine Pflegesatzvereinbarung innerhalb von sechs Wochen nicht zustande, nachdem eine Vertragspartei schriftlich zu Pflegesatzverhandlungen aufgefordert hat, setzt die Schiedsstelle nach § 76 auf Antrag einer Vertragspartei die Pflegesätze unverzüglich fest. Satz 1 gilt auch, soweit der nach Absatz 2 Satz 1 Nr. 2 zuständige Träger der Sozialhilfe der Pflegesatzvereinbarung innerhalb von zwei Wochen nach Vertragsschluss widerspricht; der Sozialhilfeträger kann im Voraus verlangen, dass an Stelle der gesamten Schiedsstelle nur der Vorsitzende und die beiden weiteren unparteiischen Mitglieder oder nur der Vorsitzende allein entscheiden. Gegen die Festsetzung ist der Rechtsweg zu den Sozialgerichten gegeben. Ein Vorverfahren findet nicht statt; die Klage hat keine aufschiebende Wirkung.

(6) Pflegesatzvereinbarungen und Schiedsstellenentscheidungen nach Absatz 5 Satz 1 oder 2 treten zu dem darin bestimmten Zeitpunkt in Kraft; sie sind für das Pflegeheim sowie für die in dem Heim versorgten Pflegebedürftigen und deren Kostenträger unmittelbar verbindlich. Ein rückwirkendes Inkrafttreten von Pflegesätzen ist nicht zulässig. Nach Ablauf des Pflegesatzzeitraums gelten die vereinbarten oder festgesetzten Pflegesätze bis zum Inkrafttreten neuer Pflegesätze weiter.

(7) Bei unvorhersehbaren wesentlichen Veränderungen der Annahmen, die der Vereinbarung oder Festsetzung der Pflegesätze zugrunde lagen, sind die Pflegesätze auf Verlangen einer Vertragspartei für den laufenden Pflegesatzzeitraum neu zu verhandeln; die Absätze 3 bis 6 gelten entsprechend.

§ 86 Pflegesatzkommission

(1) Die Landesverbände der Pflegekassen, der Verband der privaten Krankenversicherung e.V., die überörtlichen oder ein nach Landesrecht bestimmter Träger der Sozialhilfe und die Vereinigungen der Pflegeheimträger im Land bilden regional oder landesweit tätige Pflegesatzkommissionen, die anstelle der Vertragsparteien nach § 85 Abs. 2 die Pflegesätze mit Zustimmung der betroffenen Pflegeheimträger vereinbaren können. § 85 Abs. 3 bis 7 gilt entsprechend.

(2) Für Pflegeheime, die in derselben kreisfreien Gemeinde oder in demselben Landkreis liegen, kann die Pflegesatzkommission mit Zustimmung der betroffenen Pflegeheimträger für die gleichen Leistungen einheitliche Pflegesätze vereinbaren. Die beteiligten Pflegeheime sind befugt, ihre Leistungen unterhalb der nach Satz 1 vereinbarten Pflegesätze anzubieten.

(3) Die Pflegesatzkommission oder die Vertragsparteien nach § 85 Abs.2 können auch Rahmenvereinbarungen abschließen, die insbesondere ihre Rechte und Pflichten, die Vorbereitung, den Beginn und das Verfahren der Pflegesatzverhandlungen sowie Art, Umfang und Zeitpunkt der vom Pflegeheim vorzulegenden Leistungsnachweise und sonstigen Verhandlungsunterlagen näher bestimmen. Satz 1 gilt nicht, soweit für das Pflegeheim verbindliche Regelungen nach § 75 getroffen worden sind.

§ 87 Unterkunft und Verpflegung

Die als Pflegesatzparteien betroffenen Leistungsträger (§ 85 Abs.2) vereinbaren mit dem Träger des Pflegeheimes die von den Pflegebedürftigen zu tragenden Entgelte für Unterkunft und Verpflegung. Die Entgelte müssen in einem angemessenen Verhältnis zu den Leistungen stehen. § 84 Abs.3 und 4 und die §§ 85 und 86 gelten entsprechend; § 88 bleibt unberührt.

§ 87a Berechnung und Zahlung des Heimentgelts

(1) Die Pflegesätze, die Entgelte für Unterkunft und Verpflegung sowie die gesondert berechenbaren Investitionskosten (Gesamtheimentgelt) werden für den Tag der Aufnahme des Pflegebedürftigen in das Pflegeheim sowie für jeden weiteren Tag des Heimaufenthalts berechnet (Berechnungstag). Die Zahlungspflicht der Heimbewohner oder ihrer Kostenträger endet mit dem Tag, an dem der Heimbewohner aus dem Heim entlassen wird oder verstirbt. Zieht ein Pflegebedürftiger in ein anderes Heim um, darf nur das aufnehmende Pflegeheim ein Gesamtheimentgelt für den Verlegungstag berechnen. Von den Sätzen 1 bis 3 abweichende Vereinbarungen zwischen dem Pflegeheim und dem Heimbewohner oder dessen Kostenträger sind nichtig.

(2) Bestehen Anhaltspunkte dafür, dass der pflegebedürftige Heimbewohner auf Grund der Entwicklung seines Zustands einer höheren Pflegestufe zuzuordnen ist, so ist er auf schriftliche Auffor-

derung des Heimträgers verpflichtet, bei seiner Pflegekasse die Zuordnung zu einer höheren Pflegestufe zu beantragen. Die Aufforderung ist zu begründen und auch der Pflegekasse sowie bei Sozialhilfeempfängern dem zuständigen Sozialhilfeträger zuzuleiten. Weigert sich der Heimbewohner, den Antrag zu stellen, kann der Heimträger ihm oder seinem Kostenträger ab dem ersten Tag des zweiten Monats nach der Aufforderung vorläufig den Pflegesatz nach der nächsthöheren Pflegeklasse berechnen. Werden die Voraussetzungen für eine höhere Pflegestufe vom Medizinischen Dienst nicht bestätigt und lehnt die Pflegekasse eine Höherstufung deswegen ab, hat das Pflegeheim dem Pflegebedürftigen den überzahlten Betrag unverzüglich zurückzuzahlen; der Rückzahlungsbetrag ist rückwirkend ab dem in Satz 3 genannten Zeitpunkt mit wenigstens fünf vom Hundert zu verzinsen.

(3) Die dem pflegebedürftigen Heimbewohner nach den §§ 41 bis 43 zustehenden Leistungsbeträge sind von seiner Pflegekasse mit befreiender Wirkung unmittelbar an das Pflegeheim zu zahlen. Maßgebend für die Höhe des zu zahlenden Leistungsbetrags ist der Leistungsbescheid der Pflegekasse, unabhängig davon, ob der Bescheid bestandskräftig ist oder nicht. Die von den Pflegekassen zu zahlenden Leistungsbeträge werden zum 15. eines jeden Monats fällig.

§ 88 Zusatzleistungen

(1) Neben den Pflegesätzen nach § 85 und den Entgelten nach § 87 darf das Pflegeheim mit den Pflegebedürftigen über die im Versorgungsvertrag vereinbarten notwendigen Leistungen hinaus (§ 72 Abs.1 Satz 2) gesondert ausgewiesene Zuschläge für

1. besondere Komfortleistungen bei Unterkunft und Verpflegung sowie
2. zusätzliche pflegerisch-betreuende Leistungen

vereinbaren (Zusatzleistungen). Der Inhalt der notwendigen Leistungen und deren Abgrenzung von den Zusatzleistungen werden in den Rahmenverträgen nach § 75 festgelegt.

(2) Die Gewährung und Berechnung von Zusatzleistungen ist nur zulässig, wenn:

1. dadurch die notwendigen stationären oder teilstationären Leistungen des Pflegeheimes (§ 84 Abs.4 und § 87) nicht beeinträchtigt werden,

2. die angebotenen Zusatzleistungen nach Art, Umfang, Dauer und Zeitabfolge sowie die Höhe der Zuschläge und die Zahlungsbedingungen vorher schriftlich zwischen dem Pflegeheim und dem Pflegebedürftigen vereinbart worden sind,
3. das Leistungsangebot und die Leistungsbedingungen den Landesverbänden der Pflegekassen und den überörtlichen Trägern der Sozialhilfe im Land vor Leistungsbeginn schriftlich mitgeteilt worden sind.

**Dritter Abschnittt
Vergütung der ambulanten Pflegeleistungen**

§ 89 Grundsätze für die Vergütungsregelung

(1) Die Vergütung der ambulanten Pflegeleistungen und der hauswirtschaftlichen Versorgung wird, soweit nicht die Gebührenordnung nach § 90 Anwendung findet, zwischen dem Träger des Pflegedienstes und den Leistungsträgern nach Absatz 2 für alle Pflegebedürftigen nach einheitlichen Grundsätzen vereinbart. Sie muss leistungsgerecht sein. Die Vergütung muss einem Pflegedienst bei wirtschaftlicher Betriebsführung ermöglichen, seinen Versorgungsauftrag zu erfüllen; eine Differenzierung in der Vergütung nach Kostenträgern ist unzulässig.

(2) Vertragsparteien der Vergütungsvereinbarung sind der Träger des Pflegedienstes sowie

1. die Pflegekassen oder sonstige Sozialversicherungsträger oder von ihnen allein oder gemeinsam gebildete Arbeitsgemeinschaften sowie
2. der für den Sitz des Pflegedienstes zuständige (örtliche oder überörtliche) Träger der Sozialhilfe,

soweit auf den jeweiligen Kostenträger oder die Arbeitsgemeinschaft im Jahr vor Beginn der Vergütungsverhandlungen jeweils mehr als fünf vom Hundert der vom Pflegedienst betreuten Pflegebedürftigen entfallen. Die Vergütungsvereinbarung ist für jeden Pflegedienst gesondert abzuschließen.

(3) Die Vergütungen können, je nach Art und Umfang der Pflegeleistung, nach dem dafür erforderlichen Zeitaufwand oder unabhängig vom Zeitaufwand nach dem Leistungsinhalt des jeweiligen Pflegeeinsatzes, nach Komplexleistungen oder in Ausnahmefällen auch nach Einzelleistungen bemessen werden; sonstige Leistungen wie hauswirtschaftliche Versorgung, Behördengänge oder Fahr-

kosten können auch mit Pauschalen vergütet werden. § 84 Abs. 4 Satz 2, § 85 Abs. 3 bis 7 und § 86 gelten entsprechend.

§ 90 Gebührenordnung für ambulante Pflegeleistungen

(1) Das Bundesministerium für Gesundheit wird ermächtigt, im Einvernehmen mit dem Bundesministerium für Familie, Senioren, Frauen und Jugend und dem Bundesministerium für Arbeit und Sozialordnung durch Rechtsverordnung mit Zustimmung des Bundesrates eine Gebührenordnung für die Vergütung der ambulanten Pflegeleistungen und der hauswirtschaftlichen Versorgung von Pflegebedürftigen zu erlassen, soweit die Versorgung von der Leistungspflicht der Pflegeversicherung umfasst ist. Die Vergütung muss leistungsgerecht sein, den Bemessungsgrundsätzen nach § 89 entsprechen und hinsichtlich ihrer Höhe regionale Unterschiede berücksichtigen. § 82 Abs. 2 gilt entsprechend. In der Verordnung ist auch das Nähere zur Abrechnung der Vergütung zwischen den Pflegekassen und den Pflegediensten zu regeln.

(2) Die Gebührenordnung gilt nicht für die Vergütung von ambulanten Pflegeleistungen und der hauswirtschaftlichen Versorgung durch Familienangehörige und sonstige Personen, die mit dem Pflegebedürftigen in häuslicher Gemeinschaft leben. Soweit die Gebührenordnung Anwendung findet, sind die davon betroffenen Pflegeeinrichtungen und Pflegepersonen nicht berechtigt, über die Berechnung der Gebühren hinaus weitergehende Ansprüche an die Pflegebedürftigen oder deren Kostenträger zu stellen.

Vierter Abschnitt
Kostenerstattung, Landespflegeausschüsse, Pflegeheimvergleich

§ 91 Kostenerstattung

(1) Zugelassene Pflegeeinrichtungen, die auf eine vertragliche Regelung der Pflegevergütung nach den §§ 85 und 89 verzichten oder mit denen eine solche Regelung nicht zustande kommt, können den Preis für ihre ambulanten oder stationären Leistungen unmittelbar mit den Pflegebedürftigen vereinbaren.

(2) Den Pflegebedürftigen werden die ihnen von den Einrichtungen nach Absatz 1 berechneten Kosten für die pflegebedingten Aufwendungen erstattet. Die Erstattung darf jedoch 80 vom Hun-

dert des Betrages nicht überschreiten, den die Pflegekasse für den einzelnen Pflegebedürftigen nach Art und Schwere seiner Pflegebedürftigkeit nach dem Dritten Abschnitt des Vierten Kapitels zu leisten hat. Eine weitergehende Kostenerstattung durch einen Träger der Sozialhilfe ist unzulässig.

(3) Die Absätze 1 und 2 gelten entsprechend für Pflegebedürftige, die nach Maßgabe dieses Buches bei einem privaten Versicherungsunternehmen versichert sind.

(4) Die Pflegebedürftigen und ihre Angehörigen sind von der Pflegekasse und der Pflegeeinrichtung rechtzeitig auf die Rechtsfolgen der Absätze 2 und 3 hinzuweisen.

§ 92 Landespflegeausschüsse

(1) Zur Beratung über Fragen der Finanzierung und des Betriebs von Pflegeeinrichtungen wird für jedes Land oder für Teile des Landes von den Beteiligten nach Absatz 2 ein Landespflegeausschuss gebildet. Der Ausschuss kann einvernehmlich Empfehlungen abgeben, insbesondere zum Aufbau und zur Weiterentwicklung eines regional und fachlich gegliederten Versorgungssystems einander ergänzender Pflegedienste und Pflegeheime, zur Pflegevergütung, zur Gestaltung und Bemessung der Entgelte bei Unterkunft und Verpflegung und zur Berechnung der Zusatzleistungen. Pflegekassen und Pflegeeinrichtungen haben die Empfehlungen nach Satz 2 insbesondere bei dem Abschluss von Versorgungsverträgen und Vergütungsvereinbarungen angemessen zu berücksichtigen.

(2) Der Landespflegeausschuss besteht insbesondere aus Vertretern der Pflegeeinrichtungen und Pflegekassen einschließlich eines Vertreters des Medizinischen Dienstes der Krankenversicherung in gleicher Zahl sowie einem Vertreter der zuständigen Landesbehörde. Dem Ausschuss gehören auch je ein Vertreter der Träger der überörtlichen Sozialhilfe, des Verbandes der privaten Krankenversicherung e.V. und der kommunalen Spitzenverbände im Land an. Die Vertreter der Pflegeeinrichtungen und deren Stellvertreter werden unter Beachtung des Grundsatzes der Trägervielfalt von den Vereinigungen der Träger der Pflegeeinrichtungen im Land, die Vertreter der Pflegekassen und deren Stellvertreter von den Landesverbänden der Pflegekassen bestellt. Die Beteiligten wählen aus ihrer Mitte einen Vorsitzenden. § 76 Abs. 2 Satz 6 gilt entsprechend.

(3) Die zuständige Landesbehörde führt die Geschäfte des Ausschusses.

(4) Die Landesregierungen werden ermächtigt, durch Rechtsverordnung das Nähere über die Zahl, die Bestellung, die Amtsdauer und die Amtsführung, die Erstattung der baren Auslagen und die Entschädigung für den Zeitaufwand der Mitglieder des Landespflegeausschusses, die Berufung weiterer Mitglieder über die in Absatz 2 genannten Organisationen hinaus, die Geschäftsführung, das Verfahren, die Erhebung und die Höhe der Gebühren sowie über die Verteilung der Kosten zu bestimmen.

3. Gesetz über die Berufe in der Altenpflege (Altenpflegegesetz – AltpflG)[1]

In der Fassung der Bekanntmachung vom 25. August 2003
(BGBl. I S. 1690), zuletzt geändert durch Gesetz vom 22. Dezember 2003
(BGBl. I S. 3022)[2]

BGBl. III / FNA 2124-21

Abschnitt 1. Erlaubnis

§ 1 [Berufsbezeichnungen]

Die Berufsbezeichnungen „Altenpflegerin" oder „Altenpfleger" dürfen nur Personen führen, denen die Erlaubnis dazu erteilt worden ist.

§ 2 [Erlaubniserteilung]

(1) Die Erlaubnis nach § 1 ist auf Antrag zu erteilen, wenn die antragstellende Person

---

[1] Dieses Gesetz dient der Umsetzung folgender Richtlinien:
1. Richtlinie 89/48/EWG des Rates vom 21. Dezember 1988 über eine allgemeine Regelung zur Anerkennung der Hochschuldiplome, die eine mindestens dreijährige Berufsausbildung abschließen (ABl. EG Nr. L 19 S. 16), soweit sie die Prüfung wesentlicher Unterschiede und die Festlegung von Ausgleichsmaßnahmen betrifft,
2. Richtlinie 92/51/EWG des Rates vom 18. Juni 1992 über eine zweite allgemeine Regelung zur Anerkennung beruflicher Befähigungsnachweise in Ergänzung zur Richtlinie 89/48/EWG (ABl. EG Nr. L 209 S. 25), soweit sie die Prüfung wesentlicher Unterschiede und die Festlegung von Ausgleichsmaßnahmen betrifft,
3. Richtlinie 2001/19/EG des Europäischen Parlaments und des Rates vom 14. Mai 2001 zur Änderung der Richtlinien 89/48/EWG und 92/51/EWG des Rates über eine allgemeine Regelung zur Anerkennung beruflicher Befähigungsnachweise und der Richtlinien 77/452/EWG, 77/453/EWG, 78/686/EWG, 78/687/EWG, 78/1026/EWG, 78/1027/EWG, 80/154/EWG, 80/155/EWG, 85/384/EWG, 85/432/EWG, 85/433/EWG und 93/16/EWG des Rates über die Tätigkeiten der Krankenschwester und des Krankenpflegers, die für die allgemeine Pflege verantwortlich sind, des Zahnarztes, des Tierarztes, der Hebamme, des Architekten, des Apothekers und des Arztes (ABl. EG Nr. L 206 S. 1), soweit sie der Anerkennung beruflicher Befähigungsnachweise von Altenpflegerinnen und Altenpflegern betrifft,
4. Abkommen zwischen der Europäischen Gemeinschaft und ihren Mitgliedstaaten einerseits und der Schweizerischen Eidgenossenschaft andererseits über die Freizügigkeit (ABl. EG 2002 Nr. L 114 S. 6).

[2] Diese Änderung tritt mit Wirkung ab 1.1.2005 in Kraft (BGBl. I 2003, S. 3022, 3058, 3071). Sie ist in dem Paragraphen 24 (neu: Verweis auf Sozialgesetzbuch statt bisher Bundessozialhilfegesetz) bereits eingearbeitet.

1. die durch dieses Gesetz vorgeschriebene Ausbildung abgeleistet und die jeweils vorgeschriebene Prüfung bestanden hat,
2. sich nicht eines Verhaltens schuldig gemacht hat, aus dem sich die Unzuverlässigkeit zur Ausübung des Berufs ergibt,
3. nicht in gesundheitlicher Hinsicht zur Ausübung des Berufs ungeeignet ist.

(2) ¹Die Erlaubnis ist zurückzunehmen, wenn eine der Voraussetzungen nach Absatz 1 Nr. 1 nicht vorgelegen hat. ²Die Erlaubnis ist zu widerrufen, wenn nachträglich die Voraussetzung nach Absatz 1 Nr. 2 weggefallen ist. ³Die Erlaubnis kann widerrufen werden, wenn nachträglich die Voraussetzung nach Absatz 1 Nr. 3 weggefallen ist. ⁴Im Übrigen bleiben die den §§ 48 und 49 des Verwaltungsverfahrensgesetzes entsprechenden landesgesetzlichen Vorschriften unberührt.

(3) ¹Eine außerhalb des Geltungsbereichs dieses Gesetzes erworbene abgeschlossene Ausbildung erfüllt die Voraussetzungen des Absatzes 1 Nr. 1, wenn die Gleichwertigkeit des Ausbildungsstandes gegeben ist. ²Ist die Gleichwertigkeit des Ausbildungsstandes nicht gegeben oder ist sie nur mit unangemessenem zeitlichen oder sachlichen Aufwand feststellbar, ist ein gleichwertiger Kenntnisstand nachzuweisen. ³Der Nachweis wird durch das Ablegen einer Prüfung erbracht, die sich auf den Inhalt des mündlichen und praktischen Teils der staatlichen Prüfung erstreckt. ⁴Bei Anträgen von Staatsangehörigen eines Vertragsstaates des Europäischen Wirtschaftsraumes, die eine Erlaubnis nach § 1 beantragen, kann die Gleichwertigkeit des Ausbildungsstandes im Sinne des Satzes 1 auch durch Vorlage eines Diploms, Prüfungszeugnisses oder Befähigungsnachweises belegt werden, wenn die durch diesen Nachweis bescheinigte Ausbildung überwiegend in einem anderen Vertragsstaat des Europäischen Wirtschaftsraumes oder an Ausbildungseinrichtungen eines Drittlandes, die eine Ausbildung gemäß den Rechtsund Verwaltungsvorschriften eines Mitgliedstaates vermitteln, erworben wurde oder wenn dessen Inhaber eine dreijährige Berufserfahrung hat, die von dem Mitgliedstaat bescheinigt wird, der einen Ausbildungsnachweis eines Drittlandes anerkannt hat.

(4) ¹Für Personen, die eine Erlaubnis nach § 1 beantragen, gilt die Voraussetzung des Absatzes 1 Nr. 1 als erfüllt, wenn sie in einem anderen Vertragsstaat des Europäischen Wirtschaftsraumes eine Ausbildung abgeschlossen haben und dies durch Vorlage eines den Mindestanforderungen des Artikels 1 Buchstabe a der Richtlinie 89/48/EWG des Rates vom 21. Dezember 1988 über eine allgemeine Regelung zur Anerkennung der Hochschuldiplome, die

3. Altenpflegegesetz (AltpflG)   Anh. B

eine mindestens dreijährige Berufsausbildung abschließen (ABl. EG Nr. L 19 S. 16) in der jeweils geltenden Fassung, oder des Artikels 1 Buchstabe a der Richtlinie 92/51/EWG des Rates vom 18. Juni 1992 über eine zweite allgemeine Regelung zur Anerkennung beruflicher Befähigungsnachweise in Ergänzung zur Richtlinie 89/48/EWG (ABl. EG Nr. L 209 S. 25) in der jeweils geltenden Fassung entsprechenden Diploms des betreffenden Vertragsstaates des Europäischen Wirtschaftsraumes nachweisen, sofern die Ausbildung keine wesentlichen Unterschiede im Vergleich zu der nach diesem Gesetz geregelten Ausbildung hinsichtlich ihrer Dauer oder Inhalte aufweist. ²Die antragstellende Person, deren Ausbildung wesentliche Unterschiede im Sinne des Satzes 1 aufweist, hat einen Anpassungslehrgang zu absolvieren oder eine Eignungsprüfung abzulegen, wenn nicht ihre nachgewiesene Berufserfahrung zum Ausgleich der festgestellten wesentlichen Unterschiede geeignet ist. ³Einem Diplom nach Satz 1 wird gleichgestellt ein Prüfungszeugnis, das dem Artikel 1 Buchstabe b der Richtlinie 92/51/EWG entspricht, wenn die antragstellende Person nach Maßgabe des Artikels 5 Abs. 2 der genannten Richtlinie einen Anpassungslehrgang abgeschlossen oder eine Eignungsprüfung abgelegt hat. ⁴Die antragstellende Person hat das Recht, zwischen dem Anpassungslehrgang und der Eignungsprüfung nach Satz 2 oder 3 zu wählen. ⁵Der Anpassungslehrgang darf die Dauer von drei Jahren nicht überschreiten.

(5) Die Absätze 3 und 4 gelten entsprechend für Drittstaaten und Drittstaatsangehörige, soweit sich hinsichtlich der Diplomanerkennung nach dem Recht der Europäischen Gemeinschaften eine Gleichstellung ergibt.

Abschnitt 2. Ausbildung in der Altenpflege

§ 3 [Ausbildungsumfang]

¹Die Ausbildung in der Altenpflege soll die Kenntnisse, Fähigkeiten und Fertigkeiten vermitteln, die zur selbständigen und eigenverantwortlichen Pflege einschließlich der Beratung, Begleitung und Betreuung alter Menschen erforderlich sind. ²Dies umfasst insbesondere:

1. die sach- und fachkundige, den allgemein anerkannten pflegewissenschaftlichen, insbesondere den medizinisch-pflegerischen Erkenntnissen entsprechende, umfassende und geplante Pflege,

2. die Mitwirkung bei der Behandlung kranker alter Menschen einschließlich der Ausführung ärztlicher Verordnungen,
3. die Erhaltung und Wiederherstellung individueller Fähigkeiten im Rahmen geriatrischer und gerontopsychiatrischer Rehabilitationskonzepte,
4. die Mitwirkung an qualitätssichernden Maßnahmen in der Pflege, der Betreuung und der Behandlung,
5. die Gesundheitsvorsorge einschließlich der Ernährungsberatung,
6. die umfassende Begleitung Sterbender,
7. die Anleitung, Beratung und Unterstützung von Pflegekräften, die nicht Pflegefachkräfte sind,
8. die Betreuung und Beratung alter Menschen in ihren persönlichen und sozialen Angelegenheiten,
9. die Hilfe zur Erhaltung und Aktivierung der eigenständigen Lebensführung einschließlich der Förderung sozialer Kontakte und
10. die Anregung und Begleitung von Familien- und Nachbarschaftshilfe und die Beratung pflegender Angehöriger.

Darüber hinaus soll die Ausbildung dazu befähigen, mit anderen in der Altenpflege tätigen Personen zusammenzuarbeiten und diejenigen Verwaltungsarbeiten zu erledigen, die in unmittelbarem Zusammenhang mit den Aufgaben in der Altenpflege stehen.

§ 4 [Dauer]

(1) ¹Die Ausbildung dauert unabhängig vom Zeitpunkt der staatlichen Prüfung drei Jahre. ²Die Ausbildung besteht aus theoretischem und praktischem Unterricht und einer praktischen Ausbildung. ³Der Anteil der praktischen Ausbildung überwiegt.

(2) Der Unterricht wird in Altenpflegeschulen erteilt.

(3) ¹Die praktische Ausbildung wird in folgenden Einrichtungen vermittelt:

1. in einem Heim im Sinne des § 1 des Heimgesetzes oder in einer stationären Pflegeeinrichtung im Sinne des § 71 Abs. 2 des Elften Buches Sozialgesetzbuch, wenn es sich dabei um eine Einrichtung für alte Menschen handelt, und
2. in einer ambulanten Pflegeeinrichtung im Sinne des § 71 Abs. 1 des Elften Buches Sozialgesetzbuch, wenn deren Tätigkeitsbereich die Pflege alter Menschen einschließt.

3. Altenpflegegesetz (AltpflG) Anh. B

²Abschnitte der praktischen Ausbildung können in weiteren Einrichtungen, in denen alte Menschen betreut werden, stattfinden. ³Dazu gehören insbesondere:
1. psychiatrische Kliniken mit gerontopsychiatrischer Abteilung oder andere Einrichtungen der gemeindenahen Psychiatrie,
2. Allgemeinkrankenhäuser, insbesondere mit geriatrischer Fachabteilung oder geriatrischem Schwerpunkt, oder geriatrische Fachkliniken,
3. geriatrische Rehabilitationseinrichtungen,
4. Einrichtungen der offenen Altenhilfe.

(4) ¹Die Gesamtverantwortung für die Ausbildung trägt die Altenpflegeschule, es sei denn, sie wird durch Landesrecht einer anderen Einrichtung übertragen. ²Die Abschnitte des Unterrichts und der praktischen Ausbildung sind inhaltlich und organisatorisch aufeinander abzustimmen. ³Die Altenpflegeschule unterstützt und fördert die praktische Ausbildung durch Praxisbegleitung. ⁴Die Praxisanleitung ist durch die Einrichtungen nach Absatz 3 sicherzustellen.

(5) Die Ausbildung kann auch in Teilzeitform durchgeführt werden und in diesem Falle bis zu fünf Jahre dauern.

(6) Zur zeitlich befristeten Erprobung von Ausbildungsangeboten, die der Weiterentwicklung der Pflegeberufe unter Berücksichtigung der berufsfeldspezifischen Anforderungen dienen sollen, können die Länder von den Absätzen 2, 3 und 4 sowie von der nach § 9 zu erlassenden Ausbildungs- und Prüfungsverordnung abweichen, sofern das Ausbildungsziel nicht gefährdet wird.

§ 5 [Altenpflegeschulen]

(1) Die Altenpflegeschulen nach § 4 Abs. 2 bedürfen der staatlichen Anerkennung durch die zuständige Behörde, es sei denn, sie sind Schulen im Sinne des Schulrechts der Länder. Sie müssen die Gewähr für eine ordnungsgemäße Durchführung der Ausbildung bieten.

(2) ¹Altenpflegeschulen, die nicht Schulen im Sinne des Schulrechts der Länder sind, können als geeignet für Ausbildungen staatlich anerkannt werden, wenn sie folgende Mindestanforderungen erfüllen:
1. die hauptberufliche Leitung der Altenpflegeschule durch eine pädagogisch qualifizierte Fachkraft mit abgeschlossener Berufsausbildung im sozialen oder pflegerischen Bereich und mehrjäh-

riger Berufserfahrung oder einem abgeschlossenen pflegepädagogischen Studium,
2. den Nachweis einer im Verhältnis zur Zahl der Ausbildungsplätze ausreichenden Zahl geeigneter, pädagogisch qualifizierter Fachkräfte für den theoretischen und praktischen Unterricht,
3. die Vorhaltung der für die Erteilung des Unterrichts notwendigen Räume und Einrichtungen sowie ausreichender Lehr- und Lernmittel,
4. den Nachweis darüber, dass die erforderlichen Ausbildungsplätze zur Durchführung der praktischen Ausbildung in den in § 4 Abs. 3 Satz 1 genannten Einrichtungen auf Dauer in Anspruch genommen werden können.

²Besteht die Leitung aus mehreren Personen, so muss eine von ihnen die Anforderungen nach Satz 1 Nr. 1 erfüllen. ³Die Landesregierungen werden ermächtigt, durch Rechtsverordnung über Satz 1 hinausgehende Mindestanforderungen festzulegen.

§ 6 [Voraussetzungen]

Voraussetzung für den Zugang zur Ausbildung ist, dass die Bewerberin oder der Bewerber nicht in gesundheitlicher Hinsicht zur Ausübung des Berufs ungeeignet ist sowie

1. der Realschulabschluss oder ein anderer als gleichwertig anerkannter Bildungsabschluss oder eine andere abgeschlossene zehnjährige Schulbildung, die den Hauptschulabschluss erweitert, oder
2. der Hauptschulabschluss oder ein als gleichwertig anerkannter Bildungsabschluss, sofern eine erfolgreich abgeschlossene, mindestens zweijährige Berufsausbildung oder die Erlaubnis als Krankenpflegehelferin oder Krankenpflegehelfer oder eine landesrechtlich geregelte, erfolgreich abgeschlossene Ausbildung von mindestens einjähriger Dauer in der Altenpflegehilfe oder Krankenpflegehilfe nachgewiesen wird.

§ 7 [Ausbildungsverkürzung]

(1) Auf Antrag kann die Dauer der Ausbildung nach § 4 Abs. 1 verkürzt werden:
1. für Krankenschwestern, Krankenpfleger, Kinderkrankenschwestern, Kinderkrankenpfleger, Heilerziehungspflegerinnen und

3. Altenpflegegesetz (AltpflG) **Anh. B**

Heilerziehungspfleger mit dreijähriger Ausbildung um bis zu zwei Jahre,
2. für Altenpflegehelferinnen, Altenpflegehelfer, Krankenpflegehelferinnen, Krankenpflegehelfer, Heilerziehungspflegehelferinnen, Heilerziehungspflegehelfer, Heilerziehungshelferinnen und Heilerziehungshelfer um bis zu einem Jahr.

(2) Auf Antrag kann die Dauer der Ausbildung nach § 4 Abs. 1 im Umfang der fachlichen Gleichwertigkeit um bis zu zwei Jahre verkürzt werden, wenn eine andere abgeschlossene Berufsausbildung nachgewiesen wird.

(3) Die Verkürzung darf die Durchführung der Ausbildung und die Erreichung des Ausbildungszieles nicht gefährden.

(4) Die Absätze 1 bis 3 gelten für die Ausbildung nach § 4 Abs. 5 entsprechend.

§ 8 [Anrechnung]

(1) Auf die Dauer einer Ausbildung nach § 4 Abs. 1 werden angerechnet:
1. ein dem Tarifvertrag entsprechender Urlaub oder Urlaub bis zu sechs Wochen jährlich oder Ferien und
2. Unterbrechungen durch Krankheit oder aus anderen, von der Altenpflegeschülerin oder dem Altenpflegeschüler nicht zu vertretenden Gründen bis zur Gesamtdauer von zwölf Wochen, bei verkürzten Ausbildungen nach § 7 bis zu höchstens vier Wochen je Ausbildungsjahr. Bei Altenpflegeschülerinnen werden auch Unterbrechungen wegen Schwangerschaft bis zur Gesamtdauer von vierzehn Wochen, bei verkürzten Ausbildungen nach § 7 bis zu höchstens vier Wochen je Ausbildungsjahr angerechnet.

(2) [1]Soweit eine besondere Härte vorliegt, können über Absatz 1 hinausgehende Fehlzeiten auf Antrag angerechnet werden, sofern zu erwarten ist, dass das Ausbildungsziel dennoch erreicht wird. In anderen Fällen kann die Ausbildungsdauer auf Antrag entsprechend verlängert werden. [2]Sie soll jedoch in der Regel einschließlich der Unterbrechungen den Zeitraum von fünf Jahren nicht überschreiten.

§ 9 [Mindestanforderungen]

(1) Das Bundesministerium für Familie, Senioren, Frauen und Jugend wird ermächtigt, im Einvernehmen mit dem Bundesminis-

terium für Gesundheit und Soziale Sicherung und dem Bundesministerium für Bildung und Forschung durch Rechtsverordnung mit Zustimmung des Bundesrates in einer Ausbildungs- und Prüfungsverordnung für den Beruf der Altenpflegerin und des Altenpflegers die Mindestanforderungen an die Ausbildung nach § 4 sowie das Nähere über die staatliche Prüfung und die Urkunde für die Erlaubnis nach § 1 zu regeln.

(2) In der Rechtsverordnung nach Absatz 1 ist für Personen, die ein Diplom oder ein Prüfungszeugnis nachweisen und Staatsangehörige eines anderen Mitgliedstaates der Europäischen Gemeinschaft oder eines anderen Vertragsstaates des Abkommens über den Europäischen Wirtschaftsraum sind, und die eine Erlaubnis nach § 2 Abs. 1 Nr. 1 in Verbindung mit § 2 Abs. 4 oder 5 beantragen, zu regeln:

1. das Verfahren bei der Prüfung der Voraussetzungen des § 2 Abs. 1 Nr. 2 und 3, insbesondere die Vorlage der von der antragstellenden Person zu erbringenden Nachweise und die Ermittlung durch die zuständige Behörde entsprechend Artikel 6 der Richtlinie 89/48/EWG oder Artikel 10 und 12 Abs. 1 der Richtlinie 92/51/EWG,
2. das Recht von Personen, die ein Diplom nachweisen, nach Maßgabe des Artikels 11 Abs. 2 der Richtlinie 92/51/EWG zusätzlich zu einer Berufsbezeichnung nach § 1 die im Heimat- oder Herkunftsmitgliedstaat bestehende Ausbildungsbezeichnung und, soweit nach dem Recht des Heimat- oder Herkunftsmitgliedstaates zulässig, deren Abkürzung in der Sprache dieses Staates zu führen,
3. die Frist für die Erteilung der Erlaubnis entsprechend Artikel 12 Abs. 2 der Richtlinie 92/51/EWG.

Abschnitt 3.
§§ 10 bis 12. (weggefallen)

Abschnitt 4. Ausbildungsverhältnis

§ 13 [Träger der praktischen Ausbildung]

(1) [1]Der Träger der praktischen Ausbildung, der eine Person zur Ausbildung nach diesem Gesetz einstellt, hat mit dieser einen schriftlichen Ausbildungsvertrag für die gesamte Dauer der Ausbil-

3. Altenpflegegesetz (AltpflG) Anh. B

dung nach Maßgabe der Vorschriften dieses Abschnitts zu schließen. ²Träger der praktischen Ausbildung können sein:

1. der Träger einer Einrichtung im Sinne des § 4 Abs. 3 Satz 1, der eine staatlich anerkannte Altenpflegeschule betreibt,
2. der Träger einer Einrichtung im Sinne des § 4 Abs. 3 Satz 1, der mit einer staatlich anerkannten Altenpflegeschule oder einer Altenpflegeschule im Sinne des Schulrechts der Länder einen Vertrag über die Durchführung praktischer Ausbildungen geschlossen hat. Die Landesregierungen werden ermächtigt, das Nähere zur Bestimmung der Träger der praktischen Ausbildung durch Rechtsverordnung zu regeln.

(2) Der Ausbildungsvertrag muss mindestens enthalten:

1. das Berufsziel, dem die Ausbildung dient,
2. den Beginn und die Dauer der Ausbildung,
3. Angaben über die inhaltliche und zeitliche Gliederung der praktischen Ausbildung gemäß der Ausbildungs- und Prüfungsverordnung,
4. die Dauer der regelmäßigen täglichen oder wöchentlichen praktischen Ausbildungszeit,
5. die Höhe der monatlichen Ausbildungsvergütung,
6. die Dauer der Probezeit,
7. die Dauer des Urlaubs,
8. die Voraussetzungen, unter denen der Ausbildungsvertrag gekündigt werden kann,
9. einen in allgemeiner Form gehaltenen Hinweis auf die Tarifverträge, Betriebs- oder Dienstvereinbarungen, die auf das Ausbildungsverhältnis anzuwenden sind.

(3) Auf den Ausbildungsvertrag sind, soweit sich aus seinem Wesen und Zweck und aus diesem Gesetz nichts anderes ergibt, die für Arbeitsverträge geltenden Rechtsvorschriften und Rechtsgrundsätze anzuwenden.

(4) ¹Der Ausbildungsvertrag ist von einer Vertreterin oder einem Vertreter des Trägers der praktischen Ausbildung sowie der Schülerin oder dem Schüler und deren gesetzlichem Vertreter zu unterzeichnen. ²Eine Ausfertigung des unterzeichneten Ausbildungsvertrages ist der Schülerin oder dem Schüler und deren gesetzlichem Vertreter unverzüglich auszuhändigen.

(5) Bei Änderungen des Ausbildungsvertrages gelten die Absätze 1 bis 4 entsprechend.

(6) Der Ausbildungsvertrag bedarf zu seiner Wirksamkeit im Falle des Absatzes 1 Satz 2 Nr. 2 der Zustimmung der Altenpflegeschule.

§ 14 [Vereinbarungen]

(1) [1]Eine Vereinbarung, durch die die Ausübung der beruflichen Tätigkeit für die Zeit nach Beendigung des Ausbildungsverhältnisses beschränkt wird, ist nichtig. [2]Dies gilt nicht, wenn die Schülerin oder der Schüler innerhalb der letzten drei Monate des Ausbildungsverhältnisses für die Zeit nach dessen Beendigung ein Arbeitsverhältnis auf unbestimmte Zeit eingeht.

(2) Nichtig ist auch eine Vereinbarung über
1. die Verpflichtung der Schülerin oder des Schülers, für die praktische Ausbildung eine Entschädigung zu zahlen,
2. Vertragsstrafen,
3. den Ausschluss oder die Beschränkung von Schadenersatzansprüchen,
4. die Festsetzung der Höhe des Schadenersatzes in Pauschbeträgen.

§ 15 [Obliegenheiten der Träger]

(1) Der Träger der praktischen Ausbildung hat
1. die Ausbildung in einer durch ihren Zweck gebotenen Form planmäßig, zeitlich und sachlich gegliedert so durchzuführen, dass das Ausbildungsziel in der vorgesehenen Ausbildungszeit erreicht werden kann,
2. der Schülerin und dem Schüler kostenlos die Ausbildungsmittel, Instrumente und Apparate zur Verfügung zu stellen, die zur praktischen Ausbildung und zum Ablegen der jeweils vorgeschriebenen Prüfung erforderlich sind,
3. sicherzustellen, dass die praktische Ausbildung gemäß § 4 Abs. 3 durchgeführt wird.

(2) Der Schülerin und dem Schüler dürfen nur Verrichtungen übertragen werden, die dem Ausbildungszweck dienen; sie müssen ihrem Ausbildungsstand und ihren Kräften angemessen sein.

3. Altenpflegegesetz (AltpflG) Anh. B

§ 16 [Obliegenheiten der Schulen]

¹Die Schülerin und der Schüler haben sich zu bemühen, die Kenntnisse, Fähigkeiten und Fertigkeiten zu erwerben, die erforderlich sind, um das Ausbildungsziel zu erreichen. ²Sie sind insbesondere verpflichtet,

1. an den vorgeschriebenen Ausbildungsveranstaltungen teilzunehmen,
2. die ihnen im Rahmen der Ausbildung übertragenen Aufgaben und Verrichtungen sorgfältig auszuführen,
3. die für Beschäftigte in den jeweiligen Einrichtungen geltenden Bestimmungen über die Schweigepflicht einzuhalten und über Betriebsgeheimnisse Stillschweigen zu wahren.

§ 17 [Vergütung]

(1) Der Träger der praktischen Ausbildung hat der Schülerin und dem Schüler für die gesamte Dauer der Ausbildung eine angemessene Ausbildungsvergütung zu zahlen, soweit nicht Ansprüche auf Unterhaltsgeld nach dem Dritten Buch Sozialgesetzbuch oder Übergangsgeld nach den für die berufliche Rehabilitation geltenden Vorschriften bestehen oder andere vergleichbare Geldleistungen aus öffentlichen Haushalten gewährt werden.

(2) ¹Sachbezüge können in der Höhe der durch Rechtsverordnung nach § 17 Abs. 1 Satz 1 Nr. 3 des Vierten Buches Sozialgesetzbuch bestimmten Werte angerechnet werden, jedoch nicht über 75 vom Hundert der Bruttovergütung hinaus. ²Können die Sachbezüge während der Zeit, für welche die Ausbildungsvergütung fortzuzahlen ist, aus berechtigtem Grund nicht abgenommen werden, so sind sie nach den Sachbezugswerten abzugelten.

(3) Eine über die vereinbarte regelmäßige tägliche oder wöchentliche Ausbildungszeit hinausgehende Beschäftigung ist nur ausnahmsweise zulässig und besonders zu vergüten.

§ 18 [Dauer]

Das Ausbildungsverhältnis beginnt mit der Probezeit. Sie beträgt sechs Monate.

§ 19 [Beendigung]

(1) Das Ausbildungsverhältnis endet unabhängig vom Zeitpunkt der staatlichen Prüfung mit dem Ablauf der Ausbildungszeit.

(2) Wird die jeweils vorgeschriebene Prüfung nicht bestanden, so verlängert sich das Ausbildungsverhältnis auf schriftliches Verlangen bis zur nächstmöglichen Wiederholungsprüfung, höchstens jedoch um ein Jahr.

§ 20 [Probezeit]

(1) Während der Probezeit kann das Ausbildungsverhältnis jederzeit ohne Einhaltung einer Kündigungsfrist gekündigt werden.

(2) Nach der Probezeit kann das Ausbildungsverhältnis nur gekündigt werden:
1. ohne Einhaltung einer Kündigungsfrist aus einem wichtigen Grund,
2. von der Schülerin und dem Schüler mit einer Kündigungsfrist von vier Wochen.

(3) Die Kündigung muss schriftlich und in den Fällen des Absatzes 2 Nr.1 unter Angabe der Kündigungsgründe erfolgen.

(4) [1]Eine Kündigung aus einem wichtigen Grund ist unwirksam, wenn die ihr zugrunde liegenden Tatsachen den zur Kündigung Berechtigten länger als zwei Wochen bekannt sind. [2]Ist ein vorgesehenes Güteverfahren vor einer außergerichtlichen Stelle eingeleitet, so wird bis zu dessen Beendigung der Lauf dieser Frist gehemmt.

§ 21 [Übernahme]

Wird die Schülerin oder der Schüler im Anschluss an das Ausbildungsverhältnis beschäftigt, ohne dass hierüber ausdrücklich etwas vereinbart worden ist, so gilt ein Arbeitsverhältnis auf unbestimmte Zeit als begründet.

§ 22 [Nichtigkeitvereinbarung]

Eine Vereinbarung, die zu Ungunsten der Schülerin oder des Schülers von den Vorschriften des Abschnitts 4 dieses Gesetzes abweicht, ist nichtig.

3. Altenpflegegesetz (AltpflG)   Anh. B

§ 23 [Kirchliche Auszubildende]

Die §§ 13 bis 22 finden keine Anwendung auf Schüler und Schülerinnen, die Diakonissen, Diakonieschwestern oder Mitglieder geistlicher Gemeinschaften sind.

Abschnitt 5. Kostenregelung

§ 24 [Kosten des Ausbilders]

¹Der Träger der praktischen Ausbildung kann die Kosten der Ausbildungsvergütung in den Entgelten oder Vergütungen für seine Leistungen berücksichtigen. ²Ausgenommen sind:
1. die Aufwendungen für die Vorhaltung, Instandsetzung oder Instandhaltung von Ausbildungsstätten,
2. die laufenden Betriebskosten (Personal- und Sachkosten) der Ausbildungsstätten sowie
3. die Verwaltungskosten für ein Ausgleichsverfahren nach § 25.

³Bei Einrichtungen, die zur ambulanten, teil- oder vollstationären Versorgung von Pflegebedürftigen nach dem Elften Buch Sozialgesetzbuch zugelassen sind (zugelassene Pflegeeinrichtungen), sowie bei Einrichtungen mit Vereinbarungen nach § 75 Abs. 3 des Zwölften Buches Sozialgesetzbuch richtet sich die Berücksichtigung der Kosten der Ausbildungsvergütung einschließlich einer Ausbildungsumlage (§ 25) in den Vergütungen ausschließlich nach diesen Gesetzen.

§ 25 [Ausgleichsbeträge]

(1) ¹Die Landesregierungen werden ermächtigt, durch Rechtsverordnung zu bestimmen, dass zur Aufbringung der Mittel für die Kosten der Ausbildungsvergütung (§ 17 Abs. 1) von den in § 4 Abs. 3 Satz 1 genannten Einrichtungen Ausgleichsbeträge erhoben werden, und zwar unabhängig davon, ob dort Abschnitte der praktischen Ausbildung durchgeführt werden. ²Dies gilt jedoch nur, wenn ein Ausgleichsverfahren erforderlich ist, um einen Mangel an Ausbildungsplätzen zu verhindern oder zu beseitigen.

(2) ¹Führt eine Landesregierung ein Ausgleichsverfahren ein, darf die Gesamthöhe der Ausgleichsbeträge den voraussichtlichen

Mittelbedarf zur Finanzierung eines angemessenen Angebots an Ausbildungsplätzen nicht überschreiten. ²Die Landesregierungen regeln das Nähere über die Berechnung des Kostenausgleichs und das Ausgleichsverfahren. ³Sie bestimmen die zur Durchführung des Kostenausgleichs zuständige Stelle. ⁴§ 24 Satz 2 und 3 bleibt unberührt.

(3) Hat eine Landesregierung ein Ausgleichsverfahren nach Absatz 1 eingeführt, so ist sie verpflichtet, in angemessenen Zeitabständen die Notwendigkeit der Fortführung zu überprüfen.

Abschnitt 6. Zuständigkeiten

§ 26 [Zuständigkeit]

(1) Die Entscheidung über die Erlaubnis nach § 2 Abs. 1 trifft die zuständige Behörde des Landes, in dem die antragstellende Person die Prüfung abgelegt hat; in den Fällen des § 2 Abs. 3 bis 5 trifft die Entscheidung über die Erlaubnis die Behörde des Landes, in dem der Antrag gestellt wurde.

(2) Die Entscheidungen nach den §§ 6, 7 und 8 trifft die zuständige Behörde des Landes, in dem die antragstellende Person an einer Ausbildung teilnehmen will oder teilnimmt.

(3) Die Länder bestimmen die zur Durchführung dieses Gesetzes zuständigen Behörden.

Abschnitt 7. Bußgeldvorschriften

§ 27 [Ordnungswidrigkeiten]

(1) Ordnungswidrig handelt, wer ohne Erlaubnis nach § 1 die Berufsbezeichnung „Altenpflegerin" oder „Altenpfleger" führt.

(2) Die Ordnungswidrigkeit kann mit einer Geldbuße bis zu dreitausend Euro geahndet werden.

Abschnitt 8. Keine Anwendung des Berufsbildungsgesetzes

§ 28 [Berufsbildungsgesetz]

Für die Ausbildung zu den in diesem Gesetz geregelten Berufen findet das Berufsbildungsgesetz keine Anwendung.

Abschnitt 9. Übergangsvorschriften

§ 29 [Weiterbildung]

(1) ¹Eine vor Inkrafttreten dieses Gesetzes nach landesrechtlichen Vorschriften erteilte Anerkennung als staatlich anerkannte Altenpflegerin oder staatlich anerkannter Altenpfleger gilt als Erlaubnis nach § 1. ²Das im Lande Bremen nach den Richtlinien über die Ausbildung und die Abschlussprüfung an privaten Fachschulen für Altenpfleger vom 29. August 1979 (Amtsblatt der Freien Hansestadt Bremen 1979, S. 545) ausgestellte Abschlusszeugnis gilt ebenfalls als Erlaubnis nach § 1.

(2) ¹Eine vor Inkrafttreten dieses Gesetzes begonnene Ausbildung zur staatlich anerkannten Altenpflegerin oder zum staatlich anerkannten Altenpfleger wird nach den bisherigen landesrechtlichen Vorschriften abgeschlossen. ²Nach Abschluss der Ausbildung erhält die antragstellende Person, wenn die Voraussetzungen des § 2 Abs. 1 Nr. 2 und 3 vorliegen, eine Erlaubnis nach § 1.

§ 30 [Inkrafttreten]

Altenpflegeschulen, die vor Inkrafttreten dieses Gesetzes nach landesrechtlichen Vorschriften die staatliche Anerkennung oder die schulrechtliche Genehmigung erhalten haben, gelten als staatlich anerkannt oder schulrechtlich genehmigt nach § 5 Abs. 1, sofern die Anerkennung oder die schulrechtliche Genehmigung nicht zurückgezogen wird.

§ 31 [Fortführung]

In der Freien und Hansestadt Hamburg wird die Ausbildung zu den in diesem Gesetz geregelten Berufen bis zum 31. Juli 2006 weiterhin nach dem Berufsbildungsgesetz durchgeführt.

Sachregister

Fette Zahlen = §§ des HeimG; **A1** bis **A4** = HeimVOen; **Einf** = Einführung; magere Zahlen = RdNrn.

Abrechnung **14** 2
Absicherung **A1** 23
Absonderungsraum **A1** 54
Abstellraum **A1** 39, 55
Abstimmungsbedarf **20** 12
Aktenführung **13** 1
Altenbetreuung **15** 34
Altenheim **Einf** 1, 4; **A1** 2
Altenkrankenheim **1** 6
Altenpflege **A4** 8
Altenpflegeheim **1** 6
Altenplan **1** 11
Altenwohnheim **Einf** 1, 2, 5
Alter **1** 9
Altersbegriff **1** 11
Altersvorsorgevollmacht **15** 14
Amtspflicht **16** 4
Amtspflichtverletzung **16** 5
Amtszeit **A2** 12, 76
Anfechtung **A3** 19
Anfechtungsklage **15** 23
Anforderungen an den Heimbetrieb **11** 1
Angehörige **14** 22; **15** 31
angemessen **A1** 119; **7** 5
Angleichung **A1** 117
Angleichungsfrist **A4** 37
Anlagen sanitäre **A1** 72, 91, 107
anlaßbezogene Prüfung **15** 7
Anordnungen **2** 2; **13** 5; **17** 1
Anpassungspflicht **A1** 117; **6** 1
Anwendungsbereich **1** 1
Anzeigepflicht **14** 33; **12** 1
Arbeitsgemeinschaft **20** 1
Arbeitsgericht **18** 4
Arbeitsleistung **A3** 28
Arbeitsrecht **14** 25
Arbeitstherapeut **A4** 28
Arbeitsüberlastung **16** 5
Arbeitsverhältnis **18** 6
Arbeitsvertrag **18** 2
arglistige Täuschung **A3** 19

Arglosigkeit **14** 1
Arzneimittel **13** 11
Arzneimittelgesetz **13** 11
Aufbewahrungspflicht **13** 1, 18
Aufenthalt kurzfristiger **1** 18
Aufgabe hoheitliche **2** 2
Aufgaben Heimbeirat **A2** 29, 161
Aufmerksamkeiten **14** 12
Aufnahme vorübergehende **1** 20; **5** 22; **8** 2, 29
Aufnahmegebühr **14** 9
aufnehmen **1** 10
Aufrechnung **A3** 39
Aufsicht **Einf** 1
Aufsichtsbehörde **1** 6
Aufwendungen ersparte **5** 38; **8** 27
Aufzeichnung **15** 14
Aufzeichnungen personenbezogen **13** 18
Aufzeichnungspflicht **13** 1
Aufzug **A1** 14
Ausbildung **A4** 5
Auskunftei **4** 2
Auskunftspflicht **15** 1; **A3** 64
Auskunftsverlangen **15** 25
Auslegung **A4** 41
Ausnahme **A3** 26
Ausnahmebestimmung **3** 1
Ausnahmeregelung **14** 26
Auswirkung **18** 12

Badewanne **A1** 35, 76
Bagatelleistung **A3** 49
Bank **14** 21
Bankgeheimnis **A3** 36
Barbetrag **15** 14
Bargeld **13** 16
Baukosten **A3** 28
Baunebenkosten **A3** 28
Baurecht **3** 6; **A1** 2, 11
Bebauungsplan **A1** 14
Bedürfnisse **2** 2

567

Register

fett = §§ des HeimG

Befähigungsnachweis **A4** 27
Befangenheit **A3** 80
Befreiung **A1** 123; **A3** 26; **A4** 41
begleitetes Wohnen **1** 15
Begünstigungsverbot **A2** 56, 127
Behindertenaufzug **A1** 15
Behinderteneinrichtung **A4** 8, 16
Behindertenheim **1** 3, 7
Behindertenhilfe **13** 13
Behindertenwohngemeinschaft **1** 8
Behinderter **15** 12
behinderter Mensch **1** 12
Behinderung **1** 9
Beleg **15** 14
Belegpersonal **18** 6
Belegrecht **A3** 10
Beleihungsgrenze **A3** 55
Beleuchtung **A1** 20, 47
Benachteiligungsverbot **A2** 56, 127
Beratung **2** 10; **4** 1; **16** 1
Beratungsanspruch **4** 1
BerechnungsVO **A3** 28
berechtigtes Interesse **4** 2
Bericht **22** 1
Berichterstattung **22** 1
Berufsausbildung **A4** 5, 27
Berufsbildungswerk **1** 22
Berufsfeld **A4** 5
Berufsförderungswerk **1** 22
Berufskenntnisse **18** 9
Beschäftigter **3** 8, **15** 2
Beschäftigung **15** 6
Beschäftigungsverbot **18** 1, 15; **A4** 3
Beschränkung **A3** 25
Besuch unangemeldeter **15** 8
Besucher **A1** 8
Beteiligung **17** 3; **20** 15; **A3** 85
Beteiligungsmöglichkeit **15** 26
Beteiligungspflicht **16** 6
betreten **15** 12
Betretungsrecht **15** 12
betreuende Tätigkeit **A4** 18
Betreuerbeirat **A2** 9
Betreutes Wohnen **1** 1, 14
Betreuung **1** 2 **11** 4
Betreuungsbedarf **13** 10; **6** 1
Betreuungskonzept **25a** 1
Betreuungspauschale **1** 14
Betreuungsqualität **20** 11
Betreuungsverhältnis **1** 9
Betrieb **4** 3; **A3** 7

Betriebsanalyse **B1**
Betriebsgebahren **13** 3
Betriebsperiode **13** 3
Betriebsuntersagung **15** 6; **17** 1
Betrug **18** 12
Bevollmächtigter **15** 14
Bevormundung **14** 27
Beweisbedürfnis **A3** 50
Beweislast **13** 5
Bewerber **2** 5; **14** 4; **A3** 5
Bewohner **1** 1, 2; **2** 4; **13** 16; **14** 1; **15** 2; **A1** 8; **A2** 1, 3
Bewohnerversammlung **A2** 109
Bewohnerzahl **A4** 109; **5** 3
Brandschutz **A1** 2
Bringschuld **A3** 68
Buchführung **13** 1, 4
Buchführung **B1**
Buchführung kameralistische **13** 3
Buchführung kaufmännische **13** 3
Buchführungspflicht **Einf** 7; **A3** 77
Bundesrat **Einf** 2, 3
Bundessozialhilfegesetz **Einf** 4
Bundestag **Einf** 3
Bürgschaft **14** 14; **A3** 59
Bußgeldbescheid **A4** 12

Darlehen **14** 7, 13
Datei **15** 33
Daten **22** 3
Datenaustausch **20** 6
Datenschutz **13** 18; **15** 10, 32
Datenverarbeitung **15** 33
Diätassistent **A4** 28
Dienstleistung **1** 14
Dienstplan **13** 9
Disposition **13** 3
Divisionskalkulation **B1**
Dokumentationspflicht **13** 6
Doppelprüfung **20** 10
Drittwiderspruchsklage **A3** 34
Duldungspflicht **15** 1
Dusche **A1** 35, 74

E-Mail **20** 7
Eigenkapital **14** 33
Eigenleistung **A3** 27
Eignung **18** 9; **A4** 4 ff., 14
Eingangsebene **A1** 45
Eingriffsbefugnis **20** 13

mager = RdNr.

Register

Einkaufsumme **14** 13
Einlage **14** 33
Einrichtungen technische **3** 1
Einstellung **18** 7; **12** 11
Einvernehmen **14** 24
Entgelt **14** 5; **17** 1
Entsendung **15** 30
Entwicklingsstadium **A3** 9
Erbeinsetzung **14** 24
Erblasser **14** 24
Erbrecht **14** 24
Erbrechtsgarantie **14** 7
Erbschaft **14** 12
Erbschaftsausschlagung **14** 24
Erbvertrag **14** 24
Erdgeschoß **A1** 14
Erfahrungsmitteilung **4** 4
Erfolgskontrolle **20** 11
Erfolgsrechnung **B1**
Ergotherapie **A1** 68
Erlaubnispflicht **Einf** 2, 4, 5, 16
Ermächtigung **3** 2
Ermessen **17** 2; **18** 8; **A1** 122; **A3** 85
Ermessensentscheidung **14** 27
Ermittlungspflicht **14** 27
Erprobungsregelung **25a** 1
Ersatzanspruch **A3** 68
Ersatzgremium **A2** 157
Ersatzmitglied **A2** 15, 86
Ersatzvornahme **17** 5
Ersatzzwangshaft **17** 5

Fachkompetenz **20** 10
Fachkraft **A4** 6, 26
Fachkraftquote **A4** 19
fahrlässig **16** 5
Fehlbelegung **17** 1
Fenster **A1** 35
Fernsprechanschluß **A1** 28
Fernsprecher **A1** 27
Feuerschutz **3** 6; **A1** 2
Fiktion **A4** 11
Finanzierung **A3** 23
Finanzierungsbeitrag **14** 15
Finanzierungsplan **A3** 24
Fluchtweg **A1** 9, 30
Flur **A1** 5
Folgebelegungsbeitrag **14** 13
Folgenbeseitigungsanspruch **17** 4
Förderplan **13** 13
Forderung **A3** 39
Fortbildung **A4** 32

Freie Wohlfahrtspflege **A3** 61
freier Markt **3** 4
freigemeinnütziger Träger **13** 18
Freiheitsberaubung **15** 14
freiheitsentziehende Maßnahme **13** 15
Fremdmittel **A3** 28 ff.
Frist **15** 5; **A1** 117
Führungszeugnis **A4** 12
Funktionsfähigkeit **1** 12
Funktionsraum **A1** 40, 88, 96
Fußbodenbelag **A1** 18
Fußpfleger **A4** 28

Garantievertrag **A3** 54
Gebäudezugang **A1** 45
Gebrauchsüberlassung **A4** 21
Gehbehinderter **A1** 10
Geld **14** 6
Geldsammlung **14** 25
geldwerte Leistung **14** 6; **A3** 4
Gemeindetag **15** 27
gemeinnütziger Zweck **A3** 28
Gemeinnützigkeit **Einf** 4
Gemeinschaftsbad **A1** 5, 76
Gemeinschaftseinrichtung **1** 5
Gemeinschaftsfläche **A1** 101
Gemeinschaftsleben **15** 19
Gemeinschaftsraum **A1** 61, 84
Gemeinschaftstoilette **A1** 5
Genehmigung **14** 27
Genehmigungsverfahren **14** 29
Generalklausel **A3** 45
Geriatrie **1** 11
Gerontologie **1** 11
Gerwerbeuntersagung **18** 10
Geschäftsbereich **20** 12
Geschäftsbetrieb **15** 14
Geschäftsfähigkeit **14** 27; **5** 44; **8** 30; **A2** 18
Geschäftsunterlagen **15** 1
Geschäftszeit übliche **15** 9
geschlossene Unterbringung **15** 14
Gesellschaft **1** 12
Gesundheit **1** 12
Gesundheitsamt **15** 16
Gesundheitspolizei **Einf** 1
Gesundheitswesen **3** 6; **A1** 2; **A4** 15
Gewährvertrag **A3** 54
Gewerbeuntersagung **Einf** 2
gewerblicher Träger **13** 18
Gewinnrechnung **13** 7; **B1**

569

Register

fett = §§ des HeimG

Gleichwertigkeit **A4** 27
Griffhilfe **A1** 13
Grundpfandrecht **A3** 57
Grundservice **1** 14
Grundstück **15** 23
Grundversorgung **1** 15
Gutachten **15** 14
Gütesiegel **15** 22
Gymnastikraum **A1** 5

Haltegriff **A1** 37
Handlauf **A1** 13
Handwaschbecken **A1** 72
Harmonisierung **5** 23
Hausrecht **15** 12
Hauswirtschafter **A4** 28
Heim **A1** 3
Heimarten **5** 11
Heimaufenthalt **Einf** 6
Heimaufsicht **1** 12, 21; **15** 1
Heimaufsichtsbehörde **4** 1; **17** 1; **25a** 2; **A2** 13
Heimbeirat **Einf** 11; **7** 15; **10** 1; **15** 15; **A2** 1, 3, 4
Heimbetreiber **A4** 9
Heimbetrieb **Einf** 1, 2
Heimbewohner **17** 1; **18** 3
Heimbezeichnung **1** 9
Heimfürsprecher **Einf** 11; **1** 18; **7** 15; **10** 1
Heimkostenersatz **Einf** 6
Heimleiter **3** 8; **A4** 4
Heimleiterlehrgang **A4** 8
Heimleitung kommissarische **18** 1
HeimmitwirkungsVO **Einf** 9; **1** 2
Heimordnung **13** 18
Heimpersonal **14** 1
HeimpersonalVO **1** 18; **18** 15; **A4** 1 ff.
HeimsicherungsVO **14** 30; **A3** 1 ff.
Heimträger **Einf** 4, 6; **2** 7; **14** 1
Heimüberwachung **16** 1
Heimvertrag **Einf** 7; **5** 2; **15** 14; **16** 7
Heizanlage **A1** 42
Heizung **A1** 42
Helferberuf **A4** 29
Hilfskraft **A4** 9
Hilfsplan **13** 13
Hinzuziehung **15** 28
hoheitliche Aufgabe **2** 2
Hospiz **1** 19
Hydrotherapie **A1** 68

Idealvorstelllung **18** 10
Immobilien **14** 7
Inbetriebnahme **15** 24
Information **4** 2; **15** 2; **A3** 18
Informationen **22** 3
Informationsquelle **22** 2
Inkrafttreten **26** 1; **A1** 117
Insolvenz **A3** 34
Instandsetzung **A3** 7
Interesse berechtigtes **4** 2
Interesse öffentliches **14** 3
Interessen **2** 2
Interessenkonflikt **17** 13
Interessenvertretung **1** 18; **A2** 4
Internat **1** 22
Interventionsgerontologie **2** 4
Intimsphäre **A1** 35
Investitionsaufwendungen **5** 35; **7** 6
Irrtum **A3** 19

Jahresabrechnung **14** 16
Jahresbilanz **B1**
Jugendhilfe **Einf** 1

Kalenderjahr **A3** 72
Kalkulation **B1**
Kaltwasseranschluß **A1** 54
kameralistische Buchführung **13** 3
Kapitalnutzung **14** 2
Katastrophenschutz **3** 6; **A1** 2
kaufmännische Buchführung **13** 3
Kaution **5** 7; **14** 13
Kenntnis **A4** 8
Kinder **1** 12
Kirche **15** 34
kirchlicher Träger **13** 18
kirchlicher Zweck **A3** 28
Kleinküche **A1** 78
Kochgelegenheit **A1** 60
Kochnische **A1** 79
Kochschrank **A1** 80
kommissarische Heimleitung **18** 1
Kommission **20** 5
kommunaler Spitzenverband **15** 27
Kontengruppe **B1**
Kontenrahmen **B1**
Kontrolle **15** 25
Koordination **20** 10
Kostenberechnung **A3** 28
Kosten **18** 16; **A3** 28
Kostendämpfung **16** 6; **17** 13
Kostenpflicht **4** 5

570

mager = RdNr.

Register

Kostenstellengruppe **B1**
Kostenträger **16** 6 **17** 13
Kostenüberwachung **13** 3
Krankengymnast **A4** 28
Krankenhaus **Einf** 15; **1** 6, 22, 23; **15** 12
Krankenversicherung **2** 1
Krankheit **1** 9
Kreditinstitut **14** 14
Kreditwesen **14** 33
Kriterienkatalog **20** 3
Küche **1** 5
Küchenplan **15** 9
Küchenraum **A1** 39
Kühlraum **A1** 39
Kumulierung **A3** 48
Kündigung **15** 15
kurzfristiger Aufenthalt **1** 18
Kurzzeitheim **1** 1, 2; **8** 2
Kurzzeitpflegeeinrichtung **Einf** 15
Kurzzeitpflegeheim **1** 17; **3** 1

Landesverband **15** 27
Langzeitpatient **1** 23
Lebensführung **Einf** 10; **1** 10
Leichenraum **A1** 59
Leistung geldwerte **14** 6
Leistungen **5** 17; **14** 1
Leistungen geldwerte **A3** 4
Leistungsgesetz **Einf** 10
Leitungserfahrung **A4** 7, 16
letztwillige Verfügung **14** 24
Lichtschalter **A1** 20

Mangel **15** 13; **16** 1
Masseur **A4** 28
Maßnahme freiheitsentziehende **13** 15
Maßnahmenvollzug **20** 11
Medizinischer Dienst **2** 1
Mehrbettzimmer **15** 12
Mehrfachprüfung **20** 10
mehrgliedriges Heim **1** 13
Mehrkosten **17** 1
mildtätiger Zweck **A3** 28
Minderjährige **1** 12
Minderung **A4** 23
Mindestanforderungen **Einf** 8; **3** 1; **A1** 4; **A4** 2; **B1**
Mindestausstattung **Einf** 13
Mindestbreite **A1** 11
Mindestpersonalschlüssel **A4** 18

Mindeststandard **3** 2
Mindestwohnfläche **A1** 52
Mindestzinssatz **14** 17
Mischcharakter **A1** 113
Mißverhältnis **Einf** 6
Mitspracherecht **16** 6
Mitwirkung **2** 8; **A2** 4
Mitwirkungsrecht **Einf** 7; **1** 18; **A2** 170, 175, 182
Modernisierungsmaßnahme **A3** 7
Monatsrechnung **B1**
Münzfernsprecher **A1** 29

Nachfolge **18** 16
Nachprüfbarkeit **13** 3
Nachschau **15** 1
Nachtbeleuchtung **A1** 22
Nachtpflege **1** 21
Nachtpflegeeinrichtung **1** 21
Nachtwache **A4** 22
Nachtzeit **1** 21; **15** 9
Nachweis **15** 25
Nachweispflicht **14** 16
Naturalrestitution **17** 4
Neuwahl **A2** 78
Nichtgeeignetheit **18** 13
Nichtigkeit **18** 4
Normalausstattung **A4** 2
Notfall **A4** 22
Notrufdienst **1** 14
Notstandsmaßnahme **17** 3
Nutzungsänderung **4** 4
Nutzungsart **13** 8

Obergeschoß **A1** 14
öffentliches Interesse **14** 3
Öffentlichkeit **22** 4
Ökotrophologe **A4** 28
Ordnungswidrigkeit **14** 32; **15** 17; **17** 12; **A2** 34
Organisationsstruktur **15** 8
Ort **15** 14
Orthoptist **A4** 28

Pädagoge **A4** 28
Patient **1** 21
Personal **13** 9; **18** 1
Personalliste **15** 14
Personalschlüssel **A4** 18
Personenaufzug **A1** 15
personenbezogene Aufzeichnungen **13** 18

571

Register

fett = §§ des HeimG

Persönlichkeit 2 4
Pfändung **A3** 34
Pfegesatzgestaltung **Einf** 13
Pflege **1** 2
Pflegebedürftigkeit **1** 11; **A4** 25
PflegebuchführungsVO **13** 7
Pflegedienstleiter **A4** 15
Pflegedienstleitung **15** 1
Pflegedokumentation **13** 12; **15** 9
Pflegeentgelt **20** 11
Pflegeheim **Einf** 1; **1** 6; **15** 2, 12; **A1** 31
Pflegekasse **2** 1; **20** 2
Pflegeleistung **1** 14
Pflegeplanung **13** 12
Pflegeplatz **A1** 6, 93
Pflegequalität **16** 6
Pflegesatzvereinbarung **2** 12; **13** 20
Pflegestation **15** 2
Pflegeverlauf **13** 12
Pflegeversicherung **14** 31
Pflegewohnen **1** 15
Pflegezustand **15** 16
Planung **4** 3
Planungaempfehlung **3** 4
Planungsgrundlage **22** 2; **A1** 16
Planungssicherheit **16** 6
Planungsstadium **A3** 9
Preisbildung **13** 3
Preisüberprüfung **13** 3
Programmsatz **20** 2
Prüfbericht **A3** 71, 82
Prüfer **A3** 79
Prüffrequenz **15** 21
Prüftätigkeit **20** 3
Prüftermin **15** 22
Prüfung **A3** 71
Prüfung anlaßbezogen **15** 7
Prüfung wiederkehrend **15** 7
Prüfungsgegenstand **20** 10
Prüfungsschwerpunkt **20** 11
Prüfungstermin **20** 11
Putzraum **A1** 39
Pyschologe **A4** 28

Qualitätsentwicklung **13** 14
Qualitätsmaßstab **2** 9; **11** 6
Qualitätsnachweis **15** 21
Qualitätssicherung **2** 9; **13** 1; **15** 1; **20** 4
Qualitätsvereinbarung **20** 4

Rahmenvertrag **20** 4
Rampe **A1** 13
Raumbedarf **1** 4
Rechnungslegung **A3** 67, 69
Rechnungswesen **13** 3; **B1**
Rechtskraft **A4** 12
Rechtspersönlichkeit **20** 9
Reha-Einrichtung **1** 22
Rehabilitation **1** 24; **A4** 30
Reichweite **A1** 14
Religionsausübung **15** 34
Renten **A3** 28
Rettungsweg **A1** 9, 30
Rollstuhlfahrer **A1** 10, 14, 38
Rückbildungsprozeß **A1** 14
Rückforderungsanspruch **A3** 39
Rückzahlung **A3** 68
Rückzahlungspflicht **14** 19; **A3** 39
Rufanlage **A1** 25
Rücktritt **A2** 78
Rügerecht **15** 29
Rutschfestigkeit **A1** 19

Sachaufwand **A2** 121
Sachen **14** 7
Sachleistung **14** 13; **A3** 27
Sachverständiger **15** 10; **20** 5; **A1** 15
sanitäre Anlagen **A1** 72, 91, 107
Sanitärraum **A1** 30, 38
Satzung **15** 26
Schadenersatzpflicht **16** 4
Schiedsvertrag **5** 14
Schlafraum **A1** 30, 82
Schlechtleistung **5** 41
Schriftform **A3** 59; **5** 3; **8** 19
Schriftwechsel **15** 14
Schutzbedürftigkeit **14** 3
Schutzgesetz **13** 17; **A3** 19
Schwebezustand **14** 29
Schwerstpflegebedürftige **1** 10
Schwesternaltenheime **1** 4
Seelsorge **15** 34
Selbstbestimmung **2** 6
Selbstkosten **B1**
Selbstkostenblatt **15** 14
Selbstverwaltung **20** 8
Service – Wohnen **1** 15
Sicherheit **15** 17
Sicherheitsleistung **14** 14; **A3** 44
Sicherstellung **A3** 11
Sicherungsart **A3** 53
Sicherungsleistung **A3** 53

mager = RdNr.

Register

Sichtschutz **A1** 35
sittliche Verpflichtung **14** 26
Sitzung **20** 12
sofortiger Vollzug **15** 23
Sonderkonto **A3** 33
Sonderleistung **14** 11
Sonderregelung **A4** 40
Sorgfaltspflicht **2** 4
Sozialarbeiter **A4** 28
Sozialhilfeträger **2** 1; **4** 2; **16** 6; **20** 2
Sozialpädagoge **A4** 28
Sozialversicherungsträger **16** 6
Sozialwesen **A4** 15
Spareinlagen **14** 21
Sparkasse **14** 21
Speisesaal **A1** 5
Spende **14** 25
Spezialfunktion **A4** 9
Spitzenverband kommunaler **15** 27
Sprachtherapeut **A4** 28
Spülabort **A1** 73
Spülklosett **A1** 81
Städtetag **15** 27
Statistik **B1**
steuerrechtliche Zurechnung **1** 17
Stückrechnung **B1**
Studentenheim **1** 2
Stufe **A1** 17
Synergieeffekt **20** 2

Tagespflege **1** 21
Tarifvertrag **A4** 33
Tätigkeit betreuende **A4** 18
Tätigkeitsbericht **22** 4; **A2** 120
Tätigkeitsmerkmal **A4** 7
Tatsachen **18** 9
Täuschung arglistige **A3** 19
technische Einrichtungen **3** 1
Teilerfüllung **A3** 51
Teilnahme **1** 12
Teilungserklärung **1** 10
Temperatur **A1** 44
Testament **14** 7, 24
Testierfreiheit **14** 1
Therapieraum **A1** 68
Transparenz **5** 1, 19; **6** 6; **7** 9
Träger **A3** 8
Träger freigemeinnütziger **13** 18
Träger gewerblicher **13** 18
Träger kirchlicher **13** 18
Treppengeländer **A1** 13
Treuhandverhältnis **A3** 58

Trockenabort **A1** 72
Trockenraum **A1** 39
Tür **A1** 33

Übergangsbestimmung **A1** 2
Übergangsfristen **26** 1
Übergangsregelung **A4** 24
Übergangsvorschrift **A3** 84
Übergangsvorschriften **26** 1
Überlegungsfrist **A3** 15
Übervorteilung **2** 2
Überwachung **Einf** 1; **4** 1; **15** 1, 24
übliche Geschäftszeit **15** 9
Umbau **A3** 7
unangemeldeter Besuch **15** 8
Ungeeignetheit **A4** 15
unmittelbarer Zwang **17** 5
Unterbringung **1** 10; **A3** 4
Unterbringung geschlossene **15** 14
Unterkunft **1** 9; **16** 7
unternehmerisches Risiko **4** 5
Unzuverlässigkeit **A4** 13
Urkundenfälschung **13** 5

Verband **15** 27; **16** 2
Verbandsorganisation **15** 29
Verbot **A3** 12
Verbotsgesetz **14** 4
Verbraucherschutz **15** 21
Verfahrensfragen **20** 11
Verfügung letztwillige **14** 24
Verfügungsfreiheit **14** 24
Vergleichsrechung **B1**
Verhältnismäßigkeit **15** 3
Verkehrsfläche **A1** 8
Verkehrswert **A3** 56
Verlustrechnung **13** 7; **B1**
Vermächtnisnehmer **14** 24
Vermietung **1** 2
Vermögensvorteil **14** 15
Verpflegung **1** 2, 9
Verpflichtung sittliche **14** 26
Verrechnung **14** 17; **A3** 39
Versagungsgegenklage **25a** 2
Verschulden **16** 5
Verschwiegenheit **15** 12; **A2** 130
Versicherungspflicht **A3** 63
Versorgung **1** 2; **15** 9
Vertrag **A3** 20
Vertrag zugunsten Dritter **A3** 46
Vertragsfreiheit **14** 27
Vertragsverletzung **A3** 22

573

Register

fett = §§ des HeimG

Vertrauensverhältnis **13** 16; **15** 6
Vertraulichkeit **15** 1
Verursacherprinzip **A3** 74
Verwaltungsakt **4** 1; **15** 4; **17** 3; **18** 3
Verwaltungsgerichtsordnung **14** 27
Verwendungszweck **A3** 20
Verwertung **13** 18
Volljährige **A1** 114
Vollmacht **15** 14
Vollzug sofortiger **15** 23
Vorauszahlung **14** 13
Vorbildung **A4** 5
Voreingenommenheit **A3** 81
Vorhersehbarkeit **16** 5
Vorlagepflicht **15** 14
Vorratsraum **A1** 39
vorsätzlich **16** 5
Vorteilsgewährung **14** 29
vorübergehende Aufnahme **1** 20

Wahlanfechtung **A2** 60
Wahlausschuß **A2** 36, 40
Wahlkosten **A2** 58
Wahlrecht **14** 20; **A2** 16
Wahlschutz **A2** 55
Wahlverfahren **A2** 28
Wahlversammlung **A2** 46
Warmwasseranschluß **A1** 54
Waschbecken **A1** 38
Waschmaschine **A1** 23
Waschtisch **A1** 54
Weiterbeschäftigung **18** 7
Weiterbildung **A4** 7, 32
Weltgesundheitsorganisation **1** 12
Werbematerial **13** 18
Werkstatt für Behinderte **17** 1
Wertsachen **13** 16
Werturteil **18** 11
wiederkehrende Prüfung **15** 7
Willensbeeinflussung **14** 1
Willensbetätigung **14** 8
Willenserklärung **14** 8
Wirtschaftlichkeitsrechung **B1**

Wirtschaftsjahr **A3** 72
Wirtschaftsraum **A1** 39
Wirtschaftsteil **18** 12
Wohlbefinden **2** 4
Wohlfahrtspflege **Einf** 4; **15** 27
Wohlfahrtspflege freie **A3** 61
Wohnen – Plus **1** 15
Wohnen betreutes **1** 1
Wohnflur **A1** 62
Wohnform **25a** 1; **A1** 78
Wohngemeinschaft **1** 3, 8
Wohngruppe **A4** 16
Wohnplatz **A1** 5, 49, 77
Wohnqualität **2** 9; **A1** 52
Wohnraum **1** 2; **15** 12; **A1** 30
Wohnung **1** 5; **15** 20
Wohnungseigentumsrecht **1** 10
Wohnzweck **15** 18
Würde **2** 3

Zeitrechnung **B1**
Zentrale **15** 14
Zinsen **14** 2; **A3** 37
Zivildienstleistender **14** 12
Zögern **A3** 15
Zubehörraum **A1** 40, 88, 96
Zugang **A1** 30, 47
Zurechnung steuerrechtliche **14** 17
Zusammenarbeit **2** 1, 11; **15** 22; **20** 1
Zusatzbarbetrag **15** 14
Zusatzprüfung **A3** 73
Zuschlagskalkulation **B1**
Zustimmung **A4** 24
Zuverlässigkeit **A4** 10
Zuwendungen **14** 7
Zwang unmittelbarer **17** 5
Zwangsgeld **17** 5
Zweck gemeinnütziger **A3** 28
Zweck kirchlicher **A3** 28
Zweck mildtätiger **A3** 28
Zweckbindung **20** 7

Buchanzeigen

Miet-, Wohn- und Wohnungsbaurecht

Loseblatt-Textsammlung
51. Auflage. 2004. Im Ordner
Rund 2130 Seiten. € 25,–
ISBN 3-406-43153-4

Aktuell aufgenommen wurden
- Wohnflächenverordnung
- Betriebskostenverordnung
- Synopse zum alten und neuen Wohnflächen- und Betriebskostenrecht, erstellt von dem renommierten Mietrechtler Ulf P. Börstinghaus
- Allgemeine Verwaltungsvorschrift zur Durchführung des Wohngeldgesetzes
- Allgemeine Verwaltungsvorschrift zur Energieeinsparverordnung
- Weitere landesrechtliche Vorschriften zum Wohnraumförderungs- und Wohnungsbindungsgesetz

Umfangreich geändert wurden das Wohngeldgesetz, das Eigenheimzulagengesetz sowie das Heimgesetz mit HeimmindestbauV; ferner die II. BV und die NeubaumietenV.

Über 2000 Seiten aktuelle Texte für nur 25 Euro
Das Werk beinhaltet alle relevanten Vorschriften zum Miet- und Wohnungs-(bau)recht, u. a.:
Baugesetzbuch: Durchführungsbestimmungen der Länder (Verzeichnis), Landesrechtliche Bauordnungen etc. (Verzeichnis), Landesrechtliche Raumordnungsgesetze etc. (Verzeichnis) · BaunutzungsV · Bauordnungen der Länder (Katalog) · BausparkassenG · BausparkassenV · BerechnungsV, Zweite · BetriebskostenV · BewertungsG · BGB alt/neu (Auszug) · Dauerwohnrecht, G über · EGBGB (Auszug) · EigenheimzulageG · EnergieeinsparungsG · EnergieeinsparV · ErbbaurechtsV · Fehlsubventionierung, Abbau im Wohnungswesen, G mit Landesrecht. VOen · GenossenschaftsG · GerichtsverfassungsG (Auszug) · Gewerbeordnung (§ 34 c) · GrunderwerbsteuerG · GrundsteuerG · GrundstückverkehrsG · GrundstückverkehrswertV · HeimG · HeimmindestbauV · HeimmitwirkungsV · HeimsicherungsV · HeimpersonalV · HeizkostenV · HOAI · KleingartenG · Landarbeiterwohnungen · LandpachtverkehrsG · Landwirtschaftssachen, gerichtl. VerfahrensG · Makler- und BauträgerV · NeubaumietenV · NutzungsentgeltV · PauschbetragsV · Planzeichenverordnung · RaumordnungsG · Sachenrechtsbereinigungsgesetz · SchuldrechtsanpassungsG · Sozialer Wohnungsbau · VOB/B · VerkehrswertV · VermögensG · Wertermittlungsv mit Richtlinien · WirtschaftsstrafG · WohnbesitzG · WohnflächenV · WohngeldG mit DV · WohngeldsonderG · WohnraumförderungsG, mit landesrechtl. Vorschriften · WohnraumkündigungsschutzG, Zweites · Wohnungsbau-PrämienG mit DV · WohnungsbindungsG, mit landesrechtl. Vorschriften · WohnungseigentumsG · Wohnungsgrundbuchverf · Wohnungsmodernisierung · WohnungsvermittlungsG · ZPO (Auszug) · ZwangsversteigerungsG und Zwangsverwaltung (Auszug) · ZweckentfremdungsG

Verlag C. H. Beck · 80791 München

Blank/Börstinghaus
Miete
2. Auflage. 2004.
XV, 1225 Seiten. In Leinen. € 59,–
ISBN 3-406-51697-1

Ideal für alle Praktiker
Dieser aktuelle gelbe Kommentar unterstützt Sie **bei der Lösung aller mietrechtlichen Probleme** in der Praxis. Er erläutert knapp, klar und übersichtlich das Mietrecht des BGB mit seinen verfahrensrechtlichen Besonderheiten.

Die völlig überarbeitete 2. Auflage
- kommentiert die praktisch wichtigen Neuerungen durch die **Mietrechtsreform**, z.B. zur Befristung von Mietverträgen, zu den Betriebskosten und zur Miethöhe
- klärt häufige Streitfragen, etwa zur Wirksamkeit von **Renovierungsstaffeln** oder zu den Kündigungsfristen für Mieter bei Altverträgen
- erfasst die Änderungen im **Verjährungsrecht** und im **Leistungsstörungsrecht** durch das Gesetz zur Modernisierung des Schuldrechts
- trägt der jetzt auch in Mietsachen möglichen Revision zum Bundesgerichtshof Rechnung
- berücksichtigt die zum 1. Januar 2004 in Kraft getretene **neue WohnflächenV** und die ebenfalls neue **BetriebskostenV**
- vereinigt die bisherigen Teilbände „Miete" und „Neues Mietrecht" wieder in einem kompakten Band.

Der erste Zugriff
für Rechtsanwälte, Richter, Notare, Verbands- und Wirtschaftsjuristen sowie Rechtsberater bei Vermieter- und Mieterorganisationen. Aber auch alle anderen mit dem Mietrecht Befassten sind mit diesem leicht lesbaren und überaus verständlichen Kommentar gut ausgerüstet, insbesondere Beratungsstellen der Mietervereine, Verbraucherschutzbüros, Hausverwalter, Immobilienverwertungsgesellschaften, Mieter und Vermieter.

Die Autoren
zählen zu den bedeutendsten Mietrechtlern in Deutschland. Hubert Blank, Richter am Landgericht, und Ulf P. Börstinghaus, Richter am Amtsgericht, sind Autoren bzw. Herausgeber des renommierten Großkommentars zum Mietrecht von Schmidt-Futterer. Beide sind Mitbegründer und Vorstandsmitglieder des Deutschen Mietgerichtstages.

Verlag C. H. Beck · 80791 München